资本运作

CAPITAL OPERATION
LAW AND TAXATION PRACTICE

法律与财税实务

项目实操与案例剖析

万征 著

法律出版社 LAW PRESS·CHINA
北京

图书在版编目(CIP)数据

资本运作法律与财税实务：项目实操与案例剖析/万征著. --北京：法律出版社，2021
ISBN 978-7-5197-4571-4

Ⅰ.①资… Ⅱ.①万… Ⅲ.①资本运作-研究 Ⅳ.①F830.59

中国版本图书馆CIP数据核字(2020)第083560号

资本运作法律与财税实务
——项目实操与案例剖析
ZIBEN YUNZUO FALÜ YU CAISHUI SHIWU
—XIANGMU SHICAO YU ANLI POUXI

万 征 著

责任编辑 慕雪丹 章 雯 魏艳丽
装帧设计 马 帅

出版发行 法律出版社
编辑统筹 法商出版分社
责任校对 赵明霞
责任印制 胡晓雅
经　　销 新华书店

开本 787毫米×1092毫米 1/16
印张 39.25 **字数** 820千
版本 2021年11月第1版
印次 2021年11月第1次印刷
印刷 永清县金鑫印刷有限公司

地址：北京市丰台区莲花池西里7号(100073)
网址：www.lawpress.com.cn
投稿邮箱：info@lawpress.com.cn
举报盗版邮箱：jbwq@lawpress.com.cn

销售电话：010-83938349
客服电话：010-83938350
咨询电话：010-63939796

书号：ISBN 978-7-5197-4571-4
定价：159.00元
凡购买本社图书，如有印装错误，我社负责退换。电话：010-83938349

作者简介

万 征

北京大成律师事务所高级合伙人，从事律师职业二十八载，一直致力于合同纠纷与公司诉讼、公司规范运作与合规审查、法人治理与股权激励、公司控制权设计与争夺、投资并购与股权融资、财务处理与税务筹划、企业上市与新三板挂牌等领域的研究、讲学与实务。近十年来，在资本运作与并购重组这一领域，专注于法律与会计、税务的有效融合，以成本控制为目标，从资本项目方案的合法性、安全性、效益性、便捷性四个维度，科学设计并合理选择交易主体、交易方式、交易路径、支付方式与融资方案，最大限度降低交易的风险成本、时间成本和经济成本，使每个项目真正做到合法合规、风险可控、经济合理、简单高效。在实务方面，万征树立并积极践行“三师”理念，认为资本律师（或商务律师）应该成为法律之师、规范之师、平衡之师，必须能够知悉交易各方的核心诉求，充分了解交易各方的风险所在，参与商务谈判，洞察微妙变化，正确引导当事各方分清主次，权衡利弊，通过一系列磋商，弥合分歧，平衡利益，最终促成交易，赢得各方信任，体现专业价值。

2019年4月，在沈永锋先生的牵头下，万征与注册会计师、注册税务师及其他律师等合作出版了《成功并购300问——一本书搞定并购难题》（中国青年出版社出版）；2020年3月，在张远堂先生的主持下，万征与远堂资本学院部分学员合作出版了《资本项目的魔术师——公司投融资、并购、重组、节税实战演练》（中国法制出版社出版）。这两本书深受专业人士青睐。针对我国资本市场存在的重点、难点、热点问题，万征在个人专著《资本运作法律与财税实务——项目实操与案例剖析》出版之后，结合长期在全国讲学整理的大量第一手资料，今后还将陆续推出两本个人专著：一本是《不同情形下的股权转让法律与财税实务——税务筹划方案选择和税务稽查的应对》（书名暂定）；另一本是《公司破产、不良资产处置法律与财税实务——税务筹划方案设计和风险控制》（书名暂定）。力争打造一套真正结合了法律与财税知识、兼具实务指导性与理论探究性的丛书，满足不同行业、不同层次专业人士的个性化需求。

推荐语

田宝法 原天山基金董事总经理、瑞麟资本创始合伙人、《企业并购解决之道》作者

这是一本立足于全新的经济环境，全面梳理资本运作体系的实务作品。作者通过精心筛选的典型案例，对资本运作诉讼与非诉讼实践中出现的各类常见问题以及最新发展趋势做了全面的解读。这本书不仅从法律视角来看待资本问题，而且运用了大量财税知识综合分析资本问题，使得我们可以从更深的层次、更开阔的广度上认识资本运作，实为作者沉淀多年、厚积薄发的诚意之作。

朱鱼翔 企瑞国际咨询有限公司CEO、瑞安达税务师事务所首席合伙人

本书全面阐述了资本运作中的法律和财税处理实务，包括资本运作基本原则及商业模式、法律法规及案例解析、财税处理及政策分析，每一环节抽丝剥茧、逐层深入、一气呵成，让人爱不释手。本书案例真实、内容详尽、图文并茂、评析透彻、通俗易懂，作者巧妙地将法律与财税融为一体，直面当前资本市场亟需，实为公司高管、律师、会计师、税务师等专业人士难得的工具书。

任燚桦 中审众环会计师事务所（特殊普通合伙）高级经理

法务、财务、税务、商务的有机结合，是资本运作的最高境界，也是资本一书的最大亮点。我国相关法律法规、企业会计准则以及各类税务公函公文之中，有着许多难以言尽的隐形“红线”，也存在实质性运用层面的专业判断空间，我认为本书是资本运作这个大课题中对综合性问题剖析最充分的著作之一。尤其是案例的筛选，可谓面面俱到，不同的读者可以各取所需，从中获得很有价值的启发。

沈永锋 浩德并购军师联盟创始人、《成功并购300问》主编

本书作者深耕资本市场多年，是业内为数不多的同时精通法律、会计、税务的资深律师，也是能够将法财税融会贯通、成功运用于诉讼案件与实操项目的实务专家。本书精选的案例多种多样，内容丰富多彩，充分兼顾了不同专业、不同层次的读者。本书全面解析了与资本运作密切相关的法律和财税问题，深入浅出，娓娓道来，操作性极强，开卷定有益，相信读者一定会大有收获。

张远堂 北京盈科律师事务所高级合伙人、远堂资本学院主要创始人

本书以资本运作为主线，围绕法律、会计、税务三个维度，通过大量典型的诉讼案例与非诉讼案例的导入，生动地揭示了企业在资本筹措、运营、分配中出现的各种重点、难点、热点问题，并提出了切实可行、行之有效的解决方案。市场上同时涉猎法律和财税的有关资本运作的专业书籍并不多见，本书作为作者倾力打造的精品，出版之后定会在广大读者中产生强烈的反响。

骆晓辉 某证券股份有限公司省级区域总经理、资深证券人员

本书收集了114个与资本运作相关的典型案例，包括诉讼案件与非诉讼项目。各个案例讲解明晰、详实，内容前后衔接、严谨，通读后可以辅助理解资本市场的相关法律及财税知识，提醒参与资本市场的企业和从业人员规范业务操作，避免资本运作过程中可能出现的各类法律风险、财务风险和税务风险。可以毫不夸张地说，这确实是一本指导资本运作实践的好书籍。

高圣平 中国人民大学法学院副院长、教授、博士生导师，教育部长江学者奖励计划特聘教授

资本运作是资本运用的高级阶段，通过资本运作形成更高效的资本联结和资本组合，提高经济和社会价值，构成了资本的终极使命。实务操作的最高境界是能够在错综复杂的关系中把握住问题的实质，灵活运用各项操作工具，找到解决问题的适当方法。《资本运作法律与财税实务》一书的最终目标是要通过对资本的体系性梳理、全景化展示，更好地、有针对性地指导资本运作实践。

黄志明 中国行为法学会资产管理研究院常务副院长、中国行为法学会培训合作中心主任

本书通过大量的案例和图表，全面系统地梳理了资本体系，对指导资本运作的实务操作颇有裨益。社会进步、行业发展、公司兴盛，有赖于每个专业的人在自己的领域以专注的精神不停地耕耘，本书历经三年，精雕细琢，精彩纷呈，体现了它应有的专业高度和学术价值。众所周知，任何竞争归根结底都是人才的竞争，学习是核心竞争力，好东西要懂得分享，我们会向更多的学员推荐这本书。

谢鸿飞 法学博士、教授、博士生导师、中国社会科学院法学研究所民法室主任、全国十大杰出青年法学家

资本是社会化大生产的核心要素，现代公司治理规则体系都是围绕资本的产生、流动而展开的。如何更好地理解资本、熟悉资本、运用资本，以平衡各主体之间的权利义务关系，提高生产要素的配置效率，成为理论界和实务界共同关注的核心问题。本书从理论到实务，从法律到财税，从上市公司到非上市公司，全面、系统地阐述了资本的形态、成因、流动及运用，连贯性强，值得一读。

写在前面的话

公司是资本的载体，资本是公司的内核，二者相辅相成，共生共灭。公司的发展阶段不同，则资本的表现形式各不相同。通常情况下，公司初创期是资本诞生过程，成长期是资本繁衍过程，成熟期是资本扩张过程，衰退期是资本收缩过程，消亡期是资本终结过程。与此同时，公司在不同的发展阶段对资本的需求亦不相同，譬如，公司在初创阶段迫切需要引进种子轮或天使轮投资，在成长阶段一般需要风险投资或私募股权投资的注入，在成熟阶段往往会被产业基金或并购基金所青睐，而当公司面对持续的行业萎缩、业务衰退时，为了开拓新的业务，需要筹集大量的资金，同样离不开产业基金或并购基金的扶持。当公司进入消亡阶段时，原来的投资人要么撤离公司，要么收缩投资，但可能有新的投资人因看好公司品牌、资质而毅然投资，公司又将开始新一轮的资本运作。

那么，何谓资本运作？笔者认为，资本运作是指公司在不同阶段发生的资本筹措、运营、分配等行为的总称。实务中，资本运作方式主要包括投资、增资、减资、合并、分立、股权收购、资产收购、企业法律形式改变、利润分配、债务重组、解散清算、企业上市等。资本运作相较于企业重组，其内涵更为广泛。一般而言，企业重组包括企业法律形式改变、债务重组、股权收购、资产收购、合并、分立以及股权、资产划转等。从某种意义上来说，企业重组是更高层次的资本运作，它关系到企业的重大改变，国家也给予了许多税收优惠政策。总之，资本运作与企业重组是公司发展壮大的捷径，并为诸多成功案例所证明。

本书在谋篇布局上分为上中下三篇：共十六章，上篇由第一、二、三、四、五章组成，主要介绍资本的形态及成因，包括公司资本、注册资本、实收资本、认缴资本（空股）、资本公积、盈余公积、未分配利润、所有者权益（又称股东权益或净资产）等；中篇由第六、七、八、九、十、十一章组成，主要介绍资本的流动及后果，包括权益性资本与借贷性资本的合理配比、资本弱化、资本过剩、资本显著不足、债权转股权、股权转债权、名股实债、对赌协议引起的回购股权、股东出资方式及引起出资加速到期的各种情形，还有小股东与大股东在资本多数决、一致决、过半决和少数决中的博弈等；下篇由第十二、十三、十四、十五、十六章组成，主要介绍资本在企业上市中的运用，包括通过股权运作上市、采用分立方式剥离上市公司、上市公司吸收合并母公司、上市主体遴选及股权架构设计、上市公司的规范运作等。上中下三篇相互独立又融为一体，围绕“资本”这一主题由点到线，由线到面，由面到体，层层推进，全景展现。一个个资本运作案例，将资本演绎得精彩纷呈。笔者希翼通过资本一书为广大读者构建起一座“资本”大厦，打造成一方“资本”高地，烹制出一道“资本”盛宴。

本书在写作手法上具有六大特点，主要表现为“六个相结合”：第一，法律与财税相结合，一个资本运作案例，不仅涉及法律程序及其风险控制，而且涉及财务处理及风险评估，同时还涉及交易中可能出现的税务风险及其税务筹划，真正诠释了法财税融合思维；第二，诉讼与非诉讼相结合，笔者根据时间上最新、级别上最高、价值上最实用的原则，精心筛选了54个经典诉讼案例（包括民事案件、行政案件、刑事案件），并且对每一个案例进行了详细介绍和深度剖析，笔者同时精选了60个具有一定代表性的非诉讼实操项目案例，这些案例绝大多数来源于上市公司，少部分来源于拟上市公司，均是中国证监会等公开披露的信息，可信度高，实用性强，笔者详细介绍了每个案例资本运作架构设计及操作过程，同时作了专业的解析；第三，理论与实务相结合，本书定位为资本运作实务书籍，但绝不是只谈实务，屏蔽理论，本书既有对公司资本及其与资本相关的基本概念的阐述，也有人民法院对诉讼案例的裁判观点以及非诉讼项目的实操展示，还有笔者有针对性地对每一个诉讼、非诉讼案例的点评；第四，文字与图表相结合，本书内容丰富，体量庞大，专业价值较高，除有60余万文字以外，还制作了将近100个图表，直观地展示诉讼案例的法律关系以及非诉讼案例的交易结构，便于读者快速理解和轻松掌握；第五，上市公司与非上市公司相结合，无论是诉讼案例还是非诉讼实操项目，有的反映有限责任公司，有的反映股份有限公司（包括上市公司和拟上市公司），二者有机结合，可以满足不同层次读者的个性化需求；第六，正向与反向相结合，在非诉讼实操项目案例的选用中，本书不仅引用了大量成功案例，可以让读者更好地学习、借鉴，而且在最后一章专门撰写了IPO被否企业的失败原因，其目的在于，帮助有志于上市的企业规避风险，规范运作。

诉讼和非诉讼绝非矛与盾的关系，水火不容，针尖对麦芒。笔者认为，诉讼和非诉讼好比硬币的两个面，仅是表现形式不同而已，没有优劣之分，二者不可偏废。作为一个优秀的资本律师或公司律师，不仅需要具备丰富的实战经验和娴熟的诉讼技巧，而且在非诉讼方面也需要具备高超的专业水准以及解决实际问题的过硬本领。北京证券交易所的横空出世成为时下热议，不难看出，我国资本市场业已形成了三足鼎立的局面。在大家欢呼资本市场的春天又将到来的同时，注册制也成为大势所趋，随之而来的是，中介服务机构（包括证券公司、律师事务所、会计师事务所、税务师事务所、评估师事务所等）及其专业人员的执业风险愈来愈大，专业要求愈来愈高。笔者斗胆认为，防控风险的最好办法就是提供专业技能，除此之外，别无他法。各种风险，浑然不觉；面对风险，束手无策，这或许是专业人士的最大败笔和人生遗憾。

社会的进步程度、经济的发展要求、竞争的白热化，使得中介服务机构的专业分工越来越精细，跨行业、跨专业知识的结合越来越紧密，社会对复合型人才的需求越来越迫切。尤其是资本运作，它不仅需要中介服务人员通晓法律，熟悉财会，精研税务，还要了解企业，熟悉行业，可以说，未来的中介服务人员一定是集法务、财务、税务与商务于一身的“大家”。笔者正是基于法财税融合思维，所以笃定决心，排除困难，不懈努力，历经三载，期望将本书打造成资本运作法律和财税实务方面的综合性工具书。

万　征

2021年10月15日

凡　　例

简　　称	全　　称
《民法典》	《中华人民共和国民法典》
《公司法》	《中华人民共和国公司法》
《企业所得税法》	《中华人民共和国企业所得税法》
《首发管理办法》	《首次公开发行股票并上市管理办法》
《重组管理办法》	《上市公司重大资产重组管理办法》
《收购管理办法》	《上市公司收购管理办法》
《公司法司法解释(一)》	《最高人民法院关于适用〈中华人民共和国公司法〉若干问题的规定(一)》
《公司法司法解释(二)》	《最高人民法院关于适用〈中华人民共和国公司法〉若干问题的规定(二)》
《公司法司法解释(三)》	《最高人民法院关于适用〈中华人民共和国公司法〉若干问题的规定(三)》
《公司法司法解释(四)》	《最高人民法院关于适用〈中华人民共和国公司法〉若干问题的规定(四)》
《公司法司法解释(五)》	《最高人民法院关于适用〈中华人民共和国公司法〉若干问题的规定(五)》
《九民会议纪要》	《全国法院民商事审判工作会议纪要》
财税〔2009〕59号文	《财政部 国家税务总局关于企业重组业务企业所得税处理若干问题的通知》(财税〔2009〕59号)
财税〔2014〕116号文	《财政部 国家税务总局关于非货币性资产投资企业所得税政策问题的通知》(财税〔2014〕116号)
《民事执行规定》	《最高人民法院关于民事执行中变更、追加当事人若干问题的规定》

诉讼案例索引

上 篇

中 篇

下 篇

上市公司及拟上市公司实操项目索引

上 篇

中　篇

下　篇

简 目

CONTENTS

上 篇

中 篇

下 篇

详 目

CONTENTS

上篇

上篇

第一章

公司资本的构成、基本原则及其演变过程

实务指引

资本制度是公司制度的核心，资本是公司的血液，制度是公司的基石。公司资本是公司产生、生存与发展的原动力，公司的资本运动是通过资本筹集、资本运用和资本收益分配等一系列资本活动来实现的。资本与资产，一个是静态的恒量，另一个是动态的变量。相对于资产而言，资本具有鲜明的特点，逐利是资本的天性，避险是资本的理性，流动是资本的灵性。

公司资本结构，尤其是权益资本和借贷资本的合理配比，是资本运作的基础性安排。本章第一节从投资主体、投资依据、投资回报、股份结构、投资标的、投资担保、投资风险、受偿顺序、投资权重、投资阶段十个方面对权益资本与借贷资本进行了深入分析，总结出六大核心区别，并通过诉讼案例，充分阐述了二者的特点和在实践中的运用。

在资本制度上，公司法贯穿了“资本三原则”，即资本确定、资本维持、资本不变三大基本原则。“资本三原则”有利于保证公司资本的稳定性和充足性，有利于维护股东有限责任的权利，有利于保障公司债权人的利益，是企业资本运作的行为规范，是司法裁判的重要规则。本章第二节通过三个诉讼案例进一步诠释了“资本三原则”在司法实践中的重要作用。

公司是资本的载体，是资本的躯壳；资本是公司的内核，是公司的实质。公司在初创、成长、成熟、衰退、消亡的每个时期，都对应着资本的诞生、繁衍、扩张、收缩、终结的演变过程。本章第三节生动地说明了，资本贯穿于公司发展的每一个阶段，二者相互依存、共生共灭。

第一节　资本构成对公司存续和发展的重大影响

资本是公司存续和发展的物质基础,公司的信用基础与对公司债权人的担保都取决于公司资产。资本结构是指企业各种长期资本来源的构成和比例关系,通常情况下,企业的资本由权益资本和长期债务资本(借贷资本)构成。也就是说,权益资本与借贷资本的组合形成了公司的资本结构。

一、资本在公司设立和经营中的地位与作用

(一)资本与注册资本、实收资本及其资产的关联

1.公司资本

(1)公司资本的概念

刘俊海先生在《现代公司法》中谈到,公司资本在不同语境下有着不同的含义。公司资本有时指股东为设立公司或者扩张公司而投入公司的出资额,公司资本是股东为取得股东资格、维持股东资格、强化公司盈利能力而给付的对价。广义的公司资本既包括股权资本,也包括债权资本;狭义的公司资本仅指股权资本,是股东为实现投资目的而向公司缴纳的财产出资的总和。公司资本有时指股东得以对公司主张分取股利与剩余资产的公司净资产,是资产负债表项下的股东权益,此种意义上的公司资本代表着股东对公司的财产权利。

笔者认为,从资本结构角度来看,公司资本实际上是指公司的全部经营资本,由权益资本和借贷资本构成,包括股东或者发起人对公司的原始出资,也包括银行等金融机构对公司的借款,是公司对外承担债务责任的资本。

(2)资本、注册资本与实收资本的关联

注册资本是公司登记机关登记的全体股东认缴的出资额,或者发起人认购的股本总额,是全体股东或者发起人对公司承担责任的限额;实收资本是股东实际投入公司的资本,是公司从事生产经营活动的重要物质基础。相对于公司资本而言,注册资本是公司经营资本的一部分,是基本的经营资本。在注册资本完全认缴制下,公司实收资本可以与注册资本相脱离,但最终必须保持一致性,即实收资本等于注册资本。(见图1-1)

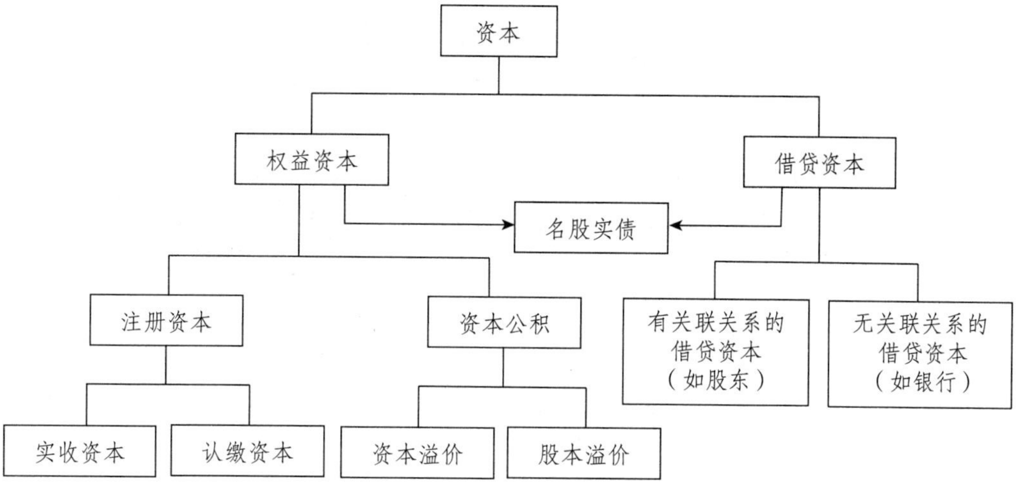

图1－1　公司资本结构示意图

2. 公司资产

(1)公司资产的定义

资产，是指企业过去的交易或者事项形成的，由企业拥有或者控制的，预期会给企业带来经济利益的资源。资产具有以下特征：第一，资产是企业生存和发展不可或缺的经济资源，资产的经济资源属性源于其价值属性，没有价值的东西不能成为资产。第二，资产是企业过去的交易活动或者经济事项中形成的经济资源，资产形成是一种历史形态，是过去的交易活动或者经济事项中购买、生产、建造行为或者其他形式取得的经济资源。第三，资产是企业所拥有或者控制的经济资源。资产作为一项经济资源，应当由企业所拥有或者控制，如企业取得某项经济资源的所有权，或者虽不享有该项资源的所有权，但该项资源被企业所控制。第四，资产能够给企业带来预期的经济利益，公司资本运动必然造成资金的增减变化，拥有的资产只有在未来的经济活动中为企业带来经济利益，即直接或者间接导致经济利益流入企业。

(2)公司资产的分类

公司的资产按其流动性可以划分为流动资产和非流动资产。通常，在1年内或者在超过1年的一个营业周期内变现或者耗用的资产为流动资产，如货币资产、交易性金融资产、存货、应收账款等；在1年以上或者超过1年的一个营业周期以上才能变现或者耗用的资产为非流动资产，如长期股权投资、持有至到期投资、固定资产、无形资产等。(见图1－2)

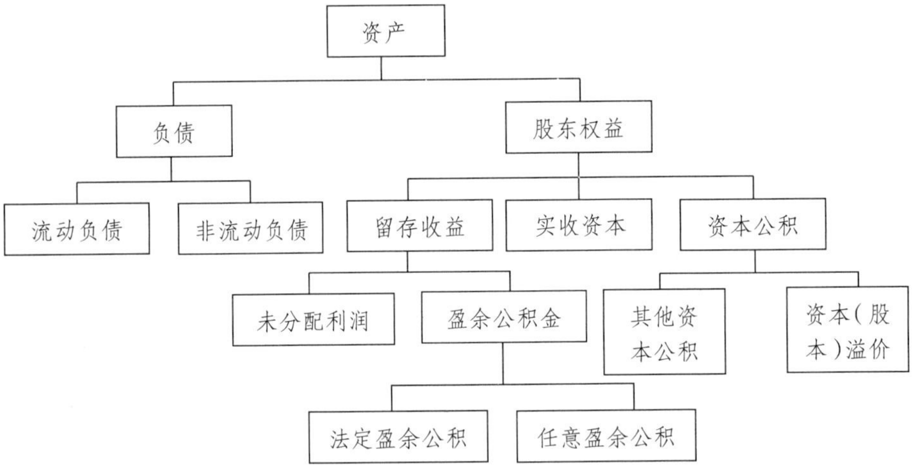

图1－2　公司资产结构示意图

3.公司资本与企业资产之比较

公司资本来源于两个方面:一是由所有者提供的永久性资本(权益资本);二是由债权人提供的借贷资金(借贷资本),从而形成对一个公司所拥有资产的两种不同要求权,公司资本公式为:资本＝权益资本＋借贷资本。公司资产包括股东投入、对外负债及经营积累等,公司资产公式为:资产＝负债＋所有者权益,其中负债是企业过去的交易或者事项形成的、预期会导致经济利益流出企业的现时义务,而所有者权益又称股东权益,为公司净资产。

赵旭东先生在《从资本信用到资产信用》一文中认为,公司的资本是一个静态的恒量,而公司的资产则是一个动态的变量。公司资本一经确定,除经法定的减资程序,不得随意也不会自动变更。而公司资产完全不同,随着公司经营的盈利或亏损、公司资产的增值和贬值,其每时每刻都在发生着程度不同的变化。因公司经营的盈利和财产的增值,公司的资产会大于公司的资本,因公司经营的亏损和财产的贬值,公司的资产会小于公司的资本。通常情况下,公司经营存续的时间越长,资产与资本之间的差额就越大,以至于资产与资本可能会完全脱节,从公司的资本无以判断公司的资产,从公司的资产无以判断公司的资本。

《公司法》第三条第一款规定:“公司是企业法人,有独立的法人财产,享有法人财产权。公司以其全部财产对公司的债务承担责任。”公司的法人地位决定了公司必须有自己独立的财产,这种财产既有别于股东或者发起人投入公司的财产,也有别于股东或者发起人自身拥有的其他财产。公司作为独立法人,应当独立承担民事责任,公司承担民事责任的范围是其所有的全部财产,包括全体股东在公司设立时所认缴的出资额(或者发起人认购的股本总额)以及公司经营过程中所积累的资产。正如赵旭东先生在《从资本信用到资产信用》一文中所说的那样,公司赖以对外承担财产责任的恰恰是公司的资产,而不是公司的资本。公司资产的数额就是公司财产责任和清偿能力的范围。公司的资本再大,也不能扩大公司的责任范围,公司的资本再小,也不能缩小公司的责任范围。

（二）差异化股权结构对公司资本的影响

1. 差异化股权中的五大比例关系

所谓差异化股权，是指有限责任公司的全体股东在投资协议和公司章程中约定股东的出资比例与其所享有的表决权、分红权、优先认缴增资权及持股权的比例设计的不同步差异性结构。差异化股权结构包括五项比例关系，即股东出资比例、股东持股比例（股权比例）、利润分配比例（分红比例）、优先认缴增资比例（优先认购权比例）以及行使表决权比例。

《公司法》第三十四条规定："股东按照实缴的出资比例分取红利；公司新增资本时，股东有权优先按照实缴的出资比例认缴出资。但是，全体股东约定不按照出资比例分取红利或者不按照出资比例优先认缴出资的除外。"据此，股东分红权与优先认缴增资权原则上依照股东实际缴付出资额的比例享有，但法律赋予股东一定程度的自治权，股东的分红比例及优先认缴增资比例可以不等于出资比例。

《公司法》第四十二条规定："股东会会议由股东按照出资比例行使表决权；但是，公司章程另有规定的除外。"同上，股东行使表决权原则上依照出资比例进行（到底是按照实缴出资比例还是认缴出资比例，实务中存在一定的争议），但全体股东可以通过公司章程约定表决权比例不等于出资比例，这种结构设计对资本多数决原则造成了一定的冲击。（见图1－3）

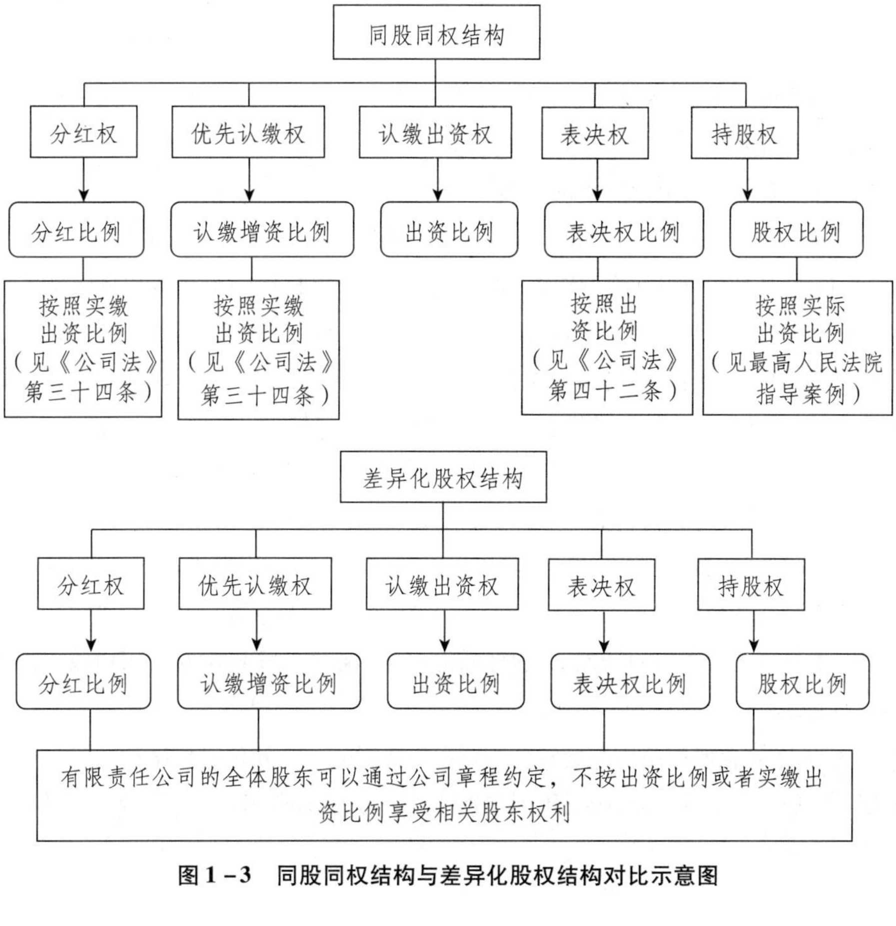

图1－3 同股同权结构与差异化股权结构对比示意图

2. 最高人民法院的裁判思路

关于股东持有股权的比例与其出资比例差异化结构是否合法的问题，虽然目前没有明确的法律规定，但司法裁判已有定论，依据是《最高人民法院公报》(2012 年第 1 期) 发布的判例——深圳市启迪信息技术有限公司与郑州国华投资有限公司、开封市豫信企业管理咨询有限公司、珠海科美教育投资有限公司股权确认纠纷一案(以下简称“深圳启迪案”)，最高人民法院确立了有限责任公司的全体股东可以约定不按实际出资比例持有股权这一重要原则。

“深圳启迪案”从一审到二审，再到再审，可谓一波三折、跌宕起伏。《公司法》第三十四条及第四十二条规定了股东可以不按出资比例进行分红、表决及优先认缴，这意味着股东是否按出资比例行使股东权利属于股东意思自治的范畴。同理，股东是否按照出资比例持有股权自然也应当属于股东意思自治的范畴，这即是所谓的差异化股权设计。公司全体股东对实际出资比例与持股比例、分红权比例可以不一致作出特别约定，这是各方当事人的真实意思表示，并未损害他人的利益，不违反法律和行政法规的规定，属于有效约定，当事人应按照约定履行。

最高人民法院认为，股东认缴的注册资本是构成公司资本的基础，但公司的有效经营有时还需要其他条件或资源。因此，公司设立时，由设立的其中一方全部出资，但出资方只持有部分股权的约定是有效的，即在公司注册资本符合法定要求的情况下，法律并未禁止股东内部对各自的实际出资额和股权比例作出约定，这样的约定并不影响公司资本对公司债权担保等对外基本功能的实现，并非规避法律的行为，各股东实际出资数额和持有比例应属于公司股东意思自治的范畴。

3. 差异化股权结构对公司资本的影响

差异化股权的实质是同股不同权，与普通股权体现的同股同权形成鲜明的对比。同股不同权，拆解了股权比例、分红比例、优先认缴增资比例、表决权比例与出资比例之间的固有模式，让其相互分离，寻求新的利益平衡，法律上不再强求五项比例关系保持一致，让股东通过公司章程的个性化设计，自行决定各种比例关系，维系股东之间的和平与稳定。差异化股权不同于普通股权，具有特定的人身属性，这是差异化股权与普通股权的本质区别。

差异化股权不同于普通股权，其属于优先股权。基于差异化股权的特定人身属性，股东在转让股权过程中，其优先权不能一并转让给受让方，受让方只能取得普通股权，这涉及优先股权与普通股权转化问题，此是后话，暂且不提。差异化股权结构源于股东之间的约定，并通过投资协议和公司章程固定下来，成为股东必须遵循的准则和享有权利承担义务的依据。在公司注册资本符合法定要求的情况下，这样的约定并不影响公司资本对公司债权担保等对外基本功能的实现。

笔者认为，差异化股权结构不会对公司资本构成影响。差异化股权结构的设计更有利于充分利用不同股东手中的资源，吸引不同类别的投资者，进而使各类资源要素充分组合，利于公司长足的发展。

（三）资本、货币在企业增资及合并中的不同结合

货币是公司设立时股东或发起人的一种出资方式，内部股东或外部投资人对目标公司进行增资，也通常采用货币形式。公司增资与公司合并都是资本扩张的主要形式，但公司增资是公司的一种融资方式，而公司合并是企业重组的一种类型。

1. 公司增资是资本与货币的结合

增资是原企业所有者和/或新投资者（统称增资方）向目标公司出资，增加公司注册资本的行为。目标公司增资，核心内容有两项：一是目标公司的价值；二是增资方的出资额及股权比例。

首先，增资方与目标公司及其股东之间需要确定目标公司的价值，这实际上就是对目标公司进行估值，双方可以协商确定，也可以委托专业机构予以评估。一般而言，目标公司价值是以某一日期目标公司所有者权益（净资产）的公允价值为基准来确定。

其次，增资方与目标公司及其股东之间需要确定增资方的出资额和持股比例，根据《公司法》第二十七条的规定，增资方可以用货币出资，也可以用实物、知识产权、土地使用权等非货币性资产出资，但非货币性资产必须具备两个条件：第一，该资产可以用货币估价；第二，该资产可以依法转让。

综上所述，增资方对目标公司增资，一方面需要给资本作价，对目标公司进行估值；另一方面需要增资方认缴增资（包括实际缴付和未来缴付），二者必须兼顾，缺一不可。所以，增资是资本和货币的结合，需要给资本作价。

2. 公司合并是资本与资本的结合

公司合并，是两个或两个以上公司通过法定程序合并为一个公司的行为。合并时参加合并的各公司股东之间的共同投资关系，是以资本（公司股权）为纽带建立起来的共同投资关系。

参加合并的各公司估值及各公司股东在合并后的公司持股比例是公司合并的核心内容，故需要对参加合并的各个公司进行估值，也就是要给股东投入的资本作价。公司的估值不等于公司的注册资本，也不等于公司的净资产，各方根据企业的成长性及未来收益等协商确定。所以，公司合并是资本与资本的结合。

二、权益资本与借贷资本的比较与运用

（一）权益资本与借贷资本的对比分析

1. 资本结构

资本结构，是指企业各种长期资本来源的构成和比例关系。通常情况下，企业的资本由长期债务资本和权益资本构成，长期债务资本和权益资本的构成比例在企业资本结构的决策中居于核心地位。一般而言，在资本结构概念中不包含短期负债，长期债务资本在实务中常以“借贷资本”等来称谓。

权益资本，又称股权投资或权益性投资，是指企业接受的不需要偿还本金和支付利息，投资人对企业净资产拥有所有权的投资。投资者向目标公司投入一定数额的权益资本，其身份为公司股东（或发起人），投资者取得的收益表现为股息（或红利）。

借贷资本，又称债券投资或债权性投资，是指企业直接或者间接从关联方获得的，需要偿还本金和支付利息或者需要以其他具有支付利息性质的方式予以补偿的融资。投资者向目标公司投入一定数额的借贷资本，其身份为公司股东或非股东，投资者取得的收益表现为利息。

2.权益性投资与借贷性投资之比较

（1）投资主体

权益性投资的投资主体仅限于股东，反映股东与目标公司之间的财产权益关系，借贷性投资的投资主体不限，但股东作为投资人即构成关联交易，反映出借人与目标公司之间的债权债务关系。

（2）投资依据

权益性投资的依据是股东根据公司章程之规定认缴出资，借贷性投资的依据是出借人根据合同之约定出借款项。权益性投资受法律规制较严，投资人负有法定出资义务；借贷性投资受法律规制宽松，属于合同违约责任。

（3）投资回报

权益性投资的收益一般来自股息，没有期限限制，目标公司不还本、不支付固定回报；借贷性投资的收益来自利息，有明确的期限限制，目标公司到期还本并支付固定回报。

（4）股份结构

权益性投资改变公司股份结构，股东根据公司章程规定享有股东权利，对公司的影响力大；借贷性投资不改变公司股份结构，出借人不参与公司的经营管理，不会削弱股东对公司的控制权力。

（5）投资标的

权益性投资标的包括现金、实物、不动产、知识产权、股权、债权和所有者权益（含资本公积、盈余公积、未分配利润）；借贷性投资标的比较单一，一般仅限于货币。

（6）投资担保

权益性投资的转让受到限制，流动性较差（如有限责任公司的优先购买权）；借贷性投资可以自由转让，流动性较强。权益性投资不能设定担保；借贷性投资可设定担保，出借人享有优先受偿权。

（7）投资风险

权益性投资项下的投资成本高，投资风险大，股东的投资收益与企业的经营状况和盈利水平密切关联；借贷性投资项下的投资成本低，安全性更高，企业须承担按期付息和到期还本的义务。

(8)受偿顺序

当目标公司清算时,权益性投资下的股东轮后于债权人分配公司剩余财产,借贷性投资下的出借人优先于股东分配公司剩余财产。权益性投资先缴税后分红,借贷性投资利息在税前扣除,有节税效应。

(9)投资权重

对目标公司来说,权益性投资权重过大会导致股东投资风险增加,权重过小又会影响公司规模;借贷性投资权重过大会导致公司财务成本增加,权重过小又会影响公司现金流,所以要根据公司规模、资金需求等确定权重。

(10)投资阶段

股东在公司初创期为降低投资风险,宜少投入权益性资本,成熟期为提升公司利润宜多投入;股东(包括其他出借人)在公司初创期为降低投资风险,宜多投入借贷性资本,成熟期为提升公司利润宜少投入。

尽管以上对权益性投资和借贷性投资进行了一系列的对比分析,但尚未介绍的其他内容也是非常重要的。比如,股东对目标公司进行股权投资,看重的不是眼前利益,而是股权增值效益;股东将对目标公司的投资分成两部分,其中的借贷性投资,股东看中的是利息的节税效应。此外,权益性投资原始股东需签公司章程,继受股东须经公司股东(大)会表决通过;借贷性投资股东借款给公司属于关联交易。(见表1-1)

表1-1 权益性投资与借贷性投资的核心区别

类型	项目	
	权益性投资	借贷性投资
价值取向	公司成长性好,分红权、增值权、溢价权	公司现金流好,安全性、稳定性、收益性
投资回报	股息、无期限、不还本、变动回报	利息、有期限、还本、固定回报
风险控制	自行承担投资风险,不可设定担保措施	可设立担保机制,债权人享有优先受偿权
纳税时点	弥补亏损,提取盈余公积后进行税后分配	税前扣除(利息的挡税效应),但有比例限制
公司治理	改变公司股份结构,股东享有表决权	不改变公司股份结构,债权人无表决权
受偿顺序	股东轮后于债权人分配公司剩余财产	债权人优先于股东分配公司剩余财产

在本书第七章第三节中,笔者对比了新华信托股份有限公司(以下简称新华信托)为原告的两起民事案件,第一起是由重庆市高级人民法院审理的新华信托诉诸城市江峰房地产开发有限公司(以下简称江峰房地产公司)借款合同纠纷案,第二起是由浙江省湖州市吴兴区人民法院审理的新华信托诉湖州港城置业有限公司(以下简称港城置业)破产债权确认纠纷案,两起案件的判决结果对新华信托来说却是截然不同的,可谓冰火两重天。究其原因,新华信托在第一起案件中被认定为债权人;在第二起案件中被认定为股东,面对港城置业资不抵债,破

产清算的情况，新华信托只能轮后于债权人分配公司剩余财产，其注入港城置业的绝大部分资金将难以收回。但如果新华信托被认定为债权人，那境况就大不相同，新华信托将优先于股东分配港城置业的剩余财产。由此可见，投资人的身份不同，其参与公司剩余财产分配的顺序不同，则投资人权益受到保障的程度也不同，尤其是在公司出现破产等极端情况下，更是如此。

此外，在本节随后展示的南京市栖霞区人民法院审理的枝江力元化工有限公司诉湖北开元化工科技股份有限公司、南京桑力电子设备厂决议纠纷一案中，湖北开元化工科技股份有限公司、南京桑力电子设备厂作为枝江力元化工有限公司的法人股东，在公司没有利润的情况，通过股东会决议分得预分配款合计200万元，最后被法院判决返还预分配款。尽管法院判决没有涉及目标公司及其两法人股东就预分配款事项缴纳企业所得税的内容，但根据《企业所得税法》及《企业所得税法实施条例》的规定，目标公司及两法人股东均负有纳税义务，依法缴交税款。原因在于，权益性投资与借贷性投资的纳税时点不同，公司股东只有在目标公司弥补亏损、提取法定盈余公积金、缴纳相应企业所得税后，才有权取得分红。

（二）合理设计权益资本与借贷资本的因素

1. 追求一个目标

最优资本结构，就是能使企业资本成本最低且企业价值最大，并能最大限度调动各种利益相关者积极性的资本结构。

2. 做好两个设计

公司注册资本具有债权担保作用和对外公示效应，应合理设计公司注册资本，有效设计实收资本的缴付金额和缴付期限，确保对外业务的顺利开展和经营活动正常进行。公司应当根据资本市场的供求关系和不同资本的价格以及变动情况建立适当的资本结构，并适时调整公司的资本结构。股东应当根据公司不同的发展阶段，不同的行业、不同的经营业绩和股东的不同地位，设计合理的股东投资结构以保障投资的安全性、回报的稳定性。

3. 进行三个对比

对比公司资本总额中权益资本和借贷资本的比例，对比股东投资总额中借贷资本和权益资本的比例，对比借贷投资成本与权益投资回报率。当公司取得借贷资本的成本低于股东要求的权益投资回报率，提高借贷资本的比例有利于提高公司的业绩；当公司取得借贷资本的成本高于股东要求的权益投资回报率，提高权益资本的比例有利于提高公司的业绩。

4. 关注四个影响

统筹考虑资本结构的设计对股东投资风险的影响、对股东投资回报的影响，资本结构的变动对企业利润的影响以及融资方式的选择在优化资本结构和减轻税负方面对于企业和所有者税后利润最大化的影响。公司资本结构的变动不仅对企业利润产生影响，而且对公司税收成本也有影响。最优资本结构就是能使企业资本成本最低且企业价值最大，并能最大限度地调动各种利益相关者的积极性的资本结构。（见表1－2）

表1-2　权益性投融资的税收负担和优惠政策

出资方式	投资方税种					融资方税种	
	增值税	附加税	土地增值税	所得税	印花税	印花税	契税
货币	—	—	—	—	—	—	—
股权	—	—	—	财税〔2014〕116号文；财税〔2014〕109号文；财税〔2015〕41号文	—	—	—
房地产	11%	城建税、教育税附加	财税〔2018〕57号文	同上	—	—	财税〔2018〕17号文
货物资产	13%	城建税、教育税附加	—	同上	—	—	—
知识产权	6%	城建税、教育税附加	—	同上	—	—	—
债权转股权	—	—	—	财税〔2009〕59号文	—	—	—

（三）股东违法分配利润诉讼案例[①]

1. 案件当事人

原告（二审上诉人）：枝江力元化工有限公司

被告（二审上诉人）：湖北开元化工科技股份有限公司

被告（二审被上诉人）：南京桑力电子设备厂

2. 案情简介

2010年8月，南京桑力电子设备厂（以下简称桑力厂）与湖北开元化工科技股份有限公司（以下简称开元公司）共同出资成立枝江力元化工有限公司（以下简称力元公司），注册资本为1000万元，桑力厂认缴600万元，开元公司认缴400万元，其中第一期出资300万元于2010年8月17日前由股东缴足，余下700万元由股东在2年内缴足。

2010年8月8日，桑力厂和开元公司共同通过力元公司章程，章程第四十一条规定："公司分配当年税后利润时，提取利润的百分之十列入公司法定公积金，公司法定公积金累计额

① 案例索引：南京市栖霞区人民法院（2013）栖商初字第13号民事判决书、江苏省南京市中级人民法院（2013）宁商终字第910号民事判决书。

为公司注册资本的百分之五十以上的,可以不再提取;公司的法定公积金不足以弥补以前年度亏损的,在依照前款规定提取法定公积金之前,先用于当年利润弥补亏损;公司弥补亏损和提取公积金后所余税后利润,分配给股东;股东违反前款规定,在公司弥补亏损和提取法定公积金之前分配利润的,股东必须将违反规定分配的利润退还。"

2012 年 6 月 9 日,力元公司召开股东会,股东一致通过股东会决议,决议第一项内容为:"同意将本公司目前已盈利的人民币 400 万元按持股比例进行预分配。"2012 年 6 月 26 日,力元公司分别支付 240 万元、160 万元给桑力厂、开元公司。2012 年 6 月 29 日,开元公司向力元公司出具了收到 2011 年分红款 160 万元的收据。

2012 年 11 月 5 日,力元公司向开元公司、桑力厂发出《要求股东返还"预分配款"的决定》,要求开元公司返还 160 万元"预分配款",要求桑力厂返还 240 万元"预分配款"。并指出,本决定经 2012 年 11 月 20 日本公司股东会表决通过后生效。

2012 年 11 月 20 日,力元公司召开股东会,开元公司代表在力元公司提供的股东会决议上说明"由于公司没有提供股东会资料,不能进入讨论表决,强行表决无效";桑力厂同意通过"在本次股东会后,桑力厂立即返还'预分配款'240 万元、开元公司立即返还'预分配款'160 万元"。之后桑力厂和开元公司均未返还。

2012 年 12 月 6 日,力元公司向桑力厂、开元公司发出履行《股东会决议》的通知,要求开元公司、桑力厂接通知后立即返还"预分配款"。2012 年 12 月 9 日,开元公司致力元公司并转致桑力厂《关于不存在所谓 2012 年 11 月 20 日〈股东会决议〉的函》,称力元公司未向股东提交建设及经营的全面情况报告及财务报告,会议不能进入讨论议题、不能进入表决程序,也不存在所谓决议。

2012 年 12 月 15 日,力元公司扣留桑力厂 200 万元资金往来款以冲抵其应返还的部分"预分配款"。

3. 原告诉讼请求

后力元公司与桑力厂、开元公司交涉返款事宜未果,遂向南京市栖霞区人民法院(一审法院)提起诉讼,请求判令:(1)确认桑力厂、开元公司于 2012 年 6 月 9 日作出的《股东会决议》的第一项无效;(2)桑力厂返还"预分配款"40 万元、开元公司返还"预分配款"160 万元及利息;(3)桑力厂、开元公司承担本案诉讼费用。

4. 一审法院裁判观点

(1)关于股东会决议的效力

在力元公司确实存在盈利的情况下,桑力厂和开元公司在力元公司未缴纳企业所得税、未提取法定公积金的情况下一致通过股东会决议,将公司盈利 400 万元按持股比例予以预分配,实质是对公司利润进行分配,该利润分配同时违反公司章程约定和法律强制性规定,此举系双方恶意串通,损害国家和集体利益,股东会该项决议无效。在力元公司不存在盈利的情形下,此举也系双方恶意串通,将力元公司的资产以"预分配"名义转归桑力厂、开元公司所有，系以合法形式掩盖非法目的，依法该项决议也无效。总之，无论力元公司盈利与否，桑力厂、开元公司通过的该项决议均无效。

(2)关于预分配款的返还

基于该项决议内容无效，桑力厂和开元公司收到的“预分配款”240万元和160万元应返还力元公司。力元公司主张其已扣留桑力厂200万元往来款冲抵“预分配款”，故要求桑力厂返还“预分配款”40万元；是否要求桑力厂、开元公司返还及返还多少，是力元公司的权利；力元公司主张桑力厂返还“预分配款”40万元，不违反法律规定。开元公司作为力元公司股东，如对力元公司要求桑力厂返还40万元的诉请存有异议，可另行依法处理。力元公司主张开元公司返还“预分配款”160万元，有事实和法律依据，符合法律规定。

一审法院据此判决，第一，桑力厂和开元公司于2012年6月9日作出的力元公司《股东会决议》第一项内容无效；第二，桑力厂返还力元公司“预分配款”40万元及利息，开元公司返还力元公司“预分配款”160万元及利息。宣判后，力元公司及开元公司均不服，均向江苏省南京市中级人民法院(二审法院)提出上诉。

5. 二审法院裁判观点

(1)关于诉请股东会决议无效的合理性

股东会是公司的权力机构，其作出的决议体现了公司的意志，属于公司行为。公司如认为自己作出的决议无效，自我纠正即可，无须诉请人民法院对股东会决议的效力判决确认。本案中，力元公司可直接以2012年6月9日股东会决议第一项内容无效为由，诉请两股东返还预分配款。人民法院在判断其要求返还的理由是否成立时，将会对股东会决议的效力作出认定。股东会决议无效与两股东是否应返还“预分配款”存在因果关系，力元公司以两股东为被告诉请确认股东会决议无效虽不适当，但也并不违反法律的强制性规定。

(2)关于股东取得的预分配款的性质

利润分配方案依法应经股东会审议批准。力元公司即使确实有400万元可分配利润，其分配方案依法应通过股东会决议的方式审议确定。力元公司2012年6月9日股东会决议第一项明确系“预分配”，而非正式的利润分配方案，力元公司此后虽向两股东出具证明，明确是分红款，但该证明非股东会决议，不能起到确定利润分配方案的股东会决议的作用。我国公司法中并没有“预分配”的法律概念，在力元公司未形成正式的利润分配方案决议前，股东取得的预分配款无事实和法律依据。对于该款项，力元公司可随时要求两股东退还。

(3)关于要求返还利润分配款的合法性

公司分配的利润应为当年税后利润。根据《公司法》第一百六十七条的规定，公司分配当年税后利润时，应当提取公司法定公积金、弥补以前年度亏损，在公司弥补亏损和提取法定公积金之前向股东分配利润的，股东必须将违反规定分配的利润退还公司。力元公司2011年度仅缴纳企业所得税3万元，证明其并无400万元的可分配利润，且开元公司无证据证明力元公司依法提取法定公积金，如果其关于该400万元确实为股东分红款的主张成立，则力元公司关于“分配”该利润的股东会决议因违反法律的强制性规定应归于无效，两股东取得的款项也应予退还，并在未及时返还时承担支付资金占用利息的责任。

二审法院据此作出终审判决，驳回上诉，维持原判。

（四）案例评析

根据《公司法》及司法解释的规定，利润分配请求权须同时满足以下两个要件：其一，为公司具有可供分配的税后利润，即要在完税后还应当提取公司法定公积金、弥补以前年度亏损；其二，为公司形成了合法有效的利润分配决议，不存在法定的公司拒绝分配利润的情形。在本案中，力元公司作出的分配400万元利润的决议，该款项未依法缴纳企业所得税和提取法定公积金，严重违反了《公司法》和公司章程的约定，是否存在可供分配的利润还未可知；如最终可供分配的利润低于400万元，其分配决议应属无效。

值得说明的是，最高人民法院曾在一起公报案例中认为，违反《公司法》第一百六十七条公司税后利润分配的程序性规范，可以补足法定公积金，而非必然导致股东大会决议无效；在唐山世博大厦有限公司诉北京科技园置业股份有限公司（以下简称置业公司）决议效力确认纠纷一案中，置业公司股东会决议虽然提前对于2009年预期净利润约定了分配，但是置业公司2009年财务会计年度实际终了后，实现的可分配利润数额高于股东大会决议中分配的当年预期净利润数额，且置业公司在2009年已经补足了应当提取的法定公积金，因此该股东会决议合法有效。有兴趣的读者可参阅北京市海淀区人民法院（2011）海民初字第2600号民事判决书及北京市第一中级人民法院（2011）一中民终字第14680号判决书。

第二节　“资本三原则”是法院裁判的重要准则

资本制度是公司制度的核心。为保护善意第三人的利益，传统公司法创设了资本确定原则、资本维持原则和资本不变原则，俗称“资本三原则”。资本确定原则和法定最低注册资本制度从形式上预先确定公司资本金额，资本不变原则从形式上预防资本额的减少，而资本维持原则从实质上维护公司资产。“资本三原则”对保证资本的稳定性，捍卫股东的有限责任，维护债权人的合法利益起着重要作用。下面我们就通过法律规定并结合案例，阐述资本的三个基本原则在司法实践中的运用。

一、资本确定原则在公司法中的体现及法院裁判案例

（一）资本确定原则在公司法中的体现

1. 资本确定原则的概念

资本确定原则，是指公司在设立时，必须在公司章程中对公司的资本总额作出明确规定，股东必须依照公司章程确定的注册资本足额认缴。注册资本是公司合法成立与运营的前提

条件，资本确定原则在于保证公司资本的真实可靠，防止公司设立中的欺诈和投资行为。

2. 资本确定原则的主要表现形式

(1)注册资本是公司章程的必要记载事项

根据《公司法》第二十五条第三项、第八十一条第四项的规定，有限责任公司的注册资本是全体股东认缴的出资额的总和，公司章程应当载明公司注册资本的具体数额；股份有限公司的注册资本是向公司登记机关登记的股本总额，公司章程应当载明公司股份总数、每股金额和注册资本。通常情况下，股东在发起设立有限责任公司时，必须确定公司的资本总额；股东发起设立（或募集设立）股份有限公司时，必须确定公司的资本总额（或称股本总额）。但是，公司章程记载的注册资本不只限于有限责任公司发起设立或股份有限公司发起设立（或募集设立）这一时点，还包括公司经营过程中的其他阶段。

(2)公司具有独立法人人格，股东不得滥用

根据《公司法》第三条的规定，公司是企业法人，具有民事权利能力和民事行为能力，依法独立享有民事权利和承担民事责任。公司的法人地位决定了公司必须拥有自己独立的财产，享有法人财产权。公司的法人财产不同于股东拥有的其他财产和公司法定代表人享有的个人财产，未经公司允许，公司股东或法定代表人不得随意处置。《公司法》第二十条明确规定，股东不得滥用公司法人独立地位损害公司债权人的利益。公司股东滥用公司法人独立地位，逃避债务，严重损害公司债权人利益的，应当对公司债务承担连带责任。

(二)违反资本确定原则诉讼案例①

1. 当事人信息

原告（二审被上诉人、再审被申请人）：北京城建道桥建设集团有限公司

被告（二审上诉人、再审申请人）：湖北通顺高速公路有限公司

被告（二审上诉人）：天津国泰恒生实业发展有限公司

被告（二审上诉人）：湖北国泰横跃基础设施投资有限公司

被告：天津市滨奥航空设备有限公司

被告：益通投资有限公司

被告：天津燕化科技有限公司

被告：襄樊市公信力会计师事务所

第三人：湖北道广高速公路有限公司

2. 案情简介

(1)关于湖北道广高速公路有限公司

2009 年 8 月 13 日，湖北道广高速公路有限公司（以下简称湖北道广公司）成立，股东为天

① 案例索引：湖北省襄樊市中级人民法院（2014）鄂襄阳中民三初字第 00113 号民事判决书、湖北省高级人民法院（2017）鄂民终 3161 号民事判决书、最高人民法院（2018）最高法民申 2964 号民事裁定书。

津国泰恒生实业发展有限公司（以下简称天津国泰公司）和湖北国泰横跃基础设施投资有限公司（以下简称湖北国泰公司），公司经营范围为麻竹高速公路襄樊段一期工程投资建设、经营、养护及沿线附属设施的开发、经营，系麻竹高速襄樊张家集至欧庙××（东外环）项目的投资建设方。

2010年1月8日，北京城建道桥建设集团有限公司（以下简称北京城建道桥公司）中标该工程第一标段，向湖北道广公司支付了履约保证金27789474元，并因该项目产生其他费用支出。2011年10月28日，因湖北道广公司违约，襄阳市交通运输局与湖北道广公司解除了上述项目投资，导致北京城建道桥公司对中标标段无法进行施工，但湖北道广公司未归还履约保证金。

2012年7月24日，北京城建道桥公司向湖北省襄阳市中级人民法院（一审法院）提起诉讼，法院判决湖北道广公司返还北京城建道桥公司履约保证金27789474元及其利息等。因湖北道广公司无财产可供执行，一审法院终结本次执行程序。在执行过程中，该案未执行到任何款项。

（2）关于湖北通顺高速公路有限公司

2009年12月17日，湖北通顺高速公路有限公司（以下简称湖北通顺公司）成立，公司股东为天津国泰公司与湖北国泰公司。经营范围为对麻城至竹溪高速公路项目投资及管理。2009年12月28日，湖北通顺公司承接的麻竹高速公路（麻城至竹溪）××至××段控制性工程开工，至今工程尚未全部竣工。

（3）关于资金的流转

湖北道广公司注册资本为6.22亿元，实收资本3亿元。2009年8月14日—8月20日，湖北道广公司分别通过案外人将注册资金多次、连续以银行转账及汇票解付等方式转回天津国泰公司98771073.30元及天津国泰公司股东天津亨达泰公司账户640万元；2010年2月3日—2月20日，湖北道广公司分别通过案外人将第二笔注入的15800万元注册资金通过多笔银行转账及承兑汇票方式转出；2010年1月21日—8月9日，湖北道广公司通过银行转账向北京国泰世嘉公司转款11170万元，北京国泰世嘉公司收到款项后，于2010年3月29日—6月21日通过银行转账向天津国泰公司共计转款9083万元。

2010年2月2日，湖北道广公司通过银行转账向湖北通顺公司转入1000万元；次日，湖北通顺公司即使用该笔款项支付费用。

（4）关于人员的调配

湖北道广公司会计凭证中对收款人北京普傲德公司、天津亨达泰公司、北京国泰世嘉公司记载为集团内部。

湖北道广公司、天津国泰公司、湖北国泰公司、湖北通顺公司四公司的工商登记资料显示：赵国利、路慧、罗耀新、李运丁、周永利、訾力、项伟、丁伟、高时磊等9人作为高级管理人员在四公司之间存在交叉任职情形。

湖北国泰公司、湖北通顺公司、湖北道广公司三公司会计资料显示，童连东、赵为权、邓蓉蓉、黄槐轩、孙志强、左德中、王默、刘文先8名工作人员在三公司之间存在交叉领取工资与报销公务费用的情形。

3. 原告诉讼请求

后北京城建道桥公司向湖北省襄樊市中级人民法院提出诉讼，主要诉请为：判令天津国泰公司、湖北国泰公司、湖北通顺公司连带清偿湖北道广公司所欠北京城建道桥公司的债务28776705元及其利息、延期滞纳金。

各诉讼主体之间的法律关系如图1-4所示。

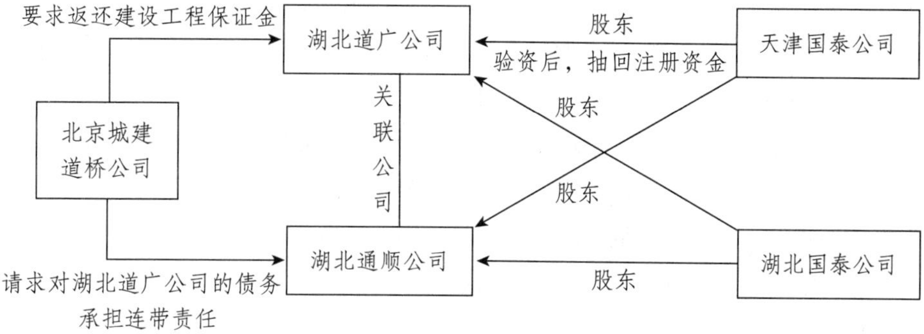

图1-4 各诉讼主体之间的法律关系图

4. 一审法院裁判观点

首先，湖北道广公司与湖北通顺公司成立时间仅相差4个月，两公司股东均为天津国泰公司及湖北国泰公司，均在湖北境内设立并经营，且经营范围均为与高速公路相关的投资及经营管理，两公司应属实际投资人相同及经营范围相同的关联公司。正是基于两个独立法人的共性，为湖北道广公司逃避债务，将资金通过集团内部公司流转至湖北通顺公司提供了便利，导致两公司财产发生混淆，违背了诚实信用原则。

其次，湖北道广公司设立时，天津国泰公司及湖北国泰公司投入的注册资金，在进行验资后，即通过其他集团内部关联公司连续转账并返回两股东账户。两股东又在湖北通顺公司设立时，作为股东出资进行注资验资。同时，湖北道广公司因其合同违约，投资项目并未动工，收取工程履约保证金，且金额巨大；在合同无法履行时，并未及时归还合同相对人，而将公司资金转入集团内部公司账户随意调动及通过签订无实质权利义务内容的合同方式，最终又转移至湖北通顺公司，用于湖北通顺公司的资金注册及正常运营，而拒不履行还款义务。

再次，湖北道广公司直接转款1000万元给湖北通顺公司，但该款项无任何付款依据，且湖北通顺公司在收到该款项次日，即用该笔资金进行了与公司经营相关的多笔支出。而湖北道广公司并非湖北通顺公司的投资股东及其他投资人，湖北通顺公司直接无偿接受该笔大额资金并用于公司项目资金应属滥用公司法人独立地位，利用虚构交易转移资金，损害债权人合法权益。且一审法院在执行过程中，对于前述款项，湖北道广公司与湖北通顺公司存在损害债权人合法权益、阻却债务履行的恶意。两公司应属关联公司财务混同。

最后，湖北通顺公司与湖北道广公司的投资股东均为天津国泰公司和湖北国泰公司，四家公司之间法定代表人、公司高级管理人员、其他工作人员及财务人员重合与交叉任职。同时在四家公司履行职务，难以区分。且均属各公司的主要决策人员，对公司的重大经营活动具有绝对影响力和决策权。湖北通顺公司和湖北道广公司存在人员混同，并模糊了公司之间的财产界限，违背了法人制度设立的宗旨。

综上所述，湖北通顺公司与湖北道广公司设立登记均为独立企业法人，但实际上已经在经营范围、人员任用、财务以及资产等方面混同，且存在刻意逃避债务的事实行为。湖北通顺公司和湖北道广公司，及其共同股东天津国泰公司及湖北国泰公司的行为已违反了《公司法》第二十条第三款的规定。故此，北京城建道桥公司请求湖北通顺公司对第三人湖北道广公司对其应付债务承担连带责任具有事实及法律依据，予以支持。

一审法院据此判决：第一，湖北通顺公司对湖北道广公司欠付北京城建道桥公司的债务承担连带清偿责任；第二，天津国泰公司、湖北国泰公司对湖北道广公司欠付北京城建道桥公司的债务在3亿元内承担连带清偿责任。宣判后，湖北通顺公司、天津国泰公司、湖北国泰公司均不服，分别向湖北省高级人民法院（二审法院）提出上诉。

5. 二审法院裁判观点

对于以下争议焦点，即关于湖北通顺公司对湖北道广公司的债务是否承担连带清偿责任的问题，二审法院认为，湖北通顺公司、湖北道广公司在以下方面存在混同情形：

第一，公司人员混同。湖北通顺公司、湖北道广公司的法定代表人及高级管理人员交叉任职，四家公司之间法定代表人、高级管理人员同时在四家公司履行职务，难以区分；湖北通顺公司、湖北道广公司的工作人员存在在两公司之间交叉领取工资、报销公务费用等事实。湖北通顺公司、湖北道广公司的法定代表人、高级管理人员及工作人员无法区分其工作关系及职责范围，无法确定其履职的独立性，企业法人财产界限模糊，故可以确认两家公司存在人员混同。

第二，公司业务混同。湖北道广公司成立于2009年8月13日，湖北通顺公司成立于2009年12月17日，两公司股东均为天津国泰公司及湖北国泰公司，并均在湖北境内设立、经营，且经营范围均为与高速公路相关的投资及经营管理。两家公司应属实际投资人相同及经营范围相同的关联公司。

第三，公司财务混同。湖北通顺公司上诉认为湖北道广公司除了转给其1000万元以外，再无其他资金转入，一审法院仅仅抽出一段时间内的资金流向就认定两公司财务混同缺乏证据证明。二审法院认为，因公司之间的财务混同并非需要两公司账目资金的流入、流出存在一一对应关系，只要两公司之间的财务高度混同，导致财产无法区分，主张财务混同的一方就完成了举证责任。

公司人格独立是其作为法人独立承担责任的前提，公司的独立财产是公司独立承担责任的物质保证,公司的独立人格也突出地表现在财产的独立上。当关联公司的财产无法区分,丧失独立人格时,就丧失了独立承担责任的基础。本案中,湖北通顺公司、湖北道广公司相互之间界限模糊、人格混同,其中湖北道广公司收取大量工程保证金,且在合同无法履行时,拒不归还;并存在资金流转至关联公司湖北通顺公司进行正常经营,属逃避债务行为,严重损害了债权人的合法利益。上述行为违背了法人制度设立的宗旨,违背了诚实信用原则。

二审法院据此作出终审判决,驳回上诉,维持原判。宣判后,湖北通顺公司不服,向最高人民法院申请再审。

6. 最高人民法院裁判观点

关于湖北通顺公司与湖北道广公司是否构成人格混同的问题,最高人民法院从以下三个方面进行认定:

第一,两公司存在人员混同情形。湖北通顺公司在二审上诉请求中也提出,湖北通顺公司与湖北道广公司部分高级管理人员交叉任职,作为控股股东兼任子公司高管是市场惯例。因此,原审认定湖北通顺公司与湖北道广公司存在人员混同的情形有事实依据。

第二,两公司存在经营范围混同情形。虽两公司投资经营的高速公路具体项目不同,主管部门不同,但两公司的股东相同且均在湖北省境内设立并经营,投资经营的对象均与麻竹高速公路相关,原审判决认为两公司经营范围均为与高速公路相关的投资及经营管理,属于实际投资人相同及经营范围相同的关联公司并无不当。

第三,两公司存在财务资金混同情形。两公司在成立后,两公司资金存在通过集团内部公司账户随意调动的情形且数额巨大。湖北通顺公司申请再审称其实收资本全部是其股东出资而来且湖北道广公司转款1000万元为预付材料款,但根据天津国泰公司与湖北国泰公司存在分别向湖北道广公司及湖北通顺公司出资验资的事实,同时湖北通顺公司与湖北道广公司的资金存在通过集团内部公司账户随意调动的情形且数额巨大,原审判决认为两公司财务资金混同并无不当。

综上所述,公司作为法人,具有独立的人格,这是公司法人制度最基本的特征。公司的独立人格体现在公司有独立的权利能力和行为能力,并有独立的财产,能独立承担民事责任。湖北道广公司与湖北通顺公司在人员、经营范围及财务资金方面出现实质上的混同,违背了独立法人应贯彻的资本确定原则、资本维持原则、资本不变原则,严重影响湖北道广公司对外清偿债务的能力,严重损害了债权人的合法权益。

最高人民法院据此裁定,驳回湖北通顺公司的再审申请。

(三)案例评析

1. 公司法人人格否认制度的概念

公司人格是指公司作为民事权利主体的资格。公司具有人格即意味着公司具有民事权利能力和民事行为能力,可以以自己的名义独立地从事经营活动,独立地享有民事权利,承担民事义务,即公司法人人格的独立制度(以下简称公司法人制度)。而公司法人人格否认制度又称为“刺破公司面纱”制度，其目的是防止和打击股东利用公司的法律实体扰乱市场秩序，从而谋求个人利益。当他们实施不法行为时，法律将会剥夺公司的独立人格，否认公司股东的有限责任，要求股东以自身在公司资产以外的财产进行清偿，以实现公平与正义原则。

2. 公司法人人格否认制度的意义

公司法人人格否认制度是伴随公司法人制度而产生的，更是对公司法人制度作出的有益补充。公司法人人格否认制度是当法人违背公平、平等、正义等原则而被他人不当操控时，公司因此失去了独立的人格，这时法律将否认法人的独立人格而追究法人背后的操纵者的法律责任。这种制度在特定条件下保障了债权人的合法权益，有效地维护公司法人制度的健康发展，防止了其价值被扭曲。同时，公司法人人格否认制度也是对公司法人制度的补充，若没有否认制度的存在，部分股东会利用公司法人制度作为逃避法律责任的挡箭牌。公司法人人格否认制度弥补了一般的公司法人制度的缺陷，有效地防范了不法分子利用法人的合法形式和有限责任的特性逃避承担法定或约定的义务，极大地丰富了公司法人制度理论，使其更加完善。

3. 适用公司法人人格否认制度的股东责任

《公司法》第二十条规定了公司与股东人格混同的公司法人人格否认制度，但是没有对关联公司的人格否认制度进行规定。如果关联公司之间存在人员、业务和财产混同的情形，就会导致公司丧失法人独立人格，即丧失了独立承担责任的基础。而资本确定原则不仅要求公司要明确记载注册资本和股东按期缴纳出资，同时公司必须拥有自己独立的财产，未经公司允许，公司股东或法定代表人不得随意处置。在本案中，湖北通顺公司与湖北道广公司存在财产混同的情形，致使公司丧失法人财产独立权，违反了资本确定原则，且严重损害了债权人利益，应当对公司债务承担连带责任。

二、资本维持原则在公司法中的体现及法院裁判案例

（一）资本维持原则在公司法中的体现

1. 资本维持原则的概念

资本维持原则，又称资本充实原则，是指公司在存续过程中，应经常保持与其资本额相当的资产的原则，以体现公司持续经营能力，维护交易安全。其目的是防止公司资本的减少，保护债权人的利益，同时可以避免股东侵害公司利益。

2. 资本维持原则的主要表现形式

股东的出资是公司设立的物质基础，是维护公司正常生产经营活动、保证公司必要的偿债能力、维护债权人利益的必要条件。股东的出资形成公司的财产，而非股东的财产，公司的全部法人财产是公司对外承担债务责任的保证，公司需要维持其资本充实。

(1)限制公司对外担保

根据《公司法》第十六条的规定，公司对外提供担保，应当在公司章程中作出明确规定，应

当按照公司章程的规定由董事会或者股东会、股东大会作出决议；公司对外提供担保，不得超过规定的限额。尤其值得注意的是，公司为其股东或者实际控制人提供担保的，必须经股东会或者股东大会决议，董事会无权决定，在决议表决时，该股东或者受该实际控制人支配的股东，不得参加表决。其目的是维护股东会或股东大会决议的公正性，避免担保股东或者实际控制人滥用资本多数决操纵股东会谋求不当利益，损害公司和其他股东的利益。

（2）禁止折价发行股份

《公司法》第一百二十七条规定："股票发行价格可以按票面金额，也可以超过票面金额，但不得低于票面金额。"公司在发行股票过程中，只允许平价发行或者溢价发行，不允许折价发行。因为按照资本充实原则，股票只有平价发行或者溢价发行，股份发行所募集到的资金才能够等于或者高于公司所需要的资本；而股票的折价发行，即按照低于股票的票面价值发行股票，即使股份全部得以发行，所筹集到的资金也必然低于公司所需资本总额，这实际上会造成公司资本的虚增，有可能损害公司及股东的利益，也不利于对公司债权人的保护。

（3）明确利润分配条件

根据《公司法》第一百六十六条的规定，利润作为公司在一定会计期间的经营成果，对公司税后利润进行分配必须符合以下条件：第一，公司分配当年税后利润时，应当提取利润的10%列入公司法定公积金，法定公积金累计额为公司注册资本的50%以上的，可以不再提取；第二，公司的法定公积金不足以弥补以前年度亏损的，在提取法定公积金之前，应当先用当年利润弥补亏损。公司只有在弥补亏损和提取公积金后所余税后利润，才能进行分配。如公司在弥补亏损和提取法定公积金之前向股东分配利润的，股东必须将违反规定分配的利润退还公司。此外，公司持有的本公司股份不得参与利润分配。

此外，股东不得抽逃出资；资本公积金不得用于弥补亏损；除特殊情形外，公司不得收购本公司股份；有限责任公司变更为股份有限公司时，折合的实收资本总额不得高于公司净资产额等都是资本维持原则在公司法中的具体体现。

（二）违反资本维持原则诉讼案例①

1. 当事人信息

原告（二审被诉人）：山西煤炭运销集团曲阳煤炭物流有限公司

被告（二审上诉人）：中储国际控股集团有限公司

2. 案情简介

（1）关于中储国投实业公司股权变更情况

中储国际控股集团有限公司（以下简称中储控股公司）系中储国投实业公司（以下简称中储实业公司）的法人股东，中储实业公司注册资本为37000万元，股东及出资情况为：中储

① 案例索引：甘肃省高级人民法院（2016）甘民初104号民事判决书、最高人民法院（2017）最高法民终422号民事判决书。

控股公司出资额36000万元,河源赖茅古坊酒业有限公司(以下简称赖茅酒业公司)出资额1000万元。嗣后,中储实业公司发生了三次重大的股权变更。

第一次股权变更:2015年11月12日,中储实业公司作出《股东会决议》,公司注册资本由37000万元减至1000万元,中储控股公司减少注册资本36000万元。公司减资后,股东持股情况为:赖茅酒业公司出资额1000万元,出资比例100%;2015年11月21日,中储实业公司在《青年报》上刊登了减资公告;2016年1月6日,中储实业公司出具《有关债务清偿及担保情况说明》;2016年1月11日,中储实业公司在工商部门办理变更登记。

第二次股权变更:2016年1月12日,中储实业公司作出《股东会决议》,公司注册资本由1000万元增至37000万元,增加大连永通能源有限公司(以下简称永通能源公司)和怀仁县同煜华煤业有限责任公司(以下简称同煜华煤业公司)为公司股东。公司增资后,股东持股情况为:赖茅酒业公司出资额1000万元,永通能源公司出资额10000万元,同煜华煤业公司出资额26000万元;2016年2月19日,中储实业公司在工商部门办理变更登记。

第三次股权变更:2016年2月19日,中储实业公司作出《股东会决议》,公司注册资本由37000万元减至36000万元,赖茅酒业公司减资1000万元。公司减资后,股东持股情况为:永通能源公司出资额10000万元,同煜华煤业公司出资额26000万元;2016年2月20日,中储实业公司在《文汇报》上刊登减资公告;2016年4月6日,中储实业公司出具《有关债务清偿及担保情况说明》;2016年4月7日,中储实业公司在工商部门办理变更登记。此外,在本次工商登记中,中储实业公司名称变更为上海昊阁实业有限公司(以下简称昊阁实业公司)。

(2)关于曲阳物流公司申请执行情况

山西煤炭运销集团曲阳煤炭物流有限公司(以下简称曲阳物流公司)因与中储实业公司买卖合同纠纷一案,向上海市崇明县人民法院(以下简称崇明县法院)提起诉讼,2015年12月28日,崇明县法院判决中储实业公司支付曲阳物流公司货款30605629.59元及利息。中储实业公司不服,向上海市第二中级人民法院(以下简称上海二中院)提起上诉。2016年3月25日,上海二中院作出终审判决,驳回上诉,维持原判。

2016年4月26日,曲阳物流公司向崇明县法院申请强制执行,并在执行中申请追加中储控股公司为被执行人。2016年8月22日,崇明县法院作出执行(2016)沪0230执异15号执行裁定,认为:本案中,昊阁实业公司在中储控股公司减资退出后又进行了增资,且新股东已现金出资到位,之后,昊阁实业公司又部分交付了执行款,现有证据尚不能证明被执行人无财产清偿债务。遂依据《最高人民法院关于人民法院执行工作若干问题的规定(试行)》第八十条的规定,裁定驳回曲阳物流公司追加中储控股公司为被执行人的申请。

2016年9月29日,崇明县法院又作出(2016)沪0230执1124号执行裁定,称:执行中查明,被执行人昊阁实业公司名下无存款、车辆、有价证券、房地产等可供执行财产,基本账户已被冻结,该案已执行到位1226400元。另外,被执行人昊阁实业公司、案外人中储国投能源有限公司(以下简称中储能源公司)、江苏华通供应链管理有限公司(以下简称华通供应链公司）承诺用合作煤款首先开采的约15万吨煤炭担保该案债务。该案暂无其他线索，不具备继续执行的条件，裁定终结执行。

2017年3月13日，崇明县法院向甘肃省高级人民法院发来（2016）沪0230执1124号函，称：曲阳物流公司申请执行昊阁实业公司买卖合同纠纷一案，执行标的额为30810457.59元及利息，经执行，已到位1226400元。执行过程中，案外人中储能源公司以公司财产为被执行人提供执行担保；中储能源公司、华通供应链公司承诺，将华通供应链公司享有开采权及经营权的准格尔旗欣发达煤款开采的约15万吨煤提供执行担保；同煜华煤业公司股东陈曦、庞东升分别以该公司的87.5%股份、12.5%股份提供执行担保。但至今上述执行担保人均未履行担保义务。

3. 原告诉讼请求

2016年11月9日，曲阳物流公司向甘肃省高级人民法院（一审法院）提起诉讼，具体诉请为：（1）中储控股公司在减资范围内承担货款35405629.59元及逾期利息的清偿责任；（2）本案诉讼费由中储控股公司承担。

2016年11月16日，曲阳物流公司向一审法院递交变更诉讼请求申请书，变更诉讼请求第（1）项为：中储控股公司在减资范围内承担货款30605629.59元和逾期利息的连带清偿责任。

各诉讼主体之间的法律关系如图1－5所示。

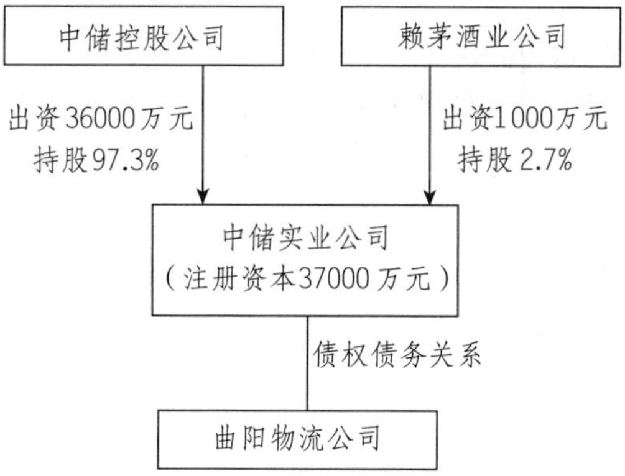

图1－5　各诉讼主体之间的法律关系图

4. 最高人民法院裁判观点（摘要）

特别说明：一审法院作出判决后，中储控股公司不服上诉，最高人民法院终审判决，驳回上诉，维持原判。为了避免重复一审、二审法院裁判观点，本书以最高人民法院裁判观点为准。

（1）中储实业公司未履行法定减资的通知义务

本案系因公司减资而引起的纠纷，由于公司减资减少了以公司资产承担责任的能力，直接影响到公司债权人的利益，因此我国公司法对于公司减资比增资规定了更为严格的法律程序，其目的就是在于有效保护债权人的利益。根据《公司法》第一百七十七条的规定，公司减资时，应当采取及时有效的方式通知债权人，以确保债权人有机会在公司责任财产减少之前作出相应的权衡并作出利益选择，公司则根据债权人的要求进行清偿或者提供担保。上述行为既是公司减资前对债权人应当履行的义务，也是股东对公司减资部分免责的前提。

根据本案查明的事实，2015 年 11 月 12 日，中储实业公司经股东会决议将注册资本由 37000 万元减至 1000 万元时，曲阳物流公司已于 2015 年 8 月 20 日将中储实业公司诉至法院，请求其偿还所欠 3000 余万元债务，中储实业公司对欠付曲阳物流公司案涉债务应属明知。在此情况下，中储实业公司仅在报纸上刊登减资公告，未就减资事项采取及时、有效的方式告知曲阳物流公司，未向工商登记部门如实报告其负有大额债务未清偿的事实就办理了工商变更登记，其刊登公告的行为不能构成对已知债权人曲阳物流公司的通知，其并未完成法定的履行通知的义务，其行为不符合公司减少注册资本的法定程序。

(2)中储控股公司应在减资范围内承担补充赔偿责任

根据减资前中储实业公司章程的规定，中储控股公司 36000 万元出资于 2016 年 12 月 31 日前到位，中储控股公司亦认可其在中储实业公司减资前还未全部出资到位。2015 年 11 月 12 日，中储实业公司经股东会决议，同意中储控股公司以减资方式退出公司，并将公司注册资本减至 1000 万元。在减资时，中储实业公司未履行通知已知债权人曲阳物流公司的义务，使得曲阳物流公司丧失了要求减资公司清偿债务或提供相应担保的权利。后虽经曲阳物流公司对中储实业公司申请强制执行，变更后的昊阁实业公司无财产可供执行，不能够完全清偿欠付债务，债权人曲阳物流公司的债权无法实现。

《公司法》规定，有限责任公司的股东应按其认缴的出资额履行足额出资义务，股东认缴的出资未经法定程序不得抽回、减少。本案中，中储实业公司在未向曲阳物流公司履行通知义务的情况下，其股东中储控股公司经公司股东会决议减资退股，违反了公司资本不变和资本维持的原则，与股东未履行出资义务及抽逃出资对于债权人利益的侵害在本质上并无不同，一审法院依照《公司法司法解释(三)》第十三条第二款的规定，判决中储控股公司应在减资范围内对昊阁实业公司欠付曲阳物流公司的债务承担补充赔偿责任，具有相应的事实和法律依据，并无不当。

(3)中储实业公司后续增资不能免除中储控股公司的责任

中储控股公司上诉称，昊阁实业公司在减资后又将注册资本增至 37000 万元，未影响昊阁实业公司偿债能力。诚然，在公司注册资本实缴制的情况下，公司减资后又增资，确实没有导致公司清偿能力和责任财产的减损。但在公司注册资本认缴制的情况下，交易相对人对公司清偿能力和注册资本的信赖只能基于对股东的信赖，公司减资后又增资，导致公司股东发生了变化，对股东的信赖也丧失了基础。

本案系债权人以债务人违反法定程序减资导致债权实现受损为由主张的侵权赔偿之诉，由于昊阁实业公司名下无财产可供执行，且案涉多项担保均未得到实际履行，曲阳物流公司的债权未因昊阁实业公司的增资和多个担保人提供担保而得到清偿,昊阁实业公司的增资行为未对曲阳物流公司的债权实现产生影响,债权不能实现的损害结果已实际发生。中储控股公司作为减资股东,其不当减资行为违反了公司资本维持原则,导致中储实业公司不能全面清偿其减资前所负债务,损害了债权人曲阳物流公司的利益。中储控股公司主张其减资行为与曲阳物流公司债权受损没有因果关系的上诉理由亦不能成立。

(三)案例评析

本案系因公司减资而引起的纠纷,公司减资削弱了以公司资产承担责任的能力,直接影响公司债权人的利益,因此我国公司法对于公司减资比增资规定了更为严格的法律程序,其目的就在于有效保护债权人的利益。公司减资时,应当采取及时有效的方式通知债权人,以确保债权人有机会在公司责任财产减少之前进行相应的权衡并作出利益选择,公司则根据债权人的要求进行清偿或者提供担保。上述行为既是公司减资前对债权人应当履行的义务,也是股东对公司减资部分免责的前提,其体现的价值正是资本维持原则。

三、资本不变原则在公司法中的体现及法院裁判案例

(一)资本不变原则在公司法中的体现

1. 资本不变原则的概念

资本不变原则,是指公司不得超越法定条件和程序随意增加或减少资本。也就是说,公司资本一经确定,不得任意改变,应当严格按照法定程序对公司资本进行增加或者减少。其目的是防止公司任意减少资本,造成公司偿债能力的降低从而损害债权人的利益,或公司任意增加资本,使股东承担过多的风险(或享受过度的利益)。资本不变原则旨在限制公司随意增资或减资,以保护债权人和其他利益相关者的利益。

2. 资本不变原则的主要表现形式

(1)公司增减资属于特殊决议事项

公司成立后,根据经营发展需要,可以增加或者减少注册资本,但必须严格遵守法定程序。根据《公司法》第四十三条、第一百零三条的规定,有限责任公司股东会会议作出增加或者减少注册资本的决议,必须经代表2/3以上表决权的股东通过;股份有限公司股东大会作出增加或者减少注册资本的决议,必须经出席会议的股东所持表决权的2/3以上通过。不同的是,前者是指公司的所有股东,后者是指出席会议的股东。公司增资或者减资,事关公司的生存基础和发展前途,股东会或股东大会作出的决议须经绝对多数方能通过。

(2)严格限制公司减资的程序

公司注册资本的增加属于公司重大经营决策事项,涉及股东的利益和公司本身财产的变化,但公司增资不会损害债权人的利益,所以公司法没有设置保护债权人的程序。公司减资则不同,《公司法》第一百七十七条规定了更加严格的程序。第一,公司必须编制资产负债表及财产清单,了解公司经营状况和财务状况;第二,股东会或股东大会作出减资决议,且该决

议必须反映绝大多数股东的意志;第三,公司应当在规定的时间内向债权人进行通知和公告。值得注意的是,书面通知和登报公告这两种行为是并列的,且具有法律的强制性,而不是由公司自由选择,随意而为。为了保护债权人的利益,公司法不仅赋予债权人知情权,债权人同时还享有要求清偿权和要求提供担保权。

(二)违反资本不变原则诉讼案例①

1. 案件当事人

原告(二审上诉人、再审被申请人):黑龙江新凯华机电设备安装工程有限公司

被告(二审被上诉人、再审申请人):哈尔滨天悦节能环保科技发展有限公司

第三人(二审上诉人、再审被申请人):吉林长岭鸿聚通能源有限公司

2. 案情简介

2014 年 1 月 2 日,吉林长岭鸿聚通能源有限公司(以下简称鸿聚通公司)召开股东会议,决定公司增加 4500 万元注册资本,增资部分由哈尔滨天悦节能环保科技发展有限公司(以下简称天悦公司)出资,天悦公司的出资额由增资前的 500 万元增至 5000 万元,持股比例相应变更为 83.33%,并于同日到工商部门办理了变更登记。

2014 年 1 月 7 日,天悦公司将注册资金 4500 万元汇入鸿聚通公司账户。2014 年 1 月 8 日,鸿聚通公司再次召开股东会议,同意黑龙江新凯华机电设备安装工程有限公司(以下简称新凯华公司)从鸿聚通公司借款 4500 万元,借款期限 6 个月。同日鸿聚通公司向新凯华公司汇款 4500 万元,载明往来款。2014 年 1 月 9 日,新凯华公司向天悦公司汇款 4500 万元,载明往来款。同日天悦公司将 500 万元转入哈尔滨财源宝投资管理有限公司账户。

2014 年 3 月 27 日,天悦公司与吴凤祥签订《股权转让协议》,约定天悦公司将其所持有的鸿聚通公司股份中的 30%(1800 万元)转让给吴凤祥。同日,鸿聚通公司召开股东会,确认吴凤祥持有鸿聚通公司 33.333% 的股份(2000 万元),天悦公司持股比例相应变更为 53.333%(3200 万元)。

2015 年 1 月 5 日,鸿聚通公司召开董事会,决议免去郭海青董事长职务及法定代表人职务,选举冯建辉为董事长、法定代表人,并登报公告。此外,郭海青系新凯华公司股东,持股比例为 60%,唐某某持股比例为 40%。

3. 原告诉讼请求

2015 年 2 月 11 日,新凯华公司诉至黑龙江省哈尔滨市中级人民法院(一审法院),请求判令天悦公司偿还 4500 万元借款。

2015 年 10 月 21 日,鸿聚通公司以有独立请求权第三人的身份申请参加本案诉讼,请求判令天悦公司返还该公司 4500 万元出资款。

---

① 案例索引:黑龙江省哈尔滨市中级人民法院(2015)哈民三商初字第 7 号民事判决书、黑龙江省高级人民法院(2017)黑民终 54 号民事判决书、最高人民法院(2018)最高法民申 2003 号民事裁定书。

各诉讼主体之间的法律关系如图 1 -6 所示。

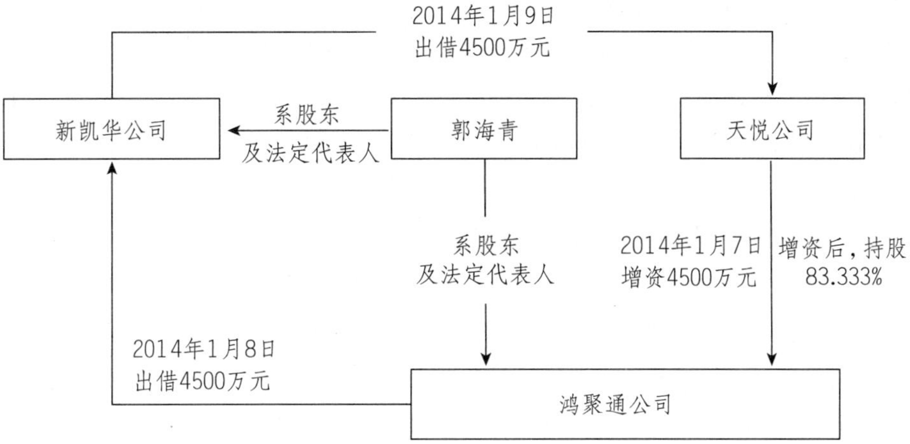

图 1 -6　各诉讼主体之间的法律关系图

4. 一审法院裁判观点

(1)新凯华公司的诉请没有事实依据

新凯华公司依据 2014 年 1 月 9 日向天悦公司转款 4500 万元的电汇凭证，要求天悦公司偿还该笔款项。天悦公司提出案涉 4500 万元并非其向新凯华公司的借款，而是新凯华公司法定代表人郭海青个人偿还案外人孟亮 1500 万元、吴凤祥 1800 万元、冯建辉 1200 万元的欠款。诉讼中，新凯华公司确定案涉 4500 万元系天悦公司为掩盖从鸿聚通公司抽逃注册资金的目的，借新凯华公司账户转款，该笔款项不是新凯华公司的自有资金。根据新凯华公司的陈述，其要求天悦公司返还案涉 4500 万元无事实依据，对新凯华公司该项诉请不予支持。如新凯华公司认为其与天悦公司存在其他法律关系，可另行主张权利。

(2)鸿聚通公司的诉请缺乏证据支持

鸿聚通公司股东会决议显示案涉 4500 万元系新凯华公司向其借款，且该笔款项已由鸿聚通公司转入新凯华公司，可以认定鸿聚通公司与新凯华公司之间系借款关系。鸿聚通公司提出案涉款项系天悦公司借新凯华公司账户取回在鸿聚通公司的注册资金。抽逃注册资金，应是股东利用关联交易将资金转出或者虚构债权债务关系将其资金转出。本案中，鸿聚通公司及新凯华公司的法定代表人均是郭海青，上述两公司的实际控制权均不在天悦公司的控制范围内，天悦公司无法利用上述两公司制造关联交易或者虚构债权债务关系。即天悦公司取得的案涉 4500 万元不应认定是其在鸿聚通公司抽逃注册资金，因鸿聚通公司的该项诉请缺乏证据，一审法院不予支持。

一审法院据此判决，第一，驳回新凯华公司的诉讼请求；第二，驳回鸿聚通公司的诉讼请求。宣判后，新凯华公司、鸿聚通公司均不服，分别向黑龙江省高级人民法院提出上诉。

5. 二审法院裁判观点

(1)关于新凯华公司主张能否成立问题

对于案涉款项4500万元,新凯华公司主张未向鸿聚通公司借款,也未将款项借给天悦公司,仅是帮郭海青转款。天悦公司亦主张未向新凯华公司借款,新凯华公司系代郭海青向其转款。上述过程中,新凯华公司与鸿聚通公司,以及新凯华公司与天悦公司之间不但均没有签订书面借款合同,而且没有证据证明形成口头合同,亦均认可没有借款的意思表示。且鸿聚通公司股东吴凤祥陈述股东会系研究天悦公司借款,由于从鸿聚通公司直接转款不便,通过新凯华公司转借。新凯华公司总经理唐某某亦证实郭海青告知其要通过新凯华公司转款,该款项不属于新凯华公司所有。故新凯华公司虽接收了鸿聚通公司的款项,又转款给天悦公司,但基于现有证据不能确定新凯华公司与鸿聚通公司及天悦公司之间形成了民间借贷法律关系,新凯华公司要求天悦公司返还4500万元借款缺乏事实及法律依据,原审判决驳回其诉讼请求并无不当。

(2)关于鸿聚通公司主张能否成立问题

天悦公司虽主张收取的该款系受案外人孟亮、冯建辉委托收取鸿聚通公司和新凯华公司共同的法定代表人郭海青的还款,以及郭海青代案外人吴凤祥向其支付股权转让款,但郭海青不认可与孟亮、吴凤祥、冯建辉存在债权债务关系。吴凤祥亦不认可欠天悦公司1800万元股权转让款,并委托郭海青代为偿还,故天悦公司此抗辩主张不能成立。天悦公司取回案涉4500万元没有向鸿聚通公司交付等值的资产或权益,违反了《公司法》规定的资本维持及资本不变原则,严重损害了鸿聚通公司的权益,符合《公司法司法解释(三)》第十二条的规定,未经法定程序将出资抽回,故天悦公司应将案涉4500万元返还给鸿聚通公司。在此过程中无论是天悦公司起主要作用,还是鸿聚通公司股东郭海青促成通过新凯华公司协助转款,均不影响案涉行为的性质及天悦公司的还款责任。

二审法院据此判决,天悦公司返还鸿聚通公司4500万元。宣判后,天悦公司不服,向最高人民法院申请再审。

6. 最高人民法院裁判观点

关于天悦公司是否构成抽逃出资,从以下两个方面进行阐述:

(1)其他主体之间的法律关系与本案没有关联

天悦公司主张接受新凯华公司4500万元转款的资金用途系为受案外人冯建辉、孟亮委托向郭海青收取2700万元欠款以及收取吴凤祥的股权转让款1800万元,故本案不构成股东抽逃出资。《公司法》第三条第一款规定:“公司是企业法人,有独立的法人财产,享有法人财产权。公司以其全部财产对公司的债务承担责任。”公司具有独立的法人人格,公司的法人财产独立于公司股东和法定代表人的个人财产,公司的股东及法定代表人与第三人之间或股东之间的债权债务关系亦独立于公司的债权债务关系,公司的法人财产并不当然应为法定代表人及股东承担责任。

本案中，郭海青、吴凤祥为鸿聚通公司的法定代表人和股东，天悦公司主张其出资的4500万元系用于处理郭海青、吴凤祥的个人债务，郭海青、吴凤祥并不认可，且天悦公司未提供证据证明其对案涉4500万元的处理体现了鸿聚通公司的意志。故，郭海青与案外人冯建辉、孟亮之间以及吴凤祥与天悦公司之间的法律关系，与本案鸿聚通公司追索出资款纠纷不具有法律上的关联性，不属于本案审理范围，如果上述关系出现利益失衡，应当依法另行解决。

(2)天悦公司领取鸿聚通公司4500万元没有合理依据

公司的法人财产是公司承担有限责任的基础。为确保公司资本真实、有效，维护交易秩序与安全，保障债权人权益，股东不得抽逃出资。《公司法》第三十五条明确规定："公司成立后，股东不得抽逃出资。"

原审法院查明，天悦公司根据鸿聚通公司股东会增资决议向鸿聚通公司出资4500万元，占股83.333%，成为鸿聚通公司的控股股东。在办理相应的工商变更登记及完成出资后，天悦公司在3日内通过新凯华公司账户收回4500万元，并将该款转入案外人哈尔滨财源宝投资管理有限公司账户。天悦公司对此不能提供合理解释，且未能提供证据证明在资金流转的过程中，向鸿聚通公司支付了合理的对价或使鸿聚通公司实际受益，天悦公司的行为导致鸿聚通公司资产减损，造成鸿聚通公司实际资产与工商登记不符。原审判决依据《公司法司法解释(三)》第十二条的规定，认定天悦公司构成抽逃出资，并无不当。至于天悦公司抽回资金后的实际用途，不影响对天悦公司行为性质的认定。

根据《公司法司法解释(三)》第十四条第一款的规定，"股东抽逃出资，公司或者其他股东请求其向公司返还出资本息、协助抽逃出资的其他股东、董事、高级管理人员或者实际控制人对此承担连带责任的，人民法院应予支持"。天悦公司作为股东抽逃出资，鸿聚通公司有权请求其返还出资，二审判令天悦公司返还鸿聚通公司4500万元并无不当。天悦公司再审申请中提出原判法律适用错误的主张，最高人民法院不予支持。

最高人民法院据此裁定，驳回天悦公司的再审申请。

(三)案例评析

本案中原告新凯华公司虽以"判令天悦公司偿还4500万元借款"作为诉请向人民法院提起诉讼，但事实上各涉案当事人均否认该笔款项系借款，也无任何实质性证据证明借贷关系的形成，致使一审法院最初就未认可借款事实，并驳回了新凯华公司的诉请，这也是为何本案的案由是"股东出资纠纷"而非"民间借贷纠纷"。

那么，这笔4500万元的款项从鸿聚通公司流出，通过新凯华公司最终流入天悦公司，其性质是不是抽逃出资？各方当事人争执不下，在都未向法院提供切实有效的证据的情况下，一审法院认为鸿聚通公司及新凯华公司的法定代表人均是郭海青，上述两公司的实际控制权均不在天悦公司的控制范围内，天悦公司无法利用上述两公司制造关联交易或者虚构债权债务关系，即天悦公司取得的案涉4500万元不应认定其在鸿聚通公司抽逃注册资金。但本案的关键之处便在于二审法院的裁判，二审法院最终还是认定天悦公司系抽逃出资。

其实,我们不难看出,案涉4500万元的款项在3日之内从天悦公司流出最终又流入天悦公司,天悦公司行为系抽逃出资的可能性是极大的,但是在无实质性的证据之下,二审法院、再审法院均认为,天悦公司对该笔款项的流入无法作出合理解释,也未能提供证据证明支付了合理对价,其行为却造成了鸿聚通公司资产减损,违反了《公司法》规定的"资本不变原则",认定天悦公司行为系抽逃出资,判决其返还出资款4500万元。

第三节　资本的演变伴随公司不同的发展阶段

企业有自己的生命周期,从公司的设立、发展、壮大到解散、清算,尽管每个企业经历的阶段各有不同,每个阶段历经的时间各有长短。总的来说,企业的整个生命周期大致可分为初创、成长、成熟、衰退、消亡五个阶段。企业在每个发展阶段,都对应着资本的演变过程,从公司资本演变轨迹来看,可以分为资本的诞生、繁衍、扩张、收缩、终结这五个部分。

公司是资本的载体和躯壳,资本通过公司实现价值和兑现价值,资本是公司的实质和内核,资本是公司赖以生存和发展的物质条件。公司与资本形影相随,唇齿相依,相互促进,相互制约。任何一家公司,如果没有了资本,公司就成了无本之木,无水之源,公司就要停摆,进而倒闭。无论多少资本,如果脱离了公司,资本就成了镜中之花,水中之月,资本就无法累积价值,甚至消亡。

公司发展阶段与资本演变过程示意见图1-7。

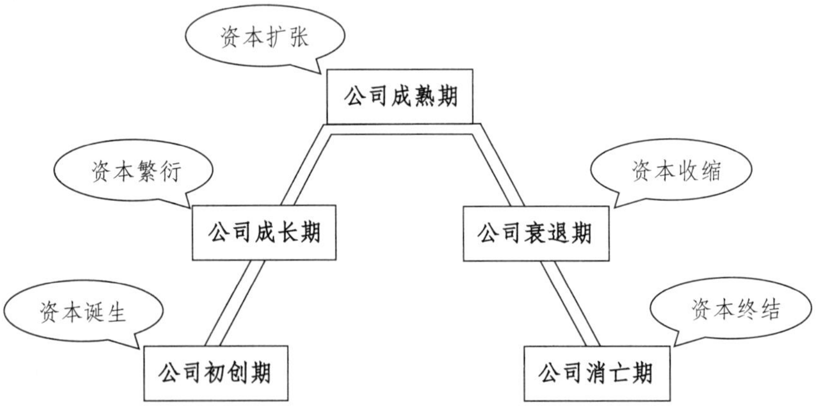

图1-7　公司发展阶段与资本演变过程示意图

一、资本的前期演变过程——资本的诞生、繁衍、扩张

(一)公司初创期与资本的诞生

1. 公司初创阶段资本的核心内容

公司设立时,由于股东投入的资金有限,这时的公司规模小,组织结构也很简单,自身管

理体系有待完善,公司各种不确定因素较多,企业经营风险高,公司的首要目标是生存,其次才是发展。在公司成立时,不论是股权投资还是债权投资方式,股东都需要提供资金或资产到公司用于生产经营活动,同时公司也可对外进行融资,当股东投资的资金或资产和公司对外融资款项成为企业的"第一桶金"时,这标志着资本的诞生。

在公司的初创期间,资本的核心内容反映在投融资方面,主要是指权益性投融资和借贷性投融资,有时也会出现混合性投资、名股实债以及战略投资和财务投资等形式,这个阶段的公司主要是筹资,即引进各种投资,有来自股东的投资,有来自股东以外的投资,投资主体包括自然人、法人组织和非法人组织企业法人、非企业法人等,公司的核心内容为生存和发展。

2. 权益资本与借贷资本混合出资

举例说明,A 公司和 B 公司共同出资设立甲公司,双方协商确定,A 公司持股比例为 70%,B 公司持股比例为 30%,经市场考察与资金估测,甲公司开展经营需要 3000 万元资金,A、B 两家公司为降低投资风险,决定以 1000 万元作为股权投资,2000 万元作为债权投资(两股东按持股比例出借),考虑到甲公司发展初期资金非常紧张,两股东决定放弃借款利息。

我们可以看出,甲公司经营需要的资本来源于两个方面:一是全体股东缴付的股权投资款 1000 万元;二是全体出借的债权投资款 2000 万元。全体股东总投资为 3000 万元,其中 A 公司投入 2100 万元,B 公司投入 900 万元。(见图 1-8)

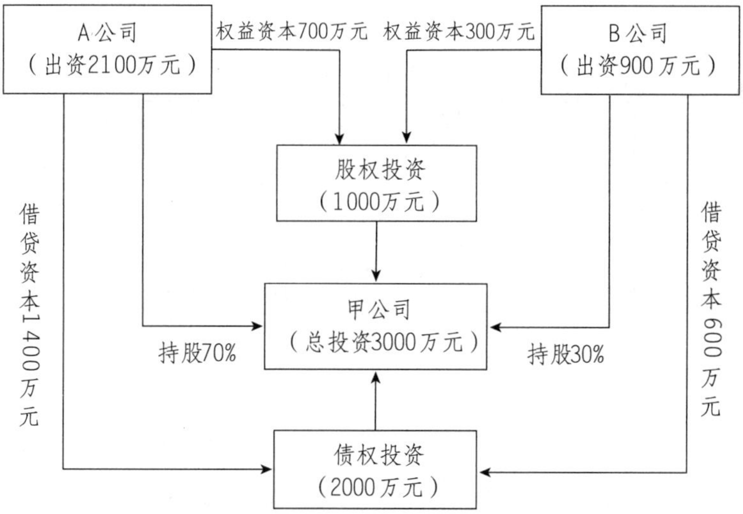

图 1-8　股东对目标公司出资结构及数额示意图

(二)公司成长期与资本的繁衍

1. 公司成长阶段资本的核心内容

公司能够在市场竞争中存活下来,表明企业在产品质量、客户服务和产品销售方面都有了较大的进步,企业净现金流相对充裕,财务上也不再亏损。处于成长期的公司的首要任务是扩大市场规模,并在行业中占据领先地位,但企业不能仅仅依靠自身的积累,必须借助资本的力量开疆拓土，迅猛发展。公司走向成长意味着资本的繁衍，在这个过程中，资本的核心内容反映在并购方面，主要是指股权并购和资产并购，股权并购包括受让股权并购、增资并购、合并并购，资产并购包括直接资产并购和间接资产并购。此阶段的公司主要表现为做大做强，公司的核心内容为取得行业影响力。

2. 股权并购与资产并购

继续以上述案例为例，甲公司注册资本为1000万元，公司经过两年的发展，估值达到20000万元。现有同行业的乙公司，有X、Y、Z三个自然人股东(其中X股东持股55%，Y股东持股25%，Z股东持股20%)，公司拥有核心资产M资产(账面价值3000万元)和非核心资产N资产(账面价值1500万元)，甲公司非常看好乙公司，提出与乙公司及其股东合作，以做大做强企业，对于具体合作方式，双方拟订了四种方案，方案1：甲公司按比例分别受让X、Y、Z三个股东的部分股权，受让后，甲公司合计持有乙公司20%的股权；方案2：甲公司按比例分别受让X、Y、Z三个股东的部分股权，受让后，甲公司合计持有乙公司70%的股权；方案3：甲公司以现金5000万元收购乙公司的核心资产M资产，乙公司不再从事该行业的经营；方案4：甲公司以现金2000万元收购乙公司的非核心资产N资产，乙公司继续经营主营业务。(见图1-9)

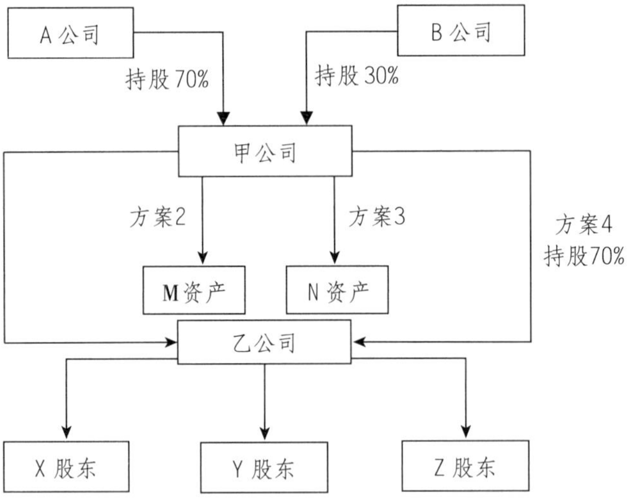

图1-9　公司成长阶段资本繁衍四种方案示意图

方案1与方案2尽管都是受让股权形式，但二者存在本质上的区别，方案1中甲公司只是参股，不能对乙公司形成有效控制，而方案2中甲公司通过收购乙公司原股东的股权，成为乙公司的控股股东。因此，方案1属于一般股权转让，方案2属于股权并购。方案3与方案4虽然都是收购资产方式，但二者也存在本质上的区别，甲公司出资收购乙公司非核心资产N资产，一般不会影响乙公司原有的经营活动，继续与甲公司进行业务上的竞争，而甲公司收购乙公司的核心资产M资产后，乙公司就无法再成为甲公司的竞争对手。因此，方案3属于一般资产转让,方案4属于资产并购。

(三)公司成熟期与资本的扩张

1.公司扩张阶段资本的核心内容

公司进入成熟期,标志着公司处于鼎盛阶段,虽然成长速度变缓,但利润率激增,经营活动相对稳定,经营压力比较小,公司的战略目标和竞争优势已经显现出来,公司已经形成了核心竞争力,在市场中都能占据主导地位。尤为重要的是,公司的创业者仍不满足于现有的成就,谋划企业上市,实现资本之梦。

公司逐渐成熟受益于资本的扩张。在这个过程中,资本的核心内容反映在重组方面,企业重组的形式主要有增资、合并、债务重组、业务重组、机构与人员重组、企业改制等。此阶段的公司主要表现为规模扩张,公司的核心内容为资产证券化,如香港联合交易所要么在国内上市,要么在国外上市,如美国纳斯达克。

企业重组,是指改变企业结构的过程,是企业在日常经营活动以外发生的法律结构和经济结构重大改变的交易。企业重组是企业加强资源整合,实现快速发展,提高竞争力的有效措施,是化解产能严重过剩矛盾,调整优化企业资产结构,提高企业资产的总体质量,最终建立起符合市场经济要求的资产组织体系的重要途径。

2.企业合并

甲公司由A、B两家公司设立,其中A公司持股70%,B公司持股30%。甲公司注册资本1000万元,资产总额20000万元,负债4000万元,股东权益16000万元,乙公司有X、Y、Z三个自然人股东,其中股东X持股55%,股东Y持股25%,股东Z持股20%。乙公司注册资本500万元,资产总额3000万元,负债600万元,股东权益2400万元。甲乙两公司合并,在评估的基础上协商一致,甲公司估值为40000万元,乙公司估值为5000万元,甲公司存续,乙公司解散,合并后的甲公司有五个股东,分别是A、B两家公司和X、Y、Z三个自然人。(见图1-10)

企业合并前:

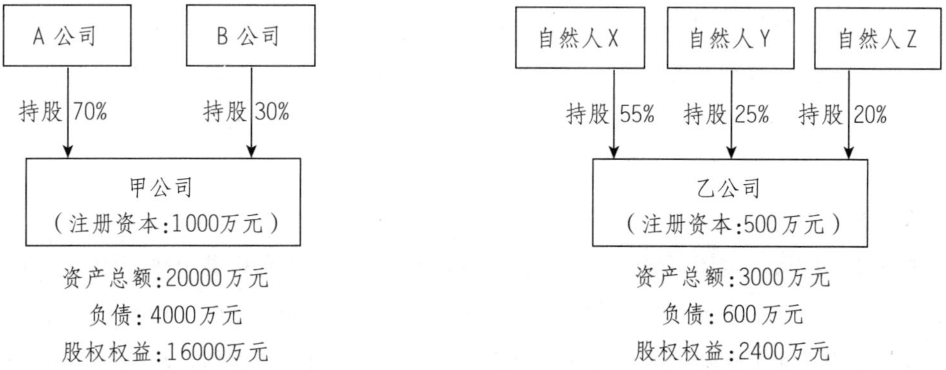

企业合并后：

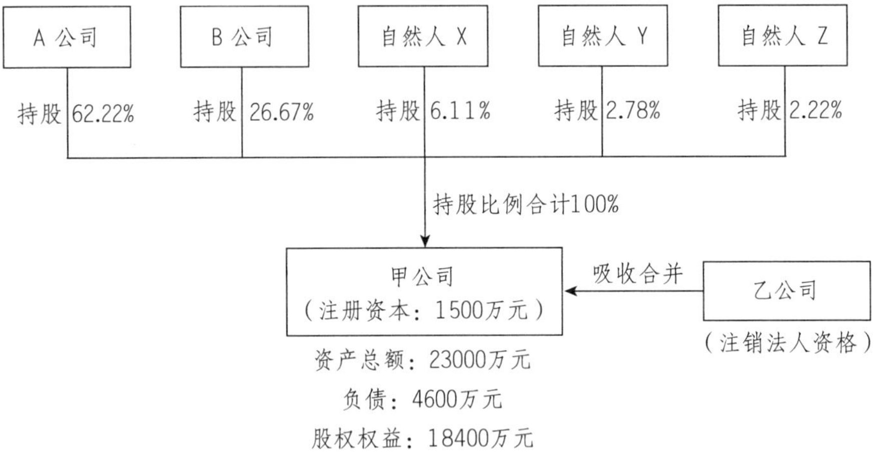

图1-10　企业合并前后对比示意图

二、资本的后期演变过程——资本的收缩、终结

（一）公司衰退与资本的收缩

1. 公司衰退阶段资本的核心内容

公司进入衰退期的标志是产品供过于求，销量急剧下降，甚至大量积压，综合竞争力减弱，市场份额下滑严重，行业主导地位被取代。公司从成熟期走向衰退的原因多种多样，有的是因为国家产业政策的调整导致大量压减产能，企业失去半壁江山；有的是面对市场环境的急速变化，企业未积极采取有效的措施，产品销量断崖式下降；有的是股东内部矛盾重重企业难以为继，股东闹分家，企业被肢解；还有的是公司调整产业结构，主动减负瘦身，剥离非主营业务的资产；等等。

公司出现衰退反映了资本的缩减。在这个过程中，资本的核心内容反映在资本缩减方面，主要形式有公司分立和减资等。资本缩减有客观的因素，表现为资本萎缩，业务逐渐下滑，资产大量缩水，盈利能力衰微，甚至发生亏损，公司财务状况严重恶化；也有主观的因素，表现为资本收缩，公司将资产和业务剥离给股东，公司改综合经营为单一化经营等。

2. 公司分立

A、B 两家公司各出资 50% 设立甲公司，甲公司注册资本 400 万元，截止到基准日，甲公司资产总额 2000 万元，负债 1000 万元，未分配利润 600 万元，股东权益 1000 万元。因股东不和，甲公司陷入僵局，A、B 两家公司决定对甲公司进行分立，分立成甲公司及乙公司，分立后 A 公司持有甲公司 100% 股权，B 公司持有乙公司 100% 股权。经评估，分立前甲公司资产作价 2500 万元，负债作价 1000 万元，企业估值 1500 万元，A、B 两家公司均认可上述估值。后双方一致同意将分立前甲公司一套生产线（含机器设备、厂房和土地使用权，净值 900 万元）

分立作价 1250 万元分割给乙公司。(见图 1－11)

企业分立前：

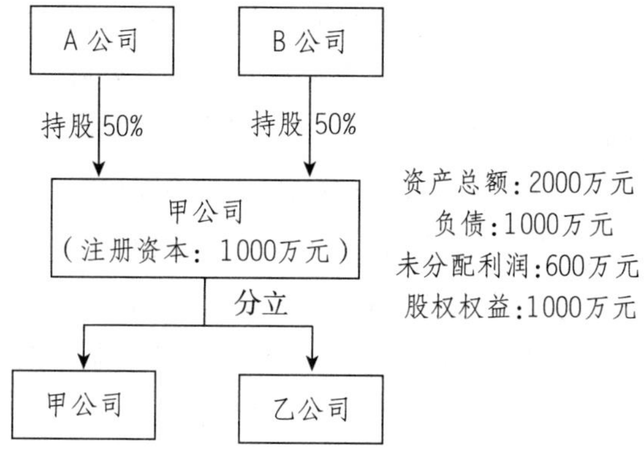

企业分立后：

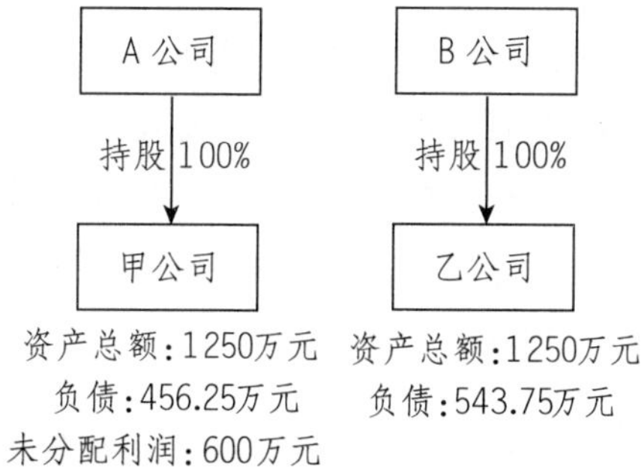

图 1－11　企业分立前后对比示意图

(二)公司消亡期与资本的终结

1. 公司消亡与公司解散

公司消亡即法人终止，是指法人主体资格的丧失，公司解散只是公司法人资格消灭的原因，在解散过程中，公司丧失的只是从事经营活动的行为能力，其法人资格并未真正消灭。公司解散的法律后果主要体现在以下四个方面：(1)因合并或分立而解散的，其法人资格消灭，其权利义务由存续公司或新设公司承继；(2)除合并和分立之外，因其他原因而解散的，进入清算阶段，此时法人资格仍然存在；(3)公司解散后，其行为能力受到限制，只能从事与清算目的相关的活动，不得开展任何生产经营活动；(4)公司解散后，由清算组对外代表公司参与民事诉讼等有关活动。

2. 公司消亡阶段资本的核心内容

公司依法消亡意味着资本的终结。在这个过程中，资本的核心内容反映在清算方面，因为公司只有经过清算，法人主体资格才归于消灭。实践中，公司清算有多种不同的分类，比如公司清算因情形不同可分为破产清算、解散清算和视同清算，因程序不同可分为普通清算和特别清算，因是否具有强制力可分为任意清算和法定清算。根据《公司法》第一百八十三的规定,除了合并和分立不需要走清算程序外,其他所有的清算都必须履行法定程序。具体内容包括:(1)成立清算组;(2)通知并公告债权人申报债权;(3)清理公司财产;(4)清缴所欠税款;(5)清偿公司债务;(6)分配剩余财产;(7)编制清算报告;(8)清算终结。

一般而言,公司初创阶段是资本诞生的过程,公司成长阶段是资本繁衍的过程,公司成熟阶段是资本扩张的过程,公司衰退阶段是资本收缩的过程,公司消亡阶段是资本终结的过程。当然,有的企业可能会经历全部的阶段,有的企业可能只能经历一两个阶段。此外,不同的企业在不同的发展阶段,其资本演变的过程也不尽相同。公司初创期和成长期属于公司业务和实力上升阶段,等到公司进入成熟期时,表明公司的发展已经达到了鼎盛,这个时期能够持续多长期间,取决于事物的内因和外因,其中内因是前提,外因是条件,二者缺一不可。成熟期过后,公司进入下行阶段,这时的公司逐渐衰退,业务萎缩,资产缩水,实力锐减,直至最终消亡,退出市场。

资本的生命历程要么波澜壮阔,精彩纷呈;要么跌宕起伏,惊心动魄;要么昙花一现,来去匆匆。如何运用资本塑造企业,既是一个永恒的话题,也是一个沉重的命题,更是每一个企业家必须面对的人生课题。然而,现实中的企业始终逃不过"三三制"的宿命,即三分之一的企业去并购,实现自己做大做强;三分之一的企业被并购,搭乘成功者的便车,过把间接上市的瘾;三分之一的企业最终退出竞争市场。打造百年老店,成就世界企业,是许多企业家追逐的目标,但往往事与愿违。个中原因,令人深思。

第二章

认缴制下注册资本的表现形式、法律责任与设计

实务指引

股东的有限责任制度，是现代公司的重要基石。根据企业性质的不同，表现为有限责任公司的股东以其认缴的出资额为限对公司承担责任，股份有限公司股东以其认购的股份为限对公司承担责任。股东只要按照公司章程的规定按期足额缴纳其认缴的全部出资，除非特殊情形下，股东对公司所负担的债务不承担任何责任。

注册资本是公司经营资本的重要组成部分，是公司设立、存续、发展的物质基础，是公司对外承担债务的责任资本，是股东对公司的责任限额，是确定股东权利和义务的主要标准，是股东划分投资权益的重要依据。发起设立和募集设立作为设立股份有限公司的两种方式，需要仔细甄别，依法运用。目前，注册资本以认缴制为原则，以实缴制为特例，股东有权自主约定出资方式、出资额和出资期限。

违反注册资本规定的法律责任包括刑事责任、行政责任和民事责任。科学而合理地安排公司注册资本，不仅关系到股东自身的经济实力、投资收益及投资风险，还关系到公司的发展规模、资金需求及偿债能力，同时也成为交易对象对公司资信状况、履约能力及利益保障机制的重要考量因素。验资制度取消后，股东如何证明出资到位，成为一个新的话题。公司、股东及公司债权人应学会防控注册资本认缴制下的各种风险，谨慎交易。

第一节　注册资本的表现形式与认缴制的适用

一、《公司法》对不同性质的公司注册资本的要求

（一）注册资本的概念、结构及其他

1. 注册资本的概念

注册资本，又称法定资本或登记资本、公示资本、额面资本，是指公司章程确定的，在公司登记机关依法登记的，由全体股东认缴的出资额或者发起人认购的股本总额（专指发起设立方式设立的股份有限公司，下同）。注册资本是公司成立所必须具备的前提条件，是公司赖以生存和发展的物质基础，是公司章程的法定登记事项，是股东保证公司承担责任的资本。注册资本作为公司经营资本的一部分，是公司对外承担债务责任的源泉，也是公司承担风险、偿还债务的一项基本保证。

注册资本是对公司而言的，根据《公司法》第二十六条、第八十条的规定，注册资本是全体股东认缴的出资额或者发起人认购的股本总额。认缴出资额是对有限责任公司股东而言的，全体股东认缴的出资额之和就是公司的注册资本；认购股份是对股份有限公司发起人而言的，全体发起人认购的股份之和（股本总额）就是公司的注册资本。

2. 注册资本的组成结构

注册资本实缴与认缴，反映的不是股东（发起人）的出资方式，而是注册资本的组成结构。关于注册资本的组成结构，可归纳为以下三种情形：

第一种情形：股东（发起人）在公司设立时按照公司章程规定向公司实际缴纳全部的出资额（或股本总额），即公司注册资本全部登记为实收资本，实收资本与注册资本保持一致。此时，公司的注册资本体现为实收资本。

第二种情形：股东（发起人）在公司设立时暂不向公司缴纳出资额（或股本总额），而是依据公司章涅在未来的一定时间再行缴付，即公司注册资本全部登记为认缴出资，实收资本为零。此时，公司的注册资本体现为认缴资本。

第三种情形：股东（发起人）在公司设立时实缴一部分出资额（或股本总额），同时在公司章程规定的出资期限内再缴付其余的出资额（或股本总额），即公司注册资本一部分登记为实收资本，一部分登记为认缴资本，实收资本小于注册资本。此时，公司的注册资本体现为混合资本。

3. 注册资本和注册资金的比较

实践中，注册资本与注册资金好像没有任何不同，经常被人们通用，但从严格意义上来讲，注册资本与注册资金具有一定的区别。

(1)适用范围不同

注册资本是公司全体股东认缴的出资额的总和,一般适用于公司法规制的有限责任公司、股份有限公司和国有独资公司等具备公司性质的企业;而注册资金是国家授予企业法人经营管理的财产或者企业法人自有财产的数额体现,一般适用于全民所有制企业、集体所有制企业、联营企业、外资企业和私营企业等具备法人条件的企业。

(2)财产属性不同

注册资本是公司章程的法定登记事项,反映的是公司法人财产权,是出资人认缴的出资额的总和;而注册资金是企业法人登记注册的主要事项,所反映的是企业经营管理权,是企业实有资产的总和。企业法人的注册资金,除国家另有规定的外,应与实有资金相一致,注册资本是指由企业投资人认缴的,应尽量与从事的业务相一致。

(3)法律关系不同

注册资本包括实收资本和认缴资本,反映股东与公司之间的投资关系;注册资金包括流动资金和固定资金,主要体现企业的资产规模,反映经营者与财产所有人之间的委托关系。

(二)《公司法》对有限责任公司注册资本的要求

《公司法》第二十六条规定:"有限责任公司的注册资本为在公司登记机关登记的全体股东认缴的出资额。法律、行政法规以及国务院决定对有限责任公司注册资本实缴、注册资本最低限额另有规定的,从其规定。"

本条是关于有限责任公司注册资本的规定。所谓出资额,是指以货币表示的各类出资的价值金额;所谓认缴出资额,是指全体股东共同制定的公司章程中规定的各股东出资的数额。下面就从注册资本的来源、构成、表现、认定、限额及缴纳等六个方面阐述公司法对有限责任公司注册资本的具体要求。

1. 注册资本的来源

有限责任公司的注册资本来源于股东对公司的投资,而且仅限于股权投资,全体股东出资形成的注册资本是公司经营资本的重要组成部分,是不可分割的一个整体,注册资本只能以公司的名义支配和使用,公司非经法定程序,不得增加或者减少注册资本,股东也不得抽逃出资。

2. 注册资本的构成

有限责任公司的注册资本的构成包括两个方面:一是公司注册资本额为所有股东认缴的出资额之和;二是公司注册资本额为实缴出资额和应缴出资额相加之和。注册资本实行全面认缴制后,股东可以自主设计实缴出资额和应缴出资额,法律不再强求公司登记时,股东应当缴纳一定数额或者比例的出资。

3. 注册资本的表现

有限责任公司的注册资本应当以货币(人民币)形式表现,根据《公司法》第二十七条的规定,股东可以用货币出资,也可以用实物、知识产权、土地使用权等可以用货币估价并可以依法转让的非货币财产作价出资。非货币资产作为出资标的物,其中一个重要的前置条件是能以货币进行评估作价,且不得高估或者低估作价。

4. 注册资本的认定

有限责任公司的注册资本以公司登记机关登记的数额为准。根据《公司法》第二十三条、第二十五条的规定,注册资本是公司章程的法定登记事项,是设立公司的必备条件。公司章程中没有注册资本,公司登记机关将不予登记,不发营业执照。

5. 注册资本的限额

有限责任公司的注册资本没有法定最低额的限制,由股东自主认缴出资额,可谓上不封顶、下不保底,在理论上可以说是"一元办公司"。但必须清醒地认识到,对法定最低注册资本的取消,并不意味着公司可以没有注册资本,即便是注册资本只有 1 元,仍然要记载于公司章程并依法登记。

6. 注册资本的缴纳

有限责任公司的注册资本,由股东自主约定缴付期限,股东可以分期缴纳,不受时间限制。关于股东首次出资比例,理论上可以说是"零首付"。这样不但可以提高资金使用效率,而且大幅降低公司设立成本。但在股东设立的出资期限过长,而公司又背负巨额债务的情况下,股东可能面临出资加速到期的风险。有关此类话题,后文再作详叙。

综上所述,有限责任公司的注册资本作为有限责任公司经营资本的一部分,具有非常鲜明的特色,无论是公司还是股东,在享有公司法赋予的自主权利的同时,也应当按照公司法规定的要求履行自身的义务。

(三)《公司法》对股份有限公司注册资本的要求

1. 法律规定

《公司法》第八十条规定:"股份有限公司采取发起设立方式设立的,注册资本为在公司登记机关登记的全体发起人认购的股本总额。在发起人认缴的股份缴足前,不得向他人募集股份。股份有限公司采取募集方式设立的,注册资本为在公司登记机关登记的实收股本总额。法律、行政法规以及国务院决定对股份有限公司注册资本实缴、注册资本最低限额另有规定的,从其规定。"

本条是关于股份有限公司注册资本的规定。所谓认购的股本总额,是指所有发起人已经实际缴纳的出资和等待将来缴纳的出资总和;所谓实收股本总额,是指发起人已经实际缴纳的出资和发起人以外的认购人已经实际缴纳的出资总和。

根据股份有限公司在设立时是否向社会公众发行股份,股份有限公司的设立分为发起设立和募集设立两种方式。所谓发起设立,是指由发起人认购公司应发行的全部股份而设立公司。发起人设立方式主要分为以下两种情况:一是新设设立,即 2 个以上 200 个以下发起人(注:其中须有半数以上的发起人在中国境内有住所)出资设立新的股份有限公司;二是变更设立,即有限责任公司按原账面净资产值折股整体变更为股份有限公司,本书第五章将详细介绍此种情况。也就是说,以发起设立的方式设立股份有限公司的,在公司设立时,其股份全部由发起人认购,而不向发起人之外的任何社会公众发行股份。

所谓募集设立,是指由发起人认购公司应发行股份的一部分(发起人认购的股份不得少于公司股份总数的35%,但是法律、行政法规另有规定的,从其规定),其余部分向社会公开募集或者向特定对象募集而设立公司。也就是说,以募集设立的方式设立股份有限公司的,在公司设立时,认购股份的人不仅有发起人,还有社会公众。因为公司的设立涉及广大社会投资者,所以,国家对募集设立制定了非常严格的规定。

2. 发起设立与募集设立的主要区别

发起设立与募集设立作为股份有限公司设立的两种方式,只有在全面了解二者的各自特点和主要区别之后,才能真正运用两种不同的设立方式,科学、合理地构建股份有限公司的高楼大厦,进而对接资本市场。

(1)注册资本的来源不同

以发起设立方式设立的股份有限公司,其注册资本为全体发起人认购的股本总额。根据《公司法》第八十四条的规定,在发起人认购的股份缴足前,不得向发起人以外的其他人募集股份。法律之所以这样规定是为了防止发起人进行投机活动,损害其他投资者的利益;而对于以募集设立方式设立的股份有限公司,其注册资本为发起人和认股人共同认购的股本总额,即注册资本一部分由发起人认购,另一部分由公众投资者认购。

(2)股东的构成不同

以发起设立方式设立的股份有限公司,设立公司的人均为发起人,并不涉及社会公众,股东的构成为单一型,仅限于发起人,只有在发起人认购的股份缴足后,并向社会公开募集资金,认购股份的社会公众才能成为公司的股东;而对于以募集设立方式设立的股份有限公司,除了发起人之外,还涉及广泛的公众投资者,股东的构成为复合型,包括发起人和社会公众。

(3)发起人认购股份的限额不同

以发起设立方式设立的股份有限公司,法律对发起人认购股份没有限额规定,全体发起人认购的股份总和为100%;而对于以募集设立方式设立的股份有限公司,法律对发起人认购股份有明确的限额要求,一般情况下,发起人认购的股份不得少于公司股份总数的35%(但是法律、行政法规另有规定的从其规定),发起人只需投入较少的资金,其他资金可以由社会投资者投入。

(4)发起人的出资期限不同

以发起设立方式设立的股份有限公司,发起人认购的股本总额包括实缴部分和认缴部分,法律并不要求公司注册资本一次性全部缴足,发起人可以分期缴纳;而对于以募集设立方式设立的股份有限公司,法律明确要求股份有限公司的全部股本必须实缴,不允许采用认购方式。原因在于,以募集设立方式设立股份有限公司,其规模相对较大,可能影响经济社会安定。

(5)出资验资的规定不同

以发起设立方式设立的股份有限公司,根据自愿原则,公司可以聘请验资机构对发起人认购的股本进行验资;而以募集方式设立的股份有限公司,发起人向社会公开募集的股份已经全部发售完毕的,在所有的股款都已经缴纳到银行后,对发起人和其他认股人缴纳的股款,必须经法定的验资机构验资并出具验资情况的证明,股份有限公司注册登记时,还需提交该验资证明。

(6)设立公司的程序不同

以发起方式设立的股份有限公司,只要发起人认足了股份就可以向公司登记机关申请设立登记,设立程序比较简单;以募集方式设立的股份有限公司,发起人向社会公众公开募集资金,必须公告招股说明书,制作认股书,由证券公司承销(应当签订承销协议),由银行代收股款(应当签订代收股款协议),发起人应当自股款缴足之日起30日内主持召开公司创立大会,设立程序相对复杂。

总之,以发起设立方式设立股份有限公司,设立程序比较简单,以募集设立方式设立股份有限公司,设立程序较为复杂,具有较大的社会影响性,稳定性较差,公司法的相关规定也体现了国家对于募集设立方式的谨慎性和严肃性。

3.上市公司采取募集设立方式设立案例——东风汽车

东风汽车股份有限公司(证券代码:600006;证券简称:东风汽车)公告的《招股说明书(概要)》披露:东风汽车股份有限公司(筹)是经国家经济贸易委员会国经贸企改〔1998〕823号文批准设立的。东风汽车公司作为独家发起人,将其下属的轻型车厂、柴油发动机厂、铸造三厂为主体的与轻型车和柴油发动机的生产有关的资产和业务进行股份制改组,采用募集方式设立本公司。

经财政部财国字〔1998〕184号文确认和财评字〔1999〕51号文认可,截至1997年12月31日,发起人投入本公司的资产总额为人民币188795.55万元,净资产为人民币80895.89万元。经财政部财国字〔1998〕358号文批准,发起人投入本公司的净资产按1∶0.86531的比例折为70000万股(界定为国有法人股),占本公司70%的股份;社会公众持股30000万股,占本公司30%的股份,股本总额为100000万股。每股面值人民币1.00元,采用溢价发行,每股发行价为5.10元。

(1)注册资本:本次发行后,本公司注册资本为100000万元。

(2)本次公开发行的股份:本次公开发行系本公司向国内社会公众新发行30000万股A股。

(3)超过面值缴入的资本及其用途:本次股票公开发行后,扣除发行费用后的溢价部分为119271.50万元将进入本公司的资本公积金。

(4)发起人认购股份数额及股份类别:东风汽车公司作为独家发起人,将其投入本公司的净资产80895.89万元按1∶0.86531的比例折为70000万股,界定为国有法人股。

(5)本次发行完成后,本公司的股本结构见表2-1。

表2-1　公司股本结构表

项　　目	股本数量(万股)	占总股本的比例(%)
发起人股(国有法人股)	70000	70.00
社会公众A股	30000	30.00
合　　计	100000	100.00

4.上市公司采取募集设立方式设立案例——东北高速

东北高速公路股份有限公司(以下简称东北高速)系由黑龙江高速公路集团有限公司(以下简称龙高集团)、吉林省高速公路集团有限公司(以下简称吉高集团)和华建交通经济开发中心(以下简称华建交通)三家企业共同作为发起人,募集设立的股份有限公司。龙高集团以哈大高速公路的经营性净资产及其拥有的黑龙江省哈松公路大桥有限责任公司的权益、吉高集团以长平高速公路的经营性净资产、华建交通以其在上述两路一桥中的投资作为出资,并以此作为存量资本折股,同时向社会公开发行人民币普通股A股。

1998年7月17日,交通部以交函体法〔1998〕260号《关于推荐东北高速公路股份有限公司公开发行A种股票并上市的函》,推荐上述三家企业以哈大高速公路、长平高速公路的经营性净资产及以松花江大桥的部分权益投入,发起设立股份有限公司。

经中国证券监督管理委员会(以下简称中国证监会)证监发行字〔1999〕74号文《关于核准东北高速公路股份有限公司(筹)公开发行股票的通知》批准,东北高速于1999年7月5日向社会公开发行人民币普通股(A股)30000万股,每股面值1元。1999年8月10日,东北高速向社会公开发行的人民币普通股(A股)在上海证券交易所挂牌交易,系公路类国企大盘股。东北高速股权架构见图2-1。

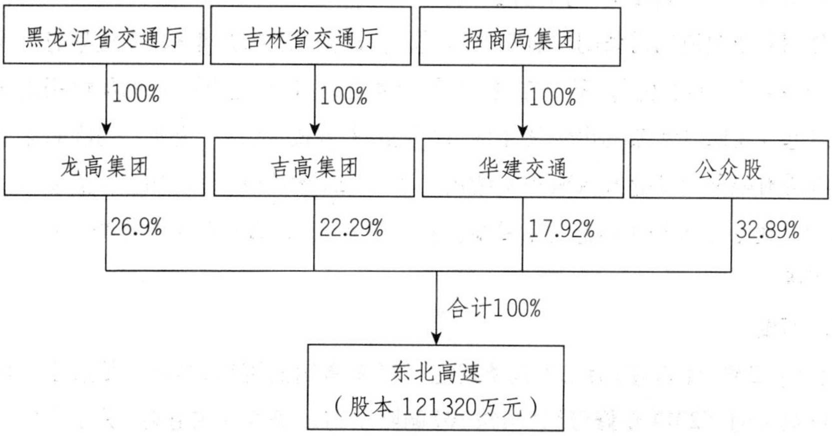

图2-1　东北高速以募集设立方式设立时的股权架构图

5.综合评析

我国《公司法》虽然明确了以募集方式设立股份有限公司的相关规定,但是由于募集设立股份公司牵涉社会公众的利益,如不进行严格的管控,很容易构成非法吸收公众存款罪和非法集资罪。因此,在实践中,采取募集方式设立股份有限公司的案例非常少见,一般是大型国有企业。

在上述两个案例中,东风汽车股份有限公司作为发起人认购了70%的股份,东北高速的三位发起人股东龙高集团、吉高集团、华建交通合计认购了67.11%的股份,均超过了《公司法》第八十四条规定的"发起人认购的股份不得少于公司股份总数的百分之三十五"的比例限制,符合法律规定。

二、注册资本认缴制的主要内容、适用范围及利弊分析

(一)2013年《公司法》关于注册资本的修改内容

注册资本认缴制,是指在公司设立时,不要求公司股东必须同时缴纳所有的认缴注册资本额,股东可以不实际出资,但是需根据公司章程规定的出资方式、出资时间和出资额履行出资义务。公司注册资本由实缴制改为认缴制,是2013年修订的《公司法》(2014年3月1日起施行)最大的亮点之一,认缴制主要表现在以下几个方面:

1.登记事项

《公司法》(2005年修订)第七条第二款规定:"公司营业执照应当载明公司的名称、住所、注册资本、实收资本、经营范围、法定代表人姓名等事项。"

《公司法》(2013年修订)第七条第二款规定:"公司营业执照应当载明公司的名称、住所、注册资本、经营范围、法定代表人姓名等事项。"2013年修订后删除了"实收资本"这一登记事项,国务院《关于印发注册资本登记制度改革方案的通知》(国发〔2014〕7号)第二部分第一项规定:"公司实收资本不再作为工商登记事项。"

虽然公司营业执照只需载明注册资本,无须记载实收资本,但根据《企业信息公示暂行条例》(2014年10月1日起施行)第九条、第十条的规定,企业报送并公示的年度报告内容包括股东或者发起人认缴和实缴的出资额、出资时间、出资方式等信息,企业应当在有限责任公司股东或者股份有限公司发起人认缴和实缴的出资额、出资时间、出资方式等信息形成之日起20个工作日内通过企业信用信息公示系统向社会公示,不再将实收资本作为公司营业执照应当载明的事项。

2.验资制度

《公司法》(2005年修订)第二十九条规定:"股东缴纳出资后,必须经依法设立的验资机构验资并出具证明。"2013年修订《公司法》时删除了前述条款。国务院《关于印发注册资本登记制度改革方案的通知》第二部分第一项规定:"公司登记时,无需提交验资报告。"

股东(发起人)缴纳出资,无须验资机构验资并出具证明,只须到公司登记机关备案即可。

但注册资本认缴制并不代表完全取消了验资程序,有些特殊行业就必须履行法定的验资程序,以募集设立方式设立的股份有限公司也是如此。《公司法》第八十九条第一款第一句规定:“发行股份的股款缴足后,必须经依法设立的验资机构验资并出具证明。”当然,不论何种形式的公司从建立现代企业制度的大局考量,自愿验资绝不是一件坏事,尤其是当公司涉及特殊项目或为了满足特殊用途时,是必须出具验资报告的。

3. 出资额

根据《公司法》(2005 年修订)第二十三条第二项规定,设立有限责任公司,股东出资应达到法定资本最低限额。第二十六条第二款规定:“有限责任公司注册资本的最低限额为人民币三万元。法律、行政法规对有限责任公司注册资本的最低限额有较高规定的,从其规定。”第五十九条第一款规定:“一人有限责任公司的注册资本最低限额为人民币十万元。股东应当一次足额缴纳公司章程规定的出资额。”第八十一条第二款第二句规定:“股份有限公司注册资本的最低限额为人民币五百万元。法律、行政法规对股份有限公司注册资本的最低限额有较高规定的,从其规定。”

根据《公司法》(2013 年修订)第二十三条第二项规定,设立有限责任公司,应当有符合公司章程规定的全体股东认缴的出资额。第二十五条规定,有限责任公司章程应当载明股东的出资方式、出资额和出资时间。

注册资本认缴制下,除法律、行政法规以及国务院决定对特定行业注册资本最低限额另有规定的外,取消有限责任公司最低注册资本 3 万元、一人有限责任公司最低注册资本 10 万元、股份有限公司最低注册资本 500 万元的限制。股东(发起人)在公司章程中可以自主约定出资额,理论上可以说是“一元办公司”,那么股东(发起人)认缴的出资额以多少为宜呢?这是个见仁见智的问题,但不管出于什么考量,都应当长远规划公司的生产经营对资金的需求,匹配股东的资金能力和可预期资金能力。

4. 出资方式

《公司法》(2005 年修订)第二十七条第三款规定:“全体股东的货币出资金额不得低于有限责任公司注册资本的百分之三十。”2013 年修订《公司法》时第二十七条删除了该项内容。

注册资本认缴制下,不再限制全体股东(发起人)的货币出资金额占注册资本的比例,股东(发起人)在公司章程中自主约定出资方式,其出资可以全部是货币,也可以全部是非货币性资产。根据财政部、国家税务总局《关于非货币性资产投资企业所得税政策问题的通知》(财税〔2014〕116 号)第五部分的规定,非货币性资产是指现金、银行存款、应收账款、应收票据以及准备持有至到期的债券投资等货币性资产以外的资产,包括股权、不动产、技术发明成果等。

5. 出资期限

《公司法》(2005 年修订)第二十六条第一、二句规定:“有限责任公司的注册资本为在公司登记机关登记的全体股东认缴的出资额。公司全体股东的首次出资额不得低于注册资本的百分之二十，也不得低于法定的注册资本最低限额，其余部分由股东自公司成立之日起两年内缴足；其中，投资公司可以在五年内缴足。”

《公司法》(2013 年修订)第二十六条规定：“有限责任公司的注册资本为在公司登记机关登记的全体股东认缴的出资额。法律、行政法规以及国务院决定对有限责任公司注册资本实缴、注册资本最低限额另有规定的，从其规定。”

注册资本认缴制下，国家不再限制公司设立时全体股东(发起人)的首次出资比例，不再规定公司股东(发起人)缴足出资的期限。股东(发起人)在公司章程中可以自主约定出资期限，包括分缴出资次数和间隔时间，以及首次实缴出资的期限和末次实缴出资的期限，但出资期限不得长于公司营业期限，也不得约定为无期限。即使公司章程规定的出资时间到期，股东(发起人)也可以通过修改章程延长期限，且不必征得债权人的事先同意。

6. 年度检验

《公司登记管理条例》(2005 年 12 月 18 日修订)第五十九条规定：“每年 3 月 1 日至 6 月 30 日，公司登记机关对公司进行年度检验。”第六十条规定：“公司应当按照公司登记机关的要求，在规定的时间内接受年度检验，并提交年度检验报告书、年度资产负债表和损益表、《企业法人营业执照》副本。”第六十一条规定：“公司登记机关应当根据公司提交的年度检验材料，对与公司登记事项有关的情况进行审查。”

《公司登记管理条例》(2014 年 2 月 19 日修订)第五十八条规定：“公司应当于每年 1 月 1 日至 6 月 30 日，通过企业信用信息公示系统向公司登记机关报送上一年度报告，并向社会公示。”

为配套注册资本认缴制度，国家改革年度检验验照制度，将企业年度检验制度改为年度报告公示制度。企业应当按年度在规定的期限内，通过市场主体信用信息公示系统向工商管理机关报送年度报告，并向社会公示，任何单位和个人均可查询。企业年度报告的主要内容应包括公司股东(发起人)缴纳出资情况、资产状况等。企业应当对年度报告的真实性、合法性负责。

总之，实行注册资本认缴制，公司股东认缴的出资总额或者发起人认购的股本总额应当在公司登记机关登记，公司股东(发起人)有权依据意思自治原则，对其认缴出资额、出资方式、出资期限等自主约定，并记载于公司章程。公司应当将股东认缴的出资额或者发起人认购股份、出资方式、出资期限、缴纳情况通过国家企业信用信息公示系统向社会公示。“认缴”不等于“不缴”，最终还是要缴，注册资本认缴制并没有改变股东(发起人)以其认缴(认购)的出资额(股份)承担责任的规定，也没有改变股东(发起人)承担责任的形式。

(二)不适用认缴制及实行最低限额的情形

国家工商行政管理总局颁布的《公司注册资本登记管理规定》(自 2014 年 3 月 1 日起施行)第二条规定：“有限责任公司的注册资本为在公司登记机关登记的全体股东认缴的出资额。股份有限公司采取发起设立方式设立的，注册资本为在公司登记机关登记的全体发起人认购的股本总额。股份有限公司采取募集方式设立的，注册资本为在公司登记机关登记的实收股本总额。法律、行政法规以及国务院决定规定公司注册资本实行实缴的，注册资本为股东或者发起人实缴的出资额或者实收股本总额。”注册资本完全认缴制既适用于有限责任公司，也适用于股份有限公司，但不能普适于所有公司。

根据国务院《关于印发注册资本登记制度改革方案的通知》第二部分第一项的规定，现行法律、行政法规以及国务院决定明确规定实行注册资本实缴登记制的银行业金融机构、证券公司、期货公司、基金管理公司、保险公司、保险专业代理机构和保险经纪人、直销公司、对外劳务合作企业、融资性担保公司、募集设立的股份有限公司，以及劳务派遣企业、典当行、保险资产管理公司、小额贷款公司实行注册资本认缴登记制问题，另行研究决定。在法律、行政法规以及国务院决定未修改前，暂按现行规定执行。（见表2－2）

表2－2　暂不实行注册资本认缴登记制的行业

序号	名　称	法律依据
1	商业银行	《商业银行法》
2	外资银行	《外资银行管理条例》
3	金融资产管理公司	《金融资产管理公司条例》
4	信托公司	《银行业监督管理法》
5	财务公司	
6	金融租赁公司	
7	汽车金融公司	
8	消费金融公司	
9	货币经纪公司	
10	村镇银行	
11	贷款公司	
12	农村信用合作联社	
13	农村资金互助社	
14	证券公司	《证券法》
15	期货公司	《期货交易管理条例》
16	基金管理公司	《证券投资基金法》
17	保险公司	《保险法》
18	保险专业代理机构、保险经纪人	
19	外资保险公司	《外资保险公司管理条例》
20	直销企业	《直销管理条例》
21	对外劳务合作企业	《对外劳务合作管理条例》

续表

序号	名　　称	法 律 依 据
22	融资性担保公司	《融资性担保公司管理暂行办法》
23	劳务派遣企业	2013 年 10 月 25 日国务院第 28 次常务会议决定
24	典当行	
25	保险资产管理公司	
26	小额贷款公司	

国务院决定规定上述二十六个行业继续实行注册资本实缴登记制，这主要是考虑到这些特定行业由于自身和政府管理的特殊性，对其实缴注册资本的要求较高，国家对金融机构或者类金融机构实施审慎监管，要求其具备相当数量的实缴资本，以维护金融稳定。

根据相关法律、行政法规及国务院的规定，目前仍存在注册资本最低限制的公司主要有：证券公司、基金管理公司、信托投资类公司、期货经纪公司、商业银行、金融租赁类公司、金融资产管理公司、保险类公司、外商投资性公司、文化产业类公司、与建设事业相关的公司、典当行、旅行社、与运输企业相关的公司、电信业务类公司、经营劳务派遣业务的公司等十六类公司。对于上述公司注册资本的具体要求，有兴趣的读者可以继续关注，本书不再展开论述。

(三)注册资本完全认缴制的利与弊

1. 注册资本认缴制的好处

实行注册资本认缴登记制，反映国家进一步放宽对市场主体准入的管制，降低准入门槛，优化营商环境，促进市场主体加快发展。通俗地讲，就是公司设立更加便利，股东出资更加灵活，市场准入更加宽松，营商环境更加优化，企业活力更加强劲，社会投资热情更加高涨。

2. 注册资本认缴制的弊端

注册资本认缴制的全面实行，股东出资不再有法定期限的束缚，股东可以随意设定漫长的出资期限，债权人利益的保护令人担忧。即使出资期限即将到期，股东亦可以通过延长出资期限的方式，恶意逃避债务，将经营风险转嫁给债权人，等等。2019 年《九民会议纪要》提出的股东出资加速到期以及资本显著不足股东承担连带责任在一定程度上约束了上述情况的发生，但仍有一定的局限性。

3. 注册资本认缴制对债权人的影响

注册资本认缴制下，债权人要慎重选择交易对象，仔细考量交易规模，谨慎签订合同，不能听信对方公司夸夸其谈，不能只看对方公司的表面假象。交易前，通过企业信用信息公示系统等公开渠道获取对方公司的一系列资料，认真审查公司章程，仔细分析年度报告，充分了解交易对方的注册资本缴付情况、资信情况及履行能力等，知己知彼，方能游刃有余。交易时，为最大限度降低风险，防范对方出现违约，建议设定有效保障机制，对相关交易资金(包括但不限于预付款、保证金、货款等)进行监管,要求对方公司股东、实际控制人、董事、高级管理人员等提供连带责任保证。

注册资本只是公司经营资本的一部分,在公司全部资产中占有较少的比例,债权人既不能只盯着债务人的注册资本,也不能无视债务人的注册资本,出借资金一定要再三考虑,减少交易风险。倘若已经发生业务,建议债权人特别要关注股东的认缴出资期限,如股东未缴纳出资或者恶意延长出资期限的,债权人可以依照《公司法》第二十条及《公司法》司法解释的相关规定,适时提出股东出资加速到期或者资本显著不足诉讼,及时要求股东承担补充赔偿责任或者连带清偿责任。具体内容可参见本书第六章、第九章的有关内容。

第二节　违反公司注册资本规定的有关法律责任

一、违反公司注册资本相关法律规定的刑事责任

司法实践中,与注册资本关联的刑事犯罪涉及三个罪名,虚报注册资本罪(《刑法》第一百五十八条)、虚假出资罪(《刑法》第一百五十九条)和抽逃出资罪(《刑法》第一百五十九条)。2013 年《公司法》修改后,上述三个罪名被保留下来。

2014 年 4 月 24 日,第十二届全国人大常委会第八次会议通过《关于〈中华人民共和国刑法〉第一百五十八条、第一百五十九条的解释》,就《刑法》第一百五十八条、第一百五十九条对实行注册资本认缴登记制、认缴登记制的公司的适用范围问题,解释如下:“刑法第一百五十八条、第一百五十九条的规定,只适用于依法实行注册资本实缴登记制的公司。”

2014 年 5 月 20 日,最高人民检察院、公安部发布《关于严格依法办理虚报注册资本和虚假出资抽逃出资刑事案件的通知》(公经〔2014〕247 号),通知规定要求,严格把握罪与非罪的界限。根据 2013 年修改的《公司法》和全国人大常委会立法解释,自 2014 年 3 月 1 日起,除依法实行注册资本实缴登记制的公司以外,对申请公司登记的单位和个人不得以虚报注册资本罪追究刑事责任;对公司股东、发起人不得以虚假出资、抽逃出资追究刑事责任。对依法实行注册资本实缴登记制的公司涉嫌虚报注册资本和虚假出资、抽逃出资犯罪的,各级公安机关、检察机关依照《刑法》和最高人民检察院、公安部《关于公安机关管辖的刑事案件立案追诉标准的规定(二)》的相关规定追究刑事责任时,应当认真研究行为性质和危害后果,确保执法办案的法律效果和社会效果。

(一)虚报注册资本罪的刑事责任

虚报注册资本罪,是指个人或单位在申请公司登记时,使用虚假证明文件或者采取其他欺诈手段虚报注册资本,对公司登记主管部门进行欺骗,取得公司登记,且虚报注册资本数额巨大、后果严重或者有其他严重情节的行为。

1. 量刑标准

《刑法》第一百五十八条规定:“申请公司登记使用虚假证明文件或者采取其他欺诈手段虚报注册资本,欺骗公司登记主管部门,取得公司登记,虚报注册资本数额巨大、后果严重或者有其他严重情节的,自然人触犯本罪,处三年以下有期徒刑或者拘役,并处或者单处虚报注册资本金额百分之一以上百分之五以下罚金。单位犯前款罪的,对单位判处罚金,并对其直接负责的主管人员和其他直接责任人员,处三年以下有期徒刑或者拘役。”

2. 追诉标准

最高人民检察院、公安部《关于公安机关管辖的刑事案件立案追诉标准的规定(二)》第三条规定:“申请公司登记使用虚假证明文件或者采取其他欺诈手段虚报注册资本,欺骗公司登记主管部门,取得公司登记,涉嫌下列情形之一的,应予立案追诉:(一)超过法定出资期限,实缴注册资本不足法定注册资本最低限额,有限责任公司虚报数额在三十万元以上并占其应缴出资数额百分之六十以上的,股份有限公司虚报数额在三百万元以上并占其应缴出资数额百分之三十以上的;(二)超过法定出资期限,实缴注册资本达到法定注册资本最低限额,但仍虚报注册资本,有限责任公司虚报数额在一百万元以上并占其应缴出资数额百分之六十以上的,股份有限公司虚报数额在一千万元以上并占其应缴出资数额百分之三十以上的;(三)造成投资者或者其他债权人直接经济损失累计数额在十万元以上的;(四)虽未达到上述数额标准,但具有下列情形之一的:1. 两年内因虚报注册资本受过行政处罚二次以上,又虚报注册资本的;2. 向公司登记主管人员行贿的;3. 为进行违法活动而注册的。(五)其他后果严重或者有其他严重情节的情形。”

3. 案例展示①

长沙县人民法院(一审法院)经审理查明,湖南鼎都投资担保有限公司(以下简称鼎都公司)成立于2011年1月25日,注册资本为3000万元,其中李某出资2700万元,晏某出资300万元,均未实际出资,到位资本金为零。2011年11月,邹光伟收购了明知为空壳公司的鼎都公司全部股权,2011年11月9日,李某应邹光伟的要求,协助邹光伟到工商行政管理部门办理了鼎都公司的变更登记,股东变更为湖南众和天创科技发展有限公司(以下简称众和天创公司)、湖南中宏基商贸有限公司(以下简称中宏基公司)、湖南宏金金融材料有限公司(以下简称宏金公司),其中众和天创公司出资1800万元,中宏基公司出资1050万元,宏金公司出资150万元,注册资本合计3000万元。完成变更后三股东均未实际出资。

2011年12月29日,邹光伟为使鼎都公司取得融资性担保公司资质而增加公司注册资本,从长沙吉华投资有限公司借款7000万元,以各股东的名义将上述出资款转入鼎都公司账户验资后于当天转回长沙吉华投资有限公司账户。湖南金桥会计师事务所有限公司出具了

① 案例索引:湖南省长沙县人民法院(2018)湘0121刑初1025号刑事判决书、湖南省长沙市中级人民法院(2019)湘01刑终777号刑事判决书。

《验资报告》，证明截至2011年12月29日，鼎都公司变更后的累计注册资本为1亿元，实收资本1亿元。2011年12月30日，邹光伟依据验资报告，到工商行政管理部门为鼎都公司办理了工商变更登记，将鼎都公司注册资本变更为10000万元（股东宏金公司出资300万元、众和天创公司出资5000万元、中宏基公司出资3000万元、邹光伟出资1000万元、彭某出资700万元）。

2012年1月5日，鼎都公司申请从事融资性担保业务。经逐级审核，2012年8月2日，湖南省人民政府金融工作办公室批复同意鼎都公司在湖南省范围内从事融资性担保业务，公司注册资本为1亿元，并颁发了融资性担保机构经营许可证。2012年8月14日，鼎都公司到工商行政管理部门办理了经营范围变更登记。2014年3月10日，经长沙县人民政府同意，长沙县人民政府全额出资的长沙县鑫业建设投资有限公司（以下简称鑫业公司）与贺某、吴某、彭某、中宏基公司、宏金公司分别签订股权转让合同，出资3100万元收购了实际没有资金的鼎都公司股份，其中收购了原股东贺某12%，吴某10%，彭某7%，中宏基公司2%，共计31%的股份，收购资金3100万元按合同约定于3月10日和11日支付到了中宏基公司账户。2014年3月18日，鼎都公司变更工商登记股东为宏金公司出资300万元、中宏基公司出资6600万元、鑫业公司出资3100万元。自始至终，除鑫业公司支付了股权转让款3100万元到中宏基公司以外，其他股东都没有实际出资，公司一直为邹光伟所控制，鼎都公司增资时注册资金来源及转出均系邹光伟个人操作。

根据湖南鹏程有限责任会计师事务所对鼎都公司所作的资产清查专项审计报告，截至2016年3月31日，鼎都公司有在保客户9家，在保余额49645900元；2014年—2016年3月，鼎都公司账面累计费用7854500元，清查调整后费用为9620100元；2014年—2016年3月，鼎都公司收入为1327500元，投资收益250000元，共计1577500元；至2016年3月31日止，鼎都公司已代偿担保业务本息合计5408700元。

一审法院认为，被告人邹光伟作为鼎都公司的股东、实际控制人，为取得鼎都公司融资性担保资质，明知融资性担保公司系注册资本实缴制公司，借入资金以作验资之用，在验资完成后立即将资金抽逃用于归还借款，致使公司没有真实资本，事实清楚、证据确实、充分，其行为构成抽逃出资罪。判决被告人邹光伟犯抽逃出资罪，判处有期徒刑2年6个月，并处罚金人民币140万元。

宣判后，邹光伟向湖南省长沙市中级人民法院（二审法院）提出上诉。其上诉理由为：（1）原审判决定罪错误，其增资并转出7000万元的行为发生在鼎都公司被批准成立融资性担保公司之前，其行为构成虚报注册资本罪，不构成抽逃出资罪。（2）原审判决认定其抽逃出资7000万元错误。其为鼎都公司代偿逾期贷款25051308.5元及支付鼎都公司日常运营费用962.01万元，上述两笔费用应当认定为公司资本金，应当认定其在事后补缴了一半以上的注册资本。（3）原审判决量刑过重。不应将鑫业公司3100万元本金及代偿损失作为对其量刑的依据。

上诉人邹光伟的辩护人辩护提出：(1)邹光伟为增加注册资本，委托中介代办公司变更登记，以垫资欺诈的手段虚报注册资本，基于虚假资本取得虚假验资报告后将垫资返还，并利用该虚假验资报告达到变更公司工商登记及获得融资性担保机构经营许可资格的目的，其行为应构成虚报注册资本罪，而非抽逃出资罪或虚假出资罪。原审判决认定邹光伟构成抽逃出资罪，属定性错误。(2)原审判决对邹光伟量刑畸重，没有体现罪责刑相适应的原则。

二审法院认为，上诉人邹光伟申请公司变更登记时采取欺诈手段虚报注册资本，欺骗公司登记主管部门，取得公司登记，虚报注册资本数额巨大、后果严重，其行为已构成虚报注册资本罪。上诉人邹光伟上诉及其辩护人辩护提出邹光伟增资并转出7000万元的行为发生在鼎都公司被批准成立融资性担保公司之前，其行为构成虚报注册资本罪，不构成抽逃出资罪，原审判决定罪错误。经审查，上诉人邹光伟在明知公司属于注册资本实缴制公司的情况下，隐瞒公司注册资本并未实缴到位的情况，欺骗公司登记主管部门，取得公司登记，后果严重，其行为已构成虚报注册资本罪。故上诉人邹光伟及其辩护人提出的该上诉、辩护理由以及湖南省长沙市人民检察院认为邹光伟犯虚报注册资本罪的理由成立，二审法院予以采纳。

上诉人邹光伟上诉提出其为鼎都公司代偿逾期贷款25051308.5元及支付鼎都公司日常运营费用962.01万元，上述两笔费用应当认定为公司资本金，应当认定其在事后补缴了一半以上的注册资本。经审查，邹光伟在申请公司变更登记时虚报注册资本7000万元，其之后为鼎都公司代偿逾期贷款和为公司日常运营支付的费用，不影响其在申请公司登记时虚报注册资本的数额，故该上诉理由不成立，二审法院不予采纳。

2019年11月29日，二审法院作出终审判决：(1)撤销一审刑事判决；(2)上诉人邹光伟犯虚报注册资本罪，判处有期徒刑2年，并处罚金人民币140万元。

4.案例评析

本案涉及此罪与彼罪的问题，一审法院认定邹光伟的行为构成抽逃出资罪，判处邹光伟有期徒刑2年6个月，并处罚金140万元；二审法院认定邹光伟的行为构成虚报注册资本罪，判处邹光伟有期徒刑2年，并处罚金140万元。那么虚报注册资本罪与抽逃出资罪有何区别呢？

首先，虚报注册资本罪的犯罪主体是公司设立登记时的申请人或直接实施欺诈行为的人，而非全体股东，而抽逃出资的犯罪主体则是公司及其法定代表人或董事会，其行为体现的是公司法人的集体意思，可构成单位犯罪。其次，虚报注册资本的行为发生在公司注册登记时，而抽逃注册资本的行为则发生在公司注册登记之后。最后，虚报注册资本一般是股东均有出资行为，只是实际出资数额小于注册登记的资本总额；而抽逃注册资本则是在公司登记时已按照公司章程记载的数额和股东认购的出资数额足额缴纳了注册资本，但在公司获准登记后，非因公司经营所需转出或抽出部分或全部资本。

(二)虚假出资罪的刑事责任

虚假出资罪，是指公司发起人、股东违反《公司法》的规定未交付货币、实物或者未转移财产权，且数额巨大、后果严重或者有其他严重情节的行为。

1. 量刑标准

依据《刑法》第一百五十九条的规定，公司发起人、股东违反《公司法》的规定未交付货币、实物或者未转移财产权，虚假出资，数额巨大、后果严重或者有其他严重情节的，自然人触犯本罪，处5年以下有期徒刑或者拘役，并处或者单处虚假出资金额或者抽逃出资金额2%以上10%以下罚金。单位犯前款罪的，对单位判处罚金，并对其直接负责的主管人员和其他直接责任人员，处5年以下有期徒刑或者拘役。

2. 追诉标准

最高人民检察院、公安部《关于公安机关管辖的刑事案件立案追诉标准的规定(二)》第四条规定："公司发起人、股东违反公司法的规定未交付货币、实物或者未转移财产权，虚假出资，或者在公司成立后又抽逃其出资，涉嫌下列情形之一的，应予立案追诉：(一) 超过法定出资期限，有限责任公司股东虚假出资数额在三十万元以上并占其应缴出资数额百分之六十以上的，股份有限公司发起人、股东虚假出资数额在三百万元以上并占其应缴出资数额百分之三十以上的；(二) 有限责任公司股东抽逃出资数额在三十万元以上并占其实缴出资数额百分之六十以上的，股份有限公司发起人、股东抽逃出资数额在三百万元以上并占其实缴出资数额百分之三十以上的；(三) 造成公司、股东、债权人的直接经济损失累计数额在十万元以上的；(四) 虽未达到上述数额标准，但具有下列情形之一的：1. 致使公司资不抵债或者无法正常经营的；2. 公司发起人、股东合谋虚假出资、抽逃出资的；3. 两年内因虚假出资、抽逃出资受过行政处罚二次以上，又虚假出资、抽逃出资的；4. 利用虚假出资、抽逃出资所得资金进行违法活动的。(五) 其他后果严重或者有其他严重情节的情形。"

3. 案例展示①

安徽省芜湖市中级人民法院(一审法院)经审理查明：2009年10月，被告人张星晃及潘某某同芜湖经济技术开发区建设投资公司(以下简称芜湖经开区建投)共同出资成立芜湖盛科信用担保有限公司(以下简称盛科公司)，其中，张星晃出资4000万元，潘某某出资2000万元，由张星晃负责办理企业注册手续。在注册过程中，潘某某将1500万元交给张星晃，同时与张星晃约定，另外500万元由张星晃代为垫付。后张星晃伪造银行进账单据，骗得验资报告，在未实际出资6000万元情况下，使得盛科公司顺利取得注册。

一审法院认为，被告人张星晃作为公司发起人，未按照规定实际出资，骗取出资证明，虚假出资6000万元，其行为构成虚假出资罪。判处有期徒刑4年，并处罚金120万元。宣判后，张星晃不服，提出上诉。其上诉理由为：原判认定其行为构成虚假出资罪错误，其实为虚报注册资本，按照现行法律不应定罪处罚。

安徽省高级人民法院(二审法院)经审理查明：2009年10月，张星晃以及潘某某同芜湖

① 案例索引：安徽省芜湖市中级人民法院(2015)芜中刑初字第00016号刑事判决书、安徽省高级人民法院(2016)皖刑终57号刑事判决书。

经开区建投协商，共同出资1亿元成立盛科公司，芜湖经开区建投、张星晃各出资4000万元，潘某某出资2000万元，分别占40%、40%、20%股份，由张星晃具体办理企业注册手续。在盛科公司注册过程中，芜湖经开区建投将4000万元汇入指定注册账户，潘某某将注册资金1500万元交给张星晃，同时与张星晃约定另500万元注册资金由张星晃代为垫付。后张星晃伪造中国农业银行芜湖分行美食街分理处的银行印章、银行账号，制作两张金额分别为4000万元、2000万元的假银行进账单，并通过符某某骗取安徽平泰会计师事务所出具的盛科公司验资报告，使得盛科公司顺利取得注册。应由张星晃缴纳的及与潘某某需实际出资的6000万元，张星晃没有实际缴纳。

对张星晃及其辩护人提出的上诉理由和辩护意见，二审法院结合查明的事实、证据，综合评述如下：张星晃提出其行为实为虚报注册资本，按照现行法律不构成犯罪的上诉理由，经查：盛科公司系融资性担保公司，实行注册资本实缴登记制，张星晃作为实际股东，具有按约出资6000万元的义务，但其伪造银行进账单、银行询证函，骗取验资机构验资证明文件，不实际出资，数额巨大、后果严重，其行为符合虚假出资罪犯罪构成。

二审法院认为，上诉人张星晃作为公司实际股东，违反《公司法》规定，虚假出资6000万元，数额巨大、后果严重，其行为构成虚假出资罪。依照《刑法》第一百五十九条第一款之规定，判决上诉人张星晃判处有期徒刑4年，并处罚金120万元。

4. 案例评析

两审法院对张星晃构成虚假出资罪的定性及量刑是正确的。第一，根据国务院颁布的《融资担保公司监督管理条例》的相关规定，注册资本不能低于法定最低限额且必须为实缴货币资本是融资性担保公司设立的法定条件，而盛科公司不具备上述条件；第二，张星晃身为盛科公司的登记股东，未按照规定实际出资，骗取出资证明，数额巨大，后果严重，符合虚假出资罪的构成要件。

（三）抽逃出资罪的刑事责任

抽逃出资罪，是指公司发起人、股东违反《公司法》的规定，在公司成立后又抽逃其出资，数额巨大、后果严重或者有其他严重情节的行为。

1. 量刑标准

依据《刑法》第一百五十九条的规定，公司发起人、股东在公司成立后抽逃其出资，数额巨大、后果严重或者有其他严重情节的，构成抽逃出资罪。自然人触犯本罪，处5年以下有期徒刑或者拘役，并处或者单处虚假出资金额或者抽逃出资金额2%以上10%以下罚金。单位犯前款罪的，对单位判处罚金，并对其直接负责的主管人员和其他直接责任人员，处5年以下有期徒刑或者拘役。

2. 追诉标准

最高人民检察院、公安部《关于公安机关管辖的刑事案件立案追诉标准的规定（二）》第四条规定："……公司成立后又抽逃其出资，涉嫌下列情形之一的，应予立案追诉：（一）超过法定出资期限，有限责任公司股东虚假出资数额在三十万元以上并占其应缴出资数额百分之六十以上的，股份有限公司发起人、股东虚假出资数额在三百万元以上并占其应缴出资数额百分之三十以上的；(二) 有限责任公司股东抽逃出资数额在三十万元以上并占其实缴出资数额百分之六十以上的，股份有限公司发起人、股东抽逃出资数额在三百万元以上并占其实缴出资数额百分之三十以上的；(三) 造成公司、股东、债权人的直接经济损失累计数额在十万元以上的；(四) 虽未达到上述数额标准，但具有下列情形之一的：1. 致使公司资不抵债或者无法正常经营的；2. 公司发起人、股东合谋虚假出资、抽逃出资的；3. 两年内因虚假出资、抽逃出资受过行政处罚二次以上，又虚假出资、抽逃出资的；4. 利用虚假出资、抽逃出资所得资金进行违法活动的。(五) 其他后果严重或者有其他严重情节的情形。”

3. 案例展示①

广东省兴宁市人民法院（一审法院）经审理查明：

(1) 兴宁市三兴房地产开发有限公司（以下简称三兴公司）于 2002 年 6 月 24 日成立，注册资本为 500 万元。2010 年 7 月 22 日法定代表人变更为被告人黄宁；同年 11 月 8 日股东变更为被告人黄宁、马思驰；同年 11 月 24 日注册资本变更为 1500 万元，增资款 1000 万元由马思驰、黄宁各出资 530 万元、470 万元；同年 11 月 17 日分两笔存入三兴公司账户，经兴宁市宁江会计师事务所有限公司（以下简称宁江会计师事务所）验资完毕并出具验资报告后，该 1000 万元增资款于同年 11 月 18 日、22 日从该公司账户先后以 300 万元、700 万元分两次转到兴宁市金鹏发展有限公司（以下简称金鹏公司）账户上。金鹏公司接到上述资金后，又于同年 11 月 26 日转到王某某（另案处理）个人账户 800 多万元。

(2) 兴宁市金兴发展有限公司于 1997 年 9 月 19 日成立，于 1999 年 5 月 13 日更名为兴宁市金鹏发展有限公司，注册资本为 50 万元。2005 年 1 月 28 日法定代表人变更为马思驰，股东变更为马思驰和罗某某。2009 年 2 月 4 日注册资本由 50 万元变更为 300 万元，增资款 250 万元由马思驰出资，并于同年 2 月 3 日存入该公司三兴公司账户，经宁江会计师事务所验资完毕并出具验资报告后，该笔 250 万元的增资资金中的 249 万元于同年 2 月 3 日从该公司账户分三笔转至马思驰的个人账户。

2009 年 2 月 18 日金鹏公司注册资本又由 300 万元变更为 600 万元，增资款 300 万元由马思驰出资，并于同年 2 月 13 日存入该公司账户，经宁江会计师事务所验资完毕并出具验资报告后，该增资款 300 万元于同年 2 月 16 日分三笔共计 270 万元从该公司账户转至马思驰的个人账户，一笔 30 万元转至王某某的个人账户。

(3) 兴宁市鸿达投资实业有限公司（以下简称鸿达公司）于 2009 年 4 月 1 日成立，法定代表人是马思驰，股东是马思驰和王某某，注册资本为 3 万元，其中马思驰出资 2 万元，王某某

① 案例索引：广东省兴宁市人民法院（2013）梅兴法刑初字第 268 号刑事判决书、广东省梅州市（2014）梅中法刑终字第 15 号刑事判决书、广东省梅州市中级人民法院（2017）粤 14 刑再 2 号刑事判决书。

出资 1 万元。2009 年 8 月 12 日注册资本变更为 200 万元，增资款 197 万元由马思驰出资 118 万元、王某某出资 79 万元。197 万元增资款于同年 8 月 13 日转入该公司账户，经宁江会计师事务所验资完毕并出具验资报告后，该增资款 197 万元又于同年 8 月 14 日转至金鹏公司的账户，后该笔 197 万元又于同月 17 日、18 日分 9 笔转至他人的账户上。增资及款项流向见表 2－3。

表 2－3　三家公司增资前后注册资本变化及增资款流向一览表

公司名称	项目		
	增资前的注册资本（万元）	增资后的注册资本（万元）	股东马思驰、黄宁对公司增资后，相关增资款项的流向
三兴公司	500	1500	2010 年 11 月 18 日、22 日将 1000 万元先后以 300 万元、700 万元分两次转到金鹏公司，后于同年 11 月 26 日转到王某某账户上 800 多万元
金鹏公司	50	第一次增资：300	2009 年 2 月 3 日将 249 万元分三笔转至马思驰个人账户
		第二次增资：600	2009 年 2 月 16 日将 300 万元分三笔共计 270 万元转至马思驰个人账户，一笔 30 万元转至王某某个人账户上
鸿达公司	3	200	2009 年 8 月 14 日将 191 万元转至金鹏公司账户，后于同年 8 月 17 日、18 日分 9 笔转至他人账户
合计	553	2300	（1）马思驰合计抽逃出资为 1746 万元 （2）黄宁合计抽逃出资为 1000 万元

一审法院认为，被告人马思驰、黄宁作为公司股东，违反《公司法》的规定，在公司注册资本的增资资金转入公司账户后，又抽逃其出资，其中马思驰抽逃出资数额达 1746 万元、黄宁抽逃出资数额达 1000 万元，数额巨大，两名被告人的行为构成抽逃出资罪。分别对马思驰、黄宁判处有期徒刑 3 年，并处罚金 80 万元；判处有期徒刑 2 年 6 个月，并处罚金人民币 50 万元。宣判后，马思驰、黄宁均不服，分别向广东省梅州市中级人民法院（以下简称梅州市中院）提出上诉。

马思驰及其辩护人上诉提出，马思驰所在的公司是家族式企业，股东财产与公司资产难免混同，但并没有造成被害人经济损失，没有达到 2001 年最高人民法院、公安部《关于经济犯罪案件追诉标准的规定》（已废止）的追诉标准，原审判决认定上诉人抽逃出资与事实不符；根据新《公司法》规定，公司注册资本的规定已经发生变化，不能以抽逃出资罪追究上诉人的刑事责任。请求二审法院撤销原判，依法判决上诉人马思驰不构成犯罪，不承担刑事责任。

上诉人黄宁及其辩护人上诉提出，黄宁所在的公司是家族式企业，股东财产与公司资产难免混同,但并没有造成被害人经济损失,原审判决认定上诉人抽逃出资与事实不符。

梅州市中院经审理查明,上诉人黄宁作为三兴公司的股东,在公司变更注册资金后,于2010年11月18日、11月22日两次抽逃出资共计1000万元。上诉人马思驰作为三兴公司、金鹏公司、鸿达公司的股东,在公司变更注册资金后,于2010年11月18日、11月22日及2009年2月3日、2月16日、8月14日共5次抽逃出资共计1746万元。

梅州市中院认为,对上诉人马思驰、黄宁犯抽逃出资罪的事实清楚,证据充分,定性准确,但对上诉人马思驰、黄宁犯抽逃出资罪量刑不当,应予纠正。改判马思驰有期徒刑1年,并处罚金人民币80万元;改判黄宁有期徒刑9个月,并处罚金人民币50万元。宣判后,马思驰、黄宁仍不服,均向梅州市中院申请再审。

梅州市中院再审认为,《刑法》第一百五十九条第一款规定:"公司发起人、股东违反公司法的规定未交付货币、实物或未转移财产权,虚假出资,或者公司成立后又抽逃其出资,数额巨大、后果严重或者有其他严重情节的,处五年以下有期徒刑或者拘役,并处或单处虚假出资金额或者抽逃出资金额百分之二以上百分之十以下罚金。"本案中,马思驰、黄宁作为公司股东,在公司注册资本的增资资金转入公司账户后,又抽逃出资,数额巨大,其行为符合抽逃出资罪的特征。但是,根据修改后的《公司法》规定,除法律、行政法规另有规定以及国务院决定以外,有限责任公司实行注册资本认缴登记制,根据2014年4月24日全国人民代表大会常务委员会《关于〈中华人民共和国刑法〉第一百五十八条、第一百五十九条的解释》的规定,抽逃出资罪不适用于实行注册资本认缴登记制的公司,而三兴公司、金鹏公司、鸿达公司为有限责任公司,属于实行注册资本认缴登记制的公司。上述立法解释的实施时间为2014年4月24日,本案二审判决生效时间为2014年4月25日,刑事判决生效时间后于立法解释实施时间。因此,根据刑法溯及力从旧兼从轻原则,抽逃出资罪不适用于本案上述公司,故不认为公司股东马思驰、黄宁犯抽逃出资罪。

4. 案例评析

本案看似是罪与非罪的争议,实质上是新法与旧法的适用问题。一审、二审刑事判决书均认定马思驰、黄宁构成抽逃出资罪,判处马思驰、黄宁有期徒刑,并处罚金。再审刑事判决书亦认定马思驰、黄宁抽逃出资,数额较大,其行为符合抽逃出资罪的特征,但又不认定马思驰、黄宁犯抽逃出资罪,并撤销二审刑事判决。其原因在于:

第一,三兴公司、金鹏公司及鸿达公司作为有限责任公司性质的企业,根据国务院《关于印发注册资本登记制度改革方案的通知》的精神,该三家企业没有纳入暂不实行注册资本认缴登记制的行业范围,属于实行注册资本认缴登记制的公司。

第二,2013年12月28日,第十二届全国人大常委会第六次会议对《公司法》进行修改后,全国人大常委会于2014年4月24日发布的《关于〈中华人民共和国刑法〉第一百五十八条、第一百五十九的解释》规定,《刑法》第一百五十八条、第一百五十九条的规定,只适用于依法实行注册资本实缴登记制的公司。

第三，2014 年 5 月 20 日，最高人民检察院、公安部联合发布的《关于严格依法办理虚报注册资本和虚假出资抽逃出资刑事案件的通知》指出，严格把握罪与非罪的界限，根据新修改的《公司法》和全国人大常委会立法解释，自 2014 年 3 月 1 日起，除依法实行注册资本实缴登记制的公司以外，对公司股东、发起人不得以虚报出资、抽逃出资追究刑事责任。

二、违反公司注册资本相关法律规定的行政责任

《公司法》《公司登记管理条例》规定，对公司及其股东实施的虚报资本、虚假出资以及抽逃出资的违法行为，由公司登记机关即市场监督管理部门给予相应的行政处罚。

（一）对虚报注册资本违法行为的行政处罚

《公司法》第一百九十八条规定："违反本法规定，虚报注册资本、提交虚假材料或者采取其他欺诈手段隐瞒重要事实取得公司登记的，由公司登记机关责令改正，对虚报注册资本的公司，处以虚报注册资本金额百分之五以上百分之十五以下的罚款；对提交虚假材料或者采取其他欺诈手段隐瞒重要事实的公司，处以五万元以上五十万元以下的罚款；情节严重的，撤销公司登记或者吊销营业执照。"

《公司登记管理条例》第六十四条规定："虚报注册资本，取得公司登记的，由公司登记机关责令改正，处以虚报注册资本金额 5% 以上 15% 以下的罚款；情节严重的，撤销公司登记或者吊销营业执照。"第六十五条规定："提交虚假材料或者采取其他欺诈手段隐瞒重要事实，取得公司登记的，由公司登记机关责令改正，处以 5 万元以上 50 万元以下的罚款；情节严重的，撤销公司登记或者吊销营业执照。"

《公司注册资本登记管理规定》第十五条规定："法律、行政法规以及国务院决定规定公司注册资本实缴的公司虚报注册资本，取得公司登记的，由公司登记机关依照《公司登记管理条例》的相关规定予以处理。"

对于公司登记违法的法律责任，被处罚主体是公司，公司登记机关有权采取的行政处罚措施包括责令改正、罚款、撤销公司登记和吊销营业执照。

（二）对虚假出资违法行为的行政处罚

《公司法》第一百九十九条规定："公司的发起人、股东虚假出资，未交付或者未按期交付作为出资的货币或者非货币财产的，由公司登记机关责令改正，处以虚假出资金额百分之五以上百分之十五以下的罚款。"

《公司登记管理条例》第六十六条规定："公司的发起人、股东虚假出资，未交付或者未按期交付作为出资的货币或者非货币财产的，由公司登记机关责令改正，处以虚假出资金额 5% 以上 15% 以下的罚款。"

《公司注册资本登记管理规定》第十六条规定："法律、行政法规以及国务院决定规定公司注册资本实缴的，其股东或者发起人虚假出资，未交付作为出资的货币或者非货币财产的，由公司登记机关依照《公司登记管理条例》的相关规定予以处理。"

对于公司的发起人、股东出资违法的法律责任，被处罚主体是发起人或股东。公司登记机关有权采取的行政处罚措施包括责令改正和罚款。

（三）对抽逃出资违法行为的行政处罚

《公司法》第二百条规定："公司的发起人、股东在公司成立后，抽逃其出资的，由公司登记机关责令改正，处以所抽逃出资金额百分之五以上百分之十五以下的罚款。"

《公司登记管理条例》第六十七条规定："公司的发起人、股东在公司成立后，抽逃出资的，由公司登记机关责令改正，处以所抽逃出资金额5%以上15%以下的罚款。"

《公司注册资本登记管理规定》第十七条规定："法律、行政法规以及国务院决定规定公司注册资本实缴的，其股东或者发起人在公司成立后抽逃其出资的，由公司登记机关依照《公司登记管理条例》的相关规定予以处理。"

对于公司的发起人、股东抽逃出资的法律责任，被处罚主体是发起人或股东。公司登记机关有权采取的行政处罚措施包括责令改正和罚款。

三、违反公司注册资本相关法律规定的民事责任

（一）虚报注册资本的民事责任

1. 公司虚报注册资本的认定

公司在向公司登记机关申请设立或增资过程中，采取欺诈手段，在股东没有出资或者没有全部出资的情况下，为取得公司登记而故意夸大注册资本数额的违法行为。虚报注册资本主要表现形式有以下两种：（1）注册资本完全虚假，根本没有注册资本；（2）注册资本部分虚假，只有一部分注册资本是真实的。

2. 公司虚报注册资本应承担的民事责任

（1）承担出资违约责任

股东不按照《公司法》及公司章程规定缴纳出资的，除应当向公司足额缴纳外，还应当向已按期足额缴纳出资的股东承担违约责任。

法律依据：《公司法》第二十八条第二款。

（2）承担补充赔偿责任

股东未履行或者未全面履行出资义务的，公司债权人有权请求该股东在未出资本息范围内对公司债务不能清偿的部分承担补充赔偿责任。

法律依据：《公司法司法解释（三）》第十四条第二款。

（3）限制股东权利

股东未履行或者未全面履行出资义务，公司有权根据公司章程或者股东会决议对该股东享有的部分财产权利，即利润分配请求权、新股优先认购权、剩余财产分配请求权等股东权利作出相应的合理限制。

法律依据：《公司法司法解释（三）》第十六条。

(4)解除股东资格

有限责任公司的股东未履行出资义务,经公司催告缴纳,该股东在合理期间内仍未缴纳出资,公司股东会有权通过决议解除该股东的股东资格。值得注意的是,公司必须履行告知义务,且需要给该股东合理的期限。

法律依据:《公司法司法解释(三)》第十七条第一款。

(5)丧失诉讼时效抗辩权

股东未履行或者未全面履行出资义务的,具有抽逃出资行为的,公司或者其他股东请求该股东向公司全面履行出资义务,被告股东以诉讼时效为由进行抗辩的,人民法院不予支持。

公司债权人的债权未过诉讼时效期间,债权人依照《公司法司法解释(三)》第十三条第二款的规定请求未履行或者未全面履行出资义务的股东承担赔偿责任,被告股东以出资义务超过诉讼时效期间为由进行抗辩的,人民法院不予支持。

法律依据:《公司法司法解释(三)》第十九条第一款、第二款。

(6)承担补充出资责任

公司解散时,股东尚未缴纳的出资均应作为清算财产。股东尚未缴纳的出资,包括到期应缴未缴的出资,以及依照《公司法》第二十六条和第八十条的规定分期缴纳尚未届满缴纳期限的出资。所谓"到期应缴未缴的出资"就是指虚假出资。

法律依据:《公司法司法解释(二)》第二十二条第一款。

(7)其他股东承担连带责任的情形

①公司成立后,发现个别股东出资的非货币财产的实际价额显著低于公司章程所定份额的,应当由出资股东补足差额,公司设立时的其他股东承担连带责任。当然,如因市场变化或者其他客观因素导致出资财产贬值,除非当事人另有约定的除外,公司、其他股东或者公司债权人请求该出资股东承担补充出资责任的,人民法院不予支持。

法律依据:《公司法》第三十条。

②公司设立时,股东未履行或者未全面履行出资义务,依照《公司法司法解释(三)》第十三条第一款或者第二款提起诉讼的原告,请求公司的发起人与被告股东承担连带责任的,人民法院应予支持。当然,公司的发起人在承担责任后,可以向被告股东进行追偿。

法律依据:《公司法司法解释(三)》第十三条第三款。

(8)董事、高管承担相应责任的情形

股东在公司增资时未履行或者未全面履行出资义务,依照《公司法司法解释(三)》第十三条第一款或者第二款提起诉讼的原告,请求未尽《公司法》第一百四十七条第一款规定的义务而使出资未缴足的董事、高管承担相应责任的,人民法院应予支持。公司的发起人与被告股东承担连带责任的,人民法院应予支持。董事、高管在承担责任后,可以向被告股东进行追偿。

法律依据:《公司法司法解释(三)》第十三条第四款。

(9)受让人承担连带责任的情形

有限责任公司的股东未履行或者未完全履行出资义务即转让股权,受让人知道或者应当知道,公司请求该股东履行出资义务、受让人对此承担连带责任的,人民法院应予支持。

公司债权人依照《公司法司法解释(三)》第十三条第二款向该股东提起诉讼,同时请求前述受让人对此承担连带责任的,人民法院应予支持。

法律依据:《公司法司法解释(三)》第十八条第一款。

(二)虚假出资的民事责任

1. 股东虚假出资的认定

股东未交付或者未按期交付作为出资的货币或者非货币财产,主要表现形式包括以下三类:(1)违反公司章程规定的出资时间,即逾期未出资;(2)违反公司章程规定的出资额,即出资不足额;(3)违反公司法和公司章程规定的出资形式,即出资方式的不适当。

2. 股东虚假出资应承担的民事责任

同虚报注册资本的民事责任部分[本节第三部分(一)]。

(三)抽逃出资的民事责任

1. 股东抽逃出资的认定

认定发起人、股东具有抽逃出资行为包括以下四种情形:(1)制作虚假财务会计报表虚增利润进行分配;(2)通过虚假的债权债务关系将出资转出;(3)利用关联交易将出资转出;(4)其他未经法定程序将出资抽回的行为。认定股东抽逃出资,除应符合上述四个形式要件之一外,还必须符合损害公司权益的实质要件,只有形式要件与实质要件同时具备,才能认定股东具备抽逃出资的行为。

2. 股东抽逃出资应承担的民事责任

(1)返还出资

股东具备抽逃出资行为的,公司或者其他股东有权请求抽逃出资的股东向公司返还出资本息。值得注意的是,协助抽逃出资的其他股东、董事、高级管理人员或者实际控制人对此承担连带责任。

法律依据:《公司法司法解释(三)》第十四条第一款。

(2)承担补偿赔偿责任

股东具备抽逃出资行为的,公司债权人有权请求抽逃出资的股东在抽逃出资本息范围内对公司债务不能清偿的部分承担补充赔偿责任。值得注意的是,协助抽逃出资的其他股东、董事、高级管理人员或者实际控制人对此承担连带责任。

法律依据:《公司法司法解释(三)》第十四条第二款。

(3)限制股东权利

股东具备抽逃出资行为的,公司有权根据公司章程或者股东会决议对抽逃出资的股东享有的部分财产权利,即利润分配请求权、新股优先认购权、剩余财产分配请求权等股东权利作出相应的合理限制。

法律依据:《公司法司法解释(三)》第十六条。

(4)解除股东资格

有限责任公司的股东抽逃全部出资,经公司催告返还,抽逃出资的股东在合理期间内仍未返还出资,公司股东会有权通过决议解除抽逃出资的股东的股东资格。值得注意的是,抽逃出资的股东抽逃数额为全部出资,而不是部分出资,且公司必须履行告知义务。

法律依据:《公司法司法解释(三)》第十七条第一款。

(5)追加为被执行人

人民法院在执行案件过程中,企业法人财产不足以清偿债务,申请执行人有权申请变更、追加抽逃出资的股东、出资人或者开办单位为被执行人,并要求抽逃出资的股东、出资人或者开办单位在抽逃出资的范围内承担责任。

法律依据:最高人民法院《关于民事执行中变更、追加当事人若干问题的规定》(法释〔2016〕21 号,以下简称《民事执行规定》)第十八条、最高人民法院《关于人民法院执行工作若干问题的规定(试行)》(法释〔1998〕15 号)第八十条。

(6)丧失诉讼时效抗辩权

股东具备抽逃出资行为的,公司或者其他股东请求抽逃出资的股东向公司返还出资,被告股东以诉讼时效为由进行抗辩的,人民法院不予支持。

公司债权人的债权未过诉讼时效期间,债权人依照《公司法司法解释(三)》第十四条第二款的规定请求抽逃出资的股东承担赔偿责任,被告股东以返还出资义务超过诉讼时效期间为由进行抗辩的,人民法院不予支持。

法律依据:《公司法司法解释(三)》第十九条第一款、第二款。

第三节　注册资本设计要领以及在实务中的风险控制

一、公司注册资本的设计应考量的因素

(一)注册资本的作用

1. 注册资本是公司存续和发展的物质基础

无论公司处于何种行业,经营范围有何不同,都要求公司必须拥有一定的资本,这一要求在法律上就体现为注册资本。公司作为企业法人,须有独立的法人财产,并享有法人财产权,注册资本就是公司独立财产的集中体现,它独立于其他法人和自然人的财产,独立于其出资人的其他财产,注册资本成为公司存在和从事经营活动的物质基础和前提条件。

2. 注册资本是股东对公司承担责任的形式

股东对公司债务所承担的责任，体现为股东对公司的出资，股东以其全部的出资为限，对公司债务承担责任，注册资本就是股东承担责任的形式。有限责任公司的股东以其认缴的出资额为限对公司承担责任，股份有限公司的股东以其认购的股份为限对公司承担责任。对于超出注册资本的公司债务，债权人无权要求股东清偿。

3. 注册资本具有公司对外部的公示效应

公司资产既包括股东出资所形成的财产，也包括公司负债所形成的财产，尽管注册资本并不能表明公司资产的价值，只是公司全部财产的一部分，但注册资本是构成公司资产的基础。公司注册资本一旦确定，非经严格的法定程序，不得随意增加或减少。因为，股东出资义务既是约定义务也是法定义务，而这种义务从约定转换到法定的合理根据则在于注册资本具有的公示效力。

4. 注册资本是公司对债权人的信用担保

注册资本反映了公司的偿债能力，是公司的信用基础。同公司建立业务往来关系时，注册资本也是相对人看重的数据之一。公司以其全部资产对公司债务承担责任，而公司全部资产的多少主要取决于注册资本的多寡。注册资本之多寡，往往是公司实力大小的明证，是公司取得社会信赖的重要条件，一旦这种信赖产生，就会在社会群体心目中保持一段时间的稳定，从而形成一种信用担保的作用，保障债权人利益及交易安全。

5. 注册资本在资产重组中的现实意义

根据资本维持原则，公司在存续过程中必须经常保持与其注册资本相当的财产。尤其是上市公司，注册资本必须完全实缴。因此，在资产重组中重视注册资本的有关规定，可以防范公司规避法律、企图逃脱债务的行为，注册资本的意义已不仅仅限于其本身所具有作用。资本营运的主要活动方式是用其可以支配的财产进行投资，而注册资本是公司财富增长的基础。

（二）注册资本的设计对公司及股东的影响

注册资本属于公司法定登记事项，股东在设立公司时就必须协商确定公司注册资本数额，并记载于公司章程，同时向公司登记管理机关进行登记。注册资本的大小并不能决定公司经营的好坏。那么，如何设计公司注册资本呢？根据笔者长期的实践经验，认为应从公司及股东层面综合考虑，统筹兼顾方能达到科学、合理设计注册资本的目的。

1. 注册资本的设计对公司的影响

公司要根据企业生产经营的实际需要合理确定注册资本。注册资本越多，并不能说明公司实力越强，信用越好，越被外界所青睐。其实，认缴制下的注册资本并不能直接反映公司实力和资信状况，即便如此，也并不意味着注册资本就可以任股东大笔一挥，随意添加。注册资本数额，应以满足公司生产经营活动对自有资金的需求为宜，股东不要单纯追求“面子工程”，盲目认缴巨额注册资本，从而影响公司的公信度和竞争力。尤其当公司资产不足以清偿公司债务时，股东有义务按照承诺认缴的注册资本补足出资，用以公司清偿债务。如股东认为认缴期限遥遥无期就可以高枕无忧，等到公司真正需要运转资金时，却捉襟见肘，无计可施，势必将为自己曾经的任性买单。

公司要根据企业不同时期的发展规模确定注册资本。认缴制下，注册资本的多少与企业规模的大小没有必然关系，关键是根据公司需要，确定合理额度。但不可否认的是，注册资本的多寡在一定程度上确实可以壮大或制约企业的发展规模，尤其是随着公司的发展，不同时期对注册资本的要求也有所不同。值得一提的是，不同的行业对注册资本的要求有所不同，如重资产企业比轻资产企业要求的注册资本要多，制造业比服务业要求的注册资本就多，建筑业比一般的制造业要求的注册资本更多。注册资本如与企业的发展规模不匹配，公司可能因此错失重大机遇，失去应有的行业地位。

公司要根据监管机构要求和企业特殊资质确定注册资本。上市是绝大多数公司的梦想，中国证监会对拟上市公司规定了注册资本最低限额，如发行人申请在主板、中小板上市，其注册资本须在5000万元以上；申请在创业板、科创板上市，其注册资本须在3000万元以上。此外，国家对应具备特殊资质的行业也有严格的注册资本规定，《施工总承包企业特级资质标准》规定，企业注册资本金3亿元以上，企业净资产3.6亿元以上；《建筑业企业资质标准》中对建筑工程施工总承包一级、二级、三级资质的注册资本金没有硬性规定，但对净资产有硬性规定。可以说，注册资本是企业是否具备条件、能否取得特殊资质的关键因素之一。

2. 注册资本的设计对股东的影响

股东要根据自身的资金能力合理确定注册资本。注册资本认缴制，仅是取消了出资时间限定，并非取消股东的出资义务。如果股东没有按照公司章程规定缴付出资，已按时缴足出资的守约股东或者公司均可以追究其违约责任；如果公司发生债务纠纷或者解散清算，没有缴足出资的股东应先缴足出资。所以，股东在认缴出资时一定要量力而行，适可而止，充分考虑自身的投资能力，千万不要打肿脸充胖子，过度认缴出资，动辄十几亿元，甚至几十亿元，导致出资期限届满时资金压力太大，最后作茧自缚。彼时的股东即使是闪光的“金蝉”，也难以脱掉被追缴出资的“壳”了。须知，认缴的注册资本越大，股东的责任越大。

股东要为争取最大投资回报合理确定注册资本。股东要想取得最大的投资回报，就必须考虑采用最优资本结构。所谓最优资本结构，是指能使企业资本成本最低且企业价值最大，并能最大限度调动各种利益相关者积极性的资本结构。股东在分配权益资本和借贷资本的过程中，首先应当对比借贷融资成本率与权益投资回报率，测算出经营利润率；其次应当根据资本市场的供求关系、不同资本的价格及变动情况建立适当的资本结构，并适时调整公司的资本结构，力求投资回报的最大化。

股东要通过合理确定注册资本来控制投资风险。在大众创业，万众创新的今天，投资机遇是前所未有的，营商环境也日臻完善。但创业有风险，投资须谨慎，公司成立之初，股东投入公司的资金，可以一部分作为权益资本，一部分作为借贷资本，公司可以利用股东的借贷资金从事生产经营活动，股东亦可放弃利息。即使是确定为权益性投资的资金，股东也尽量不要过早缴付注册资本,这样不仅会影响资金的有效流通,也可能导致公司资金过剩。倘若公司后续发展还需要资金,股东可以通过增资扩股的方式对公司进行再投资。股东采用初期投资和再投资方式,可以最大限度地防范、化解投资风险。

总之,公司拥有的注册资本越多,造成资源浪费的可能性越大,每股净资产率越低;股东认缴的注册资本越大,股东对公司及公司债权人承担的义务越重,股东的投资风险越高。在设计注册资本时,一定要兼顾公司、股东等各方利益,周密安排,不可偏废,力争达到最佳效果。

(三)注册资本的设计与财税处理

1. 会计处理方面

注册资本的多寡不仅关乎股东的财产权和控制权,也直接影响企业利润和税收成本。如注册资本数额过小,虽然公司成立容易,但公司开展业务的能力、对外融资的额度就要受到制约;而注册资本数额过大,不仅股东出资的压力大,而且极易导致公司资金因过剩而闲置,浪费资源。所以,在设计注册资本数额和出资期限时,一定要根据公司业务计划编制现金流量表,估测业务规模和对资金需求的数量、时间,从而在法律允许的范围内策划好公司注册资本的总额、首次出资比例和出资期限。

2. 税务筹划方面

税收是纳税人的一项现金支出,构成投资人的投资成本,从提高投资和经营效率的角度讲,税收负担越低越好。但是,税收与投资和经营活动如影随形,不可避免。因此,通过税收筹划降低税收负担就成为必要。比如,税法规定企业接受关联方(包括股东)债权性投资的利息支出,在计算应纳税所得额时,准予扣除,股东可以将一部分投资当作股东对公司的借款,这样既可以降低投资风险,又可以享受固定回报。企业作为纳税人,规避涉税风险乃是第一要务,只有做到涉税零风险,才能谈得上筹划。如果滥用税收筹划,将会带来灾难性的后果。公司为了避税而东施效颦,丑态百出,最后画虎不成反类犬。

总之,公司不仅需要通过财务会计测算公司对注册资本的合理需求,还应在尽可能减少税务成本的情况下确定注册资本。注册资本设计要素见图 2－2。

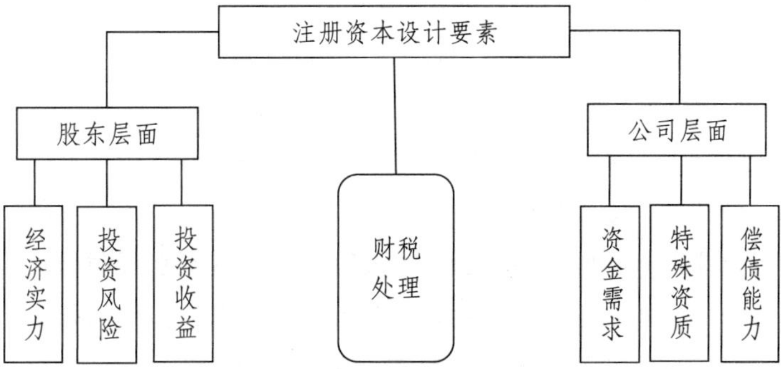

图 2－2　注册资本设计要素图

二、注册资本认缴制下,股东实际缴付出资额的证明方式

(一)取消验资制度对公司和股东的影响

1. 验资制度

验资,是指注册会计师依法接受委托,对被审验单位注册资本的实收情况或者注册资本及实收资本的变更情况进行审验,并出具验资报告。验资分为设立验资和变更验资,验资是注册会计师的法定业务。《公司法》(2005 年修订)第二十九条规定:“股东缴纳出资后,必须经依法设立的验资机构验资并出具证明。”2013 年修订《公司法》时将这一条删除,实收资本已不再作为公司登记机关登记事项,强制验资制度已被取消,但对于特殊事项仍然延用强制验资制度,譬如,以募集设立方式设立的股份有限公司,发行股份的股款缴足后,必须经依法设立的验资机构验资并出具证明。

2. 验资报告

验资报告,是指注册会计师根据《中国注册会计师审计准则第 1602 号——验资》的规定,在实施审验工作的基础上对审验单位的股东(投资者、合伙人、主管部门等)出资情况发表审验意见的书面报告。验资报告具有法定证明效力,主要用途是供被审验单位申请设立或者变更登记,且根据验资报告来向出资者签发出资证明。但验资报告不应视为对被审验单位验资报告日后资本保全、偿债能力和持续经营能力等的保证。也就是说,验资报告不能证明公司的资本能力和偿债能力。本书第三章引用的上海二中院审理的原告黄伯凤、谢炜、刘正华诉被告嘉旨投资(上海)有限公司、中民嘉业投资有限公司股权转让纠纷一案,就涉及验资报告审验的实收资本与实际股权价值的认定问题。

3. 公司自愿验资的现实意义与未来价值

国务院《关于印发注册资本登记制度改革方案的通知》第二部分第一项规定,有限责任公司注册资金除特定企业实行实缴制外,实行认缴制,即不再需要提交验资证明,也不再受首次最低出资额及出资期限的限制,公司股东可就其认缴出资额、出资方式、出资期限等自主约定,并记载于公司章程。公司登记时不再需要提交验资报告,这一修改简化了公司工商登记事项,设立公司的成本大大降低了,但公司自愿验资,确有必要。

首先,公司向银行贷款、申请政府补助或者取得某项资质等,都可能需要公司提交验资报告;其次,公司要参加招投标项目,招标方通常会要求公司提交验资报告;再次,公司为快速发展进行并购重组,投资方一般要求公司提供验资报告;又次,公司未来打算新三板挂牌或者直接上市,监管部门要求公司必须提交验资报告;最后,如果股东无法证明已按认缴的出资额履行了出资义务,一旦发生纠纷,公司债权人要求股东补足出资,以抵偿债务,将使股东遭受“飞来横祸”。因此,建议股东们不要放弃验资程序。

综上所述,公司自愿验资并不是完全没有必要。验资报告看似可有可无,关键时刻却是非有不可。笔者建议,公司在设立及变更登记中,应聘请会计师事务所出具验资报告。这不

仅为公司以后的发展做好准备，同时可以避免日后产生不必要的纠纷和风险。

（二）出资证明书与股东名册在实务中的运用

1. 出资证明书

所谓出资证明书，是指有限责任公司签发的证明股东已经履行出资义务的法律文件。出资证明书是投资人成为有限责任公司股东，并依法享有股东权利和承担股东义务的法律凭证。这点与股份有限公司不同，股份有限公司将公司的资本总额平分成金额相等的股份，股份采取股票的形式，股票是公司签发的证明股东所持股份的凭证。

出资证明书法定记载事项有五项，包括：(1)公司名称；(2)公司成立日期；(3)公司注册资本；(4)股东的姓名或者名称、缴纳的出资额和出资日期；(5)出资证明书的编号和核发日期。必须注意的是，出资证明书应当由公司盖章，这是对出资证明书形式要件的规定。出资证明书只有经过公司盖章，才能产生法律效力。没有公司盖章的出资证明书，因不具备法定的形式要件，不发生效力。实践中，公司按照《公司法》的规定，向股东出具《出资证明书》的并不多见，这既是法律观念的问题，也是行为习惯的问题。

2. 股东名册

所谓股东名册，是指有限责任公司依照法律规定对本公司进行投资的股东及其出资情况登记的簿册。根据《公司法》第三十二条第二款的规定，记载于股东名册的股东，可以依股东名册主张行使股东权利。由此可见，股东名册是有限责任公司确认股东身份的法定文件，但是，股东名册不是确认或者证明股东身份的唯一凭证。股东名册是反映股东实际出资的有效证明，但是不应以有无股东名册记载作为出资人是否实际出资或者取得股东身份的标志。

股东名册法定记载事项有三项，包括：(1)股东的姓名或者名称及住所；(2)股东的出资额；(3)出资证明书编号。公司应当将股东的姓名或者名称向公司登记机关登记，登记事项发生变更的，应当办理变更登记，未经登记或者变更登记的，不得对抗第三人。一般情况下，股东依法缴纳出资或者转让其出资后，由公司将出资人或者受让人的姓名或者名称、住所以及受让人的出资额记载于股东名册，并向公司登记机关进行登记。

（三）其他可以作为股东实缴出资的证明

股东已经实际向公司缴付了出资，切实履行了出资义务，除了以上谈到的验资报告（或验资证明）、出资证明书、股东名册之外，以下方式也可以用作股东实际出资的有力证明。

1. 年度检验报告

根据《企业信息公示暂行条例》第九条、第十条的规定，企业年度报告内容应该包括有限责任公司或者股份有限公司股东或者发起人认缴和实缴的出资额、出资时间、出资方式等信息；企业应当自下列信息形成之日起 20 个工作日内通过企业信用信息公示系统向社会公示有限责任公司股东或者股份有限公司发起人认缴和实缴的出资额、出资时间、出资方式等信息。企业年度检验报告不仅可以了解股东认缴的出资额或者发起人认购的股本总额，而且可以了解股东或者发起人实际缴纳出资情况。

2. 打款凭证

股东应当按期足额缴纳公司章程中规定的各自所认缴的出资额。股东以货币出资的，应当将货币出资足额存入有限责任公司在银行开设的账户。股东的打款凭证包括转账单、进账单、银行回单、银行对账单等多种形式。需要注意的是，股东尽量以自身名义将投资款转入设立公司的基本账户，并载明用途“投资款”。

此外，公司章程、资产负债表、股东会及董事会的会议纪要和决议，都可以作为参考。总之，公司要认真做好财务记账及资料保存工作。

三、从一起企业借贷案件看股东汇入公司款项性质的认定

（一）案涉款项到底是借款还是投资款[①]

1. 当事人信息

原告（二审上诉人、再审申请人）：枣庄海天房地产开发有限公司

被告（二审被上诉人、再审被申请人）：单县太和房地产开发有限公司

第三人：泰安市浩然金属材料有限公司

2. 案情简介

2010 年 7 月 7 日，单县太和房地产开发有限公司（以下简称太和公司）成立，公司注册资本为 1000 万元，股东及出资情况为：泰安市浩然金属材料有限公司（以下简称浩然公司）认缴出资额为 650 万元，持股比例为 65%；枣庄海天房地产开发有限公司（以下简称海天公司）认缴出资额为 350 万元，持股比例为 35%，浩然公司与海天公司于 2010 年 7 月 31 日之前均以货币资金一次交足。

2011 年 5 月 19 日—2012 年 9 月 6 日，海天公司多次转款给太和公司，总共 20 笔，合计金额 2745 万元，转款凭证上附加信息为投资款或往来款，但大多载明用途为投资款，海天公司每次收款均出具收据，收款事由有借款、投资款或收回借款，但收款事由大多为借款。截至海天公司起诉之日，海天公司自认太和公司已归还借款 1200 万元。

2012 年 12 月 18 日，菏泽江天联合会计师事务所出具的《审计报告》显示，截止到 2012 年 11 月 30 日，审计后太和公司股东投入资金合计 51253250 元，其中浩然公司投入 29633250 元，占投入资金总额的 57.82%；海天公司投入 2162 万元，占投入资金总额的 42.18%。海天公司投入资金余额为投入股本 350 万元加上投入借款 2902 万元减去借出款项 1090 万元，余额为 2162 万元。

2012 年 12 月 23 日，海天公司在出具的《关于审计报告的反馈意见》提出：（1）双方股份

---

① 案例索引：山东省菏泽市中级人民法院（2014）菏商初字第 29 号民事判决书、山东省高级人民法院（2015）鲁商终字第 217 号民事判决书、最高人民法院（2016）最高法民再 307 号民事裁定书、山东省菏泽中级人民法院（2017）鲁民再 48 号民事判决书、山东省菏泽市中级人民法院（2018）鲁 17 执 366 号民事裁定书。

的确定应按双方实际投资额进行核算，与利息无关，海天公司的投资额应为3322万元，70万元不能作为借款处理；(2)投资利息，双方合作开发项目，投资额不能计息，否则一期工程凭空产生巨额费用，使得整体核算失准。

2013年8月12日，山东法扬律师事务所受海天公司的委托，向浩然公司、太和公司发送的《律师函》认为，股东投资计提利息显属不当，股东的投资是存在风险的，不是用来赚取利益的，海天公司要求停止利息的计提，所提取的利息财务冲回。

3.原告诉讼请求

2014年4月16日，海天公司向山东省菏泽市中级人民法院(一审法院)起诉，其诉讼请求为：(1)判令太和公司向海天公司偿还本金1545万元及利息；(2)本案诉讼费、保全费由被告承担。

4.一审法院裁判观点

(1)海天公司没有证据证明案涉款项系出借款

借贷关系的成立有两个要件，即借贷的意思表示和交付行为。本案中，海天公司分多次向太和公司汇款是事实，海天公司对借贷关系的成立负有举证责任，但海天公司并未能提供其与太和公司存在借贷合意的证据。根据审计报告，海天公司与浩然公司对太和公司在注册资金到位后所投入的资金比例与其双方所占股权比例大致相当。

海天公司对审计报告的反馈意见以及《律师函》的内容也认为是投资款而不是借款，且不应计息，应为海天公司的真实意思表示，也与太和公司和浩然公司的抗辩相吻合。海天公司对于自认的事实若要推翻，应举证或作出合理的解释，但海天公司并未能举证证明，其作出的解释也没有得到太和公司及浩然公司的认可。总之，海天公司起诉借款及利息应予返还与其提供的证据不一致。

(2)海天公司要求收回投资款违反法律规定

根据《公司法》第二十条第一款的规定，公司股东应当遵守法律、行政法规和公司章程，依法行使股东权利，不得滥用股东权利损害公司或者其他股东的权益；不得滥用公司法人独立地位和股东有限责任损害公司债权人的利益。

本案中，房地产项目尚在进行中，海天公司与浩然公司的投资与太和公司的正常经营息息相关。此时，若允许海天公司撤回注册资本以外的投资将直接影响太和公司的运作，对太和公司的发展造成损害，且其经营情况又直接关系到购房户的利益。海天公司作为太和公司的股东，在太和公司项目运行过程中，擅自将投入的资金抽回，也会对公司另一股东即浩然公司的权利造成侵害。

综上，海天公司要求太和公司返还借款本金1545万元及利息的诉讼请求，一审法院不予支持。一审法院据此判决，驳回海天公司的诉讼请求。宣判后，海天公司不服，上诉至山东省高级人民法院(二审法院)。

5. 二审法院裁判观点

(1)海天公司与太和公司之间就涉案资金没有形成借贷合意

首先,自2011年5月19日—2012年9月6日,海天公司向太和公司转入资金合计2745万元,海天公司在绝大多数银行转账凭证上注明为投资款,太和公司在绝大多数收据中注明为借款,个别收据注明为投资款或收回借款。

其次,审计报告显示,太和公司的对外负债中存在长期应付款和应付利息,其中应当归还海天公司借款1812万元,应当付给海天公司利息3288802.8元,海天公司在审计报告的反馈意见和《律师函》中称,双方的股份应当按实际投资额进行核算,投资额不能计息,计提的利息应当由财务收回。

最后,海天公司起诉时称,上述资金属于提供给太和公司的借款,而太和公司、浩然公司均称,上述资金属于股东向公司投入的注册资金或者资本公积,并非提供给太和公司的借款,不应计算利息,亦不能抽回。

由此可见,对于海天公司诉求的涉案资金的性质,在海天公司与太和公司、浩然公司之间一直没有形成一致意见,就借贷关系没有达成意思表示一致。

(2)海天公司在提起本案诉讼之前的真实意思并非出借涉案资金

海天公司在向太和公司提供上述资金时,在绝大多数银行转账凭证中自行记载为投资款,此后又对太和公司将其提供的资金列为借款并计提利息的做法提出异议,要求将上述资金确定为股权投资并停止计息。

海天公司在二审庭审中称,在银行转账凭证中记载为投资款系会计书写笔误造成,但没有提供充分的证据予以证实,亦与其此后对太和公司审计报告的反馈意见相互矛盾;且海天公司二审期间亦称,如果上述资金属于投资款,则不能抽回,可见海天公司对投资款的含义是明知的。因此,海天公司在起诉前的真实意思表示,并非将上述资金作为借款提供给太和公司。

综上所述,海天公司以借贷关系为由要求太和公司返还涉案资金1545万元及利息,缺乏事实和法律依据,上诉理由不能成立。二审法院据此作出终审判决,驳回上诉,维持原判。宣判后,海天公司不服,向最高人民法院申请再审。

6. 最高人民法院裁判观点

一审、二审判决在认定事实和适用法律上均存在错误,主要理由如下:

(1)将案涉款项认定为投资款,没有事实和法律依据

太和公司作为股份有限公司,其设立、组织机构、股东大会、董事会、财务、增资、减资原则均应遵循法律的直接规定,由于股份有限公司的信用基础是公司资本而非股东个人资本,公司章程对于公司及其股东均具有约束力。因此,界定太和公司的投资范畴的首要依据是《公司法》及公司章程。

本案中,如果太和公司主张案涉1545万元是海天公司向其追加的投资款,则应当提供太

和公司股东大会的增资决议以及太和公司变更注册资本后向公司登记机关办理变更登记的手续。没有股东会决议，仅凭所谓的口头约定和证人证言主张海天公司汇入太和公司的案涉款项为海天公司向太和公司增加的投资的主张，既缺乏事实依据，也不符合公司章程的规定。太和公司主张该公司增资，却没有提交股东大会决议，其主张显然与《公司法》第一百零三条第二款的规定不符。

(2)将案涉款项定性为借款，符合公司财务管理制度

对于本案各方当事人的资金往来，太和公司按照出资、借款资金性质的不同分别建账，20笔汇入资金均由其记入借款名项之下。海天公司的会计账册也是按照出资、借款分别建账记录的，20笔款项也记录为长期应付款，即在借款名项之下，与太和公司的会计账册登记一致。太和公司与浩然公司将长期应付款解释为投资款，不符合《企业会计通则》对长期投资款的解释。会计师事务所出具的审计报告，将海天公司借给太和公司20笔注入资金长期应付款，法律性质认定为借款。

海天公司向太和公司转款的银行凭证中，大多将款项性质写为“投资款”，但转账凭条上的记载不能作为认定案涉款项性质的依据，尤其是当其与太和公司账册记载的款项性质不一致的情况下。

(3)对案涉款项性质的认定，应具备法律必要条件

尽管海天公司与太和公司之间没有就案涉借款达成书面借款合同，但与股份有限公司的增资行为需要遵循《公司法》和公司章程的规定不同，签订书面合同并非民间借贷法律关系成立的必要条件。既然本案各方当事人均认可案涉1545万元的性质不是投资款就是借款，在有海天公司款项支付凭证和太和公司出具收条的情况下，如果能够排除案涉款项为海天公司追加的投资款，就可以确定案涉款项的性质。

海天公司对审计报告的反馈意见和《律师函》均认可其汇入太和公司的款项为投资款，对此海天公司提出，上述文件均是在单县政协组织的调解中，为一次性了结双方争议而作出的妥协。退一步说，即使海天公司的上述观点不能成立，假设目前案涉项目盈利，海天公司以案涉款项系其增加的投资款为由主张增加分红比例而涉诉，人民法院仍然应当以《公司法》有关股份有限公司股东增资的规定和太和公司章程有关股东增资的规定，作为衡量其诉讼请求能否得到支持的标准。

最高人民法院据此裁定，撤销一审、二审法院民事判决，发回一审法院重审。

7. 后记

通过各种公开的渠道，我们均无法搜索到本案发回重审后，相关法院后续裁判结果，但我们查找到了一审法院于2019年3月21日作出的(2018)鲁17执366号之一民事裁定书，称申请执行人海天公司与被执行人太和公司企业借贷纠纷一案，一审法院于2017年12月27日作出的(2017)鲁民再48号民事判决书已发生法律效力，海天公司对太和公司的执行债权包括：借款本金1545万元及利息、案件费用171650万元、财产保全费5000元。由此可见，一审法院

认定案涉款项1545万元的性质为借款，而不是投资款。太和公司对一审法院作出的判决未提出上诉。

（二）案例评析

原告海天公司诉被告太和公司、第三人浩然公司企业借贷纠纷案件，经历了一审法院一审、二审和最高人民法院再审，最后又被最高人民法院发回一审法院重审。一审法院在审理本案中，原一审判决驳回海天公司的诉讼请求，发回重审后，判决支持海天公司的诉讼请求。读者不禁要问，一家法院对于一起案件所作判决前后为何会出现如此大的反差呢？我们从以下四个方面剖析这个案例。

1. 从法律关系来看，2010年7月7日，海天公司认缴太和公司出资款350万元，并持有太和公司35%股权，此时的海天公司与太和公司之间属于股权投资关系，受公司法规制；2011年5月19日—2012年9月6日，海天公司合计借款2745万元给太和公司，此时的海天公司与太和公司之间属于企业借贷关系，受合同法规制。由此可见，海天公司具有双重身份，既是太和公司的股东，又是太和公司的债权人，这种情形并不违反现行法律规定。

2. 从法律程序来看，海天公司和浩然公司共同设立太和公司，两公司均已完成了自己的出资义务，在太和公司经营困难，缺少流动资金的情况下，海天公司向太和公司及时汇入资金，以解太和公司的燃眉之急。如果海天公司所汇入的资金被认定海天公司对太和公司的增资款，则太和公司必须形成股东会决议，修改公司章程，评估公司资产，签订增资协议，并办理工商变更登记，但太和公司未提供任何证据证明其履行了上述法律程序。因此，不能认定案涉款项属于海天公司对太和公司追加的投资款。

3. 从会计角度来看，长期股权投资是指投资方对被投资单位实施控制或有重大影响的权益性投资，以及对其合营企业的权益性投资。如果认定案涉款项为投资款，太和公司作为被投资企业，其会计处理为借记银行存款1545万元，贷记实收资本1545万元；如果认定案涉款项为借款，太和公司作为借款人，其会计处理为借记银行存款1545万元，贷记长期应付款1545万元。太和公司将长期应付款解释为投资款，不符合《企业会计准则》的相关规定。

4. 从财务记账来看，尽管海天公司转款凭证上附加信息为投资款或往来款，且大多载明用途为投资款，海天公司每次收款均出具收据，收款事由有借款、投资款或收回借款，但收款事由大多为借款，故不能就此认定为股权投资。对于资金往来款项，太和公司的会计账册是按照资金性质的不同分别建立出资及借款账户，案涉款项均记入借款名项之下；海天公司的会计账册也是按照出资、借款分别建账记录的，案涉款项也记录为长期应付款，即在借款名项之下，反映海天公司与太和公司的会计账册登记一致，案涉款项认定为借款，符合财务管理制度。

在实践中，股东汇入公司的款项到底是投资款还是借款，由于制度不健全、凭证不完备、操作不规范，极易发生争执酿成诉讼，本案具有一定的参考价值。

第三章

实收资本在公司设立与运营中的变动

实务指引

所有者权益是所有者对企业剩余资产的索取权，既反映了所有者投资资本的保值增值情况，又体现了保护债权人权益的理念。实收资本是所有者权益的组成部分，是企业实际收到的投资款，是保证企业持续经营和偿还债务的最基本的物质基础，是投资者拥有股东权益的重要体现。依照《公司法》的相关规定，股东的表决权、分红权、优先认缴增资权等人身权利和财产权利，与其对公司实际投入的出资额息息相关，密不可分。

注册资本认缴制下，虽然实收资本不再作为工商登记事项，但实收资本的功能并未因此被弱化。一方面，股东可以运用注册资本与实收资本之间具有分离性的特点，分期缴付出资，减轻资金压力，降低投资风险；另一方面，债权人可以通过注册资本与实收资本最终必须保持一致性的法律规制，审慎选择交易对象，盯牢股东出资，捍卫自身权益。

增资与减资属于公司资本的变动，而实收资本的变动包括实收资本增加和减少两种情形，其中实收资本增加方式主要有投资者追加投资、资本公积转增资、盈余公积和未分配利润转增资等，实收资本减少方式主要有返还出资的减资和弥补亏损的减资等。实收资本的变动，不仅可以反映股东对公司的实际投入情况，也可以反映企业估值的不断变化，一直被外界所关注。按照资本不变原则，未经法定程序，不得随意变动公司资本。所以，实收资本变动过程中，公司、股东及其他利害关联方必须遵循资本维持原则，做到等价交换、公平交易。

第一节　实收资本在公司设立及股权转让中的体现

一、实收资本在公司资本和资产中的地位和作用

（一）解读《公司法》关于实收资本的规定

1. 实收资本定义与实质

实收资本是指投资者按照公司章程规定或者合同、协议约定，实际投入企业的资本，即企业收到的投资者实际交纳的资本数额。通俗地说，就是投资人实际投入公司的真金白银。投资人认缴而未缴的出资额（未来缴付的出资额），不是实收资本，而是认缴资本，就是本书第四章将要重点介绍的空股。

通常情况下，实收资本的构成比例，即投资者的出资比例或者股东的股份比例，是确定所有者在企业所有者权益中份额的重要基础，也是企业进行利润或者股利分配的主要依据，同时还是企业清算时确定所有者对净资产的要求权的主要依据。可以说，实收资本对公司资产的充实以及股东有限责任的认定至关重要。

2. 有限责任公司股东的财产权利与实收资本的原则规定

《公司法》第三十四条规定："股东按照实缴的出资比例分取红利；公司新增资本时，股东有权优先按照实缴的出资比例认缴出资。但是，全体股东约定不按照出资比例分取红利或者不按照出资比例优先认缴出资的除外。"本条中的"实缴的出资"是指实收资本，"实缴的出资比例"是指实收资本在注册资本中所占的比例。有限责任公司的股东分取红利、认购公司新增资本按照股东实缴的出资比例进行计算，与股东的认缴出资比例无关，这是公司法的原则规定，全体股东约定不按照实缴的出资比例分配利润、认购公司新增资本，这是例外情形。此外，有限责任公司的原股东优先认购增资的范围限于原来实缴的出资比例，超过此比例外的新增注册资本，原股东不享有优先认购权。

3. 以募集方式设立的股份有限公司对实收资本的强制性规定

《公司法》第八十条第二款规定："股份有限公司采取募集方式设立的，注册资本为公司在公司登记机关登记的实收股本总额。"本条中的"实收股本"指的是实收资本，股本是股份有限公司对股权的称谓。在实务中，"股份"与"股权"以及"股本"与"资本"之间基本可以通用。以募集方式设立股份有限公司，不允许发起人分期缴纳其出资，必须是一次性足额缴纳。原因在于发起人只需要认购一定的股份份额，即可向证监会申请向社会公众公开募集股份，筹资设立公司，允许发起人分期缴纳出资的意义不大。与此同时，如果允许发起人分期缴纳出资，也不利于保护社会公众利益。所以，以募集方式设立的股份有限公司，其注册资本必须等于实收资本。

4. 有限责任公司整体变更中净资产折股与实收资本的硬性规定

《公司法》第九十五条第一句规定："有限责任公司变更为股份有限公司时，折合的实收股本总额不得高于公司净资产额。"本条中的"净资产额"是指有限责任公司资产总额减去负债的部分，在有限责任公司整体变更过程中，计入股份有限公司股本的有限责任公司的资产只能是净资产，而不是资产总额。否则，股份有限公司的实收股本总额就不能反映公司资产的真实状况，这违背了"资本三原则"，也会损害公司、其他股东及公司债权人的利益。因此，股份有限公司的实收资本总额只能低于或者等于有限责任公司的净资产额。

（二）实收资本与注册资本的主要区别

注册资本与实收资本都属于公司资本范畴，实收资本是注册资本的一种表现形式。大多数情况下，注册资本大于实收资本，但实收资本最终必须等于注册资本，股东的出资义务至此履行完毕。也就是说，当实收资本小于注册资本时，只有注册资本在完全得到实缴后，实收资本才等于注册资本，股东也因此不再需要履行出资的义务。下面阐述注册资本与实收资本的主要区别。

1. 工商登记不同

注册资本是在公司登记机关登记的全体股东（发起人）认缴的出资额（股本总额），是公司章程的法定登记事项。注册资本是对公司偿债责任和能力的认定，公司需要向公司登记机关登记注册的资本总额，并且在一定时间内完成注册资本的投入，这体现了资本确定原则。实收资本是所有者实际投入企业的资本，反映经营者对公司的真实投资情况。实收资本构成企业实际收到的资产，是投资者投入资本形成法定资本的价值，是公司在实际业务中遵循法律规定的结果。尽管实收资本不再作为工商登记事项，公司登记时无须提交验资报告，但公司应当将股东（发起人）缴纳出资情况通过市场主体信用信息公示系统向社会公布，股东（发起人）对缴纳出资情况的真实性、合法性负责。

2. 缴付期限不同

公司资本完全认缴制下，注册资本与实收资本可以相对分离。股东（发起人）在公司章程中约定的出资额（股本总额），股东（发起人）可以全部实缴，也可以全部认缴，亦可以部分实缴、部分认缴；可以一次性缴付，也可以分期缴付，完全由股东（发起人）自由决定。对于采用注册资本实缴制的企业，如金融机构及类金融机构等，股东（发起人）缴纳的注册资本就是实收资本，一般在公司设立时就必须全部实缴，公司经营过程中需要增加注册资本的，可以通过增资方式完成。实收资本属于公司现实拥有的资本，实收资本在某段时间内可能小于注册资本，但公司的注册资本与实收资本最终应当是相等的，这体现了实收资本和注册资本的一致性原则。

3. 股东享有的权利不同

股东的主要权利包括表决权、分红权、优先认购增资权、优先购买权及重大决策参与权。就拿公司分红和优先认购增资事项来说，公司法原则上支持股东按照实缴的出资比例分取红利和优先认购增资款项，但又尊重股东的意思自治，即全体股东约定不按照出资比例分取红利或者不按照出资比例优先认缴出资的除外。对于有限责任公司类型的企业涉及的表决权，公司法原则上支持股东会会议由股东按照出资比例行使表决权，至于“出资比例”到底是股东认缴的出资比例还是实缴的出资比例，《公司法》对此没有进行界定。与此同时，《公司法》仍尊重股东的自由安排，但书部分规定公司章程另有约定的除外。因此，全体股东可以在公司章程中约定，股东认缴出资部分与实缴出资部分相对应的股东权益予以差别对待。

4. 对企业估值的影响不同

注册资本变动对公司估值的影响具有不确定性，因为注册资本增加，公司估值不一定增大，如股东认缴的增资款需要在未来一定期限内缴付；注册资本减少，公司估值也不一定降低，如公司通过名义减资方式免除空股持有人的出资义务；公司估值增大，注册资本不一定增加，如股东缴付的增资款全部计入资本公积等。实收资本的增加或者减少，直接影响公司估值的增大或者降低，即实收资本增加，则公司估值相应增大；实收资本减少，则公司估值相应降低。原因在于，注册资本构成了公司可期待的财产，对于股东认缴的出资额，公司章程允许股东在未来一定的期限内实际缴付即可；而实收资本购成了公司实际收到的资产，在公司资产负债表所有者权益分类中予以记载。

5. 法律后果不同

《公司法》第三条第二款规定：“有限责任公司的股东以其认缴的出资额为限对公司承担责任；股份有限公司的股东以其认购的股份为限对公司承担责任。”不论是股东认缴的“出资额”还是股东认购的“股份”，都属于注册资本的范畴，而注册资本是股东保证公司承担责任的资本，如果注册资本规模设置过大，股东承担的投资责任就会放大。公司法人人格独立地位和股东有限责任是现代公司的两大基石，《九民会议纪要》颁行后，将进一步刺破公司面纱，注册资本范围内责任限额可能不再成为股东的“护身符”。实收资本作为股东实际投入的资产，需要一次性全部缴纳，当实收资本大于实际经营需要的现金流时，就会出现资本过剩问题，不但造成资源的浪费，而且降低企业资本运营效率，本书第六章第二节将详细阐述资本过剩问题。

（三）实收资本在资产负债表中的反映

1. 资产负债表与所有者权益的关系

根据《企业会计准则第30号——财务报表列报》（财会〔2014〕7号）第二条的规定，财务报表是对企业财务状况、经营成果和现金流量的结构性表述，财务报表至少应当包括下列组成部分：（1）资产负债表；（2）利润表；（3）现金流量表；（4）所有者权益（或股东权益）变动表；（5）附注。

刘姝媛女士在《图解财务报表》（化学工业出版社）中用非常通俗的语言诠释了财务报表各组成部分在企业经济活动中的地位和作用，企业的家底——资产负债表，读懂企业真正价值；企业的脸面——利润表，掌握企业盈利情况；企业的日子——现金流量表，搞清企业现金状况;股东的权益——所有者权益变动表,明确股东权益变化。值得注意的是,财务报表上述组成部分在企业经济活动中具有同等的重要程度,无所谓孰轻孰重。

(1)资产负债表

资产负债表是反映企业在某一特定日期财务状况的报表,它反映企业在某一特定日期所拥有或控制的经济资源、所承担的现时义务和所有者对净资产的要求权。资产负债表的要素包括资产、负债、股东权益,这三个要素称为存量要素,或静态要素。资产是企业的全部资源,负债是企业对外借入的债务资本,股东权益是企业的自有资本。资产负债表是经过清查财产、核实债务,根据账簿和有关凭证编制的。通过资产负债表可以了解企业的财务状况和持续经营的能力,从而评判企业的偿债能力,分析企业资源的运用效率。

资产负债表正表的格式采用账户式结构,报表设为左右两方,左方列示资产各项目,反映全部资产的分布及存在状态;右方列示负债和所有者权益项目,反映全部负债和所有者权益的内容及构成情况。通俗地说,资产负债表右方报告了企业总资本从何而来,所以,负债和所有者权益是企业资金的来源;资产负债表左方报告了企业总资本用在何处,因此,资产是企业资金的去向。资产负债表左右双方必须保持平衡,即资产总计等于负债和所有者权益总计,公式为:资产 = 负债 + 所有者权益。

借贷记账法是以"借"和"贷"作为记账符号的一种复式记账法,即对于每一笔经济业务,都必须用相等的金额在两个或两个以上相互联系的账户中进行登记,全面、系统地反映会计要素增减变化。借贷记账法下,借方在账户的左方,贷方在账户的右方,所有账户的借方和贷方按相反方向记录增加数和减少数,即一方登记增加额,另一方登记减少额。

借贷记账法的记账规则是"有借必有贷,借贷必相等"。通常情况下,资产负债表的左侧——资产类账户的记账规则是"借为增加,贷为减少",资产负债表右侧——负债类及所有者权益类,其与资产类相反,记账规则是"借为减少,贷为增加"。

会计分录是对每项经济业务列示出应借、应贷的账户名称及其金额的一种记录,由应借应贷方向、相互对应的科目及其金额三个要素构成。

①资产类账户的增加用"借"表示,减少用"贷"表示(借增贷减),举例说明,甲公司以500万元现金购买一台机械设备,其会计分录为:

借:固定资产 500 万元

　　贷:银行存款 500 万元

②负债类账户的增加用"贷"表示,减少用"借"表示(借减贷增),举例说明,乙公司向某工商银行贷款 1000 万元(期限 6 个月),其会计分录为:

借:银行存款 1000 万元

　　贷:短期借款 1000 万元

③所有者权益类的增加用"贷"表示,减少用"借"表示(借减贷增),举例说明,丙股份公司以 2000 万元资本公积转增注册资本,其会计分录为:

借:资本公积——股本溢价 2000 万元

贷:实收资本 2000 万元

(2)所有者权益

所有者权益,又称股东权益、企业净资产,是指企业资产扣除负债后由所有者享有的剩余权益。它代表了股东对企业的所有权,反映了股东在企业资产中的经济利益。所有者权益在性质上体现为所有者对企业剩余财产的求偿权;在来源上包括所有者投入的资本、直接计入所有者权益的利得和损失、留存收益等;在形态上没有可对应的财物,它只是通过资产减去负债推算出来的数据;在数量上体现为资产减去负债的余额。

所有者权益由实收资本(或股本)、资本公积、盈余公积和未分配利润四项组成。《企业会计准则第 30 号——财务报表列报》第二十七条规定:"资产负债表中的所有者权益类至少应当单独列示反映下列信息的项目:(一)实收资本(或股本,下同);(二)资本公积;(三)盈余公积;(四)未分配利润。在合并资产负债表中,应当在所有者权益类单独列示少数股东权益。"第二十八条规定:"资产负债表中的所有者权益类应当包括所有者权益的合计项目。"通过股东权益期末余额与期初余额的比较,就能够看清企业资产与负债此消彼长的轨迹,当资产的增长大于负债的增长,就形成了股东权益的增长。股东权益的增长是企业经营运作的成果,而股东权益的减少反映企业艰难经营的困境。

2. 资本公积金与盈余公积金对比分析

资本公积金、盈余公积金和未分配利润均属于所有者权益,为公司的实际资产。其中,盈余公积金和未分配利润统称为留存收益,而盈余公积金又分为法定盈余公积金和任意盈余公积金,二者之间的区别就在于各自计提的依据不同,法定盈余公积金以国家法律或者行政法规为依据提取,任意盈余公积金主要是根据公司股东会或者股东大会的决议提取。下面对资本公积金与盈余公积金进行对比分析,以便更好地了解二者之间的联系和区别。

(1)性质不同

资本公积金是企业收到投资者的超出其在企业注册资本(或股本)中所占份额的投资以及直接计入所有者权益的利得和损失等,包括资本溢价(或股本溢价)、接受捐赠资产、拨款转入、外币资本折算差额等,资本公积金与公司资本相关,具有资本属性,是股东资本的非登记部分,是企业的附加资本,被称为准资本。盈余公积金是企业在经营过程中所创造的从历年实现的利润中提取或形成的留存于企业的积累,即由于企业发展的需要或者法定的原因等,没有分配给所有者而留存在公司的盈余,盈余公积金与公司经营有关,是公司经营成果的体现。

(2)来源不同

资本公积金是投资者实际投入企业的资本,是资本投入本身引起的各种增值,不是由公司的生产经营活动产生的,与公司的生产经营活动没有直接关系。其投入前归属于投资者;投入后归属于全体股东,成为公司权益性资本的一部分。无论是法定盈余公积金,还是任意盈余公积金,均是在公司生产经营活动中产生的,由公司经营成果转化而来,是从企业的净收益(税后利润)中提取的,是真正意义上的积累。盈余公积金源于公司的经营成果。值得注意的是,法定盈余公积金的提取由法律直接规定,就盈余公积金形成的依据而言,法定公积金的提取由法律直接规定,而任意盈余公积金的提取由公司股东会或股东大会自行决定。

(3)用途不同

资本公积金可以用来扩大公司生产经营或者转为增加公司资本,但不得用于弥补公司亏损,因为资本公积金大部分来自股东的投资,具有资本属性,与企业经营取得的收益无关,不具有利润分配的性质。若用资本公积金弥补公司亏损,则混淆了公司资本与企业收益的界限,实质上是对资本的收回,不利于保护债权人的利益。无论是法定盈余公积金,还是任意盈余公积金,都可以用于弥补公司的亏损、扩大公司生产经营或者转为增加公司资本。此外,公司弥补亏损和提取公积金后余额部分为未分配利润,公司可以依法分配。因此,未分配利润的用途包括弥补亏损、扩大公司生产经营、转增资本以及向股东分红。

(4)转增资本比例不同

资本公积金作为公司的附加资本,可以全部转增为公司的注册资本,不受比例的限制。法定盈余公积金的提取和转增资本受比例限制,即公司分配当年税后利润时,应当提取利润的10%列入法定公积金,其累计额为公司注册资本的50%以上的,可以不再提取;法定公积金转为资本时,所留存的该项公积金不得少于转增前公司注册资本的25%,但任意盈余公积金的提取一般不受比例限制。

二、公司设立的法律程序和实收资本的财税处理

(一)公司设立的法律程序

1. 有限责任公司的设立

《公司法》第二十三条规定:“设立有限责任公司,应当具备下列条件:(一)股东符合法定人数;(二)有符合公司章程规定的全体股东认缴的出资额;(三)股东共同制定公司章程;(四)有公司名称、建立符合有限责任公司要求的组织机构;(五)有公司住所。”申请设立有限责任公司,应当向公司登记机关提交下列文件:

(1)公司法定代表人签署的设立登记申请书;

(2)全体股东指定代表或者共同委托代理人的证明;

(3)公司章程;

(4)股东的主体资格证明或者自然人身份证明;

(5)载明公司董事、监事、经理的姓名、住所的文件以及有关委派、选举或者聘用的证明;

(6)公司法定代表人任职文件和身份证明;

(7)企业名称预先核准通知书;

(8)公司住所证明;

(9)国家工商行政管理总局规定要求提交的其他文件。

此外,法律、行政法规或者国务院决定规定设立有限责任公司必须报经批准的,还应当提交有关批准文件。

2. 股份有限公司的设立

《公司法》第七十六条规定:"设立股份有限公司,应当具备下列条件:(一)发起人符合法定人数;(二)有符合公司章程规定的全体发起人认购的股本总额或者募集的实收股本总额;(三)股份发行、筹办事项符合法律规定;(四)发起人制订公司章程,采取募集方式设立的经创立大会通过;(五)有公司名称、建立符合股份有限公司要求的组织机构;(六)有公司住所。"申请设立股份有限公司,应当向公司登记机关提交下列文件:

(1)公司法定代表人签署的设立登记申请书;

(2)董事会指定代表或者共同委托代理人的证明;

(3)公司章程;

(4)发起人的主体资格证明或者自然人身份证明;

(5)载明公司董事、监事、经理的姓名、住所的文件以及有关委派、选举或者聘用的证明;

(6)公司法定代表人任职文件和身份证明;

(7)企业名称预先核准通知书;

(8)公司住所证明;

(9)国家工商行政管理总局规定要求提交的其他文件。

必须注意的是,以募集方式设立股份有限公司的,还应当提交创立大会的会议记录以及依法设立的验资机构出具的验资证明;以募集方式设立股份有限公司公开发行股票的,还应当提交国务院证券监督管理机构的核准文件。

此外,法律、行政法规或者国务院决定规定设立股份有限公司必须报经批准的,还应当提交有关批准文件。

3. 公司名称预先核准

设立公司应当申请名称预先核准,并根据拟设立的公司冠名向公司登记机关报请核准,有的公司为追求企业名称"高大上"或开展业务的便利,使用不含行政区划(去域名)的企业名称,须报请国家工商行政管理总局核准,且注册资本不少于5000万元。预先核准的公司名称保留期为6个月,有效期满,核准的名称自动失效。预先核准的公司名称在保留期内,不得用于从事经营活动,不得转让。

(二)公司设立时的会计处理

股东可以将货币或者其他非货币财产作价投入公司,作为出资的货币应当存入公司所设银行账户,作为出资的非货币财产应当评估作价,核实财产,不得高估或者低估作价,并依法办理其财产权的转移手续。根据《企业会计准则》的相关规定,只有股东对公司实缴的出资额才能进入实收资本科目,股东未缴足的部分不在实收资本科目反映。当然,最好也不在其他应收款等科目反映。

例如,2017 年 7 月 12 日,甲公司(系有限责任公司)由 A 公司和 B 公司两个法人股东共同设立,甲公司注册资本为 2000 万元,其中 A 公司持有 60% 股权,公司设立时实缴出资总额的 70%,即 840 万元(2000×60%×70%),认缴出资总额的 30%,即 360 万元(2000×60%×30%),并约定在 10 年内缴齐;B 公司持有 40% 股权,公司设立时实缴出资总额的 70%,即 560 万元(2000×40%×70%),认缴出资总额的 30%,即 240 万元(2000×40%×30%),并约定在 10 年内缴齐。下面对目标公司和各股东作会计分录:

1. 甲公司(目标公司)财务处理如下:

借:A 公司——银行贷款 840 万元、B 公司——银行存款 560 万元;贷:实收资本 1400 万元。

2. A 公司(股东)财务处理如下:

借:长期股权投资 840 万元;贷:银行存款 840 万元。

3. B 公司(股东)财务处理如下:

借:长期股权投资 560 万元;贷:银行存款 560 万元。

对于 A、B 公司分别认缴的出资额 360 万元、240 万元,会计上如何进行处理呢? 前文已述,股东尚未缴纳的出资额,不在实收资本科目反映,公司财务上不做分录,其原因在于资产负债表反映的是公司实际收到的投资款(实收资本),而不是认缴的注册资本(认缴资本)。

假设,甲公司将未收到的注册资本 600 万元(360+240)当作其他应收款,则甲公司会计处理为,借:其他应收款,贷:实收资本。这样处理的弊端是,甲公司不仅需要按照实收资本金额提前缴纳印花税,A、B 公司未缴纳的出资额 600 万元变成向甲公司的借款,超过期限视为甲公司对股东的分红,股东需要缴纳所得税。所以,对于股东认缴未缴的出资额(空股),不宜进行会计处理。

(三)公司设立时的税务处理

货币属于非应税事项。公司设立时,除了印花税,不涉及其他税负。根据《印花税暂行条例》相关规定,无论是目标公司还是股东,甲公司及 A、B 公司均应按照 5‰税率缴纳印花税。此外,根据财政部、国家税务总局《关于对营业账簿减免印花税的通知》(财税〔2018〕50 号)的规定,自 2018 年 5 月 1 日起,对按 5‰税率贴花的资金账簿减半征收印花税,即印花税税率为 2.5‰。对于非货币性资产出资涉及的财税处理,本书第九章第一节将详细阐述,在此不赘述。

三、股权转让中的实收资本及其与股权价值的关联

(一)股权转让中实收资本的财税处理

有限责任公司的股东之间可以相互转让其全部或者部分股权,股东向股东以外的人转让股权,应当经其他股东过半数同意。此处的“经其他股东过半数同意”指的是股东多数决,而

非资本多数决。经股东同意转让的股权，在同等条件下，其他股东有优先购买权。转让股权后，公司应当注销原股东的出资证明书，向新股东签发出资证明书，并相应修改公司章程和股东名册中有关新、原股东及其出资额的记载。对公司章程的该项修改无须再由股东会表决。

还是以上述案例为例，2018 年 12 月 31 日，B 公司将持有的 20% 股权转让给 C 公司，转让价格为 1000 万元，B、C 公司之间签订《股权转让协议》，A 公司放弃优先购买权，甲公司修改章程，其他条件同上。

1. 会计处理

不论是股东之间转让股权，还是股东对外转让股权，仅是公司股东的变更，与目标公司不发生直接的法律关系，公司只是股权转让双方进行交易的载体，注册资本并没有因此发生变动，公司估值也没有出现任何变化。所以，甲公司只需进行实收资本的内部结转。

（1）本次股权转让完成后，甲公司的会计分录如下：

借：实收资本——B 公司 112 万元（560 × 20%）

　　贷：实收资本——C 公司 112 万元（560 × 20%）

（2）B 公司转让股权的财务处理如下：

借：银行存款 1000 万元

　　贷：长期股权投资（甲公司）112 万元（560 × 20%）

　　　　投资收益 888 万元（1000 − 112）

（3）C 公司受让股权的财务处理如下：

借：长期股权投资 1000 万元（甲公司）

　　贷：银行存款 1000 万元

2. 税务负担

因股权转让系内部结转，所以甲公司无须进行税务处理。对于 B 公司转让股权取得的投资收益 888 万元，依据国家税务总局《关于企业股权投资业务若干所得税问题的通知》（国税发〔2000〕118 号）的规定，企业股权投资转让所得应并入企业的应纳税所得，依法缴纳企业所得税。此外，《股权转让协议》应作为“产权转移书据”，交易各方应缴纳印花税。

（二）通过案例看实收资本与股权价值的关联性①

1. 案件当事人

原告：黄伯凤

原告：谢炜

原告：刘正华

被告：嘉旨投资（上海）有限公司

① 案例索引：上海市第二中级人民法院（2019）02 沪民初 29 号裁定书、上海市第二中级人民法院（2019）沪 02 执异 75 号执行裁定书、上海市高级人民法院（2019）沪执复 60 号执行裁定书。

被告(异议人、复议申请人):中民嘉业投资有限公司

2. 案情简介

上海二中院审理的原告黄伯凤、谢炜、刘正华(以下统称三原告)诉被告嘉旨投资(上海)有限公司(以下简称嘉旨公司)、中民嘉业投资有限公司(以下简称中民公司)股权转让纠纷一案,上海二中院于2019年3月12日作出(2019)02沪民初29号裁定书,裁定冻结嘉旨公司、中民公司银行存款9920万元,或查封嘉旨公司、中民公司相同价值的其他财产及权益。2019年3月22日,上海二中院查封嘉旨公司持有的惠瑞曼迪斯(上海)环保科技发展有限公司(以下简称惠瑞曼迪斯)的额度为5712万元的股权,查封中民公司持有的上海嘉采医疗投资管理有限公司(以下简称嘉采公司)的额度为10000万元的股权及上海董嘉置业有限公司(以下简称董嘉公司)的额度为850000万元的股权(见图3－1)。

中民公司不服,向上海二中院提出书面异议。中民公司称,最高人民法院《关于人民法院执行中查封、扣押冻结财产的规定》第二十一条规定,查封、扣押、冻结被执行人的财产,以其价额足以清偿法律文书确定的债权额及执行费用为限,不得明显超标的额查封、扣押、冻结。上海市高级人民法院《关于财产保全工作的规定》第五十一条第一句规定,查封、扣押被申请人财产,可以根据财产的市场价格走势、折旧、保管和变现成本以及执行费用等情况适当超标的额,但不得明显超标的额。现三原告申请查封其持有嘉采公司100%股权(嘉采公司注册资本为1亿元)及董嘉公司100%股权(董嘉公司注册资本为85亿元,且以全部实缴),查封财产已明显超标的额,严重损害中民公司的合法权益,故申请依法解除对中民公司超额部分财产的保全措施。

中民公司向上海二中院提供了董嘉公司的验资报告,用以证明董嘉公司系由中民公司出资建立的一人有限责任公司,中民公司在2014年12月25日向董嘉公司支付了出资款85亿元,该资金已经转化为董嘉公司的资产,中民公司持有的董嘉公司股权已经足够满足保全需要,无须再查封中民公司持有的嘉采公司股权。

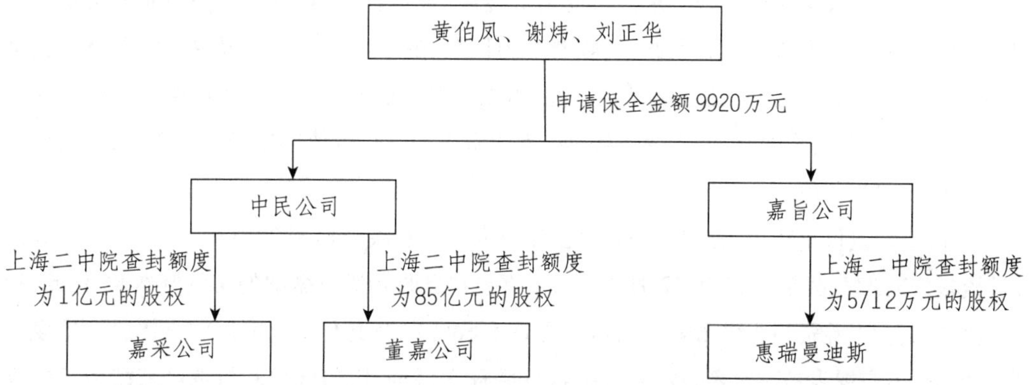

图3－1　上海二中院查封被告相关股权示意图

3. 上海二中院裁判观点

中民公司提供的董嘉公司验资报告反映的是其作为董嘉公司股东向董嘉公司履行出资义务的出资情况，虽然董嘉公司的注册资本为85亿元，但是并不能就此认定中民公司持有的董嘉公司股权也具有相同价值。在系争股权的市场价格走势、变现成本及执行费用等情况尚不明确前，无法认定中民公司持有的系争被查封股权的变现价值已经明显超过诉讼标的。据此，在中民公司没有提供充分证据，且三原告不同意对部分股权进行解封的情况下，上海二中院对中民公司的异议请求不予支持。

2019年6月24日，上海二中院作出（2019）沪02执异75号执行裁定书，驳回中民公司的异议请求。中民公司不服上述异议裁定，遂向上海市高级人民法院（以下简称上海高院）提出复议，请求撤销（2019）沪02执异75号执行裁定书。

4. 上海高院裁判观点

首先，该验资报告仅是证明董嘉公司已收到股东中民公司缴纳的实收资本，不是对董嘉公司资本的保全、偿债能力和持续经营能力的保证。公司经营状况、实物资产价值、对外负债清偿等不确定因素均会引起公司股权价值的变化，因此，验资报告不能证明公司股权价值等同于公司的资本。在查封的股权价值尚不确定情况下，无法认定中民公司持有的股权变现价值已经明显超过诉讼标的额，且市场监督管理材料显示，2018年嘉采公司、董嘉公司的资产状况有负债记录。

其次，诉讼中，对中民公司持有的股权采取保全查封措施，属控制性措施，并非对股权的处置。鉴于上述情况及原告不同意对部分股权解除查封，对中民公司的解除查封主张，上海高院不予支持。

2019年10月8日，上海高院作出（2019）沪执复60号执行裁定书，驳回中民公司的复议申请，维持上海二中院（2019）沪02执异75号执行裁定书。

5. 案例评析

实收资本是公司实际收到股东缴付的出资金额，根据资本不变原则，公司非经法定程序不得增加或者减少实收资本。因此，实收资本为恒量，处于静止状态。股权价值是公司在某一时点实际拥有的总资产，受公司经营状况、市场行情、实物资产价值及对外负债清偿的影响。因此，股权价值为变量，处于变动状态。实收资本与股权价值同属于公司资产，但实收资本不等同于股权价值。

上海高院复议审查中，查明上海久信会计师事务所有限公司于2015年1月23日出具的《验资报告》记载，截至2014年12月25日，董嘉公司已收到股东缴纳的实收资本85亿元，均以货币出资。本验资报告供董嘉公司申请办理实收资本变更登记及据以向全体股东签发出资证明书，不应视为是对董嘉公司验资报告日后资本保全、偿债能力和持续经营能力等的保证。中民公司以会计师事务所2015年出具的验资报告来证明董嘉公司2019年的资产状况，不但超出了验资报告的使用范围，而且反映的不是同一时点的资产价值。

上海高院复议审查期间,曾要求中民公司提供董嘉公司2018年财务会计报表,以确认资产状况,但中民公司表示不提供。假设,中民公司提供了财务会计报表,且董嘉公司的净资产与实收资本相近,法院因此解除查封董嘉公司部分股权,其有效证据应是资产评估报告,而不是验资报告。中民公司仅以验资报告来证明董嘉公司实际资产状况,根本无法满足其证明目的。上海高院执行裁定书载明,“上海市黄浦区市场监督管理局材料显示,2018年嘉采公司、董嘉公司的资产状况有负债记录”,验资报告的证明力可能因此愈加降低。笔者认为,从公司登记机关调取的企业年度报告来看,法院审查重点不是嘉采公司、董嘉公司的资产状况有无负债记录,关键是两家公司的净资产是否与验资报告记载的实收资本相吻合,二者金额是否大致相等。

中民公司尽管向董嘉公司实缴出资85亿元,且有验资报告为证,但中民公司并未同时提供两家公司最新财务会计报表(如资产负债表),也没有聘请专业机构对两家公司资产进行评估,仅凭验资报告证明董嘉公司资产状况,从而认定上海二中院超标的查封,显然不妥。

第二节 实收资本增加的法律程序和财税处理

公司增加资本主要有三种途径:一是公司接受投资者追加投资(包括公司原股东和新投资者);二是公司将资本公积转为实收资本;三是公司将留存收益转为实收资本。当然,债权转股权也会导致公司注册资本的增加,详见本书第七章“债权与股权的相互转换与名股实债的运用”,在此不予赘述。

一、追加投资款的处理方式与资本配比现象

归纳起来,投资者追加投资有三种方式:其一,不增加新的股东,只增加股东的出资额;其二,既增加新的股东,又增加股东的出资额;其三,增加新的股东,为公司注入新的资本,原股东及其出资额保持不变。

(一)投资者对缴付的增资款的处理

现有股东或外部投资者对目标公司增资中,有关增资款的处理方式,实务中存在三种情形。通常情况下,增资款一部分计入注册资本,一部分计入资本公积,此种情形属于目标公司溢价增资。但在特定条件下会出现两种极端情况:一种情况是增资款全部计入注册资本,等于目标公司平价发行;另一种情况是增资款全部计入资本公积,目标公司注册资本没有发生变化。下面分别举例说明。

1. 增资款部分计入注册资本,部分计入资本公积案例

2017年6月28日,广东道氏技术股份有限公司(证券代码:300409;证券简称:道氏技术)发布的《广东道氏技术股份有限公司重大资产购买暨关联交易实施情况报告书》披露:广东道

氏技术股份有限公司(以下简称道氏技术)第四届董事会2017年第八次会议审议通过了《关于投资广东佳纳能源科技有限公司的议案》,道氏技术拟以现金对广东佳纳能源科技有限公司(以下简称佳纳能源)增资,佳纳能源注册资本由9830.30万元增加至15447.55万元,增资前道氏技术持有佳纳能源23%的股权,增资后公司持有佳纳能源51%的股权。

根据广东中联羊城资产评估有限公司出具的《资产评估报告书》[中联羊城评字(2017)第VNMPC0248号]以2017年3月31日为评估基准日,佳纳能源经评估的股东全部权益价值为人民币79042.88万元。经交易各方协商一致,本次交易前佳纳能源的股东全部权益作价78750万元。本次增资的交易价格为人民币45000万元,其中人民币5617.25万元计入佳纳能源的注册资本,其余人民币39382.75万元计入资本公积。

2.增资款全部计入公司注册资本案例

2017年8月28日,大连智云自动化装备股份有限公司(证券代码:300097;证券简称:智云股份)发布《大连智云自动化装备股份有限公司关于使用募集资金对子公司东莞智云投资发展有限公司增资的公告》(公告编号:2017-081)披露:大连智云自动化装备股份有限公司(以下简称大连智云)第四届董事会第五次会议审议通过了《关于使用募集资金对子公司东莞智云投资发展有限公司增资的议案》,同意大连智云以募集资金13000万元对东莞智云投资发展有限公司(以下简称东莞智云)进行增资,计入实收资本,增加东莞智云注册资本。本次增资完成后,东莞智云注册资本将由2000万元增加至15000万元,大连智云仍持有东莞智云100%股权。

本次增资属于对全资子公司进行增资,不构成关联交易,不构成《上市公司重大资产重组管理办法》(以下简称《重组管理办法》)规定的重大资产重组。本次增资完成后,将大幅优化东莞智云的资产负债结构,降低子公司财务费用,提高募集资金使用效率;有助于加快募投项目之"南方智能制造研发中心建设项目"的实施;有利于进一步提升公司的整体实力及行业竞争力,促进公司健康快速发展。

3.增资款全部计入公司资本公积案例

2013年8月20日,南京云海特种金属股份有限公司(以下简称云海金属)(证券代码:002182;证券简称:云海金属)发布的《关于南京云海特种金属股份有限公司向南京云开合金有限公司增资的公告》(公告编号:2013-31)披露:云海金属经第三届董事会第八次会议审议通过,云海金属将用部分自有的设备资产以实物的形式对南京云开合金有限公司(以下简称南京云开)进行增资。依据截至2013年6月30日的财务报告(未经审计),云海金属拟向南京云开增资的资产账面价值为3009.83万元,经南京中信资产评估有限公司评估,评估价值为2984.26万元,用于增资的资产账面价值与评估价值基本不存在差异。

本次增资前南京云开的注册资本为2000万元,本次增资的2984.26万元全部进入资本公积,本次增资后南京云开的注册资本仍旧为2000万元。本次增资前后南京云开股权结构不发生变化,仍然是一人有限责任公司,云海金属持有南京云开100%股权。此次云海金属对南京云开进行增资，是为保证公司业务的统一性，满足公司集中管理的要求。

4. 综合评析

通过对上述三家上市公司增资案例的分析，笔者发现了非常重要的问题，一个是共性问题，另一个是个性问题。所谓共性问题，就是无论是道氏技术还是大连智云，或者云海金属，其所增资的对象均为其所参股或控股的子公司，增资前就存在股权投资关系。所谓个性问题，就是三家上市公司对所增资的标的公司持股比例存在一定的差异，比如，道氏技术原持有佳纳能源23%股权，通过增资使其持股比例达到51%，成为控股股东；又如，大连智云本次增资的标的公司东莞智云为其全资子公司，增资后东莞智云的股权结构保持不变，仍由大连智云100%持股；再如，云海金属本次增资的标的公司南京云开为一人有限责任公司，本次增资属于对全资子公司进行投资。正是因为增资前后持股比例的巨大差异，才导致增资款的处理出现显著不同。

笔者认为，内部股东同比例增资（尤其是母公司对全资子公司进行增资），目标公司原来的股权结构没有发生变化，股东之间的固有利益不会出现矛盾，这种增资方式属于非交易性增资；增资股东缴付的增资额可以全部计入注册资本，亦可以全部计入资本公积，皆由目标公司股东会（或董事会）根据公司经营状况及债资关系综合考量最终确定，标的公司注册资本变动与否对股东没有实际意义，也不会对公司正常经营产生不利影响。至于内部股东非等比例增资（个别股东对公司进行增资），将稀释其他股东的股份，打破股东原有的利益平衡，股东之间必定会产生一定的利益冲突，这种增资方式属于交易性增资；当标的公司整体估值大于注册资本（实收资本）时，就会出现溢价现象，不仅会导致注册资本发生变动，而且会增加资本公积，所以，增资股东缴付的增资款，一部分计入注册资本，另一部分计入资本公积，除非增资股东或者非增资股东为维持原来的平衡而放弃一定的利益。

三家上市公司缴付增资款的处理方式对比如图3－2所示。

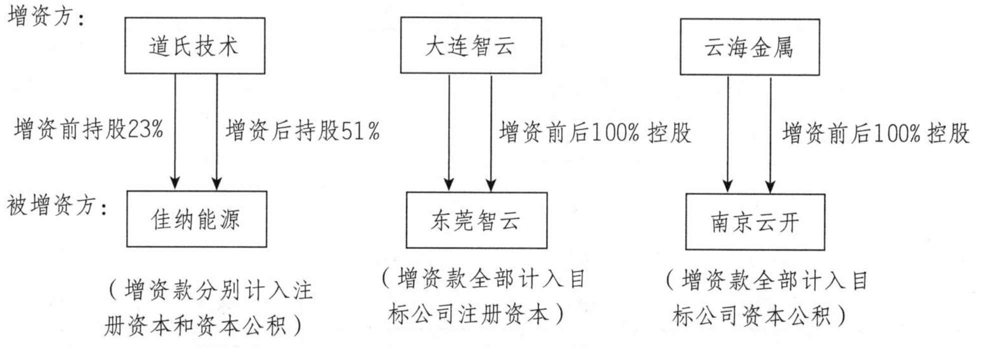

图3－2　三家上市公司缴付增资款的处理方式对比

（二）资本配比规则在公司增资中的体现

1. 通过案例了解资本配比现象

所谓资本配比规则，是指持有公司相同股份比例的股东，由于取得股权的条件不同，其对公司的出资额可以不同,但进入注册资本的数额必须是相等的。下面,通过一个案例深入解读资本配比现象的实质。

举例说明:甲公司系一人有限责任公司,单独股东为A公司,甲公司注册资本(实收资本)为100万元,1年后公司估值为500万元,资本公积为零,下面分情况进行计算。

(1)B公司拟对甲公司增资,并持有甲公司1/2的股权,B公司应向甲公司缴付增资款500万元(500÷1/2×1/2),其中100万元(100÷1/2×1/2)计入注册资本,其余400万元(500-100)计入资本公积。

本次增资完成后,甲公司注册资本为200万元(100+100),资本公积(资本溢价)为400万元。

(2)又一年后,甲公司估值为3000万元,C公司拟对甲公司增资,并持有甲公司1/3的股权,则C公司应向甲公司缴付增资款1500万元(3000÷2/3×1/3),其中100万元(200÷2/3×1/3)计入注册资本,其余1400万元(1500-100)计入资本公积。

本次增资完成后,甲公司注册资本为300万元(200+100),资本公积(资本溢价)为1800万元(400+1400)。

(3)再一年后,甲公司估值为9000万元,D公司拟对甲公司增资,并持有甲公司1/4的股权,则D公司应向甲公司缴付增资款3000万元(9000÷3/4×1/4),其中100万元(300÷3/4×1/4)计入注册资本,2900万元计入资本公积。

本次增资完成后,甲公司注册资本为400万元(300+100),资本公积(资本溢价)为4700万元(1800+2900)。

原始股东与投资人出资额及股份比例对比分析如表3-1所示。

表3-1 原始股东与投资人出资额及股份比例对比表

单位	项目				
	目标公司当时的估值(投前估值)(万元)	计入注册资本的出资额(万元)	计入资本公积的出资额(万元)	实际缴付的出资额合计(万元)	最终持有的股权比例(%)
A公司	100	100	—	100	25
B公司	500	100	400	500	25
C公司	3000	100	1400	1500	25
D公司	9000	100	2900	3000	25
合计	—	400	4700	5100	100

2. 结论性意见

《公司法》第一百七十八规定:"有限责任公司增加注册资本时,股东认缴新增资本的出资,依照本法设立有限责任公司缴纳出资的有关规定执行。股份有限公司为增加注册资本发行新股时，股东认购新股，依照本法设立股份有限公司缴纳股款的有关规定执行。”增加出资的原股东，可以是全部股东，也可以是部分股东；增加的出资部分可以是按比例增加，也可以不按比例增加；增资额确定依据可以是实缴出资额比例，也可以是认缴出资额比例，对此法律没有强制性规定，全由公司章程规定。外部投资人对目标公司增资，无论其是战略投资者还是财务投资人，均成为目标公司登记的新股东。新股东投资入股的价格，一般根据公司净资产与注册资本之比确定，溢价部分应当计入资本公积，至于新股东的持股比例，一般根据增资款与目标公司总资产之比确定。

就本案例而言，A 公司为原始股东，B、C、D 三家公司为外部投资人，四个法人股东先后进入甲公司，对甲公司的贡献度也有所不同。B、C、D 三家公司以增资扩股进入甲公司，且三个投资人与 A 公司持股比例均为 25%，虽然三个投资人进入甲公司的时间有先有后，但他们持有甲公司的注册资本都是 100 万元。事实上，B、C、D 三家公司取得甲公司股权的对价各有不同，其中 B 公司取得股权的对价为 500 万元，C 公司取得股权的对价为 1500 万元，D 公司取得股权的对价为 3000 万元，一个比一个多，甚至成倍增加。那为什么即使后续股东是付出比前面股东更高昂的代价，也甘愿持有与其他股东同等的股权呢？原因在于，后续股东可以与前面股东一样分享甲公司长期的经营积累，包括但不限于资本公积（资本溢价）4700 万元。资本公积（资本溢价）是由投资者投入但不构成实收资本，为全体股东共同享有的资金。

这就是资本配比原则的精髓所在。

（三）原股东对优先认购权的行使与放弃

1.《公司法》关于优先认购权的规定

《公司法》第三十四条规定：“股东按照实缴的出资比例分取红利；公司新增资本时，股东有权优先按照实缴的出资比例认缴出资。但是，全体股东约定不按照出资比例分取红利或者不按照出资比例优先认缴出资的除外。”在没有特殊约定的情况下，公司新增资本时，原股东享有按照出资比例认缴出资的优先权。有关优先权的期限，法律并没有明确规定。

《公司法》第四十三条规定：“股东会的议事方式和表决程序，除本法另有规定的除外，由公司章程规定。股东会会议作出修改公司章程、增加或者减少注册资本的决议，以及公司合并、分立、解散或者变更公司形式的决议，必须经代表三分之二以上表决权的股东通过。”有限责任公司增资属于特别决议事项，以所有具有表决权的股东投票权为基准。

《公司法》第一百零三条规定：“股东出席股东大会会议，所持每一股份有一表决权。但是，公司持有的本公司股份没有表决权。股东大会作出决议，必须经出席会议的股东所持表决权过半数通过。但是，股东大会作出修改公司章程、增加或者减少注册资本的决议，以及公司合并、分立、解散或者变更公司形式的决议，必须经出席会议的股东所持表决权的三分之二以上通过。”股份有限公司增减亦属于特别决议事项，以出席会议的股东拥有的表决权为基准。因为股份有限公司，尤其是上市公司股东众多，难以召集，经出席股东大会的股东所持表决权的三分之二以上同意公司增资，在不损害小股东利益的前提下，股东大会决议也是有效的,公司可以合法增资。

2. 优先认购权与优先购买权的区别

有限责任公司增资时,原股东享有优先认购权;有限责任公司股东对外转让股权时,原股东同样享有优先购买权。但必须明白,股东的优先认购权与优先购买权只能适用于有限责任公司性质的企业,股份有限公司不存在优先认购权和优先购买权一说。其主要原因在于,有限责任公司具有人合性、封闭性、资合性,需要保持股东结构的相对稳定。下面,阐述二者之间的主要区别。

(1)交易实质不同

优先认购权是针对公司增资行为,而优先购买权是针对股权转让行为。公司增资中,交易资金归标的公司所有,其性质属于标的公司的资本金;股权转让中,交易资金由转让股东受领,资金的性质属于股权转让的对价。

(2)涉及期限不同

公司增资中,股东行使优先认购权没有明确的期限规定;股权转让中,股东行使优先购买权有明确的期限规定,即其他股东在接到书面通知之日起30日内必须作出明确答复,逾期视为放弃优先购买权。

(3)权利义务不同

公司增资中,对于公司投资前的义务是否承担,投资方有一定的选择权;股权转让中,股权受让方在取得公司股东地位的同时,不但享受原股东在公司的权利,也应承担原股东对公司自成立之时到终止之日的所有义务。

(4)表决程序不同

公司增资属于特别决议事项,适用资本多数决,股东会决议须经代表2/3以上表决权的股东通过;股东对外转让股权属于一般决议事项,适用股东多数决,并且只需书面通知其他股东,而无须召开股东会表决。

(5)对公司影响不同

公司增资不仅导致股东发生变化,而且增加公司注册资本,从而使公司经济实力增强,偏重保护公司的资合性;股权转让导致股东变化,法律的限制规定主要是考虑有限责任公司的人合性。

3. 上市公司放弃优先购买权和优先认购权案例

2019年5月31日,河南大有能源股份有限公司(以下简称大有能源)(股票代码:600403;证券简称:大有能源)发布的《关于放弃子公司股权优先购买权暨子公司增资的公告》(编号:临2019-017号)披露:

(1)关联交易概述

三门峡中意招标有限公司(以下简称中意招标)系河南大有能源股份有限公司的控股子公司,大有能源持有70%股权,公司控股股东义马煤业股份有限公司(以下简称义煤公司)持有中意招标30%股权，义煤公司拟将所持中意招标全部股权转让给河南能源化工国际贸易集团有限公司（以下简称国贸集团），股权转让完成后，国贸集团再对中意招标增资1000万元，大有能源放弃此次股权转让的优先购买权及增资扩股的优先认购权。

因义煤公司系上市公司大有能源的控股股东，河南能源化工集团有限公司（以下简称河南能源）又持有义煤公司66.55%的股权，所以，河南能源为上市公司间接控股股东。鉴于国贸集团为河南能源的全资子公司，根据《上海证券交易所股票上市规则》的规定，义煤公司、国贸集团为上市公司的关联法人，本次交易构成关联交易，但不构成《重组管理办法》中规定的重大资产重组。

2019年5月30日，大有能源召开第七届董事会第十七次会议审议通过了《关于放弃子公司股权优先购买权暨子公司增资的议案》，同意公司放弃此次股权转让的优先购买权及增资扩股的优先认缴权。根据《上海证券交易所股票上市规则》及《公司章程》等规定，该事项在公司董事会审批权限内，无须提交公司股东大会审议。

至本次关联交易为止，过去12个月内本公司与同一关联人或与不同关联人之间交易类别相关的关联交易未达到3000万元以上，且未达到公司最近一期经审计净资产绝对值5%以上。

本次交易前目标公司的股权架构如图3－3所示。

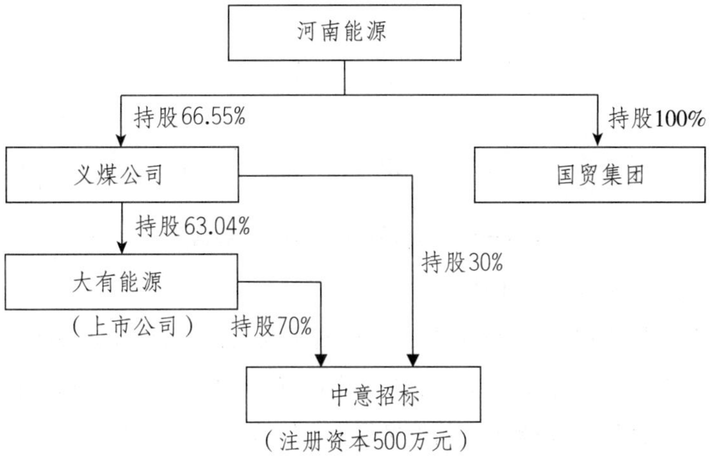

图3－3 交易前目标公司股权架构图

（2）中意招标的财务状况

中意招标成立于2010年3月31日，企业性质为其他有限责任公司，公司注册资本为500万元，公司经营范围：招标代理；物资类招标、建设工程招标、服务类招标、政府采购招标、机电产品国际招标、竞争性谈判服务。

截至2018年12月31日，中意招标资产总额为6489.95万元，净资产总额为566.32万元，2018年实现营业收入1892.43万元，净利润896.35万元。

（3）本次交易的具体情况

本次交易由股权转让和增资扩股两部分组成。

第一部分，股权转让。根据资产评估报告结果，义煤公司将其持有的中意招标 30% 股权作价 736.59 万元转让给国贸集团，大有能源放弃优先购买权。股权转让完成后，义煤公司不再持有中意招标股权，中意招标的股权结构变更为：大有能源持股 70%，国贸集团持股 30%。

第二部分，增资扩股。上述股权转让完成后，根据资产评估结果，国贸集团以人民币 1000 万元对中意招标进行单方面增资，大有能源放弃优先认缴权。增资完成后，中意招标的注册资本由 500 万元变更为 704 万元，大有能源对中意招标的持股比例由 70% 下降至 49.7%，中意招标不再纳入大有能源合并报表范围。

本次交易后中意招标的股权架构如图 3－4 所示。

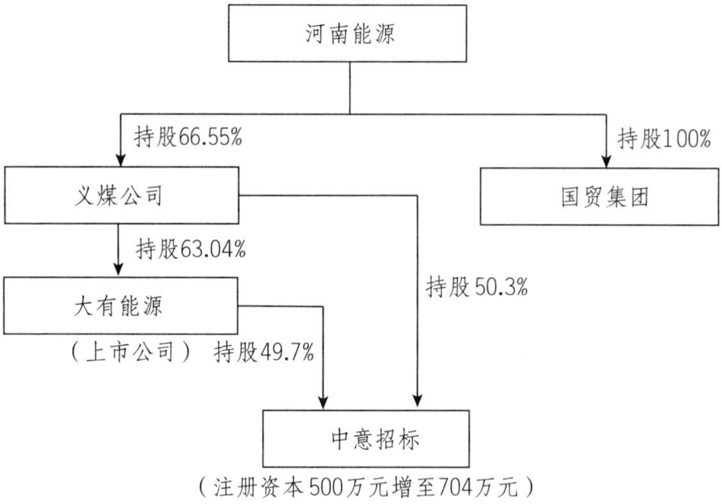

图 3－4　交易后中意招标股权架构图

(4)关联交易定价政策及定价依据

本次股权转让、增资按照河南省国资监管的有关规定，委托具有证券期货从业资格的北京国融兴华资产评估有限责任公司对中意招标全部权益价值进行了评估，评估结果已经河南能源备案。本次交易以已经备案的评估价格作为定价依据。

(5)本次交易对大有能源的影响

中意招标现在主要以义煤公司和大有能源为服务对象。近年来因煤炭行业形势下滑，企业严控成本、减少固定资产投入，中意招标业务量也随之大幅下降，中意招标由国贸集团控股后，可以立足国贸集团的物流贸易平台迅速发展壮大，在更高层次上实现持续稳定快速发展，可为公司创造长期、稳定的投资回报。

本次交易完成后，中意招标由大有能源控股子公司变更为参股公司，中意招标将不再纳入大有能源合并报表范围。

4. 案例评析

本案例同时涉及优先购买权和优先认购权，较为典型。虽然涉及上市公司放弃优先购买权和优先认购权，但目标公司中意招标属于有限责任公司性质，因此，上市公司披露的相关内容与本文此前的阐述相一致，在此不再赘述。

二、资本公积转增公司资本及其返还案例

（一）资本公积转增公司资本的性质及优势

1. 资本溢价与股本溢价

资本公积来源包括资本（或股本）溢价及其他资本公积，形成资本溢价（或股本溢价）的原因有溢价发行股票、投资者超额缴入资本等。也就是说，资本公积来源于股东的投入，这与实收资本的来源是一致的，实收资本是注册资本的表现形式，但资本公积不是注册资本，充其量为“准资本”。

资本溢价是指投资者投入有限责任公司的资本中按其投资比例计算的出资额部分，应计入实收资本科目，大于部分计入资本公积——资本溢价科目；股本溢价是指股份有限公司在采用溢价发行股票的情况下企业发行股票取得的收入，相当于股票面值的部分计入股本科目，超过股票面值的溢价部分在扣除发行手续费、佣金等发行费用后，计入资本公积——股本溢价科目。正如《公司法》第一百六十七条所规定的那样，股份有限公司以超过股票票面金额的发行价格所得的溢价款应当列为公司资本公积金。

2. 资本公积转增公司资本的范围

资本公积用于扩大公司生产经营或者转为增加公司资本，但不是所有的资本都可以转增注册资本，只有资本溢价或者股本溢价可以用于转增资本或股本，其他资本公积金不可以转增资本，包括：(1)接受捐赠非现金资产准备；(2)股权投资准备；(3)关联交易差价；(4)可供出售金融资产公允价值差；(5)自用房产或存货转为投资性房产公允价值大于账面价值的差额。

3. 资本公积转增公司资本的目的

一是放大公司股本，提高公司注册资本总额；二是增加现有股东的出资额（但持股比例没有发生变化）；三是在企业未来重组时，防止现有股东的股权被过度稀释；四是在公司今后发生股权置换时，现有股东持有的股份多。资本公积转增资属于资本性账户的内部结转，不具有利润分配性质，因此，资本公积转增资相对于盈余公积和未分配利润转增资本来说，在企业节税方面更具优势。

（二）资本公积不按股权比例转增资本案例及评析

2010 年 7 月 27 日，江西赣锋锂业股份有限公司（证券代码：002460；证券简称：赣锋锂业）公告的《首次公开发行股票招股说明书》披露：

1. 赣锋有限的设立

2000 年 3 月 2 日，新余赣锋锂业有限公司(2006 年 4 月 6 日更名为江西赣锋锂业有限公司，以下简称赣锋有限)在新余市工商行政管理局注册登记，注册资本为 9 万元，其中李良彬

将从新余市赣锋金属锂厂(以下简称金属锂厂)购买的相关资产经评估后作价84万元,占注册资本的93.33%;李华彪以货币资金出资6万元,占注册资本的6.67%。2000年2月10日,新余金山有限责任会计师事务所对该次设立出资出具了金会验字〔2000〕28号《验资报告》。2009年3月5日,立信会计师事务所有限公司对该次设立出资出具了信会师报字(2009)第21123号《2000年设立验资的复核报告》。赣锋有限设立时股权结构如表3-2。

表3-2 公司设立时股权结构

股东名称	出资额(万元)	持股比例(%)
李良彬	84.00	93.33
李华彪	6.00	6.67
合计	90.00	100.00

2.第一次变更——增资

2001年4月30日,经股东会决议通过,公司注册资本增加210万元,同意李良彬以资本公积单方增资26万元及以现金169万元合计增资195万元,李华彪以现金增资15万元。2001年3月31日,李良彬与李华彪签订了《协议》,双方同意赣锋有限截至2001年3月31日的资本公积金265271.14元在用于转增资本时由李良彬单独享有。

用于转增股本的26万元资本公积形成过程为:2000年,金属锂厂将主要机器设备和固定资产转让给李良彬后停止开展经营业务;2000年3月25日,金属锂厂与赣锋有限签订《资产转让协议》,协议约定金属锂厂将其所拥有的存货、固定资产、应收应付账款、预收预付账款等资产及债务按账面价值265271.14元转让给赣锋有限,其中:资产1086426.26元,负债821155.12元。2001年3月31日,金属锂厂出具声明放弃收取265271.14元的转让款,赣锋有限根据当时的会计准则将其计入资本公积。

2001年5月18日,新余恒兴联合会计师事务所对此次注册资本变更出具了余恒兴验字(2001)076号《验资报告》;2001年5月29日,赣锋有限完成了本次增资的工商变更登记手续。

保荐机构和发行人律师认为:李良彬与李华彪签订的上述协议之内容和形式是合法、有效的,不存在潜在纠纷;本次增资中资本公积金经全体股东认可由李良彬单独享有的情形不违反有关法律、法规和规范性文件的规定,不会对本次发行构成法律障碍。本次增资后公司股东股权结构见表3-3。

表3-3 公司增资后股东股权结构

股东名称	出资额(万元)	持股比例(%)
李良彬	279.00	93.00
李华彪	21.00	7.00
合计	300.00	100.00

3. 案例评析

所谓资本公积,是指企业收到投资者的超出其在企业注册资本(或股本)中所占份额的投资,以及直接计入所得者权益的利得和损失等。资本公积包括资本溢价(或股本溢价)和直接计入所有者权益的利得和损失等。其中,资本溢价(或股本溢价)是企业收到投资者的超出其在企业注册资本(或股本)中所占份额的投资,形成资本溢价(或股本溢价)的原因有溢价发行股票、投资者超额缴入资本等;直接计入所有者权益的利得和损失,是指不应计入当期损失、会导致所有者权益发生增减变动的、与所有者投入资本或者向所有者分配利润无关的利得或损失。

本案例中,由于金属锂厂停止经营业务,并将相关资产、负债按账面价值转让给赣锋有限,对于金属锂厂放弃的265271.14元转让款,赣锋有限根据当时的会计准则计入资本公积,作为公司资产,属于全体股东所有。赣锋有限股东会决议,265271.14元在用于转增公司资本时由李良彬单独享有,李华彪主动放弃权利,属于股东意思自治的范围。

笔者认为,资本公积转增注册资本中,可以不按照股东持股比例进行。因为,此种情形下的转增,没有减损公司资产,没有降低公司偿债能力,没有损害债权人的利益。

(三)资本公积金返还诉讼案例及评析①

1. 案件当事人

原告(二审被上诉人、再审申请人):浙江新湖集团股份有限公司

被告(二审上诉人、再审被申请人):浙江玻璃股份有限公司

被告(再审被申请人):董利华

被告(再审被申请人):冯彩珍

第三人:青海碱业有限公司

2. 案情简介

2003年6月,青海碱业有限公司(以下简称青海碱业)成立后,经多次增资,至2005年8月,青海碱业注册资本增至54806万元,股东浙江玻璃股份有限公司(以下简称浙江玻璃)、董利华、冯彩珍各持股92.737%、6.537%、0.726%,其中17392万元系浙江玻璃、董利华、冯彩珍分别以现金出资,35414万元系浙江玻璃采取债转股形式出资,2000万元系董利华采取债转股形式出资。

2007年6月21日,浙江新湖集团股份有限公司(以下简称新湖集团)与浙江玻璃、董利华、冯彩珍签订《增资扩股协议书》。相关内容如下:

第一条"出资方式及出资期限"第1.2款约定:新湖集团同意以现金方式单方面增资青海碱业,增加投入注册资本29510.770万元投入注册资本(溢价部分60949.230万元计入新增资

---

① 案例索引:浙江省绍兴市中级人民法院(2010)浙绍商初字第95号民事判决书、浙江省高级人民法院(2011)浙商终字第36号民事判决书、最高人民法院(2013)民申字第326号民事裁定书。

本公积金）。本次增资完成后，青海碱业注册资本将增加至84316.770万元，股东及持股比例将变更为：浙江玻璃持有60.279%股权，董利华持有4.249%股权，冯彩珍持有0.472%股权，新湖集团持有35%股权。新湖集团出资（包括溢价部分）将按约定分七期进行缴纳。

第二条“新增资本公积金转增注册资本”第2.1款约定：各方同意，在根据上述第一条约定的新湖集团单方面增加注册资本完成后，随即进行新增资本公积金转增为注册资本程序，并办理相关工商变更登记手续。第2.2款约定：本次新增资本公积金转增注册资本完成后，青海碱业注册资本增加至145266万元，各方股东及持股比例不变。

嗣后，新湖集团按约向青海碱业分批出资50000万元，其中投入注册资本163115023.20元，计入新增注册资本公积金336884976.79元。截至2008年8月28日，青海碱业变更后的注册资本84316.770万元，实收资本711175023.20元（原注册资本54806万元和新湖集团实缴注册资本163115023.20元之和）。之后，新湖集团将其中的10.83%转让给浙江新湖创业投资股份有限公司（以下简称新湖创业）。

2010年9月26日，新湖集团分别向浙江玻璃、董利华、冯彩珍发出了解除合同通知书，要求解除《增资扩股协议书》，并保留进一步追究违约责任的权利。另外，新湖集团还将解除合同通知书抄送给了兼任浙江玻璃与青海碱业法定代表人的冯光成。

3. 原告诉讼请求

2010年11月22日，新湖集团向浙江省高级人民法院（二审法院）提起诉讼，二审法院依照《关于对以浙江玻璃股份有限公司、光宇集团有限公司及其关联企业为被告或者被执行人的案件实行集中审理和执行的通知》（浙高法〔2010〕284号），将本案转浙江省绍兴市中级人民法院（一审法院）立案受理。

新湖集团诉讼请求为：(1)判令浙江玻璃、董利华、冯彩珍连带返还新湖集团出资款5亿元；(2)判令第三人青海碱业与浙江玻璃、董利华、冯彩珍向新湖集团承担连带返还责任；(3)本案诉讼费用由浙江玻璃、董利华、冯彩珍共同承担。后新湖集团在庭审中将第一项诉讼请求变更为判令浙江玻璃、董利华、冯彩珍连带返还新湖集团出资款中的资本公积金336884976.80元。

4. 一审法院裁判观点

一审法院对新湖集团要求返还部分出资或资本公积金是否违反公平和资本充实原则，具体评判如下：

(1)《增资扩股协议书》解除后的处理，包括合同解除的溯及力问题

《合同法》第九十七条规定，合同解除后，尚未履行的，终止履行；已经履行的，根据履行情况和合同性质，当事人可以要求恢复原状、采取其他补救措施，并有权要求赔偿损失。根据上述规定，合同解除可以在一定情形下产生有溯及力的效果。本案中，新湖集团请求返还出资中的资本公积金部分，系部分恢复原状的诉请。根据《增资扩股协议书》的性质，50000万元出资中应投入的注册资本金163115023.20元系新湖集团依法应履行的法定义务，不能要求

返还,而该出资中的资本公积金部分336884976.80元系基于各方约定,无工商登记或其他形式的公示,可要求返还。

根据《增资扩股协议书》的约定,新湖集团依据其与浙江玻璃的约定,将出资投入青海碱业,在浙江玻璃违约情形下,根据合同相对性原则,浙江玻璃应负返还责任。而青海碱业虽未在《增资扩股协议书》上加盖公章,但青海碱业的全体股东均在《增资扩股协议书》上签字,可以代表青海碱业的法人意志,且在《增资扩股协议书》履行过程中,涉及关联交易、关联担保及占用资金的行为体现为浙江玻璃与青海碱业共同形成的意思表示。故青海碱业作为实际占有该资本公积金的主体,在基础合同被依法解除的情况下,应与浙江玻璃负连带返还责任。

(2)返还资本公积金是否产生实质不公平、是否违反资本充实原则

浙江玻璃和青海碱业提出,如果允许返还部分出资,则新湖集团本应以投入9亿余元的对价取得青海碱业35%的股权,现新湖集团只需投入不到3亿元即可取得青海碱业35%的股权,会产生实质不公。

一审法院认为,本案系增资纠纷,解除的是青海碱业各股东之间在增资协议履行过程中的争议,至于各股东是否会因增资协议纠纷的处理而导致股东权能和股权比例的实际变化,属于另外一个法律关系,不在本案审理范围。另外,经公示的应由新湖集团投入的青海碱业注册资本,系新湖集团的法定义务,新湖集团在本案中也未主张返还其投入的注册资本,因此也不违反资本充实原则。至于新湖集团已将部分股权进行转让,涉及的是新湖集团与受让股东之间的内部关系,不影响新湖集团作为《增资扩股协议书》的守约方向违约方主张权利。

一审法院据此判决:第一,浙江玻璃向新湖集团返还50000万元出资中的资本公积金336884976.80元。第二,青海碱业对上述第一项债务承担连带责任。宣判后,浙江玻璃不服,向浙江省高级人民法院提出上诉。

5.二审法院裁判观点

对于返还资本公积金这个争议焦点,二审法院综合评判如下:

《增资扩股协议书》的解除既应遵循《合同法》的规定,亦应不违背《公司法》的相关要求,《增资扩股协议书》虽已解除,但根据《公司法》的相关规定,新湖集团不能要求返还出资中的资本公积金336884976.80元。理由如下:

第一,根据《公司法》第一百六十八条的规定,股份有限公司以超过股票票面金额的发行价格发行股份所得的溢价款以及国务院财政部门规定列入资本公积金的其他收入,应当列为公司资本公积金。《企业财务通则》第十七条规定,对投资者实际缴付的出资超过注册资本的差额,企业应当作为资本公积金管理。《最高人民法院公报》2010年第2期刊载的兰州神骏物流有限公司与兰州民百(集团)股份有限公司侵权纠纷案裁判摘要第二项载明,公司因接受赠与而增加的资本公积金属于公司所有,是公司的财产,股东不能主张该资本公积金与自己持股比例相对应的部分归属于自己。可见,资本公积金属于公司所有,是公司资产的构成部分,股东不得任意要求公司予以返还。

第二，资本公积金虽然不同于公司的注册资本需在工商行政管理部门登记，但其与注册资本均属于公司资本范畴，是公司的资本储备，目的在于巩固公司的财产基础，加强公司信用。从《增资扩股协议书》约定看，在新湖集团全部出资到位后，青海碱业将立即进行新增资本公积金转增注册资本操作，表明新湖集团投入青海碱业的资本公积金就是青海碱业注册资本的准备金，具有准资本的性质。如果将该资本公积金予以返还，将导致青海碱业资本规模的减少，损害青海碱业公司的财产和信用基础，损害公司债权人的利益。

第三，根据公司资本维持原则的要求，公司在其存续过程中，应维持与其资本额相当的实有资产。为使公司的资本与公司资产基本相当，切实维护交易安全和保护债权人的利益，《公司法》第三十六条明确规定，公司成立后，股东不得抽逃出资。同理，对于公司增资的新股东来说，同样不得抽回其向公司的投资。因此，新湖集团投入青海碱业的 336884976.80 元资本公积金是青海碱业的公司资产，未经青海碱业及其债权人同意，对新湖集团请求返还其已经实际缴纳的资本公积金应不予支持。

至于新湖集团要求浙江玻璃、董利华、冯彩珍返还出资款的问题，《增资扩股协议书》中约定的是新湖集团作为新投资者对青海碱业的出资义务，并未约定合同违约方有向守约方返还出资的义务，浙江玻璃、董利华、冯彩珍作为青海碱业的股东，与同为股东的新湖集团之间，并无返还出资款的义务。虽然浙江玻璃与青海碱业存在关联交易、关联担保，并占用青海碱业大量资金，但也并不必然导致浙江玻璃对新湖集团有返还出资款的责任，新湖集团主张浙江玻璃、董利华、冯彩珍等股东返还资本公积金的请求没有事实和法律依据，二审法院不予支持。

综上所述，由于浙江玻璃的违约行为致使新湖集团不能实现《增资扩股协议》目的，新湖集团有权解除合同。但新湖集团投入青海碱业的 336884976.80 元资本公积金已形成青海碱业的公司资产，依据公司法的资本维持原则的要求和《增资扩股协议书》的约定，新湖集团不得向浙江玻璃、董利华、冯彩珍和青海碱业主张返还该资本公积金。浙江玻璃的部分上诉理由成立，二审法院予以支持。

二审法院据此判决：其一，撤销一审判决；其二，驳回新湖集团的诉讼请求。宣判后，新湖集团不服，向最高人民法院申请再审。

6. 最高人民法院裁判观点

本案争议焦点为，新湖集团已注入青海碱业的资本公积金能否返还。

《增资扩股协议书》是由青海碱业原股东浙江玻璃、董利华、冯彩珍与新股东新湖集团就青海碱业增资扩股问题达成的协议。在该协议履行过程中，因浙江玻璃的根本违约行为，新湖集团采用通知方式解除了该合同。根据《合同法》第九十七条的规定，新湖集团请求判令浙江玻璃、董利华、冯彩珍返还其出资款中的资本公积金 336884976.80 元。但《增资扩股协议》的性质决定了新湖集团所诉的这部分资本公积金不能得以返还。《增资扩股协议书》的合同相对人虽然是浙江玻璃、董利华、冯彩珍，但合同约定增资扩股的标的却是青海碱业。合同履行过程中，新湖集团也已将资本金直接注入了青海碱业。青海碱业系合法存在的企业法人，浙江玻璃、董利华、冯彩珍均不再具有返还涉案资本公积金的资格。

至于青海碱业能否返还新湖集团已注入的这部分资本公积金，关乎资本公积金的性质。新湖集团认为，本案中其因《增资扩股协议书》注入的资本公积金不同于《公司法》中规定的"出资"，可以抽回的主张，依据不足。股东向公司已缴纳的出资无论是计入注册资本还是计入资本公积金，都形成公司资产，股东不得请求返还。二审判决未支持新湖集团返还资本公积金的请求，并无不当。

最高人民法院据此裁定，驳回新湖集团的再审申请。

7. 案例评析

在本书第十章第三节，出现了公司法的资本多数决原则与合同法的公平交易原则的交叉情形，本案例也涉及合同法的解除合同返还财产措施和公司法的资本公积不能退回的"对抗"情形。正如二审判决所说的那样，《增资扩股协议书》的解除既应遵循《合同法》的规定，亦应不违背《公司法》的相关要求。

资本公积作为投资人超过注册资本的那部分投资款，一旦进入公司，即为公司所有，是公司资产的构成部分。资本公积属于公司资本范畴，是公司的资本储备。我们知道，资本公积的用途为扩大生产经营，转增公司资本。无论投资人与原股东有何纷争，都没有权利要求退回资本公积。

（四）资本公积转增公司资本的财税处理

1. 会计处理

资本公积一般应当设置资本（股本）溢价、其他资本公积明细科目核算。由于资本公积转增资本是在股东权益内部把公积金转到"实收资本"或"股本"账户，并按照投资者持有公司的股份份额比例的大小分到各个投资者的账户中，以此增加每个投资者的实收资本，所以用资本公积转增资本时应冲减资本公积，同时按照转增前实收资本（或股本）的结构比例，将转增的金额计入实收资本（或股本）科目下各所有者的明细分类账，即目标公司按各股东持有股权相对应的资本公积金额，贷记"实收资本"科目中各股东明细分类账中。

2. 税务处理

资本（股本）溢价转增注册资本，实际上是股东取得的股权成本（计税基础）的内部划转，不调整计税基础。根据国家税务总局《关于贯彻落实企业所得税法若干税收问题的通知》（国税函〔2010〕79 号）第四条的规定："被投资企业将股权（票）溢价所形成的的资本公积转为股本的，不作为投资方企业的股息、红利收入，投资方企业也不得增加该项长期投资的计税基础。"因此，资本（股本）溢价转增资，既不视同股息、红利的分配，也不增加股东的计税基础，但仅限于法人股东。税务处理详见表 3－4。

表 3－4 资本公积转增注册资本所得税政策一览表

股东类型	项目	
	法律依据	税收待遇
居民企业	国税函〔2010〕79 号	(1)被投资企业将股权(票)溢价形成的资本公积转为股本,不作为投资企业的股息、红利收入; (2)投资企业不得增加该项长期投资计税基础
非居民企业		
境内自然人	(1)国税发〔1997〕198 号 (2)国税函〔1998〕289 号 (3)财税〔2015〕116 号 (4)国税公告 2015 年第 80 号	(1)股份制企业: 用资本公积转增资本不属于股息、红利性质的分配,不作为个人所得,不征收个人所得税 (2)有限责任公司: 征收个人所得税(存在争议)
境外自然人		

三、留存收益转增公司资本与权益分派

(一)留存收益转增资本的性质及优势

1. 盈余公积和未分配利润

盈余公积来源于公司经营积累,根据公司法规定的提取方式要求的不同,盈余公积分为法定盈余公积和任意盈余公积。对于法定盈余公积的提取,《公司法》第一百六十六条第一款规定:"公司分配当年税后利润时,应当提取利润的百分之十列入公司法定公积金。公司法定公积金累计额为公司注册资本的百分之五十以上的,可以不再提取。"

《企业会计准则——基本准则》(2014 年 7 月 23 日,财政部第 76 次修改)第三十七条第一句规定:"利润是指企业在一定会计期间的经营成果。"未分配利润是指没有指定用途的累计盈余,是企业留待以后年度进行分配的税后利润,也是企业所有者权益的组成部分。未分配利润等于期初未分配利润加上本期实现的净利润减去提取的各种盈余公积和分出利润。

2. 留存收益转增公司资本

留存收益转增资本包括盈余公积转增资本和未分配利润转增资本两种情形。《公司法》第一百六十八条第二款规定:"法定公积金转为资本时,所留存的该项公积金不得少于转增前公司注册资本的百分之二十五。"

未分配利润转增资本的前提是弥补亏损和提取公积金后有剩余可分配利润,以未分配利润转增注册资本的,转增比例不可过高,要留有余地,否则转增后公司账面上的业绩(主要是利润率)会受到影响,这对于公司的长远发展是不利的。

(二)权益分派方式

1. 上市公司权益分派案例

(1)预披露公告

2019 年 12 月 16 日,广东美联新材料股份有限公司(证券代码:300586;证券简称:美联新材)发布的《关于 2019 年度利润分配及资本公积金转增股本预案的预披露公告》(公告编号:

2019－101）披露：鉴于公司当前经营情况良好、未来发展前景广阔，考虑到公司目前未分配利润及资本公积金较为充足，且股本规模相对较小，为回报全体股东，在符合利润分配原则、保证公司正常经营和长远发展的前提下，提议进行本次利润分配及资本公积金转增股本预案。

拟以公司截至 2019 年 12 月 31 日总股本 24000 万股为基数，向全体股东每 10 股派发现金股利人民币 0.75 元（含税），送红股 3 股（含税），同时以资本公积金向全体股东每 10 股转增 6 股。

本次利润分配及资本公积金转增股本预案符合《公司法》、《企业会计准则》、证监会《关于进一步落实上市公司现金分红有关事项的通知》、证监会《上市公司监管指引第 3 号——上市公司现金分红》及《公司章程》等规定，符合公司确定的利润分配政策、利润分配计划、股东长期回报规划以及作出的相关承诺。

本次利润分配及资本公积金转增股本预案是鉴于公司持续的盈利能力和良好的财务状况，并结合公司未来的发展前景和长期战略规划，在符合公司利润分配政策、保障公司正常经营和长远发展的前提下提出的，预案充分考虑了广大投资者的利益和合理诉求，有利于增强公司股票的流动性和优化股本结构，有利于广大投资者参与和分享公司发展的经营成果，体现了公司积极回报股东的原则，与公司经营业绩及未来发展相匹配。

（2）实施公告

2020 年 5 月 25 日，美联新材发布的《2019 年年度权益分派实施公告》（公告编号：2020－055）披露：本公司 2019 年年度权益分派方案为，以公司现有总股本 24000 万股为基数，向全体股东每 10 股送红股 3 股，派 0.75 元人民币现金［含税；扣税后，合格的境外投资者（Qualified Foreign Institutional Investor，QFII）、人民币合格境外机构投资者（RMB Qualified Foreign Institutional Investor，RQFII）以及持有首发前限售股的个人和证券投资基金每 10 股派 0.37 元；持有首发后限售股、股权激励限售股及无限售流通股的个人股息红利税实行差别化税率征收，本公司暂不扣缴个人所得税，待个人转让股票时，根据其持股期限计算应纳税额；持有首发后限售股、股权激励限售股及无限售流通股的证券投资基金所涉红利税，对我国香港地区投资者持有基金份额部分按 10% 征收，对内地投资者持有基金份额部分实行差别化税率征收］。同时，以资本公积金向全体股东每 10 股转增 6 股。

分红前本公司总股本为 24000 万股，分红后总股本增至 45600 万股。

2. 权益分派方式对比分析

表 3-5　权益分派方式对比表

类别	项　目		
	派　现	送　股	转　股
其他称谓	派息、分红、现金分红（股息）	送红股、留存收益转增股本	公司资本公积金转增股本
法律性质	投资回报（现金股利）	投资回报（股票股利）	投资回报（资本属性）
股东权利	利润分配权（分红）	利润分配权（分红）	股东权益（内部结转）
转增来源	弥补亏损和提取公积金后，有剩余可分配利润	弥补亏损和提取公积金后，有剩余可分配利润	来源于公司资本公积金，不受公司盈利的限制
资产变化	公司整体资产、股东权益均减少	公司整体资产、股东权益均不变	公司整体资产、股东权益均不变
财务处理	股权计税基础（不变）	股权计税基础按分配的金额调增	股权计税基础（不变）
批准机构	利润分配方案由董事会制订，由股东大会审批	利润分配方案由董事会制订，由股东大会审批	转增资方案由董事会制订，由股东大会审批
优劣分析	(1)增加股东的凝聚力 (2)减少公司现金流	(1)增加股权的计税基础 (2)降低每股收益率	(1)加强股东对公司的控制权 (2)未提高股权计税基础

（三）留存收益转增资本的财税处理

1. 会计处理

前文已述，企业的未分配利润和盈余公积来源于企业的税后利润，企业可以对留存收益进行分配，分配的方式多样，未分配利润和盈余公积转增注册资本属于利润分配的一种形式。留存收益转增资本，相应地增加企业所有者的计税基础。

2. 税务处理

根据《企业所得税法》第二十六条第二项的规定，企业中符合条件的居民企业之间的股息、红利等权益性投资收益为免税收入。《企业所得税法实施条例》第八十三条规定："企业所得税法第二十六条第（二）项所称符合条件的居民企业之间的股息、红利等权益性投资收益，是指居民企业直接投资于其他居民企业取得的投资收益。企业所得税法第二十六条第（二）项和第（三）项所称股息、红利等权益性投资收益，不包括连续持有居民企业公开发行并上市流通的股票不足 12 个月取得的投资收益。"留存收益转增资本时，视同利润分配行为，但法人股东不需要缴纳所得税。不同股东类型留存收益转增资本所得税政策见表 3-6。

表 3-6　留存收益转增资本所得税政策一览表

<table>
<tr><th rowspan="2">股东类型</th><th colspan="2">项　　目</th></tr>
<tr><th>法律依据</th><th>税收待遇</th></tr>
<tr><td>居民企业</td><td>(1)《企业所得税法》第二十六条
(2)《企业所得税法实施条例》第八十三条</td><td>(1)股息、红利作为投资企业的免税收入(但限于居民企业投资其他居民企业)
(2)投资企业的股权计税基础按分配金额调增</td></tr>
<tr><td>非居民企业</td><td>(1)《企业所得税法》第三条、第二十六条
(2)《企业所得税实施条例》第八十三条
(3)财税〔2008〕1号</td><td>(1)10%或协定税率;与机构场所有实际联系的,免征
(2)2008年1月1日之前累积未分配利润:免征;2008年及以后新增利润,依《企业所得税法》适用</td></tr>
<tr><td>境内自然人</td><td>(1)《个人所得税法》第二条
(2)国税发〔1994〕89号
(3)国税发〔1997〕198号文
(4)国税函发〔1998〕333号
(5)财税〔2015〕116号文
(6)国税公告2015年第80号</td><td>(1)按股票票面金额确认收入
(2)股息、红利作为个人所得,应纳个人所得税</td></tr>
<tr><td>境外自然人</td><td>财税字〔1994〕第20号</td><td>暂免征收个人所得税</td></tr>
</table>

第三节　实收资本减少的法律程序和财税处理

一、实收资本减少与债权人利益保护

(一)实收资本减少的情形

公司实收资本减少大体有两种情形:一是资本过剩,即公司预定资本过多而形成大量的过剩资本,以致许多资金被闲置,为避免资本的浪费而由公司将多余的资本返还给股东;二是重大亏损,即公司由于经营不善,出现巨额亏损,造成公司实际资产低于公司实收资本总额时,公司以减少注册资本总额的方法来弥补亏损。根据资本维持原则,公司实收资本减少只能通过减资方式进行处理,由于公司资产状况不同,公司减资目的不同,减资结果自然也就不同。下面从减资属性、法律程序、会计处理、税务处理、实际案例等方面深入解析上述两种减少实收资本的情形。

(二)公司减资引起的诉讼案例及评析①

1. 案件当事人

原告(二审被上诉人、再审被申请人):浙江中成建工集团有限公司

① 案例索引:江苏省苏州市中级人民法院(2014)苏民初字第0037号民事判决书、江苏省高级人民法院(2015)苏民终字第00293号民事判决书、最高人民法院(2016)最高法民申1112号民事裁定书。

被告(二审上诉人、再审申请人):董秀珍

被告(二审上诉人、再审申请人):江文中

被告(二审上诉人、再审申请人):夏春成

被告:苏州博海房地产开发有限公司

被告:项成英

2. 案情简介

2010 年 4 月 19 日,浙江中成建工集团有限公司(以下简称中成公司)与苏州博海房地产开发有限公司(以下简称博海公司)签订《建设工程施工合同》。2010 年 4 月 20 日,博海公司与中成公司就《建设工程施工合同》签订《补充协议》。

2011 年 7 月 14 日,博海公司就减少公司注册资本通过股东会决议,同意对公司进行减资,将注册资本 10000 万元减至 8500 万元。其中,股东项程英减资 510 万元、股东董秀珍减资 390 万元、股东江文中减资 420 万元、股东夏春成减资 180 万元,以上股东合计减资 1500 万元。同日,博海公司就以上减资事宜通过章程修正案。

2011 年 7 月 16 日,博海公司在《新华日报》上刊登减资公告,请债权人自公告之日 45 日内向博海公司提出清偿债务或提供相应担保的请求。2011 年 8 月 30 日,博海公司向工商登记管理机关出具说明,证明已经履行了减资的法定程序。工商行政管理局据此于当日核准博海公司的注册资本变更为 8500 万元。

2012 年 12 月 25 日,中成公司于工程完工后,向博海公司提交工程竣工验收证明书,博海公司盖章予以确认。2013 年 1 月 31 日,中成公司向博海公司移交工程结算书及相关结算材料,博海公司工程部经理在竣工结算文件接收单上签字确认。

2013 年 12 月 10 日,博海公司与中成公司就工程结算审计结果确认前的工程款支付及结算审计事宜签订《协议书》。

3. 原告诉讼请求

2014 年 3 月 10 日,因工程款结算产生争议,中成公司向江苏省苏州市中级人民法院提起诉讼,要求:(1)博海公司支付工程款 44575075.82 元及逾期付款利息;(2)项成英、董秀珍、江文中、夏春成分别在减少出资 510 万元、390 万元、420 万元、180 万元的范围内对博海公司的债务承担补充赔偿责任。

4. 法院裁判观点

(1)减资程序不当,股东在减资范围内承担补充赔偿责任

从保障公司债权人利益的角度出发,股东负有按照公司章程切实履行全面出资的义务,同时负有保持公司注册资本充实的责任。在公司符合减资条件时,则应当履行完整的法定程序,确保公司债权人的利益得到合法保护。通知债权人并根据债权人要求进行清偿或提供担保,是相应减资程序对该等债权人发生法律效力、股东在减资部分免责的必要条件。

博海公司于 2011 年 7 月减资时,仅在《新华日报》上刊登了减资公告,并未履行通知义

务,故应当认定博海公司的减资程序违反法律规定,使中成公司丧失了及时要求博海公司清偿债务或提供担保的权利。作为减资股东,其不当减资行为违反了公司资本维持原则,对于公司债务应当在其减资范围内承担补充赔偿责任。

(2)股权转让行为不能免除股东不当减资行为而应当承担的法律责任

股东董秀珍、江文中、夏春成在二审中主张已将全部股权转让给股东项成英,应由项成英一人承担补充赔偿责任。法院认为,股权转让系公司股东内部权利义务关系,不能以此为由对抗公司债权人,且股权转让也不能免除公司股东不当减资行为而依法应承担的法律责任。

(3)即便公司减资时资产可以偿还负债,股东也不因此免除减资程序不当造成的法律后果

二审中股东董秀珍、江文中、夏春成提供了博海公司的资产负债表,用以证明在公司减资时,博海公司的资产足以清偿中成公司的债务。法院认为,减资股东承担的是补充赔偿责任,即是在其减资限额内对博海公司不能清偿的债务承担责任。不当减资造成的债权不能全额受偿的风险,仅是潜在可能,而非必然结果。在减资后的公司财产仍能足额偿债的情况下,这种潜在的风险便不会实际发生。因此,博海公司的资产情况仅涉及减资股东最终是否实际承担补充赔偿责任,但并不影响其依法应当承担的责任。

(三)案例评析

公司法在明确股东有限责任制度的同时,也明确了应依法保护公司债权人的利益,《公司法》第一百七十七条对于减资程序的法律规定正是基于这种考虑。减资,即减少公司的注册资本,在公司运行时,注册资本既是股东承担有限责任的基础,也是公司的交易相对方判断公司的财产责任能力的重要依据。而自公司法实行全面认缴制以来,注册资本中实收资本的部分显得尤为重要,实收资本不仅可以体现股东诚信出资的商业信誉,更是保障交易安全取得债权人青睐的重要手段。

本案中,股东董秀珍、江文中、夏春成败诉的原因就在于公司减资时没有履行减资的全部法定程序,即便对于减资事宜召开了股东会、形成了股东会决议、修改了公司章程、在报纸上刊登了公告、完成了工商变更登记,但最后仍因未通知债权人被法院认定减资程序不当,股东在减资范围内承担补充赔偿责任。

无独有偶,最高人民法院公报案例江苏万丰光伏有限公司(以下简称万丰光伏公司)诉上海广力投资管理有限公司(以下简称广力投资公司)、丁烜焜等买卖合同纠纷一案中,广力投资公司的注册资本由2500万元减至500万元,减少的2000万元注册资本为认缴的出资额。最高人民法院认为,广力投资公司如在减资时依法通知了其债权人万丰光伏公司,则万丰光伏公司有权要求广力投资公司清偿债务或提供相应担保,万丰光伏公司作为债权人的权利并不因广力投资公司前期出资已缴付到位、实际系针对出资期限未届期的出资额进行减资而受到限制。

二、返还出资的减资导致实收资本的变动

(一)法律程序及财税处理

1. 减资属性

返还出资的减资,是指对已缴足出资的股权或股份,将部分出资额返还给股东。减资的结果是公司的资产流出,公司需要向减资股东支付相应对价,此种减资属于实质减资(或实际减资)。

对于返还出资的减资方式,发生实质性的交易,股东之间具有利益冲突,需要协商作价,需要订立减资协议,影响公司债权人的利益,债权人有权要求清偿或者提供担保。

2. 法律程序

(1)董事会制订减资方案;

(2)股东会或股东大会通过减资决议;

(3)办理前置审批程序(如有);

(4)编制资产负债表及财产清单;

(5)公司资产评估作价;

(6)签订减资协议;

(7)通知债权人并公告;

(8)进行减资的验资(如需);

(9)清偿债务或提供担保(如债务担保书);

(10)修改公司章程;

(11)办理工商变更登记;

(12)支付减资对价。

3. 会计处理

返还出资的减资会计处理包括两个主体,一是目标公司,二是减资股东。由于减资价格与实收资本对比的不确定性,下面区分具体情况予以阐述。

(1)目标公司

①当减资价格大于实收资本时,

借:实收资本、资本公积、盈余公积、未分配利润(依次冲减)

　　贷:银行存款(以货币作为支付对价的)

　　　　或资产和损益(以非货币性资产作为支付对价的)

②当减资价格小于或等于实收资本时,

借:实收资本

　　贷:银行存款(以货币作为支付对价的)

　　　　或资产和损益(以非货币性资产作为支付对价的)

(2)减资股东

不论减资对价是否大于、等于或小于实收资本,其会计分录如下:

借:银行存款(目标公司以货币作为支付对价的)

　　或非货币性资产(目标公司以非货币性资产作为支付对价的)

　　贷:长期股权投资

　　　　投资损益

也就是说,当减资股东取得的减资价格(减资分配金额)小于投资计税成本时,减资股东会产生投资损失;当减资股东取得的减资价格(减资分配金额)大于投资计税成本时,减资股东会产生投资收益。

4. 税务处理

返还出资的减资税务处理包括两个主体,一是目标公司,二是减资股东。对于目标公司,公司以货币作为支付对价的,不会有损益;公司以非货币性资产(包括持有的第三方股权)作为支付对价的,会被认定为出让资产,会产生损益,并且会发生纳税义务。对于减资股东,当减资股东为自然人时,减资所得等于减资价格扣除投资成本;当减资股东为法人时,减资所得等于减资价格扣除投资成本和股息所得。

(二)案例分析

甲公司有A、B两个法人股东(与甲公司均属居民企业),甲公司注册资本(实收资本)2000万元,其中A公司出资1200万元,持有甲公司60%的股权,B公司出资800万元,持有甲公司40%的股权,甲公司资本公积为700万元,盈余公积300万元,未分配利润1000万元,股东权益4000万元,各方经协商达成一致,A公司以减资方式退出甲公司,同意A公司持有的1200万元出资额的减资价格为3000万元。

(1)下面对目标公司与减资股东A公司进行会计分录:

①甲公司的财务处理如下:

借:实收资本1200万元

　　资本公积700万元

　　盈余公积300万元

　　未分配利润800万元

　　贷:银行存款3000万元

②减资股东A公司的财务处理如下:

借:银行存款3000万元

　　贷:长期股权投资1200万元

　　　　股息收入780万元

　　　　投资收益1020万元

(2)下面对减资股东A公司的税收负担进行阐述:

国家税务总局《关于企业所得税若干问题的公告》(国家税务总局公告2011年第34号)第五条第一款规定:"投资企业从被投资企业撤回或减少投资,其取得的资产中,相当于初始出资的部分,应确认为投资收回;相当于被投资企业累计未分配利润和累计盈余公积按减少实收资本比例计算的部分,应确认为股息所得;其余部分确认为投资资产转让所得。"A公司初始投资为1200万元,本次减资取得的股息收入为780万元[(未分配利润1000万元+盈余公积300万元)×A公司持股比例60%]。

根据《企业所得税法》第二十六条的规定,符合条件的居民企业之间的股息、红利等权益性投资收益为免税收入。此外,《企业所得税法实施条例》第八十三条规定:"企业所得税法第二十六条第(二)项所称符合条件的居民企业之间的股息、红利等权益性投资收益,是指居民企业直接投资于其他居民企业取得的投资收益。企业所得税法第二十六条第(二)项和第(三)项所称股息、红利等权益性投资收益,不包括连续持有居民企业公开发行并上市流通的股票不足12个月取得的投资收益。"鉴于甲公司与A公司均为居民企业,所以A公司取得的股息收入780万元为免税收入,不需要缴纳企业所得税。

按照上述规定,A公司应纳税所得额=A公司取得的减资对价-A公司投资成本-股息收入=3000-1200-780=1020(万元),A公司投资所得1020万元应并入企业的应纳税所得,依法缴纳企业所得税。

值得注意的是,如果目标公司用货币支付减资对价,则目标公司除印花税外不会发生其他纳税义务;如果目标公司用非货币性资产支付减资对价,则不仅可能会发生所得税的纳税义务,还可能会发生增值税、土地增值税、契税、印花税等纳税义务。减资所得税处理规则见表3-7。

表3-7 减资所得税处理规则一览表

股东类型	项目			
	投资成本	股息所得	转让所得	税收政策
居民企业	不计入应纳税所得额(所得税税前扣除) (不征)	不计入应纳税所得额 (免征)	计入应纳税所得额,等于取得资产的公允价值减去投资成本、减去股息所得 (应征)	(1)《企业所得税法》第二十六条 (2)《企业所得税法实施条例》第十六条 (3)国家税务总局公告2011年第34号
非居民企业	不计入应纳税所得额(所得税税前扣除) (不征)	计入应纳税所得额 (预提)	计入应纳税所得额,等于取得资产的公允价值减去投资成本、减去股息所得 (应征)	(1)《企业所得税法实施条例》第六条 (2)国税函〔2009〕689号

续表

股东类型	项目			
	投资成本	股息所得	转让所得	税收政策
境内自然人	不计入应纳税所得额（所得税税前扣除） （不征）	计入应纳税所得额 （应征）	计入应纳税所得额，等于取得资产的公允价值减去投资成本、减去股息所得 （应征）	—
境外自然人	不计入应纳税所得额（所得税税前扣除） （不征）	计入应纳税所得额 （预提）	计入应纳税所得额，等于取得资产的公允价值减去投资成本、减去股息所得 （应征）	—

三、弥补亏损的减资对实收资本的影响

（一）法律程序及财税处理

1. 减资属性

弥补亏损的减资，是指公司因出现重大亏损，为改善公司财务状况，全体股东按照出资比例减资，以抵销公司亏损。减资的结果是没有公司资产的流出，公司也不需要向减资股东支付相应对价，此种减资属于形式减资（或名义减资）。

对于弥补亏损的减资方式，没有发生实质性的交易，股东之间没有利益冲突，无须协商作价，不需要订立减资协议，不影响公司债权人的利益（因为公司的责任财产未减少）。

2. 法律程序

（1）董事会制订减资方案；

（2）股东会或股东大会通过减资决议；

（3）编制资产负债表及财产清单；

（4）通知债权人并公告；

（5）修改公司章程；

（6）办理工商变更登记。

3. 会计处理

弥补亏损的减资的会计处理包括两个主体，一个是目标公司，另一个是全体减资股东，其会计处理如下：

（1）目标公司

借：实收资本

　　贷：利润分配——未分配利润

　　　　或资本公积——资本溢价或股本溢价

(2)减资股东

借:投资收益

贷:长期股权投资(或可供出售的金融产品)

4. 税务处理

减资弥补亏损税务上不做纳税调整处理。

5. 举例说明

继续以上述案例为例,由于市场发生剧变,甲公司出现严重亏损,公司实际资产只有800万元,全体股东一致同意按持股比例减资,甲公司注册资本减至500万元,其他条件一致。

(1)下面对目标公司及A、B两公司进行会计分录:

①甲公司的财务处理如下:

借:实收资本1500万元(2000-500)

贷:利润分配——未分配利润-1500万元

②A公司的财务处理如下:

借:利润分配——未分配利润-900万元

贷:长期股权投资900万元[1200×(2000-500)÷2000]

③B公司的财务处理如下:

借:利润分配——未分配利润-600万元

贷:长期股权投资600万元[800×(2000-500)÷2000]

(2)税务处理

因甲公司通过减资弥补亏损,全体股东没有取得减资对价,无应税所得,不存在企业所得税等税负。

(二)上市公司缩股式扭亏案例

2013年9月26日,云南云天化股份有限公司(以下简称云天化股份)发布的《重大资产出售暨关联交易报告书摘要(草案)》披露:

1. 本次交易背景和目的

云天化股份拥有化肥、磷矿采选、玻纤、有机化工等四个业务板块,其中玻纤板块与其他三个业务板块业务相互独立。受行业产能过剩、生产要素价格上涨、需求低迷等多重不利因素影响,玻纤行业的企业普遍遭遇较大经营压力。公司从事玻纤业务的三家子公司即重庆国际复合材料有限公司(以下简称CPIC)、重庆天勤材料有限公司(以下简称天勤材料)和珠海富华复合材料有限公司(以下简称珠海复材)在2012年和2013年上半年亦出现了较大程度的亏损,2012年度和2013年上半年三家子公司合计亏损分别为约3.64亿元和2.54亿元。由于国内外经济形势尚不明朗,玻纤行业的复苏面临较大挑战。为了提振上市公司业绩、保护中小股东权益,上市公司控股股东云天化集团有限责任公司(以下简称云天化集团)拟将亏损资产从上市公司购出。

本次重组将上述亏损的玻纤资产出售，有利于优化业务结构，突出主营业务，有利于提升上市公司业绩，提高上市公司的盈利能力及每股收益，有利于优化上市公司股权结构，完善公司治理结构。

2. 本次重组方案概况

云天化股份拟向云天化集团出售其持有的玻纤资产，即 CPIC92.80% 股权、天勤材料 57.50% 股权以及珠海复材 61.67% 股权（以下统称标的资产），云天化集团拟以其持有的云天化股份部分股份为对价认购上述标的资产，云天化股份取得对价股份后将依法予以注销并相应减少注册资本。本次重组交易前后结构见图 3－5。

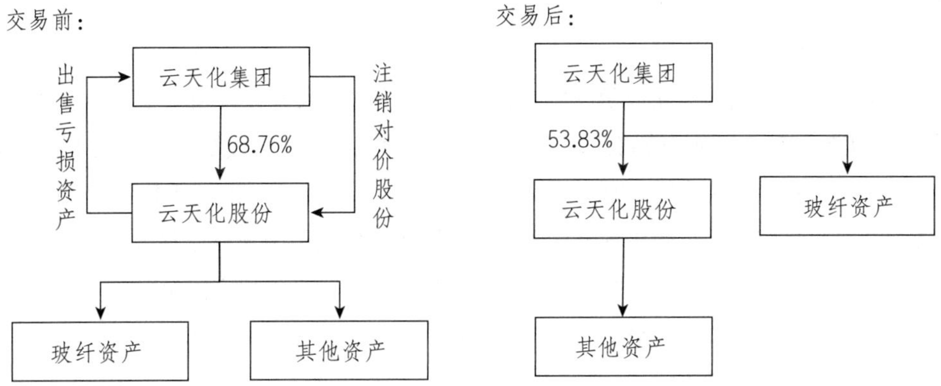

图 3－5　重组交易前后结构图

3. 标的资产价值及交易对价

标的资产评估价值合计为 457860.25 万元，其中 CPIC92.80% 股权的资产评估值为 419035.55 万元，天勤材料 57.50% 股权的资产评估值为 8434.85 万元，珠海复材 61.67% 股权的资产评估值为 30389.85 万元。以上述评估值为基础，为了进一步保护上市公司及中小股东的利益，经交易双方协商一致，标的资产的交易价格在评估值基础上溢价 4%，最终确定为 476174.65 万元。

云天化集团认购标的资产的对价为云天化集团持有的云天化股份部分 A 股股份（每股面值人民币 1.00 元）。本次交易完成后，云天化股份将依法予以注销对价股份，并相应减少上市公司注册资本。

4. 对价股份的价格及数量

本次交易对价股份的定价基准日前 20 个交易日的公司股票交易均价为 9.00 元/股。经交易双方协商一致，对价股份中无限售条件的股份的价格按照前述交易均价确定，即 9.00 元/股；为了进一步保护上市公司及中小股东的利益，对价股份中有限售条件的股份的价格在前述交易均价的基础上折让 5%，最终确定为 8.55 元/股。

本次交易优先以云天化集团持有的全部无限售条件的股份作为对价，不足以支付标的资产交易价格的部分,以云天化集团持有的有限售条件的股份补足。按照前述原则、标的资产交易价格和对价股份价格计算,本次交易拟注销的对价股份数量为53959.04万股,约占本次交易前云天化股份总股本的32.34%,对价股份的最终数量以中国证监会核准为准。

按照本次交易标的的交易价格及对价股份价格测算,本次交易拟注销的云天化集团持有的对价股份数量为5.40亿股,其中包括云天化集团持有的全部约3.29亿股无限售条件的股份,以及约2.1亿股有限售条件的股份。

在无限售条件的对价股份中,云天化集团已于2012年3月29日将其中1.2亿股股份质押给中国农业银行昆明潘家湾支行。截至本摘要签署之日,中国农业银行股份有限公司云南省分行已出具复函,目前相关解押手续正在办理之中。

5. 对债权人的通知

2013年9月26日,云天化股份公告《关于重大资产出售及减少注册资本的债权人通知》(编号:临2013-050),根据《公司法》等法律、法规的规定,本公司债权人均有权于本通知公告之日起45日内,凭有效债权证明文件及凭证向本公司申报债权,并要求本公司清偿债务或要求本公司提供相应担保。如果本公司本次重大资产出售经中国证监会核准,本公司将自核准之日起的30日内,根据债权人的申报向债权人清偿债务或提供相应担保。

债权人逾期未向本公司申报债权的,不会因此影响其债权的有效性,本公司仍将按照相关债权文件的约定按时偿还债务。

6. 公司股份注销后的情况

本次重组前,云天化股份的总股本为1668668528股,云天化集团在云天化股份的持股比例为68.76%。本次交易拟注销的对价股份数量为539590362股,其中包括云天化集团持有的全部329441977股无限售条件的股份,以及210148385股有限售条件的股份。交易完成后,云天化将依法注销对价股份并相应减少注册资本。

该等股份注销后,云天化股份的总股本变更为1129078166股,云天化集团合计将持有本公司607802574股的股份,约占云天化股份总股本的53.83%,仍为本公司的控股股东。

(三)案例评析

上市公司云天化股份在本次重大资产重组中,以亏损资产回购股权,通过缩股式扭转亏损,其目的在于提振公司业绩,优化业务结构,突出主营业务,保护中小股东权益,可谓用心良苦。

本次重组完成后,云天化股份的股本大幅度减少,使得公司盈利能力及每股收益有所提升,对上市公司和广大投资者来说,无疑是个皆大欢喜的好结果。但减资缩股毕竟是权宜之计,关键还是企业要管好经营,做好实体。

第四章

空股的价值以及在企业并购中的处理

实务指引

随着注册资本完全认缴制的确立，公司股东有权依据意思自治原则，自主约定认缴出资额、出资方式、出资期限，法律不再限制股东的首次出资比例、出资期限以及最低出资限额，大量的空股应运而生。实践中，根据空股的不同表现形式，可以将空股分为多种类型，如部分空股与全额空股、有权空股与无权空股、存量空股与增量空股、依约空股与违约空股等，对空股进行分类有助于读者更好地理解和运用空股。

股东认缴空股，享有股东出资的期限利益，股东只需根据公司章程规定的期限缴付出资即可，而不论公司估值在未来任何时点发生变动。空股具有股权期权的形式外观，股东有权享受公司发展带来的溢价利益，空股的价值分为权益价值和交易价值两部分，其价值来源于股东认缴空股时点的公司估值与该等空股实际缴付时点的公司估值之间的差额。

企业并购重组中，空股的处理始终是一道绕不过的坎，甚至成为交易各方博弈的高地，它不但关系到目标公司现在和未来不同阶段的估值，而且关系到原股东认缴空股的出资义务及投资收益，还关系到投资方在目标公司的持股比例以及预期利益。空股的处理方式包括补齐空股法、消除空股法、转让空股法、保留空股法等。同时，必须清醒地认识到处理空股的必要性，以及空股处理不当可能带来的巨大法律风险。

《九民会议纪要》指出，股东认缴的出资未届履行期限，对未缴纳部分的出资是否享有以及如何行使表决权等问题，应当根据公司章程来确定。对于空股表决权的设计，法律赋予股东更多的自主权利和设计空间。

第一节　认缴制下空股的出现与价值体现

一、注册资本认缴制催生空股的大量出现

（一）空股的产生

1. 空股的概念

所谓空股，是指公司股东依照公司章程规定，已经认缴但尚未实际缴付的出资，就是通常所说的应缴而未到期的出资额，即未来待缴的出资。必须明确的是，并非所有没有实际缴付的出资都是空股，比如，迟延出资就不能归集到空股的范畴。为什么呢？虽然空股项下的“出资额”和迟延出资情形中的“出资额”均系未实际缴付的出资范畴，但空股项下的“出资额”属于认缴未缴的出资（未到缴付期），股东出资的期限利益为股东正当权利；而迟延出资情形中的“出资额”属于应缴未缴的出资（到期未缴付），股东应承担延迟出资的违约责任。空股正当合法，迟延出资违规，这是二者本质上的区别。

空股与干股不同，干股是指未出资而获得的股份。企业为了笼络一些有能力的人（比如核心员工）、技术骨干；或者有资源的人（比如特定渠道），通过赠与的方式，无偿给予这些人一定的股权。但公司授予相关人员的干股，如果违反法律、行政法规的强制性规定，当然是非法的。比如，公司将股权赠与给政府官员或现役军人，是法律所不允许的。

2. 2013 年修订《公司法》有关空股的规定

空股是怎样产生的呢？从时间上来说，大多数情况下，空股是在公司设立时形成的，即股东部分或全部认缴的出资额；也可能在公司增资时，由于原股东或外部投资人认缴全部或部分增资款而出现的。从制度上来说，注册资本实缴制要求在公司设立时全体股东必须全部缴足出资，所谓空股便无从谈起；只有在注册资本认缴制的背景下，空股才能应运而生。

（1）关于有限责任公司

2004 年修订的《公司法》第二十三条规定：“有限责任公司的注册资本为在公司登记机关登记的全体股东实缴的出资额。有限责任公司的注册资本不得少于下列最低限额：（一）以生产经营为主的公司人民币五十万元；（二）以商品批发为主的公司人民币五十万元；（三）以商业零售为主的公司三十万元；（四）科技开发、咨询、服务性公司人民币十万元。特定行业的有限责任公司注册资本最低限额需高于前款所定限额的，由法律、行政法规另行规定。”此时的《公司法》采取严格的注册资本实缴制，并且按照公司经营内容的不同，分别规定了注册资本最低限额，不允许股东分期缴付出资。

2005 年修订的《公司法》第二十六条规定：“有限责任公司的注册资本为在公司登记机关登记的全体股东认缴的出资额。公司全体股东的首次出资额不得低于注册资本的百分之二

十，也不得低于法定的注册资本最低限额，其余部分由股东自公司成立之日起两年内缴足；其中，投资公司可以在五年内缴足。有限责任公司注册资本的最低限额为人民币三万元。法律、行政法规对有限责任公司注册资本的最低限额有较高规定的，从其规定。”此时的《公司法》采取注册资本部分认缴制，不再要求注册资本一次性缴足，股东可以在 2 年内（投资公司在 5 年内）分期缴清出资，同时降低注册资本最低限额，将有限责任公司的注册资本最低限额定为人民币 3 万元。

2013 年修订的《公司法》第二十六条规定：“有限责任公司的注册资本为在公司登记机关登记的全体股东认缴的出资额。法律、行政法规以及国务院决定对有限责任公司注册资本实缴、注册资本最低限额另有规定的，从其规定。”此时的《公司法》实行注册资本完全认缴制，股东出资没有时间限制，也没有最低限额，全体股东有权通过公司章程自行约定注册资本的数额以及缴付期限，法律给予公司充分的自治权。

（2）关于股份有限公司

根据《公司法》（2013 年修订）第七十六条第二项的规定，设立股份有限公司的条件之一是有符合公司章程规定的全体发起人认购的股本总额。此外，《公司法》第八十条第一款第一句亦规定：“股份有限公司采取发起设立方式设立的，注册资本为在公司登记机关登记的全体发起人认购的股本总额。”在股份有限公司设立时，法律不再要求发起人必须同时缴纳所有的认购股本，发起人可以不实际出资，而是依据公司章程规定的出资方式、出资时间和出资额履行出资义务。当然，采取募集设立方式设立的股份有限公司则另当别论。

由此可见，有限责任公司和以发起设立方式设立的股份有限公司的注册资本以认缴制为原则，实缴制为例外。也就是说，出资人取得股东资格不以实缴资本（或股本）为条件，只要认缴资本（或认购股本）即可。这里所说的“认缴资本”或“认购股本”，便是通常所说的“空股”，下面笔者将举例说明。

2016 年 3 月 1 日，A、B 公司作为发起人股东共同出资设立甲公司（系有限责任公司），甲公司注册资本为 2000 万元，其中 A 公司持有甲公司 60% 股权，B 公司持有甲公司 40% 股权。有关出资额、出资方式和出资期限，甲公司章程载明，A 公司以货币出资 1200 万元，其中 2016 年 3 月 1 日缴付出资额 840 万元，2036 年 10 月 31 日前缴足其余的出资额 360 万元；B 公司以现金出资 800 万元，其中 2016 年 3 月 1 日缴付出资额 560 万元，2036 年 10 月 31 日前缴足其余的出资额 240 万元。（见图 4－1）

空股在公司注册资本中的比例，以股东或者发起人认缴的出资额或者认购的股本总额相对应的公司股权为准。在注册资本实行认缴制的今天，企业投融资、并购重组面对空股的情况将会越来越多。当然，并不是所有的公司都适用注册资本认缴制，本书第二章注册资本部分作了详细介绍，这里不再赘述。

总之，注册资本认缴制催化了空股的大量产生，它不仅有利于降低公司设立成本，而且有助于减轻股东资金压力，同时极大地激发了全民创业的热情。在企业并购重组过程中，任何一方都不应忽略甚至漠视空股的存在，也不应毫无原则任意处置空股，更不应视空股为洪水猛兽，错失企业做大、做强、做优的良机。

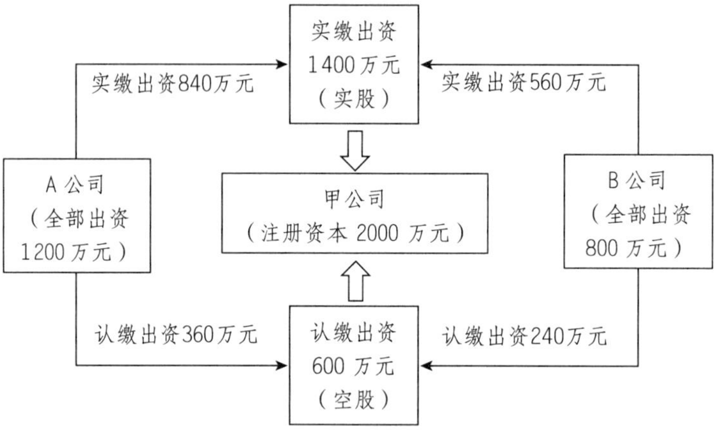

图4－1　A、B公司实缴出资与认缴出资相结合方式

（二）空股的分类

公司注册资本表现形式有三种：一是注册资本全部为实收资本，即股东完全实缴出资；二是注册资本全部为认缴资本，即股东完全认缴出资；三是注册资本部分为实收资本，部分为认缴资本，即股东实缴出资和认缴出资相结合。实践中，空股有不同的表现形式，我们有必要对其进行相应分类。

1. 部分空股和全额空股

根据空股在公司注册资本中的占有比例，可以将空股分为部分空股和全额空股。国务院颁布的《注册资本登记制度改革方案的通知》第二部分第一项规定："（一）实行注册资本认缴登记制。公司股东认缴的出资总额或者发起人认购的股本总额（即公司注册资本）应当在工商行政管理机关登记。公司股东（发起人）应当对其认缴出资额、出资方式、出资期限等自主约定，并记载于公司章程。"如果公司注册资本中同时存在股东实缴的出资额和认缴的出资额，不论二者数额多少和所占比例大小，此类空股属于部分空股；如果公司注册资本中没有股东实缴的出资额，注册资本均为股东认缴的出资额，则此类空股属于全额空股。

下面举例说明。甲公司由A、B、C三家公司共同设立，甲公司在公司登记机关登记的注册资本为5000万元，其中A公司的持股比例为60%，B公司的持股比例为30%，C公司的持股比例为10%。关于出资期限，全体发起人商议，在甲公司成立时各实际出资20%，即A公司实缴600万元、B公司实缴300万元、C公司实缴100万元，其余的出资额4000万元在20年内缴足。则A、B、C三家公司对甲公司认缴的出资额4000万元属于部分空股。如A、B、C三家公司商议，甲公司成立时股东均不实际缴付出资，各自认缴的出资额（A公司认缴3000万元、B公司认缴1500万元、C公司认缴500万元）在5年内一次性缴足。则A、B、C三家公司对甲公司的出资属于全额空股。

2. 有权空股和无权空股

根据持有空股的股东是否享有相应的股东权利，包括表决权、分红权、认购增资权等，可以将空股分为“有权空股”和“无权空股”。《公司法》第四十二条规定：“股东会会议由股东按照出资比例行使表决权；但是，公司章程另有规定的除外。”尽管股东持有的是空股，但公司章程规定认缴股东享有与实缴股东同等的权利，此类空股属于有权空股；如公司章程对认缴股东的权利进行一定程度的约束，甚至限制该类股东行使股东权利，则此类空股属于无权空股，下面举例说明。

甲公司由A、B、C三家公司共同设立，甲公司在公司登记机关登记的注册资本为5000万元，其中A公司的持股比例为60%，B公司的持股比例为30%，C公司的持股比例为10%。关于出资期限，A、C公司在甲公司设立时均一次性缴足出资（A公司实缴3000万元、C公司实缴500万元），考虑到B公司资金困难，同意B公司分两期缴付出资款，即在甲公司设立时实缴500万元，其余1000万元在3年内缴足，但同时约定B公司未缴付之前，不得享有分红权、表决权等。此种情形下B公司尚未缴纳的1000万元出资就属于无权空股。如A、B、C三家公司商议，B公司认缴的出资额1000万元对应的分红权、表决权等权利与其他股东实缴的出资额的权利没有区别，则此种情形属于有权空股。

3. 存量空股和增量空股

根据股东认缴公司注册资本的来源不同，可以将空股分为“存量空股”和“增量空股”。《公司法》第三十四条规定：“股东按照实缴的出资比例分取红利；公司新增资本时，股东有权优先按照实缴的出资比例认缴出资。但是，全体股东约定不按照出资比例优先认缴出资的除外。”公司设立时，股东认缴的出资额，相对于公司后续资本运作中增加的注册资本（限于未实缴部分）而言，属于存量空股；公司基于业务发展需要增资扩股时，原股东或外部投资人认缴的增资款（相对于实缴增资款而言）属于增量空股，下面举例说明。

甲公司由A、B、C三家公司共同设立，甲公司在公司登记机关登记的注册资本为5000万元，其中A公司的持股比例为60%，B公司的持股比例为30%，C公司的持股比例为10%。关于出资期限，全体发起人商议，在甲公司成立时各股东实际出资50%，即A公司实缴1500万元，B公司实缴750万元，C公司实缴250万元，其余的出资额2500万元在10年内缴足。经过3年后，甲公司逐渐壮大，拟引进投资人D公司，各方经协商，D公司投资2000万元，持有甲公司5%股权，其中在签署增资扩股协议之日向甲公司支付1000万元，其余1000万元与原股东A、B、C三家公司在未来到期一并缴足。则A、B、C三家公司此前认缴的出资额2500万元属于存量空股，D公司认缴的增资额1000万元属于增量空股。

4. 依约空股和违约空股

根据股东认缴的出资额是否超过缴付期限，可以将空股分为依约空股和违约空股。《公司法》第二十八条第一款第一句规定：“股东应当按期足额缴纳公司章程中规定的各自所认缴的出资额。"股东认缴的出资额缴付期限是否逾期，应以公司章程的规定为准，缴付期限未到期的空股属于依约空股（或称守约空股），超过公司章程规定的缴付期限未缴付的空股属于违约空股，即前文所称的迟延出资。依约空股与违约空股，前者合法，后者违规，这是狭义上的空股与瑕疵出资的本质区别，下面举例说明。

甲公司由A、B、C三家公司共同设立，甲公司在公司登记机关登记的注册资本为5000万元，其中A公司的持股比例为60%，B公司的持股比例为30%，C公司的持股比例为10%。关于出资期限，A、C公司在甲公司设立时均一次性缴足出资（A公司实缴3000万元、C公司实缴500万元），考虑到B公司资金困难，同意B公司分两期缴付出资款，即在甲公司设立时实缴500万元，余额1000万元在3年内缴足。如B公司在甲公司章程规定的期限内缴付了出资额1000万元，则该种空股属于依约空股；如B公司由于资金链断裂，超过了甲公司章程规定的期限仍未实际缴付出资额1000万元，则该种空股属于违约空股。

在上述分类中，同一类的空股可以相互转化。例如，公司通过修改章程延长股东出资期限，原来的"违约空股"就转化成了"依约空股"；又如，公司权力机关通过决议进一步限制甚至暂停空股持有人的权利，则原来的"有权空股"就有可能蜕变为"无权空股"。此外，不同类的空股也可能出现交叉情形，例如，逾期缴付出资额的空股既是"违约空股"，也是"无权空股"，这属于严重的出资违约行为，根据《公司法》及相关司法解释的规定，守约股东或债权人有权追究违约股东的法律责任。空股的分类如图4－2所示。

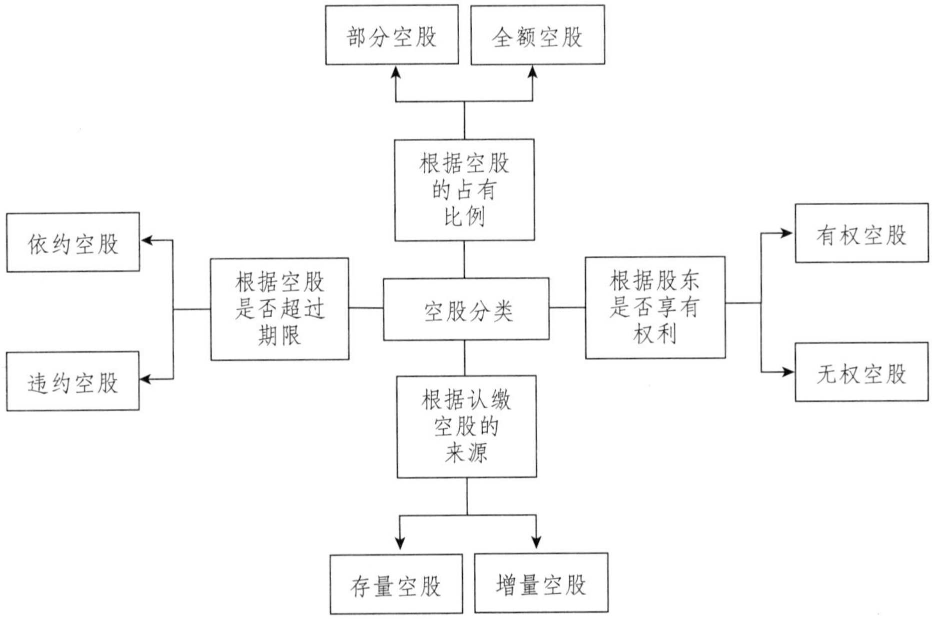

图4－2　空股分类示意图

二、空股的价值来源于企业估值的变化

(一)空股价值的来源

1. 公司估值

中国资产评估协会印发的《资产评估准则——企业价值》(中评协〔2018〕38号)第二条规定,企业价值评估,是指注册资产评估机构及其资产评估专业人员遵守法律、行政法规和资产评估准则,根据委托对评估基准日特定目的下企业整体价值、股东全部权益价值或者股东部分权益价值等进行评定、估算并出具资产评估报告的专业服务行为。通常情况下,企业价值评估又称对公司的估值,其评估结果就是公司估值。

企业价值的基本评估方法有三种,即收益法、市场法和成本法(资产基础法)。所谓收益法,是指将预期收益资本化或者折现,确定评估对象价值的评估方法,收益法常用的具体方法包括股利折现法和现金流量折现法。所谓市场法,是指将评估对象与可比上市公司或者可比交易案例进行比较,确定评估对象价值的评估方法,市场法常用的两种具体方法是上市公司比较法和交易案例比较法。所谓资产基础法,是指以被评估企业评估基准日的资产负债表为基础,合理评估企业表内及表外各项资产、负债价值,确定评估对象价值的评估方法。实务中,评估机构会根据评估目的、评估对象、价值类型、资料收集情况等相关条件,恰当选择一种或者多种资产评估基本方法。

公司的估值是建立在以往业绩和未来业绩预期之上的,公司的价值不仅仅在于注册资本的大小、净资产的多寡,投资人往往更为关注公司的盈利能力。

2. 空股转让合同的效力

合同法的基本精神是维护交易安全,不轻易否定合同效力。只要空股转让合同没有《民法典》第一百四十七条至第一百五十条规定的情形,则该合同原则上有效。此外,《公司法司法解释(三)》第十八条亦规定股东在未足额缴纳出资情况下转让股权的出资责任,这也从法律上间接肯定了合同的有效性。当然,如果受让方有确切的证据证明不知道出让方转让的空股有瑕疵,则受让方可以依照《民法典》规定的欺诈导致其意思表示不真实为由申请撤销。

总之,空股转让这种商事行为不因出让方没有实缴出资或者股权存在瑕疵而被确认无效。受让方在与出让方进行交易时应尽到自身的谨慎、注意义务,充分审查出让方在公司登记机关登记的材料,查阅公司章程,查看公司营业执照和公司相应会计账簿,作出合理判断,作出是否受让股权的决定。

3. 空股的权益价值和交易价值

空股的价值包括权益价值和交易价值两种,其价值来源于股东认缴时公司估值和股东实缴时公司估值的变化。所谓权益价值,是指空股本身蕴含的内在价值,其来源于公司估值的溢价部分,空股持有人转让空股时,受让人支付的转让对价(包含应缴纳的出资额)就是空股的权益价值。所谓交易价值,是指空股持有人取得的转让对价(空股的权益价值)减去空股股

权对应的出资额,其来源于空股股权项下的出资额与股东转让空股时公司估值对应的空股数额之间的差额。值得注意的是,公司估值一般是以净资产的公允价值来衡量的。所谓公允价值,通俗地说,就是按照市场价格确定的价值,它所体现的是交易各方遵循的等价交换原则。

一般而言,股权具有三重价值,依次为:第一重价值——分配利润,第二重价值——股份增值,第三重价值——股份溢价;这也体现了股东的主要财产权利,即分红权、增值权和溢价权。当目标公司估值大于公司实收资本时,空股的交易价值为正,其根源在于公司长期的经营积累;当目标公司估值小于公司实收资本时,空股的交易价值为负,其原因在于公司出现了经营亏损。空股的溢价越高,则空股的权益价值越大,空股持有人获得的交易价值就越丰厚,下面举例说明。

2016 年 3 月 1 日,A、B 公司作为发起人股东共同出资设立甲公司(系有限责任公司),甲公司注册资本为 2000 万元,其中 A 公司持有甲公司 60% 股权,B 公司持有甲公司 40% 股权。有关出资额、出资方式和出资期限,甲公司章程载明,A 公司以现金出资 1200 万元,其中 2016 年 3 月 1 日缴付出资额 840 万元,2036 年 10 月 31 日前缴足其余的出资额 360 万元;B 公司以现金出资 800 万元,其中 2016 年 3 月 1 日缴付出资额 560 万元,2036 年 10 月 31 日前缴足其余的出资额实缴 240 万元。

甲公司经过 3 年的快速发展,企业估值达到 8000 万元,B 公司因业务转型的需要决定退出甲公司,并将持有的甲公司 40% 股权(包括实股和空股)全部转让给 C 公司(A 公司放弃优先购买权),请计算 B 公司转让空股的权益价值和交易价值。

甲公司股权结构及相关交易如图 4 - 3 所示。

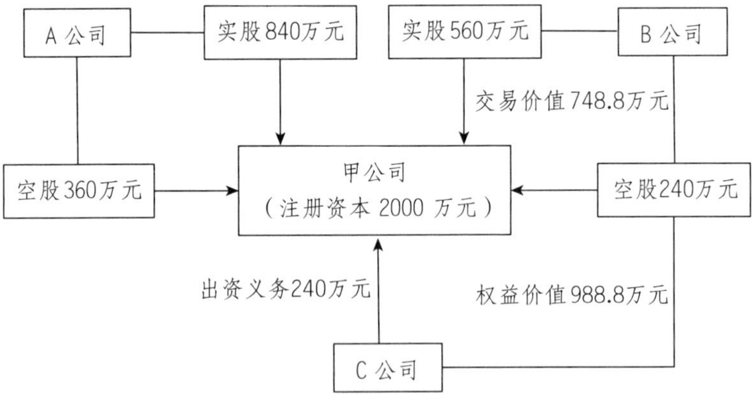

图 4 - 3　甲公司股权结构及相关交易示意图

解析:B 公司对外转让的股权包括实股和空股两部分,其中实股为 560 万元,空股为 240 万元,该等空股占甲公司注册资本的比例为 12%(240 万元 ÷ 2000 万元),B 公司转让空股股权给 C 公司时,空股的权益价值为 988. 8 万元[(8000 + 240) × 12%],空股的交易价值为 748. 8 万元(988. 8 - 240),B 公司转让空股股权给 C 公司,C 公司除了依照甲公司章程规定的在2036年10月31日前向甲公司缴付出资额240万元之外，还应向B公司支付股权转让价款748.8万元。

4. 空股交易价值的正值、负值与交易价值为零

空股的转让是一种附义务的权利转让，受让方通过股权转让方式成为公司股东，受让方在获得出资权的同时，也负有到期缴纳出资的义务。为什么呢？因为出让方已将出资义务转移给了受让方，受让方也同意承继该等出资义务。空股的交易价值只有通过转让等方式才能体现出来。出让方转让空股时，其取得交易价值的大小取决于该等空股的权益价值与股东应缴付出资额之间的差额。实践中，空股的交易价值可以分为三种情形：

第一种情形，目标公司估值高于公司实收资本，股东持有空股的交易价值为正值，此种情形通常发生在目标公司快速发展阶段；第二种情形，目标公司估值小于公司实收资本，股东持有空股的交易价值为负值，此种情形通常发生在公司业务萎缩，严重亏损阶段；第三种情形，目标公司估值等于公司实收资本，股东持有空股的交易价值为零，此种情形通常发生在公司设立初期尚未开始经营阶段。下面区分不同情况，举例说明：

（1）甲公司（为计算的便利，假设甲公司为一人有限责任公司）注册资本为1000万元，A公司（系甲公司的股东）实缴出资额为600万元，认缴出资额为400万元。1年以后，甲公司发展不错，企业估值达到2000万元，B公司如受让这400万元的空股，则空股对应的权益价值为960万元[（2000＋400）×40%]，A公司转让空股的交易价值为560万元（960－400）。也就是说，在本次股权交易中，B公司受让A公司的400万元空股的对价包括两部分，一部分是B公司到期应向甲公司缴纳的出资款400万元，另一部分是B公司应向A公司支付的空股转让款560万元。

（2）过了一年，甲公司业绩出现下滑，企业估值下降到600万元，B公司如要受让这400万元的空股，则空股对应的权益价值为400万元[（600＋400）×40%]，B公司需向甲公司出资400万元从而取得40%的股权，但A公司取得的转让价款为0万元（400－400）。也就是说，A公司转让400万元的空股给B公司，同时也将空股项下的出资义务转移给了B公司，但由于甲公司该时点企业估值与实收资本数额一致，因此，A公司并没有获得额外的股权转让款。

（3）又过了一年，甲公司发生严重亏损，企业估值下降到100万元，B公司受让这400万元的空股，则空股对应的权益价值为200万元[（100＋400）×40%]，A公司转让该等空股的交易价值为－200万元（200－400）。也就是说，在本次股权交易中，A公司转让400万元的空股给B公司，则B公司应向甲公司缴纳出资款400万元（因为A公司负有的400万元空股出资义务转移到B公司），A公司需要支付200万元给B公司进行补偿。该种情形在现实中极为罕见，但理论上是存在的。

（二）空股估值的计算公式

前文已述，空股的价值包括权益价值和交易价值，空股的权益价值与企业估值密切关联，空股的交易价值取决于公司估值，其数额是空股转为实股后的权益价值与应缴出资额之间的

差额。计算空股的权益价值与交易价值可以依照以下三个步骤进行操作：

1. 确定空股比例

确定转让方持有的空股在目标公司注册资本中的比例，其计算公式为：空股对应的股权比例 = 空股数额 ÷ 目标公司注册资本数额。随着公司的发展，公司估值也会发生变化，空股对应的股权比例亦可能产生变动，但空股对应的出资额不变。

2. 确定权益价值

确定转让方持有空股的权益价值，其计算公式为：空股的权益价值 =（目标公司估值 + 应缴出资额）× 空股对应的股权比例。其中，应缴出资额应缴付给目标公司。

3. 确定交易价值

确定转让方转让空股过程中取得的交易价值，其计算公式为：空股的交易价值 = 空股的权益价值 - 应缴出资额。其中，空股交易价值应支付给出让空股股东。

通过以上层层分析，我们不难发现，空股不仅具有内在的权益价值，还有外在的交易价值。现实中，有的空股持有人将空股白菜价贱卖，事后叫苦不迭；有的空股持有人要将空股卖个天价，致使一笔好的交易功亏一篑。因此，空股价值的确定对于企业并购重组有着十分重要的现实意义。

（三）空股与企业估值的关系

1. 空股的存在对公司估值的影响

股权并购往往涉及空股的处理。实务中，空股的处理一般有两种路径：其一，让空股成为实股；其二，通过减资消灭空股，具体处理方式将在下文作详细论述。那么，空股的实缴或者消灭会不会对公司估值产生影响呢？空股的实缴使得目标公司注册资本中的实收资本部分增加，目标公司估值随着实收资本的增加而增大。空股的消灭使得股东不再承担出资义务，但公司注册资本中的实收资本部分并没有因此减少，所以目标公司估值不会降低。

企业并购重组中，投资人一般以增资方式进入目标公司。由于目标公司溢价发行，所以通常情况下，增资款一部分计入注册资本，另一部分计入资本公积。增资完成后，目标公司注册资本增加，资本公积增多，企业估值增大。那么，空股的设计与目标公司后续估值有关系吗？在引进投资人之前，目标公司通过减资消灭空股，实质上就是免除原股东的出资义务，使公司注册资本不再存在未缴出资，但公司的实收资本并没有因此减少，所以，公司的后续估值不受影响。如果采取实缴空股方式，则公司的注册资本可能全部变成实收资本，这显然增加了目标公司原有的实收资本，公司估值也会随之增加。

笔者认为，空股与企业估值之间的关系，体现在空股的不同处理方式对企业估值的影响。空股的设计对目标公司后续估值的增加会起到一定的正面作用，至少不会减损目标公司的后续估值。

2. 空股的转让对交易双方的影响

空股的转让是一种附义务的权利转让，一般情况下，交易双方会约定出资义务由受让方向目标公司履行,交易价值由受让方向出让方支付。受让方在承担出资义务的同时,之所以还愿意额外支付款项给出让方,是因为受让方一旦成为股东,就有权按照持股比例分享公司长期形成的经营积累,受让方权衡眼前付出与未来收益之后,认为所做的这些都是值得的。出让方在转让空股时,不但转移了出资义务,且获得了转让空股的溢价,一举两得。

目标公司所在行业的发展前景及其所处的行业地位,深得投资人的青睐,投资人愿意砸进真金白银。由于目标公司估值远大于实收资本,投资人对股份溢价转让(或增资)自然不在话下。但是,当投资人以增资方式进入目标公司时,增资款一部分计入注册资本,另一部分计入资本公积,全部进入目标公司账户;而当投资人以受让方式进入目标公司时,转让款一部分作为实收资本缴至公司账户,另一部分作为空股溢价支付给原股东。以上两种交易方式,由于交易对象的不同,资金的流向不尽相同,公司估值也就不同。

笔者建议,为了引进战略投资者或者有实力的财务投资人,建议现有股东考虑放弃部分既得利益,壮大公司经济实力。

第二节　企业重组中空股的处理与法律风险

一、根据不同的重组需求选择空股处理方法

企业重组过程中,需要对空股进行相应的处理,以满足各方的要求,平衡各方的利益。实务中,处理空股的方法有补齐空股法、消除空股法、转让空股法及保留空股法等,其中转让空股法又分为两种情形:一是实股与空股非等比例转让;二是实股与空股等比例转让。下面就通过实操案例阐述上述各种方法的重组目的、适用条件以及目标公司注册资本、企业估值的变化。

(一)补齐空股法

1. 重组目标

企业并购重组前,空股持有人实际缴纳认缴的出资额,将空股补齐,使目标公司的注册资本全部转为实收资本,此时,目标公司注册资本仍然保持不变,但实收资本相应增加。然后,投资人按照以目标公司及原股东约定的条件向目标公司进行实际增资。

2. 实操案例

甲公司系一人有限责任公司(A 公司是唯一股东),注册资本为 6000 万元,A 公司实缴出资额为 3000 万元,认缴出资额为 3000 万元,甲公司及 A 公司与投资人(B 公司)经协商,B 公司拟以现金对甲公司增资并购。增资完成后,A 公司持有甲公司 49% 股权,B 公司持有甲公司 51% 股权,B 公司成为甲公司的控股股东。在评估的基础上,各方一致同意,增资前甲公司的估值为 5000 万元。具体操作步骤如下:

(1)A 公司以现金方式向甲公司缴足认缴的出资额 3000 万元,则甲公司估值变化为 8000 万元(5000 万元 + 3000 万元);

(2)B 公司以现金方式对甲公司进行增资并持有 51% 股权,则 B 公司支付的增资款为 8326.53 万元(8000 万元 ÷ 49% ×51%);

(3)本次增资完成后,投资人 B 公司拥有甲公司注册资本额为 6244.89 万元(6000 ÷ 49% × 51%),其中 2081.64 万元(8326.53 万元 - 6244.89 万元)进入资本公积;

(4)本次增资完成后,甲公司总估值为 16326.53 万元(8000 万元 + 8326.53 万元),甲公司注册资本为 12244.89 万元(6000 万元 + 6244.89 万元)。

甲公司本次重组前后注册资本及公司估值变化如图 4 - 4 所示。

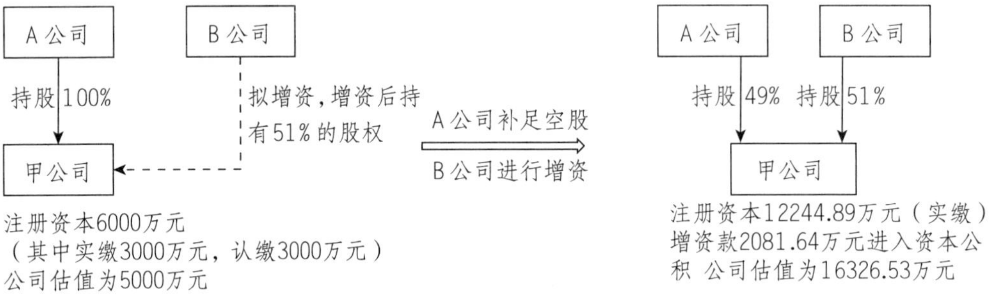

图 4 - 4 甲公司重组前后注册资本及公司估值变化

综上所述,采用补足空股法,目标公司的注册资本全部转化为实收资本,这样可以最大限度增加目标公司估值,但给空股持有人带来了较大的资金压力。空股持有人在没有足够资金的情况下,不宜采用该方法,尤其是目标公司亟须资金运转,而原股东又无法筹集一定资金,只有通过引进投资者来解决公司困境的情况下。当然,采用此办法,投资者付出的增资成本也是非常高昂的。

(二)消除空股法

1. 重组目标

空股持有人通过减资方式注销认缴的出资额,使目标公司的注册资本变更为现有的实收资本,目标公司登记的注册资本减少了,空股持有人的出资义务被免除,但公司估值不应当减少。根据原股东与投资人之间的约定,空股可以在并购重组前注销,也可以在并购重组后注销。

2. 实操案例

甲公司系一人有限责任公司(A 公司是唯一股东),注册资本为 6000 万元,A 公司实缴出资额为 3000 万元,认缴出资额为 3000 万元,甲公司及 A 公司与投资人(B 公司)经协商,B 公司拟以现金对甲公司增资并购。增资完成后,A 公司持有甲公司 49% 股权,B 公司持有甲公司 51% 股权,B 公司成为甲公司的控股股东。在评估的基础上,各方一致同意,增资前甲公司的估值为5000万元。具体操作步骤如下：

(1)A公司通过减资方式消除认缴的出资额3000万元，则甲公司的注册资本变化为3000万元(6000－3000)；

(2)B公司以现金方式对甲公司进行增资并持有51%的股权，则B公司支付的增资款为5204.08万元(5000÷49%×51%＝5204.08)；

(3)本次增资完成后，投资人B公司拥有甲公司注册资本额为3122.45万元(3000÷49%×51%)，其中2081.63万元(5204.08－3122.45)进入资本公积；

(4)本次交易完成后，甲公司总估值为10204.08万元(5000＋5204.08)，甲公司的注册资本为6122.45万元(3000＋3122.45)。

甲公司本次重组前后注册资本及公司估值变化如图4－5所示。

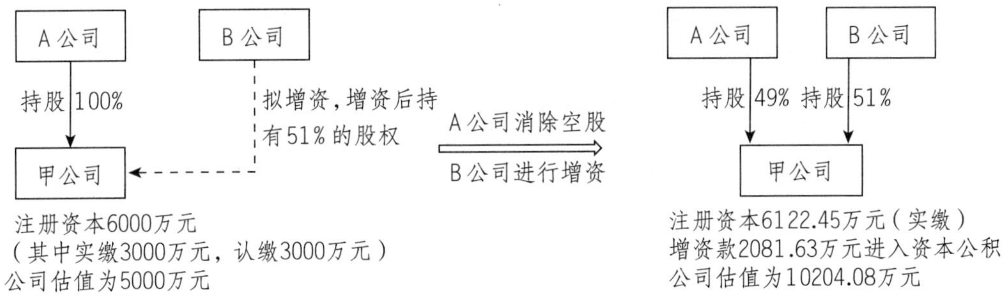

图4－5　甲公司重组前后注册资本及公司估值变化

综上所述，目标公司通过名义减资方式注销空股，免除空股持有人的出资义务，该等股东不从公司取得对价，虽然公司注册资本减少了，但公司估值不应当减少。值得注意的是，公司减资必须依法通知并公告，债权人有权要求公司清偿债务或者提供相应的担保，这也是减资带给公司的不利影响，一定要慎重使用。如果确实要采用减资方法，建议公司先征询债权人的意见，得到债权人的理解和支持。

(三)转让空股法之一：实股与空股不等比例转让

1.重组目标

空股持有人先将全部的空股转让给收购方，然后再转让部分实股给收购方，以满足收购方对目标公司控股的目的。在股权转让过程中，实股与空股不等比例转让。采用此方法，空股持有人不但取得了转股收益，且免除了后续出资的法律责任，而收购方以较少的资金投入取得了预期的股权，对目标公司实行有效控制，但需要承担认缴资本的出资义务。

2.实操案例

甲公司系一人有限责任公司(A公司是唯一股东)，注册资本为6000万元，A公司实缴出资额为3000万元，认缴出资额为3000万元，A公司与投资人(B公司)经协商，B公司拟以现金方式收购A公司持有的甲公司部分股权。收购完成后，A公司持有甲公司49%股权，B公司持有甲公司51%股权,B公司成为甲公司的控股股东。在评估的基础上,各方一致同意,收购前甲公司估值为5000万元。具体操作步骤如下:

(1)B公司受让A公司持有的全部空股,并取得甲公司50%股权,B公司向甲公司缴付空股项下的出资额3000万元后,甲公司估值为8000万元(5000万元+3000万元);

(2)A公司转让全部空股获得的交易价值为1000万元(8000万元×50%-3000万元),该款由B公司直接支付给A公司;

(3)B公司受让A公司持有的1%实股(合计持有甲公司51%股权),B公司向甲公司支付股权转让款为80万元(8000万元×1%);

(4)本次交易完成后,A公司投入甲公司的资金为1920万元(3000万元-1000万元-80万元)B公司全部投资额为4080万元(3000万元+1000万元+80万元);

(5)本次交易完成后,甲公司注册资本仍为6000万元,但实收资本由3000万元增至6000万元,甲公司估值为8000万元。

甲公司本次重组前后注册资本及公司估值变化如图4-6所示。

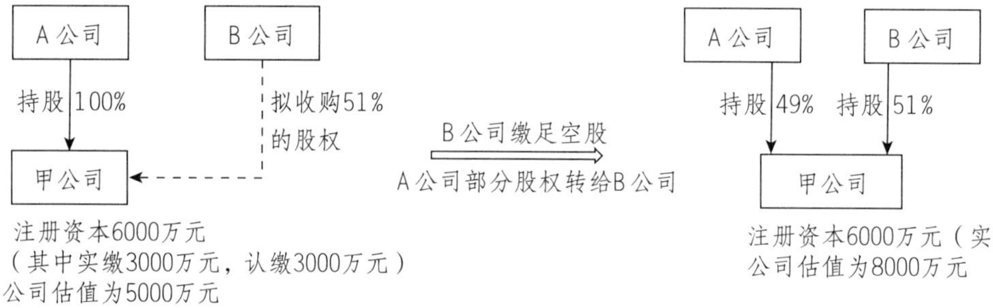

图4-6 甲公司重组前后注册资本及公司估值变化

(四)转让空股法之二:实股与空股等比例转让

1. 重组目的

原股东将持有的实股与空股同时等比例转让给收购方,以满足收购方对目标公司控股的目的。采用此方法,空股持有人虽然取得了部分转股收益,但仍然负有缴纳后续出资的法律责任,而收购方在受让实股与空股的同时,尽管需要承担认缴资本的出资义务,却平衡了与原股东之间的利益,并形成了对目标公司有效的控制。

2. 实操案例

甲公司系一人有限责任公司(A公司是唯一股东),注册资本为6000万元,A公司实缴出资额为3000万元,认缴出资额为3000万元,A公司与投资人(B公司)经协商,B公司拟以现金方式收购A公司持有的甲公司部分股权。收购完成后,A公司持有甲公司49%股权,B公司持有甲公司51%股权,B公司成为甲公司的控股股东。在评估的基础上,各方一致同意,收购前甲公司估值为5000万元。具体操作步骤如下:

（1）B 公司受让 A 公司持有的甲公司实股、空股各 25.5%，合计持股 51%，B 公司应支付给 A 公司的股权转让款为 2550 万元（5000 万元 ×51%）；

（2）A、B 公司根据甲公司对资金的需求实缴空股项下的出资额合计 3000 万元，其中 A 公司应缴 1470 万元（3000 万元 ×49%），B 公司应缴 1530 万元（3000 万元 ×51%）；

（3）空股实缴后，B 公司全部投资为 4080 万元（2550 万元 +1530 万元），其中 2550 万元支付给 A 公司，1530 万元缴付给甲公司；

（4）空股实缴后，A 公司投入为 1920 万元（3000 万元 −2550 万元 +1470 万元），其中 A 公司取得转让款 2550 万元；

（5）本次交易完成后，甲公司的注册资本（实收资本）为 6000 万元，公司总估值为 8000 万元（5000 万元 +3000 万元）。

甲公司本次重组前后注册资本及公司估值变化如图 4－7 所示。

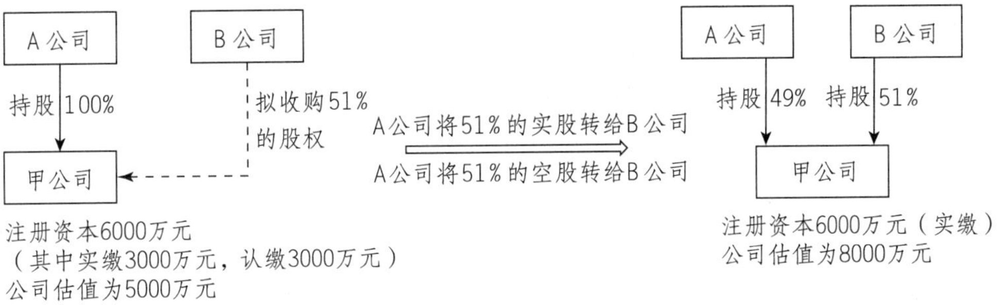

图 4－7　甲公司重组前后注册资本及公司估值变化

综上所述，无论空股持有人是全部还是部分转让空股，空股转让后，相应的出资义务转移给了收购方，收购方不但要向目标公司履行出资义务，还要支付一定的转让款给空股持有人。收购方之所以这样做，其真正看重的是目标公司未来的发展，这就需要收购方具备战略眼光，不惜花重金购买原股东的空股。一般情况下，投资人投入的真金白银会全部进入目标公司，以增加目标公司的现金流，不希望装进原股东的腰包，因此，空股持有人取得的股权转让款最好以增资方式进入目标公司。

（五）保留空股法

1. 重组目标

投资方对目标公司增资中，同时按比例认缴相应的空股，待将来与目标公司原股东同时缴付认缴的出资。采取此方法，目标公司的原股东未取得任何收益，却还要承担后续出资义务，投资方尽管承担了出资义务，但确保了股权不被稀释，投资方与原股东在一定程度上保持了利益的平衡。

2. 实操案例

甲公司为一人有限责任公司（A 公司是唯一股东），注册资本为 6000 万元，A 公司实缴出资额为3000万元,认缴出资额为3000万元,甲公司及A公司与投资人(B公司)经协商,B公司拟以现金方式对甲公司增资并购。增资完成后,A公司持有甲公司49%股权,B公司持有甲公司51%,B公司成为甲公司的控股股东。在评估的基础上,各方一致同意,增资前甲公司的估值为5000万元。具体操作步骤如下:

(1)B公司对甲公司增资,取得甲公司实股、空股各25.5%,合计持股51%,B公司应支付的增资款为5204万元(5000万元÷49%×51%),同时认缴3122.45万元(3000万元÷49%×51%)。其中增资款的3122.45万元(3000万元÷49%×51%)确认为实收资本,增资款的2081.55万元(5204万元-3122.45万元)确认为资本公积。

(2)本次增资完成后,甲公司总估值为10204万元(5000万元+5204万元),其中B公司投入5204万元,A公司投入5000万元。

(3)本次增资完成后,甲公司注册资本为12244.90万元(6000万元+3122.45万元+3122.45万元),其中实缴资本为6122.45万元(3000万元+3122.45万元),认缴资本为6122.45万元(3000万元+3122.45万元)。

甲公司本次重组前后注册资本及公司估值变化如图4-8所示。

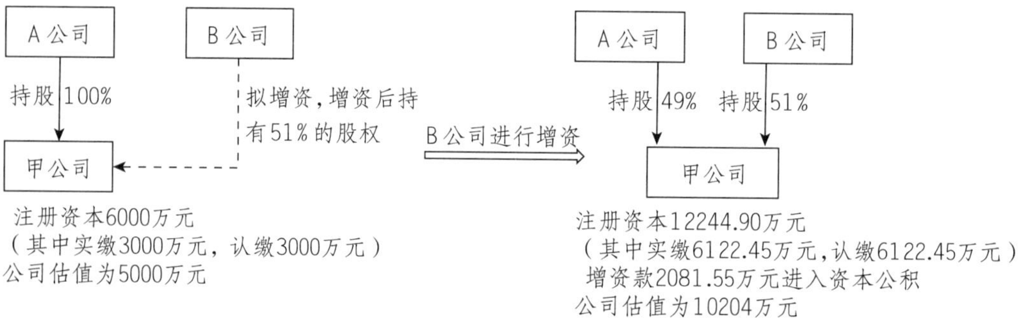

图4-8 甲公司重组前后注册资本及公司估值变化

综上所述,目标公司原股东与投资方都持有一定比例的空股,投资方不需要向空股持有人支付款项,也缓解了原股东急需出资的资金压力,投资方不仅以较少的资金取得了目标公司的实股,同时也获得了认缴空股带来的的期限利益。

尽管以上列举了四类处理空股的方法,但不管采用哪种方法,并购重组交易各方都应该进行充分论证,权衡利弊,兼顾各方利益,选择最佳的方法处理空股。

二、空股处理不当带来的几种法律风险

风险并不可怕,可怕的是对风险浑然不觉。同样,空股并不可怕,可怕的是空股处理不当带来的后患。在股权转让、增资扩股、股权置换等重组行为中,无论是原股东还是外部投资人,都非常关注空股的处理,一旦处理不当,势必影响股东与投资人的良好合作,也对公司未来发展产生负面影响。

(一)大量随意认缴出资的风险

根据《公司法司法解释(三)》第十三条的规定,债权人请求未履行或者未全面履行出资义务的股东在未出资本息范围内对公司债务不能清偿的部分承担补充赔偿责任的,人民法院应予支持。注册资本认缴制并没有改变公司股东以其认缴的出资额承担责任的规定,也没有改变承担责任的形式,“认缴”不等于“不缴”,最终还是要缴,只是股东间达成的契约上升成为公司章程后,股东根据章程规定缴付。有的股东为了吸引眼球,造成轰动效应,大量随意认缴出资,注册资本动辄几亿元,甚至过百亿,约定的出资期限短则十几年,长则五十年、上百年。殊不知,债权人一旦起诉,股东出资加速到期,这些另类股东必将面临巨大的风险,要为曾经的任性埋单。

笔者建议,在公司设立初期,股东应根据公司实际经营合理安排认缴数额和缴付期限,理性对待,切勿贪多求大,设立的缴付期限遥遥无期。今后,当公司确实需要增加注册资本时,股东可以通过增资方式实现这一目标。

(二)股东出资加速到期的风险

根据《公司法司法解释(二)》第二十二条第一款的规定,公司解散时,股东尚未缴纳的出资均应作为清算财产。股东尚未缴纳的出资,包括到期应缴未缴的出资,以及分期缴纳尚未届满缴纳期限的出资。此外,最高人民法院《关于民事执行中变更、追加当事人若干问题的规定》第十七条规定:“作为被执行人的企业法人,财产不足以清偿生效法律文书确定的债务,申请执行人申请变更、追加未缴纳或者未足额缴纳出资的股东、出资人或依公司法规定对该出资承担连带责任的发起人为被执行人,在尚未缴纳出资的范围内依法承担责任的,人民法院应予支持。”

注册资本认缴制不是法外之地,股东有限责任并非护身之符。《九民会议纪要》的出台,进一步加大了股东出资加速到期的风险,对股东出资加速到期规定了两种情形:一是公司因经营不善,发生严重亏损,甚至资不抵债,符合破产条件但未申请破产的,股东出资加速到期;二是公司对外负有债务,无力偿还,股东通过修改章程延长出资期限的,股东出资加速到期。

笔者建议,公司在对外经营过程中,一定要理性评估自身经济实力,尽量征询交易对象的意见,务必量力而行,适可而止。

(三)不履行出资义务对股权转让各方的风险

《公司法司法解释(三)》第十三条第一款规定:“股东未履行或者未全面履行出资义务,公司或者其他股东请求其向公司或者其他股东依法全面履行出资义务的,人民法院应予支持。”此外,《公司法司法解释(三)》第十八条第一款规定:“有限责任公司的股东未履行或者未全面履行出资义务即转让股权,受让人对此知道或者应当知道,公司请求该股东履行出资义务、受让人对此承担连带责任的,人民法院应予支持;公司债权人依照本规定第十三条第二款向该股东提起诉讼,同时请求前述受让人对此承担连带责任的,人民法院应予支持。”

转让方在未足额出资的情况下，即使已经对外转让了股权，但其出资不实的责任不应随着股权的转让而免除，其仍须依据章程约定和法律规定向公司补足出资，这就是原股东转让空股的瑕疵担保责任。同样，受让方受让空股后，对于转让方存在的出资瑕疵，依法应承担连带责任。受让方在股权收购过程中，如果仅以不知道作为抗辩的理由显然是苍白无力的。

笔者建议，转让方与受让方在签订股权转让合同时，应当明确履行出资义务的主体，到底是由转让方出资，还是由受让方出资，并根据出资主体的不同调整转让价格。尤其是受让方，在签订股权转让合同之前，必须全面、深入做好收购前的尽调工作，并通过有效设计支付方式降低交易风险。

综上所述，并购重组的有关各方在处理空股的过程中，一定要站在所有重组当事方的整体角度来考虑，比较不同方案下的时间成本、经济成本、机会成本和风险成本，全面评估空股的价值，妥善解决处理空股的各种问题，以总体风险最小化和共同利益最大化作为判断标准，共享共担，实现多赢。

三、通过案例看空股处理方式的慎重选择①

（一）大量增资后减资，难逃法律责任

1. 案件当事人

原告：上海香通国际贸易有限公司

被告：上海昊跃投资管理有限公司

被告：徐青松

被告：毛晓露

被告：接长建

被告：林东雪

2. 案情简介

（1）关于股权转让协议的签订及履行情况

2014 年 5 月 1 日，上海香通国际贸易有限公司（以下简称香通公司）与上海昊跃投资管理有限公司（以下简称昊跃公司）签订《股权转让协议》，香通公司将其持有的上海卫运贸易有限公司（以下简称卫运公司）99.5% 股权转让给昊跃公司，双方约定，昊跃公司应于合同签订后的 30 日内，付清全部转让款。2014 年 5 月 22 日，卫运公司完成股权转让工商变更登记，昊跃公司持有卫运公司 99.5% 股权。

2014 年 7 月 1 日，香通公司与昊跃公司签订《补充协议》，约定昊跃公司于 2014 年 8 月 30

---

① 案例索引：上海市普陀区人民法院（2014）普民二（商）初字第 5182 号民事判决书、上海市第二中级人民法院（2015）沪二中民四（商）终字第 1398 号民事裁定书。

日前付款2000万元,2014年11月30日前付款2000万元,2014年12月31日前付款2000万元,2015年1月31日前支付剩余的1960万元。截止到香通公司向法院起诉之日,昊跃公司未向香通公司支付过上述股权转让款。

(2)关于昊跃公司注册资本及股东变更情况

2013年11月1日,昊跃公司成立,注册资本为2000万元,实缴金额为400万元。其中徐青松认缴出资额为1400万元(占公司资本额的70%),实缴出资额为280万元;毛晓露认缴出资额为600万元(占公司资本额的30%),实缴出资额为120万元。徐青松、毛晓露的认缴出资期限均为2年。

2014年4月2日,毛晓露与林东雪签订《股权转让协议》,由林东雪出资120万元受让毛晓露持有的昊跃公司30%的股权,本次股权转让取得昊跃公司股东会决议的同意。

2014年4月6日,昊跃公司通过股东会决议,将公司资本由2000万元增资到10亿元,徐青松与林东雪在股东会决议上签字。同年4月17日,工商登记机关准予昊跃公司注册资本金由2000万元增至10亿元,实缴金额依然是400万元。章程约定,股东徐青松与林东雪在2024年12月31日之前缴纳出资。同日,工商登记机关核准昊跃公司的股东由徐青松、毛晓露变更为徐青松与林东雪。

2014年7月,徐青松准备将股权转让给接长建。为达到少交税的目的,徐青松与接长建经商量,决定采取减资和转让股权组合方式,即先减资,再转让股权。2014年7月20日,昊跃公司作出股东会决议,决定公司注册资本金由10亿元减至400万元;公司减资后,接长建出资280万元(持股70%),林东雪出资120万元(持股30%),公司决议中的签字人为接长建和林东雪。2014年7月30日,昊跃公司在《上海商报》刊登减资公告。

2014年8月21日,徐青松与接长建签订《股权转让协议》,接长建出资280万元受让徐青松持有的70%股权,昊跃公司通过股东会决议,同意本次股权转让,法定代表人由接长建担任。2014年9月3日,工商登记机关核准昊跃公司的股东由徐青松、林东雪变更为接长建、林东雪,并且核准了变更后的昊跃公司章程。

2014年9月22日,昊跃公司向工商登记机关申请注册资本金额由10亿元减至400万元,在提交的《有关债务清偿及担保情况说明》中声明,根据公司编制的资产负债表及财产清单,公司对外债务为0元。至2014年9月22日,公司已向要求清偿债务或者提供担保的债权人清偿了全部债务或提供了相应的担保。未清偿的债务,由公司继续负责清偿,并由接长建和林东雪在法律规定的范围内提供相应的担保。

2014年10月10日,上海市工商行政管理局嘉定分局准予昊跃公司注册资本金额由10亿元减资至400万元的变更登记,并核准了公司章程。

公司股东、注册资本及历次交易详见图4-9。

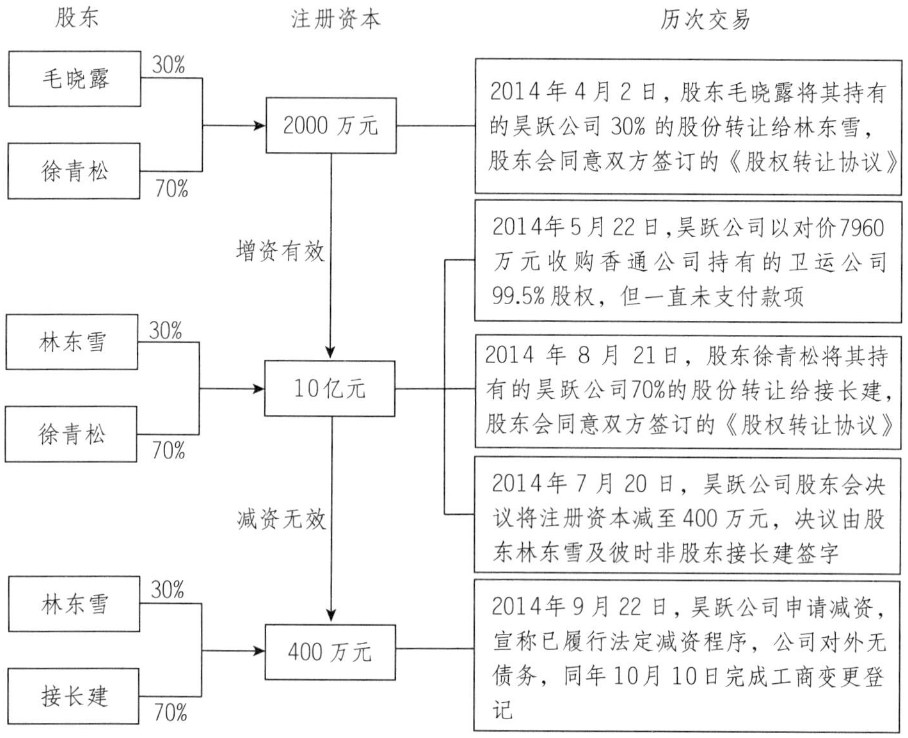

图4-9　昊跃公司股东、注册资本及历次交易对比示意图

3. 原告诉讼请求

香通公司向上海市普陀区人民法院提起诉讼，请求判令：(1)昊跃公司向原告支付股权转让款首期款2000万元；(2)接长建、林东雪在各自未出资本息范围内，就昊跃公司对上述转让款不能清偿的部分承担补充赔偿责任，徐青松、毛晓露、接长建、林东雪之间承担连带责任；(3)接长建、林东雪在减资本息范围内，就昊跃公司对原告上述股权转让款不能清偿的部分承担补充赔偿责任，徐青松、毛晓露在各自未出资范围内与接长建、林东雪承担连带责任；(4)诉讼费用由五被告共同承担。

4. 法院裁判观点

本案的争议焦点可以概括为：徐青松、接长建和林东雪是否应该对昊跃公司的债务承担责任。

(1)昊跃公司减资无效，其注册资本应该恢复到减资以前的状态

有限责任公司的股东有权减少公司的注册资本，但减资必须依照法律的规定进行。根据《公司法》第一百七十七条的规定，公司法律上有效减资，必须符合相应的条件：一是编制资产负债表及财产清单；二是在作出减少注册资本的决议之后，在法定时间内通知债权人；三是公司债权人要求进行清偿或者担保的，必须进行清偿或者担保。本案中，昊跃公司的减资行为，尽管从表面上看经过了公司股东会决议、在报纸上公告、向工商机关申请这样的程序，但是，

它在法律上存在严重缺陷。

首先,昊跃公司决定减资的股东会决议并不是由公司的实际股东作出。当时昊跃公司的实际股东是徐青松和林东雪,在股东会决议上签字的却是接长建、林东雪,而接长建当时并不是昊跃公司的股东,昊跃公司在《上海商报》上的公告、提交给工商登记的变更申请,都是以股东会决议作为基础。没有合法、有效的股东会减资决议,整个减资行为就没有法律基础。

其次,昊跃公司的减资行为并没有通知已知债权人。由于公司减少注册资本可能损害公司债权人的利益,因此,《公司法》规定,公司在减少注册资本时必须通知已知债权人,同时对于未知债权人要进行公告。昊跃公司及股东徐青松在整个减资过程中是知道其对香通公司负有债务的,但并未主动与香通公司联系,直到昊跃公司在向工商机关提交变更登记申请时,仍然在申请材料中写明自己对外负债为"0 万元"。

综上所述,由于昊跃公司的减资行为违反了法律规定的必备条件,该减资行为属于无效的民事行为。某个民事行为被依法宣告无效之后,其法律后果就是恢复到行为无效之前的状态。具体到本案来说,昊跃公司的注册资本就状态应该恢复到减资以前的状态,即恢复到公司注册资本为 10 亿元的状态,昊跃公司的股东仍然为徐青松和林东雪。

(2)徐青松、林东雪在各自未出资的本息范围内承担补充赔偿责任

对于资本认缴制下股东的出资义务,也必须结合案件的具体情况考量,以维护债权人的合法利益。就本案而言,徐青松、林东雪应该履行其出资义务,以便能够对本案原告承担财产责任。这主要是基于以下几点理由:

首先,认缴制下公司股东的出资义务只是暂缓缴纳,而不是永久免除,在公司经营发生了重大变化时,公司包括债权人可以要求公司股东缴纳出资,用于清偿公司债务。在注册资本认缴制下,股东作出的出资承诺会对股东产生一定的约束作用,也会对债权人,产生一定的预期。但是,任何承诺、预期都是在一定条件下作出的,这样的条件有可能会产生重大变化。就本案来说,被告昊跃公司对原告承担的债务总额就达到了 7960 万元,是被告股东徐青松、林东雪实际缴纳资本(400 万元)的近 20 倍。

其次,由昊跃公司的股东缴纳出资以承担本案中的责任,符合平衡保护债权人和公司股东利益这样的立法目的。《公司法》中的有限责任制度是为了更好地保护公司股东的利益,让股东可以安心地投入生产经营中。但是,公司有限责任制度,不应该成为股东逃避责任的保护伞。倘若只让股东享受认缴制的利益(主要是延期缴纳出资的期限利益),而不承担相应风险和责任,不符合《公司法》修订时设立资本认缴制的初衷。

最后,责任财产制度也要求资本认缴制的公司股东在公司出现重大债务时缴纳出资,用于对外承担责任。我国《公司法》有关公司责任财产制度的规定在第三条第一款,"公司以其全部财产对公司的债务承担责任"。对于该条款更符合市场中商事主体的合理期待及保护债权人合法利益需要的理解,应该是债权人不仅仅可以要求公司以现在实际拥有的全部财产承担责任,而且在公司现有财产不足以清偿债务,而公司股东承诺在将来认缴出资的情况下,还

可以要求公司股东提前出资,以清偿公司债务。

综上所述,昊跃公司作为目标公司股权的购买方,没有按照合同约定支付股权价款,构成了违约,应该以其全部财产对原告承担责任。昊跃公司的股东徐青松和林东雪应该承担昊跃公司尚欠的债务,原告作为公司债权人可以要求股东徐青松和林东雪对于昊跃公司不能清偿的部分承担补充赔偿责任。

被告毛晓露在香通公司与昊跃公司签订股权转让协议之前,就已将其持有的昊跃公司的股份转让给林冬雪,昊跃公司股东会决议同意了由林冬雪受让毛晓露的股权,因此已经不是昊跃公司股东的毛晓露不应对香通公司主张的股权转让款承担责任;被告接长建因昊跃公司减资行为被认定为无效,故其不应认定为昊跃公司的股东,不应承担昊跃公司对香通公司所承担的责任。

5. 法院判决结果

上海市普陀区人民法院据此判决,第一,昊跃公司支付香通公司股权转让款2000万元;第二,徐青松、林东雪对于昊跃公司不能清偿的股权转让款,在各自未出资的本息范围内履行出资义务,承担补充赔偿责任。

6. 后记

徐青松不服判决,向上海市二中院提起上诉,后经二审法院促成各方调解,原告香通公司最终撤诉,二审法院作出民事裁定书,准许撤诉,撤销一审判决。

7. 案例评析

本案是上海法院首例注册资本认缴出资案例,具有代表意义。注册资本认缴制度并不意味着发起人或增资人可以随意认缴大量注册资本,一旦公司对外债务大大超出公司实缴资本的数额,认缴的股东可能将面临承担公司不能清偿债务的补充赔偿责任。具体到本案中,被告昊跃公司实缴出资仅400万元,认缴出资峰值高达9.96亿元,尽管公司章程约定及工商登记的出资期限并未届满,但因公司的对外债务高达7960万元,将近实缴出资的20倍,故一审法院认为,如果再僵化地坚持股东一直到认缴期限届满才负有出资义务,只会让资本认缴制成为个别股东逃避法律责任的借口。认缴制度的设计是为了更好地保护公司股东的利益,让股东可以安全地投入生产经营中,而不是使股东利用有限责任进而逃避责任。可以看出,一审法院是站在平衡债权人利益及股东利益的角度作出判决的,虽然有对法条扩大解释之嫌,但从情理上而言,似乎更符合社会公众对该案的预期。

司法界对于本案的裁判观点存在巨大争议,第八次全国民事商事审判工作会议谈到,公司若不能清偿单个债权人的到期债权,那么其往往也符合《企业破产法》第二条规定的破产条件,此时更应当保障全体债权人的利益,债权人应当申请债务人破产,进入破产程序后,再按照《企业破产法》第三十五条使股东出资义务加速到期,最终真正保护全体债权人的利益,而不是由债权人直接向股东主张清偿债务,迫使出资加速到期。

(二)转让股权未约定,受让方最终来担责[①]

1. 案件当事人

原告(二审被上诉人):四川天采科技有限责任公司

被告(二审上诉人):云南华云实业集团有限公司

被告:云南华云金鑫生物科技有限公司

被告:宾川县金鑫建材有限责任公司

2. 案情简介

(1)关于合同履行及欠款情况

2010年1月29日,四川天采科技有限责任公司(以下简称天采科技公司)与云南华云金鑫生物科技有限公司(以下简称华云生物公司)签订《技术转让(技术秘密)合同》。合同约定:天采科技公司将其拥有的以脱毒红薯、木薯为原料年产5万吨燃料乙醇生产技术项目转让给华云生物公司,转让总价格为90万元,转让价款分期支付,并由天采科技公司提供技术服务和技术指导等。

2010年1月29日,天采科技公司与华云生物公司签订《工程设计合同》,合同约定:由华云生物公司委托天采科技公司承担上述生产技术项目的总体设计,设计费用18万元,分期支付,天采科技公司的设计任务为从本合同签订至施工安装结束,双方还就其他的事项作了约定。

2010年6月16日,天采科技公司与华云生物公司签订《工程总承包合同》,天采科技公司作为承包人,对华云生物公司5万吨/年燃料乙醇生产装置进行制造、采购、建设施工、安装施工等工作,该合同项目的总承包价格为4852万元,该工程项目于2010年6月18日前开工,同年12月交工。

上述合同签订后,华云生物公司按约定支付技术转让费54万元,尚欠转让费36万元;按约定支付工程设计费10.8万元,尚欠设计费7.2万元。根据建设总承包合同约定工程款按进度拨付的相关条款,华云生物公司应付天采科技公司工程款为723.75万元,扣除已付款项,华云生物公司应付天采科技公司第二期工程款4837500元。

(2)关于华云生物公司股权变更情况

华云生物公司由宾川县金鑫建材有限责任公司(以下简称金鑫建材公司)、云南华云实业集团有限公司(以下简称华云集团公司)和李杰三方出资组建,公司注册资本为1亿元,由金鑫建材公司以货币、实物认缴出资额4800万元(持股48%)、华云集团公司以货币方式认缴出资额4900万元(持股49%)、李杰以货币方式认缴出资额300万元(持股3%)。各股东实际出资为2000万元,即李杰出资300万元、金鑫建材公司出资100万元、华云集团公司出资

---

① 案例索引:云南省大理白族自治州中级人民法院(2017)云29民初17号民事判决书、云南省高级人民法院(2019)云民终231号民事判决书。

1600 万元。除李杰出资到位外,华云集团公司和金鑫建材公司均存在出资不到位情形。

2010 年 11 月 15 日,华云集团公司与金鑫建材公司签订《股权转让协议》,华云集团公司将其在华云生物公司出资额 1600 万元转让给金鑫建材公司,双方还对华云生物公司的债权债务、转让标的、转让价款以及支付等作出了约定。

2012 年 2 月 20 日,华云生物公司向工商部门申请变更公司登记,将其注册资本从 1 亿元减为 2000 万元,公司股东变更为金鑫建材公司和李杰。天采科技公司承包的该工程从 2011 年 1 月开始施工,至 2013 年 6 月因华云生物公司资金链断裂而停工,至今尚未恢复建设,天采科技公司为此诉至云南省大理白族自治州中级人民法院(一审法院)。

3. 一审法院裁判观点(摘要)

天采科技公司与华云生物公司签订的《技术转让(技术秘密)合同》《工程设计合同》《工程总承包合同》,出自双方当事人真实意思表示,而且内容未违反我国现行法律法规,应认定为合法有效。上述三份合同虽为双方当事人分别签订,但合同内容相互关联,天采科技公司负责对整个工程项目的设计、技术提供、设备采购、安装、调试以及人员培训等,华云生物公司则配合按工程进度支付工程款和按约定分期支付工程设计费、技术转让费等。华云生物公司应支付天采科技公司工程款 4837500 元,天采科技公司对该部分工程款的请求成立,一审法院予以支持。

华云生物公司是由金鑫建材公司、华云集团公司和李杰三人出资申办的企业,最初公司注册资本金为 1 亿元,但华云集团公司实际出资额为 1600 万元、金鑫建材公司以现金出资 100 万元、李杰出资 300 万元。华云集团公司和金鑫建材公司均未全面履行其出资义务。天采科技公司据此请求由金鑫建材公司、华云集团公司在其未履行出资范围内对华云生物公司前述支付款项承担连带责任,符合《公司法司法解释(三)》第十三条的规定,应予以支持。

由于华云集团公司于 2010 年 11 月 15 日将其在华云生物公司的 1600 万元出资额以股权转让形式转让给金鑫建材公司后,其已经不是华云生物公司的股东,华云集团公司作为成立华云生物公司的发起人之一,其依照上述司法解释规定承担责任后,可以向金鑫建材公司追偿。

一审法院据此判决,第一,由华云生物公司支付给天采科技公司承揽定作款项 4837500 元及利息;第二,若华云生物公司未能支付款项,由金鑫建材公司、华云集团公司在其未履行出资义务范围内对上述债务承担连带清偿责任,华云集团公司承担责任后,有权向金鑫建材公司追偿。宣判后,华云集团公司不服,向云南省高级人民法院(二审法院)提出上诉。

4. 二审法院裁判观点(摘要)

二审法院查明:华云集团公司根据公司初始章程规定缴纳了第一期认缴资金 1600 万元,但在第二期应缴资金 3300 万元期限到来前,已将持有股权全部转让给金鑫建材公司,并于 2010 年 11 月 19 日办理变更登记,故未缴纳初始章程规定的第二期认缴资金。金鑫建材公司根据公司初始章程规定缴纳了第一期认缴资金 100 万元后,亦缴纳第二期认缴资金 4700 万元。第二期认缴期限为2012年1月28日之前。2012年2月20日，华云生物公司经变更登记，注册资本由1亿元变更为2000万元。登记显示，2018年7月26日，华云生物公司实收资本11008.4万元，股权投资人李杰出资300万元，金鑫建材公司出资10708.4万元。现华云生物公司注册资本11008.4万元，股东为云南诚邦富吉生物科技有限公司，出资比例100%，实缴出资额11008.4万元。

本案二审的争议焦点问题：一是天采科技公司本案诉请是否超过诉讼时效期间；二是华云集团公司是否应在未履行出资义务范围内，对华云生物公司本案债务与金鑫建材公司承担连带清偿责任。

(1)关于天采科技公司本案诉请是否超过诉讼时效期间的问题

首先，关于天采科技公司对华云科技公司的诉请是否超过诉讼时效的问题。根据本案查明的事实，虽然双方在合同履行过程中，因华云生物公司资金链断裂而于2013年6月停工，但双方均未要求解除合同，且一审庭审中双方均表示愿意继续履行合同，也即双方合同一直处于履行过程中，故不存在诉讼时效期限经过的问题。

其次，关于天采科技公司对华云集团公司的诉请是否超过诉讼时效的问题。天采科技公司该项诉请本质上是要求华云集团公司履行出资义务。根据最高人民法院《关于审理民事案件适用诉讼时效制度若干问题的规定》第一条第三项的规定，基于投资关系产生的缴付出资请求权，不适用诉讼时效制度。依照《公司法司法解释(三)》第二十条的规定，天采科技公司要求华云集团公司履行出资义务的请求，属于不适用诉讼时效抗辩的情形。

(2)关于华云集团公司是否应在未履行出资义务范围内对华云生物公司债务与金鑫建材公司承担连带清偿责任的问题

股东出资义务是指股东按期足额缴纳其所认缴的出资额的义务。本案中，华云集团公司按期缴纳了第一期认缴资金1600万元，但在第二期认缴资金3300万元期限到来前，已将持有股权全部转让给金鑫建材公司，故不存在出资期限届满而不履行出资义务的情形；市场监督管理局登记信息显示，现华云生物公司注册资本11008.4万元，实缴出资额11008.4万元，即华云生物公司股东已经履行完毕出资义务，且已经满足资本充实原则并超出初始登记注册资本金。根据《公司法司法解释(三)》第十三条第二款、第三款的规定，天采科技公司无权再以股东未履行或全面履行出资义务为由，要求发起人或者股东承担出资补足责任。

鉴于金鑫建材公司在本案中并未提起上诉，视为其对一审判决结果的认可，且二审庭审中金鑫建材公司亦同意按照原章程约定的48%股权比例，在未按期履行出资义务的4700万元范围内对华云生物公司本案债务承担补充清偿责任，二审法院尊重其私权处分自由。

此外，根据《公司法司法解释(三)》第十三条第二款、第三款的规定，未履行或全面履行出资义务的股东是对公司债务不能清偿部分承担补充赔偿责任，一审判决径行判决股东对公司债务承担连带亦存不当，二审法院予以纠正。

二审法院据此作出终审判决，判由金鑫建材公司在华云生物公司不能履行支付义务部分在 4700 万元范围内承担补充赔偿责任。

5. 案例评析

股东认缴出资权与股东出资义务,是法律赋予股东的法定权利和义务。所谓股东出资义务,是指股东按期足额缴纳其所认缴的出资额的义务,包括公司设立时股东的出资义务和公司增资时股东的出资义务。根据行为方式不同,股东违反出资义务的行为表现为未履行或者未全面履行出资义务。其中,未履行出资义务是指股东根本未出资,如虚假出资等;未全面履行出资义务包括未完全履行和不适当履行两种情形。其中,未完全履行是指股东只履行了部分出资义务,未按规定数额足额出资;不适当履行是指股东出资的时间、方式或者手续不符合规定,比如迟延出资等。从资本的角度来说,股东未履行或者未全面履行出资义务,违反了公司资本维持原则,损害了公司、其他股东及公司债权人的利益。

华云集团公司、金鑫建材公司分别作为华云生物公司的原、现股东,因华云生物公司无法履行合同义务,被华云生物公司的债权人天采科技公司诉至法院。一审法院判决由金鑫建材公司、华云集团公司承担连带清偿责任,二审法院改判金鑫建材公司承担补充赔偿责任。那么,连带清偿责任与补充赔偿责任有何不同?

所谓连带清偿责任,是指依照法律规定或者当事人的约定,两个或者两个以上当事人对其共同债务全部承担或部分承担,并能因此引起其内部债务关系的一种民事责任。以本案为例,一审法院判决若华云生物公司未能在法院判决限定的期限支付款项,由金鑫建材公司、华云集团公司在华云生物公司未履行出资义务范围内对上述债务承担连带清偿责任,华云集团公司承担责任后,有权向金鑫建材公司进行追偿。

所谓补充赔偿责任,是指债权人只有在债务人不能清偿其债权时,就债务人不能清偿的部分请求其他责任主体承担赔偿责任。以本案为例,二审法院判决金鑫建材公司在华云生物公司不能履行相关判决义务时,在 4700 万元范围内承担补充赔偿责任。

第三节　实股与空股的搭配及空股表决权的设计

一、通过案例看企业重组实股与空股的巧妙搭配

(一)重组目的

1. 企业名称的法律规定

企业的名称主要由行政区划、字号、行业特点、组织形式四部分组成,而这四部分中只有行政区划是可以取消的,但是必须遵从国家的法律规定。根据国家工商行政管理总局发布的《企业名称登记管理实施办法》(2004 年 6 月 14 日国家工商行政管理总局令第 10 号修订)第十三条的规定:“经国家工商行政管理总局核准,符合下列条件之一的企业法人,可以适用不

含行政区划的企业名称:(一)国务院批准的;(二)国家工商行政管理总局登记注册的;(三)注册资本(或注册资金)不少于5000万元人民币的;(四)国家工商行政管理总局另有规定的。"由此可见,企业在其名称中取消行政区划的,一般必须符合国家对注册资本的最低限制。当然,公司通过增资方式满足注册资本的条件,股东可以实缴出资,也可以认缴出资,这完全由股东自主决定。

2. 公司为做大做强而去域名

企业名未冠以行政区划名称表明该企业名称在全国行政范围中具有唯一性,在全国内不会重名,既起到了对字号更好的保护作用,又能对外彰显公司实力。去域名对于企业的发展壮大、开拓市场,提升企业知名度具有重要的作用。特别是上市公司名称简称,无行政区划企业名称可以节省大量广告费,对企业品牌的建设具有巨大推动作用。

企业在进入特定的发展阶段,想取消行政区划名称同时引进各类投资人的过程中,必须全面考量创始股东与外部投资人之间的利益,高度重视不同轮次不同条件进入公司的投资人之间的利益,而又要保证企业的注册资本不能低于5000万元。企业并购实务中,可以充分利用注册资本认缴制度,最大限度减轻股东和投资人的资金压力,投资人在受让实股的同时认缴相应的空股,使各股东实股对实股,空股对空股。最后,全体股东通过名义减资方式消灭空股,免除各自的出资义务。

(二)目标公司注册资本的变化

1. 甲公司设立时的注册资本

2008年8月8日,A、B、C三个自然人共同出资设立甲互联网科技有限公司(以下简称甲公司),公司注册资本(实收资本)1000万元,其中A股东实缴出资额400万元,持股比例为40%;B股东实缴出资额300万元,持股比例为30%;C股东实缴出资额300万元,持股比例为30%;A股东为公司执行董事、法定代表人,B股东为公司总经理,C股东为公司监事。(见图4-10)

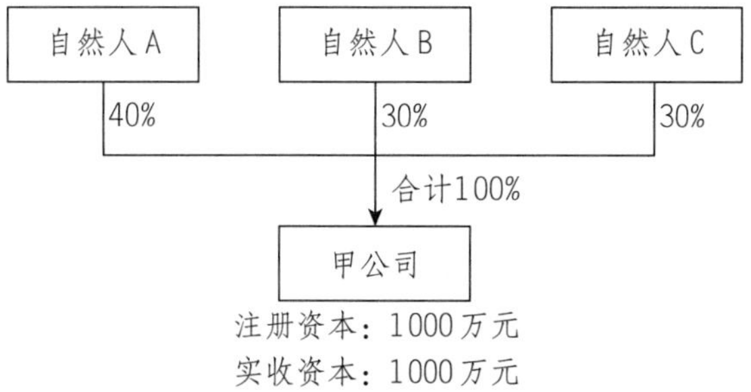

图4-10　甲公司设立时股权结构示意图

2. 甲公司增资后的注册资本

2015年6月28日,甲公司召开股东会并通过决议,一致同意将公司注册资本由1000万元变更为6000万元，各股东按原持股比例同比例增加认缴出资额，并同意对公司章程相应条款进行修订，增资款缴付期限至2020年12月31日。本次增资完成后，A股东认缴出资额2400万元，其中实缴出资额400万元；B股东认缴出资额1800万元，其中实缴出资额300万元；C股东认缴出资额1800万元，其中实缴出资额300万元。（见图4－11）

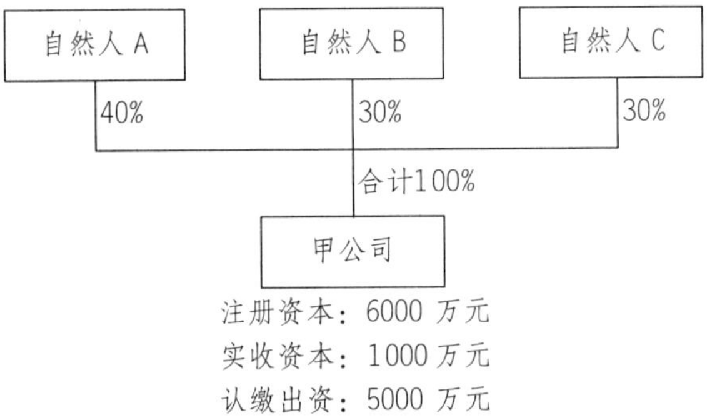

图4－11　本次增资完成后甲公司股权结构示意图

3. 甲公司引进第一轮投资人

2016年7月3日，甲公司因业务迅猛发展，需要大量资金投入，遂引进第一轮投资人ZZ股权投资基金合伙企业（有限合伙）（以下简称ZZ有限合伙）（系B上市公司旗下的经中国基金业协会备案的私募基金），ZZ有限合伙对甲公司提出了一系列的资本运作方案，甲公司及其原创股东在未满足其提出的条件之前，不会追加投资。于是，甲公司将注册资本（实收资本）减至365万元，A、B、C三个创始股东将持有的甲公司全部股权归集到两个平台企业，即XX投资合伙企业（有限合伙）（以下称XX有限合伙）和YY投资合伙企业（有限合伙）（以下称YY有限合伙）。其中XX有限合伙为三个原创股东的控股平台，持有A公司80%股权，YY有限合伙为纯粹的员工持股平台，暂由三个原创股东代持份额，持有A公司20%股权。

本次资本运作完成后，甲公司股权结构如图4－12所示。

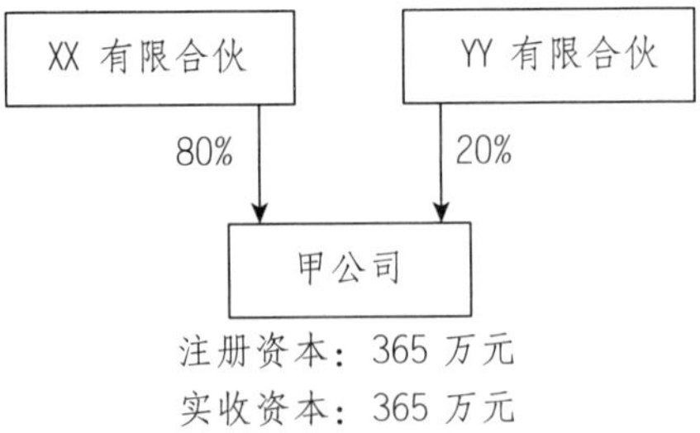

图4－12　甲公司股权结构图

2017年1月20日，甲公司、XX有限合伙、YY有限合伙与ZZ有限合伙共同签署《增资协议》，各方协商确定，ZZ有限合伙增资2250万元，持有甲公司15%股权，其中64.412万元[365÷(1－15%)×15%]计入注册资本，其余2185.588万元(2250－64.412)计入资本公积，增资后。ZZ 有限合伙持有甲公司 15% 的股权。另 XX 有限合伙持股 68% [(1 - 15%) × 80%],YY 有限合伙持股 17% [(1 - 15%) ×20%]。

本次增资完成后,甲公司股权结构如图 4 - 13 所示。

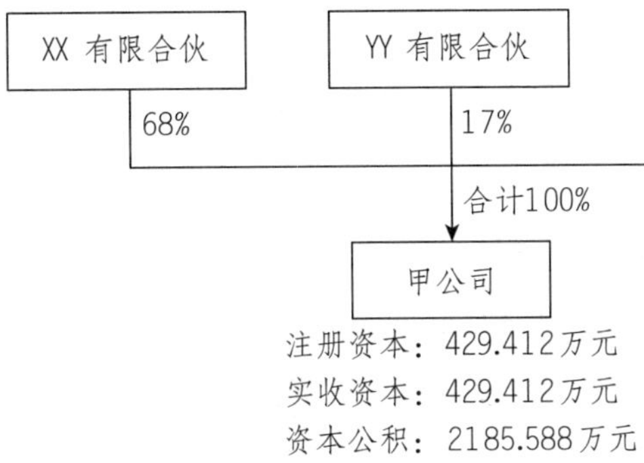

图 4 - 13 增资后甲公司股权结构图

(三)甲公司引进第二轮投资人的巧妙运作

截至 2019 年 6 月 30 日,甲公司注册资本(实收资本)为 429.412 万元、资本公积为 2185.588 万元、盈余公积为 0 元、未分配利润为 - 839.69 万元、股东权益为 1775.31 万元。甲公司拟引进第二轮投资人 MM 投资有限公司(以下称 MM 公司),且在引进 MM 公司之前启动去域名程序,假设甲公司及现有股东与 MM 公司经协商确定,目标公司第二轮投后估值 30000 万元,MM 公司增资 3000 万元,持股比例为 10%。

与此同时,甲公司因业务发展需要去域名,根据《企业名称登记管理实施办法》第十三条的规定,甲公司注册资本应不少于 5000 万元,鉴于目前注册资本仅为 429.412 万元(为便于后续测算,取整数 430 万元),甲公司至少需增资 4570 万元。为此,我们提出了"三增一减"四步走方案。

第一步(增资):甲公司以资本公积 2000 万元转增资,现有股东同时按持股比例认缴增资 2570 万元,使公司注册资本达到 5000 万元。

1. 本次增资完成后,甲公司注册资本为 5000 万元,其中实收资本为 2430 万元(430 万元 + 2000 万元),现有股东认缴的出资额(空股)为 2570 万元(5000 万元 - 2430 万元)。

2. ZZ 有限合伙名下的空股为 385.5 万元(2570 万元 × 15%)。ZZ 有限合伙可能会担心今后要以货币形式补缴出资,履行法律义务;或者到期未实缴,导致出资瑕疵,承担法律风险。

本次增资完成后,甲公司股权结构如图 4 - 14 所示。

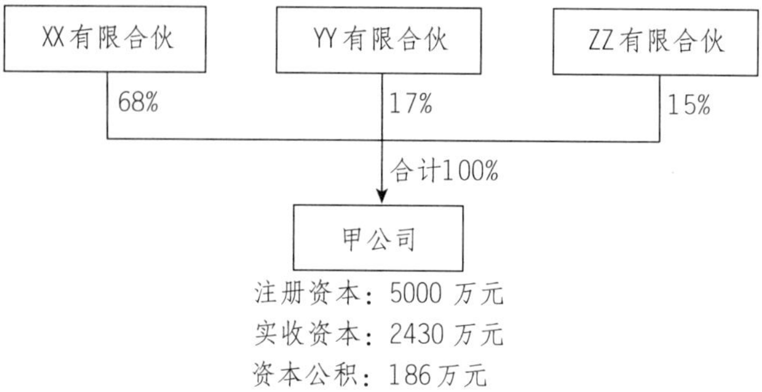

图4-14　增资后甲公司股权结构图

第二步(增资):MM公司对甲公司增资3000万元,持股10%,同时按该比例认缴部分空股,使实股对实股,空股对空股。

1. 本次增资完成后,甲公司实收资本=增资前的实收资本+新增的实收资本=2430万元+(2430万元÷90%×10%)=2430万元+270万元=2700万元。

2. 本次增资完成后,新旧股东认缴的出资总额=原股东已认缴的出资额+MM公司认缴的出资额=2570万元+(2570万元÷90%×10%)=2855.5555万元,其中MM公司认缴的出资额为285.5555万元。

3. 本次增资完成后,甲公司注册资本=公司增资后的实收资本+新旧股东认缴的出资总额=2700万元+2855.5555万元=5555.5555万元。

4. MM公司向甲公司增资3000万元,其中270万元计入注册资本,其余的2730万元(3000-270)计入资本公积,与此同时,丙公司还认缴了285.5555万元的空股。

5. 本次增资完成后,甲公司资本公积总额=转增资后余下的资本公积+新增的资本公积=(2185.5882万元-2000万元)+2730万元=2915.5882万元。

本次增资完成后,甲公司股权结构如图4-15所示。

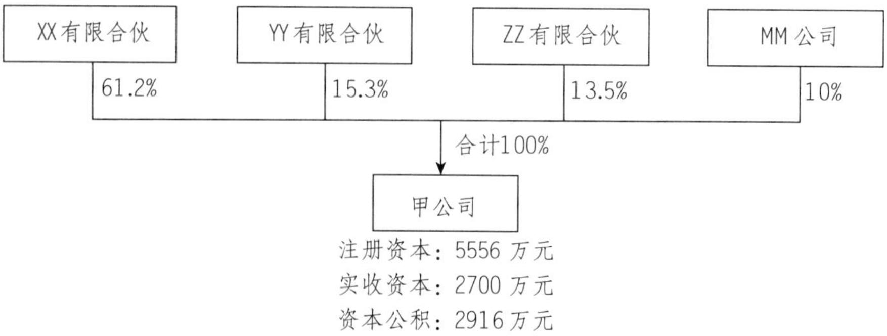

图4-15　增资后甲公司股权结构图

第三步(增资):甲公司将资本公积中的2900万元继续转增资,以充实公司注册资本,为目标公司后续的资本运作做好铺垫。

本次增资完成后，甲公司注册资本 = 增资前的注册资本 + 新增的实收资本 = 5555.5555 万元 + 2900 万元 = 8455.5555 万元。

本次增资完成后，甲公司股权结构如图 4－16 所示。

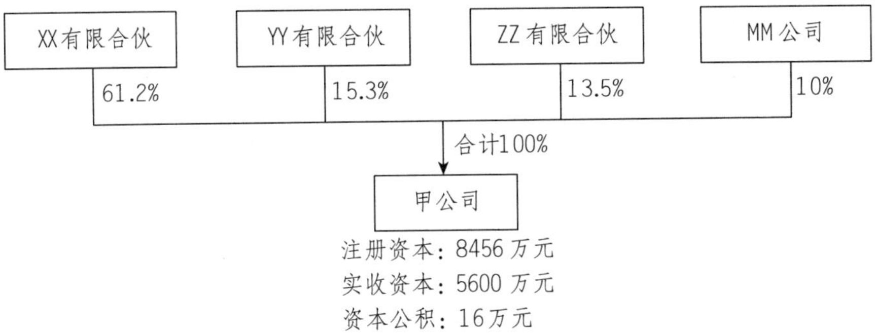

图 4－16　增资后甲公司股权结构图

第四步（减资）：甲公司对存在的全部空股 2855.5555 万元作名义减资处理，以消除新旧股东的出资义务。

本次减资完成后，甲公司的注册资本全部成为实收资本，公司注册资本 = 8455.5555 万元 － 2855.5555 万元 = 5600 万元。

本次减资完成后，甲公司股权结构如图 4－17 所示。

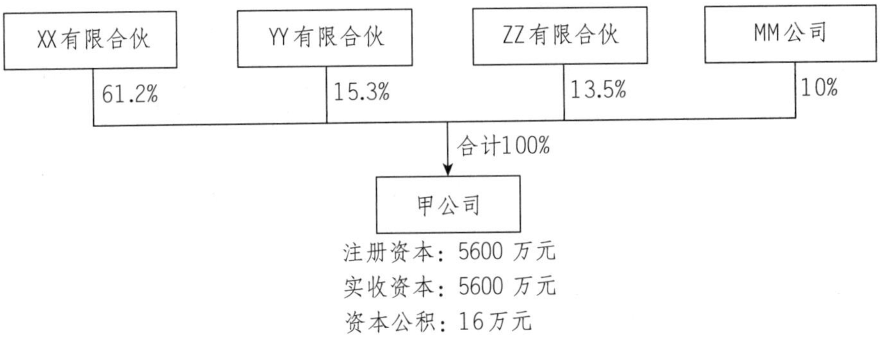

图 4－17　减资后甲公司股权结构图

笔者认为，经过以上四步资本运作，即三次增资、一次减资，目标公司和 ZZ 有限合伙等现有股东，以及未来的投资人 MM 公司成功地达到了原各自协商确定的目标：第一，目标公司取消域名后，有利于在全国范围进行业务上的布局，稳固本土市场的同时，更好地拓展省外市场，做大做强做企业品牌；第二，现有股东 2570 万元空股项下的出资义务被免除，这样不但减轻了现有股东的资金压力，且现有股东的股权未被非正常地稀释，确保了控股股东对目标公司的实际控制权；第三，ZZ 有限合伙作为第一轮投资人，虽然自始至终参与了资本运作，但 ZZ 有限合伙企业在原投资额 2250 万元的基础上没有额外增加出资，且目标公司后一轮融资也没有损害 ZZ 有限合伙企业的既得利益；第四，MM 公司原定的投资额 3000 万元没有发生变化，其持股比例10%也满足各方的预期，MM公司后认缴的空股在资本运作过程中也被消灭，且未遗留任何隐患；第五，目标公司注册资本始终未低于5000万元，没有出现因减资可能导致不含行政区域企业名称无法继续使用等的诸多风险，且本次资本运作不会对目标公司未来上市形成实质上的障碍。

二、《九民会议纪要》后对空股表决权的有效设计

（一）《公司法》及其司法解释有关表决权的规定

所谓表决权，又称股东的表决权，是指股东基于投资人的法律地位对公司的有关事项表示自己同意、不同意或者放弃发表意见的权利。包括参加股东会会议权、对决议事项行使表决权、股东委托表决权以及股东决策权（限于一人有限责任公司）等。表决权是股东基于所持有的公司股权（或股份）而产生的权利，是股东固有的法定权利。

1.《公司法》有关有限责任公司表决权的原则性规定

《公司法》第四十二条规定："股东会会议由股东按照出资比例行使表决权；但是，公司章程另有规定的除外。"有限责任公司股东会的表决基础原则上以股东认缴的出资比例为基数，股东应当根据股东对公司认缴的出资以及该出资在公司注册资本中所占比例的多少，来表达股东自己对公司事务的意志，而不论各股东对公司实际缴付的出资数额。这是有限责任公司形式下的股东表决权与股东分红权、优先认缴增资权的重要区别。原因在于，有限责任公司具有人合性的特征，股东之间往往具有相互信赖的密切关系。

2.《公司法》有关股份有限公司表决权的强制性规定

《公司法》第一百零三条第一款规定："股东出席股东大会会议，所持每一股份有一表决权。但是，公司持有的本公司股份没有表决权。"股份有限公司股东在股东大会的表决权的衡量标准，不是参加会议的股东人数，而是股东所持股份数，股东所持每一股份拥有一表决权，反映了股份有限公司股东同股同权。原因在于，股份有限公司属于典型的资合性公司。

（二）《九民会议纪要》后，对空股表决权的重新考量

1.《九民会议纪要》有关空股表决权的指导意见

《九民会议纪要》第七条指出："股东认缴的出资未届履行期限，对未缴纳部分的出资是否享有以及如何行使表决权等问题，应当根据公司章程来确定。公司章程没有规定的，应当按照认缴出资的比例确定。如果股东（大）会作出不按认缴出资比例而按实际出资比例或者其他标准确定表决权的决议，股东请求确认决议无效的，人民法院应当审查该决议是否符合修改公司章程所要求的表决程序，即必须经代表三分之二以上表决权的股东通过。符合的，人民法院不予支持；反之，则依法予以支持。"由于股东出资比例包括认缴与实缴，司法实践中需要对这两者作出认定，《九民会议纪要》着重突出了公司章程优于《公司法》及其司法解释，并且明确了在公司章程没有规定的前提下，未实际缴足注册资本的股东行使其表决权时，按照其认缴出资的比例进行。

2. 股东认缴的出资额到期无法实缴的处理

实务中，由于股东资金实力有限或者公司经营不善，对公司未来发展预期不看好等原因，股东无法或者不愿在出资期限内继续履行出资义务，那么应该如何解决这一问题呢？此前，最简单的方式，就是通过修改公司章程延长出资期限。打个比方，将“空股”当作奶酪，只要奶酪在“保鲜期”内（“空股”认缴期限届满之前）可以不去动它；如果快过“保鲜期”（股东面临到期实缴），千万不能错过了“保鲜期”，使甜美的奶酪变成劣质食品，美妙的“空股”成为瑕疵出资。然而，随着《九民会议纪要》的出台，采取该方法需要慎重考虑公司的债务问题。如果公司存在未能清偿的到期债务，股东以修改公司章程的方式延长出资期限，就可能不被法院认可。

如果已经超过了出资期限，股东仍未实缴出资且公司章程未延长出资期限，那么应该如何处理呢？一般情况下，股东会采取以货币或者非货币方式补足出资或者通过名义减资方式消除出资义务，但是在采取上述两种方式时，需要着重考虑对其他股东违约责任的问题。依照《公司法》第二十八条、第八十三条的规定，如果出现股东未按期实缴出资的情形，其他股东可以据此要求该股东承担违约责任。特别是对于拟上市公司，证监会一般也会重点关注。因此，在超过出资期限未履行出资义务时，无论股东是采取继续履行出资义务方式，还是减资消除出资义务的方式，应当取得其他股东放弃追究违约责任的承诺，避免后续产生诉讼风险和对公司对接资本市场产生不利影响。

（三）根据《九民会议纪要》的精神设计空股的表决权

《九民会议纪要》对于股东表决权的指导意见，为空股表决权纠纷的解决提供了新的方案。如何根据《九民会议纪要》的精神，设计空股的表决权，使其既合法合理，又能满足股东的特殊需求，值得我们深入研究。

实务当中，如果公司章程对于表决权进行了明确约定，那么按照“有约必守”的契约精神自然不会产生冲突，也不会衍生是否对于未足额交纳出资和未实际出资股东的表决权进行限制的争议。《九民会议纪要》出台前，司法实践中对于股东表决权的争议有几种不同的观点：有的观点认为表决权不同于利润分配请求权、优先认购权等自益权，作为对公司管理、经营、决策进行表决的权利应该是属于共益权，因而就不应该适用实缴出资为导向原则；有的观点则认为，当出现股东未履行出资义务或者抽逃全部出资且在经公司催告合理期限内仍未缴纳或者返还出资的情况时应当允许公司限制该股东的表决权，后续补足了出资则应解除限制。

无论是企业在初创期还是投资人在进行增资并购时，首先都应关注是否有空股的存在，其次考虑对于空股持有人的表决权是否需要进行限制。作为一种事务性权利，表决权对于公司的经营和发展举足轻重，应当引起重视。如果公司根据自身的发展状况和股东资历情况认为应该合理控制股东的表决权，将表决权集中在能真正作出有利于公司发展的决策的股东或实际控制人手中。那么在起草相关股东协议或公司章程时，在充分取得其他股东或投资人同意的情况下,可以在章程中明确以实际出资比例或者其他标准行使股东权利。

(四)空股表决权典型诉讼案例及解析①

1. 案件当事人

原告(二审上诉人):潘敏

被告:厦门盛健医疗器械有限公司

第三人(二审被上诉人):冯志勇

第三人(二审被上诉人):袁红丽

2. 案情简介

(1)关于盛健公司股东变更情况

2013 年 5 月 13 日,厦门盛健医疗器械有限公司(以下简称盛健公司)登记设立,注册资本为 100 万元,盛健公司收到投资款合计 100 万元,其中冯志勇转入 30 万元。同年 5 月 15 日,盛健公司向案外人厦门汇元晟贸易有限公司转账支付 99.936 万元,备注为“往来款”。2014 年 1 月 2 日,盛健公司股东会决议增资 400 万元,注册资本增至 500 万元。2014 年 1 月 17 日,盛健公司收到增资款 400 万元,同日又向案外人厦门可旺贸易有限公司转账支付 400 万元,备注为“往来款”。

2014 年 1 月 20 日,厦门中永旭会计师事务所有限公司对盛健公司截至 2014 年 1 月 17 日的新增注册资本及实收资本情况进行审验并出具验资报告,载明:截至 2014 年 1 月 17 日,盛健公司已收到案外人武珮珮、冯志勇缴纳的新增注册资本合计 400 万元,变更后的实收注册资本合计 500 万元。盛健公司在工商部门登记信息为:公司成立时股东有三人,其中冯志勇持股 30%;2013 年 11 月 4 日公司股东变更为二人,其中冯志勇持股 60%;2015 年 7 月 30 日公司股东变更为冯志勇一人。

2015 年 9 月 11 日,林庆文、潘敏、袁红丽与盛健公司签订《增资入股协议》,确认盛健公司注册资本为 500 万元,实缴 340 万元,袁红丽为公司唯一股东,持有 100% 股权,林庆文、潘敏欲入股公司。各方约定:林庆文出资 120 万元,潘敏入股资金 90 万元,袁红丽入股资金以盛健公司盘点数据为准,其中净资产价值为 21.8 万元,无形资产作价 68.2 万元。林庆文、潘敏履行出资义务后 3 日内,三方共同召开股东会,约定对盛健公司的实际入股资金由原有的 340 万元增加到 500 万元,林庆文和潘敏新增入股资金用于置换袁红丽所持盛健公司 70% 股份,林庆文本次出资 120 万元,增资后参股比例 40%,潘敏本次出资 90 万元,增资后参股比例 30%,袁红丽出资 90 万元,增资后参股比例 30%。

2015 年 9 月 18 日、9 月 21 日,陈玉珠向盛健公司转账支付投资款 80 万元、40 万元,合计 120 万元。2015 年 9 月 20 日,潘敏向盛健公司转账支付投资款合计 90 万元。2015 年 9 月 21

① 案例索引:福建省厦门市湖里区人民法院(2017)闽 0206 民初 9768 号民事判决书、福建省厦门市中级人民法院(2018)闽 02 民终 1736 号民事判决书。

日，盛健公司向袁红丽转账支付合计100万元，向冯志勇转账支付合计100万元，均备注为“往来款”。庭审中，冯志勇明确表示认可袁红丽代其以盛健公司股东名义签署的有关文件的效力。

2015年10月8日，盛健公司的唯一股东冯志勇作出《股东决定》，将其所持盛健公司40%股权（认缴注册资本200万元）以200万元转让给陈玉珠，30%股权（认缴注册资本150万元）以150万元转让给潘敏。股权转让后，冯志勇持有盛健公司30%股权，陈玉珠持有盛健公司40%股权，潘敏持有盛健公司30%股权。同日，冯志勇分别与陈玉珠、潘敏签订《股权转让协议》，同时冯志勇、陈玉珠、潘敏共同签署公司章程，其中载明：公司注册资本500万元，股东有冯志勇（认缴出资150万元，出资比例30%，已缴足）、陈玉珠（认缴出资200万元，出资比例40%，已缴足）、潘敏（认缴出资150万元，出资比例30%，已缴足）。

2017年7月24日，盛健公司全体股东通过股东会决议，一致表决通过：陈玉珠将其所持盛健公司21%股权（认缴注册资本105万元，实缴105万元）以105万元的价格转让给冯志勇，将其所持盛健公司19%股权（认缴注册资本95万元，实缴95万元）以95万元的价格转让给潘敏。

（2）关于临时股东会决议情况

2017年9月6日，冯志勇以盛健公司执行董事名义签署《召开临时股东会议通知》；同日，冯志勇通过EMS向潘敏寄出该通知；该邮件显示于次日由他人签收。同月14日，潘敏在盛健公司微信群中发布消息要求20日15时召开的临时股东会增加决议解散公司议题。

2017年9月20日，冯志勇作出《临时股东会决议》，主要内容为：免去饶大荣总经理职务及公司法人资格，聘任冯志勇为总经理并担任公司法人。潘敏于同日到会并在该《临时股东会决议》上签署“不同意本决议”的意见。当日的股东会除了《临时股东会决议》外没有形成其他会议记录，潘敏称也没有进行投票表决，冯志勇称有进行表决。

2017年9月23日，饶大荣在盛健医疗微信群中发布消息称“因公司于2017年9月20日召开股东会，议题之一是免去本人总经理及法定代表人职务，故本人已于2017年9月20日将公司公章交给公司监事潘敏，请知悉。同时，因本人担任公司法定代表人期间，公司未向本人支付任何报酬，本人保留追究公司相关法律责任的权利”。

3. 原告诉讼请求

潘敏向厦门市湖里区人民法院（一审法院）提起诉讼，请求判决：撤销2017年9月20日形成的《临时股东会决议》。因潘敏在本案中主张冯志勇并未实际出资不具有表决权，根据《公司法司法解释（四）》第五条的规定，股东会决议的表决结果未达到《公司法》或者公司章程规定的通过比例的，决议的法律后果是不成立。故一审法院向潘敏释明，如其认为《临时股东会决议》符合上述司法解释规定情形，法律后果是决议不成立而非可撤销。一审法院据此询问潘敏是否变更诉讼请求，潘敏表示不变更诉讼请求。

盛健公司股东及注册资本变化情况如图4－18所示。

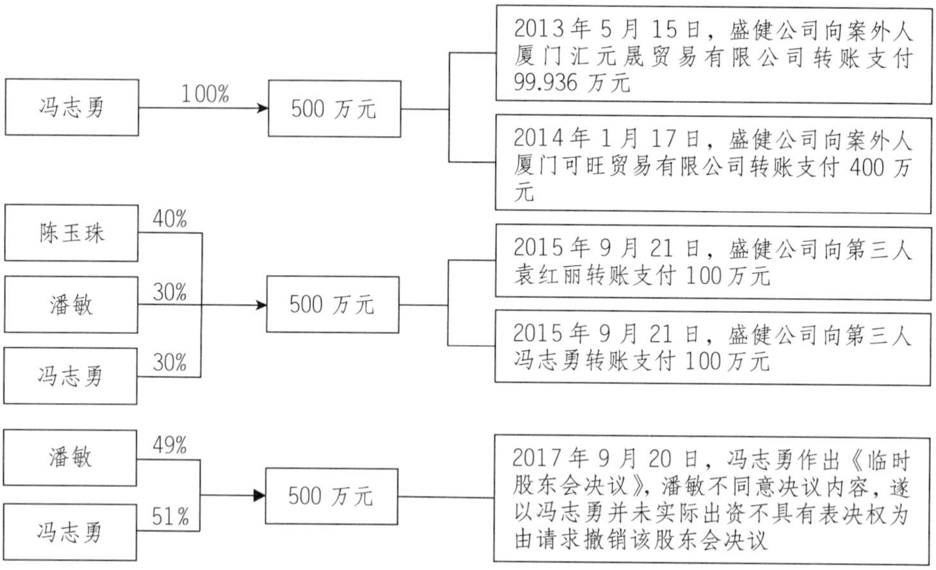

图 4－18　盛健公司股东及注册资本变化情况

4. 一审法院裁判观点

(1)潘敏进入盛健公司的方式是股权转让，而不是增资入股

虽然，潘敏依《增资入股协议》主张其与盛健公司及冯志勇、袁红丽之间存在的是增资入股关系，而非股权转让关系，但从冯志勇认可的《增资入股协议》内容看，潘敏向盛健公司投入90万元，是用于置换袁红丽持有的盛健公司30%股权，盛健公司的注册资本并未增加，只是股权持有人结构发生变化。《增资入股协议》签订后，潘敏又与冯志勇签订《股权转让协议》，并实际受让了冯志勇持有的30%股权，且与其他股东共同签署了盛健公司章程，此后又受让了陈玉珠持有的盛健公司19%股权，该二次受让股权行为均进行了相应的工商公示登记；潘敏受让上述股权后，实际也以盛健公司股东身份参与公司经营、管理，应当认定潘敏是以受让方式继受取得盛健公司49%股权，对潘敏主张的增资关系，一审法院不予采信。

(2)冯志勇是否实际出资或抽逃出资不影响表决权的行使

有限公司成立过程中关于公司资本应当满足的条件，是以认缴制为原则，以实缴制为例外。冯志勇是否实际向盛健公司缴纳注册资本或者是否存在抽逃出资并不影响其作为盛健公司的股东资格，以及按照认缴出资比例确定的股权比例。根据《公司法》第三十四条、第四十二条以及《公司法司法解释(三)》第十六条的规定，利润分配请求权、新股优先认购权、剩余财产分配请求权等自益权原则上应当受到是否实缴出资的限制，表决权等共益权原则上不应当受到是否实缴出资的限制。同时，《公司法》还赋权公司可通过章程等形式另行作出不同规定，且盛健公司章程关于表决权行使的规定与《公司法》的规定一致，并无例外。冯志勇与潘敏作为股东，亦未就表决权的行使作出其他约定，应当以股东认缴出资比例作为表决权行使的依据。潘敏主张冯志勇未实际出资无表决权，于法无据，不予采纳。

(3)临时股东会的召集与召开合法有效

冯志勇持有盛健公司51%股权,《临时股东会决议》已经代表1/2以上表决权的股东通过,决议内容并不违反法律、行政法规的规定,符合资本多数决原则,合法有效。冯志勇作为盛健公司的执行董事且持有盛健公司51%股权,有权提议召开临时股东会并负责会议召集和主持工作。冯志勇于2017年9月6日发出召开临时股东会的通知,该通知虽未在会议召开前15天到达潘敏。但潘敏于2017年9月14日在要求增加临时股东会议题时并未提出会议召集程序违反公司法及公司章程的异议,且在2017年9月20日临时股东会召开时,其实际参与会议并签到,也在《临时股东会决议》上签署了表决意见。可见,临时股东会的召集程序虽有轻微瑕疵,却未剥夺潘敏的表决权,对表决结果不会产生实质影响。依照《公司法司法解释(四)》第四条的规定,潘敏请求撤销《临时股东会决议》依据不足,不予支持。

综上所述,《临时股东会决议》内容不违反法律、行政法规,合法有效。会议召集程序虽有轻微瑕疵,但各股东均作出表决,对决议不构成实质影响,且内容不违反《盛健医疗公司章程》,不具备可撤销的情形。一审法院据此判决:驳回潘敏的诉讼请求。宣判后,潘敏不服,向福建省厦门市中级人民法院(二审法院)提出上诉。

5. 二审法院裁判观点

鉴于潘敏提出2017年9月20日召开的临时股东会存在如下违法之处:表决方式违反法律和章程规定;股东会召集程序没有提前15天通知股东潘敏。二审法院分别评述如下:

(1)关于表决方式问题

因盛健公司在工商登记部门备案的《章程修正案》等资料载明公司现股东冯志勇(出资比例51%)、潘敏(出资比例49%),在公司章程未作另行规定的情况下,冯志勇有权根据《公司法》第四十二条的规定按照出资比例行使表决权。至于潘敏主张冯志勇抽逃公司注册资金或未实际出资到位,故不得行使表决权或表决权应受限制的问题,与本案不属于同一法律关系,不属于本案审理范围。且即便存在抽逃出资或未履行出资义务的行为,根据《公司法司法解释(三)》第十六条的规定,在公司章程或股东会决议未对抽逃出资或未履行出资义务的股东的表决权作出限制规定的情况下,亦无法直接认定股东对公司决议无表决权或表决权应受限制。

(2)关于会议通知时间的问题

虽然冯志勇未在临时股东会议召开前15天通知潘敏,但潘敏在会议召开6天前要求增加会议议题,并于2017年9月20日当日到会且在《临时股东会决议》上签署意见,因此,临时股东会的召集程序仅有轻微瑕疵,对决议未产生实质影响。综上,潘敏要求撤销《临时股东会决议》的理由不能成立,二审法院不予支持。

二审法院据此作出终审判决,驳回上诉,维持原判。

6. 案例评析

出资人成为公司股东后,根据其享有股东权利的内容及目的,可将股东权分为自益权和共益权。自益权是股东为获取自身利益而行使的权利,如利润分配请求权、新股优先认购权、剩余财产分配请求权等;共益权是股东以参与公司经营管理为目的或是以个人利益为目的兼具为公司利益而行使的权利,如临时股东会召集请求权、表决权、质询权等。

利润分配请求权、新股优先认购权、剩余财产分配请求权等自益权原则上应当受到是否实缴出资的限制,而表决权等共益权原则上不应当受到是否实缴出资的限制。与此同时,根据《公司法》第三十四条、第四十二条以及《公司法司法解释(三)》第十六条的规定,法律赋权公司通过章程另行作出不同规定。也就是说,利润分配请求权、新股优先认购权、剩余财产分配请求权作为股东的财产权利,以股东实缴出资的比例为原则,以公司章程自主约定为例外;表决权作为股东人身权利,以股东认缴出资的比例为原则,以公司章程自主约定为例外。就本案而言,尽管冯志勇实际出资没有到位,但其仍有权根据《公司法》第四十二条的规定按照出资比例行使表决权。

第五章

净资产出资暨公司整体变更折股

实务指引

净资产并非资产的形式，不对应具体的财产状态；净资产是企业资产减去负债后的数值，与所有者权益含义基本相同，是所有者享有的剩余财产；净资产只有计量的意义，代表所有者在公司资产中享有的经济利益价值的大小。

净资产出资是指企业以现有的全部或者部分资产打包新设公司，净资产范围包括货币现金、应收账款、存货、固定资产以及负债等，净资产出资既不同于货币出资，也不同于非货币性资产出资。本章中，我们引用了上市公司北新路桥、中核钛白以其拥有的净资产设立公司案例，让读者充分了解净资产出资在实务中的运用。与此同时，我们又着重剖析了由最高人民法院二审终审的大连新航案，通过案例揭示了净资产出资存在的各种法律风险，尤其是企业以净资产出资后面临的债务负担问题。

净资产折股整体变更属于股份有限公司发起设立方式的范畴，与公司新设方式不同的是，净资产折股仅是公司变更方式，法人主体仍然存续，原有限责任公司的债权债务由变更后的股份有限公司承继。企业整体变更与整体改制存在较大不同，如股份有限公司经营时间起算问题。在实践中，上市公司与新三板挂牌公司通常采用净资产折股整体变更方式，其中一个重要原因就是，原有限责任公司的存续期间及经营业绩可以连续计算，这为企业上市或挂牌赢得了宝贵时间。

净资产折股整体变更过程中，企业必须具备相应的资格和条件，并履行必备的法定程序。我们以最近上市的良品铺子为例，对董事会决策程序、发起人协议的签署、创立大会的召开，工商变更登记以及三大报告（审计报告、资产评估报告、验资报告）在净资产折股中的作用和价值等进行了全面梳理，具有一定的借鉴意义。

实务中，必须注意的是，净资产出资是新设公司，包括有限责任公司和股份有限公司；净资产折股是有限责任公司整体变更为股份有限公司，其过程中没有创设新的公司。

第一节　净资产出资在实务中的运用及风险

一、净资产出资的特征

(一)净资产

1.净资产的概念

净资产是指所有者在企业资产中享有的经济利益,其金额为企业资产扣除负债后的余额。为了进一步了解净资产,我们有必要重温一下资产负债表,资产负债表中左方是资产,右上方是负债。从资产的角度来看,资产是预期会给企业带来经济利益的资源,是可能流入企业的正资产;负债的偿还需要流出企业资产,负债可以称为负资产,右下方的所有者权益则称为净资产,因为它是资产减去负债后的余额。公司净资产代表公司本身拥有的资产,也是全体股东在公司享有的权益,所以净资产又称为股东权益。

根据资产负债表,净资产中包含有流动资产(如存货等)、非流动资产(如固定资产等)、流动负债(如短期借款等)、非流动负债(如长期借款)。与资产和负债不同的是,净资产没有可对应的财物,它只是通过资产减去负债推算出来的数据,所以净资产没有与之对应的具体的资产,只具有计量的意义。因此,净资产代表所有者在公司资产中享有的经济利益价值的大小。

2.净资产的账面价值与公允价值

根据《企业会计准则第39号——公允价值计量》第二条的规定,公允价值是指市场参与者在计量日发生的有序交易中,出售一项资产所能收到或者转移一项负债所需支付的价格,即脱手价格。企业以公允价值计量相关资产或负债时,应当考虑该资产或负债定价时所具有的特征,包括资产状况及所在位置、对资产出售或使用资产的限制等。而依照《企业所得税法实施条例》第十三条第二款的规定,公允价值是指按照市场价格确定的价值,即市场价值。总之,公允价值来源于公开活跃的市场中的公平交易,是在某一时点在市场上的公认价值。

所谓账面价值,是指某一科目(通常是资产类科目,如固定资产、无形资产等)的账面余额减去相关备抵项目后的净额。具体地说,就是某项资产的历史价格(企业取得该项资产时实际发生的支出)减去累计折旧、减值准备而形成的价值。根据《企业所得税法实施条例》第七十四条的规定,《企业所得税法》第十六条所称“资产的净值”和第十九条所称“财产净值”,是指有关资产、财产的计税基础减除已经按照规定扣除的折旧、折耗、摊销、准备金等后的余额。

3.每股净资产与股权对应的净资产份额

根据国家税务总局发布的《股权转让所得个人所得税管理办法(试行)》(国家税务总局

公告 2014 年第 67 号）第十四条的规定，净资产核定法核定股权转让收入时，股权转让收入按照每股净资产或股权对应的净资产份额核定。每股净资产是相对于上市公司而言，股权对应的净资产份额是相对于有限责任公司而言。

所谓每股净资产，是指企业资产扣除负债后剩下的股东权益与股本总额的比率，计算公式为：每股净资产 =（资产 - 负债）/股本总额。每股净资产反映每股股票所拥有的净资产现值，每股净资产越高，则股东拥有的每股资产价值越多；每股净资产越少，则股东拥有的每股资产价值越少。

（二）净资产出资的特点

《公司法》第二十七条第一款规定："股东可以用货币出资，也可以用实物、知识产权、土地使用权等可以用货币估价并可以依法转让的非货币财产作价出资；但是，法律、行政法规规定不得作为出资的财产除外。"《公司注册资本登记管理规定》第五条规定："股东或者发起人可以用货币出资，也可以用实物、知识产权、土地使用权等可以用货币估价并可以依法转让的非货币财产作价出资。股东或者发起人不得以劳务、信用、自然人姓名、商誉、特许经营权或者设定担保的财产等作价出资。"但现行法律法规并未禁止净资产出资。实践中，许多公司为整合内部资源、优化组织结构，纷纷以部分或者全部的净资产出资设立子公司。

所谓净资产出资，是指企业以其全部或者部分资产及负债对外进行投资，单独或共同设立新的企业，企业所取得的新设公司的股权以资产减负债的净资产额为依据确定。投资企业的出资不表现为某一单独的资产形式，而同时包含货币、实物、知识产权、土地使用权、债权、债务等企业资产构成的多种形式，因而视为一种整体资产出资。企业以净资产出资设立子公司（全资控股、控股、参股均可），除设立公司的常规程序外，务必关注以下五点：

第一，根据《企业会计准则——基本准则》第二十六条第一款的规定："所有者权益是指企业资产扣除负债后由所有者享有的剩余权益。"以净资产出资的投资主体必须是法人企业，这与股权出资等其他非货币性投资不同。

第二，根据《公司法》第二十七条第二款的规定，企业需要根据不同的出资方式履行相应的法律程序，企业对出资的净资产比照非货币性资产出资，对出资的净资产应当评估作价，核实资产，不得高估或者低估作价。

第三，企业以净资产出资新设公司，企业的相关业务也随之转移到了新设公司名下，投资企业、新设公司及合同相对方三方需签订业务合同转移协议，约定由新设公司承继原企业在业务合同项下的权利和义务。

第四，根据《民法典》第五百四十六条的规定，企业将持有的部分或者全部债权转移至子公司的，应当通知债务人，企业与新设公司之间的债权转移事项未经通知，该转移行为对债务人不发生效力。

第五，根据《民法典》第五百五十一条的规定，企业将部分或者全部负债转移给子公司的，应当经债权人同意，对所转移的债务未通知债权人或者虽通知债权人，而债权人不予认可的，由投资企业承担民事责任；投资企业无力偿还债务，债权人就此向新设公司主张债权的，新设公司在所接收的财产范围内与投资企业承担连带责任。

净资产不对应具体的财产形态，只有计量的意义；非货币性资产对应具体的财产形态，可以用货币估价，所以净资产不属于非货币性资产的范畴。净资产出资同时包含资产、债权、债务等企业资产构成的多种形式，被视为一种整体资产出资，而非货币性资产出资即便涉及一种或者多种资产，也只是单独的资产出资。

二、两家上市公司以净资产出资实操案例及评析

（一）北新路桥主发起人以净资产出资

首次公开发行股票招股说明书披露的信息。2009 年 8 月 29 日，新疆北新路桥建设股份有限公司（证券代码:002307）发布的《首次公开发行股票招股说明书》（第 1 – 1 – 30 ~ 1 – 1 – 31 页）披露：

新疆北新路桥建设股份有限公司（发行人）系经新疆维吾尔自治区人民政府 2001 年 8 月 3 日新政函〔2001〕98 号文《关于同意设立新疆北新路桥建设股份有限公司的批复》批准，由新疆生产建设兵团建设工程（集团）有限责任公司（以下简称兵团建工集团）作为主发起人，联合新疆中基实业股份有限公司（以下简称新中基）、新疆金石置业投资集团有限公司（以下简称金石置业）、新疆新通达机械工程有限责任公司（以下简称新通达）、陕西省长安大学（以下简称长安大学）4 家发起人，以发起方式设立的股份有限公司。

发行人设立时，兵团建工集团以其下属从事公路工程施工业务的特机分公司的经营性净资产（包括生产经营所需的机械设备及相关的辅助生产设施和配套服务设施、房屋建筑物等固定资产，与经营业务相关的流动资产及其相关流动负债）作价投入，并将开展公路工程施工业务所必须的资质从兵团建工集团拥有的工程施工总承包壹级企业资质中分离出来，由股份公司承继，同时将从事上述业务的专业技术、经营及相关的管理人员共 703 人转入股份公司，其余 22 名非经营性人员和 255 名离退休人员留存集团公司。

上述净资产的原账面价值为 5128.4 万元，评估价值为 6206.85 万元，评估增值为 1078.45 万元，评估增值率为 21.03%，评估基准日为 2000 年 8 月 31 日。兵团建工集团以经评估的净资产 6206.85 万元出资，按 1:0.806767 的折股比例折为 5007.48 万股国有法人股，占股份公司总股本的 77.04%；其他四个发起人以现金 1850 万元人民币投入，按照折股比例 1:0.806767 折为 1492.52 万股，占总股本的 22.96%。

按照发起人协议，兵团建工集团 2001 年 8 月 7 日实际向股份公司投入的净资产为 6206.85 万元（其中股本为 5007.48 万元，资本公积为 1199.37 万元）。由于上述资产评估基准日为 2000 年 8 月 31 日，股份公司成立时按照会计制度的有关规定对兵团建工集团投入的相关资产追溯计提固定资产折旧、坏账准备等资产减值准备等共计 602.61 万元，并相应减少兵团建工集团投入的净资产，从而造成兵团建工集团对股份公司的投入资本不足。2001 年 12 月兵

团建工集团以应收股份公司的往来款对此予以补足出资。

上述发起人股东的持股比例情况见表 5－1。（招股说明书第 1－1－39 页）

表 5－1　发起人股东持股情况统计

股东(发起人)名称	持股数(万股)	持股比例
兵团建工集团	5007.48	77.04%
新中基	1371.51	21.11%
金石置业	64.54	0.99%
新通达	32.27	0.49%
长安大学	24.20	0.37%
合计	6500.00	100.00%

上述国有股权的设置经兵团国有资产管理局 2001 年 7 月 12 日出具兵国资(企)发〔2001〕25 号《关于对新疆北新路桥建设股份有限公司国有股权管理有关问题的批复》批准。

(二)中核钛白以净资产设立全资子公司

1. 上市公司披露的信息

2014 年 11 月 26 日，中核华原钛白股份有限公司(证券代码:002145)发布的《关于在甘肃矿区设立全资子公司的公告》(公告编号:2014—085)披露:中核华原钛白股份有限公司(以下简称中核钛白)为优化组织架构和适应未来业务发展的需要，拟将母公司(甘肃矿区)现有的经营性资产和相关负债(包括货币现金、应收款项、存货、房屋建筑物、土地使用权、机器设备、电子设备、在建工程、工程物资等资产，以及与上述资产相关的负债)打包，中核钛白以打包的净资产出资，在甘肃矿区设立一家全资子公司。

(1)投资标的的基本情况

公司名称:甘肃和诚钛业有限公司(暂定名)

拟注册地:甘肃矿区七区

法定代表人:李文生

注册资本:人民币 20000 万元

出资方式及来源:净资产出资。中核钛白拟以前述打包的净资产分期出资，具体金额参考审计、评估值确定。对上述资产中存在抵押、质押及其他第三人权利的，公司将在解除抵押、质押及消除第三人权利后出资。出资资产不涉及有关资产的重大争议、诉讼或仲裁事项及查封、冻结等司法措施。

股权结构:中核钛白持有 100% 股权

公司类型:有限责任公司

拟申请的经营范围:生产经营钛白粉、硫酸亚铁、改性聚丙烯酰胺、余热发电、硫酸渣，化工新产品研制、开发、生产、销售,化工工程设计,化工设备设计、加工制作,技术开发、咨询、转让、服务(国家限定的除外)。

上述信息均以工商管理部门最终核准内容为准。

(2)对外投资合同的主要内容

本次对外投资为设立全资子公司,出资事项由中核钛白在拟设立的全资子公司章程中作出约定,无须签订对外投资合同。

(3)对外投资的目的、存在的风险和对公司的影响

设立甘肃和诚钛业有限公司,旨在优化公司组织架构和适应公司未来业务的需要。本次设立子公司后,母公司的资产主要为长期股权投资,且母公司不再从事钛白粉生产具体事务。

由于标的公司尚未完成注册登记,可能会存在一定的审批风险。本次出资设立子公司是对公司原有资产负债与组织架构的调整,因此,本次出资对公司的财务状况和经营成果无重大影响。

2. 工商登记信息

工商登记资料显示,甘肃和诚钛业有限公司设立时的工商信息见表5-2。

表5-2　公司工商登记信息

公司名称	甘肃和诚钛业有限公司
统一社会信用代码	91620000325325356D
住所	甘肃省甘肃矿区七区
注册资本	20000万元
法定代表人	李文生
公司类型	一人有限责任公司
成立日期	2014年12月18日
营业期限	2014年12月18日—2064年12月17日
经营范围	生产经营钛白粉、硫酸亚铁,化工新产品研制、开发、生产、销售,化工工程设计,化工设备设计、加工制作,技术开发、咨询、转让、服务(依法须经批准的项目,经相关部门批准后方可开展经营活动)

(三)案例评析

根据《公司法》第二十七条第二款的规定,企业需要根据不同的出资方式履行相应的法律程序,企业对出资的净资产比照非货币性资产出资,对出资的净资产应当进行评估作价,核实资产,不得高估或者低估作价。在北新路桥案例中,兵团建工集团按计划投入股份公司的净资产应为6206.85万元,但因股份公司成立需按会计制度相关规定对相关资产作减值准备,造成兵团建工集团对股份公司出资不足,后兵团建工集团补足出资。出资的净资产应当评估作价且不得高估或低估,不然可能会被认定为出资瑕疵而承担相应责任,也可能面临被税务

机关认定为不符合独立交易原则而被强制纳税调整和处罚的风险。

《公司登记管理条例》第十四条规定:"股东出资的方式应当符合《公司法》第二十七条规定,但是,股东不得以劳务、信用、自然人姓名、商誉、特许经营权或者设定担保的财产等作价出资。"设定担保的财产不得用于对公司的出资,在中核钛白案例中,公司明确表示用于出资的财产不会存在任何权利负担,已设定权利负担的财产将在消除负担后用于出资。用于出资的财产在出资时没有消除相关负担,则存在被认定为未依法全面履行出资义务,对其他发起人承担违约责任的风险。

三、净资产出资引起的诉讼案例及剖析①

(一)一审、二审法院对大连新海案的裁判观点

1. 案件当事人

原告(二审被上诉人):GL 亚洲毛里求斯第二有限公司(GL Asia Mauritius L. td)

被告:大连航运集团有限公司

被告:大连交通运输集团有限公司

被告(二审上诉人):大连新海航运有限责任公司

被告:大连耘海船务有限公司

2. 案情简介

(1)关于债权转让

2002 年 11 月 26 日,中国工商银行大连市中山广场支行(以下简称工商银行)与大连航运集团有限公司(以下简称航运集团)签订《外汇借款合同》,航运集团向工商银行借款 56 万美元,借款期限为 26 个月。大连交通运输集团有限公司(以下简称交运集团)为该笔贷款提供连带责任保证担保。

2003 年 11 月 28 日,工商银行与航运集团签订《流动资金借款合同》,航运集团向工商银行借款人民币 3610 万元,借款期限为 12 个月。交运集团为该笔借款提供连带责任保证担保。

2005 年 4 月 21 日,航运集团在借款到期后仅向工商银行偿还了《流动资金借款合同》项下的本金人民币 20 万元,余款没有偿还,交运集团也未履行连带清偿责任。

2005 年 11 月 15 日,中国工商银行大连分行将上述债权转让给中国东方资产管理公司大连办事处(以下简称东方资产),并于次日通过《辽宁日报》发出公告,向债务人进行了债权转让通知和债权催收。

2007 年 6 月 27 日,东方资产又将上述债权转让给 GL 亚洲毛里求斯第二有限公司(以下简称 GL 公司),并在《辽宁日报》发出公告,向债务人进行了债权转让通知和债权催收。本次

---

① 案例索引:辽宁省高级人民法院(2010)辽民三初字第 4 号民事判决书、最高人民法院(2011)民四终字第 27 号民事判决书。

债权转让得到国家发改委及国家外汇管理局的批准,办理了金融资产管理公司对外处置不良资产备案登记。

2009 年 6 月 17 日,GL 公司向航运集团及交运集团邮寄了催收通知,邮寄过程由北京市长安公证处进行了公证。

(2)关于主体变迁

2002 年 7 月 24 日,大连市交通口岸管理局下发《关于航运集团所属 5 家企业实行关停裁员的批复》,同意大连港务公司等 5 家企业实行关停,关停企业资产可按有关规定出售。

2002 年 11 月 11 日,评估机构对大连港务公司资产以 2002 年 7 月 31 日为基准日进行评估,总资产人民币 9458.24 万元,负债为人民币 8875.19 万元,净资产为人民币 583.05 万元。

2003 年 5 月 23 日,大连市交通口岸管理局下发《关于同意注销大连港务公司工商登记并成立航运集团港务分公司的批复》,大连港务公司被注销后整体并入航运集团,成为航运集团港务分公司。

2003 年 8 月 6 日,大连市交通口岸管理局下发《关于同意航运集团分立改制组建新海航运公司的批复》,同意在承担分立式改制资产的全部债权债务的基础上,以航运集团经资产评估审计确认的部分净资产分立改制组建大连新海航运有限责任公司(以下简称新海航运公司)。新海航运公司注册资本为人民币 600 万元,由航运集团、大连华信信托投资股份有限公司(以下简称华信信托公司)及门洪升等 37 名航运集团内部职工共同出资组建。航运集团分立改制资产总额为人民币 9458.24 万元,负债为人民币 8875.19 万元,净资产为人民币 583.05 万元,按政策规定抵扣人员安置费人民币 70.94 万元及改制成本费人民币 4 万元后,净资产人民币 508.11 万元,注册资本与净资产差额需补齐的货币额为人民币 91.89 万元。与航运集团此次分立改制的净资产相关的债权债务(以经确认的审计、评估报告为准)由新海航运公司承继。

2003 年 8 月 14 日,航运集团分立设立了新海航运公司,注册资本为人民币 600 万元。其中航运集团以净资产 508.11 万元中的 120 万元出资,占出资总额的 20%;门洪升等 37 名自然人以货币置换航运集团净资产 508.11 万元中的 388.11 万元,并用货币补齐人民币 91.89 万元中的人民币 31.89 万元,合计出资人民币 420 万元,占出资总额的 70%;华信信托公司货币出资人民币 60 万元,占出资总额的 10%。设立新海航运公司时,航运集团未就分立事宜通知原债权人,亦未按照规定进行公告。

2008 年 12 月 9 日,新海航运公司分立设立大连耘海船务有限公司(以下简称耘海船务公司)。

3. 原告的诉讼请求

后 GL 公司以借款及担保合同纠纷为由,向辽宁省高级人民法院提起本案诉讼,诉讼请求为:(1)航运集团偿还借款人民币 3590 万元及利息;(2)航运集团偿还借款 56 万美元及利息;(3)交运集团对上述借款本金及利息承担连带清偿责任;(4)新海航运公司、耘海船务公司对上述借款本金及利息承担连带清偿责任。

本案中，笔者主要关注新海航运公司以净资产出资的合法性及承担何种责任的问题，故对与本主题无关的其他裁判结果不予讨论。

各诉讼主体之间的法律关系如图5－1所示。

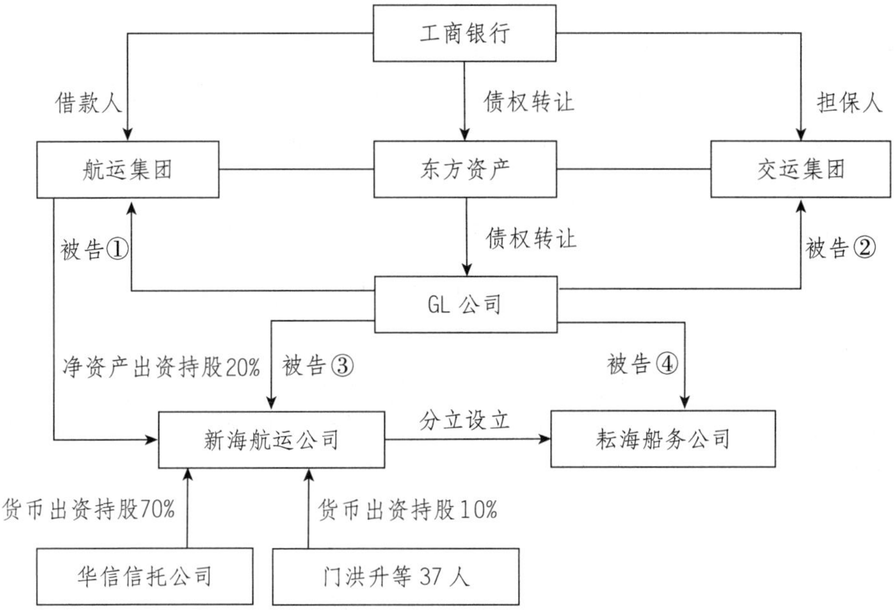

图5－1　各诉讼主体之间的法律关系示意图

4.一审法院裁判观点

（1）关于原企业分立前的债务承担责任

航运集团于2003年8月14日分立改制组建新海航运公司，根据最高人民法院《关于审理与企业改制相关民事纠纷案件若干问题的规定》第十二条的规定，债权人向分立后的企业主张债权，企业分立时对原企业的债务承担有约定，并经债权人认可的，按照当事人的约定处理；企业分立时对原企业的债务承担没有约定或者约定不明，或者虽然有约定但债权人不予认可的，分立后的企业应当承担连带责任。依据该规定，分立后的企业仅对原企业分立前的债务承担责任，对于分立后新发生的债务，无须承担责任。

（2）关于原大连港务公司资产的承继

新海航运公司主张，其前身大连港务公司为自主经营的独立企业法人，2003年5月整体并入航运集团，随后于8月以原大连港务公司资产为基础分立组建了新海航运公司，未占用航运集团的资产，因此不应承担航运集团的债务。

法院认为，原大连港务公司并入航运集团成为航运集团分公司后，原大连港务公司被注销，其名下的财产权利已经发生变化，归属航运集团所有。在航运集团分立设立新海航运公司时，该部分财产已属于航运集团的资产，因此，新海航运公司关于其未占用航运集团资产的主张不能成立，其分立时未与债权人就债务承担达成一致，应对航运集团分立前的债务承担连带责任。

一审法院据此判决，新海航运公司对航运集团偿还借款本金56万美元及利息的债务承担连带清偿责任。

5. 二审法院裁判观点

(1)新海航运公司的设立不属于航运集团分立设立的情形

航运集团改制设立新海航运公司，设立方式是以航运集团的部分财产和债务相抵后的净资产进行出资，与他人组建设立新海航运公司。航运集团以其中价值120万元的净资产在新海航运公司中占有20%的出资比例；门洪升等37名自然人以及华信信托公司合计出资480万元，占有80%的出资比例。由此可见，新海航运公司的设立符合最高人民法院《关于审理与企业改制相关民事纠纷案件若干问题的规定》第六条规定的"企业以其部分财产和相应债务与他人组建新公司"的情形，但并非因航运集团分立而成立的新公司。公司分立，无论是新设分立还是派生分立，均是对自身财产作相应的分割，并没有公司外部的其他股东参与投资，而新海航运公司的设立却有其他股东的共同出资，故不符合公司分立的特征。原审法院认定新海航运公司系航运集团分立设立的公司，并因此认定新海航运公司的责任，系适用法律不当，应予纠正。

(2)新海航运公司应在接收财产的范围内承担连带责任

最高人民法院《关于审理与企业改制相关民事纠纷案件若干问题的规定》第六条规定："企业以其部分财产和相应债务与他人组建新公司，对所转移的债务债权人认可的，由新组建的公司承担民事责任；对所转移的债务未通知债权人或者虽通知债权人，而债权人不予认可的，由原企业承担民事责任。原企业无力偿还债务，债权人就此向新设公司主张债权的，新设公司在所接收的财产范围内与原企业承担连带民事责任。"该条规定体现了企业法人财产原则，即企业法人的所有财产是其进行经营活动和对外偿还所有债务的物质基础和一般担保，企业改制不能侵害债权人就企业法人所有财产平等受偿的权利，债权人对于改制企业向新设公司转移债务不予认可的，有权根据企业法人财产的流向要求新设公司在接收改制企业财产的范围内对改制企业的债务与改制企业承担连带清偿责任。

(3)新海航运公司应承担连带责任的范围为8875.19万元

根据大连市交通口岸管理局的批复，航运集团向新海航运公司出资人民币120万元，取得新海航运公司20%的股权，门洪升等37名自然人以现金置换航运集团人民币388.11万元资产作为对新海航运公司的出资，航运集团上述以实物资产出资以及销售的行为，取得了相应的对价，其企业法人财产总额没有减少。然而，航运集团向新海航运公司转移的资产总额为人民币9458.24万元，扣除上述已构成新海航运公司注册资本的人民币508.11万元(120万元+388.11万元=508.11万元)，再扣除用于支付按政策规定应当抵扣的改制企业人员安置费人民币70.94万元及改制成本费4万元，剩余人民币8875.19万元(9458.24万元-508.11

万元 - 70.94 万元 - 4 万元 = 8875.19 万元)的资产系新海航运公司无偿从航运集团接收的资产,不属于航运集团的投资行为,其结果是造成航运集团企业法人财产总额减少,直接影响航运集团债权人权利的实现。故新海航运公司应当在所接收的航运集团人民币 8875.19 万元的财产范围内对航运集团的债务承担连带清偿责任。

(4)新海航运公司不得以财产与债务相抵的约定对抗 GL 公司

尽管大连市交通口岸管理局批复同时规定,与航运集团改制的净资产相关的人民币 8875.19 万元债务随改制财产转移由新海航运公司承担,但是对于航运集团的债务转移以及承担所作的安排并未征得本案原债权人工商银行的同意。因此,航运集团与新海航运公司之间关于部分财产和等额债务相抵的约定,对本案债权人 GL 公司不发生法律效力。在债权人 GL 公司根据企业法人财产原则向新海航运公司主张债权的情况下,新海航运公司应当在所接收的航运集团人民币 8875.19 万元的财产范围内对航运集团的债务承担连带清偿责任。即不论大连市交通口岸管理局批复规定航运集团债务是否转移由新海航运公司承担,新海航运公司用于清偿航运集团各项债务的总额,不得超出其接收的人民币 8875.19 万元财产的范围。

二审法院据此判决,新海航运公司对航运集团偿还借款本金 56 万美元及利息的债务在人民币 8875.19 万元的范围内承担连带清偿责任。

(二)案例评析

投资是分离出自己的子公司,分立是分离出兄弟公司,本质上都是资本的收缩,没有不同,只是公司经营架构的需要存在不同。所谓分立,实质上就是分家,是企业将资产、负债、权益、业务和人员打包分割,各管各的,各自当家做主。所谓净资产出资,实质上就是打包投资,是企业将现有的经营性资产和相关负债打包出资,单独或者共同设立子公司。以上是净资产出资与公司分立的相似之处,下面通过对比净资产出资与公司分立两种不同股权运作方式,着重探讨净资产出资的法律风险。

1. 公司层级不同

从公司层级来看,公司分立是分离出兄弟公司,不论是新设分立还是派生分立,存续公司与新设公司或者新设公司之间属于平行关系,相互不持股,不存在控制与被控制关系。以净资产出资设立的公司与投资公司之间是母子公司关系,存在控制与被控制的关系。

2. 股东结构不同

公司分立中,不论是新设分立还是派生分立,分立公司和被分立公司之间发生股东构成的重叠,也就是说公司分立后,分立公司的部分或全部股东是被分立公司的部分或全部股东,没有被分立公司股东以外的其他主体(包括单位和个人)控股或参股被分立公司。净资产出资中,投资公司和被投资公司之间一般不会发生股东构成的重叠,也就是说投资公司持有被投资公司的部分或全部股权,投资公司成为被投资公司的股东,可以有投资公司以外的其他股东(包括投资公司的股东)参与投资。以本案为例,航运集团分立改制中,航运集团仅持有新海航运公司 20% 的股权,门洪升等 37 人及华信信托公司合计持有新海航运公司 80% 的股权，最高人民法院因此认定新海航运公司并非航运集团分立设立，而是航运集团以净资产出资设立。

3. 资产变化不同

公司分立必然导致被分立公司资产数量的减少，包括企业总资产和注册资本；净资产出资是分离出母子公司，投资公司与被投资公司之间属于纵向关系，相互之间存在控制与被控制关系，净资产出资并不发生数量的变化，只是投资公司资产的形态发生变化。以本案为例，大连市交通口岸管理局下发的《关于同意航运集团分立改制组建新海航运公司的批复》中明确规定，在承担分立式改制资产的全部债权债务的基础上，以航运集团经资产评估审计确认的部分净资产分立改制组建新海航运公司，航运集团与新海航运公司之间是母子公司，而不是兄弟公司。

4. 决议程序不同

《公司法》第四十三条第二款规定："股东会会议作出修改公司章程、增加或者减少注册资本的决议，以及公司合并、分立、解散或者变更公司形式的决议，必须经代表三分之二以上表决权的股东通过。"也就是说，公司分立应当由公司股东会作出特别决议，根据实际情况，公司股东表决权比例可以高于法律规定的前述比例，但不得低于该等比例；公司以净资产对外进行投资中，该投资事项可以由公司股东会作出普通决议，经过代表1/2以上表决权的股东通过即可，或者依照公司章程的规定，直接由公司董事会决议通过，一般不需要通过特别决议。

5. 法律责任不同

《公司法》第一百七十六条规定："公司分立前的债务由分立后的公司承担连带责任。但是，公司在分立前与债权人就债务清偿达成的书面协议另有约定的除外。"也就是说，除非债权人同意，否则分立后的所有公司对被分立公司的债务负连带责任。关于净资产出资，最高人民法院《关于审理与企业改制相关民事纠纷案件若干问题的规定》第六条规定："企业以其部分财产和相应债务与他人组建新公司，对所转移的债务债权人认可的，由新组建的公司承担民事责任；对所转移的债务未通知债权人或者虽通知债权人，而债权人不予认可的，由原企业承担民事责任。原企业无力偿还债务，债权人就此向新设公司主张债权的，新设公司在所接收的财产范围内与原企业承担连带民事责任。"也就是说，除非债权人认可投资公司分离出来的债务由被投资公司承担，否则由投资公司承担，投资公司无力偿还的，被投资公司在所接收的财产范围内承担连带责任。

以本案来说，GL公司诉请的两笔借款，第一笔是《外汇借款合同》项下的本金为56万美元的借款，它属于航运集团分立改制前的债务；第二笔是《流动资金借款合同》项下的本金为人民币3590万元的借款，它属于航运集团分立改制后的债务。对于第二笔借款，根据最高人民法院《关于审理与企业改制相关民事纠纷案件若干问题的规定》第十二条的规定，新海航运公司无须承担责任。综观本案，新海航运公司是否应当对航运集团改制前的债务承担责任问题，关键在于如何认定航运集团与新海航运公司之间的关系，最高人民法院认定新海航运公司系由航运集团以净资产设立的，故判决新海航运公司对航运集团偿还借款本金 56 万美元及利息的债务在人民币 8875.19 万元的范围内承担连带清偿责任。

四、上市公司百洋股份净资产出资瑕疵及处理

百洋水产集团股份有限公司（以下简称百洋有限）是一家农业产业化国家重点龙头企业，成立于 2000 年，并于 2012 年在深圳证券交易所上市（证券代码：002696；证券简称：百洋股份）。

（一）净资产增资瑕疵

2002 年，百洋有限股东会决定增加投资，用于饲料生产线的升级改造及补充流动资金。2002 年 12 月 5 日，股东会通过决议将公司注册资本增至 3100 万元。在本次增资过程中，股东孙忠义、胡金莲用于出资的实物资产和土地使用权共计 2175 万元，系百洋有限经评估后的净资产，而非孙忠义、胡金莲的个人资产，故该次增资存在法律瑕疵。

（二）中国证监会反馈意见

关于 2002 年增资瑕疵：请说明招股说明书中披露的 2006 年 12 月—2007 年 12 月股东补足出资行为属债权增资而非股权增资的原因，若应确认为股权增资行为，请按相关规定履行必要的程序。

（三）保荐机构及发行人律师意见

2006 年 12 月—2007 年 12 月，股东孙忠义以及股东胡金莲的承继股东蔡晶以货币资金和债权转股权的方式对公司实收资本中涉及的 2175 万元实物资产增资部分进行了补足。

2007 年 12 月 30 日，百洋有限股东会决议通过，将孙忠义、蔡晶对百洋有限的股权转让款形成的债权转为百洋有限的资本公积金。同日，孙忠义、蔡晶分别与百洋有限签订相关的《债转股协议》。

2007 年 12 月 31 日，百洋有限股东会决议通过，将孙忠义、蔡晶原以无形资产、固定资产出资的部分转为货币（资本公积）出资，并相应修改公司章程的“股东的出资方式”部分。

2008 年 6 月 16 日，中磊会计师事务所对公司截至 2007 年 12 月 31 日的实收资本到位情况予以复核并出具了中磊桂专字（2008）第 025 号《专项审计报告》。

2011 年 1 月，南宁市工商局就百洋有限的历史出资情况进行了专项确认：“你公司注册资本已足额缴纳，工商登记事项申请材料齐全、符合法定形式。”

2011 年 1 月及 10 月，南宁市工商行政管理局分别出具《证明》，证明发行人近三年及一期，没有因违反工商行政管理法律、法规被查处的记录。

2011 年 1 月 25 日，孙忠义、蔡晶出具相关的承诺函：“因此次增资存在瑕疵而导致百洋股份的任何费用支出、经济赔偿或其他损失，本人将无条件承担百洋股份的所有赔付责任，不使百洋股份因此遭受任何经济损失。”

发行人律师认为：2006 年 12 月—2007 年 12 月股东补足出资行为属于债权出资，该等债

权的形成合法，并已按相关规定履行了债权转股权的法律程序，股东以对百洋有限的债权补足出资真实合法有效，故2002年瑕疵增资不构成发行上市的实质性法律障碍。

（四）案例评析

本案中，百洋有限股东孙忠义、胡金莲于2002年12月5日以公司的净资产对公司进行增资属于违法行为，公司作为独立的法人，拥有独立的人格和财产权，公司的财产为公司所有。本次的瑕疵增资事项本是百洋有限申请公开发行股份的致命伤，但百洋有限股东与公司于上市申请之前就对其瑕疵增资采取了一系列纠正措施，瑕疵增资股东用对公司的债权实际补足增资款，申请会计师事务所进行验资并出具资本到位报告，同时主动请求相关国家工商管理机关审查公司合法合规并出具没有因违反工商行政管理法律、法规被查处的证明等。正是由于采取实质性的弥补瑕疵增资行为，同时又取得资本到位验资证明和无行政处罚记录证明，这才使得本次股东以公司净资产增资的行为没有构成发行上市的实质性法律障碍，最终获得股票发行审核委员会（以下简称发审委）的认可，并得以成功上市。本案例警示投资者，公司的发展壮大不能有半点弄虚作假，有意愿搅弄风云、冲击资本市场的企业更应该合法合规经营企业，避免“小阴沟里翻大船”而懊悔不已。

第二节　有限公司以净资产折股整体变更为股份公司

一、净资产折股涉及的法律与财税处理及创立大会

（一）整体变更方式对企业上市或挂牌的现实意义

整体变更，是指有限责任公司的全体股东作为发起人，以有限责任公司经审计的账面净资产值按照一定比例折股，组织形式变更为股份有限公司，公司变更前的债权债务由股份有限公司依法承继的法律行为。

有限责任公司整体变更为股份有限公司，虽然公司性质不同，但法律主体资格自然延续，不是公司主体变更，因此在债权债务方面属于依法承继，不需要公告并取得债权人同意，工商登记只是公司类型的变更登记，不是公司设立登记。整体变更不同于整体改制，整体改制虽然也是净资产折股成立股份有限公司，但股份有限公司属于新设公司，原有限责任公司法人人格归于消灭。

根据规定，上市公司和新三板挂牌公司应当是依法设立且有效存续的股份有限公司。实践中，上市公司和新三板挂牌公司通常通过净资产折股整体变更方式由有限责任公司改制为股份有限公司。

1. 上市公司

《首次公开发行股票并上市管理办法》（以下简称《首发管理办法》）第九条规定：“发行人

自股份有限公司成立后，持续经营时间应当在3年以上，但国务院批准的除外。有限责任公司按原账面净资产值折股整体变更为股份有限公司的，持续经营时间可以从有限责任公司成立之日起计算。"

根据《首次公开发行股票并在创业板上市管理办法》第十一条第一项的规定，发行人是依法设立且持续经营3年以上的股份有限公司。有限责任公司按原账面净资产值折股整体变更为股份有限公司的，持续经营时间可以从有限责任公司成立之日起计算。

《科创板首次公开发行股票注册管理办法（试行）》第十条规定："发行人是依法设立且持续经营3年以上的股份有限公司，具备健全且运行良好的组织机构，相关机构和人员能够依法履行职责。有限责任公司按原账面净资产值折股整体变更为股份有限公司的，持续经营时间可以从有限责任公司成立之日起计算。"

由此可见，企业具备股份有限公司性质是其上市发行股票的基本条件。有限责任公司性质的存续企业整体变更为股份有限公司，这是进入资本市场的第一步，也是关键的一步。

2. 新三板挂牌公司

根据《全国中小企业股份转让系统业务规则（试行）》第二章第2.1条的规定，股份有限公司申请股票在全国股份转让系统挂牌，不受股东所有制性质的限制，不限于高新技术企业，应当依法设立且存续满两年。有限责任公司按原账面净资产值折股整体变更为股份有限公司的，存续时间可以从有限责任公司成立之日起计算。《全国中小企业股份转让系统股票挂牌条件适用基本标准指引（试行）》（2014年7月4日起施行）第一条第三项规定："有限责任公司按原账面净资产值折股整体变更为股份有限公司的，存续时间可以从有限责任公司成立之日起计算。整体变更不应改变历史成本计价原则，不应根据资产评估结果进行财务调整，应以改制基准日经审计的净资产额为依据折合为股份有限公司股本。申报财务报表最近一期截止日不得早于改制基准日。"

尽管企业挂牌新三板比上市门槛要低，但挂牌企业存续同样需要符合一定条件，且挂牌企业在整体变更中只能按照企业取得资产时实际发生的支出作为计价原则，不得以资产评估结果作为折股依据。

根据《公司法》的规定，股份有限公司设立方式包括发起设立和募集设立两种形式，其中发起设立主要为以下两种情况：第一是新设设立，即2个以上200个以下发起人出资新设立一个公司；第二是变更设立，即有限责任公司按原账面净资产值折股整体变更为股份有限公司。上市公司通常采用整体变更方式，其原因在于：其一，有限责任公司整体变更设立股份有限公司仅仅是形态上的变化，公司主营业务、实际控制人没有变化；其二，股份有限公司与有限责任公司为同一主体，公司偿债能力没有弱化，债权人的利益不受影响，股份有限公司无须提前清偿债务或提供相应担保；其三，股份有限公司存续时间可以从有限责任公司成立之日起计算，可以连续计算公司的存续时间及经营业绩，公司申报上市或申请挂牌的时间可以大幅缩短，且公司生产经营活动受股改的影响较小。

当然,有限责任公司整体变更为股份有限公司也存在一定的弊端。譬如,原有限责任公司的历史沿革冗长又混乱,历史遗留问题敏感还复杂,或者生产经营过程中曾经存在重大违法违规行为等,都将有可能成为企业整体变更的实质障碍,使得公司股东被迫放弃这种方式,甚至放弃上市计划。

(二)净资产折股需遵循的基本规则

1. 妥善处理好三者之间的关系

《公司法》第九十五条规定:"有限责任公司变更为股份有限公司时,折合的实收股本总额不得高于公司净资产额。有限责任公司变更为股份有限公司,为增加资本公开发行股份时,应当依法办理。"《公司注册资本登记管理规定》第十三条亦有相同的规定,这是有限责任公司以净资产折股整体变更为股份有限公司的基本要求。在实务中,如何处理原有限责任公司注册资本(实收资本)总额、变更后的股份有限公司注册资本(实收股本)总额以及有限责任公司净资产额三者之间的关系呢?下面逐一分析,全面阐述其规则。

(1)关于原有限责任公司注册资本(实收资本)与股份有限公司注册资本(实收股本)的关系

注册资本是股东对公司承担责任的资本,也是公司对外承担其债务责任的源泉,公司在存续过程中应保持与其资本额相当的资产,尤其是有限责任公司股改前,股东务必完全实缴出资。整体变更后的股份有限公司实收资本不能低于原有限责任公司实收股本,否则就有可能降低股份有限公司的偿债能力,缩减债权人可以索偿的范围,损害债权人的切身利益。

因此,原有限责任公司注册资本总额不得高于变更后的股份有限公司注册资本总额。

(2)关于原有限责任公司注册资本与公司净资产额的关系

净资产是全体股东在企业资产中享有的经济利益,其金额为企业资产减去负债后的余额。有限责任公司股东出资后,该资产即形成公司财产,表现为公司注册资本(实收资本)形式,由公司享有法人财产权。企业在经营过程中,由于资本的增值效应和市场风险,企业净资产也会随之发生变化,不会恒等于公司注册资本(实收资本)。当净资产额低于公司实收资本时,说明公司发生亏损。

一般情况下,原有限责任公司注册资本不得高于公司净资产额,尤其是有限责任公司整体变更为股份有限公司。

(3)关于股份有限公司折合的实收股本与公司净资产额的关系

由于有限责任公司经营过程中既会有资产也会有负债,所以有限责任公司的资产在计入股份有限公司实际收到的股本总额时,应当是有限责任公司的净资产,而不应当是总资产额或者高于其净资产的数额。否则,股份有限公司的实收股本总额不能反映公司财产的真实状况,这不利于公司的生产经营活动,不利于对债权人权益的保护,也会损害股份有限公司中除原有限责任公司股东以外的其他股东的利益。

因此,有限责任公司变更为股份有限公司注册资本不得高于公司账面净资产额。

(4)有限责任公司净资产额折合股份有限公司实收股本的规则

通过以上分析,可以得出这样一个结论,即净资产额≥折合的股份有限公司实收股本≥原有限责任公司注册资本。下面区分不同情况,详细说明。

①当公司净资产额等于原有限责任公司注册资本时,净资产可以完全用于折合股份有限公司实收股本,此种情形下的股份有限公司实收股本就等于原有限责任公司的注册资本。

②当公司净资产额大于原有限责任公司注册资本时,净资产额折合的股份有限公司实收股本可以等于,也可以大于原有限责任公司的注册资本。如果净资产额折合股份有限公司实收股本后尚有剩余部分,则该部分净资产额可以计入股份有限公司资本公积。

③当公司净资产额小于原有限责任公司注册资本时,切勿直接折股,这会损害公司债权人及第三人利益。对于该种情形,有两种解决途径:第一,减资弥补亏损,即降低有限责任公司注册资本,使净资产额大于或等于注册资本;第二,股东溢价增资,即通过股东溢价增资弥补减少的净资产额,使净资产额大于或等于注册资本。尔后,有限责任公司方可实施整体变更程序。

净资产、实收资本、实收股本之间关系如图5－2所示。

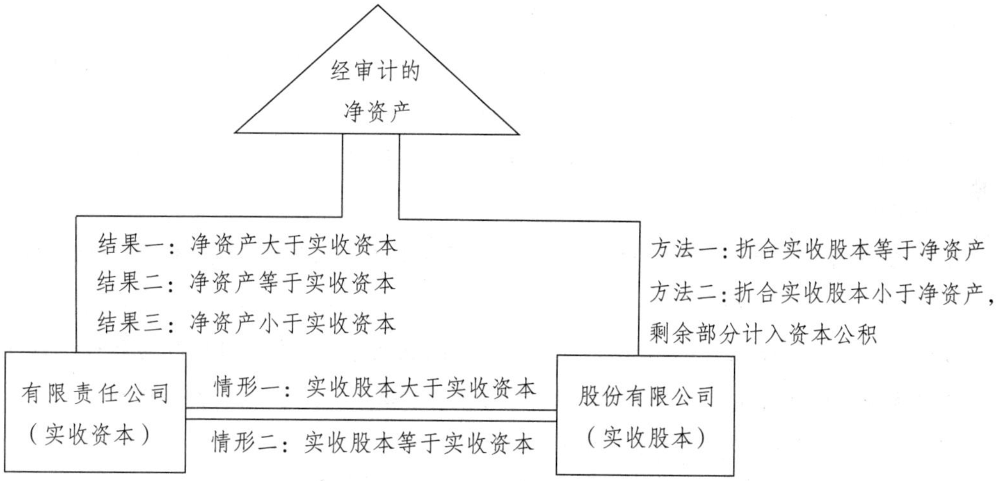

图5－2　净资产、实收资本、实收股本之间的关系示意图

2.合理确定折股比例

在整体变更中,《公司法》第九十五条规定的“公司净资产”是指截至股改基准日经审计的账面净资产额,而不是评估的净资产额。净资产审计值是会计师事务所对公司财务报表进行审计后确认的净资产账面价值,净资产评估值是评估机构对公司净资产评估后确认的评估价值,如果以评估的净资产值进行评估调账作为公司股改的出资额,公司连续经营时间将中断,视同新设股份公司,重新计算经营期。

在整体变更中,原有限责任公司一般会同时委托专业机构对净资产进行审计和评估,有人认为既然以经审计的账面净资产额作为折股依据,那评估就是多此一举,没有必要。诚然,评估反映的是市场对公司的估值，只是公司整体变更时的参考值，不是整体变更的必需条件，但审计和评估可以形成对比，具有对外公示效应。必须注意的是，经评估的净资产值不应低于审计的净资产值。

在整体变更中，有限责任公司经审计的净资产值应按照一定的比例折合成股份有限公司股份，其计算公式：净资产折股比例 = 原有限责任公司账面净资产额/变更后的股份有限公司股本总额，折股比例不能低于 1∶1，即折股时每股净资产不能低于 1 元。折股数量和折股比例应根据企业的规模和股东的要求制定。

在整体变更中，股份有限公司股本总额一般为整数，净资产经常会留有“尾数”，净资产全部折股时“尾数”的处理有两种方式：第一，将尾数分配给股东，继续挂在账面作为对股东的负债；第二，将尾数计入资本公积金，作为股本溢价。

3. 审慎确定股改基准日

股改基准日，即股份制改造基准日。企业以确定的某一时间节点为基准，对该时间点之前的净资产进行审计、评估，这一时间点即为股权基准日。企业确定股改基准日后，会计师和资产评估师分别入驻企业对企业的财务和资产进行核查，并出具《审计报告》和《资产评估报告》，作为企业改制折股确定股本的重要依据。

确定股改基准日需要全面考虑，统筹安排，不可随意确定。股改基准日选择不当，不但会影响企业股改进程，甚至耽误后续挂牌上市。有的企业在新三板挂牌中，将股改基准日和挂牌基准日定在同一日，股改的《审计报告》同时作为申报的《审计报告》，所以股改基准日很重要。

4. 举例说明

甲公司（有限责任公司）于 2009 年 5 月成立，有 A、B、C 三个法人股东，A 公司持股 60%，B 公司持股 30%，C 公司持股 10%。甲公司注册资本（实收资本）为 2000 万元，打算到上海证券交易所主板上市，截至 2018 年 10 月 31 日经审计的账面净资产值为 40000 万元，评估后的净资产额为 60000 万元，甲公司整体变更后（股份有限公司）注册资本拟为 8000 万元。

甲公司整体变更前后注册资本变化如图 5－3 所示。

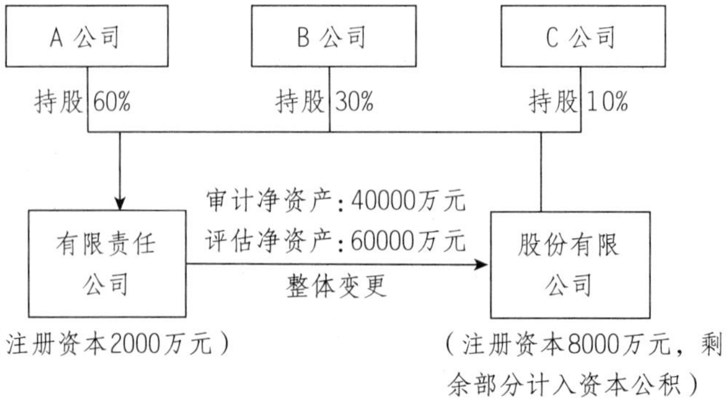

图 5－3　公司整体变更前后注册资本变化情况

（三）净资产折股涉及的税收优惠政策

1. 增值税

有限责任公司整体变更为股份有限公司，属于整体转让企业资产、债权、债务及劳动力的行为，根据国家税务总局《关于纳税人资产重组有关增值税问题的公告》（国家税务总局公告2011年第13号）规定："纳税人在资产重组过程中，通过合并、分立、出售、置换等方式，将全部或者部分实物资产以及与其相关联的债权、负债和劳动力一并转让给其他单位和个人，不属于增值税的征税范围，其中涉及的货物转让，不征收增值税。"

综上所述，企业整体变更中，原有限责任公司将全部实物资产、债权、负债和劳动力一并转让给变更后的股份有限公司，不征收增值税。

2. 土地增值税

有限责任整体变更为股份有限公司，涉及土地使用权及地上建筑物等事项的，根据财政部、税务总局《关于继续实施企业改制重组有关土地增值税政策的通知》（财税〔2018〕57号）规定："按照《中华人民共和国公司法》的规定，非公司制企业整体改制为有限责任公司或者股份有限公司，有限责任公司（股份有限公司）整体改制为股份有限公司（有限责任公司），对改制前的企业将国有土地使用权、地上的建筑物及其附着物（以下称房地产）转移、变更到改制后的企业，暂不征土地增值税。本通知所称整体改制是指不改变原企业的投资主体，并承继原企业权利、义务的行为。"

综上所述，企业整体变更中，原有限责任公司将国有土地使用权及地上的建筑物变更到股份有限公司的，暂不征土地增值税。

3. 契税

有限责任整体变更为股份有限公司，涉及土地及地上建筑物权属转移等事项的，根据财政部 国家税务总局《关于继续支持企业、事业单位改制重组有关契税政策的通知》（财税〔2018〕17号）第一部分规定："企业按照《中华人民共和国公司法》有关规定整体改制，包括非公司制企业改制为有限责任公司或股份有限公司，有限责任公司变更为股份有限公司，股份有限公司变更为有限责任公司，原企业投资主体存续并在改制（变更）后的公司中所持股权（股份）比例超过75%，且改制（变更）后公司承继原企业权利、义务的，对改制（变更）后公司承担原企业土地、房屋权属，免征契税。"

综上所述，企业整体变更中，股份有限公司承担原有限责任公司土地、房屋权属，免征契税。

4. 印花税

有限责任公司整体变更为股份有限公司，涉及重新登记资本账簿、权利证照重新登记、原有合同变更等事项。财政部、国家税务总局《关于企业改制过程中有关印花税政策的通知》（财税〔2003〕183号）第一部分"关于资金账簿的印花税"第一项规定："实行公司制改造的企业在改制过程中成立的新企业（重新办理法人登记的），其新启用的资金账簿记载的资金或因企业建立资本纽带关系而增加的资金,凡原已贴花的部分可不再贴花,未贴花的部分和以后增加的资金按规定贴花。”第二部分“关于各类应税合同的印花税”规定:“企业改制前签订但尚未履行完的各类应税合同,改制后需要变更执行主体的,对仅改变执行主体、其余条款未作变动且改制前已贴花的,不再贴花。”第三部分“关于产权转移书据的印花税”规定:“企业因改制签订的产权转移书据免予贴花。”

综上所述,企业整体变更中,股份有限公司新启用的资金账簿记载的资金(包括公司股本和资本公积)凡原已贴花的部分可不再贴花,盈余公积和未分配利润折为股本或计入资本公积的部分需要贴花,缴纳印花税。原有合同主体变更以及产权转移书据不需要贴花。

5. 企业所得税

有限责任公司整体变更为股份有限公司,涉及法人股东将资本公积、盈余公积和未分配利润折股,有关企业所得税具体情况可参见本书第三章第二节“实收资本增加的法律程序和财税处理”的内容。

6. 个人所得税

有限责任公司整体变更为股份有限公司,涉及个人股东将资本公积、盈余公积和未分配利润折股,有关个人所得税具体情况可参见本书第三章第二节“实收资本增加的法律程序和财税处理”的内容。

(四)发起人创立大会需关注的几个事项

1. 创立大会的法定职权

在公司改制中,创立大会是一次承前启后继往开来的会议,是一次举足轻重不可替代的会议,是决定股份有限公司成立的第一次股东大会,在公司发展史上具有里程碑意义。创立大会暨第一次股东会议主要行使以下职权:

(1)通过成立股份有限公司的决议;

(2)审议通过股份有限公司章程;

(3)选举公司董事会成员、监事会成员;

(4)审议发起人关于公司筹办情况的报告;

(5)审核公司设立费用;

(6)审核发起人及其他股东认股、缴款、出资作价情况;

(7)其他事项。

创立大会对前述所列事项作出决议,必须经出席会议的认股人所持表决权过半数通过。对发生不可抗力或者经营条件发生重大变化直接影响公司设立的,可以作出不设立公司的决议。

2. 三会一层架构的设立

(1)股东大会

股东会是有限责任公司性质企业权力机构的称谓,股东大会是股份有限公司性质企业权力机构的称谓,无论是股东会还是股东大会均由全体股东组成,二者没有本质区别,只是称谓不同。关于设立发起人的限制，根据《公司法》第七十八条的规定，设立股份有限公司，应当有2人以上200人以下为发起人，其中须有半数以上的发起人在中国境内有住所，这与有限责任公司的股东人数限制在50以下有较大不同。

股东大会应当每年召开一次年会，遇有特殊情况，应当召开临时股东大会，股东大会会议由董事会召集，董事长主持。

（2）董事会

不同于有限责任公司，股份有限公司必须设立董事会。根据《公司法》第一百零八条的规定，股份有限公司设董事会，其成员为5人至19人，这与有限责任公司董事会成员限定在3人至13人有较大不同。董事会成员中可以有公司职工代表（职工董事），由公司根据法人治理情况自行决定，但对于国有独资公司和国有控股企业的董事会，其成员中应当有职工代表，这是《公司法》的硬性规定。

董事会每年度至少召开两次会议，代表1/10以上表决权的股东、1/3以上董事或者监事会，可以提议召开董事会临时会议。董事会会议由董事长召集和主持。

（3）监事会

不同于有限责任公司，股份有限公司必须设立监事会。根据《公司法》第一百一十七条的规定，股份有限公司设监事会，其成员不得少于3人，这与有限责任公司可以设1名至2名监事，不设监事会的规定有较大不同。监事会应当包括公司职工代表（职工监事），其比例不得低于1/3，具体比例由公司章程规定，这也是《公司法》的硬性规定。

监事会每6个月至少召开一次会议，监事可以提议召开临时监事会会议。监事会会议由监事会主席召集和主持。

（4）高级管理层

高管是指公司的经理、副经理、财务负责人，上市公司董事会秘书和公司章程规定的其他人员。股份有限公司应当设经理，这与有限责任公司可以设经理的规定有所不同。董事会成员可以兼任经理等高级管理人员，但董事、高管不得兼任监事。实务中，股份有限公司为降低管理成本，提高决策效率，一般采用董监高“八大员”最低配置，即董事会成员为3名，监事会成员为三名，经理等高级管理人员全部由董事会成员兼任。

对于公司法定代表人的选任，只能由董事长或者经理担任，并依法进行登记，股份有限公司应当在公司章程中予以明确规定。

3. 创立大会前后的重要时间节点

（1）认股人缴款与创立大会间隔时间

对于以募集设立方式设立的股份有限公司，根据《公司法》第八十九条的规定，发起人应当自股款缴足之日起30日主持召开公司创立大会，创立大会由发起人、认股人组成。发行的股份超过招股说明书规定的截止期限未募足的，或者发行股份的股款缴足后，发行人在30日内未召开创立大会的，认股人可以按照所缴股款并加算银行同期存款利息，要求发行人返还。

(2)创立大会通知与召开间隔时间

创立大会召开日与有限责任公司临时股东召开日之间不得少于15日。根据《公司法》第九十条的规定,发起人应当在创立大会召开15日前将会议日期通知各认股人或者予以公告。创立大会应有代表股份总数过半数的发起人、认股人出席,方可举行。

(3)创立大会结束与工商登记间隔时间

创立大会结束后与股份公司申请工商登记之日之间不得超过30日。根据《公司法》第九十二条的规定,董事会应于创立大会结束后30日内,向公司登记机关报送文件,申请设立登记。

(4)名称预先核准有效期限

股份公司名称预核准有效期为6个月。根据《企业名称登记管理实施办法》第二十八条的规定,公司名称预先核准和公司名称变更核准的有效期为6个月,有效期满,核准的名称自动失效。

(5)财务报表有效期限

财务报表在其最近一期截止日后6个月内有效。根据《首次公开发行股票并上市管理办法》第四十四条的规定,招股说明书引用的财务报表在其最近一期截止日后6个月内有效。特殊情况下发行人可申请适当延长,但至多不超过1个月。

二、净资产折股实操案例——新晋上市公司良品铺子

2020年2月24日,发行人良品铺子股份有限公司(股票代码:603719;证券简称:良品铺子)在上海证券交易所主板上市,成为新型冠状病毒肺炎疫情期间首家上市的湖北企业,也是上海证券交易所在疫情期间推出创新模式后的第一家"云上市"公司。

良品铺子股份有限公司(以下简称发行人)是一家通过数字化技术融合供应链管理及全渠道销售体系开展高品质休闲食品业务的品牌运营企业,号称高端零食第一股。报告期内,公司以消费者体验为中心,以大数据技术为基石,以全渠道销售服务为引擎,以现代化供应链管理和全链路食品安全控制为保障,把握消费者对休闲食品的需求与趋势,不断提高产品的品质标准和产业链的协同效应,建立了集市场研究、食品研发、采购质检、物流配送及全渠道销售的全产业链品牌运营模式。

发行人前身是湖北良品铺子食品有限公司(以下简称良品有限),2017年12月6日,良品有限通过净资产折股形式整体变更为股份有限公司。

(一)良品有限整体变更的决策程序、资格、条件

1. 发行人的内部决策程序

根据发行人披露的《北京市金杜律师事务所关于良品铺子股份有限公司在中国境内首次公开发行股票并上市的法律意见书》(第1-1-28~5-1-25页)的信息:2017年11月10日,良品有限全体董事就良品有限依法变更为股份公司及相关事项召开董事会,会议审议并一致通过了以下决议:

（1）同意良品有限以发起设立方式整体变更为股份有限公司。

（2）同意确定2017年9月30日为整体变更基准日，以良品有限截止该日经具有证券从业资格的普华永道会计师事务所审计的净资产值共计443517303.94元为基本依据，按1:0.7711比例相应折为股份公司34200万股，计入股份公司股本总额，剩余101517303.94元计入股份公司资本公积，良品有限各股东截至2017年9月30日在良品有限中享有的全部所有者权益按上述比例相应折为其持有的股份公司发起人股。

（3）同意良品有限依法变更为发行人后，原有限公司的一切资产及负债（包括确定债务及或有债务）均由发行人享有或承担。

2. 发行人设立过程中有关审计、评估、验资事项

据了解，良品有限在整体变更之前（截至2017年9月18日武汉市商务局核准股权变更登记），其注册资本暨实收资本为342000000.00元。

（1）审计事项

普华永道会计师事务所对良品有限截至2017年9月30日的财务报表进行了审计，并于2017年1月8日出具了普华永道中天特审字（2017）第2435号《审计报告》，根据该等审计报告，截止到2017年9月30日，按单体报表口径，良品有限经审计的账面净资产值为443517303.94元。

（2）评估事项

广东联信资产评估土地房地产估价有限公司对良品有限以2017年9月30日为评估基准日的净资产进行了评估，并于2017年11月8日出具了联信（证）评报字（2017）第A0739号《湖北良品铺子食品有限公司拟整体变更设立股份有限公司事宜所涉及其经审计后全部资产及相关负债资产评估报告》，本次评估选取资产基础法进行评估。根据该资产评估报告，截至2017年9月30日，良品有限净资产账面价值443517303.94元，经评估的净资产值为54537.51万元，评估增值10185.78万元。

（3）验资报告

经普华永道会计师事务所于2018年5月25日出具的普华永道中天验字（2018）第0060号《验资报告》验证，各发起人以经审计的良品有限截至2017年9月30日的净资产443517303.94元人民币为折股依据，按1:0.7711比例折股投入发行人（筹），其中34200万元作为注册资本，超过折合实收股本部分合计101517303.94元计入发行人资本公积金。截至2017年11月29日，各发行人出资到位，发行人的注册资本暨实收资本为34200万元。

综上所述，良品有限整体变更为股份有限公司已履行审计、评估、验资等必要的法律程序，原有限责任公司注册资本等于变更后的股份有限公司注册资本，股份有限公司折合的实收股本总额低于经审计的净资产额。

3. 发起人协议的签署

2017年11月10日，良品有限所有股东宁波汉意投资管理合伙企业（有限合伙以下简称

宁波汉意)、达永有限公司(SUMDEXLIMITED)、香港高瓴[HH LPPZ(HK) Holdings Limited]、宁波艾邦投资管理有限公司(以下简称宁波艾邦)、宁波良品投资管理有限公司(以下简称良品投资)、珠海高瓴天达股权投资管理中心(有限合伙,以下简称珠海高瓴)、宁波汉宁倍好投资管理合伙企业(有限合伙,以下简称宁波汉宁)、宁波汉良佳好投资管理合伙企业(有限合伙,以下简称宁波汉良)、宁波汉林致好投资管理合伙企业(有限合伙,以下简称宁波汉林)和宁波汉亮奇好投资管理合伙企业(有限合伙,以下简称宁波汉亮)10个发起人共同签署《良品铺子股份有限公司发起人协议》(以下简称《发起人协议》)。

《发起人协议》约定10个发起人共同发起设立股份有限公司,各发起人以2017年9月30日为整体变更基准日,以良品有限截止该日经普华永道会计师事务所审计的净资产值443517303.94元为依据,按1:0.7711比例相应折为发起人34200万股,每股面值1元,全部为发起人股份。折合股本后超出股本部分的余额101517303.94元计入发行人资本公积。拟设立的股份有限公司名称为"良品铺子股份有限公司",并对各发起人认购股份的数额、发起人的权利和义务、股份有限公司组织机构设置等相关事项作出约定。

(二)创立大会的主要议案

根据发行人披露的《北京市金杜律师事务所关于良品铺子股份有限公司在中国境内首次公开发行股票并上市的法律意见书》(第5-1-28~5-1-29页)的信息:2017年11月29日,股份公司筹备组依法召集了发行人(筹)创立大会,发行人创立大会暨第一次股东大会依法召开,出席会议的股东及股东授权代表共10名,代表公司342000000股有效表决权股份,占公司有效表决权股份总数的100%。创立大会会议以记名投票的方式审议通过了如下与股份有限公司成立有关的议案:

1.《关于〈良品铺子股份有限公司筹办情况的报告〉的议案》;

2.《关于〈良品铺子股份有限公司设立费用的报告〉的议案》;

3.《关于制定〈良品铺子股份有限公司章程(草案)〉的议案》及《关于制定〈良品铺子股份有限公司章程(草案)〉的说明》;

4.《关于选举良品铺子股份有限公司第一届董事会董事的议案》,分别选举杨红春、杨银芬、张国强、潘继红、徐新、曹伟、王佳芬、胡燕早、陈奇峰为公司第一届董事会成员,其中王佳芬、胡燕早、陈奇峰为第一届董事会独立董事;

5.《关于选举良品铺子股份有限公司第一届监事会股东代表监事的议案》,分别选举万张南、李好好为公司股东代表监事,与职工代表大会推选的职工代表监事马腾共同组成股份公司第一届监事会;

6.《关于制定〈良品铺子股份有限公司股东大会议事规则(草案)〉的议案》;

7.《关于制定〈良品铺子股份有限公司董事会议事规则(草案)〉的议案》;

8.《关于制定〈良品铺子股份有限公司监事会议事规则(草案)〉的议案》;

9.《关于制定〈良品铺子股份有限公司对外担保管理制度(草案)〉的议案》;

10.《关于制定〈良品铺子股份有限公司对外投资管理制度(草案)〉的议案》;

11.《关于制定〈良品铺子股份有限公司关联交易管理制度(草案)〉的议案》;

12.《关于制定〈良品铺子股份有限公司独立董事制度(草案)〉的议案》;

13.《关于制定〈良品铺子股份有限公司重大交易决策制度(草案)〉的议案》;

14.《关于提请股东大会授权良品铺子股份有限公司第一届董事会办理原湖北良品铺子食品有限公司非现金资产更名手续和股份公司工商登记相关事宜的议案》。

经核查,本所经办律师认为发行人创立大会召开的程序及所议事项符合有关法律、法规和规范性文件的规定。

(三)工商变更登记及商务局备案

1. 工商登记注册

2017 年 12 月 6 日,湖北省工商行政管理局下发良品有限整体变更后的《营业执照》,公司统一社会信用代码为 91420112558423184N,发行人注册资本为 34200.00 万元。

2. 商务局备案

2017 年 12 月 11 日,武汉市商务局下发武商资备 201700565 号《外商投资企业变更备案回执》,对良品有限变更为外商投资股份有限公司并更名为“良品铺子股份有限公司”及有关事宜进行变更备案。

根据《良品铺子股份有限公司首次公开发行股票招股说明书》披露的信息,各发起人发起设立时的持股情况见表 5-3。

表 5-3　公司发起设立时股东持股情况

序号	股东名称	持有的股份数(万股)	持股比例	股权性质
1	宁波汉意	14957.56	43.74%	境内非国有股
2	达永有限	12149.65	35.53%	境外法人股
3	香港高瓴	1800.01	5.26%	境外法人股
4	宁波艾邦	1439.98	4.21%	境内非国有法人股
5	良品投资	1197.01	3.50%	境内非国有法人股
6	珠海高瓴	1080.01	3.16%	境内非国有股
7	宁波汉宁	393.94	1.15%	境内非国有股
8	宁波汉良	393.94	1.15%	境内非国有股
9	宁波汉林	393.94	1.15%	境内非国有股
10	宁波汉亮	393.94	1.15%	境内非国有股
合计		34200.00	100.00%	—

以上 10 个发起人股东均为法人股东,实际控制人并未直接持股,其中宁波汉宁、宁波汉

良、宁波汉林、宁波汉亮均系员工持股平台，出资额均为100万元，执行事务合伙人均为杨红春。另，达永有限为今日资本所控制，香港高瓴、珠海高瓴均为高瓴资本所控制，杨红春持有良品投资37.14%股份，为第一大股东。

（四）简介发行人控股股东及实际控制人

1. 控股股东

根据《良品铺子股份有限公司首次公开发行股票招股说明书》披露的信息，截至本招股说明书签署之日，宁波汉意持有发行人股份的比例为41.55%（14956.56万股/发行人总股数36000万股），为公司的控股股东。

2. 实际控制人

根据《良品铺子股份有限公司首次公开发行股票招股说明书》披露的信息：宁波汉旭艺园投资管理有限责任公司（以下简称宁波汉旭）系良品铺子实际控制人的持股平台，宁波汉旭为宁波汉意的普通合伙人及执行事务合伙人。

截至本招股说明书签署之日，杨红春、杨银芬、张国强、潘继红间接持有发行人46.96%的股份，为发行人的共同实际控制人。

杨红春、杨银芬、张国强、潘继红持股情况如图5－4所示。

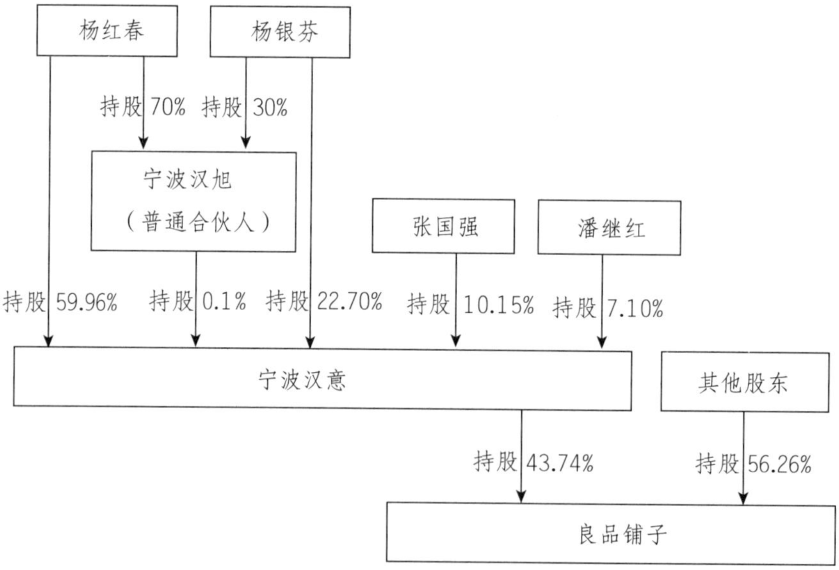

图5－4　发行人共同实际控制人持股情况

（五）案例评析

拟上市的有限责任公司在股份制改造过程中，通常采取以净资产折股整体变更的方式变更为股份有限公司，从而可以最大限度地缩短上市的时间。净资产折股的本质是把部分留存收益变成投资者投入（包括进入股本或者资本公积）。需要注意的是，《首发管理办法》第九条规定的“有限责任公司按原账面净资产值折股整体变更为股份有限公司”，该原账面净资产是指母公司经审计的净资产,而不是公司合并报表的净资产。

笔者注意到,良品铺子以审计的净资产值443517303.94元为依据,按1∶0.7711比例相应折为34200万股,每股面值1元,全部为发起人股份,超出股本部分的余额计入资本公积。那么为何良品铺子不按照1∶1的折股比例呢?笔者认为采取小股本具有以下优势:

1.提高每股收益率。投资者并不关注公司的股本大小,而关注每股收益,如公司的股本较小可以显著提高每股收益。

2.可以少提盈余公积。根据《公司法》的规定,盈余公积达到注册资本50%以上可以不再提取,如果公司股本较小,那么所提取的法定盈余公积也较少。

3.具有节税效果,达到少缴所得税的目的。根据法律规定,净资产折股时资本公积不需缴纳所得税,而盈余公积和未分配利润是需要缴纳所得税的,因而如果折股后的股本较小,那么盈余公积和未分配利润折股的比例较低,缴纳所得税的税负也较低,具有节税目的。

三、实操案例:北鼎股份净资产不足引发股改瑕疵

深圳市北鼎晶辉科技股份有限公司(证券代码:300824;证券简称:北鼎股份)(以下简称北鼎晶辉)于2020年6月19日在深圳证券交易所创业板上市,但是其在股份制改造过程中,因会计调整导致公司净资产不足的情形,具体情况如下。

(一)因会计调整导致公司净资产不足

2017年8月28日,根据信永中和会计师事务所(特殊普通合伙)出具的《关于深圳市北鼎晶辉科技股份有限公司前期会计差错更正事项的专项说明》,对以前年度财务报表进行追溯调整,股改基准日2012年12月31日的净资产减少12470319.11元,导致股改时公司净资产不足,由股东张北、张席中夏及深圳世纪金马创业投资企业(有限合伙)(以下简称世纪金马)以现金全额进行补足,补足金额为12470319.11元,其中张北代晶辉电器集团有限公司补足出资,金额为9976255.29元;张席中夏代深圳市万融通投资顾问有限公司补足出资,金额为1917935.08元;世纪金马补足金额为576128.74元。

(二)中国证监会反馈意见

证监会曾就北鼎晶辉股改不合规提出反馈意见,请发行人说明并披露:"发行人整体变更时履行的程序是否合法合规,上述情形是否违反《公司法》第95条规定,上述瑕疵的影响,发行人或相关股东是否因此受到过行政处罚、是否构成重大违法行为,是否构成本次发行的法律障碍,是否侵害其他股东、债权人的利益,是否存在纠纷或潜在纠纷。请保荐机构、发行人律师核查并发表意见。"

(三)保荐机构及发行人律师意见

根据律师事务所《关于深圳市北鼎晶辉科技股份有限公司首次公开发行股票并在创业板上市的补充法律意见(一)》披露的信息,发行人的答复为(摘录):

"1.关于发行人整体变更时履行的程序是否合法合规,上述情形是否违反《公司法》第95

条规定的问题

1.1 发行人整体变更为股份有限公司时履行的程序如下：

①2013 年 3 月 20 日，晶辉科技有限董事会作出决议，同意晶辉科技有限由中外合资有限责任公司整体变更为股份有限公司，变更基准日为 2012 年 12 月 31 日，由公司全体 3 名股东作为发起人，以公司经审计净资产 103171878.45 元，按照 1.03:1 折股比例，折合股本总额为 10000 万股，股份公司注册资本 10000 万元，各股东以其持有的公司股权所对应的净资产认购股份公司股份，持股比例不变，净资产超出部分 3171878.45 元计入股份公司资本公积，由全体股东共同享有。

②全体发起人于 2013 年 3 月 20 日签署了《发起人协议》，该协议就拟设立股份公司的名称、住所、经营宗旨、经营范围、公司形式、组织机构、公司设立的方式、注册资本和股份、发起人认购股份的数额出资比例及缴纳出资时间、发起人在股份有限公司设立过程中的分工及所承担的责任、发起人的权利和义务、股份公司的董事会和监事会等内容作出了明确约定。

③在整体变更前，晶辉科技有限委托信永中和以 2012 年 12 月 31 日为基准日对晶辉科技有限进行了审计，并出具了 XYZH/2012A1039 号《审计报告》，经审计后公司净资产为 103171878.45 元。

④深圳市天健国众联资产评估土地房地产估价有限公司以 2012 年 12 月 31 日为基准日对晶辉科技有限进行了评估，并出具了深国众联评报字（2013）第 3－010 号《资产评估报告》，经评估后公司净资产评估值为 12026.91 万元。

⑤信永中和会计师事务所（特殊普通合伙）深圳分所于 2013 年 6 月 7 日出具了 XYZH/2012SZA1039－1 号《验资报告》，验证截至 2013 年 6 月 6 日，北鼎晶辉已收到的与投入股本相关的资产总额为 239614541.07 元，负债总额为 136442662.62 元，净资产为 103171878.45 元，折合注册资本为 100000000 元，其余部分计入资本公积 3171878.45 元，合计 103171878.45 元。

⑥2013 年 3 月 26 日，深圳市经济贸易和信息化委员会向晶辉科技有限出具了《关于晶辉科技（深圳）有限公司变更为外资股份公司的批复》（深经贸信息资字〔2013〕0477 号），载明：改制后，公司名称变更为深圳市北鼎晶辉科技股份有限公司；公司股份总额为 1 亿股，每股面值 1 元人民币，公司注册资本为 1 亿元人民币，其中晶辉电器持有 8000 万股，万融通投资持有 1538 万股，世纪金马持有 462 万股；并批准公司发起人于 2013 年 3 月 20 日签署的《发起人协议》和《公司章程》。

2013 年 3 月 26 日，北鼎晶辉取得深圳市人民政府颁发的《中华人民共和国台港澳侨投资企业批准证书》（商外资粤深股资证字〔2013〕0004 号），载明：企业名称为深圳市北鼎晶辉科技股份有限公司，企业类型为外商投资股份制，注册资本为 1 亿元人民币。

⑦2013 年 6 月 6 日，北鼎晶辉召开了创立大会。会议表决同意发起设立北鼎晶辉，并审议通过了《关于深圳市北鼎晶辉科技股份有限公司筹办情况的报告》《关于制定深圳市北鼎

晶辉科技股份有限公司章程的议案》《关于晶辉科技（深圳）有限公司2012年12月31日至整体变更为股份有限公司之日的期间产生的损益由整体变更后的股份有限公司享有和承担的议案》《关于选举深圳市北鼎晶辉科技股份有限公司第一届董事会董事的议案》《关于选举深圳市北鼎晶辉科技股份有限公司第一届监事会监事的议案》等相关议案，选举产生了北鼎晶辉的董事、监事，建立了第一届董事会和第一届监事会。整体变更后的公司名称为深圳市北鼎晶辉科技股份有限公司，整体变更基准日为2012年12月31日，以截至2012年12月31日经审计的公司全部净资产折股，确定股份公司拟设置的股本总额为100000000.00股，净资产折合股本后余额转为资本公积。

⑧2013年6月8日，北鼎晶辉办理完成由有限责任公司变更为股份有限公司的工商变更登记，并依法取得了深圳市市监局换发的《企业法人营业执照》，载明：名称为深圳市北鼎晶辉科技股份有限公司，企业类型为股份有限公司（台港澳与境内合资，未上市）。

1.2　前期会计差错更正

2017年8月28日，北鼎晶辉召开第二届董事会第十三次会议，审议通过了《关于前期会计差错更正的议案》《关于股东补足出资的议案》等议案。中山证券、信永中和及律所对差错更正及信息披露更正的相关事项出具了专项说明。

2017年9月13日，北鼎晶辉召开2017年第四次临时股东大会，审议通过了《关于前期会计差错更正的议案》《关于股东补足出资的议案》等相关议案。

根据公司提供资料及信永中和出具的《关于深圳市北鼎晶辉科技股份有限公司前期会计差错更正事项的专项说明》（XYZH/2017SZA30432），由于前期会计差错更正，使得公司原2012年12月31日净资产减少12470319.11元，导致股改时公司净资产不足。由股东张北、张席中夏及世纪金马以现金全额进行补足，补足金额为12470319.11元，其中：张北代晶辉电器补足金额为9976255.29元；张席中夏代万融通补足金额为1917935.08元；世纪金马补足金额为576128.74元。信永中和出具的《验资报告》（XYZH/2017SZA30442）载明：截至2017年8月28日，公司已收到股东张北、张席中夏及世纪金马缴纳的出资额合计人民币12470319.11元，均为货币出资，全部计入资本公积金。

综上所述，虽然由于公司前期会计差错更正导致公司股改时净资产减少，造成公司股改时净资产不足，但公司相关股东已全额补足了该等减少款项，纠正了折股不足的瑕疵。上述补足出资事项经发行人股东大会审议通过，不存在损害公司和全体股东合法权益的情形，符合《公司法》第九十五条规定。”

2. 上述瑕疵的影响，发行人或相关股东是否因此受到过行政处罚、是否构成重大违法行为，是否构成本次发行的法律障碍，是否侵害其他股东、债权人的利益，是否存在纠纷或潜在纠纷

上述补足出资事项于2017年9月13日经北鼎晶辉2017年第四次临时股东大会审议通过，公司相关股东已全额补足了该等减少款项，纠正了折股不足的瑕疵。

相关股东晶辉电器、万融通、世纪金马、张北、张席中夏对上述补足出资事项予以确认，确认其对上述补足出资的事项无异议，与发行人、其他股东或第三方不存在任何争议及纠纷，其未因该等事项受到任何行政处罚。

根据深圳市市监局出具的证明文件，发行人自2016年1月1日—2018年12月31日没有违反市场和质量监督管理（包括工商、质量监督、知识产权、食品药品、医疗器械、化妆品和价格检查等）有关法律法规的记录。

根据发行人说明，发行人上述由于差错更正导致净资产不足、相关股东补足出资事项，未侵害其他股东、债权人利益，亦未收到任何股东提出异议，公司未因该等事项受到行政处罚，该等事项不存在纠纷或潜在纠纷。

综上所述，律师认为，发行人因财务报表追溯调整导致的股改时净资产不足，已由股东张北、张席中夏及世纪金马以现金全额进行补足；发行人、相关股东未因此受到行政处罚，不构成重大违法行为，不构成本次发行的法律障碍；公司前期财务报表追溯调整及张北、张席中夏补足出资事宜已经公司股东大会审议通过，根据公司及相关股东出具的说明文件，上述补足出资事项未侵害其他股东、债权人的利益，不存在纠纷或潜在纠纷。

（四）案例评析

《公司法》第九十五条规定："有限责任公司变更为股份有限公司时，折合的实收股本总额不得高于公司净资产额。有限责任公司变更为股份有限公司，为增加资本公开发行股份时，应当依法办理。"实务中，类似北鼎晶辉因会计差错导致违反《公司法》的情形还是比较少见的，况且北鼎晶辉在申报IPO之前曾在新三板挂牌交易长达4年。一般而言，对于净资产不足的企业有三种方式可以化解风险：第一，通过股东溢价增资弥补被减少的净资产值；第二，企业回到股改前状态重新股改；第三，企业减资以满足有关法律要求。在本案例中，北鼎晶辉的股东实际上变相地采取了第一种方法，即由股东张北、张席中夏及世纪金马以现金方式全额补足出资，未侵害其他股东、债权人的利益，不构成本次发行的法律障碍，因而得以顺利通过证监会审核。

第三节　有限责任公司与股份有限公司的选择

一、公司设立时直接采用股份有限公司形式的利弊

（一）有限责任公司与股份有限公司之区别

有限责任公司和股份有限公司是公司法调整的两种基本的公司形式。所谓有限责任公司，是指公司的股东对公司以其认缴的出资额为限承担有限责任的公司；所谓股份有限公司，是指公司的资本划分为等额股份，公司股东以其认购的股份为限对公司承担有限责任的公

司。有限责任公司与股份有限公司主要有以下区别：

1. 股东人数

有限责任公司包括一人有限责任公司、一般有限责任公司和国有独资公司，股东人数限定在50人以下，一旦超出规定人数的上限，就属于违规设立；股份有限公司无论是发起方式设立的还是募集方式设立的，发起人人数限制在200人以下，其中须有半数以上的发起人在中国境内有住所，公司法只是限定了发起人数量，但对投资人数量并没有进行限制。

2. 注册资本

有限责任公司的注册资本为在公司登记机关登记的全体股东认缴的出资额，包括认缴的出资额（实股）和认缴的出资额（空股），表现形式为股权比例；股份有限公司采取发起设立方式设立的，注册资本为在公司登记机关登记的全体发起人认购的股本，包括实收股本（实股）和认缴的股本（空股）；股份有限公司采取募集方式设立的，注册资本为在公司登记机关登记的实收股本总额，即注册资本在公司设立时就必须实际缴付，表现形式为等额股份。

3. 股东责任

有限责任公司的股东实缴出资的依据是公司向股东签发的出资证明书，股份有限公司的股东所持股份的依据是公司签发的股票；有限责任公司股东以其认缴的出资额为限对公司承担责任，股份有限公司股东以其认购的股份为限对公司承担责任。从严格意义上来说，出资额与股份有所不同，出资额是一个定量，仅指公司设立时股东的投资金额，不以公司经营状况的变化而改变；股份是一个变量，代表股东在公司总资产中的份额，这个份额的价值随着公司经营状况的变化而发生变化。

4. 公司治理

有限责任公司根据股东人数或者规模大小情况，可以设董事会或不设董事会，可以设监事会或不设监事会，可以设经理，也可以不设经理，即使设董事会和/或监事会的，其成员也受到一定限制，即董事会成员为3～13人，监事会成员不得少于3人。而股份有限公司则必须设立董事会、监事会和经理，董事会成员为5～19人，监事会成员不得少于3人，公司董事会可以决定由董事会成员兼任经理。

5. 股权转让

有限责任公司股东之间可以相互转让其全部或者部分股权，股东向股东以外的人转让股权，应当经其他股东过半数同意，经股东同意转让的股权，在同等条件下，其他股东享有优先购买权；股份有限公司股东持有的股份可以依法转让，发起人持有的本公司股份，自公司成立之日起1年内不得转让，公司董事、监事、高级管理人员在任职期间每年转让的股份不得超过其所持有本公司股份总数的25%，所持本公司股份自公司股票上市交易之日起1年内不得转让，董事、监事、高级管理人员离职后半年内不得转让其持有的本公司股份，前述限制只是针对特殊对象在特定期限的特别规定，我们不能因此否定股份有限公司形式下股份的自由流动性。

综上所述，有限责任公司具有人合性、限制性、封闭性，比如股东人数始终限定在50人以下，相互之间的合作建立在信用的基础上，股东对外转让股权，其他股东可以通过优先购买权进行阻击；股份有限公司具有资合性、公众性、开放性，比如股东人数众多，没有上限，公司资本划分为等额股份，股份转让不需要经过其他股东同意，股东进退自由，不受制约。总而言之，有限责任公司与股份有限公司的关键区别不在于股东人数之多寡，而在于公司资本是否分为等额股份。可以说在现行的公司法体系中，相对于有限责任公司而言，股份有限公司确实具有许多比较优势。

（二）采用股份有限公司方式设立对未来上市的影响

现行公司法规制下，有限责任公司和股份有限公司是企业最重要的组织形式，二者有许多相同之处。法人人格独立和股东有限责任是现代公司的两大基石，也是有限责任公司和股份有限公司的共性所在，《公司法》第三条规定，公司有独立的法人财产，享有法人财产权，公司以其全部财产对公司的债务承担责任，股东对公司承担有限责任。债权人利益保障制度是公司法的重要原则，无论是有限责任公司还是股份有限公司都必须遵循，根据《公司法》第一百七十三条、第一百七十五条、第一百七十七条、第一百八十五条的规定，公司在合并、分立、减资及清算过程中，公司必须履行通知债权人及公告义务，债权人享有知情权；尤其是公司在合并、减资时，债权人还有权要求公司清偿债务或者提供相应的担保。

《首发管理办法》第八条第一款规定："发行人应当是依法设立且合法存续的股份有限公司。"拟上市公司法律形式必须首先是股份有限公司，否则就不具备上市的主体资格。因此，有些股东或发起人在公司设立时就直接采用股份有限公司组织形式，这样就免除了将来股改之累，并且可以节省一大笔费用，可谓一劳永逸，其实不然。

第一，在我国，在主板、中小板、创业板及科创板挂牌的企业，均是在上海证券交易所或深圳证券交易所上市交易的股份有限公司，统称为上市公司，由于新三板挂牌公司股票未在证券交易所上市交易，这类公司被称为非上市公众公司；而一般企业在设立时采用股份有限公司形式，属于"双非"公司层次，即非上市非公众股份有限公司，与企业上市的要求相差甚远。

第二，股份有限公司是现代企业最为有效的组织管理形式之一，企业股改的目的是建立和完善现代企业制度，完善企业法人治理结构，提升企业的竞争力。有限责任公司改制为股份有限公司，不仅仅是公司形式的简单改变，而且通过股改使公司业务明确、产权清晰、权责分明、管理规范。股改更是企业走向规模化、规范化、公众化的不可或缺的重要一环。

第三，根据公司法的相关规定，股份有限公司必须设立股东大会、董事会、监事会和经理管理层，制定相应的治理制度，使企业有效运行。公司设立时就采用股份有限公司形式，这样不但需要配备众多的专业人员，还会额外产生较大的管理成本，企业不堪重负，或者形同虚设、积重难返，根本不符合上市公司要求的依法建立健全"三会一层"治理结构。企业不可能推倒重来，也无法启动股改程序，痛定思痛，企业可能因此变更到有限责任公司，未来择机启动股份制改造，品尝"股改之泪"。

第四,有限责任公司改制为股份有限公司的最终目标是申请并完成公开发行股票并上市,因此公司应形成清晰的业务发展目标,合理配置资源,突出主营业务,形成核心竞争力和持续发展能力,通过转让、出售、合并、分立等方式消除同业竞争,减少并规范关联交易,优化股权结构,做到股权清晰,权属分明,扫除上市障碍,实现上市梦想。以上这些都需要借助股改完成,如果公司设立时就采用股份有限公司形式,企业就没有办法通过股改方式解决这一系列问题,可能错失上市良机。

因此,笔者认为,公司设立时直接采用股份有限公司形式对未来上市会产生诸多不利影响,广大创业者务必慎重考虑。

二、直接设立股份有限公司成功上市案例——中国铁塔

中国铁塔股份有限公司(以下简称中国铁塔),原名中国通信设施服务股份有限公司(证券代码:00788. HK;证券简称:中国铁塔)于2014年7月15日注册成立,主营铁塔的建设、维护和运营,兼营基站机房、电源、空调等配套设施和室内分布系统的建设、维护和运营以及基站设备的代维。

(一)行业背景

中国铁塔是在落实"网络强国"战略、深化国企改革、促进电信基础设施共享的背景下,按照中央和国务院有关要求,在国资委、工信部联合组成的铁塔公司协调组的直接领导和协调推动下成立的。中国铁塔的成立,是全面深化改革、促进行业升级的重要举措。对电信行业来说,有利于减少基础设施的重复建设,缓解铁塔选址难的问题,提高行业投资效率,从机制上进一步促进节约资源和环境保护。对三大基础电信运营商来说,能够有效盘活资产,节省资本开支,优化现金使用,聚焦核心业务运营,提升市场竞争能力,加快企业转型升级,从而为消费者提供更优质的电信服务。

(二)上市历程

2014年7月11日,中国移动通信有限公司(以下简称中国移动)、中国联合网络通信有限公司(以下简称中国联通)和中国电信股份有限公司(以下简称中国电信)共同签署了《发起人协议》,以现金方式出资设立中国通信设施服务股份有限公司。中国移动、中国联通和中国电信分别出资40.0亿元人民币、30.1亿元人民币和29.9亿元人民币,在中国通信设施服务股份有限公司中各自持有40.0%、30.1%和29.9%的股权。2014年7月15日,中国通信设施服务股份有限公司注册成立,注册资本100亿元人民币。目前公司的注册资本已增加至1760亿元人民币。2018年8月8日,公司成功在中国香港联合交易所主板上市,募集资金约543亿港元,成为2018年以来全球最大IPO。

(三)案例评析

直接设立股份有限公司然后成功上市的案例屈指可数,中国铁塔是其中成功一例,但中国铁塔的成功是以获得国家相关政策支持和雄厚资金支撑为基础的。作为普通创业者、普通

企业，在没有国家背书，也没有雄厚资金支持下，企业的初创期往往是其最艰难的时候，其核心任务是如何生存发展下去。相比于股份有限公司，有限责任公司的形式在公司初创期间有莫大优势，例如公司治理更加简便灵活，没有过多繁重程序，效率更高，可以节省治理成本，更加有利于初创公司的发展。

同时公司的发展过程中会遇到困难与挑战，会形成阻碍公司继续发展的因素，而股改这一过程可以使公司业务明确、产权清晰、权责分明、管理规范。因法律规定申请公开发行股份上市的公司必须为股份有限公司，而如果直接设立股份有限公司，其公司治理结构、现代管理水平与证监会的要求存在较大差别，因此股份有限公司可能面临“二次股改”，过程漫长而复杂。很多投资者认为直接设立股份有限公司可以省去股改的麻烦，实则是错失了将公司进一步优化改良的契机。本案中国铁塔直接设立股份有限公司并上市，是在国家政策扶持之下的特例，仅供读者参考。

中篇

第六章

资本弱化、资本过剩与资本显著不足

实务指引

在股东对公司的所有投资中，权益性投资和借贷性投资的相互搭配，既可以使股东获得最大的投资收益，又可以使股东将投资风险降到最低，本章第一节通过案例对比了三个方案，试图寻找权益性投资与借贷性投资的黄金比例。我们通常所说的资本弱化正是企业为达到避税目的而“用力过猛”，导致借贷性投资与权益性投资比例超过国家的限制性规定。对此，国家颁布了《企业所得税法》及《企业所得税法实施条例》，首开治理我国资本弱化的先河。

资本过剩不是公司资产多得用不完，而是由于股东认缴过度，或者公司业务萎缩等原因，致使公司资本缺乏有效的流通而产生相对剩余的资本。对于企业而言，并非“剩下的钱”越多越好，资金沉淀、资源浪费将不利于企业的经营和发展。对此，本章在第二节中详细讲述了上市公司北新路桥通过减资方式解决资本过剩的问题。与此同时，笔者还尝试就此前热度话题——万达狂减资事件作了一些分析，以期探寻背后的真相。

所谓资本显著不足，是指公司设立后，股东实际投入公司的资本数额与公司经营所隐含的风险相比明显不匹配，股东利用较少资本从事力所不及的经营，将投资风险转嫁给债权人的主观恶意行为。司法实践中，对资本显著不足的认定的争议由来已久，本章第三节同时引用“重庆瀛丹案”“湖南力邦案”“宜宾恒旭案”，将相关法院的裁判观点展现在读者面前，以便读者更全面、客观、深刻地理解并运用资本显著不足理论。

第一节　公司资本的合理配比与资本弱化的防范

一、寻找资债结构的黄金比例①

在本书第一章第一节中,我们详细地讲述了权益资本和借贷资本的比较与运用,以及合理设计权益资本和借贷资本的几个重要因素,同时还引用了一个诉讼案例,对比两个资本之间的优劣。在企业资本运作过程中,通常情况下,投资人对公司既有股权投资,又有债权投资,投资人兼具双重身份,既是公司的股东,又是公司的债权人。在投资人所有的投资中,多少作为权益性投资,多少作为借贷性投资,不仅事关投资收益,更关系到投资风险,马虎不得。下面,我们通过一个案例探讨资债比例对投资人的影响。

A 公司(系有限责任公司)注册资本为 1000 万元(实收资本也为 1000 万元),有同时姓陆的两个自然人股东,为了区分不同的身份,一个叫陆人甲,另一个叫陆人乙,其中陆人甲持有 A 公司 70% 的股权,陆人乙持有 A 公司 30% 的股权。A 公司为扩大经营,需要新增资金 3000 万元,股东陆人甲与陆人乙经商定,由公司股东按出资比例分别筹集。关于投资方式,请给出若干方案,并结合法律和财税专业知识论证每种方案的法律风险、会计处理和税收负担。

(一)第一种方案

A 公司所需的新增资金 3000 万元由全体股东按照持股比例对 A 公司追加投资,该款全部作为权益性投资,其中陆人甲认缴增资款 2100 万元,陆人乙认缴增资款 900 万元,均为实缴。

1. 法律程序

(1)股东会形成增资决议;(2)对 A 公司章程进行修正;(3)会计师事务所出具验资报告(如需);(4)A 公司办理工商变更登记。现有股东同比例增资,股东之间没有利益冲突,此类增资性质属于非交易性增资,不需要对 A 公司进行估值,也不需要调整各股东的持股比例。增资款是否全部计入注册资本还是全部计入资本公积,或者一部分计入注册资本,另一部分计入资本公积,《公司法》及其他相关法律对此没有强制性的规定,目标公司可根据股东会决议确定。

2. 会计处理

陆人甲的财务处理如下:

借:长期股权投资 2100 万元(3000 万元 ×70%)

　　贷:银行存款 2100 万元

① 庄粉荣:《纳税筹划实战精选百例》(第 6 版),机械工业出版社 2017 年版,第 275 ~ 279 页。

陆人乙的财务处理如下：

借：长期股权投资900万元（3000万元×30%）

贷：银行存款900万元

A公司的财务处理如下：

借：银行存款2100万元（陆人甲）、900万元（陆人乙）

贷：注册资本/资本公积2100万元（陆人甲）、900万元（陆人乙）

3. 税收负担

假设，A公司每年税前利润为800万元，公司弥补亏损及法定公积的计提均符合条件。

（1）企业所得税

A公司应缴纳企业所得税＝800万元×25%＝200万元

（2）个人所得税

股东应缴纳个人所得税＝（800万元－200万元）×20%＝120万元

（3）股东权益

A公司及全体股东应缴纳的企业所得税和个人所得税合计为320万元（200万元＋120万元），股东收益为480万元（800万元－320万元）。

（二）第二种方案

A公司所需的新增资金3000万元由全体股东按照持股比例出借给A公司，该款全部作为借贷性投资，其中陆人甲出借2100万元，陆人乙出借900万元，一次性付清。

1. 法律程序

（1）董事会决议或股东会形成决议；（2）A公司与陆人甲、乙签署《借款合同》；（3）陆人甲、陆人乙转款给A公司。

2. 会计处理

陆人甲的财务处理如下：

借：应收款2100万元（3000万元×70%）

贷：银行存款2100万元

陆人乙的财务处理如下：

借：应收款900万元（3000万元×30%）

贷：银行存款900万元

A公司的财务处理如下：

借：银行存款2100万元（陆人甲）、900万元（陆人乙）

贷：其他应付款2100万元（陆人甲）、900万元（陆人乙）

3. 税收负担

假设，A公司每年税前利润为800万元，公司弥补亏损及法定公积的计提均符合条件，且A公司本年度除向股东借款外没有向其他关联方借款。又假设，年利率为10%，年利息为

300 万元(3000 万元×10%)。

根据国家税务总局《关于企业向自然人借款的利息支出所得税税前扣除问题的通知》(国税函〔2009〕777 号),财政部、国家税务总局《关于企业关联方利息支出税前扣除标准有关税收政策问题的通知》(财税〔2008〕121 号),《企业所得税法》第四十六条以及《企业所得税法实施条例》第一百一十九条的规定,企业接受关联方债权性投资的利息支出,在计算应纳税所得额时,企业实际支付给关联方的利息支出,债权性投资与其权益性投资的比例不超过 2:1,未超过部分准予扣除,超过的部分不得在发生当期和以后年度扣除。

(1)可扣除的利息支出

可扣除的利息支出=年利息-不得扣除利息支出=300 万元-300 万元×(1-2÷3)=300 万元-100 万元=200 万元

(2)企业所得税

A 公司应缴纳企业所得税=(800-200)万元×25%=150 万元

(3)个人所得税

①股东利息收入应缴纳个人所得税=300 万元×20%=60 万元

②股东股息分红应缴纳个人所得税=(800-300-150)万元×20%=70 万元

(4)股东权益

A 公司及全体股东应缴纳的企业所得税和个人所得税合计为 280 万元(150+60+70),股东收益为 520 万元[(300-60)万元+(800-300-150-70)万元]。

(三)第三种方案

A 公司所需的新增资金 3000 万元,其中 400 万元由全体股东按照持股比例对 A 公司追加投资,其余的 2600 万元由全体股东按照出资比例出借给 A 公司,即 400 万元作为权益性投资,2600 万元作为借贷性投资。

1. 法律程序

(1)股东会形成决议;(2)对 A 公司章程进行修正;(3)会计师事务所出具验资报告(如需);(4)A 公司办理工商变更登记;(5)A 公司与股东签署《借款合同》。将权益性投资全部计入注册资本,可以有效增加注册资本总额,从而降低债权性投资与权益性投资的比例,使更多的债权性投资项下的利息支出能够在税前扣除。

2. 会计处理

陆人甲的财务处理如下:

借:长期股权投资 280 万元(400 万元×70%)

应收款 1820 万元(2600 万元×70%)

贷:银行存款 2100 万元

陆人乙的财务处理:

借:长期股权投资 120 万元(400 万元×30%)

应收款 780 万元(2600 万元 ×30%)

贷:银行存款 900 万元

A 公司的财务处理:

借:银行存款 2100 万元(陆人甲)、900 万元(陆人乙)

贷:注册资本 280 万元(陆人甲)、120(陆人乙)

其他应付款 1820 万元(陆人甲)、780 万元(陆人乙)

3. 税收负担

假设,A 公司每年税前利润为 800 万元,公司弥补亏损及法定公积的计提均符合条件,且 A 公司本年度除向股东借款外没有向其他关联方借款。又假设,年利率为 10% ,年利息为 260(2600 ×10%)万元。

(1)可扣除的利息支出

鉴于债权性投资金额:权益性投资金额 =2600 万元 ÷(1000 +400)万元 =1.86〈2,因此年利息 260 万元全部可在税前扣除。

(2)企业所得税

A 公司应缴纳企业所得税 =(800 -260)万元 ×25% =135 万元

(3)个人所得税

①股东利息收入应缴纳个人所得税 =260 万元 ×20% =52 万元

②股东股息分红应缴纳个人所得税 =(800 -260 -135)万元 ×20% =81 万元

(4)股东权益

A 公司及全体股东应缴纳的企业所得税和个人所得税合计为 268 万元(135 万元 +52 万元 +81 万元),股东收益为 532 万元[260 万元 +(800 -260 -135 -52 -81)万元]。

三个投资方案股东权益对照见表 6 -1。

表 6 -1　三个投资方案股东权益对照表

<table>
<tr><td colspan="2">项　　目</td><td>方案一</td><td>方案二</td><td colspan="2">方案三</td></tr>
<tr><td colspan="2">投资方式</td><td>权益性投资</td><td>借贷性投资</td><td colspan="2">组合式投资</td></tr>
<tr><td colspan="2" rowspan="2">投资金额(万元)</td><td rowspan="2">3000</td><td rowspan="2">3000</td><td>投资款</td><td>400</td></tr>
<tr><td>出借款</td><td>2600</td></tr>
<tr><td colspan="2">企业所得税(万元)</td><td>200</td><td>150</td><td colspan="2">135</td></tr>
<tr><td rowspan="2">个人所得税(万元)</td><td>利息收入部分</td><td>0</td><td>60</td><td colspan="2">52</td></tr>
<tr><td>股利分红部分</td><td>120</td><td>70</td><td colspan="2">81</td></tr>
<tr><td colspan="2">股东权益(万元)</td><td>480</td><td>520</td><td colspan="2">532</td></tr>
</table>

4. 案例评析

综观三个投资方案,第一种方案是单纯的权益性投资,第二种方案是单纯的借贷性投资,第三种方案是权益性投资与债权性投资的组合。从股东收益来看,第一种方案下的股东权益为480万元,第二种方案下的股东权益为520万元,第三种方案下的股东权益为532万元。由此可见,第二种方案优于第一种方案,第三种方案优于第二种方案,第三种方案为最佳方案。

不同的投资方案对企业发展产生的影响不同,股东获得的股东收益不同。为了追求最佳的投资效率,权益性投资和借贷性投资的黄金比如何确定呢?笔者经过测算发现,在股东对公司的所有投资中,假设其他条件均符合,当借贷性投资与权益性投资比例等于2:1时,税前扣除的利息达到最大值,则企业投资效率为最优。推导过程如下:

假设:X为公司经营所需资金(注册资本+对外融资金额),借贷性投资与权益性投资比例=a:1,Y为年度公司税前利润,r为公司借贷利率。(注:依据《企业所得税法》和《个人所得税法》规定:一般企业所得税率为25%,股东股息个人所得税率为20%,股东利息个人所得税率为20%)

①假设a≤2,即债权性投资与其权益性投资的比例不超过2:1,则全部利息支出可在税前扣除。

可扣除的利息支出 $=a\times X\times r\div(a+1)$

公司应缴纳企业所得税 $=[Y-a\times X\times r\div(a+1)]\times25\%$

股东利息收入应缴纳个人所得税 $=a\div(a+1)\times X\times r\times20\%$

股东股息分红应缴纳个人所得税=(Y-可扣除的利息支出-公司应缴纳企业所得税)×20% $=\{Y-a\times X\times r\div(a+1)-[Y-a\times X\times r\div(a+1)]\times25\%\}\times20\%=0.15[Y-a\times X\times r\div(a+1)]$

三税总和=公司应缴纳企业所得税+股东利息收入应缴纳个人所得税+股东股息分红应缴纳个人所得税 $=0.4Y-0.2\times a\times X\times r\div(a+1)$(化简过程省略)

故:在a≤2时,a越大则三税总和越小,则当a等于2时,三税总和最小。

②假设a>2,即债权性投资与其权益性投资的比例超过2:1,则未超过部分准予扣除,超过的部分不得在发生当期和以后年度扣除。

可扣除的利息支出 $=2\div(a+1)\times X\times r$

公司应缴纳企业所得税 $=[Y-2\div(a+1)\times X\times r]\times25\%$

股东利息收入应缴纳个人所得税 $=a\div(a+1)\times X\times r\times20\%$

股东股息分红应缴纳个人所得税=(Y-可扣除的利息支出-公司应缴纳企业所得税)×20% $=\{Y-[Y-2\div(a+1)\times X\times r]\times25\%-a\div(a+1)\times X\times r\}\times20\%=0.15Y-0.2(a-0.5)\times X\times r\div(a+1)$

三税总和=公司应缴纳企业所得税+股东利息收入应缴纳个人所得税+股东股息分红应缴纳个人所得税 $=0.4Y-0.4\times X\times r\div(a+1)$(化简过程省略)

故:在 $a>2$ 时,a 越小则三税总和越小,则当 a 无限接近于 2 时,三税总和最小。

现代入上述 A 公司数据进行验证:

A 公司注册资本为 1000 万元,现所需的新增资金为 3000 万元,按借贷性投资与权益性投资比例为 2:1 计算,即其中 1000/3 万元由全体股东按照持股比例对 A 公司追加投资,其余的 8000/3 万元由全体股东按照出资比例出借给 A 公司,即 1000/3 万元作为权益性投资,8000/3 万元作为借贷性投资。

(1)可扣除的利息支出

鉴于债权性投资金额:权益性投资金额 = 8000 万元/3 ÷ (1000 万元 + 1000 万元/3) = 2,因此年利息全部可在税前扣除。即利息支出 = 8000 万元/3 × 10% = 800/3(万元)

(2)企业所得税

A 公司应缴纳企业所得税 = (800 万元 − 800 万元/3) × 25% = 400/3(万元)

(3)个人所得税

①股东利息收入应缴纳个人所得税 = 800/3 × 20% = 160/3(万元)

②股东股息分红应缴纳个人所得税 = (800 − 400/3 − 800/3) × 20% = 80(万元)

(4)股东权益

A 公司及全体股东应缴纳的企业所得税和个人所得税合计为 400 万元/3 + 160 万元/3 + 80 万元 = 800 万元/3 ≈ 266.67 万元,股东收益为 800 万元 − 266.67 万元 = 533.33(万元)

同时代入数据进行公式验证:$a=2$,$X=1000$ 万元 + 3000 万元 = 4000 万元,$Y=800$ 万元,$r=10\%$

三税总和 $=0.4Y-0.2\times a\times X\times r\div(a+1)=0.4\times800$ 万元 $-0.2\times2\times4000$ 万元 $\times10\%\div3$
≈266.67 万元

三税总和 $=0.4Y-0.4\times X\times r\div(a+1)=0.4\times800$ 万元 -0.4×4000 万元 $\times10\%\div3$
≈266.67 万元

则:当 $a=2$ 时,股东权益 = 800 万元 − 266.67 万元 = 533.33 万元

综上推理分析可知,在目前税收政策下,为达到最好节税目的,债权性投资与权益性投资的比例应为 2:1 或尽量接近于 2:1。

二、股东借款给公司涉及资本弱化的风险与法律对策

(一)资本弱化的概念以及造成的不良影响

1. 资本弱化的概念

所谓资本弱化,又称资本隐藏、股份隐藏、收益抽取,通常是指企业的投资者为了达到少纳税或者其他目的,对所投资于企业的资本中,在降低权益性投资比重的同时提高债权性投资的比重,以债权性投资替代权益性投资方式的一种投融资行为。通俗地说,就是股东借给公司的款项远远大于股东对公司的出资,使得公司资本中的债权性投资的比例越来越高,权

益性投资的比例越来越低。

在安排权益性投资和借贷性投资中，投资者的意图多种多样，有的是为了规避股权投资的风险，有的是为了套取公司支付的利息，有的是为了少交国家税收，有的是二者或多者兼而有之。但围绕资本弱化这个话题，投资者看重的往往是利益的最大化、收益的现实性以及风险的可控度。

2. 资本弱化带来的风险

首先，资本弱化会增加一般债权人回收债权的风险。原因在于企业的实际控制人完全可以通过资本弱化将企业的收益进行调配，将自身的风险固定在其以股本名义出资的范围之内，同时将相应的风险转嫁一般债权人。

其次，资本弱化会引发实际控制人的道德风险。关联的债权性投资一般发生在企业与实际控制人之间，因而实际控制人对企业享有的债权在回收上是方便快捷的，在风险来临时快速抽出，致使企业资本急速降低，剩下有限的资产难以保障一般债权人的利益。

最后，资本弱化会加大投资人的投资风险。原因在于企业的实际控制人也可以调低债权资本的占比，造成企业盈利的假象，从而使得外部投资人对企业盈利能力产生错误的评估。

（二）股东通过资本弱化加速回本案例①

1. 案例简介

梅先生和旷先生拟承包某煤矿，根据可行性研究报告，该煤矿需投资25000万元进行技术改造（包括购置挖掘机械、更换巷道线路、改造通风设施、完善救援措施等），设计年产煤30万吨，吨煤售价380元，吨煤税前利润50元，吨煤净现金流150元（净现金流是从公司周转资金中分离出来的，在不影响公司正常经营情况下可自由调配的资金，不含税前利润50元/吨，净现金流可用于归还股东的借款）。另企业所得税税率为25%，个人所得税税率为20%，本案例暂不考虑利润弥补亏损以及分红中应提取的法定公积金。

2. 原方案与新方案数据比对

原方案：梅先生和旷先生共同以25000万元注册成立甲公司（有限责任公司），梅先生持有甲公司65%的股份，旷先生持有甲公司35%的股份。经测算，甲公司每年需缴纳的企业所得税为600万元，全体股东收回投资款需要花费27.8年，股东回本前需缴纳的个人所得税为16680万元。计算过程如下：

（1）甲公司每年的利润额为：50元×30万吨=1500万元；

（2）甲公司每年应缴纳的企业所得税为：1500万元×25%=375万元；

（3）甲公司每年的税后利润为：1500万元-375万元=1125万元；

（4）股东每年应缴纳的个人所得税为：1125万元×20%=225万元；

（5）股东每年的税后收益为：1125万元-225万元=900万元；

① 本案例参考了张远堂老师讲义的相关内容。

(6)股东收回投资的时间为:25000 万元 ÷ 900 万元/年 = 27.8 年;

(7)股东收回全部投资款前,甲公司及其股东需缴纳的税收为:(375 + 225)万元/年 × 27.8年 = 16680 万元。

新方案:经节税筹划调整股东投资结构,梅先生和旷先生将资金分拆为两部分,即以 2500 万元作为对甲公司的股权投资,同时借贷给甲公司 22500 万元(股东借款不收息,按照股东出资比例投入),甲公司从净现金流中逐年归还,经测算,股东收回借款的期限为 5 年,股权投资回本期限为 2.78 年,股东回本前需缴纳个人所得税 1668 万元。计算过程如下:

(1)甲公司每年税前净现金流为:150 元 × 30 万吨 = 4500 万元;

(2)股东收回借款的时间为:22500 万元 ÷ 4500 万元/年 = 5 年;

(3)股东收回投资款的时间为:2500 万元 ÷ 900 万元/年 = 2.78 年;

(4)股东收回全部投资前,甲公司及其股东需缴纳的税收为:(375 + 225)万元/年 × 2.78 年 = 1668 万元。

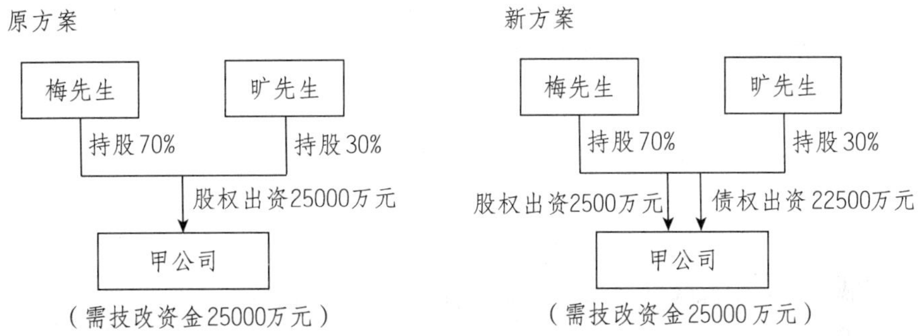

图 6-1　原方案与新方案对比示意图

3. 案例评析

对于甲公司需要的技改资金 25000 万元,若采用原方案,股东收回全部投资需要 27.8 年,这是一个多么漫长的过程;若采用新方案,股东收回全部款项(包括投资款和出借款)最长需要 5 年,二者的差距不是一点点。那么,新方案与原方案产生的差异究竟在哪里?在于税收总额的差异和公司资本的构成。

(1)关于税收总额的差异

若采用原方案,甲公司需要缴纳的企业所得税总额为 10425 万元(375 × 27.8),梅、旷两位股东需缴纳的个人所得税总额为 6255 万元(225 × 27.8),甲公司及其股东所缴纳的税收合计为 16680 万元;若采用新方案,由于股东放弃要求甲公司支付借款利息,股东不存在就利息部分纳税的情况,股东只需要缴纳分红的利息,所以甲公司需要缴纳的企业所得税总额为 1042.5 万元(375 × 2.78),梅、旷两位股东需缴纳的个人所得税总额为 625.5 万元(225 × 2.78),甲公司及其股东所缴纳的税收合计为 1668 万元。与原方案相比,新方案可以少缴纳税收 15012 万元。

(2)关于公司资本的构成

若采用原方案,梅、旷两位股东提供给甲公司的25000万元资金全部作为权益性投资,股东只有在甲公司缴纳企业所得税和股东缴纳个人所得税后,才能收回投资,两层税负的综合税率为40%[25% +(1 -25%)×20%];若采用新方案,梅、旷两位股东提供给甲公司的25000万元资金,其中的一部分计2500万元作为权益性投资,其余部分计22500万元作为借贷性投资,尤为重要的借贷性投资数额是权益性投资数额的9倍,股东回收资金的时间大大缩短。

(3)结论性意见

根据《企业所得税法》及其实施条例的相关规定,权益性投资收益主要是股息形式,借贷性投资收益主要是利息形式,股东在分配利润时需要缴纳企业所得税,而股东收取的利息是可以在税前扣除的,因此企业在为投资经营而筹借资金时,需要考虑资债比例的设计,因为权益性投资和借贷性投资的合理配比至关重要。当企业处于初创期时,为保障投资安全,尽量使用借贷性资本;而当企业发展到成熟期时,使用权益性资本可降低财务成本。

(三)关于防范资本弱化的相关法律规定

1. 首引资本弱化的概念

在我国,《企业所得税法》第一次引入"资本弱化"这个概念。《企业所得税法》第四十六条规定:"企业从其关联方接受的债权性投资与权益性投资的比例超过规定标准而发生的利息支出,不得在计算应纳税所得额时扣除。"首次对资本弱化行为作出防范性规定。

与此同时,《企业所得税法实施条例》第一百一十九条对债权性投资与权益性投资两种投资方式分别下了定义,尤其是采取列举方式明确了企业间接从关联方获得的债权性投资,包括:(1)关联方通过无关联第三方提供的债权性投资;(2)无关联第三方提供的、由关联方担保且负有连带责任的债权性投资;(3)其他间接从关联方获得的具有负债实质的债权性投资。进一步扎牢了防范的篱笆,堵住了资本弱化的漏洞。

2. 限制关联债资的比例

2008年9月19日,财政部、国家税务总局《关于企业关联方利息支出税前扣除标准有关税收政策问题的通知》指出,为规范企业利息支出税前扣除,加强企业所得税管理,根据《企业所得税法》第四十六条和《企业所得税法实施条例》第一百一十九条的规定,特就企业接受关联方债权性投资利息支出税前扣除作出规定。

该通知第一条规定:"在计算应纳税所得额时,企业实际支付给关联方的利息支出,不超过以下规定比例和税法及其实施条例有关规定计算的部分,准予扣除,超过的部分不得在发生当期和以后年度扣除。企业实际支付给关联方的利息支出,除符合本通知第二条规定外,其接受关联方债权性投资与其权益性投资比例为:(一)金融企业,为5∶1;(二)其他企业,为2∶1。"

但根据该通知第二条的规定,有两个例外可不受前述比例限制:一是企业能够按照税法及其实施条例的有关规定提供相关资料，并证明相关交易活动符合独立交易原则；二是企业的实际税负不高于境内关联方的，其实际支付给境内关联方的利息支持，在计算应纳税所得额时准予扣除。对于企业同时从事金融业务和非金融业务，其实际支付给关联方的利息支出，通知要求应按照合理方法分开计算，没有按照合理方法分开计算的，一律按本通知第一条有关其他企业的比例计算准予税前扣除的利息支出。

3. 加强资本弱化的管理

2009 年 1 月 8 日，国家税务总局发布的《特别纳税调整实施办法（试行）》（部分失效，国税发〔2009〕2 号）明确规定，资本弱化管理是指税务机关按照《企业所得税法》第四十六条的规定，对企业接受关联方债权性投资与企业接受的权益性投资的比例是否符合规定比例或者独立交易原则进行审核评估和调查调整等工作的总称。

关联债资比例，是指根据《企业所得税法》第四十六条及《企业所得税法实施条例》第一百一十九的规定，企业从其全部关联方接受的债权性投资（以下简称关联债权投资）占企业接受的权益性投资的比例，关联债权投资包括关联方以各种形式提供担保的债权性投资。关联债资比例的具体计算方法如下：

关联债资比例 = 年度各月平均关联债权投资之和 ÷ 年度各月平均权益投资之和，其中：

各月平均关联债权投资 =（关联债权投资月初账面余额 + 月末账面余额）÷ 2；各月平均权益投资 =（权益投资月初账面余额 + 月末账单余额）÷ 2。

权益投资为企业资产负债表所列示的所有者权益金额。

如果所有者权益小于实收资本（股本）与资本公积金之和，则权益投资为实收资本（股本）与资本公积之和；如果实收资本（股本）与资本公积之和小于实收资本（股本）金额，则权益投资为实收资本（股本）金额。

4. 拟制公司股东的投机行为

2009 年 6 月 4 日，国家税务总局《关于企业投资者投资未到位而发生的利息支出企业所得税前扣除问题的批复》（国税函〔2009〕312 号）规定，根据《企业所得税法实施条例》第二十七条的规定，凡企业投资者在规定期限内未缴足其应缴资本额的，该企业对外借款所发生的利息，相当于投资者实缴资本额与在规定期限内应缴资本额的差额应计付的利息，应由企业投资者负担，不得在计算企业应纳税所得额时扣除。

5. 控制企业向其他自然人借款

2009 年 12 月 31 日，国家税务总局《关于企业向自然人借款的利息支出企业所得税税前扣除问题的通知》规定，企业向股东或其他与企业有关联关系的自然人借款的利息支出，应根据《企业所得税法》第四十六条及财政部、国家税务总局《关于企业关联方利息支出税前扣除标准有关税收政策问题的通知》规定的条件，计算企业所得税扣除额。

企业向除上述规定以外的内部职工或其他人员借款的利息支出，其借款情况同时符合以下条件的，其利息支出在不超过按照金融企业同期同类贷款利率计算的数额的部分，根据《企业所得税法》第八条和《企业所得税法实施条例》第二十七条的规定,准予扣除:(1)企业与个人之间的借贷是真实、合法、有效的,并且不具有非法集资目的或其他违反法律、法规的行为;(2)企业与个人之间签订了借款合同。

6. 明确同期同类贷款利率的标准

2011 年6 月9 日,国家税务总局《关于企业所得税若干问题的公告》第一条对金融企业同期同类贷款利率的判断标准作了进一步的说明。该公告规定,同期同类贷款利率是指在贷款期限、贷款金额、贷款担保以及企业信誉等条件基本相同下,金融企业提供贷款的利率,既可以是金融企业公布的同期同类平均利率,也可以是金融企业对某些企业提供的实际贷款利率。

三、通过案例看公司借款给股东涉及的税务风险①

(一)案例展示

1. 案件当事人

原告(二审上诉人、再审申请人):黄山市博皓投资咨询有限公司

被告(二审被上诉人、再审被申请人):黄山市地方税务局稽查局

2. 案情简介

黄山市博皓投资咨询有限公司(原黄山市博皓房地产开发有限公司,以下简称博皓公司)系由宁波博皓投资控股有限公司、苏忠合、倪宏亮、洪作南共同投资成立的有限责任公司。截止到 2010 年年初,博皓公司借款给其股东苏忠合 300 万元、倪宏亮 305 万元、洪作南 265 万元,以上共计借款 870 万元,在 2012 年 5 月归还,该借款未用于博皓公司的生产经营。

2013 年 2 月 28 日,黄山市地方税务局稽查局(以下简称黄山市地税稽查局)对博皓公司涉嫌税务违法行为立案稽查,于 2014 年 2 月 20 日对博皓公司作出黄地税稽处(2014)5 号税务处理决定,其中认定博皓公司少代扣代缴 174 万元个人所得税,责令博皓公司补扣、补缴。

博皓公司向黄山市人民政府提出行政复议申请,黄山市人民政府作出黄政复决(2014)41 号行政复议决定,维持了黄山市地税稽查局作出的黄地税稽处(2014)5 号税务处理决定中第七项第三目的决定。博皓公司不服,向安徽省黄山市屯溪区人民法院(一审法院)提起行政诉讼。

3. 一审法院裁判观点

博皓公司借款给投资者,未用于企业的生产经营的事实清楚。3 名投资者的借款虽然有归还的事实,但显已超出该纳税年度,符合财政部、国家税务总局《关于规范个人投资者个人

① 案例索引:安徽省黄山市屯溪区人民法院(2014)屯行初字第 00021 号行政判决书、安徽省黄山市中级人民法院(2015)黄中法行终字第 00007 号行政判决书、安徽省高级人民法院(2017)皖行申 246 号行政裁定书。

所得税征收管理的通知》(财税〔2003〕158 号)对个人投资者征收个人所得税的相关规定,博皓公司应履行代扣、代缴义务,黄山市地税稽查局责令其补扣、补缴并无不当。

一审法院据此判决:维持黄山市地税稽查局的黄地税稽处(2014)5 号税务处理决定中第二条第七项的决定。宣判后,博皓公司不服,向安徽省黄山市中级人民法院(二审法院)提出上诉。

4. 博皓公司的上诉理由

一审法院错误地理解了《关于规范个人投资者个人所得税征收管理的通知》,投资者借款归还后,借款人已属不得者,在借款人还款后仍然按借款数额征收借款者个人所得税显然是错误的。财税〔2003〕158 号文并没有规定纳税年度终了后多少时间内还款,稽查时已确认三个投资者还清了所有借款,该借款不能视作企业对投资者的红利分配。博皓公司请求撤销一审法院判决和错误的税务处理决定书。

5. 黄山市地税稽查局的答辩意见

一审法院认定事实清楚,该事实被博皓公司在庭审中予以认可。根据《关于规范个人投资者个人所得税征收管理的通知》第二条的规定,博皓公司借给股东 870 万元,在 2011 年年末都未归还,此借款也未用于博皓公司经营,因此上述借款应视作企业对个人的红利分配。黄山市地税稽查局在税务专项检查中发现博皓公司涉嫌税务违法,遂进行立案稽查,处理程序合法。博皓公司未履行扣缴义务人的法定义务,要求博皓公司限期补扣补缴的行政处理有法律依据。黄山市地税稽查局请求二审法院依法维持一审法院判决。

6. 二审法院裁判观点

黄山市地税稽查局依法实施税务稽查,查处税收违法行为,有权对博皓公司涉税事项进行检查处理。黄山市地税稽查局查明博皓公司股东从博皓公司借款超过一个纳税年度,该借款又未用于博皓公司经营,黄山市地税稽查局将博皓公司股东在超过一个纳税年度内未归还的借款视为博皓公司对个人投资者的红利分配,依照《关于规范个人投资者个人所得税征收管理的通知》第二条的规定决定计征个人所得税,该决定符合财政部、国家税务总局《关于个人投资者从投资的企业借款长期不还的处理问题的意见》。

黄山市地税稽查局认定事实清楚,处理程序合法,责令博皓公司补扣补缴 174 万元个人所得税的处理决定适当,一审法院判决维持黄山市地税稽查局处理决定正确,博皓公司的上诉理由不能成立,不予采纳。

二审法院据此判决:判决驳回上诉,维持原判。宣判后,博皓公司不服,向安徽省高级人民法院(以下简称安徽高院)申请再审。

7. 博皓公司申请再审的理由

黄山市地税稽查局没有税务行政处理决定权,对外不能作为补扣补缴税务处理决定主体。本案的三个股东虽向其投资的企业借款,但在税务机关税务检查前就已经归还了借款,投资人将其借款归还后已没有所得,不产生个人所得税。黄山市地税稽查局依据财税〔2003〕

158 号文第二条的规定对申请人作出的税务处理决定，系适用法律错误。故请求撤销一、二审判决，撤销黄山市人民政府行政复议决定书和黄山市地税稽查局税务处理决定。

8. 安徽高院再审判决观点

（1）黄山市地税稽查局具有作出行政决定的权力

《税收征收管理法》第十四条规定，本法所称税务机关是指各级税务局、税务分局、税务所和按照国务院规定设立的并向社会公告的税务机构。《税收征收管理法实施细则》第九条第一款规定，《税收征收管理法》第十四条所称按照国务院规定设立的并向社会公告的税务机构，是指省以下税务局的稽查局。稽查局专司偷税、逃避追缴欠税、骗税、抗税案件的查处。从以上法律法规的规定来看，黄山市地税稽查局具有查处税收违法行为，作出处理决定的权力。

（2）博皓公司应当履行代扣代缴税款义务

财税〔2003〕158 号文第二条规定，纳税年度内个人投资者从其投资企业（个人独资企业、合伙企业除外）借款，在该纳税年度终了后既不归还，又未用于企业生产经营的，其未归还的借款可视为企业对个人投资者的红利分配，依照“利息、股息、红利所得”项目计征个人所得税。该规定的目的是防止个人投资者以借款的形式掩盖红利分配，其征税对象是纳税年度终了后未归还且未用于企业生产经营的借款。本案中，博皓公司分别借款给其股东苏忠合 300 万元、洪作南 265 万元、倪宏亮 305 万元，以上借款未用于博皓公司的生产经营，且超过了一个纳税年度未归还，符合上述通知规定的征税情形，博皓公司应当履行代扣代缴税款义务。黄山市地税稽查局责令博皓公司补扣补缴 174 万元个人所得税的处理决定并无不当，二审法院维持黄山市地税稽查局黄地税稽处（2014）5 号税务处理决定，责令博皓公司补扣补缴 174 万元个人所得税的决定正确。

安徽高院据此裁定：驳回博皓公司的再审申请。

（二）案例评析

关于股东借公司资金“涉逃”与“涉税”问题，一直为社会所广泛关注，亦是税务部门关注的重点。

1. 关于股东向公司借款是否属于抽逃出资行为的问题

早在 2002 年 7 月 25 日，原国家工商行政管理总局《关于股东借款是否属于抽逃出资行为问题的答复》（工商企字〔2002〕第 180 号）规定，依照《公司法》的有关规定，公司享有由股东投资形成的全部法人财产权。股东以出资方式将有关财产投入公司后，该财产的所有权发生转移，成为公司的财产，公司依法对其财产享有占有、使用、收益和处分的权利。公司借款给股东，是公司依法享有其财产所有权的体现，股东与公司之间的这种关系属于借贷关系，合法的借贷关系受法律保护，公司对合法借出的资金依法享有相应的债权，借款的股东依法承担相应的债务。

因此，在没有充分证据的情况下，仅凭股东向公司借款就认定为股东抽逃出资缺乏法律依据。如果在借款活动中违反了有关金融管理、财务制度等规定，应由有关部门予以查处。

2. 关于股东无偿使用公司资金的问题

对于公司将资金无偿借给股东使用的行为，公司行为需作视同销售处理，并根据公司的纳税认定身份计征增值税。财政部、国家税务总局《关于全面推开营业税改征增值税试点问题的通知》（财税〔2016〕36 号）第十四条第一项规定，单位或者个体工商户向其他单位或者个人无偿提供服务视同销售服务、无形资产或者不动产，但用于公益事业或者以社会公众为对象的除外。企业借款给股东无偿使用，属于无偿提供"贷款服务"，因此应当视同销售服务，按照合理水平确定服务收入，计征增值税，并应向股东提供发票。

3. 关于股东长期从公司借得资金的问题

对于股东长期从公司借得资金如何定性，财政部、国家税务总局《关于规范个人投资者个人所得税征收管理的通知》明确规定，纳税年度内个人投资者从其投资企业（个人独资企业、合伙企业除外）借款，在该纳税年度终了后既不归还，又未用于企业生产经营的，其未归还的借款可视为企业对个人投资者的红利分配，依照"利息、股息、红利所得"项目计征个人所得税。根据以上规定，公司股东长期从公司借得资金使用，不仅要根据上述分析计征增值税，而且有被视为"红利分配"，计征"股息、利息、红利所得"个人所得税的风险。

本案就是一个警示。

第二节　通过案例看公司资本过剩的情形及处理

一、资本过剩的成因、弊端及解决路径

（一）资本过剩的概念

所谓资本过剩，即注册资本过剩，是指公司预定的注册资本大于实际经营所需要的资金，而形成大量的过剩资本，造成资源的浪费。有时候公司缺乏有利的投资机会而导致注册资本被大量沉淀，与流动资金相比，显得多余。所以，资本过剩也称为资本流动性过剩。

（二）资本过剩的成因

造成资本过剩的原因多种多样，但较为常见的有以下几种：

1. 股东根据公司章程规定实缴的出资额（股本）过大，使得公司一时间拥有非常充裕的流动资金；

2. 公司业务开展情况未达到预期规模，暂不需要过多的资金流动，使得公司现有的资金出现相对过剩；

3. 公司经营规模缩小或下降，而资金规模较大，使得资金规模与公司现有业务规模不匹

配,形成资金浪费;

4. 受外部经济环境的深刻影响,公司采取谨慎的对外投资策略,缩小对外投资规模,导致对资金的需求较低。

(三)资本过剩的弊端

公司的净资产规模相对于业务规模偏大,资金利用不起来,或者利用效率差,导致净资产收益率过度稀释,每股收益降低,不利于引进外部投资人。股东缴付的出资额在公司账上闲置,使得资金成本上升,造成资金的浪费。

在注册资本全面认缴制下,资本过剩情况可能会越来越少,因为股东可以在公司章程中自主约定出资额、出资方式及出资期限。笔者建议,股东应当根据公司的实际经营情况,灵活掌握实际出资的进度,切勿贪大求多,一次实缴到位。股东可以一次性认缴,逐次实缴,这样做可以同时达到三个目的,一是减轻股东的资金压力;二是合理配置生产要素;三是体现资本的公示效应。

(四)解决资本过剩的途径

解决资本过剩问题,通常的做法是实质减资,为避免资本的浪费而由公司将多余的资本(股东部分出资额)返还给股东,此种减资属于实质减资,它是相对于形式减资(名义减资)而言的,此种减资的结果既减少公司的注册资本,也减少公司的资产和运营资金,实质减资可以是股东按照原出资比例或者持股比例同比例减少出资,也可以不按照原出资比例或者持股比例减少出资。

二、实操案例:北新路桥为资质增资后又减资

(一)案例介绍

新疆北新路桥建设股份有限公司(证券代码:002307;证券简称:北新路桥)于2009年8月29日发布的《首次公开发行股票招股说明书》披露:

1. 减资的原因

公司自2005年以来,业务发展速度很快,对资金的需要越来越大。为满足公司快速发展的需要,同时为早日获得公路工程施工总承包特级资质而做准备,公司多次讨论增资方案,但当时资本市场正处于股权分置改革时期,新股暂停发行较长时间,因对资本市场何时能恢复正常融资判断尚不明朗,为不耽误公司的发展,公司选择在2006年先向原有股东融资。考虑到申请特级资质对注册资本的要求,将增资后的注册资本定在31000万元规模。由于控股股东计划的增资金额较大,涉及其资金的规划和调度,因此本次增资控股股东分两次出资。

随着2007年资本市场的好转,由于公开发行股票在获得发展资金支持的同时,还可获得资本市场特有的多重附加收益,作为一个路桥施工企业,在资本市场公开发行并上市所带来的的品牌优势对于公司业务发展具有良好的提升作用:

(1)作为公众公司,有利于公司在海内外市场树立诚信的品牌形象,无形的广告效应可以

促进业务的进一步拓展；

(2)有助于公司打通直接融资渠道，获得资本平台的支持；

(3)有利于公司更好地吸引人才，提高技术水平，更快地实现公司获得公路工程施工总承包特级资质的目标。

根据《首发管理办法》第十条的规定，发行人在首次公开发行前注册资本必须已足额缴纳。而以发行人目前的业务规模和盈利状况，发行后合理的净资产规模为6个亿左右。如果发行人募足31000万元的注册资本以后再实施公开发行，发行人的净资产规模相对于业务规模将偏大，导致发行后净资产收益率过度稀释。因此，经发行人与股东慎重研究，控股股东决定放弃第二次出资(在法律形式上体现为控股股东承诺出资部分的注册资本减少)，而通过公开发行股票的方式实现企业发展的战略目标。

2. 减资的法律程序

经公司第二届董事会第九次会议决议，并经2007年7月3日召开2007年第二次临时股东大会审议通过，同意公司注册资本由31000万元减至14195万元，同意控股股东兵团建工集团放弃承诺于2008年10月8日之前分期缴足的16805万元出资。按照《公司法》的规定，发行人对主要债权人进行了书面通知，并于2007年7月5日在《新疆经济报》上刊登了减资公告。在《公司法》规定的时间内，公司未接到债权人清偿债务或者提供相应担保的要求。2007年10月18日，希格玛会计师事务所出具了希会验字(2007)156号《验资报告》，对本次验资进行了确认。本次减资后的股权结构见表6-2。

表6-2　减资后股东持股情况

股东(发起人)名称	持股数(万股)	持股比例(%)
兵团建工集团(SS)	11135.33	78.44
新中基	2811.60	19.81
金石置业	132.31	0.93
新通达	66.15	0.47
长安大学(SS)	49.61	0.35
合　　计	14195.00	100.00

注：SS为State-owned Shareholder的缩写，即国有股东。“兵团建工集团”企业全称为新疆生产建设兵团建设工程(集团)有限责任公司、“新中基”企业全称为新疆中基实业股份有限公司、“金石置业”企业全称为新疆金石置业投资集团有限公司、“新通达”企业全称为新疆新通达机械工程有限责任公司、“长安大学”企业全称为陕西省长安大学。

新疆生产建设兵团国有资产监督管理委员会于2007年11月3日出具了兵国资发〔2007〕215号文对该国有股权的管理予以批复。

2007年11月14日，自治区工商行政管理局为公司本次减资换发了新的营业执照。

3. 减资对公司生产经营的影响

根据原建设部建建〔2001〕82号《建筑业企业资质等级标准》关于公路工程施工总承包企

业资质等级标准的规定,企业获得公路工程施工总承包企业一级资质标准在注册资本金和净资产方面有如下要求:企业注册资本金6000万元以上,企业净资产8000万元以上;一级企业可承担的单项合同额为不超过企业注册资本金5倍的各等级公路。

减资前后,发行人在注册资本金、净资产以及可承担的单项合同额与一级资质标准要求对比见表6-3。

表6-3　减资前后资质要求对比

	注册资本金	净资产	可承担的单项合同额
公路工程施工总承包一级资质标准	6000万元以上	8000万元以上	不超过注册资本金的5倍
减资前	31000万元	18717万元	155000万元
减资后	14195万元	18717万元	70975万元

注:减资前后的净资产数据来源于发行人2007年8月财务报表(未经审计)。

根据表6-3的对比分析可看出,减资对发行人原有的公路工程施工总承包企业一级资质不构成影响。减资后,无论是注册资本还是净资产,发行人条件都仍然远超过一级资质标准的要求;理论上减资对发行人最高承揽的单项合同额有一定影响,即由原来减资前最高可承揽单项合同额15.5亿元下降到最高可承揽单项合同额7.10亿元。事实上,由于国内高等级公路工程的业主通常将整个工程划分为若干标段,每个标段的工程合同额多数在3亿元以内。因此,减资对发行人承揽单项公路工程施工合同额并无实质影响。

发行人在减资以前承揽的国内工程金额均在3亿元以下,没有承揽超过实收资本5倍的项目。国外项目没有类似关于公路工程施工总承包企业资质等级标准承揽项目金额的限制规定。

发行人律师意见:发行人本次减少注册资本已履行了《公司法》及其他法律、法规和发行人公司章程规定的必要程序,该程序合法、有效;本次减少注册资本对发行人项目承揽资质不构成影响,对发行人项目承揽能力不构成实质性影响。

4. 本次减资时的验资情况

2007年10月18日,希格玛会计师事务所出具希会验字(2007)156号验资报告,对公司本次减资时减少的注册资本情况进行核验。验资报告显示,截至2007年8月31日,公司减少原认缴的注册资本人民币16805.00万元,其中减少新疆生产建设兵团建设工程(集团)有限责任公司认缴人民币16805.00万元;截至2007年8月31日,变更后的注册资本人民币14195.00万元,实收资本人民币14195.00万元。

(二)案例评析

发行人在《招股说明书》披露的信息显示,北新路桥本次减资之前进行过一次较大规模的增资,发生在2006年10月,比本次减资早一年。增资前,北新路桥注册资本为6500万元;增资后，北新路桥注册资本为31000万元，增资额为24500万元，增资幅度高达376.92%，增资标的物包括：(1)公司以2006年7月31日经审计的财务报表为基础，以未分配利润5268.15万元、资本公积1556.85万元增加股本6825万元；(2)控股股东兵团建工集团以经评估确认后的实物资产增资870万股；(3)控股股东兵团建工集团认缴16805万元(在2008年10月8日之前分期缴足)。本次增资主要是公司考虑业务发展的需要，并为早日获得公路工程施工总承包特级资质做准备。也就是说，增资的目的是取得资质。

由于2007年我国资本市场发生了新的变化，北新路桥可以通过上市进行融资，更好地实现企业发展的战略目标。根据法律规定，拟上市公司注册资本必须已经足额缴纳，这是企业首次公开发行股票的基本条件，这意味着控股股东兵团建工集团需要提前缴付认缴的出资额16805万元，否则将成为企业上市的实质性障碍。如此一来，北新路桥就可能陷入两难境地。

一方面，根据当时的《建筑业企业资质等级标准》关于公路工程施工总承包企业资质等级标准的规定，公司申请一级资质需具备的注册资本金(6000万元以上)、净资产(8000万元以上)以及可承担的单项合同额(不超过注册资本金的5倍)这三项指标，随着公司上市计划的落地，公司可以在资本市场上融到大把的资金，完全能够满足申请资质的条件，公司不再需要股东实际出资；另一方面，北新路桥在工商部门登记的注册资本31000万元(其中实缴资本14195万元，认缴资本16805万元)必须在申报上市材料之前全部缴足，而根据公司当时的业务规模和盈利状况，公司上市后合理的净资产规模约为6亿元，如果兵团建工集团再缴付16805万元，则公司的净资产规模远高于业务规模，势必造成大量资金的沉淀，导致发行后净资产收益率过度稀释。

其实，问题的关键就在于资本过剩。具体地说，就是公司注册资本过大，推高了所有者权益，即公司净资产数额，由于净资产相对于公司业务规模显得过多，从而导致净资产收益率偏低。净资产收益率，又称净值报酬率或权益报酬率，是指企业本期净利润与平均净资产的比率，它即可直接反映资本的增值能力，又影响着企业股东价值的大小，在企业净利润保持平稳的情况下，净资产数额越大，则净资产收益率越低；反之亦然。企业的根本目标是所有者权益或股东价值最大化，净资产收益率是衡量上市公司盈利能力的核心指标，该指标越高，企业盈利能力越好。广大投资者也非常关注这一指标。

面对这一棘手问题，发行人及股东经过慎重考虑，最后决定通过减资方式解决，不失为上策。减资完成后，北新路桥的注册资本由31000万元减至14195万元，既不影响施工资质的申报，又提高了净资产收益率，可谓两全其美。

三、案例探讨：万达广场狂减资，究竟为了谁

(一)前言

大连万达商业地产股份有限公司(以下简称万达商业)是一家于中国境内注册成立的股份有限公司，是国内规模最大的商业物业持有及管理运营，是大连万达集团股份有限公司(以

下简称万达集团）旗下商业地产投资与运营的唯一平台。

"万达广场，城市中心，商业中心，幸福生活的中心"，这是曾经风靡一时的万达广告词。2017 年，万达集团发生的减资事件再一次吸引了世人的眼球。据有关媒体报道，2017 年 5 月初至 8 月中旬，至少有 84 家万达广场项目公司相继进行减资，减资总额高达 400 余亿元，这些项目公司的减资时间有早有晚，减资金额有大有小。譬如，2017 年 6 月 15 日，唐山万达广场投资有限公司（以下简称唐山万达广场）注册资本由 240000 万元减至 5000 万元，2017 年 6 月 27 日，苏州万达广场投资有限公司（以下简称苏州万达广场）注册资本由 9000 万元减至 5000 万元。与此同时，融创豪掷 631 亿元收购万达 13 个文旅城项目和 76 个酒店，引起社会广泛关注。

（二）万达广场减资目的之我见

要想真正了解唐山万达广场和苏州万达广场的减资原因，就必须首先了解万达广场项目公司与万达集团乃至王健林之间一系列的股权投资关系。根据企查查网站搜集的信息，截至 2020 年 5 月 31 日，唐山万达广场与苏州万达广场的股权结构如图 6－2 所示。

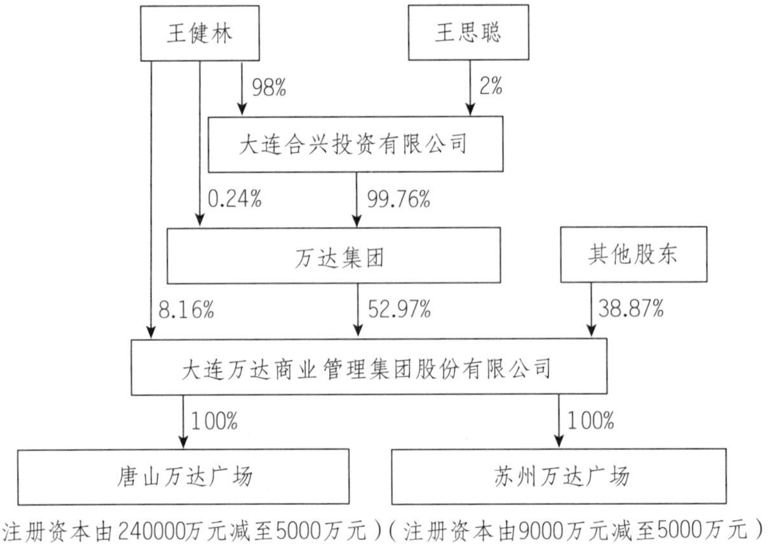

图 6－2　唐山苏州万达广场股权结构图

唐山万达广场与苏州万达广场均为大连万达商业管理集团股份有限公司（以下简称大连万达商业集团）100% 控制的平行公司，唐山万达广场的主要经营范围是房地产投资、房地产经营开发，苏州万达广场的主要经营范围是项目投资、房屋租赁、物业管理。唐山万达广场相对于苏州万达广场而言，确实是重资产企业，从母公司大连万达商业集团出资 24 亿元可见一斑。工商年度报告披露的信息显示，唐山万达广场与苏州万达广场注册资本全部是实缴的，因此，本次减资不存在为免除股东出资义务（股东不再需要补缴注册资本）的情形；唐山万达广场与苏州万达广场经营状况良好，公开信息没有发现两家公司出现了巨额亏损，因此，本次减资不存在弥补企业亏损（为了不影响公司的信用状况）的情形；工商登记信息显示，减资完成后，两家公司的股东仍为大连万达商业集团，因此，本次减资也不存在因企业重组（如卖掉项目）而事前减资的情形。关于唐山万达广场与苏州万达广场减资的原因，众说纷纭，猜测不断，除了上面介绍的以外，比较有代表性的说法还有以下几种：

1. 为分摊融资成本而减资

有分析认为，项目公司减少注册资本，是为了分担其股东的融资成本。以前大连万达商业集团有大量融资，背负融资成本，对项目公司却是以注册资本金的形式进行投资的。本次减资，大连万达商业集团对项目公司的投资由单一的权益性投资改变为组合型投资，即项目公司需要的资金一部分来源于股东的权益性投资，另一部分来源于股东的债权性投资。本次减资完成后，大连万达商业集团将取得的减资对价的一部分或全部出借给唐山万达广场与苏州万达广场，大连万达商业集团收取相应的利息，这样就能平摊其融资成本。

2. 为合理避税而减资

企业工商登记信息显示，唐山万达广场成立于2008年11月12日，苏州万达广场成立于2006年1月19日，两家项目公司经过多年的运营，留有一定的盈余公积和未分配利润，假设两家项目公司通过分红处理以上留存收益，就需要缴纳大量的税收。如果两家项目公司采取减资方式，由于两家公司及其股东大连万达商业集团都是居民企业，根据国家税务总局《关于企业所得税若干问题的公告》第五条的规定，投资企业从被投资企业减少投资，其取得的资产中，相当于被投资企业累计未分配利润和累计盈余公积按减少实收资本比例计算的部分，应确认为股息所得。依照《企业所得税法》第二十六条的规定，符合条件的居民企业之间的股息、红利等权益性投资收益为免税收入。所以，本次减资的一种可能性是企业为了避税。

3. 为返还过剩资本而减资

资本过剩，通俗地说，就是公司正常生产经营或者缩小经营规模不需要较大的资金，现有数额的注册资本与所需资金相比显得过剩。万达广场项目公司前期拿地和开发需要大量的资金投入，所以项目公司的注册资本金额也大，但随着周边住宅、写字楼、商业中心的出售，资金大量回笼，聚集在公司账上。到了后期，万达广场项目公司只需要进行运营就可以了，资金成本不大，不再需要投入巨额资金，这样就导致大量的资金沉淀，造成资源的浪费。根据资本不变原则，非经法定程序（股东会或股东大会特别决策事项），公司注册资本不得随意变动，（包括增资和减资）。唐山万达广场与苏州万达广场面对资本大量过剩，最有效的途径就是通过减资方式将一部分出资返还给股东大连万达商业集团，这样项目公司由重资产企业瘦身为轻资产企业。所以，我们就看到前面的一幕，唐山万达广场、苏州万达广场注册资本分别由240000万元、9000万元减到5000万元，并将减资对价支付给股东大连万达商业集团。

综上所述，万达广场在短短的时间里频繁、大额地减资，社会上议论纷纷，成为当时的热点话题。至于万达广场减资的真实原因，我们不得而知，但不妨碍我们从专业的角度抽丝剥茧，接近真相。所谓见仁见智，任君思绪天马行空；拨云见日，万变还是不离其宗。

(三)万达文旅城被收购前后减资及增资之用意

融创中国控股股份有限公司(以下简称融创中国)是一家于开曼群岛注册成立,在香港联合交易所主板上市,从事住宅及商业地产综合开发的企业。融创房地产集团有限公司(以下简称融创房地产集团)是隶属于融创中国全资控股的企业,专业从事住宅及商业地产综合开发。

1. 融创中国公告的主要内容

2017 年 7 月 10 日,融创中国公告的《非常重大收购事项——就目标项目公司和目标酒店资产合作订立框架协议》披露:融创房地产集团与万达商业订立框架协议,融创房地产集团同意收购万达商业出售的中国 13 个文化旅游项目公司(目标项目公司)91% 的权益和 76 家城市酒店(目标酒店资产)100% 的权益,代价分别约为人民币 295.75 亿元和人民币 335.9526 亿元。合作事项的总代价约为人民币 631.7026 亿元。

合作事项完成前,万达商业持有目标项目公司 100% 的权益和目标酒店资产 100% 的权益。合作事项完成后,融创房地产集团将持有目标项目公司 91% 的权益和目标酒店资产 100% 的权益;万达商业继续持有目标项目公司 9% 的权益。

融创房地产集团与万达商业签订了框架协议以就合作事项主要条款达成协议,双方将进一步协商,以期于 2017 年 7 月 31 日前就合作事项的细节达成正式协议,唯须待融创房地产集团对目标项目公司及目标酒店资产在 2017 年 7 月 31 日前完成尽职审查。因此,公司预期在订立正式协议后会根据上市规则第十四章的适用规定就合作事项及该正式协议拟进行的交易尽快发布进一步公告。

据了解,万达文化旅游项目包括万达文化旅游城和配套可供销售住宅等业态的综合地产项目。13 个文化旅游项目是指西双版纳万达文旅项目、南昌万达文旅项目、合肥万达文旅项目、哈尔滨万达文旅项目、无锡万达文旅项目、青岛万达文旅项目、广州万达文旅项目、成都万达文旅项目、重庆万达文旅项目、桂林万达文旅项目、济南万达文旅项目、昆明万达文旅项目、海口万达文旅项目。76 家城市酒店是指宁波万达索菲特酒店、北京万达嘉华酒店、青岛万达艾美酒店等。

2. 万达商业公告的主要内容

2017 年 8 月 2 日,万达商业发布的《出售、转让资产的公告》披露:2017 年 7 月 19 日,万达商业与融创房地产集团签署《资产转让、出售协议》,笔者截取了以下几个相关内容:

(1)资产的账面价值

截至 2016 年年末,并表范围内目标项目公司的净资产合计约为 224.34 亿元。(注:西双版纳和青岛游艇文旅项目为公司 2017 年向万达集团所收购,济南、昆明、海口文旅项目为 2017 年成立,故不在以上并表范围内)

交易所涉城市酒店总建筑面积合计约为 328.63 万平方米,总客房为 23202 间套。截至 2016 年年末,77 家酒店的账面净值合计约为 333.25 亿元。

综上所述,截至 2016 年年末,并表范围内目标项目公司的净资产及 77 家酒店的账面净值合计为557.59亿元。2016年年末，公司经审计的净资产为2233.76亿元。根据公司初步测算，模拟2016年并表口径交易完成后，使得当年经审计净资产的减幅为-1.63%。（以上测算结果尚待最终审计）

（2）交易对价与资产交割

目标项目公司91%股权的交易对价为人民币438.44亿元。目标股权的对价由签约双方参考目标项目公司的投资成本及资产的市场价值，经公平磋商后确定。

融创房地产集团将设立13家子公司，分别受让13家目标项目公司的目标权益。合作事项完成后，融创房地产集团将持有目标项目公司91%的股权，万达商业将继续持有目标项目公司9%的股权。

（3）交易产生的影响

本次交易是万达商业在原有业务模式基础上，发展“轻资产战略”、探索“轻资产模式”的举措之一。预计交易将在以下方面对公司产生积极影响：

第一，贯彻战略转型：交易后，万达商业主要持有投资回报率更高的万达广场资产，并通过提供相应的资产管理服务，进一步实现轻资产战略。

第二，改善收入结构：进一步提升租金、管理费等可持续收入的比重，降低物业销售收入比重，减少公司对物业销售的依赖，提升盈利能力。

第三，降低财务杠杆：在优化公司整体资产结构的同时，盘活非核心资产，并大幅降低有息负债，进一步加强风险抵御能力。

3. 万达文旅城先减资、后增资的目的

在融创房地产集团收购上述万达文旅城项目过程中，有一个非常奇特的现象，部分目标项目公司的注册资本在被收购前进行了大幅减资，而在被融创房地产集团收购后又进行了增资。

部分目标项目公司被收购前后的注册资本对照见表6-4。

表6-4　部分目标项目公司被收购前后注册资本对比表

公司名称	原注册资本	收购前的注册资本（减资后）	收购后的注册资本（增资后）
合肥万达城	200000万元	50000万元	200000万元
桂林万达城	100000万元	50000万元	150000万元
重庆万达城	100000万元	50000万元	300000万元
无锡万达城	400000万元	50000万元	400000万元
哈尔滨万达城	200000万元	50000万元	200000万元

融创房地产集团在收购万达文旅城项目过程中，专门设立13家子公司，分别受让13家目标项目公司的目标权益，并取得绝对控制权。由此可见，本次交易采用是股权并购，而非资产并购。其主要原因在于，并购方可以获取资质审批和行业准入，被并购方可以节约大量税

务成本。至于万达商业余留9%股权的考量,一是保持原有业务和管理团队的稳定;二是规避并购方的债务风险。

笔者认为,目标项目公司在被收购前减资,被收购后又增资具有多重用意。首先,万达商业通过目标项目公司减资取得减资对价,增加企业现金流,改善财务结构;其次,融创房地产集团在目标项目公司减资后进行收购,可以减少收购资金的投入,降低企业财务成本;最后,融创房地产集团收购后增资,使得目标项目公司的原有规模、业务不受影响,以较小的代价获得最大的回报。关于本次交易采用的先减资再增资方法,与本书第十二章卫信康有限并购业务主体北京京卫信康的股权运作具有异曲同工之妙。

第三节　司法实践中对资本显著不足的认定

一、资本显著不足的认定及股东责任

揭开公司面纱制度,又称公司法人人格否认制度,是平衡效率与公平、股东权益与债权人利益的重要制度工具,是对现代公司制度的必要补充。《九民会议纪要》对公司法人人格否认制度进行了细化,其中就包括资本显著不足。

(一)资本显著不足的概念及认定

1.资本显著不足的概念

所谓资本显著不足,是指公司设立后在经营过程中,股东实际投入公司的资本数额与公司经营所隐含的风险明显不匹配,股东利用较少资本从事力所不及的经营,表明其没有从事公司经营的诚意,实质是恶意利用公司独立人格和股东有限责任把投资风险转嫁给债权人。资本是维持公司运行的基础,股东对公司出资后,股东自由资金转化为公司资本,这是维持公司日常经营发展的基石,也是对公司债权人实现债权的保障,其维系着公司、股东、债权三者之间的平衡。

2.关于资本显著不足中"资本"的争议

如何认定资本显著不足中的"资本",它到底是注册资本?还是实收资本?或者是经营资本?抑或是净资产?在实务中存在一定的争议。但必须肯定的是,在认缴制下,注册资本额不必然等于实缴资本额。笔者认为,根据《九民会议纪要》的精神,资本显著不足中"资本"是公司设立时股东认缴的出资额或者认购的股本总额,即注册资本。

(二)司法实践中,关于资本显著不足的认定

关于资本显著不足的认定,可以从以下几个方面进行综合评判:

1.从时间上来看,资本显著不足不一定发生在公司成立后

注册资本认缴制下,法律赋予股东自主约定出资方式、出资额和出资期限的权利。无论

是有限责任公司还是股份有限公司，除了法律、行政法规、国务院决定对公司注册资本实缴、注册资本最低限额另有规定的以外，通常情况下，股东或者发起人有权自行决定认缴出资额或认购股本总额，由公司登记机关登记，并记载于公司章程。但无论是公司成立之时还是公司经营过程中，一旦股东认缴的注册资本与公司经营所隐含的风险明显不匹配，就有可能被认定为资本显著不足。如本节引用的宜宾恒旭案，法院认定恒旭集团在恒旭公司设立时，对恒旭公司注册资本显著不足存在重大过错。

2. 从程度上来看，不匹配必须达到"明显"的程度

根据《九民会议纪要》的精神，股东实际投入公司的资本数额与公司经营所隐含的风险明显不匹配。首先，股东实际投资公司的资本数额，应该是全体股东认缴的出资额，它不只包括实缴资本，而且应包括认缴后还未届缴纳期限的待缴资本，不能单纯地认定为就是股东对公司的实缴资本；其次，公司经营所隐含的风险，当然是公司从事的业务规模涉及的金额高于注册资本，二者差距非常明显，极不协调。但不能仅凭数额而论，应当考虑公司偿债能力是否显著不足。在这个过程中，不能简单比对公司资本及所从事的业务规模，也不能以公司最终资不抵债的结果，倒推该公司当时的偿债能力，而是应该结合具体情况，进行整体的评价。

3. 从主观上来看，股东对公司偿债能力的降低存有恶意

股东利用较少资本从事经营活动，超出其承受范围，且具有主观过错。公司为了牟取经济利益，利用公司独立法人地位和股东有限责任制度的独特优势，明知自身不具备相应的实力，却计划经营大规模或者高风险的行业，实施力所不及的经营行为，将风险通过公司的形式转嫁给外部债权人，反映出公司没有经营诚意。公司资本的显著不足，也可以认为是公司对外到期债权的偿还能力不足，但是我们认为单从公司资本不足的层面，难以直接适用公司法人人格否认制度。根据《九民会议纪要》的精神，股东利用较少资本从事力所不及的经营，表明其没有从事公司经营的诚意，实质是恶意利用公司独立人格和股东有限责任把投资风险转嫁给债权人。从中我们不难看出股东其本质是缺乏经营公司的诚意，主观心理须是恶意的。由此看来，公司资本的不足不会直接导致公司法人人格的否认，其还需要以股东行为的主观动机作为考量因素。

4. 从持续性来看，资本与隐含的经营风险不匹配有时间要求

在判断股东实际投入公司的资本数额与公司经营所隐含的风险相比是否"明显"不匹配时，还应当有时间要求，即股东实际投入公司的资本数额与公司经营所隐含的风险的明显不匹配情况应当具有一定的持续性。换言之，如果股东实际投入公司的资本数额与公司经营所隐含的风险只是一时的不匹配，即使该等不匹配达到了"明显"的程度，这时也不宜轻易否定公司法人人格。应该说，资本与隐含的经营风险"明显"不匹配达到了一定的时间段，才能认为是公司故意为之。如果是因为短期经营方面的原因，则不能否定公司法人人格。

5. 从后果上来看，资本显著不足是股东的一种侵权行为

对于一个公司而言，如若显著不足则意味着股东将其自身所需承担的风险转移给了他

人,致使他人合法权益得不到有效的保障,因此股东主观故意所导致的滥用公司法人独立人格和股东有限责任的行为是一种损害他人的侵权行为。同时最主要的外部特征是无法清偿公司债权人的到期债务,其实公司资本显著不足是一种事后的审查和救济行为,其最根本的原因是公司出现无法清偿的到期债务,一旦出现该种情形,就应当从根源上追溯股东在公司经营活动中,是否投入与其经营事业所相符的资本,当然,公司资本的不足并不绝对地导致公司独立人格的否认,只有达到了“显著不足”的程度才会运用此制度。

二、“重庆瀛丹案”历经艰辛,最高人民法院一锤定音

在瀛丹公司诉中雄公司及股东郑道红、郑静股东损害公司债权人利益责任纠纷案件中(以下简称重庆瀛丹案),公司资本显著不足,但法院最终判决股东无须与公司承担连带责任。在麟辉建设公司诉力邦湘博公司及股东力邦物流公司、联创控股公司、博长钢铁公司建设工程施工合同纠纷案件中,法院判决股东对公司的债务承担连带责任。

(一)案件回放①

1. 案件当事人

原告(二审被上诉人、再审被申请人):重庆瀛丹物业(集团)有限公司

被告(二审上诉人、再审申请人):郑道红

被告(二审上诉人、再审申请人):郑静

被告(二审上诉人、再审申请人):黄淑兰

2. 案情简介

表6-5 案件当事人及审判机关简称一览表

简称		释义
瀛丹公司	指	重庆瀛丹物业(集团)有限公司
芸辉公司	指	重庆芸辉商贸有限公司
中雄公司	指	中雄建筑工程有限公司
郑氏父女	指	郑道红、郑静
郑氏一家	指	郑道红、郑静、黄淑兰
渝北法院	指	重庆市渝北区人民法院
重庆一中院	指	重庆市第一中级人民法院
重庆五中院	指	重庆市第五中级人民法院
重庆中院	指	重庆市中级人民法院
重庆高院	指	重庆市高级人民法院

① 案例索引:重庆市第五中级人民法院(2014)渝五中法民初字第00211号民事判决书、重庆市高级人民法院(2015)渝高法民终字第00127号民事判决书、最高人民法院(2016)最高法民再382号民事判决书。

表 6-6　案情介绍

序号	时　　间	本案相关事项
1	1999 年	由瀛丹公司出资、芸辉公司出地联建瀛丹大厦
2	2000 年 11 月	瀛丹公司资金链断裂，瀛丹大厦成为“烂尾楼”
3	2000—2009 年	瀛丹公司在未取得预售许可证的情况下，违法出售瀛丹大厦，非法取得购房款上亿元
4	2009 年 3 月	因瀛丹公司不能交房，大量购房者向法院起诉；重庆高院裁定将涉及瀛丹公司的系列执行案件交由渝北法院统一办理； 瀛丹大厦被渝北法院整体查封
5	2010 年 4 月 12 日	中雄公司成立，注册资本 1000 万元，股东为郑氏父女 中雄公司的注册资本是实缴的，但是在一周之内就被转让给其他公司
6	2010 年 4 月 30 日	重庆高院裁定将瀛丹大厦在重庆联合产权交易所进行司法拍卖，中雄公司缴纳 940 万元保证金参与竞拍，最终中雄公司以 2.52 亿元价格拍下瀛丹大厦
7	2010 年 5 月 24 日	中雄公司逾期未支付拍卖价款，构成违约
8	2010 年 7 月	华瓯公司以 1.77 亿元价格拍下瀛丹大厦
9	2010 年 6 月 9 日	重庆高院裁定将中雄公司 940 万元保证金中的 240 万元用于支付拍卖佣金，剩余的 700 万元作为拍卖差价款的一部分予以执行
10	2011 年 9 月 11 日	重庆高院执行局裁定对中雄公司应补缴的由两次拍卖形成的差价款 6800 万元予以强制执行，中雄公司被列为被执行人
11	2011 年 10 月 20 日	重庆高院裁定，查封、扣押、冻结中雄公司及股东郑氏父女财产 6800 万元
12	2011 年 10 月 27 日左右	渝北法院裁定将中雄公司股东郑氏父女追加为被执行人，在抽逃出资 1000 万元范围内承担责任； 中雄公司及郑氏父女提出执行异议； 渝北法院因此请示重庆高院
13		重庆高院审判委员会拟直接在执行程序中追加郑氏父女为被执行人，对拍卖差价款 6800 万元承担连带责任； 重庆高院就郑氏父女对中雄公司应补缴的拍卖差价款承担何种责任的问题请示最高人民法院研究室
14		最高人民法院研究室认为，中雄公司股东郑氏父女应在抽逃出资 1000 万元的本息范围内对公司应补缴的拍卖价差款承担补充赔偿责任
15	2014 年 2 月 13 日	渝北法院采纳了最高人民法院研究室的意见，仅执行了中雄公司股东郑氏父女价值 1000 万元的财产
16	2014 年 2 月 26 日	芸辉公司向重庆五中院起诉，请求中雄公司及其股东郑氏父女及黄淑兰（系郑静之母、郑道红配偶）承担连带责任，赔偿芸辉公司的损失 5410 万元； 后芸辉公司主动撤诉

续表

序号	时　　间	本案相关事项
17	2014 年 4 月 5 日	瀛丹公司以中雄公司的股东“滥用公司法人独立地位和股东有限责任，损害债权人利益”为由，请求中雄公司及其股东承担连带赔偿责任
18	2014 年 12 月	重庆五中院作出(2014)渝五中法民初字第 00211 号民事判决书，判决中雄公司股东郑氏父女对中雄公司的债务承担连带责任
19	2015 年 8 月 24 日	重庆高院作出(2015)渝高法民终字第 00127 号民事判决书，判决驳回上诉，维持原判
20	2016 年 6 月 12 日	最高人民法院裁定再审
21	2017 年 12 月 8 日	最高人民法院作出(2016)最高法民再 382 号民事判决书，判决中雄公司股东郑氏父女仅在抽逃出资 1000 万元范围内对中雄公司的债务承担责任，黄淑兰不承担责任

3. 原告诉讼请求

判令三被告对中雄建筑工程有限公司的 6790 万元的债务承担连带责任。

各诉讼主体之间的法律关系如图 6－3 所示。

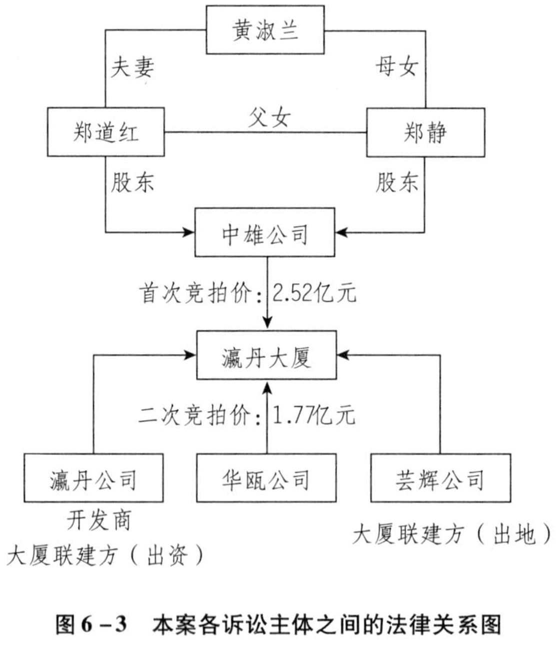

图 6－3　本案各诉讼主体之间的法律关系图

4. 最高人民法院再审裁判观点

公司法人制度和股东有限责任是构建公司法律制度的两大基石，公司法人人格否认是对这两个基石的补充和完善。《公司法》第二十条第三款规定：“公司股东滥用公司法人独立地位和股东有限责任，逃避债务，严重损害公司债权人利益的，应当对公司债务承担连带责任。”

司法实践中,具有公司股东与公司财产混同、业务混同、人员混同、利用公司逃避债务情形的,通常可以认定构成股东滥用公司法人独立地位和股东有限责任。而一审、二审判决仅以中雄公司缴纳拍卖940万元保证金后所余不多,中雄公司参加竞买的资产底价1.86亿余元,成交价2.52亿余元,其资产负债率远高于正常水平,以及认为中雄公司及其股东未举证证明该公司有通过责任保险等其他方式清偿债务的可能性为由,认定中雄公司资本显著不足,缺乏充分的事实和法律依据。并且,公司负债率过高亦不等同于公司失去融资经营能力。至于中雄公司无力继续履行拍卖合同、支付剩余拍卖价款,其应当依法承担补足两次拍卖价差款的违约责任,而不是承担否认公司独立法人地位的法律后果。

一审、二审判决中雄公司股东郑道红、郑静连带赔偿责任,适用法律错误,应予纠正。因郑道红无须对中雄公司案涉债务承担连带清偿责任,重庆瀛丹公司亦无权向郑道红配偶黄淑兰主张债务清偿责任。

最高人民法院判决:"一、撤销重庆市高级人民法院(2015)渝高法民终字第00127号民事判决及重庆市第五中级人民法院(2014)渝五中法民初字第00211号民事判决;二、驳回重庆瀛丹物业(集团)有限公司对郑道红、郑静、黄淑兰的诉讼请求。"

至此,最高人民法院一锤定音,一起长达7年的讼战终于画上句号,郑氏一家对于中雄公司的债务不承担连带赔偿责任。

(二)案例评析

1.中雄公司是否构成恶意竞拍行为

2010年4月12日,中雄公司注册成立,公司股东为郑氏父女,公司注册资本1000万元。2010年4月30日,重庆高院裁定将瀛丹大厦在重庆联合产权交易所进行司法拍卖。

中雄公司的成立时间与拍卖会举行的时间仅相差18天,由此可以推断,郑氏父女极有可能仅是为了取得参加拍卖会的资格而成立公司。且中雄公司自成立后从未开展经营,公司名下无任何资产,更有甚者,郑氏父女在履行出资义务后7天内就将中雄公司的注册资本金转移至其他公司。虽然为了参加拍卖会,郑氏父女缴纳了940万元的保证金,但是结合中雄公司竞拍下瀛丹大厦后又毁约的行为。郑氏父女的拍卖动机确实令人怀疑,其是否存在恶意竞拍的意图令人深思。

根据郑氏父女的描述,瀛丹大厦虽然存在瑕疵,但是因瀛丹大厦位于重庆市渝北区新牌坊,该位置属于区域黄金地段,所以仍有巨大的商业价值。故而郑氏父女二人不惜以重金买入。而之所以竞得大厦后又毁约,是因为郑氏父女发现瀛丹大厦所涉及的问题远比拍卖公告描述的严重。

2.瀛丹大厦实际存在哪些瑕疵,是否符合对外拍卖条件

根据拍卖公告的描述,瀛丹大厦仅存在超规划建设、欠款266万元。但是根据重庆市渝北区建委、渝北区国土资源局于2010年4月前后发给渝北法院的函件,瀛丹大厦存在的问题远不止于此。

首先,瀛丹公司作为开发商擅自改变原批注建筑的使用性质,将部分写字楼改为商业用房和住宅,户型也有所调整。其次,承建单位擅自扩建加层,且违反原设计要求,加层部分无施工图,也未按照工程建设程序进行申报,未经过施工监督,还存在抗震设防、节能等方面的缺陷。最后,瀛丹公司和芸辉公司均未向国土部门申报土地使用权转让,即瀛丹公司并未取得瀛丹大厦的土地使用权,经测算应补缴1800余万元的土地出让金。

据此,中雄公司认为,瀛丹大厦擅自增加建筑楼层,存在严重安全隐患,在未经相关质量鉴定部门鉴定的情况下,根本不具有对外拍卖条件。

在此后漫长的诉战中,中雄公司意图以此为突破口,摆脱困境。

中雄公司向重庆一中院起诉主持拍卖会的三家拍卖公司,认为瀛丹存在严重的建筑安全质量隐患,且不能实际交付,不能作为拍卖标的物。依据《拍卖法》《合同法》有关规定,中雄公司与三家公司签订的《拍卖成交确认书》应认定无效。

重庆一中院与重庆高院均裁定驳回了中雄公司的起诉,两级法院认为,重庆高院委托三家拍卖公司对瀛丹大厦的拍卖,属于司法拍卖,是公法上的行为;而法院受理和解决民事诉讼案件的职权范围应为平等主体之间的财产、人身关系争议,即私权争议。自然人、法人或其他组织对此公法上行为的异议,并非平等民事主体之间基于财产或人身关系产生的私权纠纷。故而中雄公司对《拍卖成交确认书》效力的异议,不属于法院民事诉讼的受案范围。

3. 中雄公司应否补缴拍卖价差款

最高人民法院《关于人民法院民事执行中拍卖、变卖财产的规定》第二十五条第二款规定:"重新拍卖的价款低于原拍卖价款造成的差价、费用损失及原拍卖中的佣金,由原买受人承担。人民法院可以直接从其预交的保证金中扣除。扣除后保证金有剩余的,应当退还原买受人;保证金数额不足的,可以责令原买受人补交;拒不补交的,强制执行。"可见,为避免重新拍卖所得利益较原拍卖减少,致申请执行人蒙受损害,法律规定拍卖款差价由原买受人承担。故而中雄公司应当对拍卖款差价7800万元承担赔偿责任。

4. 中雄公司股东郑氏父女对中雄公司应补缴的拍卖款差价应当承担何种责任

本案的争议焦点及重庆法院与最高人民法院博弈的关键就在于,中雄公司股东郑氏父女是应该在抽逃出资1000万元的范围内承担责任;还是刺破公司面纱,股东郑氏父女应当与中雄公司承担连带责任,即郑氏父女应当对全部拍卖款差价承担责任。

观点一:根据《公司法》第二十条的规定,股东滥用公司法人独立地位和股东有限责任,逃避债务,严重损害债权人利益额,应当承担连带责任。即郑氏父女应当对中雄公司的全部债务6800万元承担连带责任。

观点二:《公司法司法解释(三)》第十四条第二款的规定,公司债权人请求抽逃出资的股东在抽逃出资本息范围内对公司债务不能清偿的部分承担补充赔偿责任,人民法院应予支持。即郑氏父女只需在抽逃注册资本1000万元的范围内对中雄公司的债务承担补充赔偿责任。

笔者认为，不宜仅仅以股东抽逃出资行为就否定公司法人人格，进而判令股东对公司应补缴的拍卖款差价承担连带责任。《公司法》第二十条虽然规定了揭开公司面纱制度，但是股东有限责任是原则，揭开公司面纱是例外。为此，笔者认为，人民法院应当慎用揭开公司面纱制度，应从人员、机构、业务、财务、财产等多方面判断股东与公司的人格是否高度混同，股东是否滥用了公司法人独立地位和股东有限责任，是否严重损害了公司债权人的利益，不宜因为存在单一的、非关键的混淆现象而径行否定公司法人资格。

三、"西安磅礴案"一、二审判决适用法律的差异性

（一）案件回放①

1. 案件当事人

原告（二审被上诉人）：杨翠萍

被告（二审被上诉人）：西安磅礴商业运营管理有限公司

被告（二审上诉人）：王海洋

被告（二审上诉人）：刘晓萌

被告（二审上诉人）：李昱腾

被告（二审上诉人）：郭珅涵

被告（二审上诉人）：王冬

被告（二审上诉人）：郭皓

被告（二审上诉人）：郝天元

2. 案情简介

（1）关于房屋买卖合同及付款情况

2015 年 8 月 12 日，杨翠萍与西安磅礴商业运营管理有限公司（以下简称磅礴公司）签订《商品房买卖合同》，双方约定以下主要内容：

①磅礴公司（出卖人）以出让方式取得位于雁塔区纬二街 × × 街的地块的土地使用权。规划用途为商用，土地使用年限自 1997 年 9 月 19 日至 2067 年 9 月 19 日；出卖人经批准，在上述地块上建设商品房，现定名世纪经典。

②杨翠萍（买受人）购买的商品房为现房，为世纪经典项目中的第 1 幢 1 单元 1 层 1042 室（以下简称 1042 房），双方约定商品房计价依据为：按建筑面积计算，总金额为 365913 元，2015 年 8 月 12 日交首付款 182956 元，剩余未付款 182956 元。

③出卖人应当在 2017 年 8 月 12 日前，依照国家和地方人民政府的有关规定，将商品房交付买受人使用。

---

① 案例索引：陕西省西安市雁塔区人民法院（2019）陕 0113 民初 18687 号民事判决书、陕西省西安市中级人民法院（2020）陕 01 民终 10363 号民事判决书。

④买受人逾期付款，逾期在7日之内，自本合同规定的应付款期限之第二天起至实际金额支付应付款之日止，买受人按日向出卖人支付逾期应付款5‰的违约金，合同继续履行；逾期超过7日后，出卖人有权解除合同，出卖人解除合同的，买受人按累计应付款的10%向出卖人支付违约金，买受人愿意继续履行合同的，经出卖人同意，合同继续履行，自本合同规定的应付款期限之第二天起至实际全额支付应付款之日止，买受人按日向出卖人支付逾期应付款5‰的违约金。

⑤出卖人逾期交房的，逾期不超过10日，自本合同第八条规定的最后交付期限的第二天起至实际交付之日止，出卖人按日向买受人支付已交付房价款5‰的违约金，合同继续履行；逾期超过30日后，买受人有权解除合同，买受人解除合同的，出卖人应当自买受人解除合同通知到达之日起7天内退还全部已付款，并按买受人累计已付款的10%向买受人支付违约金，买受人要求继续履行合同的，合同继续履行，本合同第八条规定的最后交付期限的第二天起至实际交付之日止，出卖人按日向买受人支付已交付房价款5‰的违约金。遭遇不可抗力原因造成无法按期交房，出卖人应返还买受人所有已付款项，并按已付房款的银行同期利息付给买受人利息；逾期超过120日后，仍无法达到交房标准，出卖人必须无条件退还买受人所有已付款项，并按已付房款的银行同期利息付给买受人违约金。

⑥商品房达到交付使用条件后，出卖人应当书面通知买受人办理交接手续；出卖人保证销售的商品房没有产权纠纷和债权债务纠纷，因出卖人原因，造成该商品房不能办理产权登记或发生债权债务纠纷的，由出卖人承担全部责任。

⑦出卖人应当在商品房交付使用后30日内，将办理权属登记需由买受人提供的资料报产权登记机关备案。如因出卖人的责任，买受人不能在规定期限内取得房地产权属证书，买受人退房，出卖人在买受人提出退房要求之日起7日内将买受人已付房价款退还给买受人，并按已付房价款的10%赔偿买受人损失；买受人不退房，出卖人按已付房价款的10%向买受人支付违约金。

2015年8月12日，磅礴公司向杨翠萍出具收据，载明收到杨翠萍购房款182956元。

(2)关于房屋产权归属及评估情况

本案所涉及房屋1042房所有权人为王海洋、刘晓萌、李昱腾、郭珅涵、王冬、郭皓、郝天元，设计用途为商业。

2015年8月12日，杨翠萍向磅礴公司出具收条，载明收到1042房2015年8月12日至2016年8月12日的租金收益14637元。

2018年6月30日，杨翠萍申请对案涉房产市场价值进行评估。

2018年10月10日，陕西金达房地产评估有限公司作出答复，由于委托方提供的资料缺少估价对象的详细产权资料，亦无法确定估价对象的详细位置，尚不具备评估的必要条件。

(3)关于股东出资方式及金额情况

2014年9月18日，磅礴公司经登记设立，注册资本为9600万元，发起人为7个自然人，刘增全担任执行董事兼经理职务，为公司法定代表人，郭皓为公司监事。

各股东认缴出资额如下：王海洋960万元（持股10%）、刘晓萌1920万元（持股20%）、李昱腾1920万元（持股20%）、郭珅涵1440万元（持股15%）、王冬960万元（持股10%）、郭皓1440万元（持股15%）、郝天元960万元（持股10%），出资方式均为实物出资，出资到位时间为2024年9月11日之前。

2015年5月26日，《西安市房屋所有权转移登记申请书》载明，坐落于西安市××路××号××幢××号1－3层房屋，建筑面积为1764.04平方米，原所有权人为王海洋、刘晓萌、李昱腾、郭珅涵、王冬、郭皓、郝天元以及武霞、郭燕琴，共9人，现所有权人为磅礴公司。

2015年5月27日，磅礴公司向西安市房产交易管理中心提交申请书，内容为："磅礴公司与王海洋、刘晓萌、李昱腾、郭珅涵、王冬、郭皓、郝天元等七人办理坐落于西安市雁塔区××路××号1－3层房屋（建筑面积1764.04平方米）的转移登记手续目前出现房屋移交问题，申请退件办理。"

2015年5月28日，磅礴公司股东会作出决议，同意各股东转让出资，各股东（出让方）与受让方签订的《股东转让出资协议》约定，出让方将出资转让给受让方，受让方于本协议签订之日起3日内支付转让款。出资转让后，出让方不享有股东权利、承担股东义务；受让方在享受股东权利的同时须承担股东的义务。新的出资结构为：王智平认缴5280万元（持股55%），何亚娜认缴4320万元（持股45%），出资方式均为货币出资，出资到位时间为2024年9月11日之前。

会议选举刘豫为执行董事兼公司经理，免去刘增全执行董事兼经理职务，吴斌为监事，免去郭皓监事职务。

（4）关于磅礴公司及/或原股东涉诉情况

2017年，案外人刘玉萍诉磅礴公司商品房预售合同纠纷一案，西安市雁塔区人民法院判决磅礴公司返还刘玉萍缴纳的购房款等相关费用。该案执行中，因磅礴公司无可执行财产，刘玉萍申请追加王海洋、刘晓萌、李昱腾、郭珅涵、王冬、郭皓、郝天元为被执行人。

追加申请被驳回后，刘玉萍提起执行异议之诉，西安市雁塔区法院判决追加王海洋等7人为被执行人，并在出资范围内承担责任。王海洋等7人不服，提出上诉。2019年，陕西省西安市中级人民法院判决驳回上诉，维持原判。

2019年2月27日，杨翠萍就本案涉及事件向西安市公安局雁塔分局报案，雁塔公安分局经审查认为没有犯罪事实，于2019年9月5日作出《不予立案通知书》。杨翠萍不服并申请复议，雁塔公安分局作出《刑事复议决定书》，维持不予立案决定。

3. 原告诉讼请求

由于磅礴公司一直未交付房屋，杨翠萍遂向西安市雁塔区人民法院提起诉讼，其诉讼请求为：（1）解除杨翠萍与磅礴公司签订的《商品房买卖合同》；（2）判决磅礴公司返还房屋价款182956元，并支付2016年、2017年、2018年全年租金43911元、利息3806.53元、违约金

18295.6 元;(3)判决磅礴公司赔偿损失 200000 元;(4)判决王海洋、刘晓萌、李昱腾、郭珅涵、王冬、郭皓、郝天元对上述债务承担连带责任;(5)本案诉讼费用由被告承担。

4. 一审法院裁判观点(摘要)

一审法院认为,杨翠萍与磅礴公司签订的《商品房买卖合同》系双方真实意思表示,且不违反法律、法规的强制性规定,合法有效。在履行期限届满之前,一方明确表示或者以自己的行为表明不履行主要债务的,对方有权解除合同。本案中,双方签订《商品房买卖合同》时,杨翠萍依约向磅礴公司支付了案涉房屋首付款,但磅礴公司并非该房屋的所有权人,现房屋仍登记在王海洋、刘晓萌、李昱腾、郭珅涵、王冬、郭皓、郝天元名下,致使该房屋无法办理房屋权属转移登记,杨翠萍无法实现购买房屋并取得房屋所有权的合同目的,故对杨翠萍要求解除《商品房买卖合同》,并由磅礴公司返还已付房屋价款 182956 元的诉讼请求,依法予以支持。

此外,王海洋、刘晓萌、李昱腾、郭珅涵、王冬、郭皓、郝天元 7 人作为磅礴公司的原股东,在转让股份时未履行或者未全面履行出资义务,因案涉房屋仍登记在上述 7 人名下,故该 7 人应在各自出资范围内承担连带给付责任。

2020 年 5 月 20 日,一审法院判决如下:(1)杨翠萍与磅礴公司签订的《商品房买卖合同》解除;(2)磅礴公司返还杨翠萍缴纳的购房款 182956 元,并支付解除合同违约金 18295.6 元;(3)王海洋、刘晓萌、李昱腾、郭珅涵、王冬、郭皓、郝天元在其出资范围内对以上债务承担连带给付责任。

一审法院宣判后,王海洋等 7 人均不服,共同向陕西省西安市中级人民法院提出上诉。

5. 二审法院裁判观点(摘要)

二审法院认为,本案的争议焦点是涉案合同的效力及 7 名上诉人是否应对磅礴公司的债务承担连带责任。关于王海洋等 7 人是否应对磅礴公司的债务承担连带责任一节,二审法院认为:

首先,我国注册资本制度虽然已经改为认缴制,但根据《公司法司法解释(三)》第十三条第三款、第十八条的规定,公司的发起人、股东在转让股份时未履行出资义务的,应在其出资范围内承担责任。本案中,王海洋、刘晓萌、李昱腾、郭珅涵、王冬、郭皓、郝天元作为发起人,以实物出资成立磅礴公司,注册资本 9600 万元,实物为案涉世纪经典 1 - 3 层房屋。2015 年 5 月 28 日,磅礴公司以股东会决议及股东间《股东转让出资协议》的方式免除了上述 7 人的出资义务,该 7 人转让股份时未履行出资义务,依法应在其出资范围内向杨翠萍承担给付责任。

其次,公司人格独立和股东有限责任是公司法的基本原则。否认公司独立人格,由滥用公司法人独立地位和股东有限责任的股东对公司债务承担连带责任,是股东有限责任的例外情形,旨在矫正有限责任制度在特定法律事实发生时对债权人保护的失衡现象。公司设立后在经营过程中,股东实际投入公司的资本数额与公司经营所隐含的风险相比明显不匹配。股东利用较少资本从事力所不及的经营,表明其没有从事公司经营的诚意,实质是恶意利用公司独立人格和和股东有限责任把投资风险转嫁给债权人。本案中,王海洋等 7 人未履行出资义务即转让股权，受让人亦未出资，实体上磅礴公司无实缴出资，无法从事与其注册资本金额相当的业务。

最后，一、二审法院在审理涉及磅礴公司的其他诉讼案件中查明，穷尽所有执行措施后磅礴公司仍无财产可供执行，表明磅礴公司从事着其力所不及的经营，股东实际投入公司的资本数额与公司经营所隐含的风险相比明显不匹配，属于上述法律规定的股东滥用公司法人独立地位的情形。杨翠萍作为公司债权人，依照上述法律规定，对磅礴公司及其发起人一并提起公司人格否认诉讼，要求发起人对公司债务承担连带责任，可列发起人为共同被告。

综上所述，王海洋等 7 人的上诉理由不能成立，应予驳回。一审法院认定事实清楚，适用法律虽有瑕疵，但处理结果正确，应予维持。

2020 年 10 月 9 日，二审作出终审判决：驳回上诉，维持原判。

（二）案例评析

2014 年 9 月 18 日，磅礴公司设立时登记的注册资本为 9600 万元，但全体股东承诺的用于出资的案涉房屋并未转移到磅礴公司名下，原因在于公司章程规定的缴付出资的最后期限是 2024 年 9 月 11 日，股东可以享受期限利益。

2015 年 5 月 28 日，磅礴公司全体发起人股东将各自持有的股份分别转让给第三方，转让价格以各自认缴的出资额为限，双方约定受让方在享受磅礴公司股东权利的同时须承担股东的义务，包括按期缴纳出资的义务。

按理说，全体发起人约定的出资期限尚未到期，所有股东又将股份悉数转让给他人，并且约定由受让人负责到期出资，本起房屋买卖合同纠纷与王海洋等 7 人毫无瓜葛。但一审法院却以王海洋等 7 人在转让股份时未履行或者未全面履行出资义务，且案涉房屋尚未过户给磅礴公司为由，判决该 7 人在各自出资范围内承担连带给付责任。二审法院判决结果与一审别无二致，但在本院认为方面却是高屋建瓴，另辟蹊径，二审判决适用了资本显著不足法律原理。

二审法院认为，磅礴公司注册资本虽高达亿元，但股东实际投入公司的注册资本数额为零，这与磅礴公司经营所隐含的风险相比明显不匹配，股东从事着其力所不及的经营，表明其没有从事公司经营的诚意，实质是恶意利用公司独立人格和和股东有限责任把投资风险转嫁给债权人，因此，二审法院认定王海洋等 7 人滥用公司法人独立地位，判决王海洋等 7 个发起人股东承担连带责任。

司法实践中，在《九民会议纪要》出台之前，有关涉及资本显著不足的案例，由于当时没有明确的、统一的裁判思路，法官主要从公平正义原则、诚实信用原则、禁止滥用权利原则三个角度综合分析，从而认定公司股东的行为系滥用公司法人独立地位和股东有限责任，逃避债务，严重损害公司债权人利益。最终判决股东应当对公司的债务承担连带责任。比如，湖南麟辉建设集团有限公司与湖南博长钢铁贸易有限公司、湖南联创控股集团有限公司、湖南力邦湘博仓储管理有限公司、湖南力邦物流有限公司建设工程合同纠纷案件［案号：长沙市天心区人民法院(2013)天民初字第1412号民事判决书]就是认定资本显著不足的经典案例,值得一读。

四、“宜宾恒旭案”新鲜出炉,二审法院驳回上诉

(一)案件回放①

1. 案件当事人

原告(二审被上诉人):高秀英

被告(二审上诉人):泸州太昌建筑安装工程有限公司

被告(二审上诉人):宜宾市江安县恒旭项目管理有限公司

被告(二审被上诉人):江安阳春投资开发有限责任公司

被告(二审被上诉人):宜宾恒旭投资集团有限公司

2. 案情简介

2014年3月27日,宜宾市江安县恒旭项目管理有限公司(以下简称恒旭公司)成立,注册资本50万元,经营范围为房屋建筑工程等建设项目管理。宜宾恒旭投资集团有限公司(以下简称恒旭集团)持有恒旭公司60%的股份。

2014年5月28日,江安阳春投资开发有限责任公司(以下简称阳春公司)与恒旭集团签订《项目投资合作协议书》,约定:工程名称为江安县阳春新区保障房及附属设施项目,工期2年;结算方式及资金利息,按招商文件规定的结算方式,资金占用率为年利率18%;投资偿还,分单元进行回购,每个单元8000万元;非因恒旭集团原因或不可抗力等导致无法施工的,工期顺延。

2014年6月5日,恒旭集团向阳春公司发送授权委托书,内容为:为了进一步加强江安县阳春新区保障房及附属设施工程的日常管理工作,根据各方业务需要,特决定设立宜宾市江安县恒旭项目管理有限公司,并全权代理恒旭集团在该项目工程的相关范围内工作。依据相关法律要求,并加强管理,对其从事的相关工作负责。(1)与江安县各政府部门签订的协议、合同等相关工作。(2)代表恒旭集团进行该项目的商谈和相关协调工作。(3)根据相关范围签订项目各类合同文件。(4)财务独立核算,并接受相关主管部门的监督。

2014年7月16日,泸州太昌建筑安装工程有限公司(以下简称太昌公司)与恒旭公司签订《建设工程施工合同》,高秀英作为太昌公司的委托代理人在合同上签字,并加盖双方公司印章。约定:工程名称为江安县阳春新区保障住房三标段工程;合计总价(暂定)118986542元;太昌公司主要施工人员:高秀英任项目主管,刘孝君任项目经理。另,太昌公司的经营范围有房屋建筑工程施工总承包等。

① 案例索引:四川省江安县人民法院(2019)川1523民初186号民事判决书、四川省宜宾市中级人民法院(2020)川15民终856号民事判决书。

2014年7月16日，高秀英与太昌公司签订《内部承包协议》约定：太昌公司将其承建的江安县阳春新区保障住房及附属设施项目三标段工程项目以内部承包方式承包给乙方管理经营，按工程项目经业主单位审定的工程结算金额（含甲供材料）的按0.8%支付管理服务费、承包费（此费用在每次转款时按比例上缴），所有的税费均由高秀英承担。同日，高秀英与太昌公司签订《江安县阳春新区保障住房及附属设施项目三标段项目经理部安全生产目标责任书》《工程项目部廉政建设协议书》，高秀英出具了《项目责任人担保承诺》《确认书》。

2014年10月5日，案涉工程开工；2014年10月9日，案涉工程取得建筑工程施工许可证；2016年11月9日，案涉工程竣工验收合格。合同履行过程中，恒旭公司按太昌公司的指示将工程款分别支付给太昌公司、宜宾市恒瀚建筑劳务有限公司（以下简称恒瀚公司）、太昌公司阳春保障房项目部、高秀英。恒瀚公司成立于2012年1月13日，其法定代表人为高秀英。

3. 原告诉讼请求

嗣后，高秀英向四川省江安县人民法院（一审法院）提起诉讼，其具体诉讼请求如下：（1）判决高秀英借用太昌公司的名义与恒旭公司于2014年7月16日签订的《建设工程施工合同》无效；（2）判决高秀英与太昌公司于2014年7月16日签订的《内部承包协议》无效；（3）判决太昌公司和恒旭公司向高秀英支付工程款6818293.0625元及利息；（4）判决太昌公司和恒旭公司向高秀英支付质量保证金6228963.8375元及利息；（5）判决阳春公司在欠付工程款范围内对高秀英的第二项和第三项诉讼请求承担直接付款责任；（6）判决高秀英就承建的建设工程折价或拍卖的价款享有优先受偿权；（7）案件受理费、保全费由太昌公司、恒旭公司、恒旭集团、阳春公司承担。

2019年7月11日，高秀英在追加恒旭集团为一审被告时将第三项诉讼请求变更为“判决太昌公司、恒旭公司、恒旭集团、阳春公司共同向高秀英支付工程款1288023.264元及利息”；将第四项诉讼请求变更为“判决太昌公司、恒旭公司、恒旭集团、阳春公司共同向高秀英支付质量保证金5937897.006元及利息”。

本案各诉讼主体之间的法律关系如图6－4所示。

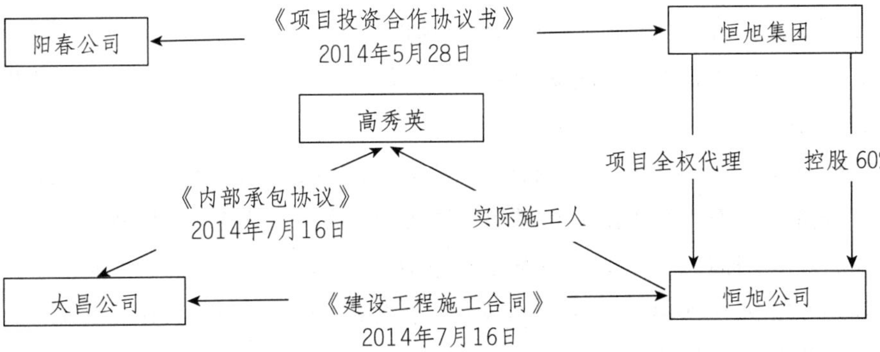

图6－4 本案各诉讼主体之间的法律关系

4. 一审法院裁判观点

本案系建设工程施工合同纠纷。本案争议的焦点包括:(1)高秀英的诉讼主体地位是否适格;(2)阳春公司是否为本案适格被告;(3)恒旭集团是否应对恒旭公司的行为承担责任;(4)太昌公司与高秀英之间签订的合同是否有效。

(1)关于高秀英的诉讼主体地位是否适格的问题

高秀英是实际施工人,依照最高人民法院《关于审理建设工程施工合同纠纷案适用法律问题的解释(二)》(法释〔2018〕20号)第二十四条"实际施工人以发包人为被告主张权利的,人民法院应当追加转包人或者违法分包人为本案第三人,在查明发包人欠付转包人或者违法分包人建设工程价款的数额后,判决发包人在欠付建设工程价款范围内对实际施工人承担责任"之规定,认定高秀英的诉讼主体适格。

(2)关于阳春公司是否为本案适格被告的问题

阳春公司与恒旭集团的合作协议约定了资金占用费、投资偿还、回购,具有融资的性质;阳春公司与太昌公司、高秀英均不存在合同关系。综上,阳春公司与本案的建设工程施工合同纠纷无直接利害关系,不是本案适格的被告。

(3)关于恒旭集团是否应对恒旭公司的行为承担责任的问题

首先,恒旭集团对恒旭公司注册资本显著不足存在重大过错。恒旭集团持有恒旭公司60%的股份,系控股股东。恒旭公司注册资本为50万元,不符合《四川省建设工程项目企业认定备案登记管理暂行办法》注册资本不少于1000万元的要求。股东实际投入公司的资本仅有50万元,该注册资本与公司经营所隐含的风险相比明显不匹配。其次,恒旭集团向阳春公司出具的委托付款函件表明,恒旭公司代恒旭集团收取所有工程价款,其财务发生混同,履行了恒旭集团作为业主发包人的职能,所涉业务发生混同,形成人格混同。依照《公司法》第二十条第三款("公司股东滥用公司法人独立地位和股东有限责任,逃避债务,严重损害公司债权人利益的,应当对公司债务承担连带责任")、原《民法总则》第八十三条第二款("营利法人的出资人不得滥用法人独立地位和出资人有限责任损害法人的债权人利益。滥用法人独立地位和出资人有限责任,逃避债务,严重损害法人的债权人利益的,应当对法人债务承担连带责任")之规定,恒旭集团应对恒旭公司的债务承担连带责任。

(4)关于太昌公司与高秀英之间签订的合同是否有效、恒旭公司与太昌公司签订的施工合同是否有效的问题

针对太昌公司与高秀英之间签订的合同是否有效的问题,太昌公司不参与实际经营管理,除收取固定的管理费外不享有利润,系出借资质的行为。高秀英与太昌公司系借用资质的关系。恒旭公司辩称对太昌公司与高秀英之间的承包协议不知情。然而,恒旭公司在实际支付工程款的过程中,除2014年1月24日支付太昌公司1981804.90元,其余款项均支付给了高秀英或恒瀚公司,该付款情况能够证明恒旭公司对高秀英为实际施工人的事实是知晓的。

高秀英主张恒旭公司与太昌公司签订的合同、太昌公司与高秀英签订的合同无效，依照最高人民法院《关于审理建设工程施工合同纠纷案件适用法律问题的解释》（法释〔2004〕14号）第一条第二项的规定，建设工程施工合同中没有资质的实际施工人借用有资质的建筑施工企业名义的应当根据原《合同法》第五十二条第五项的规定，认定无效。一审法院对此予以支持。

综上所述，案涉工程已于2016年11月9日验收合格并交付使用，《建设工程质量保证金管理办法》规定缺陷责任期最长不超过2年，依照最高人民法院《关于审理建设工程施工合同纠纷案件适用法律问题的解释（二）》第八条第一款［“有下列情形之一，承包人请求发包人返还工程质量保证金的，人民法院应予支持：（一）当事人约定的工程质量保证金返还期限届满。（二）当事人未约定工程质量保证金返还期限的，自建设工程通过竣工验收之日起满二年。（三）因发包人原因建设工程未按约定期限进行竣工验收的，自承包人提交工程竣工验收报告九十日后起当事人约定的工程质量保证金返还期限届满；当事人未约定工程质量保证金返还期限的，自承包人提交工程竣工验收报告九十日后起满二年”］之规定，高秀英有权请求支付剩余工程款。一审法院对欠付工程款核定为5140409.34元。关于高秀英主张的资金利息。由于剩余工程款低于工程总价款的5%，因此适用保证金的规定计算应付款的时间。依照最高人民法院《关于审理建设工程施工合同纠纷案件适用法律问题的解释》第十七条（“当事人对欠付工程价款利息计付标准有约定的，按照约定处理；没有约定的，按照中国人民银行发布的同期同类贷款利率计息”）之规定，一审法院对高秀英自2018年11月17日起按同期同类贷款利率计息的请求依法予以支持，即可按1年期贷款市场报价利率4.15%进行计算。

至于高秀英与太昌公司之间的结算问题，与本案并非同一法律关系，本案不作处理。

一审法院据此判决：第一，恒旭公司、恒旭集团支付高秀英5140409.34元及利息；第二，驳回高秀英本案其他诉讼请求。宣判后，太昌公司、恒旭公司均不服，分别向四川省宜宾市中级人民法院（二审法院）提出上诉。

特别说明：鉴于二审法院查明的事实与一审法院一致，且二审法院对一审法院查明的事实予以确认。二审法院终审判决驳回上诉，维持原判。本书对二审法院裁判观点不再赘述。

（二）案例评析

针对本节引用的三个诉讼案例，从其最终裁判结果来看，“重庆瀛丹案”中的郑道红、郑静父女对中雄公司的债务不承担连带责任，“西安磅礴案”中的王海洋等7人对磅礴公司的债务承担连带责任，“宜宾恒旭案”中的恒旭集团对恒旭公司的债务承担连带责任。

本案中，恒旭公司注册资本为50万元，恒旭集团持有60%股份，为恒旭公司的控股股东。根据当地行政主管部门出台的规定，恒旭公司的注册资本应不少于1000万元，而其全体股东实际投入公司的资本仅有50万元，该注册资本与公司经营所隐含的风险相比明显不匹配。一审法院因此认定恒旭集团对恒旭公司注册资本显著不足存在重大过错。

此外，恒旭集团向阳春公司出具的委托付款函件表明，恒旭公司代恒旭集团收取所有工程价款,其财务发生混同,履行了恒旭集团作为业主发包人的职能,所涉业务发生混同,形成人格混同。一审法院因此认定恒旭集团滥用法人独立地位和股东有限责任,严重损害公司债权人利益。

最后,一审法院判决恒旭集团应对恒旭公司的债务承担连带责任。恒旭集团并未提出上诉。

第七章

债权与股权的相互转换与名股实债的运用

实务指引

债权转股权(以下简称债转股),顾名思义,为债权人将对公司持有的债权转化为股权,在实务中债转股有多种类型,包含股东以股权清偿债务的债转股、债权人以对第三人的债权作为出资获得公司股权的债转股以及债权人将对公司债权转为对公司股权的债转股。在实务中我们通常所说的债转股即为前述第三种情形。此外,根据我国的政策以及市场变化,又陆续出现政策性债转股、市场化债转股、可转换债券等特殊类型的债转股。债转股本质上是公司以增资扩股的方式达到债务重组的一种方式,因而一般受到公司增值、债务重组相关的法律、法规及政策的约束。笔者通过研究分析债转股涉及的法律和财税知识,并结合重庆钢铁债务重组案例、华友钴业市场化债转股案例和"陕西凤凰案",为读者全面解读了债转股的有关要领。

与债转股相反的另一种形态即为股转债,在实务中由于许多股东法律意识的匮乏,通过打白条、与大股东协商直接将股权变更为债权实现退股,实际上一旦发生纠纷该协议极有可能会被认定为无效,"上海金力达案"便是典型。此外,股东与公司、其他股东之间约定年固定回报是否有效?笔者通过分析"安徽根源案"对该问题进行了详细的阐明。

然而,在股权与债权相互转换的过程中,又有一个非常特殊的存在,即"名股实债"。"名股实债"是2013年开始在国内流行的融资方式,它一方面可以满足融资方的资金需求和有效保障投资方的资金安全,另一方面可以解决企业不愿通过让渡股权的方式实现融资的问题。然而在"新华信托与港城置业"案后,"名股实债"又迅速进入了"冬天"。那么,我们应如何正确认识"名股实债",又应如何防范其法律风险呢?笔者将在本章进行深度解析。

第一节　债权转股权

一般来说,债转股是在企业负债率过高、面临破产压力时选择的一种债务重组方式,是企业的一种自救行为,在实践中更多适用于政府主导下的大型国企或央企。而在《关于市场化银行债权转股权的指导意见》出台后,适用对象由国企延伸到了民营企业,且也并非限定于破产情形,债转股已经日益成为有效降低企业债务杠杆率、提高资产收益率的资产重组的重要方式之一。

一、债权转股权涉及的法律与财税处理

(一)债权转股权与债务重组

1. 债权转股权的含义

债转股,是指债权人以其依法享有的对在中国境内设立的有限责任公司或者股份有限公司的债权,转为公司股权,增加公司注册资本的行为。那么是不是公司所有的债权都可以转为公司的股权呢? 借用蒙牛乳业一句经典的广告词回答这个问题:“不是所有的牛奶都叫特仑苏。”同样,不是所有的债权都可以转为公司股权。原国家工商行政管理总局于 2014 年 2 月 20 日颁布的《公司注册资本登记管理规定》第七条第二款规定:“转为公司股权的债权应当符合下列情形之一:(一)债权人已经履行债权相对应的合同义务,且不违反法律、行政法规、国务院决定或者公司章程的禁止性规定;(二)经人民法院生效裁判或者仲裁机构裁决确认;(三)公司破产重整或者和解期间,列入经人民法院批准的重整计划或者裁定认可的和解协议。”

由此可见,《公司注册资本登记管理规定》将可转为股权的债权进行了限定,转为公司股权的债权必须满足以上条件之一才可进行转化。一般情况下,只允许以下三类债权转为股权,第一类为合同之债,即公司经营中债权人与公司之间产生的债务,债权人已经履行债权相对应的合同义务,且不违反法律、行政法规、国务院决定或者公司章程的禁止性规定;第二类为生效裁判确认的债权,即经人民法院生效裁判或者仲裁机构裁决确认的债权,包括非合同之债;第三类为和解协议确定的债权,即公司在破产重整或者和解期间,债权人与公司达成的和解协议,且该协议列入经人民法院批准的重整计划或者裁定认可。

2. 债务重组的主要方式

债转股属于债权人增资的行为,其本质是公司以增资扩股形式进行债务重组的一种方式。所谓债务重组,是指在债务人发生财务困难的情况下,债权人按照其与债务人达成的书面协议或者法院裁定,就债务人的债务作出让步的事项。其前提条件是债务人发生财务困难,如果债务人没有发生财务困难,而是出于其他目的进行的债务重组,就不属于债务重组;

或者说，债务人确实发生财务困难，但债权人没有作出任何让步，亦不属于债务重组。

根据《企业会计准则第 12 号——债务重组》第三条的规定，债务重组的方式主要包括：(1)以资产清偿债务，即债务人用非货币性资产向债权人抵偿债务；(2)将债务转为资本，即债权人成为债务人的股东；(3)修改其他债务条件，如减少债务本金、减少债务利息等，不包括上述第(1)和(2)两种方式；(4)以上三种方式的组合，如上市公司以现金加股票方式清偿债务等。从财税的角度来说，所谓“让步”应理解为股权支付的公允价值总额低于债权公允价值总额，若二者相等则没有形成让步，不属于税法规定的债务重组的范围。

3. 上市公司债务重组案例①

(1)债务人财务状况

重庆钢铁股份有限公司(以下简称重庆钢铁)的控股股东为重庆钢铁(集团)有限责任公司，实际控制人为重庆市国资委，注册资本为443602.26 万元，其股票分别于 1997 年 10 月 17 日、2007 年 2 月 28 日在香港联合交易所和上海证券交易所挂牌交易。

根据重庆钢铁 2016 年年度财务报告，截至 2016 年 12 月 31 日，重庆钢铁合并报表营业收入为 44.14 亿元，营业总成本为 97.99 亿元，归属于母公司所有者的净利润为 -46.85 亿元，本部收入为 38.89 亿元，净利润为 -46.84 亿元；重庆钢铁合并报表资产总额为 364.38 亿元，负债总额为 365.45 亿元，净资产为 -1.07 亿元；重庆钢铁本部的资产总额为 364.38 亿元，负债总额为 366.38 亿元，净资产为 -2 亿元。截至 2017 年 9 月 30 日，重庆钢铁总资产为 366.90 亿元，净资产为 -10.68 亿元。2017 年 1—9 月重庆钢铁实现营业收入为 81.83 亿元，净利润为 -8.82 亿元(数据来自重庆钢铁 2017 年第三季度报告，未经审计)。

(2)债权人的债权情况

中钢国际工程技术股份有限公司(以下简称中钢国际)是中国中钢集团有限公司的核心成员企业，是国内外领先的工业工程技术与服务上市公司，其全资子公司中钢设备有限公司(以下简称中钢设备)成立于 1972 年，是以工业工程与工业服务、市政工程与投资服务、节能环保和高新技术为主营业务，开展专业化、国际化经营的工程技术公司。

中钢设备是重庆钢铁的债权人。截至债权申报日，中钢设备对重庆钢铁应收账款账面余额 9.55 亿元，已计提减值 2.79 亿元，经与重庆钢铁重整管理人协商，追加利息等约 6.24 亿元，中钢设备已申报确认债权合计 15.79 亿元。

(3)上市公司重整计划

2017 年 4 月 24 日，债权人重庆来去源商贸有限公司(以下简称来去源公司)以重庆钢铁不能清偿其到期债务并且资产不足以清偿全部债务为由向重庆市第一中级人民法院提出对

① 参见重庆钢铁股份有限公司公告的《关于法院裁定受理公司重整的公告》(公告编号：2017 - 061)、《关于重整计划资本公积金转增股本事项实施的公告》(公告编号：2017 - 121)和中钢国际工程技术股份有限公司公告的《关于下属公司与客户进行债务重组的公告》(公告编号：2017 - 91)、《关于下属公司与客户进行债务重组的进展公告》(公告编号：2017 - 102)、《关于应收账款损失核销的公告》(公告编号：2018 - 20)。

重庆钢铁进行重整的申请,重庆钢铁对来去源公司申请重整不持异议。2017 年 7 月 3 日,重庆一中院下达(2017)渝 01 破申 5 号《民事裁定书》,裁定受理来去源公司对重庆钢铁的重整申请。

2017 年 11 月 17 日,重庆钢铁第二次债权人会议和出资人会议分别表决通过了《重庆钢铁股份有限公司重整计划》(以下简称《重整计划》)、《重庆钢铁股份有限公司重整计划之出资人权益调整方案》;2017 年 11 月 20 日,重庆一中院作出的(2017)渝 01 破 3 号之二《民事裁定书》裁定批准《重整计划》,并终止重庆钢铁重整程序。其中,出资人权益调整方案中涉及资本公积金转增股本方案。

根据《重整计划》之出资人权益调整方案,本次重整以重庆钢铁 A 股总股本为基数,按照每 10 股转增 11.5 股的比例实施资本公积金转增股票,共计转增 4482579687 股 A 股股票。本次资本公积金转增股份不向股东分配,由管理人根据《重整计划》规定分配给债权人以抵偿公司债务,转增的股份直接划至债权人指定证券账户。转增后,重庆钢铁总股本将由 4436022580 股增加至 8918602267 股(见表 7-1)。

表 7-1　重庆钢铁股本变动表

股份性质	变动前股本	本次转增股本	变动后股本
A 股有限售条件流通股	0	0	0
A 股无限售条件流通股	3897895380	4482579687	8380475067
H 股无限售条件流通股	538127200	0	538127200
总股本	4436022580	4482579687	8918602267

(4)债务重组方案

根据《重整计划》,普通债权将以现金加重庆钢铁 A 股股票的方式进行清偿,具体是:①每家债权人 50 万元以下(含 50 万元)的债权部分,由重庆钢铁以现金方式清偿完毕;②每家债权人超过 50 万元的债权部分,每 100 元普通债权将分得约 15.990483 股重庆钢铁 A 股股票,股票的抵债价格按 3.68 元/股计算,该部分普通债权的清偿比例约为 58.844978%。按照上述方案清偿后未获清偿的债权部分,重庆钢铁不再承担清偿责任。

2017 年 11 月 15 日,中钢国际第七届董事会第四十七次会议审议通过了《关于审议重庆钢铁股份有限公司重整之〈债权受偿方案〉的议案》,根据重庆钢铁《重整计划》,将实施资本公积金转增股本事项,转增的股份由管理人根据重整计划规定分配给债权人以抵偿其债务,转增的股份直接划至债权人指定证券账户,转增股本上市日为 2017 年 12 月 27 日。经查询,中钢设备已于 2017 年 12 月 26 日前收到重庆钢铁股票 252411692 股和现金 50 万元。

(5)债务损失核销

根据《企业会计准则》、深圳证券交易所(以下简称深交所)《主板上市公司规范运作指引》、中国证监会《关于进一步提高上市公司财务信息披露质量的通知》等相关规定的要求,为进一步加强资产管理,公允地反映公司资产、财务状况及经营成果,使会计信息更加真实可靠，中钢国际结合公司实际运行情况，拟对下属企业在经营过程中形成的长期挂账、催收无果的应收账款进行清理并予以核销。本次核销应收账款损失事项已经公司第八次董事会第五次会议及第八届监事会第二次会议审议通过。

中钢设备原是重庆钢铁的普通债权人，根据重庆一中院批准的《重整计划》，重庆钢铁对普通债权以现金加重庆钢铁 A 股股票的方式进行清偿。中钢设备申报债权金额合计 1579011990.05 元，其中：本金部分为 955081067.76 元，手续费和利息部分为 623930922.29 元。根据《重组方案》，中钢设备债权受偿结果为现金 50 万元和 252411692 股重庆钢铁 A 股股票，对于未获清偿的债权部分，根据《破产法》第九十四条的规定，重庆钢铁不再承担清偿责任。

本次债务重组完成后，中钢设备对重庆钢铁的应收账款余额为 554900535.13 元，已计提减值准备 279863841.30 元，账面净值为 275036693.83 元，中钢设备对重庆钢铁应收账款已清收完毕，本次核销应收账款金额为 554900535.13 元。由此，减少本年度合并利润总额 275036693.83 元（数据已经审计）。本次应收账款损失核销事项，真实反映企业财务状况，符合会计准则和相关政策要求，符合公司的实际情况，不存在损害公司和股东利益的行为。

（6）案例评析

“重庆钢铁破产重整案”入选“2018 年全国破产审判十大典型案例”，是首例“A + H”股上市公司司法重整案件，也是首家钢铁行业上市公司重整案件。本次重钢重整项目的资产和负债规模均为目前国内上市公司重整案件之最。

虽然重庆钢铁面临资不抵债、无法到期清偿债务的情形，但鉴于其是一家国有上市企业，如一旦进入破产清算程序，对于数以万计的股民利益、国有企业形象和社会稳定等都会造成巨大影响。此外，虽然重庆钢铁面临行业产能过剩、市场环境不佳和公司管理混乱等原因，但重庆钢铁经过多年沉淀发展，拥有较为成熟的生产技术、先进的生产线和较强的市场影响力，具备破产重整的可能。

本次破产重整的成功主要在于：①引入产业结构调整基金（四源合基金），不仅利用其资金优势解决重庆钢铁巨额债务问题，同时依托公司原有主营业务引入产业投资人从根本上改善上市公司盈利能力。②破产重整计划平衡保护各方权益。重整计划通过对出资人权益进行调整，引入重组方并为偿债筹集股票资产，通过现金偿付、以股抵债等多种措施，既使重钢面临的债务危机和经营危机得以化解，又使债权人、职工、中小投资者等共同受益，最终达到了共赢的效果。

本次重庆钢铁的重整成功，将为钢铁行业乃至所有产能过剩行业公司的重整提供新的思路。

（二）债权转股权法律程序和财税处理

1. 债权转股权应履行的法律程序

债转股系债权人以其对公司的债权转化为出资，进而成为公司股东，其与一般的非货币性资产出资有所不同。虽然国家工商行政管理总局于2011年11月23日公布的《公司债权转股权登记管理办法》(工商总局令第57号)(以下简称《办法》)被《公司注册资本登记管理规定》废止,但《办法》中相关内容仍然值得借鉴,债权转股权的主要法律程序包括:

(1)债权真实合法有效

债权人对公司享有的债权无论是合同之债还是非合同之债,必须符合《公司注册资本登记管理规定》第七条第二款规定的情形,债权人的身份置换为公司股东,意味着债权关系消灭,股权关系生成。如果用于转为公司股权的债权有两个以上债权人的,在进行债转股之前也必须分割清晰,避免出现纠纷。

(2)债权评估程序

债权人以债权作为出资获得公司股权、履行出资的方式,其本质为公司增资,因而必须满足《公司法》对非货币性出资及增资的规定。《公司法》第二十七条第二款规定:"对作为出资的非货币财产应当评估作价,核实财产,不得高估或者低估作价。法律、行政法规对评估作价有规定的,从其规定。"依据该规定,债权出资作为非货币财产出资的一种方式应当进行评估。

(3)股东会通过债转股决议

公司股东(大)会通过债转股决议、修改公司章程。根据《公司法》第四十三条第二款、第一百零三条第二款的规定,公司股东(大)会议作出增加注册资本的决议必须经代表2/3以上表决权的股东通过。因债转股本质是公司增资行为,因而必须经代表2/3以上表决权的股东同意通过后作出股东(大)会决议予以明确。同时,因《公司法》第三十四条规定公司新增资本时,股东有权优先按照实缴的出资比例认缴出资,因而为避免产生纠纷在作出债转股的股东(大)会决议时公司股东应明确放弃该优先认购权利。在公司股东及注册资本有所变更后公司章程也应进行相应修改,以此保障转为公司股东的债权人权益。

(4)签订债转股的相关协议

债转股是作为债务人的公司化解债务、进行债务重组的一种方式,其必须经过债权人的同意,债权人与作为债务人的公司对于债转股的事宜必须达成合意,因而对转股金额、持股比例等进行书面约定,很有必要。

(5)办理工商变更登记

根据《公司法》第一百七十九条第二款的规定,公司增加注册资本,应当依法向公司登记机关办理变更登记。根据《公司登记管理条例》第三十一条第一款的规定,公司增加注册资本的,应当自变更决议或者决定作出之日起30日内申请变更登记。因而在债转股股东(大)会作出决议、公司修改章程后应依法办理工商变更登记程序。

(6)验资程序

以上程序中签订债转股协议、作出股东(大)会决议以及修改公司章程可以同时进行,并且笔者建议在进行债转股时对于债权出资进行验资,以明确债权人在取得股权时已经履行了出资义务。

2. 债权转股权的会计处理

债权转股权的会计处理包括两方面：一方面是债务人的会计处理；另一方面是债权人的会计处理，这正如硬币的正反两面。下面分别阐述债务人和债权人的会计处理原则和方法。

（1）债务人的会计处理一般原则

将债务转为资本的，则债务人应当将债权人放弃债权而享有股份的面值总额确认为股本（或实收资本），股份的公允价值总额与股本（或实收资本）之间的差额确认为资本公积（股本溢价或资本溢价）。重组债务的账面价值与股份的公允价值总额之间的差额，计入当期损益。实践中，债务人支付的股份公允价值一般都会低于重组债务的账面价值，债务人因此获得的债务重组利得，会计上列入“营业外收入”科目。

（2）债权人的会计处理一般原则

将债务转为资本的，则债权人应当将享有股份的公允价值确认为对债务人的投资，重组债权的账面余额与股份的公允价值之间的差额计入当期损益。实践中，债权人重组债权的账面余额一般会高于债权人取得股权的公允价值，由此造成的债权人债务重组损失，会计上列入“营业外支出”科目。

（3）举例说明

甲公司有乙公司和丙公司两个法人股东，其中乙公司持股比例为60%，丙公司持股比例为40%。甲公司注册资本（实收资本）为4000万元，股东权益4000万元。2017年因国家经济下行，甲公司资金出现困难，尚欠丁公司到期债务1800万元无力偿还，甲公司及其股东与丁公司经协商，一致同意丁公司将其中的1000万元债权对甲公司进行增资，并持有甲公司20%股权，丁公司同时放弃其余债权800万元。

①甲公司（债务人）有关会计处理如下：

借：应付账款1800万元

　　贷：实收资本1000万元

　　　　营业外收入——债务重组所得800万元

②丁公司（债权人）有关会计处理如下：

借：长期股权投资（甲公司）1000万元

　　营业外支出——债务重组损失800万元

　　贷：应收账款1800万元

3. 债权转股权的税务处理

债转股是债务重组的一种方式，因而在进行债转股时应当遵守债务重组相关的税务规定，根据财政部、国家税务总局财税〔2009〕59号文第三部分的规定，企业重组（包括企业法律形式改变、债务重组、股权收购、资产收购、合并、分立等）的税务处理区分不同条件分别适用一般性税务处理规定和特殊性税务处理规定。值得注意的是，财税〔2009〕59号文的特殊性税务处理不是免税，而是递延纳税。

(1)一般性税务处理

按照财税〔2009〕59 号文第四部分第二项的规定,在一般性税务处理中,发生债权转股权的,应当分解为债务清偿和股权投资两项业务,确认有关债务清偿所得或损失。对于债务人而言,其应当按照支付的债务清偿额低于债务计税基础的差额,确认债务重组所得,也就是说,债务人按照增资股权的公允价值和偿还债务额之间的差额确认债务清偿的收益,并产生纳税义务。对于债权人而言,其应当按照收到的债务清偿额低于债权计税基础的差额,确认债务重组损失。也就是说,债权人按照取得的股权的公允价值和放弃债权之间的差额确认债权清收的损失,并可能产生递延所得税的资产。总之,债务人和债权人在股权转债权(以下简称股转债)过程中,发生的损益并入双方当期主营业务计算应纳所得税。由于债务重组(特别是债转股)只是资本结构的一般调整,所以,债务人的相关所得税纳税事项原则上保持不变。下面举例说明:

M 公司系互联网股份有限公司,注册资本(实收资本)为 5000 万元,由于业务不景气,拖欠 N 公司 600 万元借款一直无法偿还,但 N 公司看好 M 公司未来发展,经双方协商,N 公司对 M 公司的债权转为股份。假设 M 公司普通股面值为 1 元,M 公司以 2000000 股抵偿该笔借款,双方商定 M 公司股份公允价值为 2.2 元/股。此外,N 公司对该笔款项已提取坏账准备 30 万元。

①M 公司(债务人)所得税一般性处理如下:

借:应付账款 600 万元

  贷:股本 200 万元

    资本公积——股本溢价 240 万元

    营业外收入——债务重组所得 160 万元

说明事项:M 公司取得的债务清偿收益 160 万元产生纳税义务,应并入年度纳税。

②N 公司(债权人)所得税一般性处理如下:

借:长期股权投资 440 万元

  坏账准备 30 万元

  营业外支出——130 万元

  贷:应收账款 600 万元

说明事项:N 公司债务清收损失 130 万元,递延所得税。

(2)特殊性税务处理

根据财税〔2009〕59 号文第五条的规定,企业重组同时符合下列条件的,适用特殊性税务处理规定:①具有合理的商业目的,且不以减少、免除或者推迟缴纳税款为主要目的;②被收购、合并或分立部分的资产或股权比例符合本通知规定的比例;③企业重组后的连续 12 个月内不改变重组资产原来的实质性经营活动;④重组交易对价中涉及股权支付金额符合本通知规定比例;⑤企业重组中取得股权支付的原主要股东,在重组后连续 12 个月内,不得转让所取得的股权。上述规定普遍适用于财税〔2009〕59 号文规定的企业重组六种形式。

对于符合以上条件的企业债转股业务需适用特殊性税务处理的，按照财税〔2009〕59 号文第六部分第一项的规定，对债务清偿和股权投资两项业务暂不确认有关债务清偿所得或损失，股权投资的计税基础以原债权的计税基础确定。企业的其他相关所得税事项保持不变。下面予以举例：

A 公司系技术开发服务型的有限责任公司，注册资本（实收资本）为 2000 万元，其中甲股东出资 1400 万元，持股 70%；乙股东出资 600 万元，持股 30%。公司股东权益为 3000 万元，B 公司对 A 公司有到期债权 1200 万元，经 A 公司及甲乙股东与 B 公司协商，B 公司对 A 公司的债权全部转为股权，转股后 B 公司持有 A 公司 25% 的股权。

①A 公司（债务人）所得税特殊性处理如下：

借：应付账款 1200 万元

　　贷：实收资本 1000 万元

　　　　资本公积——资本溢价 200 万元

说明事项：A 公司资本公积部分不发生纳税义务。

②B 公司（债权人）所得税特殊性处理如下：

借：长期股权投资 1200 万元

　　贷：应收账款 1200 万元

说明事项：B 公司长期股权投资 1200 万元丧失了所得税递延资产，但未来转让股权时扣除的计税基础亦为 1200 万元。

二、债权转股权在实践中的运用

（一）债权转股权的发展现状

在 1999 年《公司法》颁布前后，不少国有企业、城镇集体企业、全民所有制企业在银行有大量负债，亟须降低资产负债率提高资产收益，而银行也迫切需要剥离大量不良贷款。因此，为了建立我国现代公司制度、国有企业改制，以及解决现实需要等方面因素，在 1999 年前后国家成立了四大金融资产公司用于接收银行前述不良贷款，在政府主导下开展债转股业务。

此后，随着我国现代公司制度日益发展以及股权融资方式多样化，尤其是在 2014 年《公司法》取消非货币性资产出资比例限制、实施注册资本认缴制后，为债权转股权提供了更多实践操作可能。而在 2016 年后至今，政府又开始新一轮的债转股，但是从政府颁布的各项政策文件精神来看，本轮债转股更侧重于“市场化”，动员各类社会资本包括银行、保险、信托、证券、基金管理公司、中外资私募股权投资基金发起或参与市场化债转股。

(二)上市公司华友钴业债转股案例实操①

浙江华友钴业股份有限公司(以下简称华友钴业)是一家专业锂电新能源材料制造、钴新材料深加工以及钴、铜有色金属采、选、冶的高新技术企业。其于2015年1月29日在上海证券交易所上市,证券简称为"华友钴业",证券代码为:603799。

2018年9月,中国信达资产管理股份有限公司(以下简称中国信达)通过收购华友钴业控股子公司债权的方式实施债转股。2019年,华友钴业增发股份购买中国信达持有的债转股股份,这是市场上第一单民营控股上市公司以增发股份形式实施债转股的项目。

1.债转股过程

2018年9月30日,华友钴业的控股子公司衢州华友钴新材料有限公司(以下简称华友衢州)召开股东会,同意芜湖信达新能一号投资合伙企业(有限合伙)(以下简称信达新能)以73000万元债权转股权方式新增注册资本31601.7316万元,剩余41398.2684万元计入资本公积),于2018年9月30日前到位,增资价格为2.31元/注册资本。

针对本次增资,万邦资产评估有限公司对中国信达拟对华友衢州进行债转股涉及的股东全部权益进行评估,并于2018年6月9日出具万邦评报(2018)73号《资产评估报告》。根据《资产评估报告》,华友衢州以2017年12月31日为评估基准日的股东全部权益评估值为392468.00万元,与账面净资产相比增值率为80.13%,经评估的每股净资产价格为2.31元/注册资本。2018年8月15日,中国信达出具《金融企业资产评估项目备案表》(信评备字2018第34号)对上述资产评估结果予以备案。

2018年9月30日,华友钴业、信达新能、华友衢州签署《债权收购协议》,约定华友钴业将其截至2018年4月4日对华友衢州的73000万元债权以73000万元的价格转让给信达新能。同日,万邦资产评估有限公司出具了万邦评报(2018)135号《资产评估报告》。根据《资产评估报告》,信达新能对华友衢州的73000万元债权在评估基准日2018年9月30日的评估值为73000万元。

2018年9月30日,华友钴业、力科钴镍、信达新能、华友衢州共同签署《衢州华友钴新材料有限公司与浙江华友钴业股份有限公司与浙江力科钴镍有限公司与芜湖信达新能投资合伙企业(有限合伙)之债转股协议》,约定信达新能对华友衢州进行增资,增资价格为2.31元/注册资本,信达新能认购的新增股权对应注册资本为316017316元,信达新能以其对华友衢州享有的73000万元债权支付本次增资的增资对价,其中316017316元计入注册资本,413982684元计入资本公积。

2018年10月8日,华友衢州依法在衢州市市场监督管理局办理了上述增资及实收资本

① 该部分内容来参见浙江华友钴业股份有限公司公告的《华友钴业发行股份购买资产并募集配套资金暨关联交易报告书(草案)(修订稿)》、《北京市中伦律师事务所关于浙江华友钴业股份有限公司发行股份购买资产并募集配套资金暨关联交易的补充法律意见书》、《浙江华友钴业股份有限公司 关于中国证监会并购重组审核委员会审核意见回复的公告》(公告编号:2020-005)。

变更事项的工商登记手续。

2019 年 3 月 28 日，天健会计师事务所（特殊普通合伙）出具了《实收资本复核报告》（天健验（2019）79 号），对华友衢州 2015 年第二次增资至 2018 年第五次增资情况进行了复核，确认："截至 2018 年 12 月 31 日，华友衢州公司实收资本从 500000000.00 元增加到 2016017316.00 元，新增实收资本 1516017316.00 元已全部到位。"

2. 债转股行为的合法性

国务院发布的《关于积极稳妥降低企业杠杆率的意见》及其附件《关于市场化银行债权转股权的指导意见》（国发〔2016〕54 号）和发改委作为牵头部委发布的《关于市场化银行债权转股权实施中有关具体政策问题的通知》（发改财金〔2018〕152 号）规定，鼓励面向发展前景良好但遇到暂时困难的优质企业开展市场化债转股，包括因行业周期性波动导致困难但仍有望逆转的企业；因高负债而财务负担过重的成长型企业，特别是战略性新兴产业领域的成长型企业；高负债居于产能过剩行业前列的关键性企业以及关系国家安全的战略性企业。转股债权范围以银行对企业发放贷款形成的债权为主，适当考虑其他类型债权，包括但不限于财务公司贷款债权、委托贷款债权、融资租赁债权、经营性债权等。

华友衢州作为上市公司华友钴业的重要制造基地，是华友钴业以钴新材料为核心的新能源新材料纵向一体化产业结构中的重要组成部分。华友衢州产品包括四氧化三钴和硫酸钴等，是生产锂电池的重要上游材料。因此，华友衢州符合市场化债权股对象企业的要求。本次信达新能收购的华友投资对华友衢州的债权属于非银行债权，有利于积极稳妥降低企业杠杆率，实施市场化债转股符合国家市场化债转股相关政策的要求。

3. 增发股份购买股权

华友钴业拟向信达新能以发行股份的方式，购买其持有华友衢州 15.68% 股权。根据中联评估出具的中联评报字（2019）580 号《资产评估报告》，截至评估基准日 2019 年 6 月 30 日，华友衢州的股东全部权益价值的评估值为 513044.71 万元。基于上述评估结果，交易双方协商确定华友衢州 15.68% 股权最终的交易价格为 80500.00 万元。

本次交易完成后，华友钴业将持有华友衢州 100% 股权。

4. 证监会反馈意见及审核结果

（1）申请文件显示，2018 年 9 月 30 日，信达新能以 73000 万元债权转股权方式对华友衢州增资。该债权为信达新能从华友投资收购的债权资产，包括华友投资以直接和间接方式（华友投资、上市公司和华友衢州的三方平账）对华友衢州形成的 73000 万元财务资助借款本金。公司需要补充披露：①前述转股债权的形成原因及过程，相关债权是否属于银行债权，相关债权转让协议的主要内容，转让款是否缴纳完成，是否存在权属争议，以及标的资产累积已支付利息及对标的资产当年财务费用的影响。②本次交易是否符合市场化债转股相关政策的各项要求。请独立财务顾问和律师核查并发表明确意见。

（2）申请文件显示，交易完成后，信达新能将成为上市公司股东。公司需要补充披露：交易完成后信达新能是否将参与上市公司经营管理,对上市公司公司治理及生产经营的影响,包括但不限于上市公司董事会构成、各股东推荐董事及高级管理人员安排、重大事项决策机制、经营和财务管理机制等。请独立财务顾问和律师核查并发表明确意见。

《浙江华友钴业股份有限公司关于中国证监会并购重组审核委员会审核意见回复的公告》显示:2019 年 12 月 31 日,中国证监会上市公司并购重组审核委员会召开 2019 年第七十五次并购重组委工作会议,对华友钴业发行股份购买资产并募集配套资金暨关联交易事项进行了审核。根据会议审核结果,华友钴业本次发行股份购买资产并募集配套资金暨关联交易事项获得有条件通过。

5. 案例评析

在华友钴业债转股项目前,资产市场已有的债转股案例均为央企,尚未有民营企业落地的先例,此次华友钴业债转股项目的成功落地,也标志着我国市场化债转股迈出了极其关键一步。

本次华友钴业债转股采取的是分布实施的方式:首先,由中国信达收购华友控股对华友衢州其他应收款,并对华友衢州实施债权转股权,中国信达成为华友衢州股东;其次,等待各方面条件成熟后,由上市公司华友钴业通过增发股份购买资产的形式收购中国信达所持有的股权,从而完成交易。

本次市场化债转股实施完成后,华友衢州的资产负债率降至 61.39%,较上半年下降 12.92 个百分点;而上市公司华友钴业的资产负债率降至 56.38%,较上半年下降了 7.79 个百分点。可见此次债转股项目的成功,有效化解了企业的债务风险,同时增强了市场竞争力,获得了政府及监管部门的高度认可。

(三)债权转股权诉讼案例回放与评析——"陕西凤凰案"①

1. 案件当事人

原告(二审上诉人):郑义泉

被告(二审被上诉人):余学明

被告(二审被上诉人):余美青

被告(二审被上诉人):余泓辉

第三人:陕西铜川凤凰建材有限公司

2. 案情简介

2007 年 4 月 15 日,陕西铜川凤凰建材有限公司(以下简称凤凰公司)成立,注册资本 500 万元,原始股东为蒋强、许春。2010 年 6 月 12 日公司注册资本变更为 6600 万元,股东变更为郑义泉(出资额 1320 万元,占股 20%)、余学明(出资额 2530 万元,占股 38.3333%)、余美青

---

① 案例索引:陕西省高级人民法院(2018)陕民初 54 号民事判决书、最高人民法院(2019)最高法民终 469 号民事判决书。

(出资额 2250 万元,占股 34.0909%)、余泓辉(出资额 500 万元,占股 7.5758%)。

2017 年 3 月 28 日,郑义泉针对凤凰公司本次股东会会议在《西安商报》上发表声明,主要内容为:“本人不亲自出席本次股东会议,但对增资议题表决如下:

(1)不同意增加注册资本金;

(2)本人不认缴增加注册资本金;

(3)本人不同意把对凤凰公司的债权转化为资本金;

(4)不同意按表面所有者权益为 6600 万元的价值计算引进新资本的股权比例,公司的现有所有者权益应为 6.6 亿元,应以此价值为基数计算新认缴注册资本金所占股权比例。若有股东或其他人员以低于 6.6 亿元公司所有者权益价值计算引进新资本金的股权比例,对本股东原股权权益造成损害的,本股东将向同意的股东和公司,公司决策者追偿一切损失。”

2017 年 3 月 31 日,凤凰公司召开股东会,余学明、余美青、余泓辉参加股东会并作出股东会决议。决议主要内容如下:

(1)公司注册资本由 6600 万元增至 58461.2 万元。

(2)余学明在公司拥有的债权 49901.2 万元全部转为公司股本,新增注册资本 49901.2 万元,增加后余学明共出资 52431.2 万元,出资方式为货币,持股比例为 89.68%,2017 年 6 月 10 日之前缴清。

(3)余美青在公司拥有的债权 400 万元全部转为公司股本,新增注册资本 400 万元,增加后余美青共出资 2650 万元,出资方式为货币,持股比例为 4.53%,于 2017 年 6 月 10 日之前缴清。

(4)余泓辉在公司拥有的债权 1560 万元全部转为公司股本,新增注册资本 1560 万元,增加后余泓辉共出资 2060 万元,出资方式为货币,持股比例为 3.53%,于 2017 年 6 月 10 日之前缴清。

(5)郑义泉不增加出资额,出资额仍为原认缴的注册资本 1320 万元(该笔资金已于 2010 年 5 月 10 日前缴清),出资方式为货币,持股比例为 2.26%。

(6)对公司章程进行相应修改,包括修改公司注册资本条款、股东的出资方式条款和出资额条款。

同日,余学明、余美青、余泓辉分别与凤凰公司签订了《债转股出资协议》,就股东会决议中涉及的债转股事宜作了进一步约定。

2017 年 4 月 10 日,陕西宇宏会计师事务所出具《验资报告》,对余学明、余美青、余泓辉债转股后,公司注册资本、股东出资额及占注册资本总额的百分比进行了确认。

2017 年 6 月 7 日,凤凰公司进行了工商变更登记,公司注册资本由 6600 万元变更为 58461.2 万元。股东情况变更为:余学明出资额 52431.2 万元,持股 89.6855%;余美青出资额 2650 万元,持股 4.5329%;余泓辉出资额 2060 万元,持股 3.5237%;郑义泉出资额仍为 1320 万元,持股 2.2579%。

2017 年 7 月 6 日，凤凰公司向郑义泉发出通知，就股东对公司所有人享有的债权转化为股本，增加公司注册资本金具体事宜进行了告知，并告知公司其他股东全票通过且已完成工商变更登记。

2017 年 8 月 21 日，郑义泉向凤凰公司及余学明、余美青、余泓辉发出《股权变动事宜回复》，主要内容如下：

（1）从 2010 年 6 月一直到现在，公司财务从来没有经监事和本股东认可的会计师事务所审计，三位股东声称的对凤凰公司债权金额 49901.2 万元、400 万元、1560 万元不予确认，其为虚假金额，真实金额依法按审计结果和余学明股东当年的承诺调整后予以确定。

（2）公司在 2010 年 6 月注册资本已达到 6600 万元，经 7 年的发展，公司的所有者权益已达到 6.6 亿元以上。本股东同意增资扩股，同意三股东认缴金额，请三位股东按承诺时间及时足额缴纳。但对增资后股权比例计算不认可，原股权 1% 对应的所有者权益价值应为 660 万元，即新增资本每 660 万元和原 1% 股权等值，重新计算各股东原股权比例和新增股权比例。

（3）在余学明、余美青、余泓辉股东的股权比例经以上第（1）点、第（2）点方法核实调整后，本人愿意以 2.1 亿元人民币优先收购增资后 65% 的股权。

2017 年 9 月 20 日，上市公司安徽海螺水泥股份有限公司受让余学明持有的凤凰公司 65% 的股权，成为凤凰公司股东，出资额 37999.78 万元。

凤凰公司债转股前后股权结构示意见图 7－1。

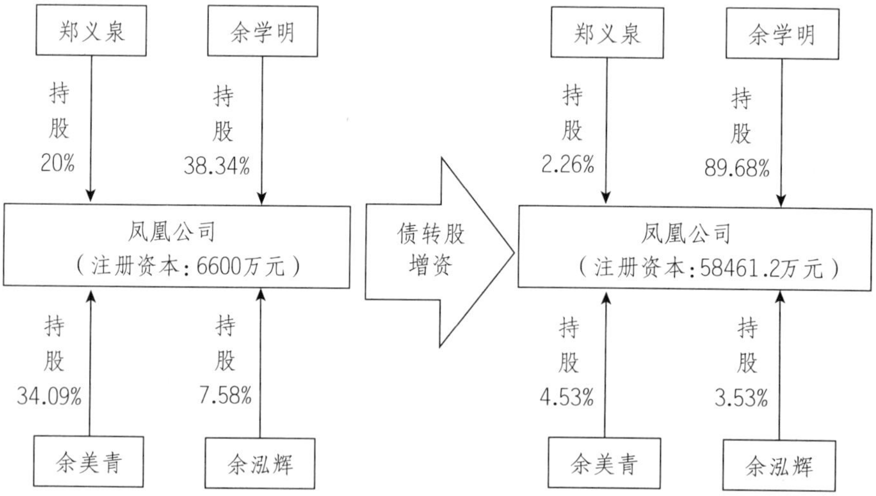

图 7－1　凤凰公司债转股前后股权结构示意图

3. 原告诉讼请求

（1）要求三被告返还侵占原告的凤凰公司 8.9396% 股权（最终股权比例以对 2017 年 3 月 31 日凤凰公司的审计、评估结果计算为准，暂按 66000 万元，股权对应价值 10536 万元）；

(2)本案诉讼费用由三被告承担。

4. 一审法院裁判观点

本案的争议焦点为:三被告是否侵害了原告郑义泉持有的凤凰公司的股权。

首先,关于三被告是否具有侵害行为的问题。2017 年 3 月 31 日,凤凰公司召开股东会,余学明、余美青、余泓辉参加股东会并作出股东会决议,根据该股东会决议,凤凰公司进行了公司章程修改及工商变更登记。股东会决议一经作出即应发生法律效力,郑义泉虽主张该决议是在未对公司进行估值的情况下作出,且余学明、余美青、余泓辉对公司的债权均属于虚构,但其未提出股东会决议无效之诉或可撤销之诉,亦无具有法律效力的文书否定该股东会决议之效力,余学明、余美青、余泓辉及凤凰公司依据已生效的股东会决议变更公司股权比例的行为,不具有违法性,不存在侵占郑义泉持有凤凰公司股权的行为。

其次,关于是否具有侵害结果的问题。凤凰公司增资虽引起郑义泉出资比例减少,进而引起其股权比例降低,但降低后的股权比例所对应的原出资额并未发生变化,股权比例降低结果系郑义泉不增加资本所致,并非侵害行为导致的结果。故郑义泉无充分证据证明三被告股东存在侵害其股权的行为及侵害结果,其主张无事实及法律依据。

2018 年 12 月 18 日,陕西省高级人民法院判决驳回郑义泉的全部诉讼请求。宣判后,郑义泉不服,向最高人民法院提出上诉。

5. 最高人民法院裁判观点

(1)关于案涉股东会决议的效力

公司是否增资扩股以及如何增资扩股,是公司自治的范畴,法律没有明确的禁止性规定。根据《公司法》第三十七条、第四十三条的规定,对公司增加或者减少注册资本作出决议,是股东会的职权,股东会会议作出公司增加或者减少注册资本的决议,必须经代表 2/3 以上表决权的股东通过。凤凰公司章程第九条、第十五条亦作了同样的规定。本案中,郑义泉于 2017 年 3 月 28 日在《西安商报》发表声明,明确表明不出席 2017 年 3 月 31 日的股东会会议并对增资扩股的议题通过声明发表了意见。凤凰公司于 2017 年 3 月 31 日召开股东会会议,余学明、余美青、余泓辉参加了会议并就增资扩股及其具体方式作出了决议。上述决议的形成符合《公司法》和凤凰公司章程的规定,不违反法律、行政法规的强制性规定。

根据《公司法》第二十二条的规定,公司股东会的决议内容违反法律、行政法规的无效。股东会的会议召集程序、表决方式违反法律、行政法规或者公司章程,或者决议内容违反公司章程的,股东可以自决议作出之日起 60 日内,请求人民法院撤销。本案中,郑义泉未在 2017 年 6 月 1 日前行使请求人民法院撤销案涉股东会决议的权利,其撤销权已过 60 日除斥期间,归于消灭。现郑义泉通过提起本案诉讼对增资扩股方式上的合理性提出异议,主张股东会会议无权决定增资扩股的方式,从而间接否定股东会决议的效力,缺乏法律依据。同时,郑义泉未能提交证据证明案涉股东会会议召集的程序、表决的方式、决议的内容存在违反法律、行政法规的情形或者存在违反公司章程的情形,其主张决议无效亦缺乏事实依据,最高人民法院不予支持。

(2)关于三被上诉人是否虚构债权增资扩股问题

郑义泉质疑案涉验资报告和审计报告,但其提交的证据不足以推翻两报告,不足以证明三被上诉人的债权系虚构。同时,根据《公司法》第二十八条的规定,股东应当足额缴纳公司章程中规定的各自所认缴的出资额,股东未缴纳出资的,除应当向公司足额缴纳外,还应当向已按期足额缴纳出资的股东承担违约责任。《公司法司法解释(三)》第十三条第一款规定,股东未履行或者未全面履行出资义务,公司或者其他股东请求其向公司依法全面履行出资义务的,人民法院应予支持。凤凰公司章程第十条亦作出了与《公司法》前述条文一致的规定。据此,股东未足额缴纳出资的法律责任是补足出资。

郑义泉主张三被上诉人虚构债权,其法律救济的途径是请求三被上诉人补足出资、承担违约责任,而非返还股权。增资扩股必然导致未增资股东的股权被稀释,但股权被稀释并不意味着权益被侵害,股权的价值与其出资仍然存在对应关系。凤凰公司章程第十二条规定股东有权优先按照实缴的出资比例认缴出资,郑义泉如意图保持其在公司的股权比例,可在本轮增资扩股中认缴出资,但其于2017年3月28日在《西安商报》上声明不认缴增加注册资本金,已对自己的权利进行了处分,现其请求三被上诉人连带返还其股权,不具有法律依据,最高人民法院不予支持。

2019年8月2日,最高人民法院作出终审判决,驳回上诉,维持原判。

6.案例评析

本案系典型的债转股导致公司增加注册资本而稀释原有股东股权比例的情形,在本案中余学明等三被告将其对凤凰公司享有的债权转为对凤凰公司的股权的程序合法合规,不仅通过了关于债转股的股东会决议,而且在工商部门也办理了相应的变更登记。而原告郑义泉最终败诉的原因在于其没有把握其享有的相关权利,在进行债转股的股东会决议形成后其并未在法定期限内向法院提出确认股东会决议无效的诉讼,而在本案中其又未能提出相关证据证明三被告对凤凰公司享有的债权系虚假债权,故而在债转股程序未违反法律的情况下,当然合法有效,三被告依据债转股后持有的对凤凰公司的股权也为有效持有,故而郑义泉以三股东稀释其股权、存在侵权行为的主张当然不成立。

第二节　股权转债权

股转债需要符合法定情形并经严格的法定程序,否则极有可能被认定为抽逃出资。被法律认可的股转债一般包括:一种为股东将股权转让给其他第三方以实现获得债权、退出公司的目的,即股权转让型股转债;另一种为公司向股东支付对价回购股权的情形,因其本质上系公司回购股权,故又称为股权回购型股转债,这种类型的股转债主要受到公司回购股权相关的法律、法规约束。

一、股转债在司法实践中的认定与运用

(一)股转债与抽逃出资

根据《公司法》第三十五条之规定:“公司成立后,股东不得抽逃出资。”和第一百六十六条关于公司在分配利润前,需弥补上一年度亏损和依法提取法定公积金,如股东违反规定分配利润则必须要退还公司等法律规定,可知我国《公司法》实行法定资本制,即遵循资本确定、资本维持和资本不变三大原则。

股东投入公司的财产,系法人的财产,未经法定程序不得收回。在公司存续期间,如股东欲收回投资,可以通过股权转让、减资等方式取回出资,但若以股东会的形式将股东按照公司章程投入公司的出资款,变更为借款,即直接由股权变更为债权,则会严重损害公司、其他股东和债权人的利益,其行为将极有可能被认定为抽逃出资。

(二)股转债诉讼案例回放与评析——“上海金力达案”①

1. 案件当事人

原告:王伟俊

被告:上海金力达机械科技有限公司

2. 案情简介

2002 年 4 月 28 日,原告王伟俊以现金方式向被告上海金力达机械科技有限公司(以下简称金力达公司)出资 205000 元。2004 年 7 月 12 日,原告以红利转出资的方式向被告增资 61500 元。在金力达公司经营过程中,王伟俊曾向金力达公司申请退出公司经营。2009 年 9 月 15 日,金力达公司董事会作出《关于同意王伟俊所持股份“股转债”的决议》,该决议载明:“根据王伟俊本人的请求,经董事会讨论,同意公司以‘股转债’的形式接收王伟俊所持股份,计算办法与公司同意接收的其他股东一致。债权数额以其现金投入资本金的 200% 计,债权利息为年息 8%,债权债期为 2 年,每半年计息一次。计息期自转权生效日起。本决议执行之日起,王伟俊即不再享有其所有股东权益。公司股东间的股权转让不受本决议的限制。”该董事会决议作出后,金力达公司未实际向王伟俊支付决议上载明的债权本金和利息。截至 2012 年 3 月 7 日,王伟俊仍为金力达公司工商登记在册股东,出资额为 26.65 万元。且金力达公司的经营期限已于 2011 年 3 月 12 日届满。

3. 原告诉讼请求

(1)被告应当立即向原告偿还“股转债”的债务计人民币 533000 元;并按照年息 8% 债期两年偿付利息,计人民币 85280 元。(2)本案诉讼费用由被告承担。

---

① 案例索引:上海市普陀区人民法院(2011)普民二(商)初字第 1185 号民事判决书。

4. 法院裁判观点

《公司法》第七十五条规定了对股东会相关决议投反对票的股东可以请求公司按照合理价格收购其股权的三种情形，一是“公司连续5年不向股东分配利润，而公司该5年连续盈利，并且符合本法规定的分配利润条件的”；二是“公司合并、分立、转让主要财产的”；三是“公司章程规定的营业期限届满或者章程规定的其他解散事由出现，股东会会议通过决议修改章程使公司存续的”。对于有限责任公司其他情形的股权回购则未作出规定。本案公司董事会作出的“合意”回购股权的“股转债”决议非属上列明文规定的三种情形。本案中系争“合意”股权回购违反公司资本维持原则，亦不符合《公司法》关于有限责任公司股权回购的立法精神及法律规定，损及公司及债权人利益，应属无效。

基于此，上海市普陀区人民法院判决驳回王伟俊的诉讼请求。一审宣判后，王伟俊未提起上诉，该判决已发生法律效力。

5. 案例评析

本案的主要争议焦点在于董事会作出的“股转债”决议是否有效。笔者从以下角度进行了论证：

从该份决议的性质认定上看。首先，诉争的“股转债”并非股权转让，股权转让应由股东将其持有的股权转让给其他股东或者股东以外的第三人，但是本案中并无其他人受让王伟俊持有的股权，因此并非股权转让。其次，诉争的“股转债”也并非减资。根据《公司法》的相关规定，公司作出减资决议需由股东会表决权2/3以上通过，且需要通知债权人并公告，债权人可以要求公司提前清偿或者提供担保。而本案中，作出“股转债”决议的权力机构为董事会，并非股东会，且决议内容也不符合减资的相关规定。那么在本案中，应该怎么认定“股转债”的法律性质呢？

从决议内容来看，金力达公司需以双方约定的价格回购王伟俊持有的股权，在该行为发生后，该等权利由股权变更为债权。可见，本案中所谓“股转债”决议的实质应是公司股权回购。然而根据《公司法》第七十四条之规定：“有下列情形之一的，对股东会该项决议投反对票的股东可以请求公司按照合理的价格收购其股权：（一）公司连续五年不向股东分配利润，而公司该五年连续盈利，并且符合本法规定的分配利润条件的；（二）公司合并、分立、转让主要财产的；（三）公司章程规定的营业期限届满或者章程规定的其他解散事由出现，股东会会议通过决议修改章程使公司存续的。自股东会会议决议通过之日起六十日内，股东与公司不能达成股权收购协议的，股东可以自股东会会议决议通过之日起九十日内向人民法院提起诉讼。”可见，股东请求公司回购股权仅有三种法定情形，本案中并不符合任何一种情形。因此，本案中的“股转债”决议尽管具有公司股权回购的性质，但并不符合《公司法》第七十四条所规定的异议股东股权回购请求权之构成要件，因此该决议内容无法得到法院支持。

此外，需要说明的是，《公司法》第一百四十二条规定：“公司不得收购本公司股份。但是，有下列情形之一的除外……”可见，对于股份有限公司明确了公司回购股份的特定情形，除此之外不得回购股份。然而《公司法》第七十四条却并未有该限制性条款，那么根据“法不禁止即自由”的理念，有限责任公司是否可以与股东协商回购股权呢？

笔者认为这显然是不妥的，《公司法》规定异议股东回购权的用意是避免大股东利用其优势地位损害小股东的权益，从而保护小股东的权利，且小股东行使该权利也必须要满足法定情形。而若是在实践中滥用公司回购权，则不仅会导致大量股东抽逃出资，损害公司和债权人的利益，也显然与立法本意相冲突。故而在本案中，法院未支持王伟俊的诉讼请求。

（三）股东状告股东，索要投资款两审皆败诉

1. 案件当事人

原告（反诉被告、二审上诉人）：龚某某

被告（反诉原告、二审被上诉人）：王某某

被告（反诉原告、二审被上诉人）：黄某某

2. 案情简介

2016 年 5 月 18 日，龚某某与王某某、黄某某及案外人毛某某共同协商成立某某实业有限公司（以下简称 A 公司），共同制定公司章程，公司注册资本为 2000 万元，龚某某与毛某某出资额各为 600 万元，出资比例各为 30%；王某某与黄某某各出资 400 万元，出资比例各为 20%。同时，选举龚某某为执行董事并担任公司法定代表人，王某某担任公司总经理，黄某某担任公司监事。

2016 年 6 月 3 日，A 公司经工商注册登记成立，公司类型为有限责任公司，法定代表人为龚某某。

2016 年 6 月 13 日，龚某某、毛某某（甲方）与王某某、黄某某（乙方）签订《合作协议》，同意乙方变更出资方式，其中以货币出资 200 万元，另以公司场地上原有固定资产折合 600 万元，两者合计出资 800 万元，各方持股比例无变化。另约定，龚某某负责公司财务及成本核算，负责公司日常财务支出；王某某、黄某某任正副总经理，负责公司对内对外日常经营。各方还约定，甲方的收益为固定回报，每年 100 万元；乙方承担公司经营过程中产生的全部费用，除去甲方固定回报，其余收益全部归乙方。同时特别约定，若乙方经营不善，造成公司亏损，与甲方无关，全部由乙方负责，甲方固定回报从乙方投资款中扣除，亏损金额超过投资款（800 万元）后，公司全部资产及乙方股份无条件归甲方所有。

2016 年 6 月 21 日，龚某某、毛某某向 A 公司银行账户转入 420 万元，并转款 260 万元给生产厂家购买打片机、地磅等设备用于公司经营，龚某某、毛某某实际出资合计 680 万元。嗣后，毛某某与龚某某达成股权转让协议，毛某某将持有的 A 公司 30% 股权转让给龚某某，但未办理工商变更登记。A 公司的生产经营活动一直由王某某、黄某某具体负责，后因经营困难，龚某某提出终止生产经营，并要求王某某、黄某某返还其在公司现金投资及设备款 680 万元。

2016 年 12 月 27 日，被告王某某、黄某某分别向原告龚某某出具了金额为 190 万元、260 万元的欠条，且载明“今借到龚某某人民币 ×× 万元（现金支付），2017 年 4 月 30 日前还清”。

与此同时,被告王某某与黄某某还共同出具了一张欠条,且载明"今欠到龚某某设备打片机一台、地磅一台,价值人民币 230 万元(现金支付)"。以上三张欠条金额总计为 680 万元。

3. 原告诉讼请求

(1)要求两被告共同支付股权转让款 680 万元及其利息;(2)本案诉讼费用由两被告承担。

4. 被告反诉及答辩

2017 年 7 月 2 日,被告王某某、黄某某提出反诉,请求法院判定撤销反诉人于 2016 年 12 月 27 日出具的三张欠条(合计金额 680 万元)。反诉理由如下:一是原告龚某某对 A 公司的出资 680 万元属于公司财产,其无权处分;二是反诉人向原告龚某某出具三张欠条属于重大误解,依法应予撤销;三是原告龚某某要求反诉人支付 680 万元属于不当得利行为。

对于原告龚某某的诉请,两被告答辩称:(1)股权转让协议不成立,双方既未形成股权转让的合意,更未实际转让。首先,没有明确的受让方及其数额;其次,交易的标的不是原告的股权;再次,没有股权转让的任何证据;最后,原告也未足额出资。(2)欠条无效。一方面,原告擅自出让公司资产的行为属于抽逃公司资金,违法减少公司的注册资本,违反了《公司法》有关资本维持原则的强制性规定,侵犯了国家公司资本管理制度,损害了债权人的利益。另一方面,原告将公司的费用违法要求由公司相关股东个人承担,也违反了"公司是企业法人,有独立的法人财产,享有法人财产权"的基本制度。

5. 一审法院裁判观点

(1)本诉部分

本案本诉主要焦点在于股权转让关系是否合法存在。股权转让系合同法律关系,其成立应符合《合同法》关于合同成立的形式要件,合同的订立可以采取口头形式,亦可是书面形式。本案中,双方未签订书面的股权转让协议,亦无证据证明双方口头达成股权转让的合意,只是由两被告出具了三张欠条,而欠条上载明的内容未直接表明或推断出双方是就股权转让而形成的欠条,而事实上是两被告应原告要求返还其所缴公司出资及设备而出具的,故原告主张双方股权转让与事实不符,原告主张股份转让的理由不能成立。

该欠条系双方因公司经营期间运营费用及股东已投入设备折款形成的,《公司法》第三条规定:公司是企业法人,有独立的法人财产,享有法人财产权,公司以其全部财产对公司的债务承担责任,有限责任公司的股东以其认缴的出资额对公司承担责任。A 公司至今未经解散、清算及办理注销登记手续,仍处于存续状态,该公司依法仍对公司的财产享有所有权及对公司债务承担责任,在公司未经解散、清算及办理注销登记手续的情况下,原告要求返还其在公司的出资于法无据。故原告请求两被告按欠条约定付款的主张,一审法院不予支持,判决驳回原告龚某某的诉讼请求。

(2)反诉部分

本案反诉焦点是两被告出具的欠条是否存在可撤销的情形。有限责任公司的股东以其认缴的出资额对公司承担责任，在公司并未清算、解散及办理注销手续的情况下，两被告是否对公司经营期间的运营费用承担责任，不能确定。双方就公司所有的设备进行处理并达成协议，属于无权处分，系可撤销合同。在公司并未表态是否追认的情况下，其效力待定。两被告主张三张欠条是在原告胁迫的情况下出具的，但未提供证据予以证明。两被告主张撤销涉案三张欠条，无法律及事实依据，不予支持，判决驳回反诉人王某某、黄某某的反诉请求。

原告龚某某不服一审判决，提出上诉。

6. 二审法院裁判观点

上诉人以与两被上诉人之间有股权转让关系为由，到人民法院提起诉讼，向两被上诉人索还案涉欠条所载的款项，但上诉人不能提供有效证据证实其与两被上诉人之间确实存在股权转让的事实，故对上诉人基于股权转让事实而提出的要求两被上诉人支付股权转让款的诉讼请求，因没有事实依据，依法不能予以支持。遂作出二审判决：驳回上诉，维持原判。

7. 方案论证

笔者在原告龚某某原聘请的一审律师提交民事上诉状后，接受龚某某的委托，担任该案二审代理人，笔者安排团队律师复制了一审全部案卷资料，全面深入地分析了整个案情，并了解到 A 公司已经没有实际经营，且陷入严重的股东僵局之中，公司难以恢复正常生产，A 公司经营证照及印章均被龚某某控制。

笔者分别从 A 公司股权架构以及龚某某与王某某、黄某某之间发生的债权债务两个方面制作了不同的图表（见图 7－2），以便厘清公司与股东之间、债权人与债务人之间可能存在的各种法律关系，并撰写了《关于龚某某与王某某、黄某某之间纠纷处理以及对 A 公司进行处置的相关方案论证意见》。

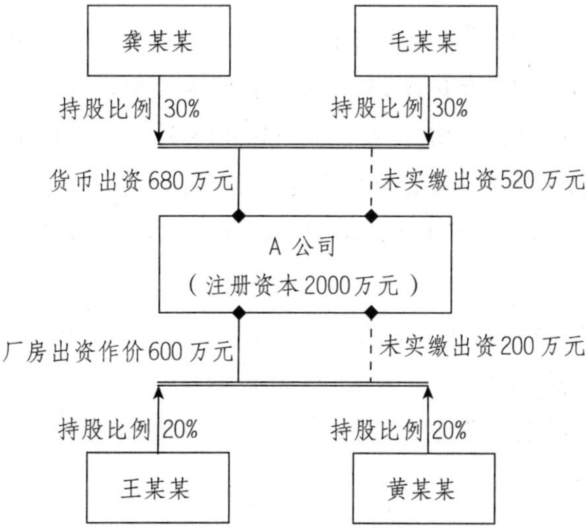

图 7－2　A 公司股权架构示意图

图 7－2 反映出，龚某某、毛某某、王某某与黄某某四个自然人出资设立 A 公司，系共同投资关系。龚某某、毛某某（后转让给龚某某）二人认缴的出资额为 1200 万元，其中已经实缴出资额 680 万元，到期未缴出资额 520 万元；王某某、黄某某二人认缴的出资额为 800 万元，其中已经实缴出资额 600 万元（该出资存在严重瑕疵），到期未缴出资额 200 万元。

由图 7－3 可知，龚某某与王某某、黄某某之间在同一天（2016 年 12 月 27 日）形成了三张欠条，其中欠条一（金额 190 万元）为王某某单独出具，欠条二（金额 260 万元）为黄某某单独出具，欠条三（金额 230 万元）为王某某、黄某某共同出具。双方对欠条的真实性及金额无异议，但双方对 680 万元款项性质的认定直接影响案件的走向，直至法院裁判的结果。

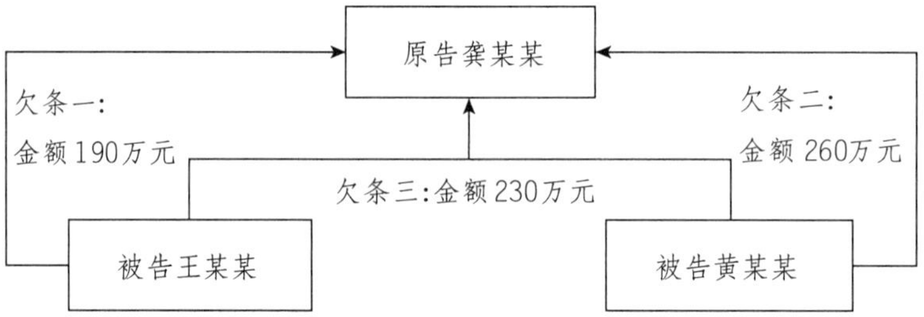

图 7－3　原被告债权债务示意图

方案一：股权转让纠纷

原告：龚某某

被告：王某某、黄某某

诉讼请求：龚某某依据王某某、黄某某出具的三张欠条，要求对方支付股权转让款 680 万元及利息。

优势：（1）双方均系 A 公司的登记股东，将三张欠条认定为股权转让款符合常理思维；（2）龚某某向 A 公司实际出资 680 万元属于客观事实，且金额相符。

劣势：（1）龚某某无法提供股东会决议、股权转让协议、公司章程修正及工商变更登记等书面资料；（2）三张欠条与股权转让之间没有直接关联，且欠条三的表述和龚某某主张的股权转让款产生矛盾；（3）对方坚决不认可股权转让这一事实，而龚某某在二审程序中不能变更诉讼请求。

风险评估：一审法院判决驳回龚某某的诉讼请求，二审法院驳回上诉，维持原判的可能性极大，建议撤回上诉，另行起诉。

法律依据：《公司法》第三条

方案二：民间借贷纠纷

原告：龚某某

被告：王某某、黄某某

诉讼请求：龚某某依据王某某、黄某某出具的三张欠条，要求对方支付借款 680 万元及利息。

优势:(1)龚某某投资的680万元用于A公司生产经营活动;(2)《合作协议》第三条约定,王某某、黄某某承担生产经营过程中的全部费用;(3)根据一审庭审笔录,龚某某可依法另行起诉。

劣势:(1)龚某某支付的680万元被认定为股东对公司的出资款,A公司未经解散、清算等合法程序,龚某某不得收回投资;(2)龚某某并未直接将680万元转给王某某、黄某某,三张欠条的性质存在争议。

风险评估:一审判决对680万元形成原因及性质已作认定,且对龚某某极为不利,根据一事不二理原则,民间借贷诉讼无门。

法律依据:《民法典》第四百六十五条、第六百六十七条,《最高人民法院关于审理民间借贷案件适用法律若干问题的规定》第二十六条。

方案三:股东出资纠纷

原告:A公司

被告:王某某、黄某某

诉讼请求:依据《公司章程》、《股东会决议》及《合作协议》的规定,要求王某某、黄某某以货币缴纳出资款800万元。

优势:(1)股东对公司出资是股东应尽的法定义务,货币出资200万元的期限已经超过;(2)被告出资的厂房为村集体财产,被告通过租赁形式取得使用权,该出资存在瑕疵,被告应以现金补足出资;(3)龚某某为A公司控股股东,且实际控制着公司,根据案情需要可形成对公司及龚某某有利的股东会决议。

劣势:(1)召开股东会需要履行法定程序并给予一定时间,王某某、黄某某有可能拒绝出席或对决议投反对票,或对股东会决议提起无效或撤销之诉,拖延时间;(2)龚某某自身尚未缴纳出资520万元(含案外人毛某某应缴而未缴的260万元),王某某、黄某某可能会提出追加该二人为被告,要求履行出资义务。

风险评估:鉴于债权人有权对未全面履行出资义务的股东进行追击,A公司是否存在对外债务需要查清,A公司可仅就王某某、黄某某瑕疵出资部分提起诉讼,消除龚某某被拖进诉讼的风险。

法律依据:《公司法》第二十七条、《公司法司法解释(三)》第十三条第二款。

方案四:利润分配纠纷(收益补偿)

原告:龚某某

被告:王某某、黄某某

诉讼请求:依据《合作协议》第三条第一项的规定,要求王某某、黄某某支付收益补偿款。

优势:(1)《合作协议》明确约定,王某某、黄某某负责A公司的日常经营活动,并由该二人享受经营收益,承担经营亏损;(2)《合作协议》明确约定,王某某、黄某某每年向龚某某、毛某某支付固定收益,且王某某、黄某某经营时间已经超过1年。

劣势:(1)《合作协议》载明的“固定年回报”条款的合法性存在争议,且没有其他证据佐证A公司由王某某、黄某某承包经营;(2)A公司一直处于亏损状态,没有可分配利润,龚某某向公司主张分红的条件并不具备,要求其他股东给付收益补偿也缺乏事实依据。

风险评估:公司实行内部承包,其他股东向承包股东要求支付承包款,在实践中存在争议,败诉风险较高。

法律依据:《合同法》第六十条(现《民法典》第五百零九条)

8.后续诉讼

对于笔者提出的以上论证方案,龚某某不同意撤回股权转让纠纷案件的上诉。2017年12月18日,二审法院作出终审判决,驳回上诉,维持原判。龚某某决定放弃民间借贷纠纷和收益补偿纠纷,同意启动股东出资纠纷案件。

2018年1月24日,A公司向股东王某某、黄某某发出《缴纳出资告知函》,要求该二人在2018年1月31日前以现金方式补足出资800万元,但王某某、黄某某没有任何回复。

2018年2月5日,A公司向法院提起诉讼,要求王某某、黄某某以现金补足出资600万元,其理由是:根据公司章程的规定,公司注册资本为2000万元,其中被告王某某、黄某某各自以货币出资400万元,各占投资的20%;同时规定,股东应在公司设立时缴足出资。2016年6月3日,原告A公司正式注册成立。公司成立后,被告王某某、黄某某并未按照要求将各自认缴的400万元投入原告A公司;其以评估作价600万元的固定资产出资,实际上王某某、黄某某既无所有权,也无使用权,属于瑕疵出资。根据《合同法》第二十八条以及《公司法司法解释(三)》第十三条的规定,A公司有权要求被告王某某、黄某某以现金补足出资款共计600万元。

需要说明的是,本案中A公司在起诉时是要求王某某、黄某某补足出资800万元,包括出资瑕疵600万元和未出资的200万元;而后考虑到代理方龚某某和毛某某也未全面出资,遂将诉讼请求变更为王某某、黄某某以现金方式补足出资600万元,从而在法律上区分出资瑕疵和未履行出资的区别,撇清龚某某和毛某某的法律责任。

最终,A公司的代理意见被法院采纳,判决王某某、黄某某以现金方式补足出资600万元,同时并未判决龚某某和毛某某承担任何责任,该案圆满结案。

二、股东约定收取年固定回报是否有效

(一)年固定回报的实务裁判解析

在实务中,许多股东在投资时,出于降低自身风险的考虑,往往会与公司约定固定回报利率,那么这种约定是否有效呢?

根据最高人民法院《关于审理联营合同纠纷案件若干问题的解答(法经发〔1990〕27号)第四部分第二项规定:“企业法人、事业法人作为联营一方向联营体投资,但不参加共同经营,也不承担联营的风险责任,不论盈亏均按期收回本息,或者按期收取固定利润的,是明为联

营，实为借贷，违反了有关金融法规，应当确认合同无效。”由此可见，最高人民法院对于联营形式的收取固定利润的保底条款是否有效给出了否定性的答案，认为保底条款违背了联营活动中应当遵循的共负盈亏、共担风险的原则，损害了其他联营方和联营体的债权人的合法权益，因此，应当确认无效。投资人作为公司的股东，理应与其他股东一起对公司共担风险。投资合同中约定投资者并不承担经营风险，无论被投资项目盈利或亏损，均存在被认为规避风险并确认为借贷关系的法律风险，故而投资人股东忽视公司业绩要求支付固定回报的行为，无法得到法律支持。

当然，笔者也注意到如果其他股东约定投资人股东的固定回报承担连带赔偿责任的，法院一般认为应尊重私法自治原则，如不存在《民法典》第四百一十六条至第一百五十条（原《合同法》第五十二条）被确认无效的情形，属于合法有效。如果发生目标公司不能支付固定回报的情况，目标公司股东及关联方应按照合同约定向投资人支付该部分固定回报款。因此，根据合同当事人意思自治、诚实信用的原则，引资者应信守承诺，应向投资者股东支付约定的收益和补偿。例如在高新科技园公司与深圳麦肯特公司合同纠纷中［案号为：(2017)湘民终756号］，湖南省高级人民法院便是采纳上述观点予以裁判。

此外，如果股东之间约定一方股东放弃管理权和分红权，另一方股东给予该方股东每年固定收益，这类约定是否有效呢？根据绿地能源集团有限公司与陆国伟其他合同纠纷［(2016)沪民终497号］，上海市高级人民法院认为这类约定是股东间平等、自愿协商后对于公司管理权、股东分红权及一方股东支付另一方股东固定收益等的特别安排，不违反《公司法》的强制性规定，亦不损害国家、集体以及第三人和公司的合法权益，应为有效。

（二）股东与公司约定固定收益无效——“安徽根源案”①

1. 案件当事人

原告（二审上诉人、再审申请人）：安徽省根源光大节能建材有限公司

被告（二审上诉人、再审被申请人）：平湖根源光大节能建材有限公司

2. 案情简介

2011年4月9日，安徽省根源光大节能建材有限公司（以下简称安徽根源公司）与上海兴贸玉米发展有限公司（以下简称兴贸公司）签订《合作协议书》，约定投资设立平湖根源光大节能建材有限公司（以下简称平湖根源公司），注册资本5000万元，安徽根源公司出资1000万元，出资比例占20%；兴贸公司出资4000万元，出资比例占80%。兴贸公司协助筹集平湖根源公司发展所需要的资金，安徽根源公司负责向平湖根源公司有偿提供生产的全部技术以及后续升级技术。

2012年10月17日，双方签订《协议书》一份，约定：2012年12月前，平湖根源公司年产

① 案例索引：浙江省平湖市人民法院(2013)嘉平商初字第604号民事判决书、浙江省嘉兴市中级人民法院(2014)浙嘉商终字第291号民事判决书、浙江省高级人民法院(2015)浙商提字第29号再审民事判决书。

300万平方米项目设备必须全部到位,2012年12月12日正式投产;如因平湖根源公司股东之间资金的问题致年产300万平方米项目设备不能全部到位,不能在2012年12月12日正式投产的,平湖根源公司自愿按每天15万元赔偿安徽根源公司经济损失,自2012年12月12日起至平湖根源公司正式投产开业止。

后因兴贸公司未按约定及时、足额地缴纳出资和筹集资金,导致平湖根源公司一直未能正式投产,处于瘫痪状态。

3. 原告诉讼请求

请求被告赔偿原告经济损失2250万元(计算至2013年5月11日,之后损失本案中不主张)。

4. 一审法院裁判观点

(1)双方于2012年10月17日签订《协议书》效力问题

《协议书》的签约主体虽为安徽根源公司和平湖根源公司,但从平湖根源公司印章使用登记情况看,平湖根源公司另一股东兴贸公司系知晓《协议书》签订内容的。该《协议书》实际应为平湖根源公司两股东间真实意思表示,仅是约定兴贸公司责任由平湖根源公司承担,故由安徽根源公司和平湖根源公司签订《协议书》。综上所述,《协议书》系各方真实意思表示,也未发现有损害社会公共利益和案外人利益的情况,也不违反法律、行政法规的强制性规定,应为合法有效。

(2)平湖根源公司是否应承担违约责任及责任范围问题

因平湖根源公司未提供证据证明兴贸公司筹集到足够的资金并购买了平湖根源公司投产需要的2台裁切锯等设备。相反,安徽根源公司一直在督促兴贸公司筹集资金,尽快投产,故造成平湖根源公司未能在2012年12月12日正式投产的原因是兴贸公司资金问题致年产300万元平方米项目设备不能全部到位。

安徽根源公司和平湖根源公司在《协议书》中约定平湖根源公司承担违约责任条件已成就,应按约向安徽根源公司承担责任。但安徽根源公司在知晓违约情形后,应当采取适当措施防止损失的扩大。因此,安徽根源公司在平湖根源公司不能投产后,应在合理期间采取措施减少损失,而不能放任损失的不断扩大,结合本案履行中实际情况,酌定合理期间为60天。故平湖根源公司应赔偿安徽根源公司经济损失900万元(15万元/天×60天)。

平湖市人民法院作出一审判决,判决平湖根源公司于判决生效后10日内赔偿安徽根源公司经济损失900万元。后双方均不服提起上诉。

5. 二审法院裁判观点

本案主要争议焦点为平湖根源公司与安徽根源公司于2012年10月17日签署的协议书效力问题。依据《公司法》的立法精神及规定,股东以其认缴的出资额或认购的股份为限对公司承担责任,包括对公司经营面临的风险所应承担的责任。安徽根源公司系平湖根源公司的股东,其与平湖根源公司之间订立的协议书,是股东与公司之间订立的合同,该协议书的约定使安徽根源公司在平湖根源公司面临经营不善的情况时，可以从平湖根源公司处获得补偿，该补偿的实质是安徽根源公司所取得的固定收益，该收益脱离了平湖根源公司的经营业绩，使得安徽根源公司作为股东本应对平湖根源公司的经营所承担的风险被不合理地降低或免除，损害了平湖根源公司的利益。

再者，根据《公司法》的规定，股东分配利润需满足一定的条件，公司当年的税后利润，在弥补亏损、提取法定公积金，并选择性提取任意公积金后，方可进行利润分配，协议书就平湖根源公司需承担违约责任的约定，使得安徽根源公司作为股东，规避了《公司法》对于利润分配的限制性规定，而取得固定回报，该行为同时也会损害公司债权人的利益。因此，《协议书》第一条关于平湖根源公司承担违约责任的约定，属于安徽根源公司滥用股东权利损害公司、公司债权人利益的行为，违反了《公司法》第二十条、第一百六十七条的规定，该项约定应认定为无效。由于该项约定无效，安徽根源公司要求平湖根源公司承担相应的赔偿责任，无法律依据，其诉讼请求应予驳回。

因此，二审法院撤销了一审判决，驳回了安徽根源公司的全部诉讼请求。

6. 浙江省高级人民法院裁判观点

(1)关于本案《协议书》第一条的效力

本案《协议书》系公司与公司股东签订，从《协议书》第一条约定的内容看，系公司对另一股东可能存有的违约行为而承担的违约责任。而公司股东系以其认缴的出资额或认购的股份为限对公司承担责任。安徽根源公司作为平湖根源公司的一方股东，只需对平湖根源公司的债务承担有限责任，但因平湖根源公司对股东的违约行为承担违约责任，使得平湖根源公司债权人的利益处于过度风险之中，诱发了过高的道德风险，即可能存在通过股东的有限责任而外化道德风险，进而产生过高的代理成本。因此股东为实现自身利益的最大化，存在着从事高风险活动的冲动，一旦成功便可获得暴利，同时在风险爆发之前将风险利益以红利方式分配殆尽。即便失败，股东也无须承担很大的损失。换言之，即公司风险行为的真正承担者，不是风险收益的领受者，而是与风险利益无关且经常无法控制风险行为的第三人。结合本案，平湖根源公司承担公司股东的违约责任，实质上损害了平湖根源公司和平湖根源公司债权人的利益。本案《协议书》第一条的内容，属于滥用股东权利之情形。二审法院根据《公司法》第二十条的规定，认定《协议书》第一条无效得当，但二审法院以《公司法》第一百六十七条认定《协议书》第一条无效，属于适用法律不当，应予纠正。

(2)关于平湖根源公司应否赔偿安徽根源公司的经济损失

平湖根源公司与安徽根源公司签订的《协议书》第一条内容，因违反了《公司法》第二十条的规定，依法被确认无效。但安徽根源公司基于该协议书，于 2012 年 10 月 17 日起至本案诉讼履行了《协议书》第二条约定的义务，因着平湖根源公司未能在约定的时间内将 300 平方米项目设备全部到位及未能在 2012 年 12 月 12 日正式生产，造成了安徽根源公司的信赖利益损失。平湖根源公司明知签订案涉合同其为大股东兴贸公司承担违约责任，有可能损害公司或其他股东或债权人利益，仍与安徽根源公司签订合同。对此平湖根源公司存有过错。而安徽根源公司明知该条款违反法律的强制性规定仍与平湖根源公司签订《协议书》。鉴于双方对《协议书》第一条无效均存有过错，应承担相应的过错责任。安徽根源公司主张由平湖根源公司承担 2250 万元的经济损失，依据不充分。结合双方当事人在本案履约过程中的诚信及过错程度，浙江省高级人民法院酌情确定由平湖根源公司赔偿安徽根源公司损失 900 万元。

综上所述，再审法院最终判决撤销二审判决，维持一审判决。

7. 案例评析

本案一审、二审和再审在裁判思路和裁判结果上迥然不同，可谓峰回路转。其争议的实质是对安徽根源公司与平湖根源公司签订的《协议书》性质认定和法律后果存在较大的分歧。

笔者赞同二审法院和再审法院认定该份《协议书》的约定应属无效。从该份《协议书》的内容来看，如果平湖根源公司的大股东兴贸公司未及时筹集资金导致无法投产，平湖根源公司需按日向另一股东安徽根源公司赔偿损失。暂且不论该约定是否合理，从合法性来看，我国《公司法》实行法定资本制，即未经严格的法定程序、不属于法定情形，股东不可以从公司拿走任何财产，否则将会严重侵犯公司的法人财产权利和其他债权人的权利。股东以其认缴的出资额或认购的股份为限对公司承担责任，然而该份《协议书》的约定使得股东应对公司承担经营风险的责任被不合理地降低或免除，属于股东权利的滥用，因此该份协议应属无效。

即使该份协议无效，是否就可以认定平湖根源公司不承担任何责任了？笔者倾向于浙江省高级人民法院的再审裁判观点，即使该份《协议书》无效，也需要充分考虑实际情况和双方的过错程度。在本案中，安徽根源公司在签订《协议书》后，积极组织管理人员和提供技术，为此付出了大量的经济和人力成本，如采取“一刀切”的方式直接判决驳回安徽根源公司的诉讼请求，则不仅会造成安徽根源公司的利益受损，也会在无形中降低甚至免除违约方的责任，显然不公。再审法院结合双方的过错程度，酌情确定由平湖根源公司赔偿安徽根源公司损失 900 万元，有效平衡了各方的利益。

第三节　名股实债在实践中的运用——以新华信托两案件为例

一、名股实债在法律及财税中的体现

（一）名股实债的定义

名股实债，又称明股实债，中国基金业协会 2017 年 2 月 13 日发布的《证券期货经营机构私募资产管理计划备案管理规范第 4 号——私募资产管理计划投资房地产开发企业、项目》

对名股实债进行了详细定义:“名股实债,是指投资回报不与被投资企业的经营业绩挂钩,不是根据企业的投资收益或亏损进行分配,而是向投资者提供保本保收益承诺,根据约定定期向投资者支付固定收益,并在满足特定条件后由被投资企业赎回股权或者偿还本息的投资方式,常见形式包括回购、第三方收购、对赌、定期分红等。”

通过中国基金业协会界定的名股实债的定义,名股实债具有以下特征:第一,投资者取得股权的价格不苛求公允,双方协商一致即可;第二,投资者要求固定收益,且该收益与公司经营业绩不挂钩;第三,投资者与标的公司事先约定回购价格和条件,不以对赌方式实现退出;第四,投资者在标的公司不行使股东管理权,不参与分红。

名股实债是一种兼具股权形式和债权实质的融资结构,是一种创新型投资方式,它以权益性投资为名,行借贷性投资之实,投资者具有双重身份,既是名义股东,又是债权人。在形式上或会计处理上体现为股权投资,在权利义务和承担的风险上更接近于债权投资。有人认为,名股实债结合了股权融资和债权融资的优点,是借贷性投资和权益性投资的完美结合。还有人认为,名股实债作为股权投资形式,却享受不到股权的权利;作为债权投资形式,约定的固定回报也存在风险,它是一剂美味的毒药。

(二)名股实债的运用

名股实债在基金投资、信托投资、PPP 项目、房地产项目广泛使用,但风险投资、创业投资一般不采用名股实债。名股实债的目的在于行使对标的公司的控制权、固定回报权、财产担保权和清算优先受偿权的任一项或多项权利。投资者取得名股的方式包括以下三种途径:第一,受让标的公司原股东的部分股权,投资者一般要达到控股或并表的目的;第二,投资者对标的公司进行增资,增资对价缴付给标的公司;第三,投资者与标的公司共同出资设立项目公司,封闭运行标的项目。

一般情况下,债权投资安全保障有以下措施:一是债务人以持有的公司股权进行质押或者以有形资产进行抵押;二是债务人提供信用保证担保;三是第三方质押财产及保证担保;四是以项目收益质押担保;五是设立基金公司(有限合伙),金融机构作为有优先级限合伙人(Limited Partner,LP),管理公司作为中间级 LP,融资公司作为劣后级 LP。股权投资退出方式包括但不限于以下五种:转让股权、回购股权、公司减资、分立或清算。

实务中,如何利用权益性投资的外在形式对债权投资进行有效保护呢?首先,借款合同与股权转让协议这两类合同同时签订同时生效,或者互为生效条件,捆绑在一起;其次,权益性投资先执行,投资者先享受股东权益,待投资者取得标的公司控制权后,再将借贷资金注入标的公司,最大限度保障资金安全;再次,投资者收回借贷资本的本金和利息后,考虑适时退出标的公司;最后,融资公司或融资公司的控股股东及实际控制人回购投资者持有的股权。

(三)名股实债的会计处理

1. 按照股权投资形式的财务处理如下:

投资方——借:长期股权投资;贷:银行存款。

融资方——借:银行存款;贷:实收资本/股本、资本公积——资本溢价/股本溢价。

2. 按照债权投资形式的财务处理如下:

投资方——借:贷款/长期应收款;贷:银行存款。

融资方——借:银行存款;贷:长期借款/长期应付款。

(四)名股实债的涉税处理

有关名股实债的涉税处理,现行法律、行政法规规定按照混合性投资业务进行操作。国家税务总局《关于企业混合性投资业务企业所得税问题处理的公告》(国家税务总局公告2013年第41号)规定:“企业混合性投资业务,是指兼具权益和债权双重特性的投资业务。同时符合下列条件的混合性投资业务,按本公告进行企业所得税处理:(一)被投资企业接受投资后,需要按投资合同或协议约定的利率支付利息(或定期支付保底利息、固定利息、固定股息,下同);(二)有明确的投资期限或特定的投资条件,并在投资期满或者满足特定的投资条件后,被投资企业需要赎回投资或偿还本金;(三)投资企业对被投资企业净资产不拥有所有权;(四)投资企业不具有选举权和被选举权;(五)投资企业不参与被投资企业日常生产经营活动。”

混合性投资业务具有以下特征:一是通过权益性和债权性两种途径将资金注入标的公司,标的公司根据协议约定,对于债权性资金按期支付利息,到期归还本金(或者按期等额支付本息);对于权益性资金于期满后溢价回购。二是仅通过权益性途径将资金注入标的公司,标的公司根据协议约定,投资期满后采取溢价方式赎回。

混合性投资业务的税收处理包括两个税务主体,即投资企业和被投资企业,涉及两项税收内容,即被投资企业支付的利息和赎价。

1. 被投资企业支付利息的税务处理方式

对于投资企业,应于被投资企业应付利息的日期确认收入的实现并计入当期应纳税所得额。

对于被投资企业,应于应付利息的日期确认利息支出,并按《企业所得税法》和国家税务总局《关于企业所得税若干问题的公告》第一条的规定,进行税前扣除。

2. 被投资企业赎回投资的税务处理方式

当实际赎价高于投资成本时,投资企业应将赎价与投资成本之间的差额,在赎回时确认为债务重组收益,并计入当期应纳税所得额;被投资企业应将赎价与投资成本之间的差额,在赎回当期确认为债务重组损失,并准予在税前扣除。

当实际赎价低于投资成本时,投资企业应将赎价与投资成本之间的差额,在赎回当期按规定确认为债务重组损失,并准予在税前扣除;被投资企业应将赎价与投资成本之间的差额,在赎回当期确认为债务重组收益,并计入当期应纳税所得额。

二、名股实债的风险控制——以新华信托两案件为例

（一）新华信托与港城置业破产债权确认纠纷案[①]

1. 案件当事人

原告：新华信托股份有限公司

被告：湖州港城置业有限公司

2. 案情简介

2011 年 6 月 21 日，新华信托股份有限公司（以下简称新华信托）与湖州港城置业有限公司（以下简称港城置业）及其股东纪阿生、丁林德签订《合作协议》，由新华信托募集 2 亿～2.5 亿元资金，用于受让纪阿生、丁林德持有的港城置业部分股份，其余部分全部增入港城置业的资本公积金。股份转让后，新华信托持有港城置业 80% 的股份。

2011 年 6 月 24 日，新华信托与纪阿生、丁林德分别签订《股权转让合同》及《股权质押合同》，并办理了股权变更及质押登记手续。股权转让后，纪阿生持股 14%，丁林德持股 6%。港城置业为了保证《合作协议》的履行，以其土地使用权进行了抵押。

2011 年 9 月 9 日、9 月 14 日，新华信托总计向港城置业汇入 22478 万元，其中股权转让款为 14400 万元，资本公积金为 8078 万元，并委派两名董事（董事会成员共 5 人），同时选举纪阿生为董事长、丁林德为经理，形成新的港城置业章程。

2013 年 2 月 21 日，新华信托与港城置业、纪阿生、丁林德签订《补充协议》，协议明确了新华信托对港城置业凯旋国际项目销售资金的管控，如港城置业、纪阿生、丁林德未配合资金监管，新华信托有权更换法定代表人，接管港城置业的财务及法人章。嗣后，新华信托接管港城置业的法人章、合同专用章、财务专用章、预售资金监管账户专用章、纪阿生个人名章。

2015 年 8 月 4 日，浙江省湖州市中级人民法院受理港城置业破产清算纠纷一案，新华信托在法定债权申报期限内向破产管理人申报了债权，并于 2015 年 12 月 24 日收到管理人作出的《债权审查通知书》，告知不予确认新华信托申报的债权，后新华信托提出债权审查异议，管理人经复审作出了《债权复审通知书》，告知新华信托维持不予确认的审查意见。新华信托以港城置业为被告于 2016 年 3 月 21 日向浙江省湖州市吴兴区人民法院提起诉讼。

3. 原告诉讼请求

（1）确认原告对被告享有破产债权 292544339.63 元（其中本金 195780000.00 元、利息 78391903.13 元、信托报酬 17212390.00 元、保管费及包干费 1160046.50 元）；（2）确认原告对被告所有的湖州市西南分区 18－C 号地块国有土地使用权及在建工程享有抵押权，有权以该抵押物折价或者拍卖、变卖的价款优先受偿；（3）本案的诉讼费用由被告承担。

各诉讼主体之间的法律关系结构如图 7－4 所示。

---

① 案例索引：浙江省湖州市吴兴区人民法院（2016）浙 0502 民初 1671 号民事判决书。

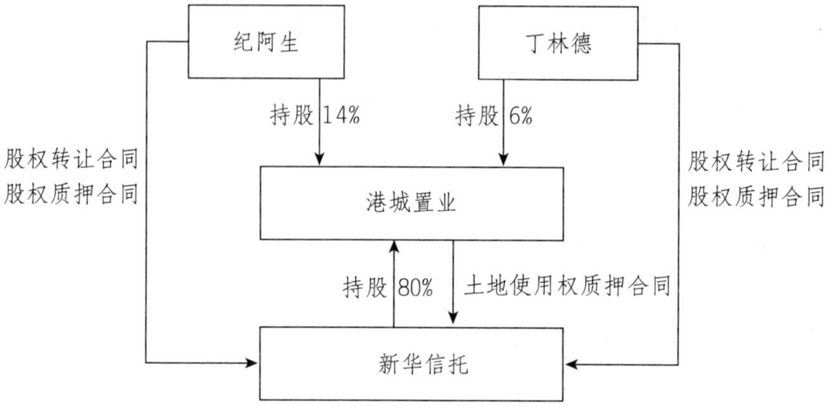

图7-4 各诉讼主体之间的法律关系结构图

4. 法院裁判观点

(1)外部第三人不受股东之间的内部约定约束

新华信托作为股东已进行了港城置业股东名册记载、公司登记机关登记,对外具有公示效力。在名实股东的问题上要区分内部关系和外部关系,对内部关系产生的股权权益争议纠纷,可以当事人之间的约定为依据,或是隐名股东,或是名股实债;而对外部关系上不适用内部约定,第三人不受当事人之间的内部约定约束,而是以当事人之间对外的公示为信赖依据。破产清算纠纷不是一般的借款合同纠纷或股权转让纠纷,而是港城置业破产清算案中衍生的诉讼,本案的处理结果涉及港城置业破产清算案的所有债权人的利益,应适用公司的外观主义原则。

(2)新华信托不享有破产债权,无优先受偿权

新华信托与纪阿生、丁林德之间发生了股权转让的事实,新华信托提出的“名股实债”“让与担保”等主张,与事实并不相符。管理人在破产程序中履行管理职权,确认新华信托对破产企业不享有破产债权是正确的。基于新华信托在港城置业中的股东身份,其出资并获得股东资格后不再享有对破产企业的破产债权,新华信托要求行使对相关资产享有的抵押权,并以该抵押物折价或者予以拍卖、变卖的价款优先受偿的请求,有悖法律。

2016年8月22日,法院判决驳回新华信托的诉讼请求。

(二)新华信托与江峰房地产公司借款合同纠纷案①

1. 案件当事人

原告:新华信托股份有限公司

被告:诸城市江峰房地产开发有限公司

① 案例索引:重庆市高级人民法院(2014)渝高法民初字第00010号民事判决书。

2. 案情简介

2011 年 6 月 10 日，新华信托股份有限公司（以下简称新华信托）与诸诚市江峰房地产开发有限公司（以下简称江峰房地产公司）及其股东祝培杰（法定代表人）、卜庆光签订《合作协议》，约定设立“新华信托—诸城密州购物广场股权投资集合资金信托计划”，本信托预计规模 10000 万 ~ 11000 万元，信托计划期限为 1 年。同日，新华信托与江峰房地产公司签订《借款合同》及《借款合同之补充协议》，约定借款金额 1.1 亿元，借期 1 年，年利率为 20%。同日，新华信托与江峰房地产公司签订《抵押合同》，江峰房地产公司将合法取得的商铺抵押给新华信托。

2011 年 6 月 10 日，新华信托分别与祝培杰、卜庆光签订《股权转让协议》，新华信托以 1 元资金受让祝培杰、卜庆光持有的江峰房地产公司 90% 的股权。2011 年 6 月 16 日，新华信托分别与祝培杰、卜庆光签订《股权质押合同》，祝培杰、卜庆光分别将持有的 0.15%、9.85% 股权质押给新华信托，担保金额为新华信托投资款 1.1 亿元及溢价款，并办理了股权出质设立登记。

2012 年 6 月 20 日，新华信托与江峰房地产公司签订《收益权转让合同》，约定江峰房地产公司因开发建设山东诸城密州购物广场项目的需要，以密州购物广场项目收益权向新华信托进行融资。约定项目收益权转让期限为 12 个月，自新华信托支付收益权转让价款之日起至江峰房地产公司支付完毕全部收益权回购款之日止，转让上述项目收益权的价格不超过 1.09 亿元。

2012 年 6 月 25 日，江峰房地产公司向新华信托出具《划款委托书》。2012 年 7 月 3 日，新华信托按上述委托将收益权转让价款 1.09 亿元划至委托书指定银行账户。后因回购期限已经届满，江峰房地产公司未按约支付收益权回购本金及溢价款，新华信托多次催收未果，遂起诉至法院。

3. 原告诉讼请求

（1）江峰房地产公司立即支付收益权回购款本金 1.09 亿元，并自 2012 年 7 月 3 日起至回购款本金付清之日止，按照每年 24% 的标准支付收益权回购溢价款；（2）江峰房地产公司以逾期未付的收益权回购款为基数，自 2013 年 7 月 3 日起至收益权回购款付清之日止，按照每日 5‰的标准支付滞纳金；（3）江峰房地产公司以逾期未付的收益权回购溢价款为基数，自 2013 年 7 月 3 日起至收益权回购溢价款付清之日止，按照每日 5‰的标准支付复利；（4）江峰房地产公司支付律师费用 80 万元；（5）新华信托公司对江峰房地产公司提供的抵押物，即位于山东省诸城市和平街 125 号密州购物广场商铺在建工程享有优先受偿权；（6）本案诉讼费用由江峰房地产公司承担。

各诉讼主体之间法律关系如图 7 - 5 所示。

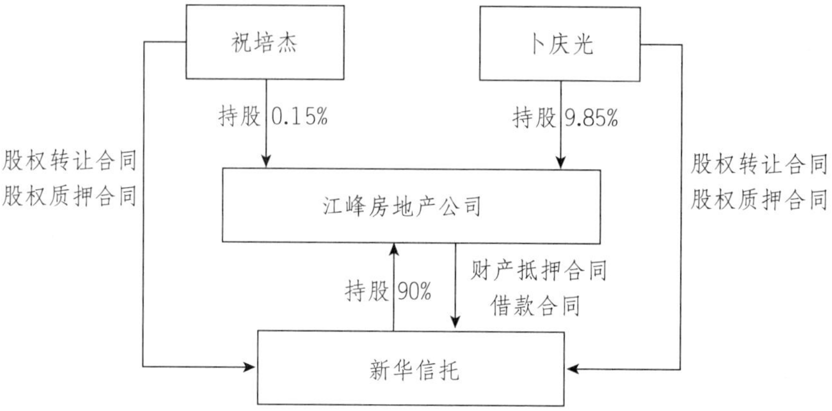

图 7-5　各诉讼主体间法律关系图

4.法院裁判观点

(1)新华信托与江峰房地产公司之间的法律关系的性质问题

新华信托与江峰房地产公司签订的《合作协议》和《收益权转让合同》的实质均为借款合同,双方明确《收益权转让合同》项下借款偿还前一份《合作协议》项下借款,现《合作协议》已履行完毕,双方的权利义务应当按照《收益权转让合同》的约定履行。江峰房地产公司主张《合作协议》的性质应为股权转让合同,这与当事人签订《合作协议》并办理相关担保财产的抵押、质押手续的意思表示不符。新华信托认为,《合作协议》名为股权转让合同,实为借款合同,符合双方真实交易的事实。

(2)关于《收益权转让合同》是否生效的问题

《收益权转让合同》约定的生效条件是新华信托向江峰房地产公司划付收益权转让价款1.09亿元。根据庭审查明的事实,江峰房地产公司向新华信托出具《划款委托书》,委托新华信托将收益权转让价款直接划入新华信托开设的账户,新华信托依据该委托,将收益权转让价款1.09亿元划入了目标账户,而该笔收益权转让价款实为江峰房地产公司向新华信托的借款,且江峰房地产公司已用该笔借款实际偿还了《合作协议》项下的借款,即江峰房地产公司已实际使用了该笔借款。因此,双方约定的转让合同生效条件已成就,该合同已经生效。

(3)关于收益权回购本金、回购溢价款等数额的问题

根据《收益权转让合同》的约定,江峰房地产公司应当自1.09亿元划入其账户之日起满12个月当日即偿还新华信托全部收益权回购款本金1.09亿元和按24%/年的标准支付回购溢价款,否则新华信托有权要求江峰房地产公司对逾期未付的收益权回购款(包括回购价款本金和回购溢价款两部分)按日计收5‰的滞纳金,并对未支付的滞纳金计收复利。因双方实际系借款合同关系,双方合同约定的"收益权回购款"实为借款本金;约定"按24%/年的标准支付回购溢价款",实际是约定借款期内利息的计算标准;约定"对逾期未付的收益权回购款按日计收5‰的滞纳金",实际是约定借款到期后逾期罚息的计算标准。

法院判决江峰房地产公司支付新华信托借款本金1.09亿元和借款期内利息2616万元。

(三)新华信托两案例带来的启示

1.新华信托之所以败诉,笔者认为有以下几个因素:第一,港城置业因资金链断裂,陷入重大经营危机,资不抵债,被法院宣告破产,新华信托申报破产债权并参与分配,势必影响其他债权人的利益,对其他债权人不公平。第二,新华信托向港城置业注入的22478万元巨额资金,其用途是支付股权转让款和资本公积金,有《合作协议》《股权转让合同》的支撑,同时办理了工商变更、章程修正等手续,但未同时签署借款合同等重要文件。第三,新华信托为确保资金安全,原股东纪阿生、丁林德以其持有的股权进行质押,港城置业以拥有的土地使用权予以抵押,但不能与借款合同形成配套的保障措施,以致丧失优先受偿权。第四,作为新型投融资方式,名股实债大量运用于房地产开发项目,该模式尚未完全成熟,存在许多先天不足,已发生重大风险,本案给新华信托上了深刻的一课,需要反思。因此,笔者提出如下建议:第一,名股实债不是试金石,不能随意尝试,要充分论证,评估风险,审慎运用名股实债的投资方式;第二,投资者不能只看到目标公司眼前的美景,更不能被控股股东或实际控制人描绘的蓝图所迷惑,要做好退出机制;第三,在与目标公司及其股东签订《股权转让协议》或《增资协议》之外,必须另行与目标公司订立《借款合同》;第四,及时与目标公司及其股东办理《股权质押合同》和《资产抵押合同》,并与《借款合同》形成有效的不可分割整体;第五,密切关注目标公司经营状况,特别是对目标公司资金流入流出实施全面监控,确保现金等核心资产的安全。

2.在交易过程中,新华信托与江峰房地产公司签订了一系列的合同文本,包括《融资框架协议》、《合作协议》、《财产抵押合同》、《借款合同》及《借款合同之补充协议》、《收益权转让合同》等,还与江峰房地产公司全体股东祝培杰、卜庆光签订了《股权转让协议》及《股权质押合同》等一系列文件,充分保障了自身权益,有效防患了风险。

新华信托与江峰房地产之间的法律关系的性质问题,是本案的争议焦点之一,为各方所关注。而《合作协议》自然成为双方辩论的重点,江峰房地产公司认为《合作协议》是股权转让合同,新华信托认为《合作协议》名为股权转让实为借款合同,并以双方履行过程中翔实的内容予以充分证明,最后法院认定《合作协议》为借款合同。

3.名股实债在实践中得到大量运用,给企业带来丰厚回报的同时,也潜藏着巨大风险,甚至关系到企业的生死存亡。实务中,由于当事人约定的相关条款千差万别,名股实债引发的各类诉讼司法裁判也没有统一的认定标准,所以争议不断,褒贬不一。

第八章

对赌协议引起的回购股权及减资处理

实务指引

《九民会议纪要》对对赌协议进行了新的定义：实践中俗称的“对赌协议”，又称估值调整协议，是指投资方与融资方在达成股权性融资协议时，为解决交易双方对目标公司未来发展的不确定性、信息不对称以及代理成本而设计的包含了股权回购、金钱补偿等对未来目标公司的估值进行调整的协议。并购重组实践中，对赌协议是股权融资尤其是私募投资的必备条款，是投资方与融资方博弈的高地，它不但影响投资方能否获得目标公司带来的预期利益，而且关系到融资方对目标公司的控制权能否稳固。

回购股权是公司法为平衡股东权益、健全股东退出机制而创设的重要制度。公司法规定了中小股东的股权回购请求权，这是赋予中小股东的一项法定权益。根据《公司法》第七十四条的规定，有限责任公司中对相关重大事项，在股东会决议投反对票的股东可以请求公司按照合理价格收购其股权；根据《公司法》第一百四十二条的规定，股份有限公司股东对股东大会作出的公司合并、分立决议持异议的，有权要求公司收购其股份。除此之外，现实中公司和股东之间对于股权回购的事宜进行约定的情形也屡见不鲜，由此而导致的诉讼也随之增多，特别是因对赌协议引起的股权回购纠纷，颇受各界关注。

《九民会议纪要》指出，投资方请求目标公司回购股权的，人民法院应当依据《公司法》第三十五条关于“股东不得抽逃出资”或者第一百四十二条“关于股份回购”的强制性规定进行审查。投资方依据对赌协议要求回购股权，目标公司减资是股权回购的基本前提条件。但何时减，怎样减，成为一个不得不面对的棘手问题。

第一节　投资协议条款及对赌协议经典案例

一、投资协议条款及资本市场对赌成败案例

(一)投资协议条款

随着经济的发展,企业的并购重组越来越频繁,各阶段出现的法律文件更是数不胜数,如意向书/框架协议、保密协议、排他协议、股权收购协议、企业并购协议等,但投资协议或并购协议却是重中之重,它是投融资双方艰难谈判达成的一致意见,也是专业机构工作成果的重要体现。投资协议(或并购协议)一般包括两部分内容,即通用条款和特殊条款。下面对各个条款进行简略的介绍,以便读者对投资协议的全貌有个大致的了解。

1. 投资协议通用条款

在投资协议的整个体系中,通用条款是指不管交易各方的实际情况与交易条件的设定方式,在投资协议中普遍使用的条款,是投资协议必备的内容,包括主体条款、背景条款、定义条款、先决条件条款、交易条款、对价条款、交割前义务条款、交割条款、陈述和保证条款、违约赔偿条款、通知条款、费用和税赋条款、法律适用和管辖权条款等十三项。

(1)主体条款

主体条款应列明投融资双方及目标公司基本情况,包括企业名称、统一社会信用代码、住所地、公司类型、注册资本、法定代表人、成立日期、营业期限及经营范围等,一般以营业执照载明事项为依据。

(2)背景条款

背景条款是表达交易背景,如描述交易主体(包括融资方、投资方)、交易标的(包括目标公司的资产、业务、债权、债务等)和交易过程,同时还要表达交易前提、目的以及本次交易的基本结构。

(3)定义条款

定义条款主要是确定主体简称(如投资方、融资方、目标公司),界定行为标准(如交割、披露、违约、索赔等),明晰时间节点(如基准日、审计日、评估日、营业日、交割日、最后终止日等)。

(4)先决条件条款

先决条件条款是交易所附的生效条件,条件完全具备后,交易不得撤销。若任何一项先决条件未能成就,则交易终止。除保密、违约、争议解决等条款外,其他条款对各方无约束力。

(5)交易条款

交易条款通常是与背景条款前后呼应,旨在投资协议正文中对交易的约定和确认。在交易条件中,通常约定各方同意进行拟定的交易,或增加在受制于先决条件的前提下进行交易

的表述。

(6)对价条款

对价条款通常会包括交易总价款的确定及对价调整机制、交易价款支付方式(如现金支付、股权支付)、期限(如根据交易进度分期付款)、使用币种、收款账户等,并考虑外汇汇差的实际情况。

(7)交割前义务条款

交割前义务条款即承诺条款,是基于交割前目标公司可能会发生不利于投资方的变化(不利影响),为了保护投资方的利益,在投资协议中需要约定融资方和/或目标公司在交割前须遵守的各项义务。

(8)交割条款

交割条款是约定各方交割的时间、日期、地点和需要向对方提交的文件,交割清单包括各项资产权利凭证、会计凭证、经营资质、目标公司印章,股东会、董事会或监事会决议以及其他文件资料。

(9)陈述和保证条款

陈述和保证条款是指交易各方承诺提供给对方的资料和信息的真实性、准确性、完整性、无误导性,消除信息不对称造成的顾虑,每一项都是单独和独立的,交易过程及交割前后均适用。

(10)违约赔偿条款

违约赔偿条款,一是指各方对违反各自向对方作出的陈述或保证或承诺造成对方损失的,应赔偿由此给对方造成的一切损失,使其不受损害;二是指各自违反各自的义务,应向对方承担违约责任。

(11)通知条款

通知条款是指当事方为了日后联系及送达的便利,约定各方的联系地址、指定联系人、固定电话、移动电话、传真、电子邮箱等相关内容,并约定通知送达的有效方式和生效时间。

(12)费用和税赋条款

费用和税赋条款通常会约定各方为本次交易发生的费用由各自承担,包括但不限于审计费、评估费、律师费等;同时约定交易中产生的税负承担方式,如印花税、企业所得税、个人所得税等。

(13)法律适用和管辖权条款

法律适用和管辖权条款是交易双方选择本次交易适用的国际法律(如中国法律、其他国法律),以及事先确定解决争议的司法管辖方式(如法院诉讼、商事仲裁),如确定仲裁方式的,必须明确相关仲裁机构。

2. 投资协议特殊条款

在投资协议的整个体系中,特殊条款是指交易各方根据实际情况设定的反映特定交易条件的特别条款,是投资协议的核心内容,包括估值条款、排他性条款、反稀释条款、领售权条款、优先认购权条款、优先购买权条款、优先清算权条款、对赌条款、回购股权条款、一票否决权条款、公司治理条款、人员安置条款、协议生效条款等十三项。

(1)估值条款

估值条款是指投资方与融资方就目标公司价值进行估算,目标公司的估值通常依据利润或销售额等其他指标确定。估值的基准包括投前估值和投后估值(投前估值加投资方的出资额)。

(2)排他性条款

排他性条款是对融资方单方的约束条款,要求融资方在一定期限内不得接触其他投资方。融资方的应对策略是,此前同时锁定多个潜在投资人,选择最合适的投资方谈判,尽最大可能缩短排他期。

(3)反稀释条款

反稀释条款是指投资方为避免自己的股份贬值及份额被过度稀释,在目标公司进行后续融资时,要求目标公司给予投资方的股份转换权、优先购买权及对取得股份的价格进行相应调整等权利。

(4)领售权条款

领售权条款是指投资方有权强制目标公司原有股东和自己一起向第三方转让持有的目标公司股权,原有股东必须依照投资方与第三方达成的转让价格和条件,参与投资方与第三方的股权交易。

(5)优先认购权条款

优先认购权条款是指投资方在完成本轮投资后,在目标公司下一轮或在一定期限内优先以事先约定的价格追加投资,购买一定比例的股权。投资方认购目标公司的股份,增资款可以实缴,也可以认缴。

(6)优先购买权条款

优先购买权条款是指投资方作为有限责任公司的股东,同等条件下有权优先购买其他股东拟转让的股权,投资方在收到拟转让股权通知后,应及时发出行使优先购买权的回函,并在规定期限内交割。

(7)优先清算权条款

优先清算权条款是指目标公司清算时,对偿付债务后的剩余财产,优先由投资方进行分配(投资成本加固定回报),分配后的余额由投资方和目标公司其他股东根据持股比例再次分配。

(8)对赌条款

对赌条款是指投资方与融资方达成投资协议时,对于未来不确定的情况进行的约定。在约定条件出现的情况下,融资方可以行使一种权利;若约定的条件不出现,投资方可以行使另外一种权利。

(9)回购股权条款

回购股权条款是指投资方要求目标公司的原始股东在特定的条件和期限内,以约定的价格回购其持有的目标公司股权,约定的内容包括回购条件、回购期限、回购价格、回购付款方式等。

(10)一票否决权条款

一票否决权条款是指投资方向目标公司董事会指派的董事对公司重大事项拥有的否决权导致董事会无法形成有效决议,一票否决权的设置可以保证目标公司资金的合理使用和企业规范经营。

(11)公司治理条款

公司治理条款是指目标公司的股东(大)会、董事会、监事会和高级管理层(俗称三会一层)的权力分配合理,运作机制协调。目标公司三会一层机制能够相互促进,相互制约,科学管理,规范运行。

(12)职工安置条款

职工安置条款是指投资方进入目标公司后,公司经营决策和日常经营活动发生重大变化,其中包括聘请专业人才、裁减现有人员及留用人员的调岗、调薪等,维护广大职工的利益,维持正常经营活动。

(13)协议生效条款

协议生效条款是指投资协议生效应具备的条件,包括附条件生效和附期限生效等。在所附条件尚未成就的情况下,投资协议不发生法律效力,对当事各方均没有约束力。协议生效条款应当完整、明确,无歧义。

表8-1 投资协议通用条款与特殊条款对照表

序号	通用条款	特殊条款
1	主体条款	估值条款
2	背景条款	排他性条款
3	定义条款	反稀释条款
4	先决条件条款	领售权条款
5	交易条款	优先认购权条款
6	对价条款	优先购买权条款
7	交割前义务条款	优先清算权条款
8	交割条款	对赌条款
9	陈述和保证条款	回购股权条款
10	违约赔偿条款	一票否决权条款
11	通知条款	公司治理条款
12	费用和税赋条款	职工安置条款
13	法律适用和管辖权条款	协议生效条款
14	其他条款	其他条款

3. 投资条款清单

投资条款清单不仅有通用条款，也有特殊条款；但不同的当事方对投融资的诉求有所不同，所以在投资协议中约定的内容也不尽相同。比如，有的投资协议有不可抗力条款、协议的解除与终止条款、IPO 风险补偿条款、保护性条款、强买权条款、股权激励条款等。有的读者可能会问，通用条款和特殊条款加起来将近有三十条，那哪些条款是最核心、最管用的呢？其实，不同的当事方基于不同的交易目的，对每个条款在交易中的作用及价值的认定也不尽相同。例如，一票否决权条款、公司治理条款直接写进公司章程，不在投资协议中体现；再如，投资方对融资方是否同时与其他意向投资人接触或谈判并不在意，也无力抗衡融资方今后引进新的战略合作者时开出比己方更优越的条件，所以排他性条款、反稀释条款就没有必要写上，即使写了也形同虚设。因此，投资条款一定要切实可行，切莫贪大求多。

事实上，投资人对目标公司的投资最关注的是投资价值和公司控制。综观投资协议，无论是通用条款还是特殊条款，无不体现了这两个实质。譬如，反稀释条款、优先清算权条款和回购股权条款均是具有价值功能的条款，排他性条款、领售权条款和一票否决权条款则是实现控制功能的条款。

投资，看起来是投钱，事实上是投人，企业家的性格往往代表着企业的风格；投资，表面上看投的是眼下的企业，实质上是投企业的未来，投资人看重的是所持股份将来产生的增值和溢价；投资，并不都像人们想象的那样日进斗金、盆满钵满，有时也会血本无归。市场有风险，投资须谨慎。

（二）对赌协议

1. 对赌协议的定义

对赌协议，是指收购方（包括投资方）与出让方（包括融资方）在达成并购协议（或者融资协议）时，对于未来不确定情况进行的一种约定。如果约定的条件出现，投资方可以行使某一种权利；如果约定的条件不出现，融资方则行使另外一定权利。对赌协议实际上是期权的一种形式。所谓期权，就是在未来一定期限内以预先确定的条件取得某项权利，常见的有股票期权、空股期权。

《九民会议纪要》对对赌协议进行了新的定义，实践中俗称的对赌协议，又称估值调整协议，是指投资方与融资方在达成股权性融资协议时，为解决交易双方对目标公司未来发展的不确定性、信息不对称以及代理成本而设计的包含了股权回购、金钱补偿等对未来目标公司的估值进行调整的协议。

2. 对赌主体的选择

《九民会议纪要》指出，从订立对赌协议的主体来看，对赌协议包括以下三种形式：第一，投资方与目标公司的股东或者实际控制人的对赌；第二，投资方与目标公司的对赌；第三，投资方与目标公司股东及目标公司的对赌。那么到底哪种形式受法律保护？哪种形式更受投资方青睐？哪种形式对目标公司及其股东更为有利呢？

事实上，实践中被广泛关注的还是投资方与目标公司对赌这一形式。所谓投资方与目标公司的对赌，指的是投资方与目标公司签订的投资协议（或增资协议）约定，目标公司向投资方融资，投资方成为目标公司的股东，当目标公司在约定期限内实现双方约定的目标时，由投资方给予目标公司一定的奖励；当目标公司在约定期限内未能实现双方约定的目标时，由目标公司按照事先约定的方式回购投资方的股权，或者/同时向投资方承担金钱补偿义务。

3. 对赌协议的效力

根据《九民会议纪要》规定，对于投资方与目标公司的股东或者实际控制人订立的对赌协议，如无其他无效事由，应当认定有效，并支持实际履行。对于投资方与目标公司订立的对赌协议，在不存在法定无效事由的情况下，目标公司仅以存在股权回购或者金钱补偿约定为由，主张对赌协议无效的，人民法院不予支持。但投资方主张实际履行的，人民法院应当审查是否符合《公司法》关于"股东不得抽逃出资"以及股份回购的强制性规定，判决是否支持其诉讼请求。

对于投资方请求目标公司回购股权的，人民法院应当依据《公司法》第三十五条、第一百四十二条的强制性规定进行审查。经审查，目标公司未完成减资程序的，人民法院应当驳回投资方的诉讼请求。

对于投资方请求目标公司承担金钱补偿义务的，人民法院应当依据《公司法》第三十五条、第一百六十六条的强制性规定进行审查。经审查，目标公司没有利润或者虽有利润但不足以补偿投资方的，人民法院应当驳回或者部分支持其诉讼请求。今后目标公司有利润时，投资方还可以依据该事实另行提起诉讼。

后文即将展示的"甘肃世恒案""山东瀚霖案""江苏华工案"三大经典对赌案例，将重点解析对赌协议的法律效力。

4. 对赌价格的确定

企业并购重组中，收购方（包括投资方）与出让方（包括融资方）签署的并购协议（或者融资协议）都会涉及价格问题。实务中，并购价格包括两种类型，一种是既定价格，另一种是生成价格。所谓既定价格，是指在合同中固定交易价格，如未出现约定事项，价格不调整；所谓生成价格，是指在合同中仅约定初步价格，按照对目标公司的审计或评估结果计算出最终的交易价格。

实务中，经常出现的"对赌价格"实际上不属于价格类型，它只是价格调整机制。具体地说，就是根据并购完成后目标公司一段时间的业绩或者市值等情况，调整交易的价格或者其他权利义务内容。

（三）资本市场对赌成败案例

笔者整理出了对赌成败各十个案例，与读者分享。

1. 十大对赌成功案例

（1）2003 年，蒙牛乳业与摩根士丹利、鼎晖创投、英联对赌，蒙牛乳业 2004 年在我国香港地区成功上市。

(2)2005 年,雨润食品与高盛投资进行对赌,雨润食品如期完成对赌业绩,雨润食品胜出。

(3)2007 年,金刚玻璃与天堂硅谷、保腾创投和汇众工贸等机构对赌,后经各方对对赌协议进行调整后,金刚玻璃于 2010 年 7 月成功登陆创业板。

(4)2007 年,无锡某太阳能公司与东方富海等机构对赌,后该太阳能公司完成对赌业绩,公司估值大幅度提高。

(5)2009 年,中国动向与摩根士丹利对赌,因业绩超过预期,中国动向在对赌协议中获胜,摩根士丹利也成功获利 25 亿元港元。

(6)2010 年,隆鑫动力与软银投资、金宝天融等机构对赌,后各方对对赌协议进行了调整,隆鑫动力最终成功实现 IPO。

(7)2010 年,双成药业与中埝创投、深圳创投、天堂创投、阳光创投、锦绣财略对赌,后双成药业对赌成功,于 2012 年成功登陆深圳中小板。

(8)2011 年,淄博英科与深圳创投、淄博创投对赌,因淄博英科业绩良好,于 2017 年成功实现 IPO。

(9)2012 年,剑桥科技与江苏高投、安丰和众、上海盛万等投资机构对赌,后因业绩强劲,于 2017 年在上海证券交易所主板上市。

(10)2015 年,三只松鼠与今日资本、IDG 资本、峰瑞资本对赌,因三只松鼠连续 3 年盈利的漂亮业绩,最终成功实现 IPO。

2. 十大对赌失败案例

(1)2005 年,永乐电器与摩根士丹利、鼎晖创投对赌,永乐未能完成目标,导致控制权旁落,被国美收购。

(2)2007 年,太子奶与英联、摩根士丹利、高盛对赌,李途纯因非法吸收公众存款被判刑,太子奶破产重组。

(3)2007 年,真功夫与中山联动、今日资本对赌,蔡达标身陷囹圄,真功夫至今无缘上市。

(4)2007 年,甘肃世恒的陆波、香港迪亚与海富投资对赌,经最高人民法院判决,对赌条款部分有效。海富虽然获得 1998 万元人民币赔款,但巨额的投资成本和高昂的时间成本使得海富在此次风险投资中一败涂地。

(5)2007—2008 年,勤上集团与深圳创投、中科汇金对赌,后由于勤上集团业绩表现远不及预期增长,最终输掉对赌协议,不得不和创投机构达成股份赔偿协议。

(6)2008 年,俏江南与鼎晖创投资对赌,俏江南止步 IPO,张兰最终失去控制权,被“踢出”俏江南。

(7)2009 年,国美电器的黄光裕、陈晓与贝恩资本对赌,贝恩资本 18 亿元人民币入股,5 年后 20 亿元人民币退出,投资失败。

(8)2011 年,山东瀚霖的曹务波与冷杉投资、硅谷天堂等 27 家 PE 对赌,曹务波官司缠身,PE 退出无望,14 亿元人民币打了水漂。

(9)2011 年,雷士照明与软银赛富、施耐德对赌,吴长江将公司控制权拱手相让,黯然退场。

(10)2011 年,小马奔腾与建银文化对赌,受对赌协议影响,小马奔腾未能上市,对赌失败。

二、通过三大对赌诉讼案例看对赌未来走势

(一)"甘肃世恒案"回放①

1. 案件当事人

原告(二审上诉人、再审被申请人):苏州工业园区海富投资有限公司

被告(二审被上诉人、再审申请人):甘肃世恒有色资源再利用有限公司

被告(二审被上诉人、再审申请人):香港迪亚有限公司

被告(二审被上诉人):陆波

2. 案情简介

2007 年 11 月 1 日前,甘肃众星锌业有限公司(以下简称众星公司)、苏州工业园区海富投资有限公司(以下简称海富公司)、香港迪亚有限公司(以下简称迪亚公司)、陆波四方共同签订了《增资协议书》,各方同意海富公司以现金 2000 万元人民币对众星公司进行增资,占众星公司增资后注册资本的 3.85%,迪亚公司占 96.15%,并特别约定众星公司 2008 年净利润不低于 3000 万元人民币。如果众星公司 2008 年实际净利润完不成 3000 万元,海富公司有权要求众星公司予以补偿,如果众星公司未能履行补偿义务,海富公司有权要求迪亚公司履行补偿义务。

2007 年 11 月 1 日,海富公司与迪亚公司签订《合营企业合同》,将众星公司由外资企业变更为中外合资企业,约定合资企业应在条件具备时改组成立股份有限公司,并争取在境内证券交易所发行上市。如果至 2010 年 10 月 20 日,由于合资公司自身的原因造成无法完成上市,则海富公司有权在任一时刻要求迪亚公司回购海富公司持有的合资公司的全部股权。

2007 年 11 月 2 日,海富公司缴存众星公司银行账户人民币 2000 万元,其中新增注册资本 114.7717 万元,资本公积 1885.2283 万元。2008 年 2 月 29 日,甘肃省商务厅批准了增资协议、合资经营合同及合资公司章程,众星公司办理了相应的工商变更登记。

2009 年 6 月,众星公司名称变更为甘肃世恒有色资源再利用有限公司(以下简称世恒公司)。

---

① 案例索引:甘肃省兰州市中级人民法院(2010)兰法民三初字第 71 号民事判决书、甘肃省高级人民法院(2011)甘民二终字第 96 号民事判决书、最高人民法院(2012)民提字第 11 号民事判决书。

3. 原告诉讼请求

2009 年 12 月，海富公司向甘肃省兰州市中级人民法院（一审法院）提起诉讼，请求判令世恒公司、迪亚公司、陆波向其支付协议补偿款 1998.2095 万元并承担本案诉讼费及其他费用。

各诉讼主体之间的法律关系如图 8－1 所示。

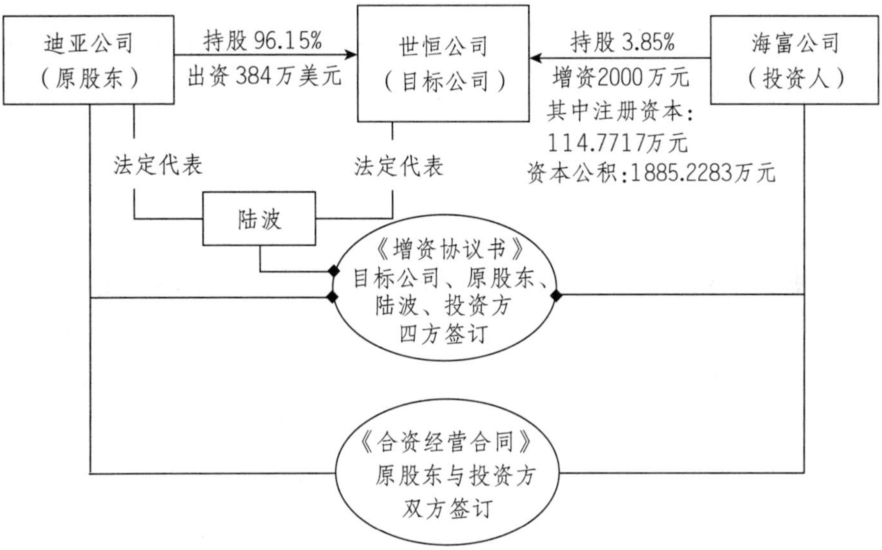

图 8－1　各诉讼主体之间的法律关系图

4. 一审法院裁判观点

《增资协议书》第七条第二项内容即世恒公司 2008 年实际净利润完不成 3000 万元，海富公司有权要求世恒公司补偿的约定，不符合《中外合资经营企业法》第八条关于企业净利润根据合营各方注册资本的比例进行分配的规定，同时与公司章程的有关条款不一致，也损害公司及公司债权人的利益，根据《合同法》第五十二条第五项的规定，该约定无效，故海富公司要求世恒公司承担补偿责任的诉请，依法不能支持。

《增资协议书》第七条第二项的内容与《合资经营合同》中相关约定内容不一致，根据《中外合资经营企业法实施条例》第十条第二款的规定，应以《合资经营合同》内容为准，故海富公司要求迪亚公司承担补偿责任的依据不足，依法不予支持。

《增资协议书》第二条第二项内容中并没有关于由陆波个人承担补偿义务的约定，陆波作为世恒公司的法定代表人，其在世恒公司的行为代表的是公司行为及利益，故海富公司要求陆波个人承担补偿责任的诉请无合同及法律依据，依法应予驳回。

一审法院据此判决：驳回海富公司的诉讼请求。宣判后，海富公司不服，向甘肃省高级人民法院（二审法院）提出上诉。

5. 二审法院裁判观点

对于世恒公司、海富公司、迪亚公司、陆波四方当事人就世恒公司2008年净利润不低于3000万元人民币的约定,因该约定仅是对目标企业盈利能力提出要求,并未涉及具体分配事宜;且约定利润如实现,世恒公司及其股东均能依据《公司法》《合资经营合同》《公司章程》等相关规定获得各自相应的收益,也有助于债权人利益的实现,故不违反法律规定。

四方当事人就世恒公司2008年实际净利润完不成3000万元,海富公司有权要求世恒公司及迪亚公司以一定方式予以补偿的约定,则违反了投资领域风险共担的原则,使得海富公司作为投资者不论世恒公司经营业绩如何,均能取得约定收益而不承担任何风险,参照最高人民法院《关于印发〈关于审理联营合同纠纷案件若干问题的解答〉的通知》第四条第二项的规定,《增资协议书》第七条第二项该部分约定内容,因违反《合同法》第五十二条第五项之规定应认定无效。

海富公司除已计入世恒公司注册资本的114.7717万元外,其余1885.2283万元资金性质应属名为投资,实为借贷。虽然世恒公司与迪亚公司的补偿承诺亦归于无效,但海富公司基于对其承诺的合理信赖而缔约,故世恒公司与迪亚公司对无效的法律后果应负主要过错责任。根据《合同法》第五十八条之规定,世恒公司与迪亚公司应共同返还海富公司1885.2283万元及占用期间的利息,因海富公司对于无效的法律后果亦有一定过错,如按同期银行贷款利率支付利息则不能体现其应承担的过错责任,故世恒公司与迪亚公司应按同期银行定期存款利率计付利息。

因陆波个人并未就《增资协议书》第七条第二项所涉补偿问题向海富公司作出过承诺,且其是否于2007年12月31日之前将四川峨边县五渡牛岗铅锌矿过户至世恒公司名下与本案不属同一法律关系,故海富公司要求陆波承担补偿责任的诉请无事实及法律依据,二审法院依法不予支持。

二审法院据此判决:第一,撤销一审判决;第二,判令世恒公司、迪亚公司共同返还海富公司1885.2283万元及利息。宣判后,世恒公司、迪亚公司均不服二审判决,向最高人民法院申请再审。

6. 最高人民法院裁判观点

2009年12月,海富公司向一审法院提起诉讼时的诉讼请求是判令世恒公司、迪亚公司、陆波向其支付协议补偿款1998.2095万元并承担本案诉讼费及其他费用,没有请求返还投资款。因此二审判决判令世恒公司、迪亚公司共同返还投资款及利息超出了海富公司的诉讼请求,是错误的。

海富公司作为企业法人,向世恒公司投资后与迪亚公司合资经营,故世恒公司为合资企业。世恒公司、海富公司、迪亚公司、陆波在《增资协议书》中约定,如果世恒公司实际净利润低于3000万元,则海富公司有权从世恒公司处获得补偿,并约定了计算公式。这一约定使得海富公司的投资可以取得相对固定的收益,该收益脱离了世恒公司的经营业绩,损害了公司利益和公司债权人的利益，一审法院、二审法院根据《公司法》第二十条和《中外合资经营企业法》第八条的规定认定《增资协议书》中的这部分条款无效是正确的。但二审法院认定海富公司1885.2283万元的投资名为联营实为借贷，并判决世恒公司和迪亚公司返还该笔投资款，没有法律依据，最高人民法院予以纠正。

《增资协议书》中并无由陆波对海富公司进行补偿的约定，海富公司请求陆波进行补偿，没有合同依据。此外，海富公司称陆波涉嫌犯罪，没有证据证明，最高人民法院对该主张亦不予支持。但是，在《增资协议书》中，迪亚公司对于海富公司的补偿承诺并不损害公司及公司债权人的利益，不违反法律法规的禁止性规定，是当事人的真实意思表示，是有效的。迪亚公司对海富公司承诺了众星公司（企业名称后变更为世恒公司）2008年的净利润目标并约定了补偿金额的计算方法。在众星公司2008年的利润未达到约定目标的情况下，迪亚公司应当依约应海富公司的请求进行补偿。迪亚公司对海富公司请求的补偿金额及计算方法没有提出异议，最高人民法院予以确认。

最高人民法院据此院判决：第一，撤销二审判决；第二，迪亚公司向海富公司支付协议补偿款1998.2095万元。

（二）"山东瀚霖案"回放①

1. 案件当事人

原告（二审上诉人、再审申请人）：强静延

被告（二审被上诉人、再审被申请人）：曹务波

被告（二审被上诉人、再审被申请人）：山东瀚霖生物技术有限公司

2. 案情简介

2011年4月26日，山东瀚霖生物技术有限公司（以下简称瀚霖公司）与北京冷杉投资中心（有限合伙）（以下简称冷杉投资）、福建国耀投资有限公司（以下简称国耀公司）、强静延、孙博、许欣欣以及曹务波三方共同签订《增资协议书》及《补充协议书》。《增资协议书》约定：强静延向瀚霖公司增资3000万元，其中400万元作为瀚霖公司的新增注册资本，其余2600万元作为瀚霖公司的资本公积金，强静延持有瀚霖公司0.86%的股权。《补充协议书》约定：曹务波承诺争取目标公司于2013年6月30日前获准合格IPO，如果瀚霖公司未能在2013年6月30日前完成合格IPO，强静延有权要求曹务波以现金方式回购强静延所持的目标公司股权，回购价格为强静延实际投资额再加上每年8%的内部收益率溢价，瀚霖公司为曹务波的回购提供连带责任担保。

2011年4月29日，强静延将3000万元转入瀚霖公司账户，瀚霖公司将强静延登记于股东名册。2012年5月31日，强静延与曹务波签订《股权转让协议》，约定：强静延将持有的瀚

---

① 案例索引：四川省成都市中级人民法院（2014）成民初字第1180号民事判决书、四川省高级人民法院（2015）川民终字第445号民事判决书、最高人民法院（2016）最高法民再128号民事判决书。

霖公司股权转让给曹务波,按《补充协议书》约定的价格计算方式回购,曹务波应在协议签订后30个工作日内全额付清转让款,但曹务波未在约定时间履行支付义务。2014年4月2日,强静延书面通知曹务波及瀚霖公司支付股权转让款并承担违约责任,但曹务波及瀚霖公司至今未履行付款义务。

3. 原告诉讼请求

后强静延向四川省成都市中级人民法院(一审法院)提起诉讼,其诉讼请求为:(1)判令曹务波支付股权转让款3779.136万元,并从原告起诉之日起按银行逾期付款违约金的计算标准承担违约金;(2)瀚霖公司对曹务波的付款承担连带清偿责任;(3)案件诉讼费由被告承担。

各诉讼主体之间的法律关系如图8-2所示。

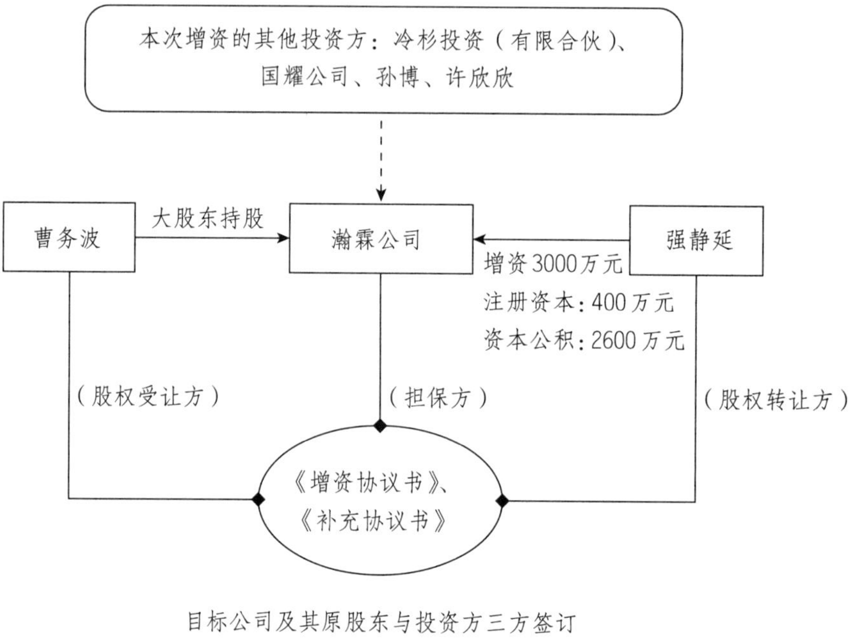

图8-2 各诉讼主体之间的法律关系图

4. 一审法院裁判观点

《补充协议书》中关于瀚霖公司为回购提供连带担保的约定,因强静延与曹务波均系瀚霖公司股东,且曹务波为公司法定代表人,基于此情形,强静延应当提交瀚霖公司为股东曹务波提供担保已经股东会决议通过的相关证据;结合强静延与曹务波的股东身份以及瀚霖公司并非为经营发展向公司以外的第三人提供担保的事实,该约定损害了公司、公司其他股东以及公司债权人的利益,应认定为无效。《补充协议书》的其余条款系强静延与曹务波的真实意思表示,不损害公司及公司债权人的利益,不违反法律、行政法规的强制性规定,合法有效。

强静延按约出资后,瀚霖公司未在约定预期内上市,强静延要求曹务波回购的条件已经成就,曹务波应在收到回购通知函后按约定价格回购股权。根据《补充协议书》和《股权转让协议》的约定,回购价格是实际投资额加上每年 8% 的内部收益率溢价,对强静延要求曹务波支付股权转让款 3779.136 万元的请求,一审法院予以支持。对强静延要求瀚霖公司对股权转让款的支付承担连带清偿责任的主张,一审法院不予支持。

一审法院据此判决:判令曹务波向强静延支付股权转让款 3779.136 万元及违约金。宣判后,强静延不服,向四川省高级人民法院(二审法院)提出上诉。

5. 二审法院裁判观点

瀚霖公司为曹务波回购提供担保,其实质是不管瀚霖公司经营业绩如何,强静延均可以从瀚霖公司获取收益,该约定使得股东获益脱离了公司的经营业绩,背离了公司法法理精神,最终使得强静延规避了交易风险,将瀚霖公司可能存在的经营不善及业绩不佳的风险转嫁给瀚霖公司及其债权人,严重损害了瀚霖公司其他股东和债权人的合法权益,应当认定《增资协议书》《补充协议书》约定的瀚霖公司为曹务波回购强静延股权产生的责任承担担保责任无效。至于强静延签订《增资协议书》时是否具备瀚霖公司股东身份以及瀚霖公司提供担保是否经股东会决议,均不影响瀚霖公司提供担保行为的效力认定。强静延关于要求瀚霖公司应就曹务波应承担的责任承担连带责任的上诉理由缺乏事实依据和法律依据,二审法院不予支持。

本案原审法院认定瀚霖公司的担保行为无效与强静延主张瀚霖公司的担保行为有效不一致,根据最高人民法院《关于民事诉讼证据的若干规定》第三十五条之规定,原审法院应当向强静延释明是否变更诉讼请求。鉴于原审法院关于瀚霖公司提供担保行为无效的认定处理,不会超出强静延原诉请要求瀚霖公司承担责任的范围,前述已认定强静延要求瀚霖公司承担连带责任缺乏事实和法律依据,原审法院未履行释明程序未损害强静延的实体权利,二审法院对强静延关于本案因原审审理程序违法应当发回重审的上诉理由,不予支持。

二审法院据此判决:驳回上诉,维持原判。宣判后,强静延仍不服,向最高人民法院申请再审。

6. 最高人民法院裁判观点

合同无效的判定严格遵循法定主义,二审法院判决否定担保条款效力的裁判理由不符合《合同法》关于合同无效的各类法定情形,该项认定已违反合同法基本原则,构成适用法律错误。最高人民法院再审认为,案涉《补充协议书》所约定担保条款合法有效,瀚霖公司应当依法承担担保责任,理由如下:

其一,强静延已对瀚霖公司提供担保经过股东会决议尽到审慎注意和形式审查义务。因《增资协议书》《补充协议书》约定内容包括增资数额、增资用途、回购条件、回购价格以及瀚霖公司提供担保等一揽子事项,两份协议书均由瀚霖公司盖章及其法定代表人签名。对于债权人强静延而言,增资扩股、股权回购、公司担保本身属于链条型的整体投资模式,强静延有理由相信瀚霖公司已对包括提供担保在内的增资扩股一揽子事项通过股东会决议,曹务波已取得瀚霖公司授权代表公司对外签订担保条款,且瀚霖公司在本案审理中亦没有提交其他相反证据证明该公司未对担保事项通过股东会决议，故应当认定强静延对担保事项经过股东会决议已尽到审慎注意和形式审查义务，因而《补充协议书》所约定担保条款对瀚霖公司已发生法律效力。

其二，强静延投资全部用于公司经营发展，瀚霖公司全体股东因而收益，故应当承担担保责任。案涉担保条款虽系曹务波代表瀚霖公司与强静延签订，但是3000万元款项并未供曹务波个人投资或消费使用，亦并非完全出于曹务波个人需要，而是全部投入瀚霖公司资金账户，供瀚霖公司经营发展使用，有利于瀚霖公司提升持续盈利能力。这不仅符合公司新股东强静延的个人利益，也符合公司全体股东的利益，瀚霖公司本身是最终的受益者。即使确如瀚霖公司所述并未对担保事项进行股东会决议，但是该担保行为有利于瀚霖公司的自身经营发展需要，并未损害公司及公司中小股东权益，不违反《公司法》第十六条之立法目的。因此，认定瀚霖公司承担担保责任，符合一般公平原则。

综上所述，强静延已对瀚霖公司提供担保经过股东会决议尽到审慎注意和形式审查义务，瀚霖公司提供担保有利于自身经营发展需要，并不损害公司及公司中小股东权益，应当认定案涉担保条款合法有效，瀚霖公司应当对曹务波支付股权转让款及违约金承担连带清偿责任。

最高人民法院据此判决：第一，曹务波向强静延支付股权转让款3779.136万元及逾期付款违约金；第二，瀚霖公司对曹务波所承担股权转让款及逾期付款违约金债务承担连带清偿责任。

（三）“江苏华工案”回放①

1. 案件当事人

原告（二审上诉人、再审申请人）：江苏华工创业投资有限公司

被告（二审被上诉人、再审被申请人）：扬州锻压机床股份有限公司

被告（二审被上诉人、再审被申请人）：潘云虎

被告（二审被上诉人、再审被申请人）：董宏斌

被告（二审被上诉人、再审被申请人）：耿长明

被告（二审被上诉人、再审被申请人）：赵宏卫

被告（二审被上诉人、再审被申请人）：张惠生

被告（二审被上诉人、再审被申请人）：何灿焜

被告（二审被上诉人、再审被申请人）：钟捃

被告（二审被上诉人、再审被申请人）：扬州淮左投资中心（有限合伙）

被告（二审被上诉人、再审被申请人）：扬州亚东投资中心（有限合伙）

---

① 案例索引：江苏省扬州市邗江区人民法院（2016）苏1003民初9455号民事判决书、江苏省扬州市中级人民法院民（2017）苏10民终2380号事判决书、江苏省高级人民法院（2019）苏民再62号民事判决书。

被告(二审被上诉人、再审被申请人):扬州吉安投资中心(有限合伙)

被告(二审被上诉人、再审被申请人):扬州金锻投资中心(有限合伙)

2. 案情简介

2011 年 7 月 6 日,江苏华工创业投资有限公司(以下简称华工公司)与扬州锻压机床集团有限公司(以下简称扬锻集团公司)及潘云虎、董宏斌、耿长明、赵宏卫、张惠生、何灿焜、钟捃、扬州淮左投资中心(有限合伙)、扬州亚东投资中心(有限合伙)、扬州吉安投资中心(有限合伙)、扬州金锻投资中心(有限合伙)(以下统称原股东或全体股东)等共同签订《增资扩股协议》,约定以公司 2011 年预测净利润 9350 万元为基础,按 10.12 倍 PE 估值,以增资后注册资本 8600 万元计算,确定本次增资的价格为人民币 11 元/股注册资本,华工公司以现金 2200 万元人民币对扬锻集团公司增资,其中 200 万元作为注册资本,2000 万元列为公司资本公积金。

同日,扬锻集团公司及原股东与华工公司签订《补充协议》,该协议第一条股权回购第一款约定:若扬锻集团公司在 2014 年 12 月 31 日前未能在境内资本市场上市或公司主营业务、实际控制人、董事会成员发生重大变化,华工公司有权要求扬锻集团公司以现金形式回购全部股份;第三款约定:扬锻集团公司及其原股东在华工公司书面提出回购要求之日起 30 日内完成回购股权等相关事项,包括完成股东大会会议,签署股权转让合同以及其他相关法律文件,支付有关股权收购的全部款项,完成工商变更登记。

2011 年 7 月 20 日,华工公司向扬锻集团公司实际缴纳新增出资 2200 万元,其中注册资本 200 万元,资本溢价 2000 万元,扬锻集团公司出具收据,载明收款事由为投资款。

2011 年 11 月 20 日,扬锻集团公司召开创立大会(扬锻集团公司名称后变更为扬州锻压机床股份有限公司,以下简称扬锻公司),所有股东参加,股东一致表决同意通过新的公司章程,其中第二十一条规定:公司在下列情况下可以依照法律、行政法规、部门规章和本章程的规定回购本公司的股份:(1)减少公司注册资本;(2)与持有本公司股份的其他公司合并;(3)将股份奖励给本公司职工;(4)股东因对股东会作出的公司分立、合并决议持异议,要求公司回购其股份。除上述情形外,公司不进行买卖公司股份的活动。

2012 年 11 月—2014 年 4 月,因证监会暂停 18 个月 IPO 申报,扬锻公司于 2014 年 10 月 16 日召开临时股东大会通过申报新三板的议案,并于 2014 年 10 月 22 日致函华工公司要求其明确是否支持公司申报新三板。2014 年 11 月 25 日,华工公司致函扬锻公司,称鉴于扬锻公司在 2014 年 12 月 31 日前不能在境内资本市场上市,现要求扬锻公司以现金形式回购其持有的全部股份,回购价格同《补充协议》的约定。

2012 年 7 月 27 日—2016 年 6 月 8 日,华工公司从扬锻公司领取分红合计 104 万元。

2016 年 3 月 29 日,扬锻公司向股东发送第二次临时股东大会会议通知,拟审议与舒勒贸易(上海)有限公司合资及股权转让、修改公司章程、确定合资公司中方董事、监事人选等事项。

3. 原告诉讼请求

由于扬锻公司未履行回购义务,华工公司遂向扬州市邗江区人民法院(一审法院)提起诉讼，要求判令扬锻公司及原股东共十二被告共同回购华工公司持有的股份，并支付股权回购款本金2200万元、利息及罚息。

各诉讼主体之间的法律关系如图8－3所示。

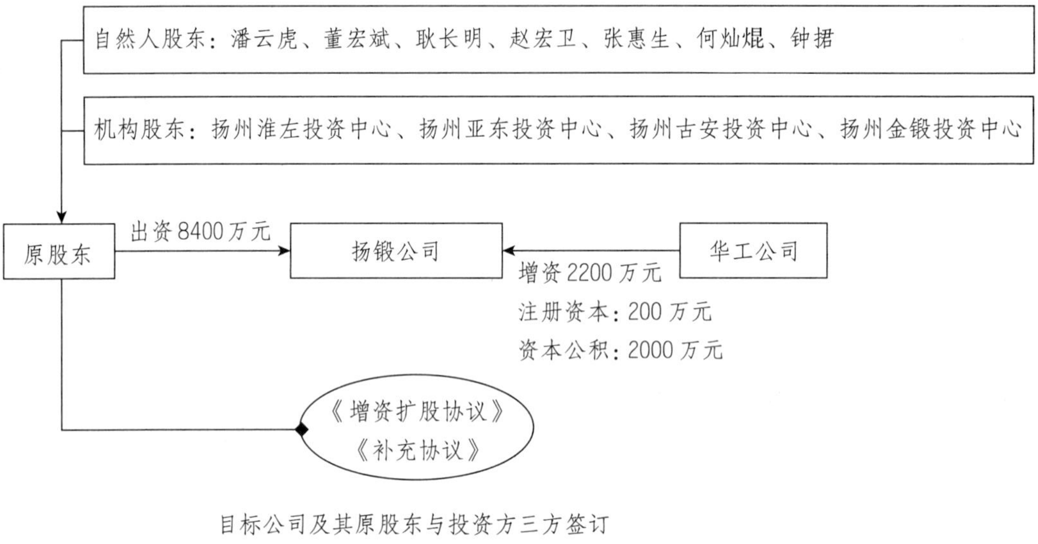

图8－3　各诉讼主体之间的法律关系图

4. 一审法院裁判观点

（1）关于股权回购主体的认定

首先，《补充协议》第一条第一款、第二款、第四款对于扬锻公司作为股权回购主体、回购价款及罚金给付主体的约定清晰明确，而《补充协议》第一条第三款、第四款则系对于扬锻公司及原股东可能发生的约定义务事项（包含配合义务事项）的不完全概括性罗列，在股权回购主体已得到协议其他条款明确的情况下，不能作出协议各方已就原股东亦作为股权回购主体形成了一致意思表示的推定及解释。

其次，其他私募股权投资方在投资后以与原股东签订股权转让协议的方式退出系双方在投资后另就股权转让形成的一致意思表示，华工公司未能提供证据证明该股权转让就是对作为格式合同的《补充协议》项下股权回购义务的履行，故该事实亦不能作为判断原股东系股权回购主体的依据。

最后，华工公司在本案起诉前并未向原股东提出过股权回购主张，其要求履行回购义务的对象一直为扬锻公司。

综上所述，案涉股权回购主体为扬锻公司，且仅限于扬锻公司，不包含原股东，案涉对赌双方为华工公司与目标公司扬锻公司。

（2）关于股权回购约定的效力的认定

在公司有效存续期间，股东基于其投资可以从公司获得财产的途径只能是依法从公司分配利润或者通过减资程序退出公司,而公司回购股东股权必须基于法定情形并经法定程序。

首先,《公司法》第一百四十二条对于四种法定情形外公司不得收购本公司股份作出了明确规定,案涉《补充协议》关于约定情形下公司应以现金形式按约定计算方法回购股权的约定不符合上述法定情形,违反了上述禁止性规定。

其次,该约定实际上是让华工公司作为股东在不具备法定回购股权的情形以及不需要经过法定程序的情况下,直接由公司支付对价而抛出股权,使股东可以脱离公司经营业绩、不承担公司经营风险而即当然获得约定收益,损害了公司、公司其他股东和公司债权人的权益,与《公司法》第二十条资本维持、法人财产独立原则相悖,故该股权回购约定当属无效。

综上所述,《补充协议》中关于"未上市即回购"的约定无效,且经公司新章程重新约定,故华工公司要求扬锻公司及原股东回购股权、支付股权回购价款的诉讼请求无事实和法律依据,依法不予支持。

一审法院据此判决:驳回华工公司的诉讼请求。宣判后,华工公司不服,向江苏省扬州市中级人民法院(二审法院)提出上诉。

5. 二审法院裁判观点

(1)关于股权回购主体的认定

扬锻公司与华工公司是平等主体,在投资过程中存在未协商的可能性极低,且华工公司未能提供证据证明该协议是扬锻公司提供并重复使用,因此,对《补充协议》的理解不能适用格式合同的理解原则。

本案所涉股东回购义务的标的额巨大,为确保各方当事人的合法权益,更应以明确意思表示为准,不能轻易以推理、解释的方式认定巨额义务的负担。纵观《补充协议》,未有明确由扬锻公司原股东作为回购主体的表述。如将回购主体理解为扬锻公司及原股东,则《补充协议》第一条第一款至第四款之间存在矛盾,解释难以自圆其说。

《补充协议》第三条违约责任约定:"本协议生效后,乙方(扬锻公司)原因导致丙方(华工公司)发生任何损失,甲方(原股东)、乙方承担连带责任。"验证扬锻公司才是约定回购股权的主体,若原股东亦承担回购的义务,则违约责任的主体就不仅限于扬锻公司;且华工公司后向扬锻公司致函要求根据《补充协议》回购股权,而未向其他各方发函,亦验证《补充协议》约定的回购股权的主体仅为扬锻公司。

(2)回购约定无效情形下,华工公司所称权益的保障

华工公司诉讼请求要求判令扬锻公司及原股东共同回购华工公司持有的扬锻公司股权,现一审、二审法院均认定约定的回购主体仅为扬锻公司,需确定该情形下回购约定的效力。对此相关法律和扬锻公司章程均明确不能从事该回购事宜,否则有悖于公司资本维持这一基本原则和法律有关规定,故一审认定回购约定无效依据充分。一审判决驳回华工公司诉讼请求,未涉及华工公司所称赔偿和返还投资款的问题。鉴于华工公司在一审诉请中未提及该问题,且一审法院的处理也未实质影响华工公司可能的权益,华工公司如认为有关条款或合同

存在效力问题影响其相关权益,可另行主张。

二审法院据此判决:驳回上诉,维持原判。宣判后,华工公司仍不服,向江苏省高级人民法院申请再审。

6.江苏省高级人民法院裁判观点

(1)关于股权回购主体的认定

第一,《补充协议》俗称对赌协议,《补充协议》第一条第一款明确股权回购义务的承担主体为扬锻集团公司,未包括原股东;《补充协议》第一条第三款、第四款对扬锻集团公司及原股东在回购时的相关义务作出了约定,但并未明确约定原股东是回购主体,亦未对原股东是否应当承担支付回购款的义务作出明确。《补充协议》第三条关于违约责任的约定,亦可印证合同约定的股权回购主体为扬锻集团公司,原股东是对该公司的违约行为承担连带责任,原股东不是回购主体。

第二,华工公司在合同约定的股权回购条件成就后,仅向扬锻公司致函要求该公司回购,而未向原股东提出回购要求,进一步证明《补充协议》约定的回购股权的主体仅为扬锻公司。根据上述约定及事实,以合同条款文义及合同条款体系的合理性为依据,原股东所应承担的义务应为回购事宜的履行辅助如参加股东大会、保证回购决议通过等义务,以及在扬锻公司发生违约时承担连带责任的担保义务。

综上所述,二审判决认定合同约定的回购主体限于扬锻公司,在逻辑上通顺完整,在内容上也使得各条款间衔接有序,不存在矛盾,也不会造成任何一个条款无意义,并无不当。华工公司认为扬锻公司原股东系股权回购共同责任主体,不能成立。

(2)关于对赌协议效力的认定

第一,扬锻集团公司改制为股份有限公司后,新的公司章程第二十一条对回购股份作了规定,该章程虽对公司回购股份作出原则性限制,但同时亦载明因符合该章程规定的事由,扬锻公司可以回购本公司股份,《公司章程》第二十一条第一款第一项规定扬锻公司可回购本公司股份的事由为"减少公司注册资本"。该规定与《补充协议》约定的股份回购并不冲突,即扬锻公司可在不违反《公司法》及公司章程关于股份回购强制性规定的情形下,通过履行法定手续和法定程序的方式合法回购华工公司持有的股份。故扬锻公司等关于公司章程对原对赌协议作出变更的辩解理由,不能成立。

第二,案涉对赌协议签订时扬锻集团公司系有限责任公司,且该公司全体股东均在对赌协议中签字并承诺确保对赌协议内容的履行。各方在《补充协议》中的约定表明,扬锻公司及全体股东对股权回购应当履行的法律程序及法律后果是清楚的,即扬锻公司及全体股东在约定的股权回购条款激活后,该公司应当履行法定程序办理工商变更登记,全体股东负有履行过程中的协助义务及履行结果上的保证责任。

第三,我国《公司法》并不禁止有限责任公司回购本公司股份,有限责任公司回购本公司股份不当然违反《公司法》的强制性规定。有限责任公司在履行法定程序后回购本公司股份,不会损害公司股东及债权人利益,亦不会构成对公司资本维持原则的违反。在有限责任公司作为对赌协议约定的股份回购主体的情形下,投资者作为对赌协议相对方,所负担的义务不仅限于投入资金成本,还包括激励完善公司治理结构以及公司上市为目标的资本运作等。投资人在进入目标公司后,亦应依照《公司法》的规定,对目标公司经营亏损等问题按照合同约定或者持股比例承担相应责任。案涉对赌协议中关于股份回购的条款内容,是当事人特别设立的保护投资人利益的条款,属于缔约过程中当事人对投资合作商业风险的安排,系各方当事人的真实意思表示。

第四,股份回购条款中关于股份回购价款的约定虽为相对固定收益,但约定的年回报率8%,与同期企业融资成本相比并不明显过高,不存在脱离目标公司正常经营下所应负担的经营成本及所能获得的经营业绩的企业正常经营规律。华工公司、扬锻公司及全体股东关于华工公司上述投资收益的约定,不违反国家法律、行政法规禁止性规定,不存在《合同法》第五十二条规定的合同无效的情形,亦不属于合同法所规定的格式合同或者格式条款,不存在显失公平的问题,对赌协议合法有效。

综上所述,扬锻集团公司及潘云虎等关于案涉对赌协议无效的辩解意见,江苏省高级人民法院不予采信。扬锻集团公司变更为扬锻公司后,案涉对赌协议的权利义务应由扬锻公司承继,在对赌协议条款激活后,扬锻公司应按照协议约定履行股份回购义务,潘云虎等原扬锻集团公司股东应承担连带责任。

(3)案涉对赌协议具备履行可能性

第一,2011年11月20日,扬锻集团公司股东一致表决通过新的公司章程,明确扬锻公司为股份有限公司。同年12月29日,扬锻集团公司经工商部门核准变更为扬锻公司。故案涉对赌协议约定的股份回购义务应由扬锻公司履行。扬锻公司作为股份有限公司,不同于原扬锻集团公司,故华工公司诉请扬锻公司履行股份回购义务,尚需具备法律上及事实上的履行可能。

第二,关于股份有限公司股份回购,根据《公司法》第一百四十二条的规定可知,《公司法》原则上禁止股份有限公司回购本公司股份,但同时亦规定了例外情形,即符合该条例外情形的,《公司法》允许股份有限公司回购本公司股份。本案中,扬锻公司章程亦对回购本公司股份的例外情形作出了与《公司法》第一百四十二条类似的规定,并经股东一致表决同意,该规定对扬锻公司及全体股东均具有法律上的约束力。《公司法》第三十七条、第四十六条、第一百七十七条、第一百七十九条,已明确规定了股份有限公司可减少注册资本回购本公司股份的合法途径。扬锻公司履行法律程序,支付股份回购款项,并不违反《公司法》的强制性规定,亦不会损害公司股东及债权人的利益。

第三,对赌协议投资方在对赌协议中是目标公司的债权人,在对赌协议约定的股权回购情形出现时,当然有权要求公司及原股东承担相应的合同责任。在投资方投入资金后,成为目标公司的股东,但并不能因此否认其仍是公司债权人的地位。投资方基于公司股东的身份，应当遵守公司法的强制性规定，非依法定程序履行减资手续后退出，不能违法抽逃出资。而其基于公司债权人的身份，当然有权依据对赌协议的约定主张权利。《公司法》亦未禁止公司回购股东对资本公积享有的份额。案涉对赌协议无论是针对列入注册资本的注资部分还是列入资本公积金的注资部分的回购约定，均具备法律上的履行可能。

第四，扬锻集团公司在投资方注资后，其资产得以增长，而且在事实上持续对股东分红，其债务承担能力相较于投资方注资之前得到明显提高。案涉对赌协议约定的股份回购款项的支付不会导致目标公司资产的减损，亦不会损害扬锻公司对其他债务人的清偿能力，不会因该义务的履行构成对其他债权人债权实现的障碍。相反，华工公司在向扬锻集团公司注资后，同时具备该公司股东及该公司债权人的双重身份，如允许扬锻公司及原股东违反对赌协议的约定拒绝履行股份回购义务，则不仅损害华工公司作为债权人应享有的合法权益，亦会对华工公司股东及该公司债权人的利益造成损害，有违商事活动的诚实信用原则及公平原则。

总之，案涉对赌协议约定的股份回购条款具备事实上的履行可能。江苏省高级人民法院据此判决：第一，撤销一审、二审判决；第二，扬锻股份公司支付华工公司股份回购款25199135.81元及逾期付款利息；第三，潘云虎等十一被告承担连带清偿责任。

（四）综合评析

1. 对赌对象的选择

对赌协议实际上是期权的一种形式，是对未来进行的一种约定，根据今后可能出现的不同情况赋予对方的一定权利，救济（或补偿）因目标公司将来发展的不确定性、双方掌握信息的不对称性导致的利益失衡。投资方要求融资方签署对赌协议，往往出于复杂的心理，一方面害怕看错公司，担心融资方虚构信息；另一方面刺激融资方加紧赚钱，为退出保留后路。投资方为了最大限度保证自身利益，将投资风险降到最低程度，必须最广泛地选择对赌对象。

投资方通常的做法是与目标公司的股东、实际控制人以及目标公司同时签署对赌协议。问题的关键是，对赌协议不是与谁签都管用的，这是投资人始料未及的。于是乎，因对赌协议引发的纠纷层出不穷，投资方一纸诉状告至法院，要讨个说法。被法律界、投资界普遍关注的对赌纠纷案例，早期有“甘肃世恒案”，中期有“山东瀚霖案”，近期有“江苏华工案”，每起案件最终的判决结果无不牵动着众人敏感的神经，真是几家欢喜几家愁。尤其是“甘肃世恒案”，号称“对赌第一案”，其对私募投资的影响巨大且深远。

2. 诉讼成败的关键

综观上述三起对赌纠纷案件，目标公司（被投资公司）在对赌协议中充当的角色以及所起的作用，各不相同。在“甘肃世恒案”中，世恒公司与其股东迪亚公司一起作为对赌参与者，直接参与了与投资方海富公司的对赌；在“山东瀚霖案”中，对赌双方是投资方强静延和瀚霖公司的创始人曹务波，瀚霖公司只是对赌担保方，并未直接参与到对赌中；在“江苏华工案”中，扬锻公司直接与投资方华工公司进行对赌，目标公司全体股东没有直接参与对赌，只是为扬锻公司提供了连带责任保证。可以看出，世恒公司是共同参与对赌，华工公司是单独参与对赌。法院最终的判决是，世恒公司不承担责任，扬锻公司承担责任。人们不禁要问，目标公司同样作为对赌参与人，为何最后的结果却截然不同。

针对“甘肃世恒案”，最高人民法院认为，对赌协议约定的投资方可以取得相对固定的收益内容，脱离了世恒公司的经营业绩，损害了公司及债权人的利益，对赌协议部分无效。至于“江苏华工案”，江苏省高级人民法院认为，对赌协议关于股份回购和投资收益的约定，是当事人特别设立的保护投资人利益的条款，属于缔约过程中当事人对投资合作商业风险的安排，系各方当事人的真实意思表示，不违反国家法律、行政法规禁止性规定，不存在《合同法》（已失效）第五十二条规定的合同无效的情形，亦不属于《合同法》所规定的格式合同或者格式条款，不存在显失公平的问题，对赌协议合法有效。

在“山东瀚霖案”中，瀚霖公司被判承担连带清偿责任，最高人民法院认为，在瀚霖公司为股东曹务波提供担保过程中，投资方强静延已尽到审慎注意和形式审查义务，瀚霖公司提供担保有利于自身经营发展，并不损害目标公司及中小股东权益，担保条款合法有效。笔者认为，最高人民法院的裁判仅是侧重于对公司为股东提供担保的程序和效力进行论证，并未正面去论述投资与固定收益之间的关系。

3. 对赌条款的设计

应该说，《九民会议纪要》对对赌协议还是持开放、包容的态度的。《九民会议纪要》指出，人民法院在审理对赌协议纠纷案件时，不仅应当适用《合同法》的相关规定，还应当适用《公司法》的相关规定；既要坚持鼓励投资方对实体企业特别是科技创新企业投资原则，从而在一定程度上缓解企业融资难问题，又要贯彻资本维持原则和保护债权人合法权益原则，依法平衡投资方、公司债权人、公司之间的利益。对于投资方与目标公司股东或者实际控制人订立的对赌协议，如无其他无效事由，认定有效并支持实际履行，在实践中并无争议；但对投资方与目标公司订立的对赌协议是否有效以及能否实际履行，存在争议。

实务中，如何根据《九民会议纪要》的精神，设计好对赌协议或对赌条款呢？笔者认为，尽可能从以下四个方面考虑：首先，投资方与目标公司的股东或者实际控制人之间签订对赌协议，或者同时要求目标公司重要高管也加入对赌协议中来，扩大对赌对象的范围；其次，投资方与目标公司签订担保合同（或担保条款），由目标公司对其参与对赌的股东或者实际控制人（或者高管）支付回购款的义务承担连带清偿责任；再次，投资方要求目标公司依照《公司法》第十六条第二款的规定就公司为股东或者实际控制人提供担保事项形成合法有效的股东会决议；最后，投资方与目标公司及其股东或者实际控制人通过公证处对对赌协议、担保合同、股东会决议等进行公证，使上述法律文件具备更高法律效力。

有些时候，目标公司的股东或者实际控制人比较在意或者忌讳个人承担对赌责任，在心理上难以接受这种交易方式，但投资方又要求必须签订对赌协议，怎么办呢？笔者建议，可以根据目标公司的股权架构，进行相应的调整，以消除彼此顾虑，最终促成交易。

表 8－2　三大对赌案件对照表

案名及审级		项目						
		案由	签约主体	法律文件	股权回购主体的认定	股权回购条款效力的认定	担保条款效力的认定	裁判结果
甘肃世恒案	一审	增资纠纷	①世恒公司 ②海富公司 ③迪亚公司 ④陆波	①《增资协议书》 ②《合资经营合同》	为世恒公司和迪亚公司	海富公司与世恒、迪亚公司对赌条款无效	—	驳回海富公司的诉讼请求
	二审				为世恒公司和迪亚公司	海富公司与迪亚公司的对赌条款有效	—	世恒公司、迪亚公司返还投资款及利息
	再审				为世恒公司和迪亚公司	海富公司与世恒公司对赌条款无效，与迪亚公司对赌条款有效	—	迪亚公司支付协议补偿款
山东瀚霖案	一审	股权转让纠纷	①瀚霖公司 ②强静延 ③曹务波	①《增资协议书》 ②《补充协议书》 ③《股权转让协议》	仅为曹务波	回购约定有效	瀚霖公司的担保行为无效	曹务波支付股权转让款及违约金
	二审				仅为曹务波	回购约定有效	瀚霖公司的担保行为无效	驳回上诉，维持原判
	再审				仅为曹务波	回购约定有效	瀚霖公司的担保行为有效	①曹务波支付股权转让款及违约金 ②瀚霖公司承担连带清偿责任
江苏华工案	一审	请求公司收购股份纠纷	①扬锻公司 ②华工公司 ③潘云虎等11名原股东	①《增资扩股协议》 ②《补充协议》	仅为扬锻公司	回购约定无效	潘云虎等11名股东不存在担保行为	驳回华工公司诉讼请求
	二审				仅为扬锻公司	回购约定无效	潘云虎等11名股东不存在担保行为	驳回上诉，维持原判
	再审				仅为扬锻公司	回购约定有效	潘云虎等11名股东担保行为有效	①扬锻公司支付股份回购款及利息 ②潘云虎等11名股东承担连带责任

三、对赌协议在企业上市中的处理

(一)中国证监会对对赌协议的审查意见

根据《首发业务若干问题解答(一)》问题5:“部分投资机构在投资发行人时约定对赌协议等类似安排的,发行人及中介机构应当如何把握?

投资机构在投资发行时约定对赌协议等类似安排的,原则上要求发行人在申报前清理,但同时满足以下要求的可以不清理:一是发行人不作为对赌协议当事人;二是对赌协议不存在可能导致公司控制权变化的约定;三是对赌协议不与市值挂钩;四是对赌协议不存在严重影响发行人持续经营能力或者其他严重影响投资者权益的情形。保荐人及发行人律师应当就对赌协议是否符合上述要求发表明确核查意见。发行人应当在招股说明书中披露对赌协议的具体内容、对发行人可能存在的影响等,并进行风险提示。”

由此可见,除非同时满足上述法律规定,否则证监会原则上禁止发行人间存在对赌协议,因为这不仅会给发行人造成潜在的法律纠纷,也会影响公司股权结构和控制权的稳定性。

(二)实操项目案例

深圳市贝斯达医疗股份有限公司(以下简称贝斯达)是一家集医学影像诊断与放射治疗产品的研发、制造、销售和服务为一体的国家高新技术企业,于2017年6月9日在中国证监会官网上披露了招股说明书,寻求在深交所创业板上市,却惨遭否决。具体情况如下:

1. 贝斯达对赌情况

(1)关于高特佳相关基金的对赌情况

2011年5月,公司完成第二次股权转让。公司、彭成随、彭建中、深圳高特佳成长、合肥高特佳、上海高特佳签订了《股东协议书》,约定了相关对赌条款,主要包括业绩承诺、上市要求、股份回购和反稀释权条款。

由于公司2013年12月引进新投资者深圳无限空间,彭建中向高特佳相关基金支付了现金补偿款,同时将其持有的1.71%的公司股权无偿转让给高特佳相关基金,其中转让给深圳高特佳成长0.59%,转让给合肥高特佳0.59%,转让给深圳高特佳恒富0.53%。上述股权补偿,于2014年8月通过,第六次股权转让完成。

2015年7月,鉴于公司拟在新三板申请挂牌,深圳高特佳成长、合肥高特佳、深圳高特佳恒富与彭建中及公司签署《投资协议之补充协议》,终止了公司基于上述协议产生的所有责任和义务,彭建中基于上述协议产生的责任和义务仍然有效。

2017年4月,彭建中与深圳高特佳成长、合肥高特佳、深圳高特佳恒富签署《投资协议之补充协议二》,终止了彭建中基于上述一系列对赌协议产生的所有责任和义务。

(2)关于富海银涛相关基金的对赌情况

2011年11月,公司完成第四次增资。在本次增资中,富海银涛贰号与彭建中、公司于2011年9月15日签署《增资扩股补充协议书》,约定了相关对赌条款,主要包括业绩承诺、上市要求、股份回购和反稀释权条款。

因公司2011—2012年经营业绩未达承诺，富海银涛投资方与彭建中于2013年7月8日签署《增资扩股补充协议》，各方就现金及股份补偿达成一致，并重新约定了业绩承诺、上市要求及股份回购条款。

2015年7月，鉴于公司拟在全国中小企业股份转让系统申请挂牌，富海银涛贰号、富海银涛柒号与彭建中及公司签署《投资协议之补充协议》，终止了公司基于上述协议产生的所有责任和义务，彭建中基于上述协议产生的责任和义务仍然有效。

2017年4月，彭建中与富海银涛贰号、富海银涛柒号签署《投资协议之补充协议二》，富海银涛投资方同意免除因公司2013—2015年经营业绩未达到约定而导致彭建中应承担的责任义务，并终止了彭建中基于上述一系列对赌协议产生的所有责任和义务。

（3）关于武汉惠人、深圳华骏的对赌情况

2011年11月，公司完成第四次增资。在本次增资中，深圳华骏与彭建中、公司于2011年9月15日签署《增资扩股补充协议书》，约定了相关对赌条款，主要包括业绩承诺、上市要求和股份回购条款。

由于公司2011—2012年业绩未达承诺，深圳华骏与彭建中于2014年12月11日签署《股权转让协议》，彭建中将其持有的公司1.33%股权以人民币1元的价格转让给深圳华骏。上述股权补偿，于2014年12月通过第七次股权转让完成，转让完成后深圳华骏的持股比例为3.16%。随后，深圳华骏将其持有的公司全部股权以人民币3750万元转让给武汉惠人，深圳华骏与公司、彭建中之间的对赌协议履行完毕，债权债务已结清。

2015年7月，鉴于公司拟在全国中小企业股份转让系统申请挂牌，武汉惠人与彭建中及公司签署《投资协议之补充协议》，终止了公司基于上述协议产生的所有责任和义务，彭建中基于上述协议产生的责任和义务仍然有效。

由于2014—2016年公司业绩未达到武汉惠人、深圳华骏与彭建中签署的《股份转让协议之补充协议》的约定，武汉惠人与彭建中于2016年12月30日签署《股份转让协议之补充协议之变更协议》，约定彭建中向武汉惠人支付现金补偿款225万元，同时约定解除原补充协议中业绩承诺相关条款，并变更原补充协议中上市要求和股份回购条款。

2017年4月，彭建中与武汉惠人签署《投资协议之补充协议二》，终止了彭建中基于上述一系列对赌协议产生的所有责任和义务。

（4）关于新疆东方世纪、新疆百富华、天津和悦谷雨、潘东丽、陶晔、张玉娣、武汉斯达谷、北京企巢、龚晓东、顾振民、林莉莉、南京富诚、深圳前海汇杰、邵梓诚、深圳道格、温达人的对赌情况

2015年4月，公司完成第十次股权转让。在本次股权转让中，受让方新疆东方世纪、新疆百富华、天津和悦谷雨、潘东丽、陶晔、张玉娣、武汉斯达谷分别与公司及彭建中于2015年3月签署《股权转让协议之补充协议》，约定了相关对赌条款，主要包括业绩承诺、股份回购

条款。

2015 年 7 月，鉴于公司拟在全国中小企业股份转让系统申请挂牌，新疆东方世纪、新疆百富华、天津和悦谷雨、潘东丽、陶晔、张玉娣、武汉斯达谷、北京企巢、龚晓东、顾振民、林莉莉、南京富诚、深圳前海汇杰、邵梓诚、深圳道格、温达人分别与彭建中及公司签署《投资协议之补充协议》，终止了公司基于上述协议产生的所有责任和义务，彭建中基于上述协议产生的责任和义务仍然有效。

2017 年 4 月，武汉斯达谷与彭建中签署《投资协议之补充协议二》，双方确认因公司 2015—2016 年经营业绩未达到约定而导致彭建中应履行的责任义务已全部履行完毕，双方之间无任何权利义务纠纷，且双方不存在关于该等协议的任何纠纷或潜在纠纷；双方一致同意《股权转让协议之补充协议》中约定的彭建中应承担的全部责任和义务自该补充协议二生效之日起即行终止，彭建中无须就相关对赌条款承担任何责任和义务。终止后，双方不存在相同或类似协议安排。

2017 年 4 月，新疆东方世纪、天津和悦谷雨分别与彭建中签署《投资协议之补充协议二》，各方确认因公司 2015—2016 年经营业绩未达到约定，彭建中应向新疆东方世纪、天津和悦谷雨分别支付现金补偿款 108 万元、36 万元，彭建中应在本补充协议二签署之日起 6 个月之内向新疆东方世纪、天津和悦谷雨分别支付上述现金补偿款。各方一致同意终止《股权转让协议之补充协议》，上述协议约定的彭建中应承担的全部责任和义务即行终止，彭建中无须就相关对赌条款承担任何责任和义务。终止后，新疆东方世纪、天津和悦谷雨只能向彭建中主张现金补偿款，不得再向彭建中主张任何其他权利。终止后，各方不存在相同或类似协议安排。

2017 年 4 月，邵梓诚、龚晓东、顾振民、温达人、林莉莉分别与彭建中签署《投资协议之补充协议二》，各方一致同意《关于深圳市贝斯达医疗股份有限公司之投资协议之补充协议》中约定的彭建中应承担的全部责任和义务自本补充协议二生效之日起即行终止，彭建中无须就相关对赌条款承担任何责任和义务。终止后，各方不存在相同或类似协议安排。

2017 年 4 月，新疆百富华、潘东丽、陶晔、张玉娣分别与彭建中签署《投资协议之补充协议二》，各方确认因公司 2015—2016 年经营业绩未达到约定，彭建中应向新疆百富华、潘东丽、陶晔、张玉娣分别支付现金补偿款 43.2 万元、72 万元、108 万元、36 万元，彭建中应在本补充协议二签署之日起 6 个月之内向新疆百富华、潘东丽、陶晔、张玉娣分别支付上述现金补偿款。各方一致同意终止《股权转让协议之补充协议》及《关于深圳市贝斯达医疗股份有限公司之投资协议之补充协议》，上述协议约定的彭建中应承担的全部责任和义务即行终止，彭建中无须就相关对赌条款承担任何责任和义务。终止后，新疆百富华、潘东丽、陶晔、张玉娣只能向彭建中主张现金补偿款，不得再向彭建中主张任何其他权利。终止后，各方不存在相同或类似协议安排。

北京企巢、南京富诚、深圳前海汇杰、深圳道格已通过全国中小企业股份转让系统将其持有的公司全部股份出售转让,不再持有公司任何股份。

(5)关于西藏合富、广州赛富粤信、北京瀚华露笑、温氏投资、汉富资本、宁波泰格盈科、上海东证富厚、上海富厚乐、上海富厚族、王雪潮、李俊丽、陈智红的对赌情况

2017年4月,公司完成第十次增资。在本次增资中,增资方西藏合富、广州赛富粤信、北京瀚华露笑、温氏投资、汉富资本、宁波泰格盈科、上海东证富厚、上海富厚乐、上海富厚族、王雪潮、李俊丽、陈智红分别与彭建中签署《发行股票之回购协议》,约定了彭建中进行回购的相关条款。

2017年4月,彭建中与西藏合富、广州赛富粤信、北京瀚华露笑、温氏投资、汉富资本、宁波泰格盈科、上海东证富厚、上海富厚乐、上海富厚族、王雪潮、李俊丽、陈智红签署《发行股票之回购协议之补充协议》,终止了彭建中基于上述协议产生的所有责任和义务。

(6)关于嘉兴熙拍投资合伙企业(有限合伙)的对赌情况

2017年,彭建中通过全国中小企业股份转让系统以协议转让方式将其持有的公司部分股份转让给嘉兴熙拍投资合伙企业(有限合伙)。同时,双方签订《股份转让协议之补充协议》,约定了股份回购条款。

2017年5月,彭建中与嘉兴熙拍投资合伙企业(有限合伙)签署《股份转让协议之补充协议二》,终止了彭建中基于上述协议产生的所有责任和义务。

综上所述,截至本说明签署日,历史上存在的对赌协议已经全部终止,签署的相关协议均是交易各方真实意思的表达,公司及其实际控制人与其他股东不存在对赌条款等特殊协议,不存在影响公司股权稳定性的条款或者情形。

2. 中国证监会审核结果

《第十七届发审委2018年第24次会议审核结果公告》显示:贝斯达(首发)未通过。

3. 案例评析

虽然贝斯达在IPO申报材料时,已将对赌协议进行了清理,但是由于2011—2017年,贝斯达与PE机构对赌无数,数次对赌失败,其“劣迹斑斑”的对赌黑史构成了贝斯达被否的隐性障碍。

在实务中,证监会主要关注的问题在于对赌协议是否影响发行人股权真实性、稳定性及纠纷情况,所以通常的做法是从两个层面去解决这个问题:(1)拟上市公司现存对赌协议的,通过签署补充协议,约定各方一致同意终止对赌条款并出具保证函,确认该补充协议为最终协议,且各方不存在其他可能引起发行人股权发生变更的协议或安排;(2)拟上市公司已经履行完毕对赌协议的,通过由被投公司及其股东出具保证函,确认不存在其他可能引起发行人股权发生变更的协议或安排,并且重点详述履行对赌协议的过程是合法合规的。

第二节　股权回购在实务中的运用

一、有限责任公司回购股权的法定情形和特殊情形

(一)回购股权的法定情形及法定程序

1. 回购股权的法定条件

有限责任公司是兼具资合性与人合性的公司,为了确保股东队伍的稳定性,公司法设置了许多特别机制。譬如,公司新增资本时,原股东具有优先认购权;股东对外转让股权,其他股东享有优先购买权;等等。此外,有限责任公司股东在特殊情况下可以请求公司回购其股权而退出公司,但有严格条件限制。《公司法》第七十四条规定了股东要求公司回购股权的三种法定情形:

(1)公司连续5年不向股东分配利润,而公司该5年连续盈利,并且符合《公司法》规定的分配利润条件的。在这种情形下,公司的经营状况保持盈利,股东要求分红的理由正当,但对公司具有实际控制力甚至完全操控公司的其他股东态度非常强,以各种借口阻碍公司分配利润,个别股东(尤其是小股东)为了维护自身合理的利益,要求公司收购其持有的股权。

(2)公司合并、分立、转让主要财产的。在这种情形下,公司的法律结构(指公司合并、分立)或经济结构(指公司转让主要财产)发生重大变化,这些交易行为已经超出了日常经营活动的范围,公司未来的发展充满不确定性,甚至可能出现巨大风险,个别股东(尤其是小股东)经不起这种风浪,或者不愿意与大股东一起承受,要求公司以合理的价格收购其股权。

(3)公司章程规定的营业期限届满或者章程规定的其他解散事由出现,股东会会议通过决议修改公司章程使公司存续的。在这种情形下,公司营业期限届满或者其他解散事由出现,公司本应停止经营进行清算,股东可以分配公司剩余财产。拥有公司多数表决权的其他股东通过股东会决议修改公司章程,决定公司存续,个别股东(尤其是小股东)不再参股,退出公司。

2. 回购股权的法定程序

《公司法》除了规制有限责任公司回购股权的上述三种法定情形外,还规定了公司回购股权必须履行的法定程序。

(1)通过股东会会议进行决议。公司收购股权是股东转让股权的一种特殊方式,一方面,收购股权的主体是公司,公司回购股东持有的本公司股权;另一方面,退出股东将股权转让给公司,视同股东撤回投资,退出公司。一般股权转让行为,无论是内部转让还是对外转让,可不通过股东会形成决议,但公司收购股权的行为必须召开股东会会议,并形成有效决议。

(2)反对股东请求公司收购其股权。股东要求退出公司,首先,必须符合《公司法》第七

十四条规定的法定情形；其次，股东必须对股东会决议投反对票，而不是赞成票或弃权票；再次，请求公司收购其持有的全部股权，而不是部分股权，相当于股东撤资走人；最后，股东提出的价格应当是合理的价格，既要保护退出股东的权益，又不能损害公司和其他股东的利益。

(3)在规定的诉讼期限内提起诉讼。股东请求公司回购股权，在与公司无法协商解决的情况下，可以公司为被告直接向人民法院提起诉讼，这是公司法赋予股东的一项诉权。但股东必须抓住时间节点，掌握和解时机，控制诉讼风险，股东与公司协商时间最长不能超过60天，股东向法院起诉的诉讼时效只有区区90天，以上期间的起算均以股东会会议决议通过之日为基准。

3. 回购股权的特殊情形

我们通常所说的回购股权，在法律上包含两种情形：一是回购权；二是回购请求权，两者虽然仅有数字之差，但内涵却有天壤之别。

回购权，又称公司回购权，是指公司根据章程的约定对股东享有的在一定条件下回购其持有的公司股权的权利。在回购权中，公司是权利主体，股东是义务主体。回购请求权，又称股东回购请求权，是指股东根据公司章程或投资协议享有的要求公司回购其持有的公司股权的权利。在回购请求权中，股东是权利主体，公司是义务主体。

《公司法》第七十四条规定约束的仅仅是法定的股东回购请求权，事实上，因该条款并不属于强制性规定，现实中公司和股东也可以自行约定股权回购的相关条款，这种约定条款在私募股权投资的对赌协议中时常出现。除此之外，法律并未约束公司回购权的行使方式和条件，这也说明回购权的行使完全依托于当事双方的合同约定，本章即将向大家展示的西安大华案正是公司可依据合同约定行使回购权的有力说明。

(二)人走股留，约定有效——“西安大华案”[①]

1. 案件当事人

原告(二审上诉人、再审申请人)：宋文军

被告(二审被上诉人、再审被申请人)：西安市大华餐饮有限责任公司

2. 案情简介

2004年5月，西安市大华餐饮有限责任公司(以下简称大华公司)由国有企业改制为有限责任公司，宋文军系大华公司员工，出资2万元成为大华公司的自然人股东。大华公司章程规定，公司股权不向公司以外的任何团体和个人出售、转让。公司改制1年后，经董事会批准后可在公司内部赠与、转让和继承。持股人死亡或退休经董事会批准后方可继承、转让或由企业收购；持股人若辞职、调离或被辞退、解除劳动合同的，人走股留，所持股份由企业收购。

---

① 案例索引：陕西省西安市碑林区人民法院(2014)碑民初字第01339号民事判决书、陕西省西安市中级人民法院(2014)西中民四终字第00277号民事判决书、陕西省高级人民法院(2014)陕民二申字第00215号民事裁定书。

2006年6月3日,宋文军向公司提出解除劳动合同,并申请退出其所持有的公司的2万元股份。2006年8月28日,经大华公司法定代表人同意,宋文军领到退出股金款2万元。2007年1月8日,大华公司召开2006年度股东大会,大会应到股东107人,实到股东104人,代表股权占公司股份总数的93%,会议审议通过了宋文军、王培青、杭春国三位股东退股的申请并决议"其股金暂由公司收购保管,不得参与红利分配"。

3.原告诉讼请求

后宋文军以大华公司的回购行为违反法律规定,未履行法定程序且《公司法》规定股东不得抽逃出资等,向西安市碑林区人民法院提起诉讼,请求依法确认其具有大华公司的股东资格。

宋文军股份变动情况如图8-4所示:

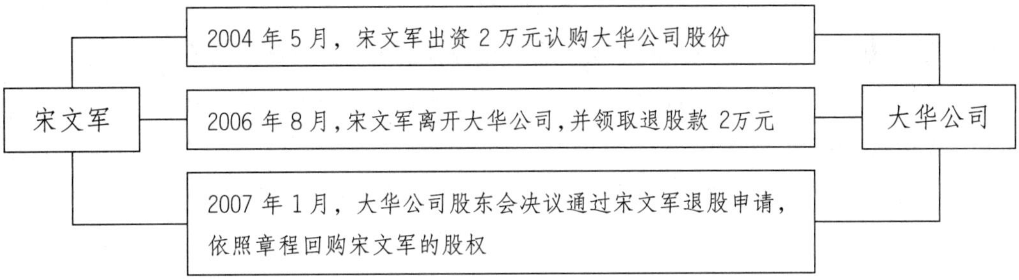

图8-4　宋文军股份变动情况

4.法院裁判观点

西安市碑林区人民法院于2014年6月10日作出判决,驳回宋文军的诉讼请求;一审宣判后,宋文军提出上诉。陕西省西安市中级人民法院于2014年10月10日作出判决,驳回上诉,维持原判。终审宣判后,宋文军仍不服,向陕西省高级人民法院申请再审,陕西省高级人民法院于2015年3月25日作出裁定,驳回宋文军的再审申请。

陕西省高级人民法院在再审审查中,归纳了本案两个争议焦点:第一,大华公司章程关于"人走股留"的规定,是否违反了《公司法》的禁止性规定,该章程是否有效;第二,大华公司回购宋文军股权是否违反《公司法》的相关规定,大华公司是否构成抽逃出资。以下是陕西省高级人民法院的裁判观点:

(1)大华公司章程中关于"人走股留"的规定有效

有限责任公司章程系公司设立时全体股东一致同意并对公司及全体股东产生约束力的规则性文件,宋文军在公司章程上签名的行为,应视为其对前述规定的认可和同意,该章程对大华公司及宋文军均产生约束力。基于有限责任公司封闭性和人合性的特点,由公司章程对公司股东转让股权作出某些限制性规定,系公司自治的体现。

在本案中,大华公司进行企业改制时,宋文军能成为大华公司的股东,是因为宋文军与大华公司具有劳动合同关系，如果宋文军与大华公司没有建立劳动关系，宋文军则没有成为大华公司股东的可能性。同理，大华公司章程将是否与公司具有劳动合同关系作为取得股东身份的依据继而作出“人走股留”的规定，符合有限责任公司封闭性和人合性的特点，亦系公司自治原则的体现，不违反《公司法》的禁止性规定。

大华公司章程关于股权转让的规定，属于对股东转让股权的限制性规定而非禁止性规定，宋文军依法转让股权的权利没有被公司章程所禁止，大华公司章程不存在侵害宋文军股权转让权利的情形。本案一审、二审法院均认定，大华公司章程不违反《公司法》的禁止性规定，应为有效，这一结论正确，宋文军的这一再审申请理由不能成立。

（2）大华公司回购股权不构成抽逃出资

《公司法》第七十四条所规定的异议股东回购请求权具有法定的行使条件，即只有在该条规定的三种情形下，异议股东有权要求公司回购其股权，对应的是公司是否应当履行回购异议股东股权的法定义务。而本案属于大华公司是否有权基于公司章程的约定及与宋文军的合意而回购宋文军股权，对应的是大华公司是否具有回购宋文军股权的权利，二者性质不同，因此，《公司法》第七十四条不能适用于本案。

在本案中，宋文军于2006年6月3日向大华公司提出解除劳动合同并申请退股，应视为其真实意思表示。大华公司于2006年8月28日退还其全额股金款2万元，并于2007年1月8日召开股东大会通过了宋文军等三位股东的退股申请，大华公司基于宋文军的退股申请，依照公司章程的规定回购宋文军的股权，程序并无不当。另外，《公司法》所规定的抽逃出资专指公司股东抽逃其对于公司出资的行为，公司不能构成抽逃出资的主体，宋文军的这一再审申请理由不能成立。

综上所述，陕西省高级人民法院裁定驳回再审申请人宋文军的再审申请。

5. 案例评析——“西安大华案”再审定乾坤

宋文军与大华公司股东资格确认纠纷历经一审、二审、再审，但三级法院都没有支持宋文军的诉讼主张。本案例是宋文军与大华公司股东资格之争，实际上是公司法与公司章程的选择适用。2018年6月27日，最高人民法院以《关于发布第18批指导性案例的通知》（法〔2018〕164号）发布了指导案例96号：宋文军诉西安市大华餐饮有限责任公司股东资格确认纠纷案。毋庸置疑，“西安大华案”的裁判结果对有限责任公司回购股权争议的审判具有一定的指导意义。《公司法》第七十四条并非效力性强制规范，除该条规定的法定情形外，并未禁止公司与股东之间在其他情况下达成收购股权的合同行为。

对于有限责任公司的股东，由于股权回购无法定情形限制，公司法上仍有股东与公司以其他情形通过协议而由公司回购股东股权的余地。在股东之间就公司的经营发生分歧，或者股东因其自身原因不能正常行使股东权利时，股东与公司达成协议由公司回购股东的股权，既符合有限责任公司封闭性和人合性特点，又可打破公司僵局、避免公司解散的最坏结局，使得公司、股东、公司债权人的利益得到平等保护。

二、股份有限公司回购股权必须具备法定条件

(一)“股份回购”修改后的亮点

2018年10月26日,第十三届全国人大常委会第六次会议通过了全国人民代表大会常务委员会《关于修改〈中华人民共和国公司法〉的决定》,专门对《公司法》第一百四十二条进行修改,这在修订《公司法》的历史上,绝无仅有。该条修订的主要内容有以下六个方面:一是补充完善允许股份回购的情形;二是适当简化股份回购的决策程序;三是提高公司持有本公司股份的份额上限;四是延长公司持有所回购股份后的期限;五是补充上市公司股份回购的规范要求;六是根据实际情况和需要,删去了现行《公司法》关于公司因奖励职工收购本公司股份,用于收购的资金应当从公司的税后利润中支出的规定。

股份回购是国际通行的公司实施并购重组、优化治理结构、稳定股价的必要手段,已是资本市场的一项基础性制度安排。于上市公司而言,股份回购在优化资本结构、稳定公司控制权、提升公司投资价值,建立健全投资者回报机制等方面具有重要作用。特别是当市场出现短期非理性下跌,股价普遍被低估时,通过实施回购计划提升每股价值,促进增量资金入市,为股价稳定提供强有力支撑,向市场释放正面信号,减少市场恐慌情绪,维护市场稳定健康发展。

(二)回购股权须具备的法定条件

股份有限公司不同于有限责任公司,回购股权必须具备法定条件。《公司法》第一百四十二条规定:“公司不得收购本公司股份。但是,有下列情形之一的除外:(一)减少公司注册资本;(二)与持有本公司股份的其他公司合并;(三)将股份用于员工持股计划或者股权激励;(四)股东因对股东大会作出的公司合并、分立决议持异议,要求公司收购其股份;(五)将股份用于转换上市公司发行的可转换为股票的公司债券;(六)上市公司为维护公司价值及股东权益所必需。公司因前款第(一)项、第(二)项规定的情形收购本公司股份的,应当经股东大会决议;公司因前款第(三)项、第(五)项、第(六)项规定的情形收购本公司股份的,可以依照公司章程的规定或者股东大会的授权,经三分之二以上董事出席的董事会会议决议。公司依照本条第一款规定收购本公司股份后,属于第(一)项情形的,应当自收购之日起十日内注销;属于第(二)项、第(四)项情形的,应当在六个月内转让或者注销;属于第(三)项、第(五)项、第(六)项情形的,公司合计持有的本公司股份数不得超过本公司已发行股份总额的百分之十,并应当在三年内转让或者注销。上市公司收购本公司股份的,应当依照《中华人民共和国证券法》的规定履行信息披露义务。上市公司因本条第一款第(三)项、第(五)项、第(六)项规定的情形收购本公司股份的,应当通过公开的集中交易方式进行……”

第三节　公司减资需关注的税务问题

根据《九民会议纪要》的规定，投资方请求目标公司回购股权的，人民法院应当依据《公司法》第三十五条关于“股东不得抽逃出资”或者第一百四十二条关于股份回购的强制性规定进行审查。经审查，目标公司未完成减资程序的，人民法院应当驳回其诉讼请求。由此可见，目标公司回购投资方持有的股权，应当按减资方式进行处理。

一、公司回购投资方的股权，必须履行先减资程序

（一）公司减资与债权人利益保护的法律规定

1. 关于减资的法律规定

《公司法》第一百七十七条规定：“公司需要减少注册资本时，必须编制资产负债表及财产清单。公司应当自作出减少注册资本之日起十日内通知债权人，并于三十日内在报纸上公告。债权人自接到通知书之日起三十日内，未接到通知书的自公告之日起四十五日内，有权要求公司清偿债务或者提供相应担保。”由于公司减资可能导致其偿债能力降低，债权人实现债权的不可确定性因素增多，影响甚大。所以法律赋予债权人三项法定权利，一是知情权，公司必须以书面通知及登报公告的方式，将减资事项提前告知全体债权人；二是要求清偿权，债权人对公司的债权无论到期与否，债权人都有权根据自己的意愿，要求公司无条件全部偿还；三是要求提供担保权，债权人如果不需要公司立即清偿债务，有权要求公司提供相应的担保，以保证将来债权的实现。

2. 关于股权回购的减资规定

对于股权回购的减资问题，公司性质不同，所适用的法律规定也不同。对于有限责任公司，《公司注册资本登记管理规定》第十二条规定：“有限责任公司依据《公司法》第七十四条的规定收购其股东的股权的，应当依法申请减少注册资本的变更登记。”

对于股份有限公司，根据《公司法》第一百四十二条的规定，减少公司注册资本的情形下，公司可以收购本公司股份。公司因这一情形收购本公司股份的，应当经股东大会决议。公司依法经股东大会决议决定减少公司注册资本的，可以回购股份，并应当在回购之日起 10 日内注销，以完成减资程序。由此表明，《公司法》第一百四十二条规定的上述情形与投资方请求目标公司回购其股权密切相关。也就是说，公司若要收购投资方的股权，必须进行减资处理。

（二）公司回购股权与公司减资的先后顺序

在“对赌协议—回购股权—减资”的闭环中，一方面是投资方请求目标公司回购其持有的股权，另一方面是目标公司对回购的股权必须进行减资处理，这就面临着一个孰先孰后的问题。这也是司法实践中比较棘手的难题。为此，《九民会议纪要》规定，投资方请求目标公司

回购股权的，人民法院应当进行审查。经审查，目标公司未完成减资程序的，人民法院应当驳回其诉讼请求。可见，《九民会议纪要》的意见是非常明确的，在目标公司没有履行完毕减资程序的情况下，对投资方有关目标公司回购其股权的请求，坚决不予支持。究其原因，目标公司先减资后回购股权，其目的是妥善处理公司股东与公司债权人之间的关系，更好地保护债权人的利益。

在目标公司回购投资方股权的过程中，目标公司必须履行先减资程序，目标公司只有在完成减资程序后，才能回购投资方的股权，否则可能因此引发一系列问题。例如，目标公司迟迟不启动减资程序或者违法减资，那么投资方请求目标公司回购股权的正当要求的实现，可能就变得遥遥无期，投资方的权利救济问题也是实践中争议的焦点，需要法律法规进一步完善。

二、目标公司减资与税务处理

对赌协议中的投资方形式多种多样，常见的有企业法人、自然人和有限合伙企业。目标公司回购投资方的股权引起的减资，由于投资主体不同，税收政策也就不同。

（一）投资方为法人股东的，被投资企业减资的税务处理

国家税务总局《关于企业所得税若干问题的公告》第五条的规定："投资企业从被投资企业撤回或减少投资，其取得的资产中，相当于初始出资的部分，应确认为投资收回；相当于被投资企业累计未分配利润和累计盈余公积按减少实收资本比例计算的部分，应确认为股息所得；其余部分确认为投资资产转让所得。被投资企业发生的经营亏损，由被投资企业按规定结转弥补；投资企业不得调整减低其投资成本，也不得将其确认为投资损失。"

依据上述规定，法人股东（居民企业）对被投资企业（居民企业）减资取得的资产，按照投资成本—股息所得—转让所得顺序，根据《企业所得税法》及其实施条例的规定，对转让所得部分缴纳企业所得税。

（二）投资方为自然人股东的，被投资企业减资的税务处理

根据《股权转让所得个人所得税管理办法（试行）》（国税〔2014〕67 号）第三条的规定，管理办法所称股权转让是指个人将股权转让给其他个人或法人的行为，包括公司回购股权。第四条第一款规定："个人转让股权，以股权转让收入减除股权原值和合理费用后的余额为应纳税所得额，按'财产转让所得'缴纳个人所得税。"

依据上述规定，自然人股东对被投资企业减资取得的资产，是视同对被投资企业的股权转让收入，按"财产转让所得"，适用 20% 的税率缴纳个人所得税。

三、回购股权后已缴纳税费的处理

（一）政策规定

1. 股权转让收入的确定

国家税务总局《关于贯彻落实企业所得税法若干税收问题的通知》第三条规定："企业转

让股权收入，应于转让协议生效、且完成股权变更手续时，确认收入的实现。转让股权收入扣除为取得该股权所发生的成本后，为股权转让所得。企业在计算股权转让所得时，不得扣除被投资企业未分配利润等股东留存收益中按该项股权所可能分配的金额。”

2. 纳税人收回转让的股权是否征收个人所得税问题

2005 年国家税务总局批复四川省地税局的一份文件，即国家税务总局《关于纳税人收回转让的股权征收个人所得税问题的批复》（国税函〔2005〕130 号）针对纳税人收回转让的股权是否征收个人所得税区分两种情形作出规定：

情形一：股权转让合同履行完毕、股权已作变更登记，且所得已经实现的。

转让人取得的股权转让收入应当依法缴纳个人所得税。转让行为结束后，当事人双方签订并执行解除原股权转让合同、退回股权的协议，是另一次股权转让行为，对前次转让行为征收的个人所得税款不予退回。

情形二：股权转让合同未履行完毕且满足特殊条件的。

股权转让合同未履行完毕，因执行仲裁委员会作出的解除股权转让合同及补充协议的裁决、停止执行原股权转让合同，并原价收回已转让股权的，由于其股权转让行为尚未完成、收入未完全实现，随着股权转让关系的解除，股权收益不复存在，根据个人所得税法和征管法的有关规定，以及从行政行为合理性原则出发，纳税人不应缴纳个人所得税。

（二）企业所得税退还诉讼——“天琴公司案”[①]

1. 案件当事人

原告：天长市天琴医药包装有限公司

被告：安徽省滁州市地方税务局

被告：安徽省天长市地方税务局

第三人：北京市金数码投资有限公司

2. 案情简介

（1）关于股权转让

2012 年 9 月 5 日，天长市天琴医药包装有限公司（以下简称天琴公司）与北京市金数码投资有限公司（以下简称金数码公司）及科瑞欣（香港）实业公司（以下简称科瑞欣公司）签订《股权收购协议书》等文件，约定天琴公司将其所持有的安徽天洋药业有限公司（以下简称天洋公司）70% 股权转让给金数码公司，同时金数码公司将其所持有的新药左旋奥硝唑氯化钠（葡萄糖）注射液的批准文号等所有的知识产权变更到天洋公司名下。

2012 年 9 月 21 日，天琴公司与金数码公司在工商行政主管部门办理了股权转让变更登记手续。金数码公司于 2012 年 9 月 25 日给付了天琴公司股权转让金 3916 万元，安徽省天长

---

① 案例索引：以上内容来源于安徽省天长市人民法院（2013）天民一初字第 01606 号民事判决书、安徽省滁州市琅琊区人民法院（2016）皖 1102 行初 3 号行政判决书。

市地方税务局(以下简称天长市地税局)依据国家税务总局《关于贯彻落实企业所得税法若干问题的通知》的规定,征收天琴公司股权转让所得税及滞纳金7147289.45元。

后天琴公司以金数码公司违反《股权收购协议书》的约定,认为其对所谓的新药左旋奥硝唑氯化钠(葡萄糖)注射液并无任何的知识产权,其行为显属欺诈为由,向安徽省天长市人民法院(以下简称天长法院)提出撤销权诉讼,2014年3月4日,天长法院判决撤销天琴公司与金数码公司签订的《股权收购协议书》,双方均未上诉。

(2)关于申请退税

2014年3月17日,天琴公司通过天长法院向金数码公司返还股权收购款并给付相应利息以及金数码公司派驻管理人员的报酬合计4300万元。

2015年7月14日,天琴公司以天长法院判决撤销了天琴公司与金数码公司签订的《股权收购协议书》为由,向天长市地税局提出退税申请,天长市地税局于2015年9月16日作出《关于不能退还企业所得税的批复》(以下简称《批复》)。天琴公司不服,申请行政复议。2015年12月31日,安徽省滁州市地方税务局(以下简称滁州市地税局)作出《行政复议决定书》,决定维持《批复》。

3. 原告诉讼请求

天琴公司不服天长市地税局税收行政征收及滁州市地税局税务行政复议一案,向安徽省滁州市琅琊区人民法院(以下简称琅琊法院)提起行政诉讼,琅琊法院于2016年1月25日立案受理。天琴公司的诉讼请求为:(1)撤销滁州市地税局作出的滁地税复决字(2015)1号《行政复议决定书》;(2)撤销天长市地税局2015年9月16日作出的《关于不能退还企业所得税的批复》。

本案中股权转让法律关系如图8-5所示。

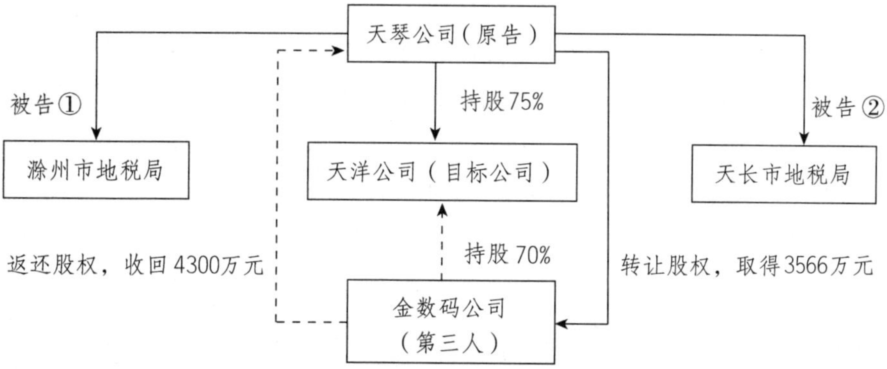

图8-5 本案中股权转让法律关系图

4. 原告诉讼请求

按照法律规定,天琴公司向金数码公司出让股权的行为被人民法院依法撤销,该协议以及股权转让行为自始无效,天长市地税局根据该协议以及股权转让行为收取的税费失去依据，应予退还。天琴公司向天长市地税局申请退还税费被拒绝后，依法向滁州市地税局提起行政复议，滁州市地税局决定维持天长市地税局《批复》。滁州市地税局、天长市地税局的上述行为严重损害了天琴公司的经济利益，亦不符合法律规定。

5. 被告的辩论观点

（1）天长市地税局征收企业所得税及滞纳金有充分的事实和法律依据

天琴公司股权转让不仅有书面合同，而且按照合同约定实际履行了支付价款和办理工商变更登记手续。转让方取得了股权转让收入，依照《企业所得税法》规定应当缴纳企业所得税，由于没有及时申报缴纳应纳税款，应当加收滞纳金。

（2）天琴公司申请退还依法征收的企业所得税及滞纳金没有事实和法律依据

征收企业所得税是根据股权转让协议约定及履行协议的结果，如果因为一方原因或者过错导致股权转让协议被撤销，相对方依法应通过要求对方赔偿损失主张权利，要求税务机关退还依法征收的税款没有法律依据。税务机关无论实施征税行为或退税行为都需要具备充分的法律法规依据。从天琴公司的账务处理情况看，双方于 2014 年 3 月撤销原股权转让合同，实施了 4300 万元高价回购，实质上是一笔新的交易事项。

（3）天琴公司在申请退税时，与金数码公司具有恶意串通损害国家利益的嫌疑

从滁州市地税局掌握的本案天琴公司与金数码公司于 2014 年 2 月 27 日签订的《协议书》及其所载明的内容看，其是通过协商方式确定双方的权利义务，通过人民法院判决的形式帮助双方实现协商目标。而《股权收购协议书》约定的有关通过人民法院判决撤销股权转让协议而申请退税并退税成功平分、产生费用均摊内容显然有恶意串通损害国家利益的嫌疑。

6. 法院裁判观点

根据《税收征管法》的规定，各级地税机关负责其征收范围内的地方税收征收管理工作。税收的开征、停征，以及减税、免税、退税、补税，依照法律法规的规定执行。在中华人民共和国境内，企业和其他取得收入的组织为企业所得税的纳税人。本案天琴公司、金数码公司及科瑞欣公司签订了《股权收购协议书》，约定天琴公司将持有的天洋公司 70% 股权转让给金数码公司，金数码公司也按约定支付了 3566 万元股权转让款给天琴公司，天长市地税局向金数码公司征收股权转让企业所得税及滞纳金 7147289.45 元，事实清楚，符合法律规定。

天长法院判决撤销了天琴公司与金数码公司签订的《股权收购协议书》后，天琴公司向天长市地税局提出退税申请，但目前税收征收管理法律法规规定的退税情形中没有关于股权转让协议被撤销后，应退回之前所缴纳的企业所得税的规定。本案中，虽然天长法院判决撤销了天琴公司与金数码公司签订的《股权收购协议书》，从《合同法》规定来看，该协议以及股权转让行为自始无效。就股权收购双方应互相返还，或向对方赔偿损失。但从行政法律关系上来讲，合同被撤销或有效、无效不是决定税款是否退还的关键，退税要于法有据。

天琴公司在庭审中阐述的国家税务总局《关于纳税人收回转让的股权征收个人所得税问题的批复》中所述的退税，不符合本案的情形。琅琊法院据此判决：驳回天琴公司的诉讼

请求。

(三)案例评析

经笔者在中国裁判文书网上查询，以股权转让合同被撤销，失去征税的事实和理由基础为由要求退税的案例并不多见。本案具有一定的典型性和特殊意义。

首先，本案判决一定程度上体现了司法裁判观点倾向。按照税收法定原则，退税也应法定，即任何机关、单位和个人不得违反法律、行政法规的规定，擅自作出退税的决定。所以从行政法律关系上来讲，合同被撤销或有效无效不是决定税款是否退还的关键。

其次，本案中股权转让协议被法院撤销前已经履行完毕，且从国家企业信用信息公示系统查询可知股权变更手续已完成，协议被撤销由此造成的税款损失，是民事主体在签订、履行、撤销合同等民事行为中所产生的，由合同签约主体过错导致，损失理应自负，而非由国家承担，故法院依法判决驳回原告诉求，维持税务机关不予退税的决定。且从本案被告提交的证据和答辩情况来看，被告认为原告与第三人之间签订《股权收购协议书》约定："有关通过人民法院判决撤销股权转让协议而申请退税并退税成功平分、产生费用均摊内容显然有恶意串通损害国家利益的嫌疑。"如果上述情况属实，原告与第三人之间很可能计划"一箭双雕"，一方面通过法院撤销股权转让协议申请退税；另一方面达到以"股权恢复"之名，掩盖"高价回购股权"之实，进而避免二次缴税的目的。

本案中由于股权转让方是企业，所缴税款是企业所得税，虽然股权转让行为本质是相同的，但依据税收法定原则，笔者认同天长法院的裁判观点，即本案并不适用国税函〔2005〕130号情形。更何况，本案股权转让合同已履行完毕、股权已作变更登记，且所得已经实现，即使通过法院撤销股权转让协议，合同签约主体另行签署协议，也无法达到退税目的，甚至可能会被税务机关认定为实质上的"回购"股权行为。

最后，民商事主体在签订、履行、撤销合同过程中可能存在一定的法律风险。笔者建议民商事主体在签订股权转让协议时应针对合同可能被撤销所造成的经济损失如何承担作出具体约定。国家针对各种民商事主体也先后出台了很多税收优惠政策，当然，好经也要念好，正可谓"税收筹划请专家，签署合同有计划，若被税务来稽查，得不偿失恐违法"。

第九章

股东出资方式及出资加速到期的认定

实务指引

股东出资,是股东对公司的权益性投资,是企业运行的基础和根本,是股东应有的权利和义务。归根结底,股东对公司的出资体现在出资的真实性、合法性与充足性。出资行为按照出资标的物性质不同,可以分为货币出资和非货币出资。本章第一节着重探讨非货币资产出资涉及的法律程序和财税处理,对比企业与个人以非货币出资的税收优惠政策。

非货币性资产出资(投资)的类型多种多样,股权出资在企业资本运作中频现,对其进行研究意义重大。本章中,我们既可以欣赏到上市公司以股权出资的高屋建瓴的气势,尤其是专业的税务筹划,还可以通过诉讼案例认识一下股权出资不当带来的巨大法律风险。所以,股权出资的法律依据、效力认定和风险控制,值得关注。

股东出资加速到期,顾名思义,就是股东出资期限未届满,但出现加速到期的情形导致股东出资期限提前到期。股东出资加速到期是注册资本认缴制的产物,股东对于其认缴金额、出资期限等拥有高度自由,充分享有分期缴纳出资的期限利益。司法实践中,频繁出现一种怪象,甚至愈演愈烈,一方面,公司负债累累,甚至资不抵债;另一方面,股东出资却遥遥无期,即使到期,也经常随意延长出资期限,债权人苦不堪言,欲哭无泪。

《九民会议纪要》颁行前,只有在公司出现破产和依法解散情形时,债权人方具备请求股东出资加速到期的基础。《九民会议纪要》基于保护债权人利益的角度,对股东出资加速到期新增两种情形,俗称"非破产、非解散情形",第一种情形是公司作为被执行人的案件,人民法院穷尽执行措施无财产可供执行,已具备破产原因,但不申请破产的;第二种情形是,在公司债务产生后,公司股东(大)会决议或者以其他方式延长股东出资期限的。

第一节　非货币性资产出资

一、非货币性资产出资涉及的法律和财税处理

(一)非货币性资产的定义及其特点

1.《公司法》关于股东出资方式的规定

《公司法》第二十七条第一款第一句规定:“股东可以用货币出资,也可以用实物、知识产权、土地使用权等可以用货币估价并可以依法转让的非货币财产作价出资;但是,法律、行政法规规定不得作为出资的财产除外。”由此可见,股东可以采取多种方式出资,包括货币出资和非货币出资。而对于其他形式的出资,《公司登记管理条例》第十四条及《公司注册资本登记管理规定》第五条均明确规定,股东不得以劳务、信用、自然人姓名、商誉、特许经营权或者设定担保的财产等作价出资,现行《公司法》将劳务排除在出资方式之外。但《合伙企业法》第十六条明确规定合伙人可以用劳务进行出资,这是设立公司与设立合伙企业的重要区别。

一般而言,股东或者发起人使用非货币性资产设立新的公司,但实务中并不限于此,还有原股东或者外部投资人对公司增资。本章第一节主要是介绍非货币性资产出资,但对货币性资产出资,也要大致了解。货币是一般等价物,具有支付、结算等功能,公司设立时需要一定数量的货币来支付设立时的开支和生产经营费用,货币出资是最简单、最常见,被普遍接受的一种出资方式。根据《公司登记管理条例》第十三条的规定,公司的注册资本应当以人民币表示,法律、行政法规另有规定的除外。股东可以用人民币出资,也可以用外币出资,但该外币应当是在中国可以自由兑换的外币。譬如,中外合作者设立中外合资企业时,中方合营者的出资货币一般为人民币,外国合营者一般为外币,当股东用于出资的货币与公司注册资本本位币不一致时,就会涉及汇率问题。

对于股东出资义务的履行,根据《公司法》第二十八条第一款的规定,股东以货币出资的,应当将货币出资足额存入公司在银行开设的账户。股东将货币汇入为设立公司开立的账户即视为出资完成,简单直接。货币出资属于非应税事件,也是税收成本最低的一种出资方式。公司设立时,除了印花税以外,不涉及其他税种和税收负担。

2. 非货币性资产的定义

(1)会计上关于非货币性资产的定义

资产按未来经济利益流入(表现形式是货币金额)是否固定或者可确定,分为货币性资产和非货币性资产。所谓货币性资产,是指企业持有的货币资金和将以固定或者可确定的金额收取的资产,包括现金、银行存款、应收账款和应收票据以及准备持有至到期的债券投资等;所谓非货币性资产,是指货币性资产以外的资产,包括存货(原材料、包装物、低值易耗品、库

存商品、委托加工物资、委托代销商品等)、固定资产、无形资产、长期股权投资、投资性房地产、在建工程、工程物资、不准备持有至到期的债券投资等。非货币性资产是相对于货币性资产而言的,非货币性资产有别于货币性资产的最基本特征是其在将来为企业带来的经济利益,即货币金额是不固定的或者不可确定的。如果资产在将来为企业带来的经济利益,即货币金额是固定的或者可确定的,则该资产是货币性资产;反之,则该资产是非货币性资产。

(2)税法上关于非货币性资产的定义

财税〔2014〕116 号文第五部分第一项规定:“本通知所称非货币性资产,是指现金、银行存款、应收账款、应收票据以及准备持有至到期的债券投资等货币性资产以外的资产。”无独有偶,财税〔2015〕41 号文第五部分第一项规定:“本通知所称非货币性资产,是指现金、银行存款等货币性资产以外的资产,包括股权、不动产、技术发明成果以及其他形式的非货币性资产。”从上面两个文件对非货币性资产的表述来看,财税〔2014〕116 号文采取排除法,财税〔2014〕41 号文采取列举法。但不管怎样,其含义都是一致的。

3. 非货币性资产的特点

现行法律法规认可的能够用于出资的非货币性资产有:(1)实物,即货物类资产,主要是指房屋、机器设备、原材料、工具、零部件等有形资产;(2)知识产权,主要包括专利权、商标专用权等享有排他独占权的无形资产;(3)土地使用权,是指国有土地和农民集体所有的土地,依法明确给单位或者给个人使用的权利;(4)股东权益,是指股东基于投资关系对公司享有的各种权利,包括资本公积、盈余公积及未分配利润等。

非货币性资产不同于货币资产,其必须具有以下“三性”:第一,合法性,是指依法可以用于出资的财产,如无处分权的财产、非法获得的财产不得用于出资;第二,可转让性,是指用于出资的资产可以进行交易、转让,股东应将资产转移到目标公司名下;第三,可评估性,是指用于出资的资产可以评估价值并以此作价,且不得高估或者低估作价。至于非货币性资产的实用性,即用于出资的实物资产是公司生产经营所需要的,但现行法律并不禁止或者限制与公司经营业务无关的财产用于出资。

(二)非货币性资产出资的法律程序与财税处理

股东出资,实质上是股东对公司的权益性投资。投融资就像一个硬币正反两面,有投资方就有融资方,有融资方就有投资方。大多数情况下,股东是投资方,目标公司是融资方。从税收成本角度对权益性投融资标的进行分类,包括货币、货物类资产、不动产、知识产权、股权、债权、资本公积、盈余公积及未分配利润等。由于在第三章详细阐述了资本公积、盈余公积及未分配利润转增资本,第七章详细阐述了债权转股权,因此,下面就着重谈谈非货币资产中的货物类资产、不动产、知识产权、股权四种标的出资情况。

1. 货物类资产(实物)

(1)法律程序:对标的资产进行评估(不得高估或者低估作价),实际交付标的资产,依法办理产权变更登记(如有)。

(2)财务处理:①投资方——借:长期股权投资;贷:货物类资产、资产转让收益(如有);②融资方——借:货物类资产;贷:实收资本、资本公积(如有)。

(3)涉及税种:①投资方:增值税、城市维护建设税、教育费附加(城市维护建设税与教育费附加统称为附加税,下同)、所得税、印花税;②融资方:增值税、印花税。

2. 不动产

(1)法律程序:对标的资产进行评估(不得高估或者低估作价),实际交付标的资产,证照过户和资料交付,依法办理变更登记。根据《公司法司法解释(三)》第十条的规定,只交付未过户的为出资瑕疵,投资方可享受股东权利,限期过户;投资方只过户没交付的为出资违约,违约期间不能享受股东权利,限期交付。

(2)财务处理:①投资方——借:长期股权投资;贷:固定资产或无形资产、资产转让损益(如有);②融资方——借:固定资产或无形资产;贷:实收资本、资本公积(如有)。

备注:收益贷记营业外收入,损失借记营业外支出。

(3)涉及税种:①投资方:增值税、附加税、土地增值税、所得税、印花税;②融资方:契税、印花税。

3. 知识产权

(1)法律程序:对标的资产进行评估(不得高估或者低估作价),资料交付,按期转移财产所有权,办理产权变更登记。

(2)财务处理:①投资方——借:长期股权投资;贷:无形资产、资产转让损益;②融资方——借:无形资产;贷:实收资本、资本公积(如有)。

(3)涉及税种:①投资方:增值税、附加税、所得税、印花税;②融资方:增值税、附加税、印花税。

4. 股权

(1)法律程序:对标的资产进行评估(不得高估或者低估作价)按期转移财产所有权,办理股权变更登记。

(2)财务处理:①投资方——借:长期股权投资;贷:长期股权投资、投资损益(损失记在借方);②融资方——借:长期股权投资;贷:实收资本、资本公积(如有)。

(3)涉及税种:①投资方:企业所得税、印花税;②融资方:企业所得税、印花税。

(三)非货币性资产出资所得税优惠政策对比分析

1. 法人以非货币性资产投资企业所得税优惠政策

根据财税〔2014〕116号文的规定,非货币性资产投资限于以非货币性资产出资设立新的居民企业,或将非货币性资产注入现存的居民企业。所谓出资设立,其实质就是企业用非货币性资产投资创设新的企业;所谓注入公司,其实质就是企业对业已存续的公司进行增资。必须注意的是,无论是投资企业还是被投资企业都必须是居民企业,否则不能享受财税〔2014〕116号文规定的税收优惠政策。

2. 个人以非货币性资产投资个人所得税优惠政策

根据财税〔2015〕41号文的规定,非货币性资产投资包括以非货币性资产出资设立新的企业，以及以非货币性资产出资参与企业增资扩股、定向增发股票、股权置换、重组改制等投资行为。所谓新设企业，其实质就是个人用非货币性资产投资新的企业，投资人成为被投资企业的原始股东；所谓出资参与企业增资扩股，其实质就是个人用非货币性资产对已存续的企业进行增资，投资人取得投资企业的股权；所谓定向增发，其实质就是上市公司非公开发行股票换取个人拥有的非货币性资产，投资人成为上市公司的股东；所谓股权置换，其实质就是个人股东以持有的股权换取其他企业的股权（股份），个人股东转变成为其他企业的股东；所谓重组改制，其实质就是个人股东以持有的非货币性资产参与企业重组，如股权收购、资产收购、合并、分立、债务重组以及法律形式改变等方式。

3. 财税〔2014〕116 号文与财税〔2015〕41 号文对比分析一览表

	财税〔2014〕116 号文	财税〔2015〕41 号文
投资主体	投资主体限于居民企业，被投资企业为居民企业	投资主体限于个人，被投资企业为居民企业
投资行为	①出资新设居民企业 ②注资现存的居民企业	①出资新设居民企业 ②出资参与企业增资扩股、定向增发、股权置换、重组改制
转让所得	按非货币性资产评估后的公允价值扣除计税基础后的余额计算确认转让所得	按非货币性资产评估后的公允价值减除该资产原值及合理税费后的余额为应纳税所得额
确认时点	应于投资协议生效并办理股权登记手续时，确认非货币性资产转让收入的实现	应于非货币性资产转让、取得被投资企业股权时，确认非货币性资产转让收入的实现
税优政策	投资企业确认的转让所得，可在不超过 5 年期限内，分期均匀计入相应年度的应纳税所得额，按规定计算缴纳企业所得税	自发生上述应税行为之日起不超过 5 个公历年度内（含）分期缴纳个人所得税
计税基础	①以非货币性资产的原计税成本为计税基础，加上每年确认的非货币性资产转让所得，逐年进行调整 ②被投资企业取得非货币性资产的计税基础，应按非货币性资产的公允价值确定	①投资人取得被投资企业的计税基础一次性确定 ②被投资企业取得非货币性资产的计税基础，应按非货币性资产的公允价值确定
特别规定	企业在对外投资 5 年内注销的，应停止执行递延纳税政策，并就递延期内尚未确认的非货币性资产转让所得，在注销当年的企业所得税年度汇算清缴时，一次性计算缴纳企业所得税	①个人以非货币性资产投资取得的现金补价的，现金部分应优先用于缴税；现金不足以缴纳的部分，可分期缴纳 ②个人在分期缴税期间转让全部或部分股权，并取得现金收入的，该现金收入应优先用于缴纳尚未缴清的税款

说明：①在确认转让收入的时点时，财税〔2014〕116 号文采用“登记主义”原则，而财税〔2015〕41 号文执行中存在争议。②关于税收优惠政策，财税〔2014〕116 号文要求 5 年分期均匀缴纳；而财税〔2015〕41 号文只限定 5 年，没有强求每年平均缴纳。

二、非货币性资产估价应合法合规，不可脱离实际

（一）非货币性资产评估的原则

根据《资产评估法》第二条的规定，所谓资产评估，是指评估机构及其评估专业人员根据委托对不动产、动产、无形资产、企业价值、资产损失或者其他经济权益进行评定、估算，并出具评估报告的专业服务行为。股东以非货币性资产出资，必须依法进行评估，不得高估作价，亦不得低估作价，这体现了公平交易、等价交换的基本原则。

《公司法司法解释（三）》第九条规定："出资人以非货币财产出资，未依法评估作价，公司、其他股东或者公司债权人请求认定出资人未履行出资义务的，人民法院应当委托具有合法资格的评估机构对该财产评估作价。评估确定的价额显著低于公司章程所定价额的，人民法院应当认定出资人未依法全面履行出资义务。"本条中所说的"未依法评估作价"，包括未进行评估作价和评估作价不合法两种情形。第二种情形在实务中比较常见，出资人以非货币财产出资，虽然履行了评估作价程序，但评估作价不合法，主要表现为评估机构不具有合法资格，评估作价程序违法，评估方法不当，评估结果不真实、不合理等。

（二）通过案例看非货币资产估价过高带来的危害①

1. 案件当事人

原告（二审上诉人）：北京金电兴旺能源技术有限公司

被告（二审被上诉人）：北京市工商行政管理局昌平分局

2. 案情简介

2010 年 4 月 23 日，北京金电兴旺能源技术有限公司（以下简称金电兴旺公司）成立，公司股东为陈凯和陈杰两人，法定代表人为陈凯。公司成立时注册资本为 50 万元，后增资为 148 万元。

2015 年 3 月，陈凯多次到北京市工商行政管理局昌平分局（以下简称昌平工商分局）处咨询公司注册资本增资事宜，申请将金电兴旺公司注册资本变更登记为 987654321 万元。2015 年 3 月 26 日，昌平工商分局受理了金电兴旺公司的书面申请。同日，昌平工商分局经审查认为，投资人没有作出理性的认缴承诺，为维护市场交易安全和正常的市场秩序，决定不予登记。

2015 年 5 月 11 日，金电兴旺公司于向北京市昌平区人民法院（一审法院）提起诉讼，请求判令昌平工商分局履行法定职责，将金电兴旺公司注册资本由 148 万元变更登记为 987654321 万元。

3. 一审法院裁判观点

根据《公司法》的规定，工商行政管理部门是公司登记机关，具有公司登记的法定职权。

① 案例索引：北京市昌平区人民法院（2015）昌行初字第 121 号行政判决书、北京市第一中级人民法院（2015）一中行终字第 2022 号行政判决书。

昌平工商分局有权受理辖区内公司的变更登记申请并作出决定，对符合条件的公司登记申请予以登记，对不符合条件的公司登记不予登记。本案中，金电兴旺公司申请将公司注册资本由148万元变更登记为987654321万元人民币，其理由在于国务院批准了《注册资本登记制度改革方案》，决定在我国实行注册资本认缴登记制。而陈凯表示要认缴出资额987654321万元是因为该数字涵盖了所有阿拉伯数字，数字圆满而完整。

应当认识到，公司注册资本的认缴登记制是我国进一步放松对市场主体准入的管制，降低准入门槛，优化营商环境，促进市场主体加快发展的一项重要改革举措。但同时应当注意到，有限责任公司的股东要以其认缴的出资额对公司承担责任，公司股东对缴纳出资情况的真实性、合法性要负责。根据《公司法》第二十七条和第二十八条的相关规定，股东应当按期足额缴纳公司章程中规定的各自所认缴的出资额，对作为出资的非货币财产应当评估作价，核实财产，不得高估或者低估作价。陈凯表示其认缴的出资主要以其知识产权出资，而其提交的两项实用新型专利并未经有权机关评估作价，现有证据无法证明该两项实用新型专利的价值可能达到987654321万元人民币，也不能证明陈凯可以以其认缴的出资额对公司承担责任。

昌平工商分局在受理金电兴旺公司变更注册资本登记的申请后，经审查，决定对金电兴旺公司的变更申请不予登记，是依法履行职责的行为。其不予登记的决定符合《公司法》的相关规定，与我国注册资本登记制度改革的方向亦不相悖。金电兴旺公司法定代表人陈凯没有正确认识注册资本认缴的责任，没有理性地作出认缴承诺，对于金电兴旺公司关于注册资本变更登记的请求，不予支持。

综上所述，金电兴旺公司申请昌平工商分局履行法定职责的理由不成立，根据《行政诉讼法》第六十九条的规定，判决驳回金电兴旺公司的全部诉讼请求。宣判后，金电兴旺公司不服，向北京市第一中级人民法院（二审法院）提出上诉。

4. 金电兴旺公司的上诉理由

金电兴旺公司获得的两项《实用新型专利证书》是无价的，不能用金钱衡量。既然要放松对市场主体准入的管制，则不应该对金电兴旺公司要求增加注册资金的要求予以限制。金电兴旺公司要求增加注册资本的要求符合《公司法》和《注册资本登记制度改革方案》的规定，其以知识产权出资是理性的，应得到法律的保护。综上，请求二审法院撤销原判，判令昌平工商分局给金电兴旺公司进行注册资本变更登记。在法定举证期限内，金电兴旺公司向一审审法院提交了下列证据：（1）"一种雾霾沙尘过滤清新空气气流发电机"《实用新型专利证书》（证书号第3089381号）；（2）"高速地下铁路网"《实用新型专利证书》（证书号第3235448号）；（3）《一种雾霾沙尘过滤清新空气气流发电机项目可行性研究报告》。上述证据证明金电兴旺公司知识产权的价值。

5. 二审法院裁判观点

根据《公司法》第二十七条的规定，"股东可以用货币出资，也可以用实物、知识产权、土地使用权等可以用货币估价并可以依法转让的非货币财产作价出资；但是，法律、行政法规规定不得作为出资的财产除外。对作为出资的非货币财产应当评估作价，核实财产，不得高估或者低估作价。法律、行政法规对评估作价有规定的，从其规定”。

本案中，金电兴旺公司主张因国务院批准《注册资本登记制度改革方案》决定在我国实行注册资本认缴登记制，则不应对其增加注册资本的申请作出任何限制。但应当认识到，虽然我国注册资本登记制度改革的目的是进一步放松对市场主体准入的管制，降低准入门槛，优化营商环境，促进市场主体加快发展，但该改革方案同时要求公司股东（发起人）应正确认识注册资本认缴的责任，理性作出认缴承诺。本案中，陈凯主张以两项实用新型专利作为其认缴的987654321万元人民币出资额，但其并未按照《公司法》第二十七条的规定对前述专利予以评估作价。因此，昌平工商分局认为陈凯未作出理性的认缴承诺，并决定对金电兴旺公司变更注册资本的申请不予登记，未违反《公司法》及《注册资本登记制度改革方案》的规定和要求。一审判决驳回金电兴旺公司的诉讼请求正确，二审法院应予维持。

金电兴旺公司关于两项实用新型专利无价的上诉理由，缺乏事实和法律依据，其要求撤销原判、判令昌平工商分局给金电兴旺公司进行注册资本变更登记的上诉请求，二审法院不予支持。二审法院据此作出终审判决，驳回上诉，维持原判。

（三）案例评析

知识产权是一种无形资产，包括商标权、专利权、著作权等。与其他用于出资的非货币资产相比，知识产权具有专有性、地域性和时间性等特征。知识产权的出资方式有两种情形，第一种情形是，权利人将拥有的知识产权通过转让方式用于出资，该知识产权的所有权直接转移给公司；第二种情形是，权利人将拥有的知识产权通过许可使用的方式用于出资，该知识产权的所有权仍属于权利人，公司只是取得使用权。

由于知识产权作为非货币资产出资方式的特殊性，因此知识产权的出资不仅要完成事实上的交付，还需要履行一定的交付形式，譬如向相关有权部门完成权利转移的登记、核准或公告手续。此外，用于出资的知识产权必须聘请法定评估机构进行评估，且不得高估作价或者低估作价。本案中，金电兴旺公司声称其用于出资的两项实用新型专利市场前景非常广阔，商业价值巨大，高达9万亿元，但并未进行评估作价，故一审、二审法院均未支持其诉讼请求。

金电兴旺公司增资中，申请将注册资本由148万元增至987654321万元，该数字涵盖了所有阿拉伯数字，数字圆满而完整，似乎有些猎奇，但确实任性。笔者善意地提醒各位投资者，应正确认识注册资本认缴的责任，理性作出认缴承诺，严格按照章程、协议约定的时间、数额等履行实际出资责任。

三、股权出资项目实操与诉讼案例解析

（一）股权出资的法律依据及条件

1. 股权出资的特点

股权作为一种特殊的非货币资产，因其具有公司法规定的用于出资财产的共性，所以也

被纳入可用于出资的财产范围。所谓股权出资，是指投资人以在其他公司拥有的股权作为出资设立新公司，或者以该股权向已经存续的公司进行增资的行为。譬如，投资人 A 先生以持有的甲公司 60% 的股权向乙公司进行出资(包含新设或增资)，因此取得乙公司 40% 的股权，其结果是 A 先生成为乙公司的股东，乙公司成为甲公司的股东。此外，投资人无论是用股权新设公司还是用股权对存续公司增资，其股权结构均不受影响。股权出资主要适用于公司设立及增资。

股权出资是一种法律认可的新型出资方式，也可以理解为一种特殊形式的股权转让。以前述案例为例，A 先生将持有的甲公司 60% 股权换取了乙公司 40% 股权，从某种意义来说，即投资人将用作出资的公司股权转让给被投资公司，以此换取对被投资公司的股权。这种股权转让的特点在于投资人将公司股权转让给被投资公司，所取得的对价不是现金或者其他实物，而是被投资公司的股权。实务中，股权出资现象越来越多，它不仅拓宽了公司融资的渠道，促进了市场经济的发展，而且可以大量节省时间和成本，合理减轻公司的税收负担。

2. 股权出资的法律依据

关于股权出资的法律依据，国家工商行政管理总局曾于 2009 年 1 月 14 日发布了《股权出资登记管理办法》(国家工商行政总局令第 39 号)，但国家工商行政管理总局在 2014 年 2 月 20 日颁布的《公司注册资本登记管理规定》废止了《股权出资登记管理办法》，取而代之。

《公司注册资本登记管理规定》第六条规定："股东或者发起人可以以其持有的在中国境内设立的公司(以下称股权所在地公司)股权出资。以股权出资的，该股权应当权属清楚、权能完整、依法可以转让。具有下列情形的股权不得用作出资：(一)已被设立质权；(二)股权所在公司章程约定不得转让；(三)法律、行政法规或者国务院决定规定，股权所在公司股东转让股权应当报经批准而未经批准；(四)法律、行政法规或者国务院决定规定不得转让的其他情形。"

3. 股权出资效力的认定

关于股权出资应具备的条件，《公司法司法解释(三)》第十一条规定："出资人以其他公司股权出资，符合下列条件的，人民法院应当认定出资人已履行出资义务：(一)出资的股权由出资人合法持有并依法可以转让；(二)出资的股权无权利瑕疵或者权利负担；(三)出资人已履行关于股权转让的法定手续；(四)出资的股权已依法进行了价值评估。股权出资不符合前款第(一)、(二)、(三)项的规定，公司、其他股东或者公司债权人请求认定出资人未履行出资义务的，人民法院应当责令该出资人在指定的合理期间内采取补正措施，以符合上述条件；逾期未补正的，人民法院应当认定其未依法全面履行出资义务。股权出资不符合本条第一款第(四)项的规定，公司、其他股东或者公司债权人请求认定出资人未履行出资义务的，人民法院应当按照本规定第九条的规定处理。"

实践操作中，必须注意以下几个方面：第一，投资人以其持有的其他公司股权出资，投资人获得该股权的方式需符合法律、行政法规规定，不存在违法事由；第二，投资人以其持有的其他公司股权出资，不存在任何第三人就该股权向公司主张任何权利的事由；第三，投资人以其持有的其他公司股权出资，应当依法办理股权权属转移手续，将其财产权办理至公司名下；第四，投资人以其持有的其他公司股权出资，应当依法对该股权进行价值评估，以保证股权出资的真实性，防止注册资本不实。

综上所述，投资人以其持有的其他公司股权出资，必须同时符合《公司法司法解释（三）》第十一条规定的四个条件，人民法院方可认定股权出资的效力；否则作为利益相关方的公司、其他股东或者公司债权人可以依法向人民法院请求认定投资人未履行出资义务，并以此采取相应的法律救济措施。

（二）上市公司股权增资实操项目——中核钛白

2016年10月24日，中核华原钛白股份有限公司（股票代码：002145；证券简称：中核钛白）发布的《关于以全资子公司股权向安徽金星钛白（集团）有限公司增资的公告》（公告编号：2016－083）披露：

为实现公司业务板块整合和资源优化，提高产品的研发水平及市场开拓能力，公司同意整合现有所持公司全资子公司甘肃东方钛业有限公司（以下简称东方钛业）、全资子公司南通宝聚颜料有限公司（以下简称南通宝聚）及全资子公司甘肃和诚钛业有限公司（以下简称和诚钛业）股权，以上述股权增资公司全资子公司安徽金星钛白（集团）有限公司（以下简称金星钛白）。

1. 本次交易基本情况

根据公司经营发展需要，公司以其持有的全资子公司东方钛业100%股权、南通宝聚100%股权及和诚钛业100%股权作价增资全资子公司金星钛白。此次对全资子公司增资，不构成关联交易，也不构成《重组管理办法》规定的重大资产重组情形，根据《公司章程》规定，无须提交公司股东大会审议。

2. 本次交易相关方介绍

（1）交易对方

交易对方相关情况详见表9－1。

表9－1　交易对方相关情况

公司名称	安徽金星钛白（集团）有限公司
成立日期	1996年01月08日
注册地址	安徽省马鞍山市慈湖经济开发区新化路1号
注册资本	354061136.00元
公司类型	一人有限责任公司
法定代表人	李玉峰
经营范围	生产经营工业硫酸，道路普通货物运输，生产经营钛白粉、硫酸亚铁，改性聚丙烯酰胺、余热发电、硫酸渣、砂滤水，化工新产品研制、开发、生产、销售，销售脱硫石膏（钛石膏），化工工程设计，化工设备设计、加工制作，技术开发、咨询、转让、服务，自营或代理经营各类商品和技术的进出口业务（国家限定或禁止企业经营的商品和技术除外）（依法须经批准的项目，经相关部门批准后方可开展经营活动）

(2)股权交易标的财务状况

①公司名称:东方钛业

东方钛业系上市公司中核钛白100%控股的子公司,注册资本为360000000元。最近一年财务数据:截至2015年12月31日,东方钛业公司的总资产为194995769.52元,净资产为80046582.55元,净利润为-1820397.95元(以上数据已经审计)。

②公司名称:南通宝聚

南通宝聚系上市公司中核钛白100%控股的子公司,注册资本为107580671元。最近一年财务数据:截至2015年12月31日,南通宝聚公司的总资产为238323210.15元,净资产为66157859.84元,净利润为-330430.99元(以上数据已经审计)。

③公司名称:和诚钛业

和诚钛业系上市公司中核钛白100%控股的子公司,注册资本为200000000元。最近一年财务数据:截至2015年12月31日,和诚钛业公司的总资产为754118039.32元,净资产为264432742.06元,净利润为-102552848.80元(以上数据已经审计)。

截至2016年10月21日,中核钛白直接持有东方钛业、南通宝聚及和诚钛业100%的股权。该等标的不存在抵押、质押或者第三人权利,不存在涉及有关资产的重大争议、诉讼或仲裁事项,也不存在查封、冻结等司法措施,本次增资不存在债权债务转移等情况。本次增资完成后,中核钛白将不再直接持有东方钛业、南通宝聚及和诚钛业的股权,东方钛业、南通宝聚及和诚钛业将成为金星钛白的全资子公司。

3.本次交易的原因及安排

本次交易属于同一控制人下的股权变更,涉及的资产、负债和所有者权益均以账面价值计量,因此,此次交易行为不会产生损益和资本结构的变化。董事会授权管理层具体办理后续事宜。

中核钛白同意以2016年9月30日为基准日,并以东方钛业长期股权投资账面金额362000000.00元,对南通宝聚长期股权投资账面金额92860000.00元及对和诚钛业长期股权投资账面金额366985590.86元为依据,合计金额为821845590.86元增资金星钛白。

4.本次交易对公司的影响

本次交易有利于进一步完善公司的业务布局,符合公司的发展战略,有利于公司长远持续发展。该项交易遵循自愿、平等、公允的原则,符合全体股东和公司利益。本次增资对象为公司全资子公司,其财务报表纳入公司合并报表。因此,本次交易不会对公司财务状况产生实质影响。

股权增资前：

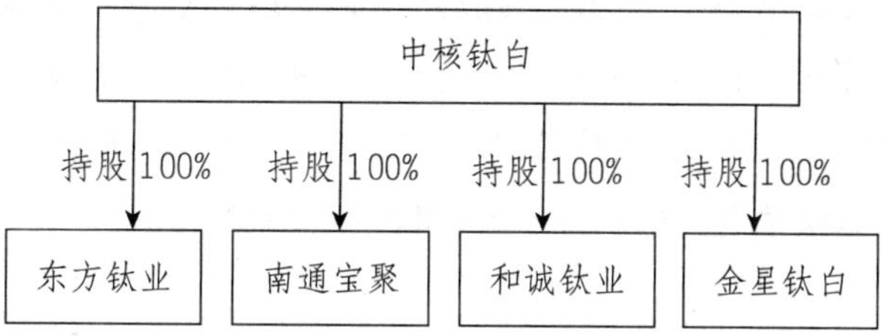

股权增资后：

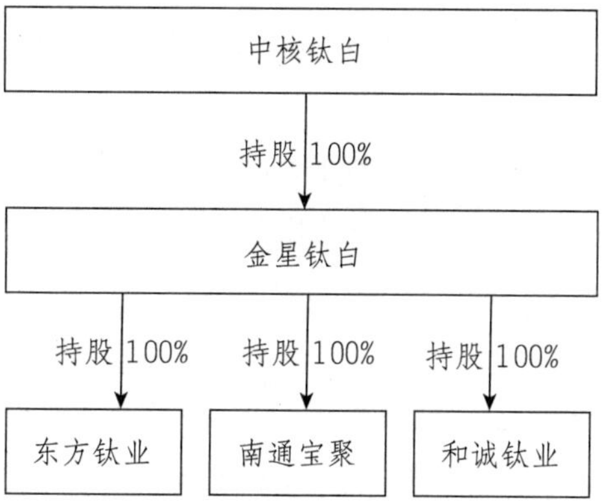

图 9－1　本次增资前后中核钛白股权架构示意图

5. 案例评析

(1)股权增资

东方钛业、南通宝聚、和诚钛业、金星钛白四家公司均系上市公司中核钛白的全资子公司，为同一实际控制人控制下的关联企业。中核钛白为整合业务和优化资源，将持有的东方钛业、南通宝聚、和诚钛业三家的全部股权对金星钛白进行增资。增资完成后，东方钛业、南通宝聚、和诚钛业三家公司成为金星钛白的子公司，成为中核钛白的孙公司，公司层级由二级变为三级。

(2)资产划转

所谓资产划转，是指 100% 直接控制的居民企业之间，以及受同一或者相同多家居民企业 100% 直接控制的居民企业之间按账面净值划转股权或者资产。资产划转涉及资产在不同法律主体之间的权属改变，就业务实质而言，需通过相关法律主体之间资产转让、增资、减资等步骤才能完成，但就其业务实质来看，资产划转仍属于企业重组的一种特殊形式。本案例中，中核钛白以 100% 控制的东方钛业、南通宝聚、和诚钛业三家公司股权对由其 100% 控制的金星钛白进行增资，属于资产划转。

关于本次股权增资涉及的企业所得税，根据财政部、国家税务总局《关于促进企业重组有关企业所得税处理问题的通知》第三条的规定，可以选择按以下规定进行特殊性税务处理：

(1)划出方企业(中核钛白,下同)和划入方企业(金星钛白,下同)均不确认所得;(2)划入方企业取得被划转股权的计税基础,以被划转股权的原账面净值确定;(3)划入企业取得的被划转资产,应按其原账面净值计算折旧扣除。所以,中核钛白在公告中披露,本次交易涉及的资产、负债和所有者权益均以账面价值计量,此次交易行为不会产生损益和资本结构的变化。

(三)股权出资诉讼案例及解析——"吉林国资委纠纷案件"①

1. 案件当事人

原告(二审被上诉人、再审申请人):吉林市亚桥食品研究所

被告(二审上诉人、再审被申请人):吉林省人民政府国有资产监督管理委员会

被告(二审上诉人、再审被申请人):大连港集团有限公司

被告(再审被申请人):吉林粮食集团收储经销有限公司

被告(再审被申请人):吉林粮食集团有限公司

被告(再审被申请人):四川中恒信实业有限公司

2. 案情简介

(1)关于借款事实

2014年6月23日,吉林市亚桥食品研究所(以下简称亚桥研究所)、吉林粮食集团收储经销有限公司(以下简称收储公司)、吉林粮食集团有限公司(以下简称吉粮集团)签订《借款合同》,约定:亚桥研究所借给收储公司1500万元,借款期限10天,借款利率为月3.6%;合同到期收储公司一次性还清借款本息;吉粮集团提供无限连带保证责任担保。同日,收储公司向亚桥研究所出具借据,亚桥研究所向收储公司指定账户转账1500万元,收储公司向亚桥研究所出具收款确认书。

2014年6月25日,亚桥研究所、收储公司、吉粮集团又签订《借款合同》,约定:亚桥研究所借给收储公司500万元,借款期限15天,借款利率为月3.6%;其余合同条款及保证责任约定与前述借款合同相同。同日,收储公司向亚桥研究所出具借据,亚桥研究所向收储公司指定账户转账500万元,收储公司向亚桥研究所出具收款确认书。

2015年3月11日,亚桥研究所、收储公司、吉粮集团签订了两份《补充协议书》,对案涉的1500万元及500万元借款的金额、期限、利息及吉粮集团提供无限连带保证责任担保的相关内容进行了确认,并约定:三方确认原借款合同仍然有效,本补充协议是原借款合同的必要补充,与原借款合同具有同等法律效力;吉粮集团继续为收储公司向亚桥研究所承担无限连带保证责任担保,直至收储公司偿还全部本息及为其所发生的费用止。

2017年1月20日,亚桥研究所分别向收储公司、吉粮集团出具了两份《借款催收函》,要求:原借款合同和补充协议书仍然有效和履行;在接到本借款催收函后,收储公司应立即组织

---

① 案例索引:吉林省吉林市中级人民法院(2017)吉02民初220号民事判决书、吉林省高级人民法院(2018)吉民终205号民事判决书、最高人民法院(2018)最高法民申5424号民事裁定书。

偿还欠款本金及利息,吉粮集团继续提供连带保证责任,保证范围等仍按借款合同和补充协议书履行,保证期间自本借款催收函签收之日起至主债务全部清偿时止。收储公司、吉粮集团均盖章确认。

(2)关于股权出资

2013 年 12 月 14 日,中和资产评估有限公司吉林分公司(以下简称中和资产评估公司)作出资产评估报告书,就四川中恒信实业有限公司(以下简称中恒信公司)拟以其持有的张家界新大新置业有限公司(以下简称新大新公司)股东全部权益增资吉粮集团项目,确定新大新公司基准日 2013 年 11 月 30 日股东全部权益价值 89898.55 万元。该评估报告载明:本次新大新公司申报评估的房地产 34825.04 平方米,已全部抵押,其中有五项房产面积合计为 10844.91 平方米,已被法院查封、冻结。根据被评估企业说明,上述主要是借款到期未还导致法院查封、冻结财产,并承诺如因上述事项发生的相关争议,由其自行协商解决,本次评估对上述抵押、查封财产暂予以正常评估。

2013 年 12 月 14 日,中和资产评估公司作出资产评估报告书,就中恒信公司拟以其持有的张家界刘达房产经营有限公司(以下简称刘达公司)股东全部权益增资吉粮集团项目,确定刘达公司基准日 2013 年 11 月 30 日股东全部权益价值 2299124 万元。该评估报告载明:刘达公司拥有的张家界市相关房产已在“五矿信托矿资源宝矿一期——东南利成结构化集合信托计划”中提供抵押担保。根据被评估企业承诺,未来如因上述事项发生的相关争议,由其自行协商解决,上述抵押财产本次暂予以正常评估。

2014 年 2 月 12 日,中恒信公司、吉林省人民政府国有资产监督管理委员会(以下简称国资委)、大连港集团有限公司(以下简称大连港)召开吉粮集团股东会,同意由中恒信公司以股权方式增资吉粮集团,中恒信公司以其持有的新大新公司 100% 股权、刘达公司 100% 股权对吉粮集团进行股权增资。增资完成后,吉粮集团注册资本由 100000 万元增加至 191195.06 万元。

国资委、中恒信公司、大连港签订的《增资协议书》约定:本次增资额全部由中恒信公司认缴,中恒信公司将资产评估报告书确定的新大新公司股权评估值 89898.55 万元,以及刘达公司股权评估值 22991.24 万元计入增资数额。最终确认中恒信公司本次增资数额总计为 130408.93 万元,折算后计入注册资本 91195.06 万元。本次增资后,各股东情况如下:国资委持股 22.0223%,中恒信公司持股 74.1238%,大连港持股 3.8539%。

《增资协议书》另约定:本协议签订之日起 3 日内,根据本协议及相关部门的要求签署股权转让协议,中恒信公司分别将持有的新大新公司和刘达公司的股权过户到吉粮集团名下。中恒信公司将持有的新大新公司和刘达公司的股权过户到吉粮集团名下之日起 30 日内,中恒信公司将新大新公司和刘达公司名下被抵押、查封、冻结的资产全部解除抵押、查封、冻结。

2014 年 3 月 4 日,长春市工商行政登记管理机关为中恒信公司的本次增资办理了变更登记。

(3)关于房产抵押

在吉粮集团本次增资变更登记时,涉案的新大新公司名下的一部分房产(共计 14777.99 平方米)已全部由刘卫向闫怀舜设定抵押,抵押金额为6500 万元,至 2017 年 11 月 14 日上述房产均未能解除抵押。新大新公司名下的另一部分房产(共计 13125.70 平方米)已全部由刘卫向黄炎设定抵押,抵押金额为1.1 亿元,抵押期限为2013 年 8 月 16 日—2014 年 8 月 27 日。

刘达公司名下的房产(共计 5540.50 平方米)已全部由丰镇市东南利成矿产资源开发有限公司向五矿国际信托有限公司设定抵押,抵押金额为 38099 万元,抵押期限为 2012 年 3 月 23 日—2014 年 3 月 23 日。

备注:刘卫系新大新公司、刘达公司的实际控制人,并担任过新大新公司、刘达公司的法定代表人。

3. 原告诉讼请求

2017 年 7 月 4 日,亚桥研究所向吉林省吉林市中级人民法院(一审法院)提起诉讼,其诉讼请求为:(1)判令收储公司给付借款本金 2000 万元及利息;(2)判令吉粮集团对上述款项承担连带保证责任;(3)判令中恒信公司在未全面履行出资义务范围内对吉粮集团债务不能清偿的部分承担补充赔偿责任;(4)判令国资委、大连港、中恒信公司承担连带责任。

各诉讼主体之间的法律关系如图 9 – 2 所示。

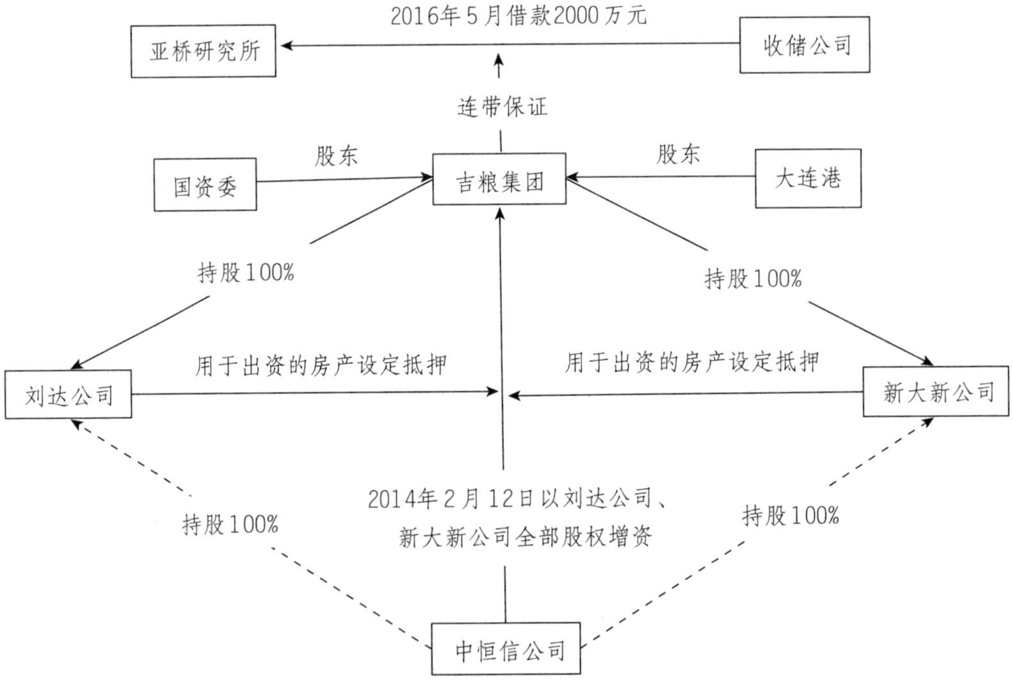

图 9 – 2　各诉讼主体之间的法律关系图

4. 一审法院裁判观点

(1) 中恒信公司应承担补充赔偿责任

中恒信公司以其在新大新公司、刘达公司的股东全部权益,对吉粮集团进行增资,在对新大新公司、刘达公司股权价值进行评估时,两公司的全部房地产均在抵押、查封、冻结状态。中和资产评估公司出具的资产评估报告书载明,未考虑涉案房地产的抵押、查封、冻结因素,予以正常评估,而中恒信公司在增资节点时涉及新大新公司的房产绝大部分未解除抵押、查封、冻结,涉及刘达公司的房产全部未解除抵押。显然,中恒信公司并未履行在增资时解除涉案全部房产抵押、查封和冻结的义务,其仍按照资产评估报告确定的评估价值作价增资,致使吉粮集团实际并未享有在新大新公司、刘达公司资产中的经济利益,应属股东在公司增资时未全面履行出资义务的情形。依据《公司法司法解释(三)》第十三条第二款的规定,亚桥研究所作为吉粮集团的债权人,请求未全面履行出资义务的中恒信公司在未出资本息范围内对公司债务不能清偿的部分承担补充赔偿责任,应予支持。

(2) 国资委、大连港应与中恒信公司承担连带责任

根据《公司法司法解释(三)》第十三条第三款、第十四条第二款的规定,以及最高人民法院执行工作办公室《关于股东因公司设立后的增资瑕疵应否对公司债权人承担责任问题的复函》([2003]执他字第 33 号)(以下简称《复函》)的精神,公司增加注册资金是扩张经营规模、增强责任能力的行为,原股东约定按照原出资比例承担增资责任,与公司设立时的初始出资是没有区别的。公司股东若有增资瑕疵,应承担与公司设立时的出资瑕疵相同的责任。本案中,通过法院查明的事实可知,中恒信公司存在增资不实及抽逃出资的行为。对此,作为吉粮集团股东的国资委及大连港均有责任,应依照上述法律及司法解释的规定,就案涉借款本息向公司债权人亚桥研究所承担连带责任。

一审法院据此作出以下判决:第一,收储公司清偿亚桥研究所借款本金 2000 万元及利息。第二,吉粮集团对本判决第一项确定的收储公司的债务承担连带保证责任,吉粮集团承担责任后,有权向收储公司追偿。第三,中恒信公司在本判决第一项、第二项不能清偿的部分向亚桥研究所承担补充赔偿责任。第四,中恒信公司、国资委、大连港在本判决第一项、第二项不能清偿的部分向亚桥研究所承担连带责任;国资委、大连港承担责任后,有权向中恒信公司追偿。宣判后,国资委与大连港均不服,分别向吉林省高级人民法院(二审法院)提出上诉。

5. 二审法院裁判观点

本案争议焦点:一是其他股东国资委和大连港是否与增资股东中恒信公司一并承担连带责任;二是国资委和大连港是否协助中恒信公司抽逃出资,并承担连带责任。

关于争议焦点一,在公司增资时未履行全面出资义务,应由瑕疵股东承担补充赔偿责任,其他股东不承担连带责任,主要理由为:

(1) 其他股东与发起人的职责范围不同

首先,发起人在公司设立时,基于其发起人身份而享有权利、义务和职责。在公司设立

时,各种设立行为均是发起人实施,发起人在公司设立的各种法律关系中处于核心地位,对外代表公司,对内执行设立任务,对公司具有实质影响。而公司成立后,发起人也因签署章程、缴纳出资而成为股东。除公司设立阶段之外,发起人作为公司股东,与其他股东权利义务相同,均是以股东会的方式间接参与公司经营。其次,其他股东是在公司成立后,股东会作出增资决议的所有股东,依其出资情况,可分为增资股东和其他股东。根据权责一致原则,发起人和增资股东、其他股东,在公司设立和增资不同阶段,各自具有不同的法律地位,各自具有不同职责范围,故发起人对设立行为所产生的债务负有连带责任,而增资股东和其他股东对设立行为不承担责任。

(2)其他股东与发起人的民事责任不同

根据《公司法》的规定,发起人负有资本充实责任。之所以发起人要承担连带责任,是因为公司设立时,发起人共同订立设立协议,性质属于合伙协议,彼此对外担保出资义务的履行。因此,设立协议是发起人承担连带责任的法理基础。公司成立后,公司即具有独立的法人资格,对外独立承担责任,公司股东包括发起人不再代表公司。在公司增资时,股东会形成增资决议,由增资股东与公司签订出资协议,履行出资义务。但是,股东会的增资决议不是协议,决议是由多数人意思表示一致就可以成立,不需要所有当事人意思表示一致,属于按公司章程的议事方式和表决程序作出的民事法律行为,与设立协议具有明显区别。在出现增资瑕疵时,增资股东对内向公司承担违约责任,对外向公司债权人承担补充赔偿责任。由此可见,增资股东与发起人均应当承担资本充实责任。而其他股东与增资股东、发起人的责任范围不同,其他股东未与公司形成增资协议关系,无出资义务;与增资股东之间无合伙关系,不承担彼此担保出资的义务。如将公司增资时等同于公司设立时,要求增资股东全体对外承担连带责任,无疑是将其他股东与增资股东之间的关系等同于设立协议的合伙关系,直接否定了公司的独立人格。因此,资本充实责任是法定责任,其承担者不能随意扩张到其他股东。

(3)其他股东对瑕疵增资承担连带责任的法律依据不足

第一,其他股东与增资股东对外承担连带责任,在《公司法》及司法解释中无明文规定;第二,《复函》属于对具体应用法律问题的请示所作的答复,不适用本案。《复函》的意见与公司法解释就瑕疵出资的规定不一致,应当依据《公司法司法解释(三)》第十三条对本案各方当事人的权利义务进行调整,故一审判决对其他股东责任论述错误,属于适用法律不当,二审法院予以纠正。

(4)司法裁判文书的裁判理由对本案不具有可参照性

诚然,上级法院已先作出裁决,下级法院应当参照,并且不应背离上级法院裁判思路,这也是法律统一适用必然要求。但是,最高人民法院(2013)民申字第1504号民事裁定是以《复函》的意见作为裁判依据。根据前文分析,《复函》不能适用于本案。况且,本案审理的公司增资方式和增资过程相关事实、案件的争点、特定诉讼程序以及公司债权人在发生借贷关系时,对公司偿债能力的信赖和增资的预期是否存在因果关系,都存在不同之处,故经案件比对,该民事裁定对本案不具有可参照性。

关于争议焦点二。本案是以股权出资,不是以股权所在公司的资产出资。增资登记变更后,公司仅是取得了目标公司的股东身份和相应股权。

本案中,中恒信公司以其在新大新公司和刘达公司的股权作为向吉粮集团的增资,而非该两个公司的资产。中恒信公司签订了股权增资协议,且通过了吉粮集团股东会决议。中介机构对股权所在公司的资产进行了整体评估,确定了股权价值,且在工商行政部门办理了股权变更登记,吉粮集团成为新大新公司和刘达公司的唯一股东。前述增资过程符合《公司法》的规定,国资委和大连港作为其他股东,尽到了股东的注意义务。公司增资后,应由董事会和高管人员代表吉粮集团行使在新大新公司和刘达公司的股东权利,包括作出股东会决议同意新大新公司对外提供担保。没有证据证明在前述经营活动中,国资委和大连港作为其他股东存在协助抽逃出资行为。据此,一审法院依据《公司法司法解释(三)》第十四条的规定,判决国资委和大连港承担抽逃出资责任,属于适用法律不当,二审法院予以纠正。

二审法院据此作出终审判决:变更一审法院民事判决内容第四项为“中恒信公司在本判决第一项、第二项不能清偿的部分向亚桥研究所承担连带责任”。宣判后,亚桥研究所不服,向最高人民法院申请再审。

6. 最高人民法院裁判观点

根据一审、二审判决和亚桥研究所申请再审理由,本案的主要争议焦点是:第一,国资委和大连港应否对中恒信公司增资瑕疵承担连带责任。第二,国资委和大连港是否协助中恒信公司抽逃出资,并承担连带责任。

针对第一个争议焦点。本案中,中恒信公司向吉粮集团增资的股权项下的资产存在抵押、查封的事实,二审法院认定中恒信公司存在增资瑕疵并无不当。《公司法司法解释三》第十三条对瑕疵出资的具体情形、责任承担主体及责任承担方式,均有具体、清晰、明确的规定。从法律解释上看,一方面,公司增资时向股东催收资本属于董事、高级管理人员勤勉义务的范围,其未履行该义务会对公司及其他利益相关者的利益产生影响,故董事、高级管理人员应当向相关权利主体承担责任。另一方面,其他股东与增资股东、发起人的责任范围不同,其他股东未与公司形成增资协议关系,无出资义务;与增资股东之间无合伙关系,不承担彼此担保出资的义务,不能得出其他股东对瑕疵增资承担连带责任的结论。

针对第二个争议焦点。本案中,中恒信公司以其在新大新公司和刘达公司的股权作为向吉粮集团的增资,而非该两个公司的资产。中恒信公司签订了股权增资协议,且通过了吉粮集团股东会决议。中介机构对股权所在公司的资产进行了整体评估,确定了股权价值,且在工商行政部门办理了股权变更登记,吉粮集团成为新大新公司和刘达公司的唯一股东。前述增资过程,符合《公司法》的相关规定,国资委和大连港作为其他股东,尽到了股东的注意义务。没有证据证明国资委和大连港在吉粮集团的经营中作为其他股东存在协助中恒信公司抽逃出资行为。

最高人民法院据此作出裁定,驳回亚桥研究所的再审申请。

7. 案例评析

股东权益又称净资产,即所有者权益,是指公司总资产中扣除负债所余下的部分,是指股本、资本公积金、盈余公积金、未分配利润之和,代表了股东对企业的所有权,反映了股东在企业资产中享有的经济利益。依据《公司注册资本登记管理规定》第六条的规定,股东可以以持有的在中国境内设立的公司股权出资,包括新设出资和向存续公司进行增资。本案中,中恒信公司以其在新大新公司、刘达公司的股东全部权益,对吉粮集团进行增资,正当合法。

法律规定,用于出资的股权,应当权属清楚、权能完整、依法可以转让,且不得具有以下情形:(1)已被设立质权;(2)股权所在公司章程约定不得转让;(3)法律、行政法规或者国务院决定规定,股权所在公司股东转让股权应当报经批准而未经批准;(4)法律、行政法规或者国务院决定不得转让的其他情形。与此同时,法律还规定,出资人以其他公司股权出资,符合下列条件的,人民法院应当认定出资人已履行出资义务:(1)出资的股权由出资人合法持有并依法可以转让;(2)出资的股权无权利瑕疵或者权利负担;(3)出资人已履行关于股权转让的法定手续;(4)出资的股权已依法进行了价值评估。

本案中,中恒信公司以其持有的新大新公司和刘达公司的股权对吉粮集团进行增资,用于出资的股东权益中包含未解除抵押、查封、冻结的房产,一审判决因此认定中恒信公司出资的股权具有权利负担,属于未全面履行出资义务。所谓权利负担,是指股权之上存在质押、查封、冻结的情况,导致权利的行使受到一定的限制。鉴于此,一审法院判决中恒信公司对吉粮集团债权人亚桥研究所在增资范围内承担补偿赔偿责任。

第二节　股东出资加速到期情形之破产与解散清算

对于股东出资加速到期,《企业破产法》第三十五条以及《公司法司法解释(二)》第二十二条均有明确的规定,在公司进入破产程序或者进入解散后的清算程序时,股东对公司的出资义务加速到期。原因在于,公司一旦破产或者解散清算,公司将归于消亡,必须将公司资产予以清收、盘点,以偿还债务、缴纳税费、支付员工补偿金等。

一、公司破产与股东出资加速到期

(一)法律规定

《企业破产法》第三十五条规定:"人民法院受理破产申请后,债务人的出资人尚未完全履行出资义务的,管理人应当要求要求该出资人缴纳所认缴的出资,而不受出资期限的限制。"本条是关于公司破产申请受理后,公司股东应当履行出资义务的规定。

企业法人以其法人财产对企业债务承担责任。企业法人在破产时,同样应当以其全部财产对其债务承担责任,而出资人(包括股东和发起人)的出资是构成法人财产的重要部分,在人民法院受理破产申请后,如果出资人尚未完全履行出资义务,势必会削弱债务人的清偿能力,使债权人的权益得不到充分的保护。因此,现行法律明确要求债务人的出资人在人民法院受理破产申请后,必须缴纳全部出资额,这就是出资人负有的法定补足出资义务。

(二)典型诉讼案例展示——“波特城公司纠纷案”①

1. 案件当事人

原告(二审被上诉人、再审被申请人):波特城(江苏)智慧园区有限公司破产管理人

被告(二审上诉人、再审申请人):陈宗建

被告:熊小梅(系陈宗建之妻)

2. 案情简介

2015年7月3日,深圳市波特港资产管理有限公司(以下简称波特港公司,2015年11月5日波特港公司名称变更为波特控股公司)与陈宗建、汪光钧共同设立波特城(江苏)智慧园区有限公司(以下简称波特城公司),根据公司章程的规定,公司注册资本为10000万元,波特港公司于2018年6月30日前以货币出资方式认缴出资额5100万元,认缴比例51%;陈宗建于2018年6月30日前以货币出资方式认缴出资额900万元,认缴比例9%;汪光钧于2018年6月30日前以货币出资方式认缴出资额4000万元,认缴比例40%。

2016年8月5日,波特城公司召开股东会,股东会同意陈宗建将其持有的波特城公司9%的股权转让给王学山7%、孙运河2%;同月6日,陈宗建、王学山、孙运河签订了《股权转让协议书》,但该股权转让至今未办理企业变更登记。

2017年4月21日,高邮市广缘工程建设有限公司(以下简称广缘公司)以波特城公司不能清偿到期债务且明显缺乏清偿能力为由提出破产申请。同年7月10日,江苏省扬州市中级人民法院(一审法院)作出民事裁定书,裁定受理广缘公司对波特城公司的破产清算申请。同年8月8日,一审法院指定江苏琼宇律师事务所担任波特城公司的破产管理人(以下简称波特城管理人)。

2017年9月5日,波特城管理人向陈宗建发出《催缴出资函》,要求陈宗建于2017年9月15日前将出资款900万元缴至管理人的银行账户。陈宗建未予答复,且一直未对其认缴的900万元出资履行出资义务。波特城管理人遂向一审法院提起诉讼,要求判令被告陈宗建、熊小梅连带支付投资款900万元。另,在一审法院审理期间,波特城管理人撤回了对熊小梅的起诉。

各诉讼主体之间的法律关系如图9-3所示。

---

① 案例索引:江苏省扬州市中级人民法院(2017)苏10民初156号民事判决书、江苏省高级人民法院(2018)苏民终502号民事判决书、最高人民法院(2018)最高法民申5616号民事裁定书。

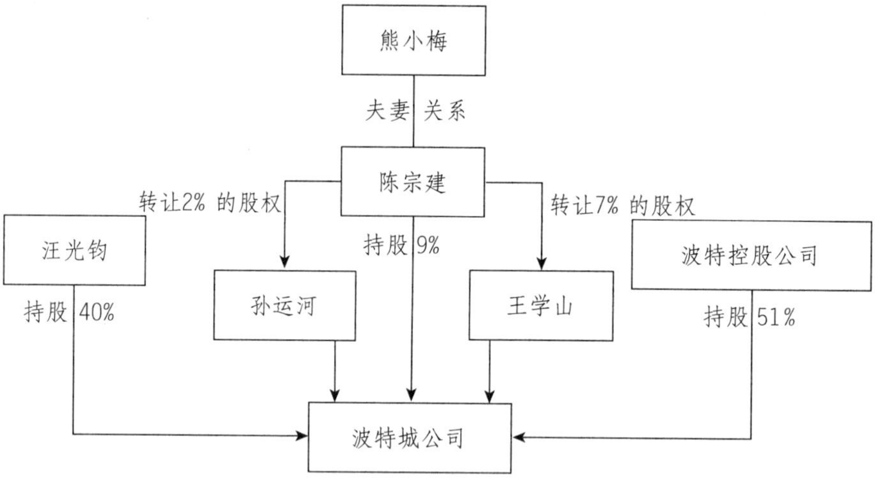

图 9-3 各诉讼主体之间的法律关系图

3. 一审法院裁判观点

股东未尽出资义务即转让股权，转让股东的出资义务不因股权转让而解除，公司仍有权请求转让股东履行出资义务。本案中，陈宗建尚未履行任何出资义务，即将其股权转让给王学山、孙运河，当公司或公司债权人要求其履行出资义务时，陈宗建仍负有履行出资的义务。

虽然根据波特城公司章程的规定，陈宗建认缴的900万元出资的缴纳期限尚未届满，但鉴于波特城公司已经被法院裁定受理破产申请，其出资义务已加速到期，故该公司管理人有权根据《企业破产法》第三十五条的规定，要求陈宗建立即缴纳所认缴的900万元出资。根据《公司法司法解释（三）》第十八条第一款的规定，有限责任公司的股东未履行或者未全面履行出资义务即转让股权，受让人对此知道或者应当知道，公司请求该股东履行出资义务、受让人对此承担连带责任的人民法院应予支持。故一审法院对原告的诉讼请求予以支持。

综上所述，被告陈宗建作为波特城公司的转让股东对其认缴的出资额900万元应当履行出资义务。一审法院据此判决，陈宗建内向波特城破产管理人缴纳出资款900万元。宣判后，陈宗建不服，向江苏省高级人民法院（二审法院）提出上诉。

4. 二审法院裁判观点

本案二审争议焦点：一是波特城管理人是不是本案一审的适格原告；二是陈宗建是否应当在本案中履行出资义务。二审法院认为，陈宗建应当履行出资义务。

第一，《公司法司司法解释（三）》第十八条第一款规定，有限责任公司的股东未履行或者未全面履行出资义务即转让股权，受让人对此知道或者应当知道，公司请求该股东履行出资义务、受让人对此承担连带责任的，人民法院应予支持。本案中，陈宗建未履行出资义务即将其股权转让给王学山、孙运河，波特城管理人诉请其履行出资义务，具有事实和法律依据。

第二，《企业破产法》第三十五条规定，人民法院受理破产申请后，债务人的出资人尚未完全履行出资义务的，管理人应当要求该出资人缴纳所认缴的出资，而不受出资期限的限制。

本案中,尽管根据波特城公司章程规定,陈宗建原认缴900万元出资的缴纳期限尚未届满,但一审法院已裁定受理对波特城公司的破产申请,陈宗建的出资义务已加速到期。故陈宗建应当履行900万元的出资义务,而无权以出资期限作为抗辩理由。

第三,波特城管理人取得陈宗建900万元出资款后,应当将该出资款归入债务人波特城公司的财产。

二审法院据此作出终审判决,驳回上诉,维持原判。宣判后,陈宗建仍不服,向最高人民法院申请再审,后被驳回再审申请。

(三)案例评析

本案是公司进入破产程序后,股东出资加速到期的经典案例。以下就本案对破产制度及加速到期制度进行解读。公司进入破产程序将会导致认缴制下的股东出资义务加速到期。《企业破产法》第三十五条规定:"人民法院受理破产申请后,债务人的出资人尚未完全履行出资义务的,管理人应当要求该出资人缴纳所认缴的出资,而不受出资期限的限制。"

认缴制度的设计,其目的在于从法律上赋予股东一种期限利益,使得公司的运作不必占用股东太多的资金,股东在资金压力大大减少的同时,可以对因认缴制而释放出来的资金进行更多的统筹安排,从而获取更大的利益。但是这种设计的考量意味着债权人所面临的的风险加剧,为了平衡股东与债权人的风险,加速到期制度实际上是股东对于自身享有期限利益的放弃。具体而言,注册资本认缴制度已经为股东良性经营公司创造了更好的条件,且不惜让债权人承担更高的风险,在如此"优越的条件"下,公司仍然经营不善导致破产,则意味着股东对该条件的放弃,即股东放弃了期限利益,出资义务加速到期。法律之所以这样规定,是因为法院受理企业破产申请后,公司无法维持正常经营活动,实际盈利能力已经灭失,继续保护股东的期限利益已经毫无意义。

二、公司解散清算与股东出资加速到期

(一)法律规定

《公司法司法解释(二)》第二十二条第一款规定:"公司解散时,股东尚未缴纳的出资均应作为清算财产。股东尚未缴纳的出资,包括到期应缴未缴的出资,以及依照公司法第二十六条和第八十条的规定分期缴纳尚未届满缴纳期限的出资。"本条款是关于股东未缴出资下的清算的规定。所谓到期应缴未缴的出资,是指超过公司章程规定的出资期限仍然没有缴纳的出资额;所谓尚未届满缴纳期限的出资,是指公司章程规定的出资期限没有到期,股东还不需要缴纳的出资额。前者属于瑕疵出资,已构成违约;后者属于认缴出资,为法律所允许。

虽然股东认缴的出资缴纳期限尚未到期,但由于公司解散后必须了结各种法律关系并最终终止,因此,公司解散事由的出现视为期限已到。股东尚未缴纳的出资,无论是应缴未缴的出资,还是尚未届满缴纳期限的出资,均应作为清算财产进行清算。

公司解散后,依照法定程序清理公司债权债务,处理公司剩余财产,待了结公司各种法律

关系后,向公司登记机关申请注销登记,使公司法人资格消灭。但不是所有的公司解散都需要经过清算程序,比如,公司因合并或者分立需要解散,就不必经过清算程序。原因在于,被合并企业或者被分立企业的权利义务均已为合并或者分立后存续或者新设的企业承继。因此,从严格意义来说,因公司解散导致股东出资加速到期的此种情形,本文称之为公司解散清算。

(二)典型诉讼案例展示——"宜宾盛宏公司纠纷案"①

1. 案件当事人

原告(二审被上诉人):陈刚

被告(二审上诉人):王宗桥

被告:宜宾市南溪区盛宏建筑劳务有限公司

2. 案情简介

2017年5月31日,宜宾市南溪区盛宏建筑劳务有限公司(以下简称盛宏建筑劳务公司)成立,注册资本为10万元,法定代表人为A;2017年10月27日,盛宏建筑劳务公司法定代表人变更为王宗桥。

2018年7月9日,盛宏建筑劳务公司注册资本增加为200万元,其中A出资10万元,王宗桥认缴出资180万元(认缴出资届满日期为2048年6月12日)、实际出资0元,袁浩认缴出资10万元(认缴出资届满日期为2048年6月12日)、实际出资0元。

2017年4月10日,宏盛建筑劳务公司向陈刚出具收据一张,载明:收到陈刚驾驶员安全保证金2万元;2019年6月26日,陈刚向宜宾市南溪区劳动人事争议仲裁委员会申请仲裁,要求盛宏建筑劳务公司退还驾驶员安全保证金,该仲裁委员会以不属于劳动人事争议范围为由,不予受理陈刚的仲裁申请。

2019年6月6日,盛宏建筑劳务公司向国家企业信用信息公示系统网申请了简易注销程序。国家企业信用信息公示系统受理申请后,依法进行了公示。在公示期间,陈刚通过在国家企业信用信息公示系统网上进行了查询,知晓了盛宏建筑劳务公司拟进行注销的消息。

2019年7月17日,陈刚的代理人谢薇因盛宏建筑劳务公司的两位股东未履行出资,对盛宏建筑劳务公司的注册资本提出异议,请求工商行政管理部门暂缓对盛宏建筑劳务公司的注销程序。

3. 原告诉讼请求

原告陈刚向宜宾市南溪区人民法院(一审法院)提起诉讼,具体诉讼请求为:(1)判令盛宏建筑劳务公司及时退还原告2万元保证金;(2)判令王宗桥、袁浩在自己的认缴但未出资本息范围内就上述债务中公司不能清偿部分承担补充赔偿责任;(3)判令三被告承担本案全部诉讼费用。

---

① 案例索引:四川省宜宾市南溪区人民法院(2019)川1503民初1403号民事判决书、四川省宜宾市中级人民法院(2020)川15民终124号民事判决书。

在审理过程中,陈刚当庭向法院申请撤回对被告袁浩的起诉。

4. 一审法院裁判观点

《公司法》第二十六条、第八十条以及《公司法司法解释(二)》第二十二条规定了公司进入解散后的清算程序时,股东的出资义务可以加速到期。盛宏建筑劳务公司在国家企业信用信息公示系统网申请了简易注销程序,拟进入依法注销公司的法律程序。在盛宏建筑劳务公司拟进行注销登记的条件下,应加速王宗桥的认缴出资到期。

王宗桥辩称的其系借名股东和借名法定代表人,只是在公司挂名,并不出资,亦不参与公司管理和分配利润,故不应承担补充赔偿责任的理由,一审法院依法不予采纳,理由如下:王宗桥虽辩称其系借名股东,但并未举证证明其主张。同时,即使王宗桥的身份系被借用,但因该登记行为已为公司登记机关所确认,具有公示性。依据公司法外观主义原则与公示原则,即以公司对外公示材料中记载的股东为享有股东资格者。为保护交易安全,在对外关系上应由名义出资人承担股东所应承担的民事责任。名义股东在承担股东责任后,也可依约定或其他法律规定向借用人主张权利。因此,不管王宗桥是宏盛建筑劳务公司的事实股东还是名义股东,都应在未缴出资范围内对宏盛建筑劳务公司的债务承担补充赔偿责任。

一审法院据此判决,第一,盛宏建筑劳务公司退还陈刚安全保证金 2 万元;第二,盛宏建筑劳务公司的资产不足以清偿上述债务时,王宗桥在其未出资的 180 万元范围内对本判决第一项确定的债务承担补充赔偿责任。宣判后,王宗桥不服,向四川省宜宾市中级人民法院(二审法院)提出上诉。

5. 二审法院裁判观点

本案的争议焦点为王宗桥应否在认缴未实缴出资范围内对案涉债务承担补充赔偿责任。

依照《公司法司法解释(三)》第十三条第二款的规定,公司债权人请求未履行或者未全面履行出资义务的股东在未出资本息范围内对公司债务不能清偿的部分承担补充赔偿责任的,人民法院应予支持。该规定明确公司不能清偿到期债务时,债权人有权请求股东在认缴未实缴的出资范围内对公司不能清偿的债务承担补充赔偿责任。本案中,盛宏建筑劳务公司已经在国家企业信用信息公示系统网申请了简易注销程序,并发出了《全体投资人承诺书》,载明"本企业申请注销登记前未发生债权债务/已将债权债务清算完结……"而包括陈刚在内的债权人已经提交充分证据证实盛宏建筑劳务公司存在对外债务尚未清算完结,并对公司注册资本提出了异议,盛宏建筑劳务公司的现状使得债权人对股东未届出资期限的出资额无法产生高度确信和依赖,依照《公司法司法解释(二)》第十九条、第二十条、第二十二条的规定,陈刚请求王宗桥在其认缴未实缴的 180 万元出资限额内对盛宏建筑劳务公司不能清偿的部分承担赔偿责任,应予支持。

王宗桥虽然辩称没有参与公司的实际经营管理和分红,亦不知晓公司增加出资,但其作为盛宏建筑劳务公司的股东及法定代表人,其任职、出资和公司增加注册资本的情况已经通过工商登记对外具有公信力,公司内部经营管理并不影响公司及股东应承担的法定义务。王宗桥同时辩称盛宏建筑劳务公司收取保证金是在其变更为法定代表人之前,不应对之前的行为承担责任。本案系服务合同纠纷,合同双方当事人分别为盛宏建筑劳务公司和陈刚,保证金亦是由盛宏建筑劳务公司收取,无论盛宏建筑劳务公司法定代表人是否变更,承担退还保证金义务的主体盛宏建筑劳务公司始终没有发生变化。《公司法司法解释(三)》第十三条第二款规定中的"债务"指债权人请求公司应承担的对外债务,而非股东仅对自己成为公司股东后公司所产生的债务承担责任。

二审法院据此作出终审判决,驳回上诉,维持原判。

(三)案例评析

2016 年 12 月 26 日,国家工商行政管理总局发布的《关于全面推进企业简易注销登记改革的指导意见》(工商企注字〔2016〕253 号)规定,自 2017 年 3 月 1 日起,在全国范围内全面实行企业简易注销登记改革。其中第二部分第二项规定,简化企业需要提交的申请材料,将全体投资人作出解散的决议(决定)、成立清算组、经其确认的清算报告等文书合并简化为全体投资人签署的包含全体投资人决定企业解散注销、组织并完成清算工作等内容的《全体投资人承诺书》。《全体投资人承诺书》是实施监督管理的依据,对恶意利用企业简易注销程序逃避债务的,有关利害关系人可以通过民事诉讼,向投资人主张其相应民事责任。

本案中,盛宏建筑劳务公司于 2019 年 6 月 6 日向国家企业信用信息公示系统网申请了简易注销程序,拟进入依法注销公司的法律程序,并发出了《全体投资人承诺书》,声明本企业申请注销登记前未发生债权债务/已将债权债务清算完结,有意隐瞒尚欠的债务。根据《公司法司法解释(二)》第二十二条的规定,盛宏建筑劳务公司全体股东约定的 2048 年 6 月 12 日缴付的出资加速到期,陈刚作为盛宏建筑劳务公司的债权人,有权要求王宗桥在其未出资范围内对盛宏建筑劳务公司的债务承担补充赔偿责任,一、二审法院依法支持了陈刚的诉讼请求。

第三节　股东出资加速到期情形之:非破产与非解散清算

对于股东出资加速到期,除了第二节谈到的破产和解散清算以外,《九民会议纪要》第六条还规定了两种例外情形:第一种情形是,公司作为被执行人的案件,人民法院穷尽执行措施无财产可供执行,已具备破产原因,但不申请破产的;第二种情形是,在公司债务产生后,公司股东(大)会决议或以其他方式延长股东出资期限。为了区别前面提及的破产与解散清算情形,我们将《九民会议纪要》规定的两种情形统一称为"非破产与非解散"情形。

一、具备破产原因但不申请破产导致股东出资加速到期

(一)法律规定

根据《九民会议纪要》第六条第一项的规定,公司作为被执行人的案件,人民法院穷尽执

行措施无财产可供执行，已具备破产原因，但不申请破产的，股东出资加速到期。那么，怎样理解公司“已具备破产原因”呢？最高人民法院《关于适用〈中华人民共和国企业破产法〉若干问题的规定（一）》（以下简称《企业破产法解释（一）》）第一条规定：“债务人不能清偿到期债务并且具有下列情形之一的，人民法院应当认定其具备破产原因：（一）资产不足以清偿全部债务；（二）明显缺乏清偿能力。”由此可见，公司破产原因具有以下两种情形，一是公司不能清偿到期债务，且公司资产不足以清偿全部债务；二是公司不能清偿全部债务，且公司明显缺乏清偿能力。

对于“债务人不能清偿到期债务”的认定，《企业破产法解释（一）》第二条规定：“下列情形同时存在的，人民法院应当认定债务人不能清偿到期债务：（一）债权债务关系依法成立；（二）债务履行期限已经届满；（三）债务人未完全清偿债务。”

对于“资产不足以清偿全部债务”的认定，《企业破产法解释（一）》第三条规定：“债务人的资产负债表，或者审计报告、资产评估报告等显示其全部资产不足以偿付全部负债的，人民法院应当认定债务人资产不足以清偿全部债务，但有相反证据足以证明债务人资产能够偿付全部负债的除外。”

对于“明显缺乏清偿能力”的认定，《企业破产法解释（一）》第四条规定：“债务人账面资产虽大于负债，但存在下列情形之一的，人民法院应当认定其明显缺乏清偿能力：（一）因资金严重不足或者财产不能变现等原因，无法清偿债务；（二）法定代表人下落不明且无其他人员负责管理财产，无法清偿债务；（三）经人民法院强制执行，无法清偿债务；（四）长期亏损且经营扭亏困难，无法清偿债务；（五）导致债务人丧失清偿能力的其他情形。”

（二）典型诉讼案例展示——“北京奇观公司纠纷案”①

1. 案件当事人

原告（二审上诉人）：杨春波

被告（二审被上诉人）：高明

被告（二审被上诉人）：北京奇观联盟科技有限公司

2. 案情简介

2015 年 9 月 21 日，北京奇观联盟科技有限公司（以下简称奇观公司）成立，注册资本为 100 万元，股东及其持股情况如下：高明认缴出资 99 万元，倪玲认缴出资 1 万元，认缴出资时间均为 2025 年 8 月 6 日。

2018 年 1 月 12 日，高明将其持有的奇观公司的出资全部转让给邱坤范，奇观公司的股东变更为邱坤范和倪玲。

2018 年 6 月 28 日，一审法院对杨春波申请追加高明为被执行人一案作出（2018）京 0105

---

① 案例索引：北京市朝阳区人民法院（2018）京 0105 民初 61680 号民事判决书、北京市第三中级人民法院（2019）京 03 民终 9641 号民事判决书。

执异1153号执行裁定书，一审法院经审查查明，杨春波与奇观公司民间借贷纠纷一案，经两审判决，奇观公司应向杨春波返还借款2072000元并支付相应利息，杨春波申请强制执行，一审法院于2018年4月2日立案受理。法院审查后认为，根据奇观公司工商档案信息，高明转让股权之时出资期限尚未届满，杨春波所持“未依法履行出资义务”的主张于法无据，一审法院难以支持，故法院裁定驳回杨春波的追加请求。

3. 一审法院裁判观点

最高人民法院《关于民事执行中变更、追加当事人若干问题的规定》第十九条规定：“作为被执行人的公司，财产不足以清偿生效法律文书确定的债务，其股东未依法履行出资义务即转让股权，申请执行人申请变更、追加该原股东或依公司法规定对该出资承担连带责任的发起人为被执行人，在未依法出资的范围内承担责任的，人民法院应予支持。”依据该规定，变更、追加原股东或应承担连带责任的发起人为被执行人的前提是原股东在出让其持有的股权时，应当履行出资义务但实际并未履行出资义务；而考察该股东是否履行出资义务的关键在于该股东是否按期足额缴纳公司章程中规定的其所认缴的出资额。本案中，根据奇观公司的工商档案的记载，高明的出资期限为2025年8月6日，其出资期限至今尚未届满，故不存在高明未按期足额缴纳出资额的情形。另外，奇观公司亦未进入清算或破产程序，不存在法律规定的股东应当提前缴纳出资的情形。因此，杨春波以高明没有依法履行出资义务为由要求追加其为被执行人，缺乏法律依据，一审法院不予支持。

一审法院据此判决，驳回杨春波的诉讼请求。杨春波不服，向北京市第三中级人民法院（二审法院）提出上诉。

4. 二审法院裁判观点

本案争议焦点在于杨春波是否有权以奇观公司不能清偿到期债务为由，要求高明就奇观公司的债务承担责任，向法院申请追加高明作为被执行人。

从股东出资加速到期的角度，当公司存在不清偿到期债务的情形，公司已具备破产原因，但不申请破产的，未届出资期限的股东应当在未出资范围内对公司未清偿债务承担责任。

虽然我国现行《公司法》规定的股东出资方式是认缴制，但根据权利义务对等性的内在要求，股东在享受出资期限利益的同时，显然也要承担相应的义务，即股东至少要保证公司不沦为其转嫁经营风险的工具，不能危及与公司从事正常交易的债权人的合法权益。任何合同自由都有其边界，股东出资义务的履行期限并非完全自治的事项。公司的正常经营直接依赖于股东的出资，公司股东应正当行使变更出资金额、期限以及转让股权的权利，股东不履行义务或不恰当出资而导致的瑕疵出资，直接影响或损害公司经营和债权人的利益。因此，在法律制度框架内存在股东出资加速到期的制度，其目的就是公平处理公司对外债务，避免债权人的利益遭受损害。在公司作为被执行人的案件中，人民法院穷尽执行措施无财产可供执行，已具备破产原因，但不申请破产的，未届出资期限的股东在未出资范围内应当对公司不能清偿的债务承担责任。

《企业破产法解释(一)》第一条第一款规定:“债务人不能清偿到期债务并且具有下列情形之一的,人民法院应当认定其具备破产原因:(一)资产不足以清偿全部债务;(二)明显缺乏清偿能力。”第四条规定:“债务人账面资产虽大于负债,但存在下列情形之一的,人民法院应当认定其明显缺乏清偿能力:(一)因资金严重不足或者财产不能变现等原因,无法清偿债务;(二)法定代表人下落不明且无其他人员负责管理财产,无法清偿债务;(三)经人民法院强制执行,无法清偿债务;(四)长期亏损且经营扭亏困难,无法清偿债务;(五)导致债务人丧失清偿能力的其他情形。”

本案中,高明作为奇观公司前任大股东和实际控制人,对奇观公司的资产情况及偿债能力应当知悉。奇观公司债权人杨春波于2017年8月22日向奇观公司提起民间借贷纠纷的诉讼,法院经审理作出(2017)京0105民初64624号民事判决书后,杨春波一审胜诉,高明在明知奇观公司不能对外其清偿债务的情况下,仍于2018年1月12日诉讼期间无偿转让股权、变更公司法定代表人,且该受让人邱坤范系高明的祖母,实际年龄达89周岁。以邱坤范的年龄,其不仅难以履行公司法定代表人、执行董事、经理相关职责,更是增加了公司认缴出资实缴到位的风险,导致公司债务难以得到及时清偿,实际是利用公司股东的期限利益恶意逃避债务,极大地增加了债权人的风险。

最高人民法院《民事执行规定》第十七条规定:“作为被执行人的企业法人,财产不足以清偿生效法律文书确定的债务,申请执行人申请变更、追加未缴纳或未足额缴纳出资的股东、出资人或依公司法规定对该出资承担连带责任的发起人为被执行人,在尚未缴纳出资的范围内依法承担责任的,人民法院应予支持。”第十九条规定:“作为被执行人的公司,财产不足以清偿生效法律文书确定的债务,其股东未依法履行出资义务即转让股权,申请执行人申请变更、追加该原股东或依公司法规定对该出资承担连带责任的发起人为被执行人,在未依法出资的范围内承担责任的,人民法院应予支持。”

本案中,虽高明认缴出资期限尚未届满,但奇观公司作为被执行人,已无可供执行的财产,奇观公司已具备破产原因,但未申请破产,在此情况下,对股东出资不加速到期将导致债权人利益失衡。高明恶意转让股权、滥用股东期限利益的行为,应当予以否定。现杨春波申请追加高明为(2018)京0105执6529号执行案件的被执行人,符合法律规定,二审法院应予支持。

综上所述,杨春波的上诉请求成立,二审法院予以支持;一审判决认定事实有误,二审法院依法予以纠正。二审法院据此作出终审判决:第一,撤销北京市朝阳区人民法院(2018)京0105民初61680号民事判决;第二,追加高明为(2018)京0105执6529号执行案件的被执行人,在其未认缴出资的范围内,与奇观公司向杨春波承担连带责任。

(三)案例评析

本案极具代表性,一审法院作出判决的时间在《九民会议纪要》之前,二审法院作出判决的时间在《九民会议纪要》之后,二者的判决截然相反。且二审在法院认为部分采纳了《九民会议纪要》中的观点，即“虽然我国现行公司法规定的股东出资方式是认缴制，但根据权利义务对等性的内在要求，股东在享受出资期限利益的同时，显然也要承担相应的义务，即股东至少要保证公司不沦为其转嫁经营风险的工具，不能危及与公司从事正常交易的债权人的合法权益。任何合同自由都有其边界，股东出资义务的履行期限并非完全自治的事项”。自《公司法》规定股东出资全面认缴以来，对于股东出资期限的强制性规定全面放开，但过犹不及，《九民会议纪要》纠正了这一点，认为股东出资义务的履行期限并不是完全自治的事项，这实际上是对股东利益与债权人利益的一种平衡。

对于股东出资加速到期制度，全国各地法院对该制度的适用一直持保守的态度，即便某地法院对该制度进行大胆尝试，但也有很大可能会被上一级人民法院予以纠正。整体来说，法院对股东出资加速到期制度的适用条件仍不明，适用的信心不足，采取的是“出资加速到期一元制”的思维方式，即只有当公司被裁定进入破产程序后才能使认缴出资的股东提前承担出资义务。但日后法院再审判该类案件时，可以依据《九民会议纪要》的精神，综合考虑股东与债权人的利益，作出更加公平且合理的裁判。诚然，股东出资加速到期制度在《公司法》中还没有具体规定，但是《九民会议纪要》的出台，无疑使各级人民法院在一定程度上做到了“有法可依”。未来，股东若还想通过约定过长的出资期而逃避责任则更加需要三思而后行。

二、公司负债后延长出资期限导致股东出资加速到期

（一）法律规定

根据《九民会议纪要》第六条第二项的规定，在公司债务产生后，公司股东（大）会决议或者以其他方式延长出资期限的，股东出资加速到期。究其原因，公司股东（大）会延长股东出资的行为，实质就是公司放弃即将到期的债权，该债务人具有股东（或发起人）的身份，且公司的这种行为明显损害了债权人的利益。

根据《合同法》第七十四条（现《民法典》第五百三十八条）的规定，因债务人放弃到期债权对债权人造成损害的，债权人可以请求人民法院撤销债务人的行为。值得注意的是，债权人行使撤销权在客观要件上表现为以下三个方面：一是债务人实施了一定的处分财产的行为；二是债务人的行为已经发生法律效力；三是债务人的行为已经危害债权人的债权。就本文而言，公司发生债务在前，延长股东出资期限在后，二者不可混淆。

（二）典型诉讼案例展示之一：“中青汇力公司纠纷案件”①

1. 案件当事人

原告（申请执行人、二审上诉人）：李炯

被告（被申请追加人、二审被上诉人）：深圳前海信鼎财富资产管理有限公司

---

① 案例索引：北京市第一中级人民法院（2018）京 01 民初 75 号民事判决书、北京市高级人民法院（2019）京民终 531 号民事判决书。

被告(被执行人、二审被上诉人):中青汇力资产管理(北京)有限公司

2. 案情简介

(1)关于中青汇力公司注册资本及股东变更情况

2014 年 1 月 13 日,中源信通(北京)资产管理有限公司成立[2014 年 3 月 10 日变更名称为中青汇力资产管理(北京)有限公司,以下简称中青汇力公司],公司注册资本为 3 万元,股东分别为北京青叶缘健康科技有限公司(以下简称青叶缘公司)、华夏久安(北京)文化传媒有限公司(以下简称华夏久安公司),上述二股东均以货币出资 1.5 万元,出资认缴时间均为 2014 年 1 月 10 日,并于同日分别向中青汇力公司以货币方式缴纳 1.5 万元出资款。

2014 年 3 月 10 日,中青汇力公司将注册资本金变更为 1000 万元,股东变更为杨多思、程功忠,其中杨多思以货币形式出资 330 万元,程功忠以货币形式出资 670 万元。在该次工商变更登记材料中,杨多思、程功忠作为股东的“出资时间”一栏均为空白。

2014 年 8 月 15 日,中青汇力公司将注册资本变更为 5000 万元,股东变更为邢茂丽、天佑(北京)文化传媒有限公司(以下简称天佑公司),其中邢茂丽以货币形式出资 2550 万元,天佑公司以货币出资 2450 万元,出资时间均为 2025 年 9 月 30 日。在该次工商变更登记材料中显示,杨多思将其持有的中青汇力公司 330 万元出资转让给天佑公司,程功忠将其持有的中青汇力公司 670 万元出资转让给邢茂丽。

2015 年 12 月 18 日,天佑公司将持有的中青汇力公司 2450 万元出资转让给深圳前海信鼎财富资产管理有限公司(以下简称前海信鼎公司),并办理了工商变更登记,该次变更工商登记材料后公司章程显示的股东认缴情况为:邢茂丽出资 2550 万元,前海信鼎公司出资 2450 万元,上述二股东出资时间均为 2025 年 9 月 30 日。

2017 年 4 月 27 日,邢茂丽将其持有的中青汇力公司 2550 万元出资转让给杨传信,并办理工商变更登记。同时,中青汇力公司该次工商变更登记载明,前海信鼎公司、杨传信出资期限变更为 2044 年 1 月 1 日。

(2)关于中青汇力公司年度报告情况

2014 年度报告:股东天佑公司认缴出资额 2450 万元,认缴出资时间为 2015 年 5 月 19 日;股东邢茂丽认缴出资额 2550 万元,认缴出资时间为 2017 年 5 月 19 日。

2015 年度报告:股东前海信鼎公司认缴出资额 2450 万元,股东邢茂丽认缴出资额 2550 万元,二股东认缴出资时间均为 2015 年 12 月 31 日。

2016 年度报告:股东前海信鼎公司认缴出资额 2450 万元,股东邢茂丽认缴出资额 2550 万元,二股东认缴出资时间均为 2044 年 1 月 11 日。

(3)关于中青汇力公司涉诉及执行情况

李炯与中青汇力公司合伙协议争议一案,中国国际经济贸易仲裁委员会作出(2017)中国贸仲京(深)裁字第 56 号裁决书,该裁决书查明的主要事实为 2015 年 11 月 23 日,李炯与中青汇力公司签订了《合伙协议书》及《预约受让协议》。仲裁庭最终裁决中青汇力公司向李炯

支付投资款本金100万元及利息，并承担仲裁费。该裁决书生效后，因中青汇力公司未履行生效裁决书确定的义务，李炯向北京市第一中级人民法院（一审法院）申请执行。

2017年8月29日，一审法院作出（2017）京01执529号执行裁定书，执行案件执行过程中，经查询，中青汇力公司名下无可供执行的财产。李炯遂向一审法院提出申请，申请追加前海信鼎公司为被执行人。

2017年11月20日，一审法院作出（2017）京01执异278号执行裁定书，裁定驳回李炯要求追加前海信鼎公司为本案被执行人的申请。

3. 原告诉讼请求

2017年12月7日，李炯向一审法院提起本案诉讼，其具体诉讼请求为：（1）撤销（2017）京01执异278号执行裁定书；（2）追加前海信鼎公司为（2017）京01执529号执行案件的被执行人；（3）判令前海信鼎公司在其未缴纳出资的范围内承担补充赔偿责任；（4）本案诉讼费由前海信鼎公司、中青汇力公司负担。

4. 一审法院裁判观点

（1）本案案由为申请执行人执行异议之诉

李炯依据最高人民法院《民事执行规定》第十七条的规定，认为前海信鼎公司作为中青汇力公司的股东，未足额缴纳出资，应当被追加为被执行人。依照《民事执行规定》第三十二条的规定，一审法院作出执行裁定书，裁定驳回李炯要求追加前海信鼎公司为被执行人的申请，李炯向一审法院提起申请执行人执行异议之诉，符合上述法律及司法解释的规定。

（2）《民事执行规定》第十七条规定不适用于本案

李炯主张根据《民事执行规定》第十七条的规定，前海信鼎公司的出资义务应当在公司不能清偿债务时提前加速到期。一审法院认为，上述司法解释规定的未依法履行出资义务的股东为应履行出资义务但未履行或者未完全履行出资义务的股东，而因认缴出资期限未届满导致尚未出资的股东，是否属于“未依法履行出资义务的股东”，应从《公司法》规定的公司注册资本制度予以考虑。根据《公司法》第二十六条、第二十八条的规定，股东出资认缴制系现行《公司法》的明文规定，股东依法获得分期缴纳出资的期限利益受法律保护，且股东认缴的金额、实缴期限等都可通过企业信用信息系统查询，作为一种公示信息，债权人对此应当知晓，对于交易过程中的风险也可以并且应当预见，在无证据显示股东存在欺诈或者其他恶意损害债权人利益的情形下，直接要求股东放弃期限利益对公司债务承担责任，并不符合股东出资认缴制度的设立初衷。

本案中，在中青汇力公司与李炯签署《合伙协议》及《预约受让协议》之时，中青汇力公司的工商登记显示，前海信鼎公司作为股东其出资义务履行时间为2025年9月30日，其出资义务履行期限均尚未届满，并不符合上述《民事执行规定》规定的应被追加为被执行人情形。因此，在相关规范性法律文件未对股东出资加速到期进行明确规定的情况下，前海信鼎公司作为中青汇力公司的股东不应提前履行出资义务。

此外,中青汇力公司虽然在其企业年报中将股东认缴出资的时间进行了修改,但是并未进行工商登记,不足以构成对已登记信息的变更,不应因此认定前海信鼎公司放弃了其缴纳出资的期限利益。债权人李炯有权通过其他合法方式保护其财产权益。

一审法院据此判决,驳回李炯的诉讼请求。宣判后,李炯不服,向北京市高级人民法院(二审法院)提出上诉。

5. 二审法院裁判观点

(1)以年度公告信息认定股东出资期限

根据《企业信息公示暂行条例》第八条至第十一条的规定,企业通过企业信用信息公示系统(以下简称信息公示系统)向工商行政管理部门报送上一年度年度报告,并向社会公示,企业年度报告内容包括公司股东或者发起人认缴和实缴的出资额、出资时间、出资方式等信息,企业对其公示信息的真实性、及时性负责。

本案中,前海信鼎公司章程认缴出资时间的记载与中青汇力公司在北京市企业信用信息网填报的年报信息不一致。二审法院认为,虽然《公司法》规定股东出资信息由股东自行决定并记载于公司章程,但公司章程系股东之间对公司经营及管理事务的约定,公司章程对公司、股东、董事以及公司高级管理人员具有约束力。相对而言,企业年报信息是企业自主填报并对社会公示的信息,亦为社会公众特别是交易相对方在与公司进行交易时查询以及判断其交易风险的依据,且企业应对其在年报系统中公示信息的真实性、准确性负责。在平衡公司股东出资的期限利益与公司债权人权利保护的关系上亦应遵循公开公平、诚实守信的原则。据此,应以中青汇力公司在企业年报系统中所填写的有关股东认缴出资的时间认定前海信鼎公司是否存在未缴纳或未足额缴纳出资的情形。

(2)前海信鼎公司应承担补充赔偿责任

根据《公司法司法解释(三)》第十三条第二款及《民事执行规定》第十七条的规定,公司债权人请求未履行或者未全面履行出资义务的股东在未出资本息范围内对公司债务不能清偿的部分承担补充赔偿责任的,人民法院应予支持。作为被执行人的企业法人,财产不足以清偿生效法律文书确定的债务,申请执行人申请变更、追加未缴纳或未足额缴纳出资的股东、出资人或依《公司法》规定对该出资承担连带责任的发起人为被执行人,在尚未缴纳出资的范围内依法承担责任的,人民法院应予支持。

本案中,李炯与中青汇力公司于2015年11月23日签订《合伙协议书》,当时公示的2014年中青汇力公司年报信息显示天佑公司的认缴期限为2015年5月19日。2015年12月18日前海信鼎公司受让天佑公司持有的中青汇力公司的股权,并将出资认缴时间确定为2015年12月31日。2016年12月1日中青汇力公司与李炯基于《合伙协议书》所产生的债务到期。而2016年年报信息显示,前海信鼎公司认缴出资期限延长至2044年1月11日。作为公司及其股东,在公司债务发生后理应对公司的清偿能力有所判断,在公司发生到期债务且不能履行的情况下,前海信鼎公司延长出资认缴期限,系规避到期债务,应当属于《民事执行规定》第十七条规定的情形。

二审法院据此作出终审判决，第一，撤销一审民事判决；第二，追加前海信鼎公司为(2017)京01执529号执行案件的被执行人；第三，前海信鼎公司在其未缴纳出资的范围内以(2017)中国贸仲京(深)裁字第56号裁决书所确定的中青汇力资产管理(北京)有限公司对李炯的债务承担补充赔偿责任。

(三)典型诉讼案例展示之二："力勤投资公司纠纷案件"①

1. 案件当事人

原告(二审上诉人)：力勤投资有限公司

被告(二审被上诉人)：白蕾

第三人：北京欣数脉光电技术有限责任公司

2. 案情简介

(1)欣数脉公司股东变更情况

2009年9月18日，北京欣数脉光电技术有限责任公司(以下简称欣数脉公司)成立，注册资本为100万元，股东及出资情况为：燕守国(实缴出资60万元)，白蕾(实缴出资40万元)。

2015年1月10日，欣数脉公司注册资本增至1000万元，股东及出资情况变更为：燕守国(认缴出资300万元)，白蕾(认缴出资700万元)，认缴出资时间为2024年11月11日。

2017年5月24日，经由股东会决议，欣数脉公司原股东白蕾退出股东会，增加新股东燕守忠，公司股东及出资情况变更为：燕守国(认缴出资额990万元)，燕守忠(认缴出资额10万元)，认缴出资时间为2024年11月11日。

2017年6月15日，经由股东会决议，欣数脉公司原股东燕守国退出股东会，增加新股东三河市包平科技有限责任公司(以下简称三河包平公司)，公司股东及出资情况变更为：三河包平公司(认缴出资额990万元)，燕守忠(认缴出资额10万元)，认缴出资时间为2029年9月1日。

2018年3月5日，经由股东会决议，欣数脉公司原股东燕守忠退出，增加新股东燕作生，公司股东及出资情况变更为：三河包平公司(认缴出资额990万元)，燕作生(认缴出资额10万元)，认缴出资时间为2029年9月1日。

(2)力勤公司申请执行情况

2015年2月12日，力勤投资有限公司(以下简称力勤公司)与欣数脉公司签订《借款协议书》，欣数脉公司向力勤公司借款1000万元，欣数脉公司以其持有的北京中标光电科技有限公司(以下简称中标光电公司)35%的股权进行质押担保。同年2月15日，力勤公司向欣数脉公司汇款500万元，双方于同年3月6日在工商部门办理了股权出质登记手续。后经催

① 案例索引：北京市朝阳区人民法院(2019)京0105民初1871号民事判决书、北京市第三中级人民法院(2020)京03民终4732号民事判决书。

款,欣数脉公司未清偿借款。后力勤公司以欣数脉公司为被告提起民间借贷纠纷诉讼。

2017 年 10 月 18 日,北京市朝阳区人民法院(一审法院)作出(2017)京 0105 民初 28263 号民事判决书,判令欣数脉公司偿还力勤公司借款本金 500 万元及相应违约金,力勤公司就上述欣数脉公司应付款项对欣数脉公司持有的中标光电公司 35% 股权及孳息范围内拍卖或变卖的价款,按质押登记顺序享有优先受偿权。

上述判决书发生法律效力后,力勤公司申请强制执行。2018 年 1 月 20 日,一审法院立案受理,案号为(2018)京 0105 执 2455 号。执行中,因欣数脉公司持有的中标光电公司 35% 股权无法处置变现,且未发现欣数脉公司有其他可供执行的财产,力勤公司已实现债权金额为 0 元,经力勤公司同意,2018 年 8 月 16 日,一审法院裁定终结本次执行程序。

后力勤公司申请追加白蕾为被执行人,一审法院作出(2018)京 0105 执异 1318 号执行裁定书,以白蕾 2017 年 6 月转让股权时,其认缴出资时间未到为由,驳回力勤公司的申请。

3. 原告诉讼请求

力勤公司遂向一审法院提起本案诉讼,其诉讼请求为:(1)追加白蕾为(2018)京 0105 执 2445 号案件的被执行人;(2)白蕾在未出资 660 万元本息范围内(以 660 万元为基数,自 2015 年 1 月 10 日起算至实际给付之日止,按照中国人民银行同期贷款利率的标准计算)向力勤公司承担清偿责任。

4. 一审法院裁判观点

作为被执行人的企业法人,财产不足以清偿生效法律文书确定的债务,申请执行人申请变更、追加未缴纳或未足额缴纳出资的股东、出资人或依《公司法》规定对该出资承担连带责任的发起人为被执行人,在尚未缴纳出资的范围内依法承担责任的,人民法院应予支持。作为被执行人的公司,财产不足以清偿生效法律文书确定的债务,其股东未依法履行出资义务即转让股权,申请执行人申请变更、追加该原股东或依《公司法》规定对该出资承担连带责任的发起人为被执行人,在未依法出资的范围内承担责任的,人民法院应予支持。

根据法律规定,我国公司注册资本制度采用认缴制,即股东负有按期足额缴纳公司章程中规定的各自所认缴的出资额的义务。公司章程可以就认缴期限作出规定,认缴期限不但对股东具有约束力,对外亦产生公示效力。因此,最高人民法院《民事执行规定》第十七条、第十九条中“未缴纳或未足额缴纳出资的股东”以及“未依法履行出资义务的股东”均应理解为没有按照公司章程规定的金额、方式、时间等全面履行出资义务的股东,未到认缴期限不属于上述情形。欣数脉公司设立时,白蕾认缴的出资已经实缴到位。增资后,欣数脉公司章程规定,白蕾认缴出资期限为 2024 年 11 月 11 日,在认缴期限尚未届满的情况下,根据现有证据,欣数脉公司并未出现股东应当提前履行出资义务的法定情形,故白蕾不属于未依法履行出资义务的股东。同时,在白蕾对欣数脉公司的出资期限尚未届满前,白蕾向案外人转让股权,亦不属于股东未依法履行出资义务即转让股权的情形。

故力勤公司请求追加白蕾为被执行人,缺乏事实依据和法律依据,一审法院不予支持。

一审法院据此作出判决，驳回力勤公司的诉讼请求。宣判后，力勤公司不服，向北京市第三中级人民法院（二审法院）提出上诉。

5. 二审法院裁判观点

我国公司注册资本制度采用认缴制，即股东负有按公司章程规定的期限足额缴纳认缴出资额的义务。按照欣数脉公司章程规定，白蕾认缴出资期限为2024年11月11日。在认缴期限尚未届满的情况下，不能认定白蕾存在《民事执行规定》规定的“未缴纳”“未足额缴纳出资”的情节。

力勤公司虽上诉提出，按照2019年11月14日发布的《九民会议纪要》精神，在公司作为被执行人的案件，人民法院穷尽执行措施无财产可供执行，已具备破产原因，但不申请破产的情形下，要求未届出资期限的股东在未出资范围内对公司不能清偿的债务承担补充赔偿责任的，应当得到法院支持。具体到本案，欣数脉公司经法院强制执行仍不能清偿到期债务，并且具备破产原因，不申请破产，应当判令股东出资义务加速到期，故而应当判令白蕾出资义务加速到期。

二审法院经审查认为，力勤公司上诉提出的《九民会议纪要》精神规范的主体系未届出资期限的公司股东，而本案中，白蕾在认缴出资期限届满和力勤公司申请强制执行以前已向案外人转让了其持有的股权，现白蕾并非欣数脉公司的股东，故二审法院认为力勤公司以白蕾未全面履行出资义务为由，要求判令白蕾出资义务加速到期，追加其为被执行人并在未出资660万元范围内向力勤公司承担清偿责任的上诉主张，于法无据，二审法院对此不予采信。

二审法院据此作出终审判决，驳回上诉，维持原判。

（四）综合评析

1. 股东认缴公司注册资本需慎重

在注册资本认缴制下，资本维持原则体现为，在股东认缴资本全部实缴到位前，公司应至少保持不出现无法清偿对外债务的情况。一旦公司丧失偿付能力，则公司有权依据相关法律要求股东向公司补充缴付未缴的出资，债务人也有权要求股东承担补充赔偿责任。因而在注册资本认缴制度下股东并非不缴纳出资而仅是给予一定的期限，股东在认缴注册资本时必须结合公司的情况以及自身情况谨慎决定，过高的认缴金额会加重公司及自身的负担。

2. 出资期限需明确，延长出资期限需谨慎

股东出资加速到期，关键在于出资期限的设定问题，从股东出资加速到期的理论以及以上案例中可知，畸长的出资期限并不必然有效，但较短的出资期限对于股东而言会带来一定的出资压力，因而必须设计合理的出资期限。与此同时，需保证股东出资期限对内约定与对外公示（包括但不限于工商登记情况、信用信息平台公示情况等）一致性，避免导致出资期限不一带来的股东出资加速到期的风险。

若公司在设立时，股东约定的出资期限较短，因出资压力需延长股东出资期限时应充分考虑公司当下的债务情况，不能盲目地自行形成股东会决议而延长股东出资期限。根据《九

民会议纪要》的精神，在公司负债后延长股东出资期限容易被认为是一种规避债务的行为，导致触发股东出资加速到期，实践中也已经有多家法院多个案例对这种股东出资加速到期情形予以肯定。因而在公司负债后若需延长股东出资期限，可与债权人协商债权处理问题，平衡股东出资的期限利益与股东利益，避免导致股东出资加速到期的风险，增加股东的出资压力。

3. 债权人请求法院适用加速到期制度应注意的事项

根据《九民会议纪要》的精神，在公司出现诸如不能到期清偿债务、经营发生严重危机时，应允许债权人请求股东在未出资本息范围内承担补充赔偿责任，而不必等到公司解散、破产或者出资期限届满之时，其目的是建立一种成本更低、流程环节更少、耗时更短的加速到期途径。但是，使用该种途径可能会存在债权人个别受到清偿，却侵犯了其他公司债权人利益的情形。实务中，法院为了防止该种情况的发生，可能会采取如下措施：

（1）在债权人请求法院认定股东出资加速到期以偿还债务时，如同时具备资不抵债、明显缺乏清偿能力等破产条件的，则法院不予受理加速到期之诉。

（2）在债权人已经起诉债务人股东出资加速到期之后，发生破产事由的，人民法院可能驳回诉讼请求，以防止个别清偿情况的发生，后债权人可以向有管辖权的法院申请破产。

（3）债权人如果想实现债权，应当及早向法院主张。一旦法院受理了企业破产申请，针对企业财产情况的审查，可以依法追溯到受理之日前 6 个月或者 1 年内。届时即便债权人的债权得以实现，也很有可能被法院撤销。

（4）债权人是否“穷尽执行措施仍无财产可供执行”是法院依据《九民会议纪要》的规定判决股东出资加速到期的前置条件，即债权人应当承担已经穷尽执行措施仍无财产可供执行的举证责任。实务中，曾有法院认定债权人针对债务人没有穷尽执行措施，从而判决驳回债权人关于股东出资加速到期责任的请求。

第十章

小股东与大股东在资本多数决中的博弈

实务指引

资本多数决原则是公司法的基本原则，是现代公司重要的治理原则。资本多数决分为特别多数决和一般多数决，与资本多数决关联的还有资本一致决、资本少数决和股东人数决。实务中，由于以上几个“决”常被混同，出现了不少纠纷。第一节引用的股东非等比例减资、不按实缴出资比例分红等案例，生动地诠释了资本多数决正确适用与滥用产生的不同后果。资本多数决常被误解，仿佛沦为大股东欺压小股东的工具，俨然变成法律强加给小股东的枷锁，被有的小股东拿来说事。第一节引用的“股随岗变”案例，就是小股东对大股东说“不”，但最后未被法院采信。

股东表决权排除制度，主要在于防止控股股东滥用资本多数决，损害公司和少数股东利益。第二节引用的上市公司“汇源通信”重大资产重组项目因涉及控股股东的关联交易，小股东抱团通过股东大会成功否决十八个议案，值得称道。此外，股东除名制度作为一项极端措施，由小股东联合起来取消大股东的股东资格，一定要符合相关规定，并严格遵循法律程序。所谓“请神容易送神难”，就是这个道理。第二节引用的“上海万禹案”系最高人民法院发布的指导案例，两个小股东将持股高达99%的大股东“踢出”公司，其勇气和智慧令人钦佩。

公司事务的多数决原则与公司法的公平交易原则，好像是井水与河水互不相干，实则不然，二者具有一定的交叉。以合同法为例，从公平原则到等价交换规则，再到显失公平合同的认定，与公司资本多数决原则紧密相连。第三节引用的两家公司围绕上市公司“华泰证券”股权交易引起的诉讼，是对于显失公平的争执，对此一定要从合同签订背景及约定内容进行分析，并结合相关法律法规综合判定。

第一节　资本多数决原则与小股东利益的保护

一、公司法中的资本多数决、一致决、过半决与少数决

根据资本多数决的有效表决比例，可以将资本多数决分为特别多数决和一般多数决。所谓特别多数决，是指股东（大）会针对特别决议事项必须经过代表2/3以上表决权的股东（股份有限公司是必须经过出席会议的股东所持表决权的2/3以上）通过才能生效；所谓一般多数决，又称资本过半决，是指股东会或者股东大会针对普通决议事项只需经过代表1/2以上表决权的股东（股份有限公司只需经过出席会议的股东所持表决权的1/2以上）通过才能生效。实务中所称的资本多数决，通常指的是特别多数决，并不包括一般多数决（资本过半决）。

（一）资本多数决、过半决、一致决与少数决

1. 资本多数决

资本多数决是针对股东（大）会特别决议事项采用的一种表决方式。对于有限责任公司，根据《公司法》第四十三条的规定，股东会决议作出修改公司章程、增加或者减少注册资本的决议，以及公司合并、分立或者变更公司形式的决议，必须经代表2/3以上表决权的股东通过。对于股份有限公司，根据《公司法》第一百零三条的规定，股东大会作出修改公司章程、增加或者减少注册资本的决议，以及公司合并、分立或者变更公司形式的决议，必须经出席会议的股东所持表决权的2/3以上通过。此外，《公司法》第一百二十一条规定："上市公司在一年内购买、出售重大资产或者担保金额超过公司资产总额百分之三十的，应当由股东大会作出决议，并经出席会议的股东所持表决权的三分之二以上通过。"对于上市公司来说，购买、出售重大资产或者对外提供大额担保，可能给公司的长期经营或者广大股东的长远利益造成重大影响。因此，有必要对其规定特别严格的程序。

对于上市公司而言，股东大会决议分为普通决议和特别决议，其中股东大会作出特别决议，应当由出席股东大会的股东所持表决权的2/3以上通过。根据《上市公司章程指引》（2016年修订公布，根据2019年4月17日《关于修改〈上市公司章程指引〉的决定》修订）第七十五条第三款规定："股东大会作出特别决议，应当由出席股东大会的股东（包括股东代理人）所持表决权的2/3以上通过。"对于哪些事项属于特别决议事项，《上市公司章程指引》第七十七条采取了列举法，包括：（1）公司增加或者减少注册资本；（2）公司的分立、合并、解散和清算；（3）本章程的修改；（4）公司在一年内购买、出售重大资产或者担保金额超过公司最近一期经审计总资产的30%；（5）股权激励计划；（6）法律、行政法规或本章程规定的，以及股东大会以普通决议认定会对公司产生重大影响的、需要以特别决议通过的其他事项。

2. 资本过半决

资本过半决是针对股东(大)会一般决议事项采用的一种表决方式。比如,根据《公司法》第十六第二款、第三款的规定,公司为公司股东或者实际控制人提供担保的,必须经股东(大)会决议。前款规定的股东或者受实际控制人支配的股东不得参加前款规定事项的表决,该项表决由出席会议的其他股东所持表决权的过半数通过。再如,根据《公司法》第九十条第二款的规定,股份有限公司创立大会对相关事项作出决议,必须经出席会议的认股人所持表决权过半数通过。此外,根据《上市公司章程指引》第七十五条第二款的规定,股东大会作出普通决议,应当由出席股东大会的股东(包括股东代理人)所持表决权的1/2以上通过。

3. 资本一致决

所谓资本一致决,是指有限责任公司股东会表决的某些事项必须经过全体股东同意才能生效。根据《公司法》第三十四条的规定,股东按照实缴的出资比例分取红利;公司新增资本时,股东有权优先按照实缴的出资比例认缴出资。但是,全体股东约定不按照出资比例分取红利或者不按照出资比例优先认缴出资的除外。本条但书部分的规定属于差异化股权结构的模式,包括出资比例、持股比例、分红比例、认购增资比例,有限责任公司股东分红比例或者认缴增资比例与股东实际缴纳出资的比例不一致,必须经过全体股东的同意。笔者将在下文以两个案例的方式,帮助读者更深入地了解资本一致决的含义及在实务中的应用。

4. 资本少数决

所谓资本少数决,是指有限责任公司或者股份有限公司的某些事项只需经过持股达到一定比例的少数股东提议,即可获得股东(大)会通过。比如,有限责任公司代表1/10以上表决权的股东会可以召集和主持股东会,单独或者合计持有股份有限公司10%以上股份的股东可以请求召开临时股东大会;持有公司全部股东表决权10%以上的股东,可以请求人民法院解散公司。

(二)资本多数决与股东人数决之比较

股东人数决,即股东过半数同意,是指表决权按股东人数确定,不论股东出资多少,每人一票,而不是以股东所代表的表决权多少为标准。以下介绍的《公司法》及其相关司法解释的规定反映的是“股东多数决”,而非“资本多数决”。

根据《公司法》第七十一条第二款的规定,股东向股东以外的人转让股权,应当经其他股东过半数同意。其立法目的是,股东对外转让股权,会发生新股东进入公司的情况,打破了公司固有的股权结构,新股东与其他股东之间并不一定存在相互信任的关系。有限责任公司兼具人合性和资合性,为了维持公司的人合因素,促成股东之间的重新组合,在个别股东对外转让股权的过程中,需要考虑其他每个股东的意愿,而不论持股比例的多少,不能仅仅体现大股东的意志,而忽视小股东的切身利益。这样既可以避免因少数股东的反对而否定多数股东的意愿，也可以最大限度地减少股权转让的障碍，保障股东对其财产处分权的实现。

根据《公司法司法解释（三）》第二十四条第三款的规定，实际出资人未经公司其他股东半数以上同意，请求公司变更股东、签发出资证明书、记载于股东名册、记载于公司章程并办理公司登记机关登记的，人民法院不予支持。

二、通过案例看资本多数决原则的正确适用与滥用

（一）资本多数决诉讼案例之：非等比例减资未经全体股东同意[①]

1. 案件当事人

原告（二审被上诉人）：陈玉和

被告（二审上诉人）：江阴联通实业有限公司

2. 案情简介

江阴联通实业有限公司（以下简称联通公司）成立于2000年12月26日，注册资本为19516万元，股东及持股情况如下：（1）股东陈玉和，出资额为585.48万元；（2）股东刘梅林，出资额为195.16万元；（3）股东六以方，出资额为5464.48万元；（4）股东张学斌，出资额为975.80万元；（5）股东江阴市宝昌有限公司（以下简称宝昌公司），出资额为975.80万元；（6）股东海南通乾实业有限公司（以下简称通乾公司），出资额8721.76万元；（7）股东江阴昌荣物资有限公司（以下简称昌荣公司），出资额为2597.52万元。

（1）第一次减资

2015年12月25日，联通公司召开股东会，并制作股东会决议，主要内容包括：第一，修改公司章程；第二，联通公司注册资本从19516万元减至11516万元；第三，公司减资后股东愿意承担减资部分的相应法律责任。

股东会应到会股东7名，实际到会股东5名，参会股东共代表96%表决权，其中六以方、张学斌、宝昌公司、通乾公司、昌荣公司同意上述决议并在决议上签字；陈玉和、刘梅林未出席会议，亦未签字确认。

2015年12月30日，联通实业公司在《江阴日报》上刊登减资公告。2016年3月16日，六以方、张学斌、宝昌公司、通乾公司、昌荣公司等5名股东在《债务担保说明》上签字，该说明主要载明：联通实业公司7名股东愿意承担减资部分的相应法律责任。

2016年3月16日，联通公司召开股东会，并制作股东会决议，主要内容为联通公司注册资本从19516万元减至11516万元；股东减资情况为：张学斌减少出资588.24万元；宝昌公司减少出资588.24万元；通乾公司减少出资5257.68万元；昌荣公司减少出资1565.84万元。减资后股东的出资情况为：陈玉和出资额为585.48万元；刘梅林出资额为195.16万元；六以

① 案例索引：江苏省江阴市人民法院（2016）苏0281民初10874号民事判决书、江苏省无锡市中级人民法院（2017）苏02民终1313号民事判决书。

方出资额为5464.48万元;张学斌出资额为387.56万元;宝昌公司出资额为387.56万元;通乾公司出资额为3464.08万元;昌荣公司出资额为1031.68万元。(见表10-1)

2016年4月1日,江阴市市场监督管理局作出准予变更登记通知书,联通公司注册资本由19516万元变更为11516万元。

表10-1 第一次减资前后股东持股情况对照表

股东	项目			
	减资前出资额(万元)	减资前持股比例	减资后出资额(万元)	减资后持股比例
陈玉和	585.48		585.48	
刘梅林	195.16		195.16	
六以方	5464.48		5464.48	
张学斌	975.80		387.56	
宝昌公司	975.80		387.56	
通乾公司	8721.76		3464.08	
昌荣公司	2597.52		1031.68	
合计	19516.00	100%	11516.00	100%

(2)第二次减资

2016年3月18日,联通公司召开股东会,并制作股东会决议,主要内容包括:第一,章程修正案;第二,联通公司注册资本从11516万元减至6245.12万元;第三,公司减资后股东愿意承担减资部分的相应法律责任。

股东会应到会股东7名,实际到会股东5名,参会股东共代表93.2212%表决权,其中六以方、张学斌、宝昌公司、通乾公司、昌荣公司同意上述决议并在决议上签字;陈玉和、刘梅林未出席会议,亦未签字确认。

2016年4月6日,联通公司在《江阴日报》上刊登减资公告。2016年5月23日,六以方、张学斌、宝昌公司、通乾公司、昌荣公司等5名股东在《债务清偿或提供担保的说明》上签字,该说明主要载明:联通公司已对债务予以清偿或提供了相应担保。

2016年5月23日,联通公司召开股东会,并制作股东会决议,主要内容为联通公司注册资本从11516万元减至6245.12万元;股东减资情况为:张学斌减少出资387.56万元;宝昌公司减少出资387.56万元;通乾公司减少出资3464.08万元;昌荣公司减少出资1031.68万元。减资后股东的出资情况为:陈玉和出资额为585.48万元;刘梅林出资额为195.16万元;六以方出资额为5464.48万元。(见表10-2)

2016年5月31日,江阴市市场监督管理局作出公司准予变更登记通知书,联通公司注册资本由11516万元变更为6245.12万元。

表 10－2 第二次减资前后股东持股情况对照表

股东	项目			
	减资前出资额(万元)	减资前持股比例	减资后出资额(万元)	减资后持股比例
陈玉和	585.48		585.48	
刘梅林	195.16		195.16	
六以方	5464.48		5464.48	
张学斌	387.56		0.00	
宝昌公司	387.56		0.00	
通乾公司	3464.08		0.00	
昌荣公司	1031.68		0.00	
合计	11516.00	100%	6245.12	100%

(3)联通公司章程记载事项

联通公司于2015年1月22日、2015年5月13日、2016年3月16日、2016年5月23日备案4份公司章程,上述章程第十一条载明:股东会会议分为定期会议和临时会议。召开股东会会议,应当于会议召开15日前通知全体股东。第十三条载明:股东会会议作出修改公司章程、增加或者减少注册资本的决议,以及公司合并、分立、解散或者变更公司形式的决议,必须经代表2/3以上表决权的股东通过,对于其他事项必须经代表半数以上表决权的股东通过。

联通公司自认:2015年12月25日、2016年3月16日、2016年3月18日、2016年5月23日四次股东会未通知陈玉和参加会议;诉争减资款项按等额股本金实际已交付减资股东。

联通公司提供2015年12月及2016年3月制作的资产负债表、损益表,显示2015年净利润为－12174462.81元,2016年3月净利润为－1024309.47元。

3. 原告诉讼请求

2016年8月11日,陈玉和向江苏省江阴市人民法院(一审法院)提起诉讼,其诉讼请求为:(1)判令撤销联通公司就2016年4月1日和2016年5月31日所作的两次减资股东会决议;(2)本案诉讼费用由联通公司承担。

本案开庭审理前,陈玉和提交《变更诉讼请求申请书》,主要载明:本案立案后,经进一步调查,相关事实充分证明联通公司作出的上述有关减资的股东会决议不仅没有通知申请人参加股东会,而且股东会内容违反《公司法》《民法通则》等法律规定,严重损害公司和申请人的合法权益,申请对上述第一项诉讼请求变更为:判令联通公司于2015年12月25日、2016年3月16日、2016年3月18日及2016年5月23日作出的有关减资的股东会决议无效。

本案审理过程中,陈玉和变更后的诉讼请求为:要求确认联通公司于2015年12月25日作出的股东会决议第二项,2016年3月16日作出的股东会决议第三项,2016年3月18日作出的股东会决议第二项,2016 年 5 月 23 日作出的股东会决议第二项无效。

4. 一审法院裁判观点

陈玉和系联通公司股东,其依法享有股东权利,联通公司上述四次股东会作出的相关决议违反法律规定,损害了陈玉和的合法权益,依法应当认定为无效。

第一,本案诉争股东会决议形成程序损害了陈玉和对联通公司的参与管理权。联通公司召开四次股东会均不通知陈玉和,非仅为通知程序瑕疵,而是在无正当理由的前提下将陈玉和完全排除于股东会议之外,联通公司是否减资、如何减资以及诉争股东会会议通过的关于减资事项的决议都直接关系到股东的切身利益,属于公司重大决策事项,联通公司将陈玉和排除在决议程序之外,导致其对公司决策程序、决策依据、决策内容等一无所知,直接剥夺了陈玉和参与公司重大决策的股东权利。

第二,本案诉争股东会决议内容损害了陈玉和对联通公司的资产收益权。根据《公司法》第三十四条的规定,股东按照实缴的出资比例分取红利;公司新增资本时,股东有权优先按照实缴的出资比例认缴出资。但是,全体股东约定不按照出资比例分取红利或者不按照出资比例优先认缴出资的除外。上述规定表明同股同权是有限责任公司股东行使资产收益权的基本原则,除公司章程另有规定或者全体股东一致同意外,公司的增资、分红均应当遵循上述原则进行。公司股东减资与公司股东增资的法律性质相同,诉争股东会决议的内容实际上导致联通公司差异化减资,而未按股权份额同比例进行减资,且在决议过程中也未征得全体股东一致同意,该减资模式违反了有限责任公司股东同股同权的一般原则,直接损害了陈玉和作为股东的财产权益,应当认定为无效。

一审法院据此判决,确认联通公司 2015 年 12 月 25 日股东会决议第二项、2016 年 3 月 16 日股东会决议第三项、2016 年 3 月 18 日股东会决议第二项、2016 年 5 月 23 日股东会决议第二项内容无效。宣判后,联通公司不服,向江苏省无锡市中级人民法院(二审法院)提出上诉。

5. 二审法院裁判观点

本案的争议焦点为:涉案股东会决议内容是否违反法律、行政法规的规定而应确认无效?根据《公司法》的规定,股东会的决议内容违反法律、行政法规的无效;股东会的召集程序、表决方式违反法律、行政法规或章程的,或者决议内容违反公司章程的,股东可以自决议作出之日起 60 日内请求法院撤销。

本案中,联通公司未通知陈玉和参加股东会,而直接作出关于减资的股东会决议,从形式上看仅仅是会议召集程序存在瑕疵,但从决议的内容看,联通公司股东会作出的关于减资的决议已经违反法律,陈玉和可以请求确认该股东会决议无效。理由如下:

首先,根据《公司法》规定股东会会议作出减少注册资本的决议,必须经代表 2/3 以上表决权的股东通过。该规定中“减少注册资本”仅指公司减少注册资本,而并非涵括减资在股东之间的分配。由于减资存在同比减资和不同比减资两种情况,不同比减资会直接突破公司设立时的股权分配情况,如果只要经 2/3 以上表决权的股东通过就可以作出不同比减资的决议,实际上是以多数决的形式改变公司设立时经发起人一致决所形成的股权架构,故对于不同比减资,应由全体股东一致同意,除非全体股东另有约定。

其次,联通公司对部分股东进行减资,而未对陈玉和进行减资,不同比减资导致陈玉和持有的联通公司股权从3%增加至9.375%,而从联通公司提供的资产负债表、损益表看,联通公司的经营显示为亏损状态,故陈玉和持股比例的增加在实质上增加了陈玉和作为股东所承担的风险,损害了陈玉和的股东利益。

最后,股东应当遵守法律、行政法规和公司章程,依法行使股东权利,不得滥用股东权利损害公司或者其他股东的利益。而联通公司召开的四次股东会均未通知陈玉和参加,并且利用大股东的优势地位,以多数决的形式通过了不同比减资的决议,直接剥夺了陈玉和作为小股东的知情权、参与重大决策权等程序权利,也在一定程度上损害了陈玉和作为股东的实质利益。

二审法院据此作出终审判决,驳回上诉,维持原判。

6. 案例评析

公司股东不同比例减资,是指公司个别股东减资或者公司的全体股东不按持股比例减资,它属于交易性减资,因为股东之间具有利益冲突,公司资产需要公允作价;它又属于实际减资,因为减资股东需要从公司取得减资对价,公司资产相应减少。公司股东不同比例减资,将改变公司现有的股权架构,导致部分股东的持股比例上升,增加股东所承担的风险,损害其股东利益。

根据《公司法》第三十四条的规定,同股同权是有限责任公司股东行使财产收益权的原则,差异化股权是特例。尽管《公司法》第三十四条规定的是股东分红与认缴增资两种情形,但公司股东减资与公司股东增资的法律性质相同,《公司法》第三十四条同样适用公司股东减资。本案中,联通公司未按股东持有的股权份额同比例进行减资,属于差异化减资,股东会在未经全体股东一致同意的情况下所作出的决议,直接损害了股东陈玉和的财产权益,一审、二审法院均认定无效。

总之,公司股东不同比例减资应以全体股东一致决为原则,而不是简单适用资本多数决。

(二)资本多数决诉讼案例之:公司定向分红已取得全体股东同意①

1. 案件当事人

原告(二审被上诉人、再审被申请人):宋祖兴

被告(二审上诉人、再审申请人):刘联群

被告(二审上诉人、再审申请人):刘未未

被告(二审上诉人、再审申请人):肖超英

---

① 案例索引:湖北省武汉市中级人民法院(2014)鄂武汉中民商初字第00236号民事判决书、湖北省高级人民法院(2016)鄂民终1088号民事判决书、最高人民法院(2017)最高法民申2872号民事裁定书。

第三人:武汉大西洋连铸设备工程有限责任公司

2. 案情简介

(1)标的公司注册资本的变更

第一,公司设立时的注册资本。

2001 年 10 月 17 日,武汉大西洋连铸设备工程有限责任公司(以下简称大西洋公司)成立,注册资本为 300 万元,股东为刘联群(货币资金出资 153 万元,占注册资本 51%)、刘未未(货币资金出资 42 万元,占注册资本 14%)、宋祖兴(货币资金出资 54 万元,占注册资本 18%)、肖超英(货币资金出资 51 万元,占注册资本 17%)。

2001 年 8 月 17 日,湖北大华有限责任会计师事务所出具《验资报告》,大西洋公司注册资本 300 万元。股东刘联群、刘未未、宋祖兴、肖超英分别货币出资 153 万元、42 万元、54 万元、51 万元。

第二,公司增资后的注册资本。

2004 年 12 月 9 日,大西洋公司注册资本由 300 万元变更为 3000 万元,刘联群货币资金出资 153 万元,净资产出资 1377 万元,占注册资本 51%;刘未未货币资金出资 42 万元,净资产出资 378 万元,占注册资本 14%;宋祖兴货币资金出资 54 万元,净资产出资 486 万元,占注册资本 18%;肖超英货币资金出资 51 万元,净资产出资 459 万元,占注册资本 17%。

武汉康力会计师事务有限责任公司对增资出具了相应的《验资报告》。

(2)备忘录的主要内容

2010 年 9 月 29 日,甲方宋祖兴(甲方)与乙方刘联群、刘未未、肖超英及丙方大西洋公司签订《备忘录》,约定:鉴于甲方同意向乙方转让所拥有的大西洋公司 18% 的股权(以下简称标的股权),甲方拟不再担任丙方高级管理人员职务,并与丙方解除聘用关系,关于股权转让的交易方案达成如下协议:

第一,关于交易方案的步骤。丙方以向甲方定向分红的方式对标的股权中除实收资本价值以外的所有者权益进行除权,即丙方将标的股权项下除实收资本价值以外的所有者权益以特别分红的方式向甲方进行定向分配;甲方将已经作除权处理的标的股权全部转让给乙方,并与乙方成员分别签订股权转让合同。

第二,关于定向分红的安排。根据公司 2009 年度财务报表记载,并考虑 2010 年 9 月 28 日前已经执行的三次股东分红及各方达成的一致意见,向甲方定向分红的金额为 6362.73 万元;丙方股东会就前述定向分红事项作出的股东会决定付诸执行后,标的股权的价值仅限于其所对应的实收资本金数额。

第三,关于股权转让价款的安排。甲乙双方一致同意,自本备忘录签订之日起 3 个工作日内,甲方应与乙方成员分别签订股权转让合同,将其持有的全部标的股权,按乙方成员各自现行对丙方的持股比例分别转让给乙方各个成员;甲方向乙方成员转让全部标的股权的转让价款之和为 540 万元。

第四,关于标的股权价值的说明。甲乙双方一致确认,截至本备忘录签订日,标的股权的当前价值为6902.73万元。对该价值数额的确认,已经全面考虑标的股权所对应的实收资本及未分配利润等核心要素。减除以定向分红方式向甲方支付的金额后,标的股权的当前价值额即为540万元整,双方依照本备忘录进行股权交易。

第五,关于纳税义务负担及税款缴纳的安排。三方一致确认,依法应由甲方缴纳的,与备忘录所述定向分红收入有关的个人所得税(适用股息、红利所得税率),由甲乙双方按照各50%的比例分担。除此之外,与本备忘录项下各项交易、所得相关的所有其他税赋,均应由相关当事人按照有关规定自行承担。

(3)离职与股权转让

第一,关于甲方离职的安排。2010年9月29日,宋祖兴与大西洋公司签订《离职后义务协议》,宋祖兴承诺离职后,不得有任何损害大西洋公司利益的行为,双方还对保密约定的范围、技术秘密的范围、竞业限制、经济补偿及额外奖励作了约定。

2010年10月20日,宋祖兴从大西洋公司离职并进行了交接。

第二,关于股东变更登记。2010年9月29日,宋祖兴分别与刘联群、刘未未、肖超英签订《股权转让合同》,宋祖兴将拥有的大西洋公司股权分别转让11%、3%、4%给刘联群、刘未未、肖超英,对应的转让价款分别为330万元、90万元、120万元,各方还约定分期支付股权转让款。

2010年10月8日,大西洋公司股东工商登记由刘联群(持股51%)、刘未未(持股14%)、宋祖兴(持股18%)、肖超英(持股17%)变更为刘联群(持股62%)、刘未未(持股17%)、肖超英(持股21%)。同年10月11日,刘联群、刘未未、肖超英依约向宋祖兴支付了全部股权转让款540万元。

2010年10月14日,大西洋公司向宋祖兴实际支付定向分红款5090.184万元,具体计算方式是:截止到《备忘录》签订之日,宋祖兴所拥有的大西洋公司18%股权当前价值为6902.73万元,减去标的股权实收资本价值为540万元,大西洋公司应向宋祖兴支付的定向分红的金额为6362.73元。

(4)税款的计算及缴纳

2011年11月3日,武汉市江汉区税务局出具《完税证明》,证明向宋祖兴征收工资薪金所得及利息、股息、红利所得合计18816146.65元,其中利息、股息、红利所得税金额为18815580元,该税款金额的组成包括两部分:第一部分为大西洋公司支付给宋祖兴的定向分红税款为12725460元(63627300.00元×20%税率);第二部分为《备忘录》签署之前,大西洋公司进行了三次分红总金额为169170000元,宋祖兴的股权比例为18%,即应得分红金额为6090120元(169170000元×18% =30450600元×20%税率),该笔分红应缴纳的税款6090120元被告已经代扣代缴。

依照《备忘录》的约定,定向分红收入有关的个人所得税由宋祖兴与刘联群、刘未未、肖超英双方按照各50%的比例分担,宋祖兴应承担的税款为6362730元(63627300元×20%税率=

12725460 元×50%)。宋祖兴应该收到的定向分红金额为 57264570 元(63627300 元－6362730 元)。宋祖兴于 2010 年 10 月 14 日实际收到被告支付的定向分红款为 50901840 元,两者差额为 6362730 元。

3. 原告诉讼请求

宋祖兴向湖北省武汉市中级人民法院(一审法院),具体诉讼请求为:(1)判令刘联群、刘末末、肖超英共同返还宋祖兴 6362.73 万元及违约金;(2)本案诉讼费用由三被告承担。

4. 一审法院裁判观点

《备忘录》以及《股权转让协议》等的签订系基于宋祖兴作为大西洋公司发起人之一和知悉公司核心技术的高管人员,双方经过深思熟虑,多次磋商达成的协议,公司股东会决定对其离职给予定向分红并未违反公司章程以及法律法规的禁止性规定,亦未违反相关税收管理规定,系各方的真实意思表示,未侵害第三人利益,亦无我国《合同法》规定的无效情形。

依照《备忘录》的约定,大西洋公司向宋祖兴定向分红的金额人民币 63627300 元,减去其应承担的税款 6362730 元后为 57264570 元,但刘联群、刘末末、肖超英实际支付宋祖兴定向分红款 50901840 元。根据武汉市江汉区税务局的《完税证明》载明的金额,相当于宋祖兴承担了 12725460 元的税款,依《备忘录》第八条的约定,两者的差额 6362730 元即为宋祖兴多承担的税款,应由刘联群、刘末末、肖超英返还。原告宋祖兴请求被告返还税款 6362730 元并按每日 3‰的利率标准支付占用资金利息的请求符合双方《备忘录》及《离职后义务协议》的约定,一审法院予以支持。

一审法院据此判决,刘联群、刘末末、肖超英共同返还原告宋祖兴 6362.73 万元,并支付占用资金利息。宣判后,刘联群、刘末末、肖超英不服,向湖北省高级人民法院(二审法院)提出上诉。二审法院宣判后,刘联群、刘末末、肖超英仍不服,向最高人民法院申请再审,由于无法查找到二审法院民事判决书,故未对二审法院裁判观点进行摘要,特此说明,请各位读者见谅。

5. 最高人民法院裁判观点

(1)原判决认定事实有证据证明

涉案《备忘录》系当事人真实意思表示,形式要件完备,不违反法律、行政法规的禁止性规定,合法有效,刘联群、刘末末、肖超英认为《备忘录》不是正式合同、不具备可执行性的主张缺乏依据,刘联群、刘末末、肖超英认为《股东会决定》效力高于《备忘录》亦缺乏依据。虽然《股东会决定》载明"公司及各股东按国家法律、法规规定纳税",但该条款并未明确各股东应纳税的税种、税率、税赋负担方式等具体细节,该条款是告诫各股东应依法纳税的提示性条款。前述《备忘录》则明确约定了应纳税的税种、税率、税赋负担方式,因此《备忘录》的约定更具有可操作性。

(2)原判决适用法律正确

个人所得税虽然是所得人必须缴纳的税种,并不意味着当事人在民事合同中不能对相关税赋的实际承担问题作出约定。本案中,宋祖兴是纳税义务人,大西洋公司作为扣缴义务人已代扣宋祖兴应缴纳的税款，宋祖兴并没有逃避纳税义务。刘联群、刘未未、肖超英与宋祖兴就税赋的实际承担问题作出的民事约定没有造成国家税款的流失，因此刘联群、刘未未、肖超英认为该民事约定构成税收规避的理由不成立。

根据《公司法》第四条、第三十四条、第三十七条的规定，大西洋公司全体股东作出的《股东会决定》一致同意分配公司净利润6362.73万元，宋祖兴获得利润6362.73万元，其他三股东刘联群、刘未未、肖超英获得利润0元，符合前述《公司法》规定，刘联群、刘未未、肖超英认为《备忘录》违反了《公司法》规定的理由不成立。

刘联群、刘未未、肖超英认为《备忘录》违反税收相关规定。若违反税法相关规定，亦属于应受到行政处罚的行为，并不当然导致合同无效。刘联群、刘未未、肖超英关于《备忘录》违反了《公司法》及《税法》相关规定，以合法形式掩盖非法目的，系无效文件的理由不成立。

（3）大西洋公司是否实际负担税费，是否已经另行提起诉讼，不属于民诉法规定的再审事由，最高人民法院不予审查。

最高人民法院据此裁定，驳回刘联群、刘未未、肖超英的再审申请。

6.案例评析

根据《公司法》第三十四条的规定，股东可以不按照实缴出资比例分红，这属于股东分红的特例情形，而不是股东分红的基本原则。值得注意的是，当股东分红比例与实缴出资比例不一致时，必须由全体股东进行约定，即资本一致决，而不适用资本多数决，更不适用资本过半决。关于股东不按实缴出资比例分红的约定方式，既可以在公司章程中事先作出约定，亦可以在作出分红决议时进行约定。

本案中，大西洋公司全体股东作出《股东会决议》，一致同意分配公司净利润6362.75万元，并采取定向分红方式，由个别股东宋祖兴全部领受，其他三股东刘联群、刘未未、肖超英放弃分红，符合《公司法》第三十四条的规定。

三、“股随岗变”纠纷与资本多数决原则的适用

（一）关于“股随岗变”或“人走股留”条款的效力

1.员工持股现象

在目前，员工持股现象较为普遍，但由于员工流动性比较大，员工一旦离职，对于所持股权的处理，企业往往就会动用此前所制定的制度，如离职员工必须转让股权，要求该离职员工必须“股随岗变”或“人走股留”。所谓股随岗变或人走股留，是指持有公司股份的员工因各种原因离职后，公司要求收购其持有的股份，该离职员工不再具有股东资格。

2.强制员工退股条款的效力

公司股东之间约定员工离开公司时必须退股，属于附条件的民事法律行为，由于该退股行为是全体股东事先约定的主动转让股权，并通过股东会或者公司章程形式记载下来，该约定并不违反法律、行政法规的强制性规定，应为合法有效。本书第八章第二节引用的“宋文军

诉西安市大华餐饮有限公司股东资格确认纠纷案”以及第十二章第二节引用的“袁磊诉罗莱生活科技股份有限公司与公司有关的纠纷案”，都涉及此类问题。

（二）“中科公司案”全景展示①

1. 案件当事人

原告（二审被上诉人）：中科专利商标代理有限责任公司

被告（二审上诉人）：齐晓寰

2. 案情简介

（1）关于劳动关系

1995 年 1 月 25 日，中科专利商标代理有限责任公司（以下简称中科公司）成立。

2005 年 3 月 1 日，齐晓寰入职中科公司，双方签订第一份《劳动合同书》，期限自 2005 年 3 月 1 日起至 2007 年 2 月 28 日止。

2007 年 8 月 16 日，双方签订第二份《劳动合同书》，期限自 2007 年 8 月 16 日起至一方解除或视为解除时终止《劳动合同书》。

2008 年 2 月 24 日，双方签订第三份《劳动合同书》，期限自 2008 年 2 月 4 日起至 2011 年 2 月 3 日止，该份合同写明齐晓寰担任专利代理岗位工作。之后，双方未再续签劳动合同。

2013 年 1 月 25 日，齐晓寰离职。

（2）关于股东资格

2005 年 3 月 16 日，中科公司形成股东大会决议，同意吸收齐晓寰等为中科公司股东，其中写明齐晓寰持有中科公司 4 股股份。

2007 年 2 月，中科公司出台《股东持股管理办法》，内容主要包括：（第一条）股东的资格和评选条件，股东必须具有代理人或律师资格、在公司工作的时间在 5 年以上，特殊人才需要另行研究决定；（第七条）当股东发生下列情况之一的，经总经理提名，董事会讨论后移交股东大会获得 2/3 股权通过，可以解除其股东资格，公司以当年股值购回其所持股份。①擅自离职者；②损害公司利益或对公司造成重大损失者。齐晓寰未在上述文件尾部签名。

2013 年 1 月 25 日，齐晓寰向中科公司全体员工发送了一份《公开信》，之后齐晓寰离开中科公司未再提供劳动，中科公司向齐晓寰支付工资至当月。

2014 年 10 月 15 日，中科公司股东会形成《关于离职股东股权解决方案的决议》，内容为根据《专利代理管理办法》，公司原股东齐晓寰自离职之日起，不再符合公司股东条件，不再具备公司股东资格。并决议如下：自 2013 年 1 月 25 日，齐晓寰与公司解除劳动关系之日起，其不再具备公司股东资格，不应再持有公司股份；公司将按《股东持股管理办法》之规定购回齐

---

① 案例索引：北京市海淀区人民法院（2015）海民（商）初字第 20925 号民事判决书、北京市第一中级人民法院（2016）京 01 民终 2094 号民事判决书。特别说明：本案例参考了《中国法院 2018 年度案例（公司纠纷）》相关内容，并引用了本案二审法院审判长的观点，在此表示感谢！

晓寰所持的全部(4股)股份,上述每股股份回购价格为按照2012年度年底经审计后并报税务部门的每股账面净资产值进行计算。公司有效股数73股,赞成本决议的股数53股,反对或弃权本决议的股数20股,赞成股数超过有效股数的2/3,本决议有效。

上述决议作出后,中科公司向齐晓寰发出《通知》,告知其《关于离职股东股权解决方案的决议》的主要内容,通知其在收到通知之日起5天内到公司审核和签署相关股权回购协议以及办理相关变更手续。齐晓寰收到通知后未按上述内容办理。

3. 原告诉讼请求

后中科公司向北京市海淀区人民法院(一审法院)提起诉讼,其诉讼请求为:判决确认齐晓寰自2014年2月26日起不再享有中科公司股东资格。

4. 一审法院裁判观点

一审庭审中,为进一步明确《专利代理管理办法》第五条的具体指向、规定本意、适用情形,特别是专利代理机构股东离职后是否能够继续拥有股东资格等事项,一审法院向国家知识产权局发出调查函。

国家知识产权局回复函的内容为:《专利代理管理办法》第五条规定:专利代理机构的合伙人或者股东应当符合下列条件:(1)具有专利代理人资格;(2)具有2年以上在专利代理机构执业的经历;(3)能够专职从事专利代理业务;(4)申请设立专利代理机构时的年龄不超过65周岁;(5)品行良好。由以上规定可知,专利代理机构的合伙人或者股东应当是在该专利代理机构专职从事专利代理业务的人,已经与代理机构解除劳动关系的人员不应成为该专利代理机构的合伙人或者股东。

一审法院认为,《专利代理管理办法》是国家知识产权局为了完善专利代理制度,维护专利代理行业的正常秩序,保障专利代理机构和专利代理人依法执业而制定的部门规章。其第五条第一款第三项明确规定,专利代理机构的合伙人或者股东应当符合"能够专职从事专利代理业务"的条件。按照国家知识产权局对此的解释,"专利代理机构的合伙人或者股东应当是在该专利代理机构专职从事专利代理业务的人,已经与代理机构解除劳动关系的人员不应成为该专利代理机构的合伙人或者股东"。国家知识产权局作出上述规定,目的在于规范行业秩序、促进依法执业,从业机构和人员应当予以遵守。

本案中,齐晓寰自2013年1月26日已与中科公司解除劳动关系,此后齐晓寰已不是中科公司员工,亦未再提供劳动;在此情况下,齐晓寰已不具备再成为中科公司股东的条件。根据中科公司工商材料显示,齐晓寰一直登记为中科公司股东,但根据相关生效民事判决内容,齐晓寰不再具有股东资格起始日期应为2014年2月27日。

一审法院据此判决:确认齐晓寰自2014年2月27日不再享有中科公司股东资格。宣判后,齐晓寰不服,向北京市第一中级人民法院(二审法院)提出上诉。

5. 二审法院裁判观点

本案的争议焦点在于《股东持股管理办法》的定性及其对齐晓寰是否具有约束力,对此二审法院认定如下：

（1）关于《股东持股管理办法》的性质

中科公司主张系股东会决议文件，而齐晓寰则认为该办法系股东之间签订的协议。二审法院认为，该办法的名称为中科公司股东持股“管理”办法，其内容规定了股东的资格和评选条件、股东评选程序、股东退股及扩股情形，公司回购股权的情形及价格等，上述内容体现出该办法的适用对象系中科公司的全体股东，而非仅针对签字确认的股东，具有管理的性质，故该办法应定性为通过中科公司股东会决议形成的适用于公司全体股东的规则。

《股东持股管理办法》虽然在形成程序上存在瑕疵，但该瑕疵不属于决议无效的法定事由。同时，在该办法中签名股东的持股比例已超过2/3，符合章程中关于重大事项须2/3表决权股东表决通过的规定，在该决议作出后至今近10年内并无股东诉请撤销该办法，相反，中科公司在2013年、2014年的股东会中均依据该《股东持股管理办法》作出了相关决议，表明公司股东会已对《股东持股管理办法》一再地进行了确认，从而对前述的程序瑕疵进行了合理的补救。

（2）关于《股东持股管理办法》对齐晓寰是否具有约束力

第一，《股东持股管理办法》中关于员工离职则不符合持股条件、由公司回购的规定与中科公司2004年公司章程相一致，只是细化了操作的程序及规则。有限责任公司在不违反法律、法规禁止性规定的情况下，有权自行决定公司事务，并制定基本准则；而中科公司《股东持股管理办法》中有关规定并未违反《公司法》的强制性规定，亦未违反公司章程，属于公司意思自治范围，在获得超过代表2/3以上表决权的股东通过后，应具有约束力。

第二，中科公司采用资本多数决的方式通过《股东持股管理办法》不构成权利的滥用。首先，从《股东持股管理办法》的具体内容来看，其适用于公司的全体股东；其次，中科公司作为专司从事知识产权代理业务的有限责任公司，具有较强的人合性特点，以资本多数决的方式对股东持股进行一定的规制，以维持公司的人合性、保证公司的正常经营；最后，行政主管部门对于专利代理公司的股东资格具有特殊的要求和限制，《股东持股管理办法》中关于离职股东股权处置的规定具有现实的合理性。

第三，齐晓寰入职时中科公司的有效章程（2004年章程）已经明确规定当持股员工离开公司时，不再享有持股资格，在此情况下，齐晓寰仍选择成为公司股东，表明齐晓寰对于该规定予以认可，后中科公司于2007年以资本多数决的方式作出《股东持股管理办法》，该办法亦承袭了上述规定。齐晓寰对此应为明知并对离职后股权的处理应具有充分的预见性，且具有认可该规定的真实意思，因此亦应受到该规定的约束与规制。

综合以上理由，《股东持股管理办法》符合资本多数决的原则，未构成权利的滥用，且齐晓寰在取得股权时已经认可离职后将不再享有股东资格，故该办法对齐晓寰应当具有约束力。

二审法院据此判决：其一，撤销一审判决；其二，确认齐晓寰自2014年6月26日不再享有中科公司股东资格。

(三)案例评析

“股随岗变”类纠纷能否适用资本多数决原则是此类案件的争议焦点和关键所在。对于公司内部纠纷的处理，要尊重公司及股东的意思自治，而通过资本多数决形成的规则，正是公司内部自治的体现。《公司法》通过对资本多数决的尊重以实现对公司整体利益的保护，在公司章程允许的情况下，以资本多数决的形式通过的相关规章制度、行为规则以及管理办法等应当对公司全体股东具有约束力。

本案中，二审法院认为《股东持股管理办法》中关于员工离职则不符合持股条件、由公司回购的规定与公司章程相一致，中科公司采用资本多数决的方式通过《股东持股管理办法》不构成权利的滥用，齐晓寰入职时已经明确规定当持股员工离开公司时，不再享有持股资格。

第二节　表决权排除规则与股东除名制度的运用

一、股东表决权排除制度的法律依据

(一)股东表决权排除制度的定义及意义

1. 股东表决权排除制度的定义

股东表决权排除制度，也称表决权回避制度，是指当公司某一股东与股东会讨论的决议事项有利害关系时，该股东或者股东委托的代理人不得就其持有的股份行使表决权的制度。股东表决权排除制度要求股东会表决事项与股东存在利害关系时，则该利害关系股东无权对此事项的股东会决议进行表决。股东表决权排除制度是公司中小股东反制资本多数决，维护自身权益的核心制度。

2. 设置股东表决权排除制度的意义

有限责任公司股东表决权排除规则的建立，有助于缓解有限公司资本多数决带来的大股东权利滥用的弊端，是整治大股东通过资本多数决损害中小股东利益，从而牟取不当利益的一剂良方。

(二)《公司法》及其司法解释的相关规定

1.《公司法》规定

《公司法》第十六条第二款、第三款规定：“公司为公司股东或者实际控制人提供担保的，必须经股东会或者股东大会决议。前款规定的股东或者受前款规定的实际控制人支配的股东，不得参加前款规定事项的表决。该项表决由出席会议的其他股东所持表决权的过半数通过。”本条款明确规定关联股东无权对股东会相关决议事项进行表决。其目的主要是维护股

东(大)会决议的公正性,避免表决事项所涉及的股东,特别是控股股东滥用资本多数决的原则,以公司决议的方式谋求与公司利益不符的股东或者实际控制人自己的利益,损害公司和其他股东的利益。

《公司法》第七十一条第二款规定:“股东向股东以外的人转让股权,应当经其他股东过半数同意。股东应就其股权转让事项书面通知其他股东征求同意,其他股东自接到书面通知之日起满三十日未答复的,视为同意转让。其他股东半数以上不同意转让的,不同意的股东应当购买该转让的股权;不购买的,视为同意转让。”本条款可以推定转让股东无权对其能否对外转让股权的事项进行表决。股东对外转让股权,打破了股东之间固有的利益平衡,一定程度上也伤及了股东之间的信赖关系,为了体现有限责任公司的人合性,杜绝转让股东通过股东会对公司施加影响,转让股东自然无权对该项决议进行表决。

2.《公司法司法解释(三)》规定

《公司法司法解释(三)》第十六条规定:“股东未履行或者未全面履行出资义务或者抽逃出资,公司根据公司章程或者股东会决议对其利润分配请求权、新股优先认购权、剩余财产分配请求权等股东权利作出相应的合理限制,该股东请求认定该限制无效的,人民法院不予支持。”本条是关于未尽出资义务股东的股东权利限制的规定。股东在未履行、未全面履行出资义务或者抽逃出资时,股东会在表决对该股东在利润分配、新股认购等方面的权利进行限制时,该股东无权对股东会相关决议事项进行表决。

《公司法司法解释(三)》第十七第一款规定:“有限责任公司的股东未履行出资义务或者抽逃全部出资,经公司催告缴纳或者返还,其在合理期间内仍未缴纳或者返还出资,公司以股东会决议解除该股东的股东资格,该股东请求确认该解除行为无效的,人民法院不予支持。”本条规定了股东会有权对未履行出资义务或者抽逃全部出资的股东作出除名决议。本条同样适用股东表决权排除规则,被除名股东无权对股东会相关决议事项进行表决。

二、表决权排除规则对上市公司重大资产重组的影响

(一)上市公司涉及的表决权排除规则

1.《上市公司章程指引》的规定

《上市公司章程指引》(2016 年 9 月 30 日修订公布,根据 2019 年 4 月 17 日关于修改《上市公司章程指引》的决定修改)第七十九条规定:“股东大会审议有关关联交易事项时,关联股东不应当参与投票表决,其所代表的有表决权的股份数不计入有效表决总数;股东大会决议的公告应当充分披露非关联股东的表决情况。”本条是上市公司章程的重要内容,关联股东对股东大会相关决议无权进行表决。

2.《上市公司股东大会规则》的规定

《上市公司股东大会规则》(2016 年修订)第三十一条第一款规定:“股东与股东大会拟审

议事项有关联关系时,应当回避表决,其所持有表决权的股份不计入出席股东大会有表决权的股份总数。”本条是上市公司股东大会有关关联交易表决的原则性规定,只要上市公司与股东之间有关的交易被认定为关联交易,该股东无权就股东大会相关决议事项进行表决。

3.《重组管理办法》的规定

《重组管理办法》第二十四条第一款、第二款、第三款规定:“上市公司股东大会就重大资产重组事项作出决议,必须经出席会议的股东所持表决权的2/3以上通过。上市公司重大资产重组事宜与本公司股东或者其关联人存在关联关系的,股东大会就重大资产重组事项进行表决时,关联股东应当回避表决。交易对方已经与上市公司控股股东就受让上市公司股权或者向上市公司推荐董事达成协议或者默契,可能导致上市公司的实际控制权发生变化的,上市公司控股股东及其关联人应当回避表决。”本条明确规定在上市公司重大资产重组中,关联股东对股东大会相关决议事项回避表决,尤其是本条第三款规定控股股东及关联人回避表决,主要是为了防止控股股东以非关联的名义变卖上市公司股份从而损害中小股东的利益。

综上,上市公司章程、股东大会规则以及重大资产重组引入了股东表决权排除制度,其目的是更好地保护上市公司和中小股东的利益,防止股东尤其是控股股东利用关联交易牟取不正当利益。

(二)上市公司小股东否决大股东关联交易议案

1. 汇源通信的控股股东

四川汇源光通信股份有限公司(证券代码:000586;证券简称:汇源通信)的控股股东为广州蕙富骐骥投资合伙企业(有限合伙)(以下简称蕙富骐骥),蕙富骐骥持有汇源通信4000.00万股股份,股权占比为20.68%。蕙富骐骥为合伙企业(有限合伙)性质,其普通合伙人与执行事务合伙人为广州汇垠澳丰股权投基金管理有限公司(以下简称汇垠澳丰),而汇垠澳丰无实际控制人,因此上市公司无实际控制人。

2. 汇源通信重大资产重组方案简介

2016年5月27日,汇源通信发布《重大资产置换及发行股份与支付现金购买资产并募集配套资金暨关联交易报告书(草案)修订稿》(以下简称《重大资产重组报告书(草案)修改稿》),本次交易方案包括:第一,重大资产置换;第二,发行股份与支付现金购买资产;第三,发行股份募集配套资金。本次交易中,重大资产置换和发行股份与支付现金购买资产作为本次交易方案的必备内容,两部分同时生效、互为前提条件,其中任何一部分内容因未获得中国证监会核准而无法付诸实施,则其他部分均不予实施。募集配套资金在前两项交易的基础上实施,募集配套资金实施与否或者配套资金是否足额募集,均不影响前两项交易的实施。本次交易方案概况如下:

(1)重大资产置换

本次交易中重大资产置换为上市公司以截至评估基准日的全部资产和负债与深圳市通宝莱科技有限公司(以下简称通宝莱)、广东迅通科技股份有限公司(以下简称迅通科技)管理层股东持有的通宝莱股权、迅通科技股权中的等值部分进行置换，其中拟置出资产中14748.09万元与通宝莱管理层股东持有通宝莱股权中的等值部分进行置换，拟置出资产中的13251.91万元与迅通科技管理层股东持有的迅通科技股份中的等值部分进行资产置换。

通宝莱管理层股东之间按照各方持有通宝莱的出资占所有通宝莱管理层股东持有通宝莱的出资总额的比例计算用于置换的拟置入资产价值。迅通科技管理层股东之间用于置换的拟置入资产价值的计算方法与通宝莱管理层股东相同。

(2)发行股份与支付现金购买资产

上市公司拟置出资产与拟置入资产的差额为299500.00万元，该部分由上市公司向交易对方发行股份与支付现金购买。

①通宝莱

根据通宝莱100%股权作价172500.00万元、扣除通宝莱管理层股东置换的拟置出资产部分14748.09万元，上市公司向吴文洲等10名交易对方发行股份与支付现金，具体情况见表10-3。

表10-3 上市公司向交易方发行股份与支付现金情况

交易对方	拟出售通宝莱股权比例(%)	获取差额对价(万元)	现金支付		股份支付	
			支付金额(万元)	占差额对价比例(%)	支付数量(股)	占差额对价比例(%)
吴文洲	52.2500	93277.97	55285.99	35.05	29914945	24.09
刘壮超	7.6000	8767.33	—	—	6903409	5.56
吴友平	7.4219	13177.95	7644.63	4.85	4356946	3.51
姚国宁	7.4219	8561.85	8561.85	5.43	—	—
宝利泉	5.9375	6849.48	3424.74	2.17	2696645	2.17
弘信控股	5.7000	8099.99	—	—	6377945	5.14
蕙富君奥	5.0000	6900.32	—	—	5433322	4.37
赵晓岩	4.4531	5137.11	5137.11	3.26	—	—
吴丹莉	2.7906	4954.91	2874.38	1.82	1638211	1.32
宇轩投资	1.4250	2025.00	—	—	1594488	1.28
合计	100.00	157751.91	82928.70	52.57	58915911	47.43

②迅通科技

根据迅通科技100%股权作价155000.00万元、扣除迅通科技管理层股东置换的拟置出资产部分13251.91万元，上市公司向陈色桃等20名交易对方发行股份与支付现金，具体情况见表10-4。

表 10-4 上市公司向交易对方发行股份与支付现金情况

交易对方	拟出售迅通科技股权比例(%)	获取差额对价(万元)	现金支付		股份支付	
			支付金额(万元)	占差额对价比例(%)	支付数量(股)	占差额对价比例(%)
陈色桃	34.0880	64324.15	32162.08	22.69	25324468	22.69
汇垠成长	21.3770	23479.04	—	—	18487432	16.56
胡浩澈	6.3733	7000.00	—	—	5511811	4.94
钟伟	5.3377	5862.56	—	—	4616188	4.13
张征	5.1601	5667.46	3650.66	2.58	1588036	1.42
协迅实业	4.4871	4928.29	3174.53	2.24	1380917	1.24
深圳聚兰德	4.4429	4879.75	3143.26	2.22	1367314	1.23
陈蓉	3.9920	7532.92	3766.46	2.66	2965714	2.66
刘佳特	3.1727	3484.64	2244.61	1.58	976404	0.87
睿和成长	1.7772	1951.92	1257.32	0.89	546932	0.49
天津纳兰德	1.7772	1951.92	1257.32	0.89	546932	0.49
詹前彬	1.4715	1616.16	1041.04	0.73	452851	0.41
吴旭舟	1.2049	1323.38	661.69	0.47	521015	0.47
刘正福	1.1808	1296.88	835.38	0.59	363387	0.33
陈明新	1.0742	2027.02	1013.51	0.72	798038	0.72
石菲	0.9037	992.53	639.33	0.45	278108	0.25
周恩远	0.8675	952.77	613.72	0.43	266968	0.24
曾凡彬	0.4431	836.14	418.07	0.29	329185	0.29
孙同华	0.4347	820.28	410.14	0.29	322944	0.29
陈穗霞	0.4347	820.28	410.14	0.29	322944	0.29
合计	100.00	141748.09	56699.26	40.00	66967588	60.00

(3)发行股份募集配套资金

为提高本次重组绩效,上市公司拟采用询价发行方式向不超过10名符合条件的特定对象非公开发行股份募集配套资金,其中包括上市公司控股股东蕙富骐骥同一控制下的广州蕙富卓坤投资合伙企业(有限合伙)(以下简称蕙富卓坤)。募集配套资金总额不超过205000.00万元,不超过标的资产交易价格的100.00%。

3. 本次交易构成关联交易

《重大资产重组报告书(草案)修改稿》)披露:本次交易中,上市公司控股股东蕙富骐骥关联人广州蕙富君奥投资合伙企业(有限合伙)(以下简称蕙富君奥)和广州汇垠成长投资企业(有限合伙)(以下简称汇垠成长)分别作为持有标的公司通宝莱5.00%股权和迅通科技21.377%股权的股东成为本次交易的交易对方之一;本次交易拟置出资产由上市公司董事刘一中控制的成都一诚投资管理有限公司(以下简称一诚投资)和上市公司原控股股东明君集团科技有限公司(以下简称明君集团)控制的长春一汽华凯汽车有限公司(以下简称一汽华凯)承接;上市公司控股股东蕙富骐骥同一控制下的蕙富卓坤参与本次交易的募集配套资金认购;同时经合理测算,本次交易完成后,交易对方中的陈色桃夫妇以及吴氏家族所持有上市公司股份比例均将超过5%,故本次交易构成关联交易。

本次交易涉及关联交易,公司董事会、股东大会审议相关议案时,关联董事、关联股东应回避表决,切实执行利益冲突回避制度。

4. 2016年第二次临时股东大会决议

2020年6月21日,汇源通信发布的《2016年第二次临时股东大会决议公告》(公告编号为2016-054)披露:

本次股东大会经现场投票与网络投票相结合的表决方式审议通过:参加本次股东大会现场会议及网络投票表决的股东及股东委托代表共21人,出席本次会议的有效表决权股东20名,代表股份数为有效表决权股东代表股份数为26951203股,占公司有表决权股份总数的13.93%,会议召开符合《公司法》及《公司章程》的规定。

鉴于本次股东大会审议的18项议案均涉及关联交易事项,上市公司控股股东蕙富骐骥为关联股东,回避全部18项议案表决,回避股份数为40000000股。

表决结果:本次股东大会全部18项议案表决未通过。

5. 案例评析

本案是典型的大股东利用资本多数决的优势,推行利于自己的并购重组方案;而小股东则巧妙利用关联交易回避制度,否决大股东提出的各项议案,维护自身利益的大小股东博弈案例。

(1)关于认定关联交易的各主体相互关系

关于汇垠澳丰与蕙富君奥之间的关系,汇垠澳丰为蕙富君奥唯一执行事务合伙人,由此可见,蕙富骐骥与蕙富君奥构成关联关系,且蕙富君奥持有标的公司通宝莱5.00%的股权,为本次的交易方之一;关于蕙富骐骥与汇垠成长之间的关系,蕙富骐骥为汇垠成长唯一执行事务合伙人,由此可见,蕙富骐骥与汇垠成长构成关联关系,且汇垠成长持有标的公司迅通科技21.377%股权,为本次的交易方之一。

关于蕙富骐骥与蕙富卓坤之间的关系,蕙富骐骥为蕙富卓坤唯一执行事务合伙人,由此可见蕙富骐骥与蕙富卓坤构成关联关系,且蕙富卓坤参与本次交易的募集配套资金认购;本次交易拟置出资产由上市公司董事刘中一控制的一诚投资和上市公司原控股股东明君集团控制的一汽华凯承接。

(2)关于中小股东否决本次交易议案的考量

本次交易中募集配套资金发行股份价格为15.15元/股,相对于股东大会召开前公司21.66元/股的市场价格折价约30%;购买资产的发行股份价格为12.7元/股,相较于公司股东大会召开前公司21.66元/股的市场价格折价约41.4%。公司以严重低于市场价格扩充公司股本,而小股东又不能参与本次增发;大股东控制下的蕙富卓坤却参与本次增发,且认购金额在1亿元和10.5亿元之间。这种情况下小股东唯有抱团自救才能免于遭受自身股份被稀释的损失。

三、股东除名制度在司法实践中的审慎运用

(一)股东除名的适用条件和法律程序

1.法律规定

股东除名,实际上就是解除股东资格,投资人失去股东地位,不再享有股东权利。股东除名制度,是指公司基于特定的事由,依据法律规定的程序,对严重违反义务的股东强制其退出公司,使其丧失在公司的股东资格的法律制度。就目前而言,《公司法》没有明确规定股东除名制度,但《公司法司法解释(三)》第十七条确认了现行股东资格解除规则。该条第一款规定:“有限责任公司的股东未履行出资义务或者抽逃全部出资,经公司催告缴纳或者返还,其在合理期间内仍未缴纳或者返还出资,公司以股东会决议解除该股东的股东资格,该股东请求确认该解除行为无效的,人民法院不予支持。”

股东会决议可以适用股东表决权排除制度,有权对未履行出资义务或者抽逃全部出资的股东进行除名,解除其股东资格。由于股东除名行为是对瑕疵出资股东实施的非常严厉的一种制裁措施,因此,适用《公司法司法解释(三)》第十七条第一款规定一定要具备相应的条件,否则将严重影响公司股东结构的稳定性,损害股东之间的信赖关系。

第一,从股东性质层面来讲,股东除名规则适用的对象是有限责任公司的未出资股东,并不限于是控股股东还是中小股东,而从实践来看,未出资股东往往是控股股东。

第二,从出资瑕疵程度来讲,股东除各规则适用于股东根本就没有向公司出资;或者股东出资后,又抽逃全部出资。如果股东未完全出资或者仅是抽逃部分出资的,就不能适用本条款的规定。

第三,从公司权利机构来讲,解除股东资格是公司一项重要事项,应当依法召开股东会,并作出股东会决议。但由于股东除名不属于《公司法》规定的特别事项,股东会过半决即可。

第四,从除名行为效力来讲,对于未履行出资义务或者抽逃全部出资的股东,公司应当催告其在合理期间内出资或者返还出资,只有该股东在上述期间内仍未履行出资义务,股东会作出的解除其股东资格的决议才能有效。

2.股东除名应履行的法律程序

根据《公司法司法解释(三)》第十七条第一款的规定,有限责任公司的股东未履行出资

义务或者抽逃全部出资,经公司催告缴纳或者返还,其在合理期间内仍未缴纳或者返还出资,公司以股东会决议解除该股东的股东资格。在股东除名过程中,必须履行以下法律程序:(1)公司要以书面形式向该股东进行催缴或者催还,并且要给予该股东的一定的合理期限;(2)该股东在公司给出的合理期限仍然没有缴纳或者返还出资,公司应向该股东发出股东会通知,并同时告知股东除名议案;(3)公司召开股东会,听取该股东的解释、申辩,确定其未缴或者抽逃行为,并形成有效决议;(4)公司依据股东会决议,以书面形式向该股东发出《股东除名通知书》,并要求该股东协助办理工商变更登记手续。

3. 被除名股东原有股权的处理

《公司法司法解释(三)》第十七条第二款规定:"在前款规定的情形下,人民法院在判决时应当释明,公司应当及时办理法定减资程序或者由其他股东或者第三人缴纳相应的出资。在办理法定减资或者其他股东或者第三人缴纳相应的出资之前,公司债权人依照本规定第十三条或者第十四条请求相关当事人承担相应责任的,人民法院应当应予支持。"公司股东会决议解除该股东的股东资格后,对于该股东原持有的空置股权,一般有两种处理方式:一是由公司其他股东或者外部投资人缴纳相应的出资,补足公司的注册资本;二是由公司及时办理相应的减资手续。

(二)以案说法:小股东解除大股东的资格①

1. 案件当事人

原告(二审上诉人):宋余祥

被告(二审上诉人):上海万禹国际贸易有限公司

第三人(二审被上诉人):杭州豪旭贸易有限公司

2. 案情简介

2009 年 3 月 11 日,上海万禹国际贸易有限公司(以下简称上海万禹公司)成立,注册资本为 100 万元,其中宋余祥的持股比例为 60%,高标的持股比例为 40%,宋余祥担任执行董事,高标担任监事。

2012 年 8 月 28 日,上海万禹公司召开股东会会议,决议如下:(1)同意增加公司注册资本,由 100 万元增至 10000 万元。(2)同意吸收新股东杭州豪旭贸易有限公司(以下简称杭州豪旭公司)。(3)增资后的股东、出资情况及股权比例为:①宋余祥出资 60 万元(0.6%);②高标出资 40 万元(0.4%);③杭州豪旭公司出资 9900 万元(99%)。(4)通过新的公司章程。(5)公司原执行董事、监事不变。

2012 年 9 月 14 日,上海京地建材有限公司、上海津行投资管理有限公司、上海齐脉实业有限公司、上海圣英投资有限公司、上海久岑建设工程有限公司、上海子月实业有限公司汇入

---

① 案例索引:上海市黄浦区人民法院(2014)黄埔民二(商)初字第 589 号民事判决书、上海市第二中级人民法院(2014)沪二中民四(商)终字第 1261 号民事判决书。

杭州豪旭公司开设在中国银行上海市闸北支行的账户共计 9900 万元。同日，杭州豪旭公司将该 9900 万元汇入上海万禹公司开设在同一银行的账户内。

2012 年 9 月 14 日，上海大诚会计师事务所出具验资报告，证明上海万禹公司已收到杭州豪旭公司缴纳的新增注册资本（实收资本）9900 万元，出资方式为货币出资。

2012 年 9 月 17 日，上海万禹公司以贷记凭证方式将增资验资款 9900 万元转入万禹公司开设在中国农业银行上海吴淞支行的账户内。同日，上海万禹公司又从该账户分别汇入杭州燕拓进出口贸易有限（以下简称燕拓公司）公司账户和宁波海曙风动贸易有限公司（以下简称风动公司）开设在中国银行闸北支行的银行账户 4900 万元和 5000 万元。同日，上述两家公司又分别将 4900 万元和 5000 万元以贷记凭证方式汇入上海京地建材有限公司和上海子月实业有限公司开设在中国建设银行上海邯郸路支行的银行账户内。

2013 年 12 月 27 日，上海万禹公司向杭州豪旭公司邮寄《催告返还抽逃出资函》，称杭州豪旭公司已抽逃其全部出资 9900 万元，要求其在收函后 3 日内返还全部抽逃出资；否则，上海万禹公司将依法召开股东会会议，解除其股东资格。2013 年 12 月 30 日，杭州豪旭公司签收该份函件。2014 年 3 月 6 日，上海万禹公司向杭州豪旭公司邮寄《临时股东会会议通知》，通知其于 2014 年 3 月 25 日上午 10 点召开股东会，审议关于解除杭州豪旭公司股东资格的事项。

2014 年 3 月 25 日，上海万禹公司召开 2014 年度临时股东会，全体股东均出席股东会。股东会会议记录载明：到会股东就解除杭州豪旭公司作为上海万禹公司股东资格事项进行表决。表决情况：同意 2 票，占总股数 1%，占出席会议有效表决权的 100%；反对 1 票，占总股数 99%，占出席会议有效表决权的 0%。表决结果：提案通过。各股东在会议记录上签字，其中，杭州豪旭公司代理人注明，杭州豪旭公司不认可第 6 项中“占出席会议有效表决权的 100%”及“占出席会议有效表决权的 0%”的表述。

2014 年 3 月 25 日，上海万禹公司出具股东会决议，载明：因股东杭州豪旭公司抽逃全部出资，且经合理催告后仍未及时归还，故经其他所有股东协商一致，决议解除其作为上海万禹公司股东的资格。上海万禹公司于本决议作出后 30 日内向公司登记机关申请办理股东变更及减资手续。如有涉及法律、法规和有关规定应先报经审批的项目，公司将于有关部门审批之日起 30 日内向公司登记机关申请办理相关公司变更登记手续。以上事项表决结果：同意的，占总股数 1%；不同意的，占总股数 99%。宋余祥、高标在该股东会决议上签字，杭州豪旭公司代理人拒绝签字。2014 年 4 月 7 日，上海万禹公司再次向杭州豪旭公司发函，通知其股东资格已被解除。

3. 原告诉讼请求

由于杭州豪旭公司对上述股东会决议不认可，故宋余祥以上海万禹公司股东身份向上海市黄浦区人民法院（一审法院）提起诉讼，请求确认上海万禹公司 2014 年 3 月 25 日股东会决议有效。

增资前：

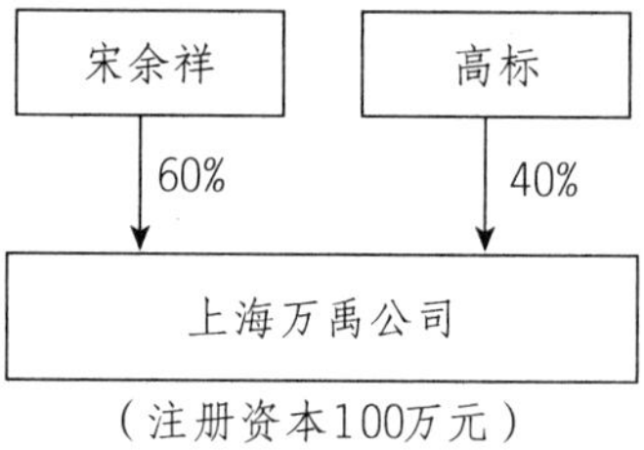

增资后：

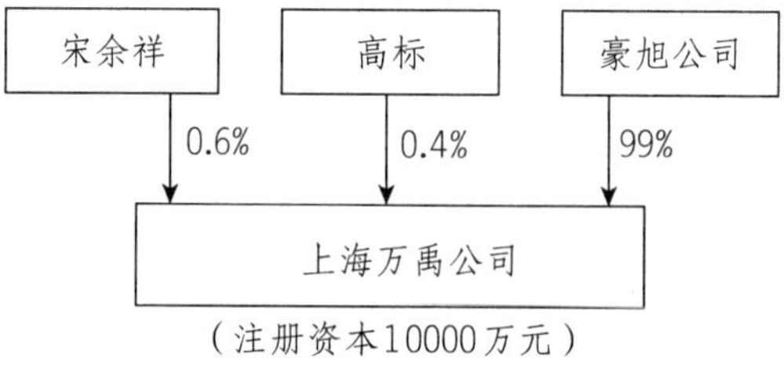

图10－1　上海万禹公司增资前后股权架构结构

4. 一审法院裁判观点

本案争议焦点为:杭州豪旭公司抽逃出资与否是否影响其对本案系争股东会审议事项的表决权?若抽逃出资影响其表决权的行使,那么杭州豪旭公司是否构成抽逃出资。

股东基于其股东资格行使股东权利。杭州豪旭公司系经过上海万禹公司股东会决议,以认缴增资形式进入上海万禹公司,上海万禹公司在公司章程中确认其股东身份,并完成了相应的工商登记,故杭州豪旭公司享有上海万禹公司的股东资格,有权依照法律规定、公司章程约定行使股东权利。股东表决权是股东的一项重要权利,是股东参与公司重大决策和选择管理者的权利。

《公司法》及相关司法解释、上海万禹公司章程均未对抽逃出资股东表决权的限制作出规定或约定,上海万禹公司亦未就此形成股东会决议。因此,对于除名杭州豪旭公司的股东会审议事项,在无《公司法》规定或公司章程约定的其他限制股东表决权的情形下,即便杭州豪旭公司作为股东违反出资义务抽逃出资,其表决权并不因此受到限制,杭州豪旭公司应根据其认缴出资的比例行使表决权,宋余祥及上海万禹公司认为杭州豪旭公司在系争股东会中不享有有效表决权或应当回避的观点缺乏依据,一审法院难以采纳。就此而言,杭州豪旭公司是否抽逃出资一节事实并不影响本案审理,故对宋余祥提供的相关证据及相关主张,一审法院不予审查。

在上海万禹公司召开的审议事项为解除杭州豪旭公司股东资格的股东会上,投赞成票的股东宋余祥、高标认缴出资比例共为1%,享有1%的表决权;投反对票的股东杭州豪旭公司认缴出资比例为99%,享有99%的表决权。依据上海万禹公司章程第十二条第二款、第四款的约定,该审议事项应不通过。本案系争股东会决议关于解除杭州豪旭公司股东资格的内容,未如实反映根据资本多数决原则形成的上海万禹公司股东会意思表示,对其效力一审法院难以认定。

一审法院据此判决:驳回宋余祥的诉讼请求。宣判后,宋余祥与上海万禹公司均不服,分别向上海市第二中级人民法院(二审法院)提出上诉。

5. 二审法院裁判观点

各方当事人在二审中的争议焦点为:杭州豪旭公司在入股上海万禹公司 9900 万元后是否存在抽逃出资的情形;应否排除杭州豪旭公司在系争股东会决议审议中的表决权。

(1)关于第一个争议焦点

杭州豪旭公司于 2012 年 9 月 14 日将 9900 万元入股款项汇入上海万禹公司验资账户,并办理完相关验资手续后,完成了对上海万禹公司的出资义务。但在验资后的第三天,9900 万元出资款即从上海万禹公司基本账户转入燕拓公司和风动公司,对于该两笔转账行为,杭州豪旭公司未提供证据证明其存在其他合理用途。而在同一天,燕拓公司和风动公司又将相同金额的款项分别汇入京地公司和子月公司,该两家该公司系杭州豪旭公司出资入股前汇集 9900 万元款项来源的公司。由此可见,杭州豪旭公司应当明知其出资款项在短时间内即被全部抽回,其出资并未由上海万禹公司使用,没有证据证明该资金流向存在其他合理用途,杭州豪旭公司之后亦未将其出资补足,杭州豪旭公司的行为符合《公司法司法解释(三)》第十二条第四项所规定的情形,即未经法定程序将出资抽回的行为应被认定为股东抽逃出资。

宋余祥系上海万禹公司法定代表人,其与上海万禹公司持有并向原审法院提供的上海万禹公司增资款项的流转凭证属来源合法的证据,并不能据此否定杭州豪旭公司存在抽逃出资行为的事实。故二审法院认定杭州豪旭公司存在抽逃对上海万禹公司全部出资的情形,且在上海万禹公司向其催告后仍未返还。

(2)关于第二个争议焦点

上海万禹公司以股东会决议形式解除杭州豪旭公司股东资格的核心要件均已具备。《公司法司法解释(三)》第十七条中规定的股东除名权是公司为消除不履行义务的股东对公司和其他股东所产生不利影响而享有的一种法定权能,是不以征求被除名股东的意思为前提和基础的。在特定情形下,股东除名决议作出时,会涉及被除名股东可能操纵表决权的情形。故当某一股东与股东会讨论的决议事项有特别利害关系时,该股东不得就其持有的股权行使表决权。

杭州豪旭公司是持有上海万禹公司 99% 股权的大股东,上海万禹公司召开系争股东会会议前通知了杭州豪旭公司参加会议,并由其委托的代理人在会议上进行了申辩和提出反对意见,已尽到了对拟被除名股东权利的保护。但杭州豪旭公司在系争决议表决时,其所持股权对应的表决权应被排除在外。本案系争除名决议已获除杭州豪旭公司以外的其他股东一致表决同意,即以 100% 表决权同意并通过,故上海万禹公司作出的股东会决议应属有效。二审法院对原审判决予以改判。此外,需要说明的是,杭州豪旭公司股东资格被解除后,上海万禹公司应当及时办理法定减资程序或者由其他股东或者第三人缴纳相应的出资。

二审法院据此判决:第一,撤销一审判决;第二,确认上海万禹公司于2014年3月25日作出的股东会决议有效。

6. 案例评析

本案二审法院的审判思路是先确定杭州豪旭公司是否存在抽逃出资的行为,在确定杭州豪旭公司存在抽逃出资情况的基础上,依据《公司法司法解释(三)》第十七条规定,可以以股东会决议的方式对抽逃出资的股东予以除名。且因杭州豪旭公司作为控股股东,如不使用表决权排除规则,则公司无法对解除股东资格的行为形成有效决议。换言之,股东抽逃出资的行为与表决权排除规则的使用,两者之间必然存在因果关系。表决权排除规则虽是为了保护公司及小股东利益,防止大股东滥用资本多数决的情形而设计出来的,但其作为对不履行义务股东最严厉的处罚,适用表决权排除规则时,应当履行严格的法定程序。

关于杭州豪旭公司存在抽逃出资的情形。首先,杭州豪旭公司作为增资方,其资金来源主要是通过其他企业的垫资;其次,杭州豪旭公司在增资款实缴之后第三天就将该笔款项转移回垫资公司;最后,杭州豪旭公司亦无证据证明该资金的合理用途。综上所述,根据《公司法司法解释(三)》第十二条第四项的规定,可以认定豪旭公司存在抽逃出资的情形。

关于股东除名制度的使用。《公司法司法解释(三)》第十七条对股东除名制度作出了具体规定,只要针对解除股东资格的事宜形成有效的股东会决议,即可将抽逃出资的股东予以除名。具体到本案中,上海万禹公司召开了股东会会议,并形成了会议结果。如使用表决权排除规则,则由该会议结果形成的决议有效;反之,则决议无效,这也是本案主要争议所在。也正因如此,两审法院的判决结果大相径庭。

第三节　公司法的多数决原则与合同法的公平交易原则

一、等价交换原则在企业重组中的体现

(一)资本多数决原则与公平交易原则的交叉

1. 公平原则的含义

根据《民法典》第六条的规定,当事人应当遵循公平原则确定各方的权利和义务。所谓公平原则,是指合同当事人在进行合同法律行为时,要按照价值规律的要求进行等价交换,公平地确定各方的权利和义务,实现各自的经济利益。这一原则主要包含以下内容:

第一,合同一方享有权利,同时也应当向另一方履行相应的义务;而另一方向对方承担义

务,也应当享受相应的权利,双方当事人的权利和义务具有相对性。

第二,当事人取得的财产或者劳务与履行的义务在价值上要大体相当,只有付出的义务与取得的利益基本相当,才是公平。

第三,合同当事人都应当取得一定的经济利益,一方不得无偿占有、剥夺另一方的财产,侵犯他人的权益;不能以欺诈、胁迫等非法手段获得利益,致使另一方的合法权益受到损害。

第四,一方当事人不履行合同规定的义务,或者虽然履行了合同规定的义务,但不符合约定条件的,另一方当事人有权要求履行或者采取补救措施,并有权要求赔偿损失,当事人一方违反合同的赔偿责任,应当相当于另一方因此所受到的损失。

2. 公司事务中的公平交易原则

根据《公司法》的规定,公司的重大事务由股东(大)会决定。股东会或者股东大会采取表决制通过决议,一般决议 1/2 简单多数决,特别决议 2/3 多数决。之所以作出这种制度安排是因为公司是一个集合体,简单多数决和特别多数决是公司意思产生的唯一合理方法。

公平交易原则是合同法规定的基本原则,当事人之间发生的交易都应该遵循该原则,其一,任何交易都在利益对立的双方之间进行;其二,对交易标的要公允作价,等价交换;其三,交易各方意思自治,只有达成合意才能进行交易。《民法典》是规范交易行为的法律,公平是交易得以成立的基础。

从公司法律实务来看,《公司法》规定的资本多数决原则与《民法典》规定的公平原则是有交叉的;在特定情况下只遵循资本多数决原则,不遵循公平交易原则是不可行的,可以下面的案例为证。

3. 等价交换原则与债权人利益的保护

公平原则的核心就是等价有偿,合同不仅要有偿,而且必须等价。所谓等价交换原则,是指公司及其股东在内部或者对外进行交易的过程中,交易的对价应当合理,不得高于或者低于一定的区间。《民法典》第五百三十八条规定:“债务人以放弃其债权、放弃债权担保、无偿转让财产等方式无偿处分财产权益,或者恶意延长其到期债权的履行期限,影响债权人的债权实现的,债权人可以请求人民法院撤销债务人的行为。”第五百三十九条规定:“债务人以明显不合理的低价转让财产、以明显不合理的高价受让他人财产或者为他人的债务提供担保,影响债权人的债权实现,债务人的相对人知道或者应当知道该情形的,债权人可以请求人民法院撤销债务人的行为。”等价交换体现公平合理的原则,以维护公司及债权人的利益。债务人无偿转让股权因违反资本等价交换原则损害债权人权益而被撤销。

4. 税法上中体现的等价交换原则

作为企业重组的纲领性文件,财税〔2009〕59 号文件明确规定,除适用特殊性税务处理规定的外,按以下规定进行税务处理:(1)对于企业债务重组,以非货币性资产清偿债务,应当分解为转让相关非货币性资产、按非货币性资产公允价值清偿债务两项业务,确认相关资产的所得或损失;(2)对于企业股权收购、资产收购重组交易,收购方取得股权或资产的计税基础应以公允价值为基础确定;(3)对于企业合并,合并企业应按公允价值确定接受被合并企业各项资产和负债的计税基础;(4)对于企业分立,被分立企业对分立出去的资产应按公允价值确认资产转让所得或损失。

上述规定中出现的公允价值,是指市场参与者在计量日发生的有序交易中,出售一项资产所能或者转移一项负债所需支付的价格,即市场价格(或脱手价格)。由此可见,无论哪种类型的企业重组,在一般性税务处理条件下,都必须遵循等价交换原则。

股权转让是非常普遍的交易行为,对于交易价格的认定,根据国家税务总局《关于发布〈股权转让所得税管理办法(试行)〉的公告)》(国家税务总局公告 2014 年第 67 号)第十条的规定,股权转让收入应当按照公平交易原则确定。譬如,对于申报的股权转让收入明显偏低且无正当理由的,主管税务机关可以核定股权转让收入。

(二)债权人申请撤销股权转让行为诉讼案例及评析①

1. 案件当事人

原告(二审被上诉人):陈伟伟

被告(二审上诉人):陈志明

被告(二审上诉人):李雅婷

被告:郑美蓉

第三人:吴维鲜

第三人:高玉梅

第三人:黄朝阳

第三人:江苏荣鼎地产有限公司

2. 案情简介

(1)关于借款事实

郑美蓉和黄朝阳系夫妻,二人于 2013 年 3 月 27 日—2013 年 4 月 22 日,共向陈伟伟借款 14000 万元,所借款项均由吴维鲜承担连带责任保证,吴维鲜与其妻高玉梅还承诺上述借款由其夫妻直接向陈伟伟偿还。

借款时,陈伟伟根据郑美蓉和黄朝阳的指示,将上述 14000 万元借款中的 2400 万元直接汇给了吴维鲜、1600 万元汇给了吴甲某(系吴维鲜之子)、1 亿元汇给了陈某某(系吴维鲜女婿陈志明之兄)。

上述借款约定的借款时间均为 6 个月,至 2013 年 10 月 22 日止,约定的借款期限全部已经届满,郑美蓉、黄朝阳、吴维鲜和高玉梅均未能向陈伟伟归还借款本金并按约支付利息。

① 案例索引:福建省高级人民法院(2014)闽民初字第 80 号民事判决书、最高人民法院(2016)最高法民终 310 号民事判决书。

（2）关于股权转让

2012年6月29日，江苏荣鼎地产有限公司（以下简称荣鼎公司）股东黄某某向陈志明出具《付款委托书》，载明：委托陈志明从应付本人荣鼎公司的股权转让款项中，优先支付500万元到郑某某账户。

2012年7月23日，荣鼎公司股东黄某某及陈志明分别与郑美蓉签订《股权转让协议》，将各自名下10%和15%的股权转让给郑美蓉，约定价格分别为500万元和750万元，并均约定"以公司账外交割方式转让"。

2012年7月23日，陈志明向黄某某指定的郑某某账户先行支付了500万元股权转让款，2012年7月27日，荣鼎公司向黄某某汇款1540万元，注明用途为退还投资款。

2013年12月16日，郑美蓉与陈志明、李雅婷签订了一份《股权转让合同》，郑美蓉将其持有的荣鼎公司25%的股权以2500万元的价格分别转让给了陈志明和李雅婷，其中24%股权以2400万元价格转给了陈志明，1%股权以100万元价格转给了李雅婷。2013年12月20日，郑美蓉将荣鼎公司25%的股权分别过户到陈志明名下24%、李雅婷名下1%。

（3）关于实际资产

2011年12月29日，荣鼎公司摘牌取得了南京六合火车站片区方州路南北地块两宗出让土地使用权，成交价格分别为3.8亿元和5.3亿元，合计达9.1亿元。

南京永信联合会计师事务所对荣鼎公司所作出的两份《审计报告》记载：荣鼎公司2013年度的资产负债表体现的所有者权益年末数为569432186.76元，2014年度的资产负债表体现的所有者权益年末数为1127537263.31元。

陈志明与吴乙某为夫妻，吴乙某是吴维鲜的女儿，吴甲某是吴维鲜的儿子；陈某某是陈志明的哥哥；吴维某是吴维鲜的哥哥，是李雅婷的公公。

3. 原告诉讼请求

后陈伟伟向福建省高级人民法院（一审法院）提起诉讼，诉讼请求为：（1）判令撤销郑美蓉以2500万元的价格向陈志明和李雅婷转让荣鼎公司25%股权的行为；（2）判令陈志明和李雅婷将荣鼎公司24%及1%的股权分别返还给郑美蓉，荣鼎公司和郑美蓉协助办理将陈志明和李雅婷分别持有的荣鼎公司24%和1%股权重新变更登记至被告郑美蓉名下的工商变更手续。

各诉讼主体之间的法律关系如图10-2所示。

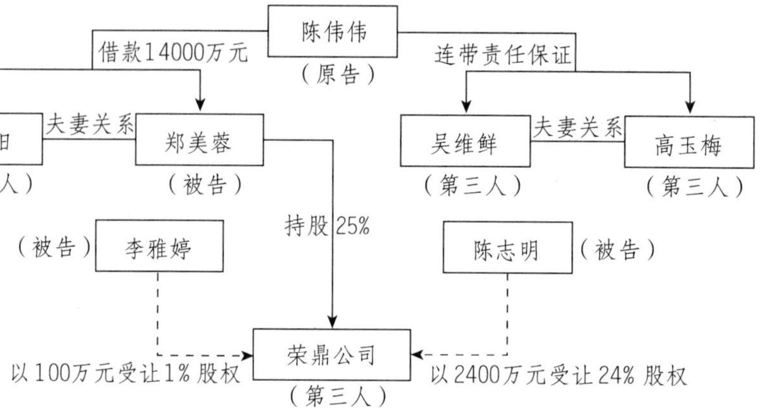

图10-2　各诉讼主体之间的法律关系图

4.一审法院裁判观点

本案争议焦点为:(1)陈志明、李雅婷、郑美蓉之间是否存在低价或无偿转让股权的情形。(2)陈志明、李雅婷、郑美蓉之间所签订的《股权转让协议书》是否应当撤销。

对于一审法院关于第一个争议焦点的评判内容,笔者摘要如下:

应当确定郑美蓉所持有的荣鼎公司25%股权转让当时的价值。本案证据反映与股权价值相关的事实为:

(1)2010年5月22日,陈志明与原股东黄乙某、黄丙某订立《股权转让协议》,受让荣鼎公司30%的股权。从协议内容上看,陈志明将对方实缴共300万元的股权,以1500万元价格受让,溢价5倍。而同一时期岑利泽从黄乙某、黄丙某、黄甲某处受让的股权价格则是溢价3倍。

(2)2011年12月,荣鼎公司取得了南京六合火车站片区方州路南北地块两宗出让土地使用权,成交价格达9.1亿元。

(3)2012年10月20日,郑美蓉在载明其有2500万元实缴出资额的江苏省工商行政管理局《公司准予变更登记通知书》上手写注明:2012年10月20日向吴某某先生借款人民币一亿七千万元整,以本人荣鼎公司的股份作为保证。

(4)一审法院调取的两份《审计报告》载明:荣鼎公司2013年度的所有者权益年末数为569432186.76元,2014年度所有者权益年末数为1127537263.31元。

以上事实可以表明,在陈志明等人于2010年5月受让原股东股权时,荣鼎公司尚未取得相应土地使用权,但股权转让价格已经溢价3~5倍于实缴资本。至2013年12月16日郑美蓉将荣鼎公司25%股权转让给陈志明和李雅婷之时,荣鼎公司不仅注册资本增至1亿元,且拥有成交价格达9.1亿元的土地,此时25%的股权价值以常理判断应远高于实缴资本2500万元。这一点也可以从荣鼎公司2013年度的《审计报告》得到证明:资产负债表体现所有者权益年末数为569432186.76元,25%的股权价值当时应在1.4亿元以上,且从2014年度的报告看,股权价值还在上升。而郑美蓉于2012年10月20日向吴某某先生借款1.7亿元,以该

25%的股份作为保证,也进一步佐证了转让当时股权的价值。

因此,郑美蓉将25%股权以2500万元的价格转让给陈志明和李雅婷,显然属于低价转让的行为。至于该2500万元股权转让款是否实际支付,因双方存在代付代转款项等其他债权债务关系,属于协议双方内部债务处理问题,本案不予涉及。

针对一审法院关于第二个争议焦点的评判内容,笔者摘要如下:

黄朝阳、郑美蓉夫妇向陈伟伟借款1.4亿元,借款到期后,借款人及担保人吴维鲜、高玉梅均未还款。从借款的实际使用情况看,2400万元汇给了吴维鲜、1600万元汇给了吴甲某、1亿元汇给了陈某某。可见,该借款的实际使用人是吴维鲜及其家族其他成员,吴维鲜既是上述1.4亿元借款的连带保证债务人,又是该借款使用的实际控制人。

在本案诉讼保全过程中,查明郑美蓉、黄朝阳夫妻并无资产可供偿债,故郑美蓉所持有的荣鼎公司25%股份是郑美蓉夫妻唯一具有偿债能力的资产,且吴维鲜本人名下亦无足够的资产可以用来偿还债务。在巨额债务于2013年10月底到期后,郑美蓉即于2013年12月22日将荣鼎公司25%股权低价转让给陈志明和李雅婷,致使其名下无财产或权利可以偿债,逃避债务的主观故意明显。

受让人陈志明和李雅婷与债务人郑美蓉、吴维鲜存在亲属关系,陈志明和李雅婷的共同诉讼代理人在本案中承认李雅婷所持有的荣鼎公司1%股权实际属于陈志明所有,故可以认定二人具有共同的权利和义务。陈志明作为荣鼎公司的实际经营管理者,对股权价值及归属情况应是明知,但仍然低价受让25%的股权,帮助逃避债务的意图亦是明显。应认定协议双方恶意串通,以明显不合理的价格低价转让财产,客观上损害了债权人实现债权的利益。此种情形符合《合同法》第七十四条第一款的规定,债权人可以请求人民法院撤销债务人郑美蓉转让其股权的行为。

综上所述,陈伟伟通过本案诉讼请求撤销债务人郑美蓉向陈志明和李雅婷转让其名下荣鼎公司25%股权的行为,有事实和法律依据,一审法院予以支持。同时,荣鼎公司和郑美蓉有义务协助办理将陈志明和李雅婷名下25%的股权重新变更登记至郑美蓉名下的工商变更手续。

一审法院据此判决:第一,撤销郑美蓉以2500万元的价格向陈志明和李雅婷转让荣鼎公司25%股权的行为;第二,陈志明和李雅婷应将各自名下荣鼎公司24%及1%的股权分别返还给郑美蓉;荣鼎公司和郑美蓉协助办理将陈志明和李雅婷分别持有的荣鼎公司24%和1%股权重新变更登记至郑美蓉名下的工商变更手续。宣判后,陈志明、李雅婷均不服,分别向最高人民法院提出上诉。

5.最高人民法院裁判观点

本案争议焦点为:第一,案涉荣鼎公司25%股权的归属;第二,郑美蓉以2500万元向陈志明和李雅婷转让荣鼎公司25%股权的行为是否应被撤销。

(1)关于案涉荣鼎公司25%股权的归属问题

根据《公司法》第三十二条的规定,为维护交易安全,保护善意第三人的信赖利益,除非有相应证据足以推翻登记机关所登记内容，对于公司股东身份的确认，原则上应以登记公示的内容为准。同时，根据《公司法司法解释(三)》第二十四条第一款的规定，认定股权代持关系的前提是实际出资人和名义出资人订立有效合同，明确约定了股权代持关系，即由实际出资人出资并享有投资权益，以名义出资人为名义股东。本案中，陈志明与郑美蓉之间并无相关合同明确股权代持关系，即使股权转让款以及增资款实际是由陈志明代郑美蓉支付，也并不能据此得出该25%股权归陈志明所有而由郑美蓉代持的结论。

根据郑美蓉在载明其2500万元实缴出资额的江苏省工商行政管理局《公司准予变更登记通知书》上手写注明的内容，郑美蓉明确认可该25%股权为其所有，一审中郑美蓉对该证据也并未否认。故陈志明、李雅婷认为陈志明是该25%股权的实际所有人，郑美蓉的转让行为实为名义股东将25%股权交还给实际出资人的主张，缺乏事实和法律依据，最高人民法院不予支持。

(2)关于股权转让行为应否被撤销问题

陈志明等人于2010年5月受让原股东股权时，股权转让价格已经溢价3～5倍于实缴资本。后荣鼎公司于取得成交价格达9.1亿元的两宗土地使用权，于2012年10月将注册资本增至1亿元。故至2013年12月16日郑美蓉将荣鼎公司25%股权转让给陈志明、李雅婷时，荣鼎公司25%的股权价值应远高于实缴资本2500万元。且荣鼎公司2013年度《审计报告》记载，其2013年度所有者权益年末数额为569432186.76元，依此计算，25%的股权价值当时也应在1.4亿元以上。郑美蓉向案外人吴某某借款1.7亿元时系以该25%股权作为担保，也佐证了转让当时股权的价值。故郑美蓉将25%股权以2500万元的价格转让给陈志明和李雅婷，属于明显不合理的低价转让行为。

受让人陈志明和李雅婷不属于善意不知情。根据已查明事实，郑美蓉、黄朝阳夫妇为1.4亿元的直接借款人；1.4亿元借款的实际使用人为吴维鲜及其家族成员，吴维鲜既为该笔借款的实际控制人，又是该笔借款的连带责任保证人。现郑美蓉、黄朝阳除郑美蓉名下的荣鼎公司25%股权外并无其他资产可供偿债，吴维鲜亦无足够资产可供偿债。在案涉1.4亿元借款期限于2013年10月22日届满后，郑美蓉与陈志明、李雅婷签订《股权转让合同》，将荣鼎公司25%股权以2500万元价格分别转让给陈志明24%，李雅婷1%。该低价转让财产的行为，致使债务人偿债能力大幅降低，明显损害了债权人的利益。并且，陈志明、李雅婷与债务人郑美蓉、吴维鲜存在亲属关系，陈志明作为荣鼎公司股东和实际经营管理者，应知悉本公司股权价值和归属状况。以上事实均可认定协议双方相互串通，明显故意逃避债务。

最高人民法院据此判决，驳回上诉，维持原判。

6. 案例评析

随着企业各种信息的进一步公开，人们获取信息的渠道更加多样化，债权人申请撤销权纠纷这类案件将会越来越多。对于运作不规范、企图逃避债务的企业及其股东来说，债权人申请撤销权就像一把悬在头上的剑，随时都有掉下来的可能。

股权转让给债权人造成的损害，通常包括所有者权益受损和无可供执行的财产。那么，如何认定股权转让价格明显不合理呢？最高人民法院《关于适用〈中华人民共和国合同法〉若干问题的解释（二）》第十九条规定："对于合同法第七十四条规定的'明显不合理的低价'，人民法院应当以交易当地一般经营者的判断，并参考交易当时交易地的物价部门指导价或者市场交易价，结合其他相关因素综合考虑予以确认。转让价格达不到交易时交易地的指导价或者市场交易价百分之七十的，一般可以视为明显不合理的低价；对转让价格高于当地指导价或者市场交易价百分之三十的，一般可以视为明显不合理的高价。债务人以明显不合理的高价收购他人财产，人民法院可以根据债权人的申请，参照合同法第七十四条的规定予以撤销。"在判断股权价格明显不合理时，首先要确定股权的合理价格。

鉴于股权作为资产的特殊性，其确定不仅与公司净资产有关，还包括了股东实际投入、公司未分配利润、公司债权债务、公司商誉、股权溢价等诸多因素，因此，在确定股权价值时，建议同时综合考虑以下几个方面：第一，股权价值以转让行为发生为时点；第二，以公司资产价值作为参考；第三，以向第三人转让价格作为参考；第四，以公司净资产价值作为参考；第五，以审计报告作为参考。综观本案，一审、二审法院从多个角度充分论证了郑美蓉转让给陈志明、李雅婷的荣鼎公司25%股权属于明显不合理的低价转让行为，并依法判决撤销该股权转让行为。

二、司法实践中对显失公平的认定与裁判思路

（一）显失公平及其合同的认定

1. 民法上显失公平的定义

所谓显失公平，是指一方当事人利用自己的优势或者利用对方没有经验，致使双方的权利与义务明显违反公平、等价有偿原则。最高人民法院《关于贯彻执行〈中华人民共和国民法通则〉若干问题的意见》第七十二条规定："一方当事人利用优势或者利用对方没有经验，致使双方的权利义务明显违反公平、等价有偿原则的，可以认定为显失公平。"民事行为是否显失公平应当以行为成立时的情况作为判断标准。

2. 合同法关于显失公平合同的认定

显失公平的合同是指一方在紧迫或者缺乏经验的情况下而订立的明显对自己有重大不利的合同。显失公平的合同往往是当事人双方的权利和义务极不对等，经济利益不平衡，因而违反了公平合理原则。《民法典》第一百四十七条至第一百五十条进行了相应规定。显失公平合同的主要法律特征：

第一，显失公平合同对双方当事人明显不公平。根据这一合同，一方当事人要承担更多的义务而享有极少的权利或者在经济利益上遭受重大损失；而另一方则以较少的代价获得较大的利益，承担极少的义务而获得更多的利益。

第二，一方获得的利益超过了法律所允许的限度。如显失公平合同涉及的标的物价值明

显脱离了客观实际，标的的价款显然大大超过了市场上同类物品的价格或者同类劳务的报酬标准。

第三，受害一方是在缺乏经验或紧迫的情况下实施的民事行为。受害人因为没有经验，对行为的内容缺乏正当认识的能力，或者因为某种急需的以及其他急迫情况而非自愿地接受了对方提出的条件。

（二）显失公平诉讼案例①

1. 案件当事人

原告：上海星聚投资管理有限公司

被告：南京钢铁联合有限公司

2. 案情简介

（1）关于股权转让合同的签订及履行

2009年11月，南京钢铁联合有限公司（以下简称南京钢铁公司）与上海星聚投资管理有限公司（以下简称上海星聚公司）签订《股权转让合同》，约定南京钢铁公司将其持有的华泰证券股份有限公司（以下简称华泰证券公司）2.986%股权（共计143786827股）一次性全部转让给上海星聚公司。

该合同第二条第2.2款就股权转让的价款作了约定，内容为"股权转让价款由以下两部分相加组成：第一，人民币143786827元；第二，受让方未来对外减持或转让华泰证券股权所获全部增值部分收益。"

该合同第三条就股权转让价款的支付方式和期限作了约定，内容为"受让方承诺在政府相关部门审核批准股权转让及华泰证券办理完毕股东变更登记后20个工作日内支付完毕上述2.2款第一条约定的款项，未来对外减持或转让华泰证券股权后10个工作日内将上述2.2款第二条约定的转让价款支付给转让方。"

该合同第五条就股权转让后的股东权利及转让股权的权益享受作了约定，内容为："自合同生效之日起，转让方享有的股东权利（包括持有期间所得分红收益）由受让方享有。"

南京钢铁公司与上海星聚公司还签订了一份《备忘录》，载明：双方针对《股权转让合同》的内容形成《备忘录》，在履行《股权转让合同》时共同遵照执行；《股权转让合同》第5条所述股权转让后由上海星聚公司享有的"股东权利"是指，除"受让方未来对外减持或转让华泰证券股权所获全部增值部分收益"以外的一切股东权利，包括但不限于股东身份权利、参与决策权、红利分配权等；上海星聚公司尽可能在获得该股权之日起5年内对外转让，并向南京钢铁公司支付《股权转让合同》第二条约定的股权转让价款的第二部分，即股权转让全部增值部分收益；如上海星聚公司在5年内未全部完成该股权对外转让，则一经南京钢铁公司通知，上海星聚公司应在3个交易日内转让剩余股权并将所获增值部分收益支付给南京钢铁公司；上海

① 案例索引：江苏省高级人民法院（2014）苏商初字第0016号民事判决书。

星聚公司亦可选择继续持有剩余股权,但应在南京钢铁公司通知后3个工作日内将按上述5年期满当天的股票价款折算的剩余股权增值部分收益支付给南京钢铁公司。支付完毕后,上海星聚公司获得剩余股权全部完整的股东权利,包括对外减持或转让剩余股权所获增值部分收益;如《股权转让合同》与《备忘录》存在冲突,以《备忘录》为准。

合同签订后,上海星聚公司向南京钢铁公司支付了143786827元,并办理了股东变更登记。

(2)关于招股说明书的披露及华泰证券上市

《华泰证券股份有限公司首次公开发行股票招股说明书》《华泰证券股份有限公司首次公开发行A股股票上市公告书》披露了下列信息:①2007年,南京钢铁集团有限公司将其所持华泰证券股权转让给南京钢铁公司,转让价格为每股1.42元。②2008年11月19日,华泰证券公司向股东分配股利10.04亿元,当年公司净利润为12.53亿元;2009年度未向股东分配股利,当年公司净利润为37.95亿元。③截至2008年9月30日,华泰证券公司每股净资产为2.27元;截至2009年12月31日,华泰证券公司每股净资产为2.89元。④华泰证券公司首次公开发行股票的日期为2010年2月9日,股票类型为人民币普通股,每股面值为1元,每股发行价格为20元,依2009年全年净利润计算,发行后每股盈利0.68元,发行后每股净资产为5.26元。

2010年2月26日,华泰证券公司A股股票在上海证券交易所上市交易。根据华泰证券利润分配实施公告,其2010~2013年度每年的利润分配方案均为税前每股现金红利0.15元。上海星聚公司已实际享有2010~2013年度华泰证券分红款共计8000余万元。

3.原告诉讼请求

2014年7月15日,上海星聚公司向江苏省高级人民法院提起诉讼,其诉讼请求为:请求判令确认上海星聚公司和南京钢铁公司于2009年签订的《股权转让合同》第二条第2.2款中关于“受让方未来对外减持或转让华泰证券股权所获全部增值部分收益”属于股权转让价款、归属股权转让方的约定无效。

4.江苏省高级人民法院裁判观点

本案争议焦点:上海星聚公司和南京钢铁公司签订的《股权转让合同》第二条第2.2款中关于“受让方未来对外减持或转让华泰证券股权所获全部增值部分收益”属于股权转让价款、归属股权转让方的约定是否无效。

(1)关于案涉争议条款是否无效

根据《合同法》第五十二条的规定,合同无效情形有五种,包括一方以欺诈、胁迫的手段订立合同,损害国家利益;恶意串通,损害国家、集体或者第三人利益;以合法形式掩盖非法目的;损害社会公共利益;违反法律、行政法规的强制性规定。本案中,上海星聚公司请求判令案涉争议条款无效,但并未主张存在上述法定无效情形,而是将显失公平作为无效理由。根据《合同法》第五十四条、第五十五条的规定,合同在订立时显失公平的,当事人一方有权请求人民法院或者仲裁机构变更或者撤销，但撤销权应当在知道或者应当知道撤销事由之日起1年内行使。可见，显失公平仅是撤销权、变更权的行使事由，而非合同无效事由。

综上，上海星聚公司以撤销权、变更权的行使事由主张案涉争议条款无效，即上海星聚公司以显失公平为由主张案涉争议条款无效，没有法律依据。

(2)关于案涉争议条款是否显失公平

是否构成显失公平，应以"订立合同时"为判断时点，以双方约定的权利义务为判断对象。本案中，上海星聚公司主张案涉争议条款显失公平的理由是，案涉股权升值所带来的几亿元增值收益全部归属南京钢铁公司，而其仅能获得8000余万元分红款。该观点仅以对比《股权转让合同》履行后双方收益数额的不同即认为争议条款显失公平，脱离了合同订立的背景，脱离了合同本身关于双方权利义务的约定，与前述法律规定的显失公平认定标准不符。

上海星聚公司在预判案涉股权将在华泰证券公司上市后增值的情况下，仍明确约定未来增值收益归南京钢铁公司所有，表明上海星聚公司签约时所预期的投资收益并不包括股权增值收益部分，股权转让价款的第一组成部分14786827元应当不是143786827股转让时真实市场价值的体现。综合考虑上述签约背景因素，探求当事人本意，股权转让方南京钢铁公司旨在获得股权未来增值收益，而股权受让方上海星聚公司旨在通过享有除增值收益之外的分红权等其他股东权利获取相应收益。双方当事人据此安排合同内容并无不妥，关于双方当事人主要权利义务的约定并无不公平之处。

(3)关于支持上海星聚公司诉讼请求是否违背公平原则

合同条款是当事人自愿协商作出的一致选择，体现着当事人的共同意志，对双方均具有法律约束力，除非出现法定情形，有权改变合同约定的仍然只能是双方协商一致的意思表示。本案中，上海星聚公司在合同中明确表述其投资收益不包括案涉股权增值收益部分，因此双方之间可能出现的收益差距属于合同订立时其应当能够预见的范围，上海星聚公司仅要求确认股权转让价款条款中关于未来增值收益归属股权转让方的约定无效。如其诉讼请求得到支持，则意味着一方当事人可凭单方意志改变双方通过协商共同确定的权利义务关系，借以逃避本应承担的市场风险或获取原属对方的利益，这种结果有违双方订立合同的初衷，违背诚实信用原则，对相对方南京钢铁公司而言是不公平的，亦将损害交易安全，破坏市场秩序。

江苏省高级人民法院据此判决：驳回上海星聚公司的诉讼请求。

(三)案例评析

原告上海星聚公司以其与被告南京钢铁公司签订的《股权转让合同》相关条款的约定违背了公平交易规则，显失公平为由，请求法院认定相关条款的约定无效，最终被法院驳回诉讼请求。事实上，显失公平并不属于法律规定的合同条款无效的行使事由，而是属于合同条款可撤销的行使事由。原告的诉讼请求出现了方向性的错误。而双方在合同中明确表述其投资收益不包括案涉股权增值收益部分，可见上海星聚公司已经预见到了该股权增值收益，并自愿放弃该部分增值收益，该条款应对双方具有法律约束力。

第十一章

股权并购与资产并购的审慎选择

实务指引

在一家公司的发展历程中，如想做大做强单靠自身的力量往往是不够的，还需要通过企业兼并重整，借助其他公司的生产技术、营销渠道等扩大自身的生产规模和市场影响力，帮助企业迅速扩张。而在并购重组实务中，股权并购与资产并购是运用最为广泛的两种方式，需要我们重点关注。

股权并购相对于资产并购而言，其节税成本更低、交易流程也更加清晰，但是我们在运用股权并购中，需要设计完善的股权并购条款，防控相关的法律风险。而资产并购具有较强的抗险能力，常用于历史沿革较为复杂、财务管理不规范的企业。但由于收购企业收购的一般都是被收购企业的核心和优质资产，被收购企业可能成为空壳公司，被收购企业的债务极有可能传导到收购企业，因此我们通过深入剖析"博爱金隅案"，深刻解读了资产并购中债务风险的防范问题。

此外，我们在设计交易结构时，不仅需要考虑到交易路径的法律风险、商业风险、政策风险等因素，更需要密切关注到税务筹划的方面。既要使得交易结构合法合理，也要争取减少税务负担，力争以最小的经济成本达到双方的交易目的。

实务中，我们常常将股权转让与股权并购混为一谈，将股权转让与资产转让混为一谈，这不仅在法律上，而且在税务处理中都是不恰当的。本文通过深入分析二者的联系与区别，研究人民法院的裁判规则和相关的税收优惠政策，帮助读者更加全面地了解股权收购和资产转让业务，进而在设计股权收购协议、资产转让协议时更具有针对性和可操作性，最大限度地降低交易风险和交易成本。

第一节 股权并购的核心要领

在股权并购项目中,往往由于涉及的标的额较大和事项较为繁杂,而出于信息不对称等因素,使得交易充满了不确定性。转让方更多的忧虑在于办理股权转让后,受让方能否按期付款;而受让方则顾虑所转让的股权是否有瑕疵、是否存在潜在的经营风险等。因此,如何设计好股权并购路径和方案、制订合理的税务筹划方案,是本节将要讨论的重点内容。

一、股权并购的实质及其协议主要条款

(一)股权并购与一般股权转让

1. 股权并购下的控制

股权收购,是指一家企业购买另一家企业的股权,以实现对被收购企业控制的交易。所谓控制,根据《企业会计准则第 33 号——合并财务报表》第七条第二款规定:“控制,是指投资方拥有对被投资方的权力,通过参与被投资方的相关活动而享有可变回报,并且有能力运用对被投资方的权力影响其回报金额。”

2. 股权并购与一般股权转让的区分

(1)法律规制不同

股权并购的主要依据是财税〔2009〕59 号文第一部分第三项,而股权转让主要是依据《公司法》第七十一条的规定。可见股权收购更偏重于财税概念,而股权转让则侧重于法律概念。

(2)交易结构不同

根据财税〔2009〕59 号文的规定,股权收购通常是指一家公司收购另一家公司,是公司对外转让股权;而股权转让既包括公司股东内部转让股权,也包括股东对外转让股权。

(3)转让比例不同

股权收购强调的是在交易完成后,要对该公司形成有效的控制,收购的股权比例一般为 51% 以上;而股权转让对于转让的比例没有特殊要求。

(4)支付方式不同

股权收购支付的对价包括股权支付和非股权支付两种方式,而股权转让支付方式以非股权支付中的现金给付较为常见。

(二)股权收购协议的主要条款

鉴于股权收购涉及的标的额较高、各项工作较为复杂,因此交易双方需要签订一份翔实明确的股权收购协议,用于明确各方的权利和义务,保障自身的合法权利不受侵犯。此处,笔者列举了股权收购协议中常见的条款,供各位读者参考。

1. 交易主体及目标公司条款。此条款的目的主要是明确各方的主体信息以及目标公司

的基本情况，内容包括但不限于各方公司或者自然人的身份、地址、法定代表人、统一社会信用代码等。

2. 前言部分。前言部分主要描述的是阐明各方交易的目的，内容包括但不限于描述各方的交易背景、交易情况等关键信息。

3. 定义条款。此条款主要是为防止双方对于某些词语的理解出现偏差或者出于自身的利益故意曲解词语，导致产生法律纠纷。因此，双方需要对于某些特殊的词语含义提前进行定义和解释。

4. 转让方的承诺与保证。由于双方信息存在不对称，因而本条款主要是为了确定转让方为进行交易而应当承担的责任，例如在转让方虚假陈述、虚构事实时致使受让方产生损失，受让方有权要求转让方支付相应的赔偿。本条款涉及的主要内容包括但不限于：目标公司依法设立并有效存续；目标公司历次分立、合并、改制、重组等均依法进行；目标公司守法经营和依法纳税；转让的股权无任何权利瑕疵；出让股权的行为有效；资产和负债的承诺；等等。

5. 受让方的承诺与保证。本条款主要是确定受让方拥有签署本协议的权利以及支付的转让款资金来源合法。本条款的主要内容包括但不限于：主体身份合法；签署本协议受让股权行为有效；依约支付转股价款的承诺与保证等。

6. 出让方因目标公司遭受或有负债的赔偿责任。出于信息不对称的原因，股权收购存在的最大问题就是或有负债的风险，因此双方有必要确认公司的资产和负债情况，并且明晰如因目标公司遭受或有负债致受让方损失的赔偿责任。涉及的条款内容包括但不限于：出让方的赔偿义务、赔偿方式、赔偿时间等。

7. 股权收购基准日。确定股权转让基准日的目的是，明确在此日期前后，目标公司的利益和责任应如何划分。在基准日以前目标公司的利益和责任应归转让方，基准日以后的目标公司的利益和责任归股权受让方。在实务中，该条款要明确载明股权转让基准日的具体日期。

8. 股权收购价格。收购价格是整个股权收购协议的核心条款，双方对于这个条款的磋商时间可能是最长的，但是描述起来却很简单，阐述清楚即可。

9. 股权收购价款的支付。本条款的主要目的是确定本次交易的付款方式和付款期限。从实务中看，付款方式大致有两种：一种称为对等付款，又称为分期付款，进展到哪个程度付多少款项；另一种称为监管账户付款，即双方在签署股权收购协议后，在正式股权交割前，双方在银行开设共管账户，由股权受让方将股权收购款项存入监管账户中，待完成股权交割后再行交付。

10. 目标公司管理权的交割。由于股权收购需要掌握目标公司的控股权，除非受让方委托转让方继续经营，否则必然涉及目标公司管理权的移交程序。该条款涉及的内容包括但不限于：目标公司管理权交割日；三会一层的变动情况；印鉴移交或更换；对银行账户及存款进行查验和移交。

11. 目标公司工商登记变更。本条款主要在于明确双方办理工商变更登记的具体时间和转让方的协助义务,避免转让方在收到股权转让款后拖延办理工商变更登记。

12. 终止交易。本条款一般是为了保护股权受让方的利益安排的,如出现政策风险、不可预见的不可抗力等其他因素使得双方无法实现本次交易的目的,那么任何一方尤其是受让方有权单方解除或终止股权收购协议。

13. 保密条款。此条款的功能有两点,一是对目标公司知识产权、商业秘密的保护;二是基于交易双方或目标公司为上市公司的原因,受信息披露规则的要求,在披露前不得泄露本协议的内容及本协议项下交易的事项。

14. 违约责任。本条款须明确违约责任的具体事项和违约金计算方式,为日后发生纠纷主张权利时,提供法律依据。

15. 争议解决。明确具体的仲裁机构或者诉讼管辖法院,如为跨国并购,还需要明确适用的相关法律。

16. 附则。主要包括合同的生效条款、通知条款、签订时间和签订地点等。

二、从法律和财税角度看股权转让和增资对公司的影响

在公司运作过程中,股权转让和增资是通常采用的方式,它们有许多相似之处,也有很大的不同。下面对股权转让和增资扩股进行对比分析,并通过案例揭示二者在财税处理方面的差异。

(一)股权转让和增资对比分析

1. 投资人身份及进入方式

股权转让中,投资人(受让人)的身份可以是股东,也可以是非股东,投资人受让目标公司原股东的股份;增资扩股中,投资人的身份可以是股东,也可以是非股东,投资人认购目标公司新增的股份。股权转让中的合同主体为投资人和目标公司原股东,其主要法律文件为《股权转让协议》;增资扩股中的合同主体是投资人和目标公司及其原股东,主要法律文件为《增资入股协议》。

2. 取得股权的性质及交易价格

股权转让中,受让人取得的股权属于继受取得,来源于目标公司的存量股权;增资扩股中,投资人取得的股权属于原始取得,来源于目标公司增发的股份(增量股权)。股权转让中,交易价格由交易双方确定,受让人支付的对价是货币或非货币性资产,受让人可以即时支付或者延期支付;增资扩股中,交易价格根据企业估值确定,投资人增资的对价是货币或非货币性资产,投资人可以实缴出资或者认缴出资。

3. 目标公司注册资本变化

股权转让中,目标公司的注册资本(实收资本)保持不变,只是股东发生变更;增资扩股中,目标公司的注册资本增加,但公司实收资本不一定增加,因为投资人可以采取完全认缴方

式，在公司章程规定的将来一定期限内再行缴纳增资款。当然，如果投资人实缴的出资额全部进入资本公积，那就不是增资扩股，而仅是增资而已，这种情况比较少见，前文已谈及，在此不再赘述。

4. 股东权益承继及纳税义务

股权转让中，受让股东承继原股东的权利和义务，公司治理并不必然发生变化；增资扩股中，新股东享受股东权益（不涉及承继），公司治理会发生变化。股权转让中，转让方取得的投资收益应缴纳所得税（包括个人所得税或企业所得税），双方还应缴纳印花税；增资扩股中，对投资人的投资款（限于货币出资，非货币性资产出资应根据具体情况分别确定）不征收所得税（包括个人所得税和企业所得税），但双方应缴纳印花税。

5. 交易表决程序采用的规则

股东对外转让股权，其表决规则采用股东多数决原则。除转股股东外，应当经其他股东过半数同意，转股股东只需书面通知其他股东，可以不召开股东会进行表决。投资人对目标公司增资扩股，必须召开股东会进行表决，其表决规则采用资本多数决原则（且属于股东会特别决议事项），根据《公司法》第四十三条及第一百零三条的规定，有限责任公司增资须经代表2/3以上表决权的股东通过，股份有限公司增资须经出席会议的股东所持表决权的2/3以上通过。

总之，股权转让中其他股东持股比例不变，自然人股东转让股权，公司负有代扣代缴的义务，即使法人股东转让股权，也不得扣除留存收益。增资扩股中无论是否新增股东，均增加目标公司的企业估值，只是原股东（或非增资股东）的股权被稀释，公司可以利用增资进行税务筹划。

（二）通过案例看股权转让和增资财税处理的差异

1. 案情简介

A公司持有B公司100%股权，B公司注册资本为1000万元。经评估，B公司净资产公允价值为2000万元，C公司拟成为B公司股东，拥有50%股权，可以采取两种方式：(1)股权转让，即A公司转让其所拥有的B公司50%股权给C公司，转让价为1000万元；(2)增资扩股，即C公司对B公司进行增资，增资完成后，B公司注册资本增至2000万元，C公司出资2000万元，获得B公司50%股权。

2. 计算过程

如C公司受让A公司持有的B公司50%股权，需向A公司支付转让款1000万元，计算方法：2000万元×50% =1000万元。B公司估值保持不变，仍为2000万元，B公司注册资本还是1000万元。

如C公司对B公司进行增资，需向B公司支付投资款2000万元，计算方法：2000万元÷(1-50%)×50% =2000万元。B公司估值发生变化，增大到4000万元，且注册资本也发生变化，增加到2000万元（1000÷50%）；A公司股权被摊薄到50%，但股东权益仍为2000万元

(4000×50%),实缴出资不变,仍为1000万元。

3.财税处理

假定上述两种交易的支付形式均为货币资金,且忽略交易发生的相关税费,两种方式下的会计处理和所得税处理如表11－1所示。

表11－1　两种方式的会计处理和所得税处理

项目		单位		
		A公司 (原股东)	B公司 (目标公司)	C公司 (新股东)
股权转让	会计处理	借:银行存款1000万元 贷:长期股权投资(B公司)500万元、投资收益500万元	公司估值不变,注册资本不变,股东变更,会计上做备案即可	借:长期股权投资1000万元 贷:银行存款1000万元
	税务处理	投资收益500万元要确认所得,缴纳企业所得税;长期股权投资的计税基础1000万元调整为500万元	——	长期股权投资的计税基础为1000万元
增资扩股	会计处理	——	借:银行存款2000万元 贷:实收资本1000万元、资本公积1000万元	借:长期股权投资2000万元 贷:银行存款2000万元
	税务处理	不调整股权计税基础,其计税基础仍为1000万元	——	长期股权投资的计税基础为2000万元

(三)案例评析

通过对上述两种交易方式涉及的会计处理分析和税收负担的测算,我们发现引入新股东的增资扩股行为与原股东转让股权的行为在财务和税收处理方面完全不同,主要表现如下:

股权转让中,目标公司注册资本与非转股股东的股权均保持不变,只是转股股东让渡其股东权益给受让人,转股股东取得的股权转让收入扣除股权的计税成本及相关税费后,确认"财产转让所得"征收所得税,转股股东股权计税成本需要进行相应调整。尽管目标公司、股权转让各方均为居民企业,但股权转让行为不适用国家税务总局《关于企业所得税若干问题的公告》第五部分的规定,因此,转让方A公司取得的资产中不得扣除B公司未分配利润等股东留存收益中按该项股权所可能分配的金额。此外,需要根据股权转让的比例调整原股东股权的计税基础。

增资扩股中,B公司注册资本由1000万元增至2000万元,A公司作为原股东其股权被稀释到 50%，但 A 公司的股东权益不变，也不调整原股权的计税基础（原股东股权计税成本不变）。C 公司对目标公司增加的实收资本和资本公积属于股东新投入的资本，对股东的投资款不征收企业所得税（印花税忽略不计）。

三、最大限度防范股权并购中的纠纷

（一）股权并购的法律风险

由于近年来关于公司诉讼案件的比例在逐渐上升，而股权转让纠纷案件在公司诉讼案件中的占比较高，且类型相对集中。对此，2019 年 9 月 12 日，上海二中院发布了《2014—2018 年股权转让纠纷案件审判白皮书》，对股权纠纷案件进行了相应的总结。笔者在此强调实务中几个重点需要关注的问题：

1. 标的股权为夫妻共同财产时，一方在离婚分配财产时主张股权转让无效的法律风险。公司股权作为一种财产利益，如系在夫妻关系存续期间双方共同出资而取得的股权，应属于夫妻共同财产。而在未经转让方配偶同意的情况下，受让人即受让了标的股权，此时就极易产生转让方配偶提出标的股权转让无效的主张，由此产生司法纠纷。若股权转让发生在转让方离婚期间，此类纠纷的发生概率更高。根据目前的法院裁判观点，法院一般是基于保护交易的原则，原则上认定此类股权转让协议有效，转让方配偶可就取得的股权转让款收益主张权利。值得注意的是，如果在离婚诉讼期间，夫妻一方以明显低于标的股权的市场公允价值对外转让股权，则该股权转让交易会因构成恶意转移财产而无效。因此，受让方在受让自然人持有的股权时，也需要考量标的股权的共有状况及转让方婚姻状态，必要时需要取得转让方配偶一方的书面意见或者制定相应的违约条款。

2. 标的股权存在权利瑕疵。这主要表现为标的股权已经办理了质押或者为代持股权，将对受让方受让股权产生严重的阻碍。由于股权质押需办理质押登记才发生法律效力，因此受让方只需要在工商部门查阅是否办理了质押登记即可。笔者在处理一起股权转让纠纷案件中，也遇到过一家非上市的股份有限公司在股权交易中心办理了质押登记，但是并未在工商部门办理质押登记，从而引发了法律纠纷，因此需要中介机构进行全面核查。此外，名义持有人将持有的股权转让给受让方，实际出资人则主张该股权转让协议无效，由此衍生的诉讼在实务中也非常普遍。因此充分的法律尽职调查和股权转让协议的设计在股权转让业务中是非常关键的。

3. 标的股权为未全部实缴出资的股权。自 2014 年生效的《公司法》实施以来，公司注册资本的缴纳方式变更为全面认缴制，但是认缴并非不缴，在公司章程约定的出资期限到期后仍要缴足出资。如果在未书面约定的情况下，受让方受让了未实缴出资的股权，后续出资义务是由转让方承担还是受让方承担呢？对此，《公司法司法解释（三）》第十八条规定：“有限责任公司的股东未履行或者未全面履行出资义务即转让股权，受让人对此知道或者应当知道，公司请求该股东履行出资义务、受让人对此承担连带责任的，人民法院应予支持；……受让人根据前款规定承担责任后,向该未履行或者未全面履行出资义务的股东追偿的,人民法院应予支持。但是,当事人另有约定的除外。"可见,依据上述司法解释的规定,在有限责任公司中,如双方未约定未履行出资义务承担的问题,受让方知晓转让方未履行出资义务的,需要承担不真正连带责任。当然,法院在审理此类案件时,也会充分考虑标的股权在转让时的价格与要求转让方承担出资义务是否公平合理。

(二)股权并购典型诉讼案例——"北京三润案"①

1. 案件当事人

原告(反诉被告、二审被上诉人):谭天芳

被告(反诉原告、二审上诉人):北京三润投资有限公司

第三人:茶陵县尧岑硅矿石有限责任公司

2. 案情简介

2013 年 12 月 12 日,谭天芳与北京三润投资有限公司(以下简称三润公司)签订《茶陵县尧岑硅石(铅锌)矿股权重组协议书》(以下简称《股权重组协议》),约定:

(1)茶陵县尧岑硅矿石有限责任公司(以下简称尧岑公司)现有资产作价 475 万元,三润公司投资 525 万元,谭天芳将其在尧岑公司 80% 股权转让给三润公司,三润公司支付股权购买款 275 万元,即三润公司总共投资 800 万元,其中 275 万元支付给谭天芳,525 万元作为公司投资。

(2)合同签字生效后 3 日内,三润公司向谭天芳支付定金 30 万元,自谭天芳收到定金之日起,由重组企业接管矿山,并开展前期工作。双方办理资产移交后,由重组企业接管并开展工作;资产交接完成和采矿证延期手续办理完毕后 7 日内三润公司支付第一次股本金 50 万元;自收到第一次股本金之日起,由重组企业组织施工矿山地质探矿工程,谭天芳即着手办理各类证照的变更和延期,各类证照的变更和延期应于 3 个月内完成。上述相关证照完成后,7 个工作日内三润公司一次性支付所剩余的全部股本金 195 万元。

2014 年 1 月 8 日,尧岑公司召开股东会,形成以下决议:

(1)同意增加三润公司及自然人李性虎、杨建华、肖玲兰、朱莹为新股东;

(2)同意公司注册资本由 60 万元增加到 1000 万元,本次增加注册资本 940 万元,由谭天芳认缴出资 112 万元,张艳琴认缴出资 28 万元,李性虎认缴出资 80 万元,杨建华认缴出资 100 万元,肖玲兰认缴出资 80 万元,朱莹认缴出资 30 万元,三润公司认缴出资 510 万元。

2014 年 1 月 10 日,全体股东办理工商变更登记,尧岑公司股权结构为:三润公司持股 51%、杨建华持股 10%、李性虎持股 8%、肖玲兰持股 8%、朱莹持股 3%、谭天芳和张艳琴合计持股 20%,尧岑公司法定代表人变更为杨建华。

① 案例索引:湖南省茶陵县人民法院(2019)湘 0224 民初 1172 号民事判决书、湖南省株洲市中级人民法院(2020)湘 02 民终 360 号民事判决书。

2014 年 8 月 7 日，三润公司将持有的尧岑公司 51% 股份转让给湖南三润潇湘贸易有限公司（以下简称潇湘公司），谭天芳将持有的尧岑公司 6% 股份转让给漆辉平，朱莹将持有的尧岑公司 2% 股份转让给黄永庆、1% 股份转让给李性虎，其他股东的股权不变，其中此次股权转让都是以平价（0 元）方式进行。

2015 年 9 月，尧岑公司和矿山所在地的村民委员会就矿山租赁的土地重新签订了合同，尧岑公司采矿许可证有效期到 2020 年 6 月 23 日，开采方式为地下开采，安全生产许可证有效期到 2015 年 12 月 6 日，开采方式为露天开采。同时株洲市安监局分别在 2016 年 7 月 19 日、2017 年 5 月 23 日、2018 年 3 月 22 日、2018 年 12 月 13 日以文件的形式对尧岑公司进行地下基建的工程一直同意进行延期，延期期限到 2019 年 9 月 30 日。

2015 年 11 月 19 日，潇湘公司将持有的尧岑公司 51% 股份转让给新三润投资公司（以下简称新三润公司），李性虎将持有的尧岑公司 9% 股份转让给新三润投资，其他股东的股权保持不变，股权转让也是以平价（0 元）方式进行。

2016 年 11 月 11 日，杨建华代表尧岑公司将公司 80% 的股权转让给了江西弘农矿业有限责任公司（以下简称弘农公司），工商变更登记后，尧岑公司股权结构如下：刘计生持股 51%、弘农持股 29%、新三润集团有限公司（以下简称新三润集团）持股 6%、谭天芳持股 10%、张艳琴持股 4%，尧岑公司法定代表人变更为刘计生。

《股权重组协议》签订后，三润公司先后通过法定代表人李性虎、潇湘公司、尧岑公司在 2014 年 1 月—2016 年 2 月总共向谭天芳支付了 150 万元股权转让款，杨建华、肖玲兰、朱莹、李性虎等自然人没有与谭天芳签订书面股权转让协议，也没有向谭天芳支付任何股权转让款。

此外，三润公司、潇湘公司、新三润公司之前的法定代表人均登记为李性虎，三润公司的股东为朱凌健、新三润公司，潇湘公司的股东为李振、新三润集团（曾用名新三润投资有限责任公司），新三润集团的股东为李性虎、朱凌健，杨建华、肖玲兰、朱莹为三润公司、新三润集团的管理人员。

3. 原告诉讼请求

谭天芳将三润公司诉至湖南省茶陵县人民法院（一审法院），要求判令三润公司支付股权转让款 125 万元，并承担本案诉讼费。三润公司提出反诉，其请求为：判令终止、解除案涉《股权重组协议》，并由谭天芳返还转让投资款 150 万元以及承担本案诉讼费。

各诉讼主体之间的法律关系如图 11 - 1 所示。

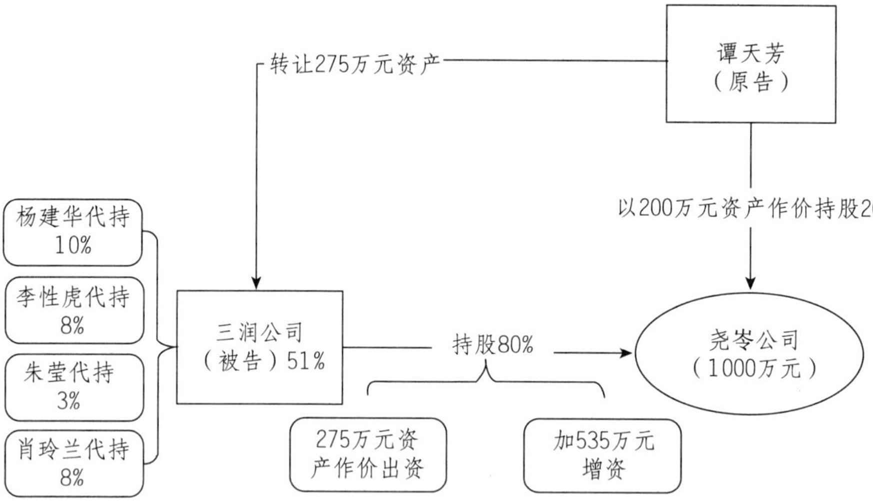

图11－1　各诉讼主体之间的法律关系图

4. 一审法院裁判观点

(1)《股权重组协议》的效力

本案系股权转让合同纠纷,《股权重组协议》系双方当事人真实意思表示,且不违反法律、行政法规的强制性规定,应受到法律的保护。双方在签订协议后,谭天芳将其在尧岑公司80%的股权进行了变更登记,分别登记在三润公司及其公司管理人员名下,三润公司也按照协议向谭天芳支付了150万元的股权转让款,双方实际上是按照协议在履行权利义务。在双方签订协议后,三润公司即全面接管尧岑公司的经营与管理,尧岑公司迄今为止无法办理安全生产许可证的原因不可归咎于谭天芳,故此三润公司不能以此阻却其付款的义务。

双方在进行工商登记时,三润公司并没有把谭天芳出让80%的股权全部登记在自身名下,而是分别登记在自身及其法定代表人李性虎与管理层杨建华、肖玲兰、朱莹等人名下,这只是三润公司内部自行对股权登记进行调整的情形;从实际履行过程来看,已经支付的150万元都是由三润公司支付,案外人李性虎、肖玲兰、杨建华、朱莹等人并没有和谭天芳、张艳琴签订过协议,也没有支付款项,三润公司不能以此来推翻《股权重组协议》。

(2)双方诉讼主张的合理性

三润公司与谭天芳签订股权转让协议后,先后又通过股权转让的方式将其在尧岑公司的股权以平价的方式转让给潇湘公司、新三润集团。此后再以尧岑公司的名义将新三润集团占有的80%股权以600万元的价格转让给了弘农公司及刘计生,即三润公司以从谭天芳处获得的80%股权又通过转让给他人的方式获得了不菲的收益,现三润公司已全面退出对尧岑公司的经营管理。因此,对于谭天芳要求三润公司按照协议支付剩余未支付到位的125万股权转让款予以支持,对三润公司反诉要求终止解除《股权重组协议》以及返还150万元的股权转让款的请求不予支持。

一审法院判决三润公司向谭天芳支付125万元股权转让款，并驳回三润公司的反诉请求。宣判后，三润公司不服，向湖南省株洲市中级人民法院（二审法院）提出上诉。

5.二审法院裁判观点

（1）关于《股权重组协议》的效力认定问题

案涉《股权重组协议》是包含资产转让及增资扩股等内容的公司股权重组协议，系双方当事人真实意思表示，内容也无《合同法》第五十二条规定的合同无效的情形，合同合法有效，二审法院予以确认。因协议当事人并未约定重组协议需经工商登记才能生效的条件，且协议是否实际履行不影响协议效力的确认，因此三润公司以《股权重组协议》未进行工商登记或备案为由上诉主张协议无效不成立，二审法院不予支持。

（2）关于《股权重组协议》是否实际履行问题

案涉《股权重组协议》和尧岑公司股东会决议、公司章程以及之后公司股东工商登记行为并不矛盾，也未被取代，该《股权重组协议》应是尧岑公司其后形成股东会议和工商变更登记的基础，现仍应对三润公司和谭天芳具有约束力。

首先，《股权重组协议》约定尧岑公司全部资产作价475万元是经过合同当事人确认的，谭天芳、张艳琴将其尧岑公司中对价275万元的资产转让给三润公司，连同三润公司后续需增加投资的525万元，三润公司共占尧岑公司80%股权；谭天芳、张艳琴持剩余资产200万元占尧岑公司20%股权，该二人其后在股东会决议中约定的出资额也是200万元，所占尧岑公司股份就是20%，此部分内容《股权重组协议》和股东会决议一致，并不矛盾。

其次，《股权重组协议》签订后，三润公司在尧岑公司的80%股权的处理权限在于三润公司，股东会决议除了对各股东认缴出资进行了明确之外，并无对此前三润公司受让275万元尧岑公司资产的内容作出变更，所增加的李性虎、杨建华、肖玲兰、朱莹四名自然人股东所认缴的出资合计共290万元，并未超出三润公司所承诺的另行增资535万元的数额。股东会决议仅是对三润公司自主变更、调整其80%股权行为的确认，而不是对《股权重组协议》的取代。

此外，潇湘公司、新三润集团、李性虎、朱莹、杨建华、肖玲兰等也与三润公司存在关联性。股东会决议作出后，三润公司仍在按照《股权重组协议》向谭天芳支付部分约定的股权转让款150万元，即三润公司以其行为证明涉案《股权重组协议》仍在履行。由于《股权重组协议》签订后，尧岑公司处于三润公司主持管理之下，并掌握尧岑公司账户和资金，三润公司主张需通过其他股东账户向公司注资显然不符合客观事实。

（3）关于涉案款项支付或返还的责任认定

根据双方在《重组协议》中约定，谭天芳负有办理尧岑公司相关证件如采矿许可证、安全生产许可证的延期以及采矿深度扩展手续的义务，并明确若谭天芳未按约履行上述证件延期、深度扩展手续，则三润公司有权暂不支付尾款。因此，按要求办理好相关证照是双方约定的三润公司向谭天芳支付尾款的条件。从此后双方履行协议的情况来看，三润公司已经全面接管了重组后的公司经营，谭天芳负责办理了公司的工商变更登记，但目前已办理的采矿许可证并不符合重组协议所约定的深度,安全生产许可证也因基建尚未完工而无法办理到位,而仅是进行了几次基建延期审批。故三润公司支付尾款的条件确实尚未成就。

一方面,由于三润公司接管尧岑公司后,至今一直未完成基建,导致无法达到办理安全生产许可证的条件,其作为当时重组公司的实际控制人和经营者亦负有一定责任,三润公司也并无证据证实谭天芳存在消极不作为而导致两证未能办理到位的情况,且三润公司已将其从《股权重组协议》中获取的尧岑公司股权及资产转让给其关联公司,而其关联公司通过尧岑公司股权的转让获取了600万元股权转让款,故三润公司理应支付所欠的部分转让款。

另一方面,本案中虽然不能认定谭天芳存在消极不作为而导致两证未能办理到位的情况,且有关采矿及安全生产证照的核发涉及政府相关部门对矿藏及企业相关经营情况的审核批准权限,非谭天芳个人行为所能控制,但谭天芳作为原企业的控制人,在签订重组协议作出相关办证承诺时应对其证照办理的可能性有相应的预计,且双方确认的原企业资产价值也包括了采矿生产所需的证照和采矿深度所产生的价值。现办理采矿许可证达不到协议约定的要求,其必然引起企业资产价值的贬损,故应对其转让款金额作出相应核减。二审法院综合以上因素,以及考虑双方当事人各自过错责任和三润公司现已退出尧岑公司经营的事实,酌情确认三润公司还需支付谭天芳转让款75万元。

对于三润公司主张谭天芳未按约办理相关证件或延期,依照合同约定《股权重组协议》已终止,谭天芳应返还三润公司已付转让款150万元的上诉理由。虽然《股权重组协议》约定合同签订后3个月内谭天芳完成各类证照变更和延期,逾期1个月三润公司有权提出终止合同,但2016年三润公司还在向谭天芳支付转让款,且其现已将自己所持大部分股权转让,应视为三润公司放弃了提出终止合同的权利,选择继续履行涉案《股权重组协议》,因此三润公司主张《股权重组协议》已终止,以及要求谭天芳返还已付转让款150万元的上诉理由均不成立,二审法院不予支持。

二审法院据此作出终审判决,三润公司向谭天芳支付75万元股权转让款。

(三)案例评析

本案的争议焦点在于转让方谭天芳是否履行了自身的合同义务?股权转让款支付的条件是否成就?未成就的责任究竟应归属于转让方还是受让方?从本案来看,《股权重组协议》中约定谭天芳将持有的尧岑公司80%的股权转让给三润公司,虽然转让后的股权未全部直接登记在三润公司的名下,但这是三润公司自行作出的,且事后也支付了150万元股权转让款,表明双方对此均无异议,可见谭天芳已经切实履行了股权转让的合同义务。

然而除股权转让外,根据《股权重组协议》的内容,谭天芳还负有办理相关证照的合同义务。但是已办理的采矿许可证并不符合重组协议所约定的深度,安全生产许可证也因基建尚未完工而无法办理到位,因此付款条件尚未成就。不过,三润公司通过股权转让已获得不菲的收益,且未能办理安全生产许可证的原因是基建尚未完工,并非谭天芳怠于履行合同义务,因此二审法院结合各方的责任,酌定三润公司还需支付谭天芳转让款75万元亦有一定的依据。

第二节 资产并购中的核心要领

出于标的公司的历史沿革较为复杂、财务不规范、经营风险较高等因素的考虑，或者标的公司从事多项经营活动，而收购方仅想收购某一方面的核心业务和资产，此时收购方往往会选择资产并购，而并非股权并购，因为资产并购具有更强的债务避险性。本节将结合相关实务案例，对资产并购的核心要领进行详细的讲解。

一、资产并购

（一）资产并购与股权并购的比较

1. 资产并购与一般资产转让的区分

（1）法律规制不同

资产并购的主要依据是财税〔2009〕59 号文第一部分第四项，而资产转让受规制调整的法律主要为《民法典》。

（2）收购标的不同

资产并购通常指一家公司收购另一家公司主要或核心的经营资产，而资产转让则对于转让标的物没有特殊要求，可以是一般的经营性资产。

（3）市场影响不同

资产并购后，转让企业一般不再从事该领域的生产经营活动，其经营行为和市场影响力由受让企业所取代。而一般资产转让下，原企业会继续从事原经营活动。

2. 资产转让与股权转让的对比分析

在司法实践中，二者经常会被混淆。一般而言，股权转让和资产转让的区别包括以下几个方面：

（1）交易的主体不同

资产的所有者是公司，股权的所有者是股东，因而资产转让的交易主体是公司，股权转让的交易主体是股东，二者具有显著区别。

（2）转让的客体不同

股权转让所转让的是公司股权，资产转让所转让的是公司资产。就资产而言，既包括固定资产等实务形态，也包括无形资产等虚拟形态；而股权是纯粹的人设的虚拟形态，是一种股东基于股东资格而享有的权利。

（3）获得的权利不同

资产收购获得的是对该资产的所有权和处分权，而股权转让获得的是对该目标公司的股东权利，例如分红权、表决权等。

(4)法律风险不同

资产转让后受让方承担的风险主要为该资产是否存在权利瑕疵、是否存在质量问题、有无市场价值等,并不对原公司的其他风险承担任何责任。而股权转让后受让方承担的是投资收益风险,包括股权是否存在瑕疵、公司的债权债务及税务清偿风险、公司未来经营风险等。

(5)定价的依据不同

股权转让定价不仅要对公司的资产和负债进行评估,还要考虑到是否有溢价。股权转让的定价依据有多种方式,一般以股权所对应的净资产为定价依据。资产转让只需要评估资产本身的市场价值,一般较为单一。

(6)转让的程序不同

股权转让需要签署转让协议、形成股东会决议并修改公司章程、进行工商变更登记;如果是对外转让股权,其他股东还需要放弃优先购买权。而资产转让是否需要召开股东会需依据公司章程的规定,但无须修改公司章程,只需要到产权登记机构办理变更登记即可,其他股东也无优先购买权。

(7)对公司治理的影响不同

股权转让会导致公司的股东甚至是公司控制权发生变化,因此公司治理结构也往往会发生改变,对公司治理影响较大,但不会直接引起企业资产总额和资产结构变化。而资产转让不会影响公司股东的构成情况,不会对公司治理产生任何影响。

(二)选择股权并购与资产并购的主要考量因素

1. 并购方的需求是并购方选择并购方式的决定因素

在并购重组中,了解并购方的核心需求到底是什么至关重要,甚至关系到并购重组能否顺利推进,直至并购最后成功。如果并购方看重的是目标公司的无形资产、供应链渠道、销售网络等资源本身,那么并购方一般会采用资产并购。如果吸引并购方的并非某些资产本身,而是对目标公司形成有效控制,最终能够合并财务报表,则股权并购可能会成为并购方的首选。

2. 或有债务是并购方选择并购方式的关键因素

在股权并购交易模式下,被并购企业的债务偿还主体没有发生转移,不会涉及债权人的切身利益,一般不会发生债权人阻扰并购重组的极端情况,但股权受让方面临被并购企业或有负债带来的巨大风险。而在资产并购交易方式下,因涉及偿债资产及偿债主体的转移,债权人的债权实现受到了实质的影响,被收购企业的偿债能力降低,但资产收购方与被收购企业的或有债务没有关联。

3. 税收负担是并购双方选择并购方式的重要因素

股权并购通常只涉及所得税(包括企业所得税和个人所得税)、印花税;而资产并购除了上述两种税之外,往往还涉及增值税、土地增值税、契税、附加税等多项税种。相比较而言,大多数情况下,股权并购的税负要小于资产并购。当然,在优化企业并购重组税务环境的大背景下,资产并购可能涉及的土地增值税、契税等在满足一定的条件时均可以被暂时不征或减免。

总之,实务中的交易情形十分复杂,并购方式选择需要考量的因素太多。因此,建议交易双方审慎考虑,多方论证,权衡利弊,优选方案。没有最好,只有更好。

(三)股权转让与资产转让混淆典型诉讼案例——“厦门鑫辉案”[①]

1. 案件当事人

原告:李秀兰

被告:厦门鑫辉橡胶制品有限公司

被告:童国清

2. 案情简介

2008 年 10 月 14 日,出租方厦门坤晟电子有限公司(以下简称坤晟公司)与承租方厦门鑫辉橡胶制品有限公司(以下简称鑫辉公司)签订了一份《厂房租赁合同》,合同约定坤晟公司将名下的厂房租赁给鑫辉公司使用,租期为 20 年,租金为 70 万元。2008 年 10 月 20 日,坤晟公司的大股东李秀兰、鑫辉公司与坤晟公司签订了一份协议书,约定李秀兰在取得坤晟公司另一股东陈达志 35% 的股权后,将持有坤晟公司 100% 的股权转让给鑫辉公司的大股东童国清,转让对价为 236 万元,鑫辉公司已支付的租金 70 万元冲抵股权转让款,《租赁合同》自动终止。

在上述协议签订后,李秀兰将其持有的坤晟公司 65% 的股权转让给了童国清。2009 年 8 月 11 日,陈达志将持有的坤晟公司 35% 的股权转让给了张照领;2009 年 11 月 23 日,张照领又将该部分股权过户到童国清名下,童国清成为坤晟公司(自然人独资)的唯一股东。后童国清陆续向李秀兰支付转让款人民币 2268244.5 元(含 70 万元租金),尚有 91755.5 元转让款未支付。2008 年 12 月底,童国清领取了该厂房的房屋产权证,产权证上确认该厂房的面积为 2988.49 平方米。由于厂房的实际面积与协议约定面积存在 86.45 平方米的差额,2009 年 6 月,坤晟公司收到土地使用权退款 10329.91 元,建设费退款 80442.59 元。该款项由李秀兰控制。

各诉讼主体之间的法律关系如图 11 - 2 所示。

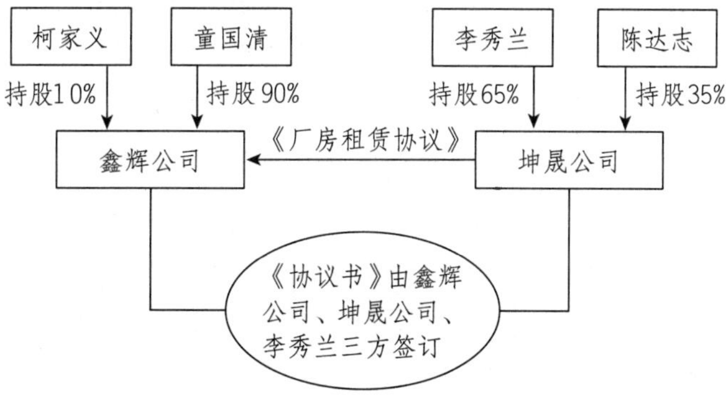

图 11 - 2　各诉讼主体之间的法律关系图

① 案例索引:福建省厦门市同安区人民法院(2010)同民初字第 3103 号民事判决书。

3. 原告诉讼请求

(1)被告童国清和鑫辉公司向原告李秀兰支付尚欠的转让坤晟公司股权款人民币91755.5元;(2)本案的诉讼费用由被告承担。

4. 法院裁判观点

股权转让与公司资产转让是两个不同的法律概念,就本案而言,双方签订的协议书也明确约定了是李秀兰和童国清之间的股权转让,而非公司资产的转让,李秀兰作为公司的股东只能转让公司的股权而无权转让公司的资产,否则就构成对公司权益的侵犯。因此,童国清、鑫辉公司辩称该协议书实际是厂房转让,缺乏相应的事实和法律依据,因此法院不予支持。厂房的退款问题应依据其他法律关系另案主张。李秀兰与童国清之间的股权转让条件已经成就并已经实际履行,童国清尚欠李秀兰股权转让款91775.5元有双方签订的协议书为证,事实清楚,童国清应当返还。至于鑫辉公司,因其不是股权转让的受让方,而是作为厂房的租赁方在协议书上签字,依法不应当承担责任。

最终法院判决被告童国清应于本判决生效之日起10日内支付原告李秀兰股权转让款人民币91775.5元,驳回原告李秀兰的其他诉讼请求。

5. 案例评析

在司法实践中,由于股权转让和资产转让的情况高度相似,往往难以区分。此外,在司法实践中,许多公司由于股东资格与公司人格同化、大股东行使股权与公司代表行为混同,导致有些公司在转移某些重大资产时为了降低交易成本会借股权转让之名行资产转让之实,增加了法院区分和审理的难度。

本案即是股权转让与资产转让混淆的典型案例,原告与被告对于合同的性质存在两种意见的分歧。原告李秀兰认为,双方签订的协议书约定的是股权转让,而没有涉及资产转让,原告有权要求被告按照约定支付股权转让款。被告童国清、鑫辉公司则认为该份转让合同应认定为资产转让,且被告童国清并非合同的当事方,不符合股权转让的主体要件;此外,坤晟公司的主要资产就是厂房,因此双方的股权转让实际上为公司资产转让即厂房转让,后原告既然已经取得了被转让公司的厂房退款,这部分退款应当抵作股权转让款,被告不需要另行支付股权转让款。在本案中,法院对转让合同性质的不同认定直接影响到判决所认定的合同责任的承担问题。法院审理认为,双方签订的协议书中明确约定了是李秀兰和童国清之间的股权转让,虽然童国清并非合同的当事方,但是该协议书上约定的股权转让条件已经成就并实际履行,李秀兰作为公司的股东只能转让公司的股权而无权转让公司的资产。因此,童国清、鑫辉公司辩称该协议书实际是厂房转让并没有相关的事实依据,童国清作为股权转让的受让方应当支付尚欠李秀兰股权转让款91775.5元。童国清、鑫辉公司主张的厂房的退款问题应依据其他法律关系另案主张。

二、资产转让中主要财产的认定

(一)公司法的相关规定

依据《公司法》第七十四条第一款的规定,公司合并、分立、转让主要财产的,对股东会该项决议投反对票的股东可以请求公司按照合理的价格收购其股权。可见,对于股东会作出处置公司主要财产的决议,其他股东可享有异议回购权,但是由于《公司法》及相关司法解释均未明确"主要财产"的定义,因此对于如何认定所转让的资产是否属于主要财产在实务中存在较大的争议。

(二)不认定为主要财产诉讼案例——"京卫医药案"①

1. 案件当事人

原告(二审上诉人):薛峰

被告(二审被上诉人):京卫医药科技集团有限公司

2. 案情简介

(1)关于京卫公司转让股权的决议

京卫医药科技集团有限公司(以下简称京卫公司)注册资本为7128万元,由曹建强、董建强、耿晓乐、景大勇、李洪波、李铁军、宋耕福、孙冯俊、薛峰、周仁富、扈本山等11名自然人共同出资设立,曹建强等10人分别出资641.52万元,各占出资比例的9%,扈本山出资712.8万元,占出资比例的10%。

京卫公司及其全体自然人股东等共同出资设立北京京卫国康医药有限公司(以下简称国康公司),公司注册资本为8000万元,其中京卫公司出资4800万元,占出资比例的60%,其他股东出资3200万元,占出资比例的40%。

2010年12月13日,京卫公司召开股东会会议,通过变更二级公司股权投资的决议,即转让京卫公司所持有的国康公司51%的股权。薛峰代理人齐亮在股东会决议上签字表示不同意该项决议,其余股东均表示同意该项决议。

2011年1月26日,薛峰以特快专递方式向京卫公司法定代表人扈本山发出股权回购请求函,要求京卫公司按照合理价格收购薛峰本人所持有的京卫公司的全部股权。

(2)关于京卫公司相关资产的变化

京卫公司2010年度审计报告记载:京卫公司资产合计1095090616.36元,营业收入1630384155.16元,归属于母公司所有者权益合计257314308.03元,归属于母公司所有者的净利润26067512.54元。

国康公司2010年度审计报告记载:国康公司资产总计786825028.49元,营业总收入

---

① 案例索引:北京市丰台区人民法院(2011)丰民初字第10986号民事判决书、北京市第二中级人民法院(2012)二中民终字第02333号民事裁定书。

1510795357.44 元，归属于母公司所有者权益合计 135438233.56 元，归属于母公司所有者的净利润 32540217.30 元。

3. 原告诉讼请求

薛峰向北京市丰台区人民法院（一审法院）提起诉讼，请求依法判令京卫公司以 23158287.72 元的价格收购其持有的京卫公司 9% 的股权，并承担本案的诉讼费用。

4. 一审法院裁判观点

本案的争议焦点：一是薛峰是否有权依据《公司法》（2005 年修订，下同）第七十五条的规定提起诉讼；二是京卫公司转让其持有的国康公司 51% 的股权是否为京卫公司的主要财产。

第一，薛峰作为京卫公司的股东，在京卫公司作出出售对国康公司 51% 股权的股东会决议中投反对票，且在股东会会议决议通过之日起 60 日内，未能与京卫公司达成股权收购协议，故薛峰有权在股东会会议决议通过之日起 90 日内向法院提起诉讼。

第二，公司转让的财产是否为主要财产，取决于公司转让该财产是否影响了公司的正常经营和盈利，导致公司发生了根本性变化。综观京卫公司的经营范围，从现有证据表明，京卫公司转让其持有的国康公司 51% 的股权的行为并未影响公司的正常经营和盈利，亦没有证据表明公司发生了根本性变化，京卫公司转让其持有的国康公司 51% 的股权不能视为京卫公司的主要财产。

第三，薛峰主张，国康公司的资产总额、营业收入、归属于母公司所有者权益、归属于母公司所有者的净利润分别占京卫公司资产总额、营业收入、归属于母公司所有者权益、归属于母公司所有者的净利润的 72%、93%、53% 和 125%；国康公司 51% 的股份相对应的资产总额、营业收入、归属于母公司所有者权益、归属于母公司所有者的净利润分别占京卫公司（不含少数股东权益）资产总额、营业收入、归属于母公司所有者权益、归属于母公司所有者的净利润的 51%、75%、27% 和 127%，因此，京卫公司转让其持有的国康公司 51% 的股权系京卫公司的主要财产。对此，一审法院认为，上述比例仅是衡量国康公司股权价值的标准之一，并不能表明京卫公司转让其所持有的国康公司的 51% 的股权导致京卫公司发生了根本性变化，亦不能证明转让的该部分财产系京卫公司的主要财产，故对于薛峰的该项主张，法院不予支持。

一审法院据此判决，驳回薛峰的诉讼请求。宣判后，薛峰不服，向北京市第二中级人民法院提出上诉。

5. 原告的上诉理由

首先，薛峰向法院提起股权回购诉讼，符合《公司法》第七十五条之规定。薛峰对 2010 年 12 月 13 日京卫公司股东会通过的出售国康公司 51% 股权的决议投了反对票，且在股东会决议通过后 60 日内向京卫公司邮寄了《股权回购请求函》，未与京卫公司达成一致后亦在股东会决议通过后 90 日内向法院提起诉讼，符合法律规定。

其次，一审法院认定京卫公司持有的国康公司 51% 股权不属于其主要财产，与事实不符。

一是转让国康公司51%股权影响了京卫公司的正常经营和盈利。根据京卫公司、国康公司2010年审计报告,国康公司的经营收入、盈利分别占京卫公司的93%、125%,且如果转让国康公司51%股权,京卫公司的营业收入只有原来的7%,由盈利3254万余元变为亏损647万余元;二是一审法院以京卫公司经营范围在转让国康公司51%股权后没有变化为由,认定京卫公司的正常经营没有发生根本变化,缺乏依据;三是确定公司股权的价值,应当依据公司净资产或进行资产评估,而确定转让的资产是否属于公司主要财产,需要依转让财产占公司财产的比例来衡量;四是参照《重组管理办法》第十一条、第十三条之规定,可以认定京卫公司转让国康公司51%股权的行为,属于转让主要财产的行为。

6. 京卫公司的答辩意见

本案不应适用《公司法》第七十五条之规定,适用该条规定不符合立法原意,也对京卫公司及其他股东严重不公。薛峰提交的现有证据不足以证明国康公司51%股权系京卫公司主要财产。薛峰援引京卫公司及国康公司2010年度合并财务报表明显不当,根据京卫公司、国康公司2010年度财务报表相关数据无法认定国康公司51%股权为京卫公司主要财产。

薛峰援引《重组管理办法》也缺乏法律依据,京卫公司主要财产的认定标准应从严掌握。京卫公司认为一审判决认定事实清楚,适用法律正确,请求二审法院维持原判,驳回薛峰的上诉请求。

7. 二审法院裁判观点

公司股东会决议转让主要财产的,对该项决议投反对票的股东可以在决议通过之日起60日内请求公司按照合理价格收购其股权,与公司不能达成股权收购协议的,可以在决议通过之日起90日内向法院提起诉讼。本案中,薛峰在投票反对股东会决议后60日内向京卫公司住所地邮寄了《股权回购请求函》,收件人为扈本山,京卫公司未予答复,薛峰在股东会决议通过后90日内向法院提起诉讼,符合法律规定。

薛峰主张国康公司51%股权属于京卫公司主要财产,但并未提交充分证据加以证明,薛峰亦不能证明其股东权益在转让后将受到损害,且转让国康公司51%股权后,京卫公司的正常经营亦未发生根本性变化,故对其该项上诉主张,二审法院不予主持。

二审法院据此作出终审判决,驳回上诉,维持原判。

(三)案例评析

股东对于公司重大事项有异议时,可要求公司按照合理价格回购股权,是《公司法》赋予股东的一项权利。本案诉争的焦点在于京卫公司转让所持有国康公司51%的股权,是否构成《公司法》第七十四条第二款所称的"主要财产"？虽然从财务数据上来看,国康公司的资产总额、营业收入、归属于母公司所有者权益、归属于母公司所有者的净利润分别占京卫公司资产总额、营业收入、归属于母公司所有者权益、归属于母公司所有者的净利润的72%、93%、53%和125%,可见国康公司的资产系京卫公司的重要资产。

对于是否构成京卫公司的“主要财产”，一审、二审法院均认为衡量是否构成该公司“主要财产”，不应单从财务数据方面认定，而应结合股东权益是否受损、是否影响公司经营方式等综合认定。在本案中，京卫公司对外转让国康公司的股权，不会影响薛峰的股东权利，且不会使京卫公司的经营方式发生重大变化，因此不构成京卫公司的“主要财产”，遂驳回了薛峰的诉讼请求。由于国家一直未出台相关的立法解释或者司法解释对于“主要财产”进行定义说明，因此在实务中法官的自由裁量权较大。

三、收购方对被收购方原有债务风险的防范

（一）规避债务风险

一般而言，资产并购相对于股权并购来说，可以达到有效规避债务风险的目的。在股权并购中，由于信息不对称，受让方对于转让方的业务情况和债务情况完全不知情，只能依赖于转让方提供相应的材料核查，极有可能出现故意隐瞒债务以及或有债务的风险。而在资产并购中，受让方只需要审查资产的权属状况、权利瑕疵即可，转让方的债务风险不会转嫁给受让方，其交易的安全性更高。

（二）资产并购诉讼案例——“博爱金隅案”①

1. 案件当事人

原告（二审上诉人）：博爱县农村信用合作联社

被告（二审被上诉人）：博爱金隅水泥有限公司

被告：焦作市岩鑫水泥有限责任公司

被告：博爱县鸿达化工有限公司

被告：吴玉兰

被告：梁向利

2. 案情简介

（1）关于借款与担保

2010 年 9 月 1 日，博爱县农村信用合作联社（以下简称博爱信用社）下属的联社营业部与博爱县鸿达化工有限公司（以下简称鸿达公司）、焦作市岩鑫水泥有限责任公司（以下简称岩鑫公司）、吴玉兰、梁向利签订《保证担保借款合同》，鸿达公司借款 2070 万元，借款期限为 2010 年 9 月 1 日—2013 年 5 月 20 日，由岩鑫公司、吴玉兰、梁向利承担连带保证责任。合同签订后，博爱信用社履行了合同义务。

2011 年 2 月 28 日后，鸿达公司不再按合同约定的期限归还借款本金及利息，岩鑫公司、吴玉兰、梁向利也未按约定承担连带保证责任。

---

① 案例索引：河南省焦作市中级人民法院（2014）焦民二金重字第 00001 号民事判决书、河南省高级人民法院（2016）豫民终 730 号民事判决书。

(2)关于股权转让、资产转让协议的签订

2011年10月31日，北京金隅股份有限公司(以下简称北京金隅公司)和岩鑫公司、张爱国签订《合作协议》，约定北京金隅公司和岩鑫公司共同出资设立博爱金隅水泥有限公司(以下简称金隅公司)，北京金隅公司货币出资9000万元，占出资总额的30%；岩鑫公司实物出资21000万元，占出资总额的70%，同时约定了2.3亿元资产转让和1.95亿元股权转让的方式和时间。

同日，岩鑫公司和北京金隅公司签订《股权转让协议》，约定北京金隅公司以1.95亿元收购岩鑫公司在金隅公司65%的股权及与该股权相关的权益、利益，并就支付方式和时间进行了约定。

同日，岩鑫公司和金隅公司签订《资产转让协议》，约定岩鑫公司将其合法拥有的资产，即生产线、矿山采矿权、工业出让土地使用权、房产及生产设备等相关资产，以2.3亿元转让给金隅公司，其中第四批转让款5750万元的付款条件为岩鑫公司将金隅公司水泥生产和经营所需之相关资质证照及各项手续(包括但不限于全国工业产品生产许可证、安全生产许可证等)、资源综合利用证等减免税证明全部办理至金隅公司名下。

股权转让与资产转让结构关系见图11-3。

(3)关于股权转让、资产转让款项的支付

2012年5月31日，北京金隅公司支付岩鑫公司股权收购款5350万元。

2013年6月27日，北京金隅公司支付岩鑫公司股权收购款8000万元。

2013年3月25日，北京金隅公司受让岩鑫公司在金隅公司65%的股权，并经工商登记变更其实际持股比例为95%。

2011年11月24日—2013年8月7日，金隅公司向岩鑫公司支付资产转让款共计22114.517355万元。

2013年12月12日，金隅公司向河南省财政厅非税收入财政专户汇款1201.0113万元。

2014年1月10日，岩鑫公司向金隅公司出具收据收到博爱金隅公司代付采矿权价款1201.0113万元。

(4)关于评估与批复

2011年10月16日，北京国融兴华资产评估有限责任公司(以下简称国融评估公司)作出国融兴华评报字(2011)第314-1号《资产评估报告》，岩鑫公司拟投资部分资产市场价值为市场价值为21032.64万元。

2011年11月22日，国融评估公司作出国融兴华评报字(2011)第314-2号《评估报告》，金隅公司拟收购的岩鑫公司部分资产市场价值为23007.61万元。

2011年12月26日，北京市国资委作出京国资产权(2011)237号《关于对焦作岩鑫水泥有限责任公司以实物资产投资评估项目予以核准的批复》。

2013年3月13日，北京市国资委作出京国资产权(2013)31号《关于北京金隅股份有限公司拟收购股权评估项目予以核准的批复》。

(5)关于托管经营协议

2011 年 10 月 31 日，岩鑫公司和金隅公司签订《托管经营协议》，约定岩鑫公司将其水泥生产销售业务所涉及的生产、经营和管理活动全部委托给金隅公司进行，托管日后岩鑫公司因金隅公司进行托管经营产生的收益和损失以及债权债务均由金隅公司享有和承担，金隅公司应获得的收益为托管经营期间的净利润。

(6)关于金隅公司成立及取得的经营资产

2011 年 11 月 19 日，金隅公司经工商登记成立。

2012 年 6 月 21 日，金隅公司取得全国工业产品生产许可证。

2014 年 7 月 1 日，金隅公司取得河南省资源综合利用认定证书。

2016 年 2 月 29 日，金隅公司取得安全生产许可证。

3. 原告诉讼请求

2013 年 7 月 29 日，博爱信用社向河南省焦作市中级人民法院(一审法院)提起诉讼，请求判令：(1)鸿达公司偿还借款本金 2070 万元及利息；(2)岩鑫公司、吴玉兰、梁向利对上述借款本息承担连带清偿责任；(3)金隅公司在所接受岩鑫公司财产范围内对上述借款本息承担连带责任；(4)诉讼费用由被告承担。

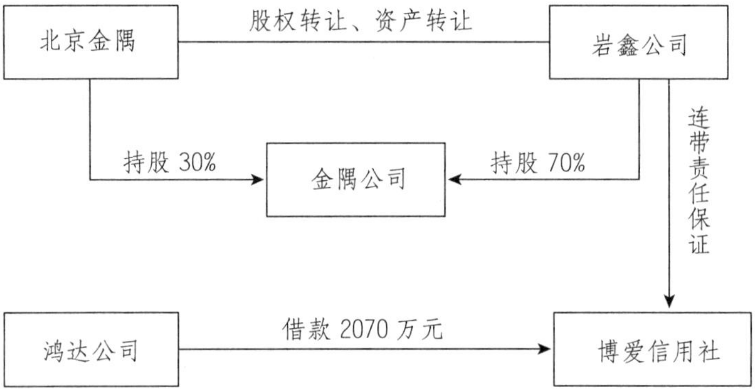

图 11－3　股权转让与资产转让结构关系示意图

4. 一审法院裁判观点

关于金隅公司应否对岩鑫公司的借款本息在其接受岩鑫公司资产的范围内承担连带清偿责任问题。

(1)岩鑫公司以实物出资与北京金隅公司共同设立金隅公司，系岩鑫公司的对外投资行为，并非企业改制行为，该投资行为只是岩鑫公司的资产形态发生了变化，并未导致岩鑫公司对外承担债务的责任财产减少，这一投资行为不适用最高人民法院《关于审理与企业改制相关的民事纠纷案件若干问题的规定》(法释〔2003〕1 号，以下简称《企业改制规定》)，博爱金隅公司不应因岩鑫公司的投资行为而对岩鑫公司的债务承担连带责任。

(2)金隅公司与岩鑫公司之间的《资产转让协议》为企业出售资产合同,金隅公司作为买受人已经支付了合理对价,且评估机构也对岩鑫公司转让的资产进行了合理评估,根据最高人民法院研究室《关于企业资产出售合同效力及民事责任承担问题的答复》的规定,岩鑫公司作为出售方出售企业资产后应自行承担其原对外债务。

综上,博爱信用社要求金隅公司在其接受岩鑫公司资产的范围内承担连带清偿责任的诉讼请求无事实和法律依据,一审法院不予支持。

一审法院据此判决,第一,鸿达公司向博爱信用社支付借款本金及利息;第二,岩鑫公司、梁向利、吴玉兰对上述借款本息承担连带清偿责任。宣判后,博爱信用社不服,向河南省高级人民法院(二审法院)提起上诉。

5.二审法院裁判观点

本案二审争议焦点为金隅公司应否在接受岩鑫公司资产范围内对岩鑫公司债务承担责任。博隅公司所接受的岩鑫公司的资产包括两方面:一是,金隅公司成立时,岩鑫公司以实物、土地使用权、采矿权方式出资的21000万元;二是,岩鑫公司向金隅公司转让的两条水泥生产线及构筑物类资产价值23000万元。

(1)关于金隅公司是否应对岩鑫公司的合法投资行为承担责任

岩鑫公司以实物出资取得金隅公司70%的股权,该交易履行了资产评估、国资委核准、工商登记等程序,是岩鑫公司正常合法的投资行为。岩鑫公司以实物资产投资金隅公司并取得金隅公司股权后,岩鑫公司的资产并没有因此而减少,只是资产形态发生了改变,由实物变化为在新设公司中的股权。岩鑫公司在金隅公司中的股权,作为岩鑫公司的财产,与该公司的其他财产一样,均可以用于对外偿债,并未因其对外投资而降低实际偿债能力。《企业改制规定》系在国有企业改制背景下出台的司法解释,规范的是企业改制行为。而岩鑫公司是按照《公司法》设立的有限责任公司,其以实物出资的行为并非企业改制行为,本案不适用《企业改制规定》。因此,博爱金隅公司不应对岩鑫公司的合法投资行为承担责任。

(2)关于金隅公司是否应因购买岩鑫公司的资产而对其债务承担清偿责任

岩鑫公司向金隅公司转让的部分资产,该部分转让资产经过了评估,博爱信用社对评估报告的真实性不持异议,也未提供证据证明所转让的资产存在低估作价的情况。根据金隅公司提供的银行转账凭证等证据,除金隅公司支付的采矿权费用1201.0113万元外,金隅公司已支付资产转让对价22114.517355万元,以上款项来源为北京金隅公司的出资以及金隅公司向北京金隅公司的借款,均属于金隅公司的财产,金隅公司受让该资产已经支付了相应对价,因此,该资产转让属合法的资产转让行为。岩鑫公司的资产转让行为仅使公司的资产形态由实物资产变为了现金资产,岩鑫公司对外承担债务的财产并没有因此而减少,金隅公司不应因该购买资产行为而对资产出卖人岩鑫公司的债务承担清偿责任。

(3)关于金隅公司与岩鑫公司签订的《托管经营协议》是否合法有效

结合《合作协议》《资产转让协议》内容以及客观实际情况,签订《托管经营协议》的原因系金隅公司成立后,其办理生产水泥所必须的安全生产许可证等证照需要一定时间,在其具备相关生产经营资质之前,需使用岩鑫公司的相关资质进行生产经营,双方亦约定在托管期间所产生的经营收益及风险均由金隅公司享有、承担,经营收益作为金隅公司所得托管费用。该协议系双方真实意思表示,未违反法律、行政法规的强制性规定,应为有效。博爱信用社依据《托管经营协议》主张托管期间岩鑫公司的收入属于岩鑫公司所有,金隅公司用该收入支付转让价款不应作为其向岩鑫公司支付的转让款的上诉理由没有事实和法律依据,不能成立。

二审法院据此作出终审判决,驳回上诉,维持原判。

(三)案例评析

本案的交易结构较为复杂,其资产形态经历了以下变化:(1)资产出资。岩鑫公司以实物、土地使用权、采矿权方式作价21000万元与北京金隅公司共同出资设立金隅公司,并持股70%。(2)股权转让。北京金隅公司以1.95亿元收购岩鑫公司在金隅公司65%的股权及与该股权相关的权益。(3)资产转让。岩鑫公司将其合法拥有的资产,即生产线、矿山采矿权、工业出让土地使用权、房产及生产设备等相关资产,以2.3亿元转让给金隅公司。(4)托管经营。岩鑫公司将其水泥生产销售业务所涉及的生产、经营和管理活动全部委托给金隅公司进行。

博爱信用社要求金隅公司在所接受岩鑫公司财产范围内对上述借款本息承担连带责任,其所依据的法律为最高人民法院《企业改制规定》第七条:"企业以其优质财产与他人组建新公司,而将债务留在原企业,债权人以新设公司和原企业作为共同被告提起诉讼主张债权的,新设公司应当在所接收的财产范围内与原企业共同承担连带责任。"然而该法条规范的是国有企业改制行为。而岩鑫公司是按照《公司法》设立的有限责任公司,其以实物出资的行为并非企业改制行为,故本案不适用《企业改制规定》。

本案中,博爱金隅公司受让该资产已经支付了合理对价,因此,该资产转让属合法的资产转让行为。岩鑫公司的资产转让行为仅使公司的资产形态由实物资产变为了现金资产,岩鑫公司对外承担债务的财产并没有因此而减少,故不应因该购买资产行为而对资产出卖人的债务承担清偿责任。

第三节　上市公司股权并购和资产并购

上市公司并购重组主要包括上市公司重大资产重组、上市公司收购、合并、分立等对上市公司股权结构、资产和负债结构、利润及业务产生重大影响的行为。本节主要讨论的是上市公司股权并购和资产并购的相关内容。

一、上市公司股权并购

(一)发展趋势

从2018年以来,上市公司收购市场活跃度大增。相关数据显示:2014—2017年,各年度公开披露收购上市公司的家数分别为34家、57家、61家、50家;而2018年上半年,国内A股已公开披露拟收购上市公司的家数就已经达到54家,超过了2017年整年合计数量。就市场表现来看,在IPO遇冷、市场环境不佳的情况下,股权并购等资产重组业务就越活跃。

(二)"高争民爆"股权并购案例

2019年9月,西藏高争民爆股份有限公司(证券代码:002827;证券简称:高争民爆)发布的《重大资产重组报告书(草案)》披露:

1. 标的公司基本情况

成远矿业开发股份有限公司(以下简称成远股份)类型为股份有限公司(非上市、自然人投资或控股),注册资本为5013.477万元,法定代表人为罗乃鑫,具备矿山工程施工总承包二级资质。2016年3月24日,成远股份(原名称为辽宁成远爆破股份有限公司)在全国中小企业股份转让系统挂牌,证券代码为836865,证券简称为"成远爆破"。2019年7月31日,成远股份终止在股转系统挂牌。

成远股份共有52名股东,除1名法人股东外,其余均为自然人股东。成远股份控股股东、实际控制人为罗乃鑫。

2. 本次交易的目的

本次交易顺应了民爆行业兼并重组的政策导向。交易完成后,成远股份的技术优势和项目管理经验将对上市公司的主营业务形成技术支持和良性补充,上市公司的主业结构向全产业链延伸,业务规模将得到发展壮大。成远股份拥有的一级资质、项目经验及相关人员,能够迅速补齐上市公司的短板,公司在爆破服务领域的竞争力将得到加强,一体化运作水平将进一步提高。

3. 本次收购方案

本次交易包含现金收购及现金增资两部分,合计金额14705.65万元,具体情况如下:(1)上市公司拟以支付现金方式向罗乃超、辽阳远卓企业管理有限公司(以下简称辽阳远卓)、蒋平、付强、李朝霞等合计52名交易对方收购其持有的成远股份34.91%(17504391股)的股权,股份转让对价为757940万元;(2)上市公司拟以现金向成远股份增资股份16457840股,增资金额为7126.24万元。

本次交易前,上市公司未持有成远股份的股份;本次交易完成后,上市公司持有成远股份33962231股股份,占成远股份增资后总股本的51%。

本次交易前后成远股份股权结构变化情况见表11-2。

表11－2　交易前后公司股权变化情况

股东名称	本次交易前		本次交易完成后	
	持股数量(万股)	持股比例	持股数量(万股)	持股比例
罗乃鑫	1522.90	30.38%	1142.17	17.15%
辽阳远卓	662.76	13.22%	0.00	0.00%
蒋平	335.54	6.69%	251.66	3.78%
付强	257.29	5.13%	192.97	2.90%
李朝霞	207.21	4.13%	155.41	2.33%
刘长利	200.59	4.00%	150.44	2.26%
王忠君	141.75	3.77%	189.00	2.13%
李庆江	156.62	3.12%	117.46	1.76%
李泉	129.78	2.59%	97.34	1.46%
姚斌	126.00	2.51%	94.50	1.42%
程广翔等42名自然人股东	1225.79	24.45%	919.34	13.81%
高争民爆	0.00	0.00%	3396.22	51.00%
合计	5013.48	100.00%	6659.26	100.00%

4.本次交易价格的确定

成远股份注册资本为5013.477万元。根据北京中企华资产评估有限责任公司出具的《评估报告》，截至2018年12月31日，成远股份全部股东权益价值为22232.69万元。经上市公司与交易对方协商，成远股份100%股权的作价扣除股东现金分红501.35万元，最终确定为21731.34万元，即4.33元/股。

本次交易增资价格与股份转让价格相同，即4.33元/股，股权转让股份数量为17504391股，股份转让对价为7579.40万元；增资股份数量为16457840股，增资金额为7126.24万元，本次交易股份转让及增资金额合计14705.65万元。

5.业绩承诺及超额业绩奖励

2019年9月16日，上市公司与交易对方、成远股份签署《附生效条件的股份转让及增资协议》及《业绩承诺与补偿协议》，本次交易的业绩承诺方为罗乃鑫、付强、王忠君、康全玉、柏奎杰、冯娜丽（以下统称业绩承诺方），业绩承诺方的利润承诺期间为2019年、2020年和2021年。

（1）业绩承诺及补偿方案

业绩承诺方承诺，2019年、2020年和2021年实现的利润实际数合计不低于收益法评估的盈利预测净利润合计数，即6084.69万元。利润实际数，是指具有证券从业资格的会计师事务所出具的审计报告或专项审核报告中确认的成远股份2019年度、2020年度、2021年度扣除非经常性损益后应归属于成远股份的净利润,扣除因增资因素影响金额后的余额。如业绩承诺期内成远股份累计实现利润实际数低于累计承诺净利润数,业绩承诺方应以现金方式向上市公司支付补偿。

(2)资产减值补偿

在业绩承诺期届满时,经双方确认的具有证券从业资格的会计师事务所对标的资产进行减值测试,并出具专项审核报告。如果标的资产期末减值额乘以交易完成后上市公司持有成远股份的股权比例,大于业绩承诺补偿金额,则业绩承诺方应以现金对上市公司另行补偿。

(3)补偿限额及比例分摊

业绩承诺方的业绩承诺补偿及资产减值补偿上限合计为其从本次交易中所获得的直接和间接对价扣除相关税费后的净额。若业绩承诺方触发业绩承诺补偿及资产减值补偿,业绩承诺方各方共同就前述补偿向上市公司承担连带责任,业绩承诺方各方之间自行确定各自承担最终责任。

(4)业绩承诺的履约保证

本次交易完成后,业绩承诺方各方从本次交易中所获得的直接和间接对价净额的70%应存放于业绩承诺方指定的由上市公司与业绩承诺方各自共管的银行账户,作为确保补偿得以切实履行的保障资金,业绩承诺方根据协议约定的相关补偿全部履行完毕前,未经上市公司书面同意,业绩承诺方不得单方动用该账户资金。

(5)超额业绩奖励

如业绩承诺期内成远股份实现的利润实际数合计大于业绩承诺数,则超额利润的49%将由成远股份奖励给成远股份核心团队成员,但奖励金额不超过本次交易标的资产交易作价的20%。成远股份为业绩奖励的支付主体,依据约定计算的奖励金额为税前奖励金额,由成远股份代扣代缴被奖励对象的个人所得税。

6. 本次重组支付方式

本次交易标的资产对应的股份收购对价,由上市公司在履行代扣代缴义务后,剩余款项按以下方式处理:

(1)业绩承诺方:上市公司与每个业绩承诺方单独设立一个共管账户(该等共管账户的户名为业绩承诺方),上市公司将款项一次性支付至共管账户中,共管账户中的资金按标的公司实际业绩完成情况分期解锁;

(2)非业绩承诺方:不设置共管账户,上市公司直接将款项一次性支付给交易对方。

本次交易的增资款项,由上市公司以现金方式一次性向标的公司支付,成远股份应设立专项账户,专项账户资金使用需符合上市公司募集资金的监管要求。

7. 标的公司董事、监事、高级管理人员的变更情况

根据《附生效条件的股份转让及增资协议》的约定,标的公司董事会5名董事席位中高争民爆推荐的董事候选人占三席,剩余两个董事席位董事人选由罗乃鑫及其推荐的董事候选人

担任,在业绩承诺期内,董事长、法定代表人由罗乃鑫担任;标的公司的监事会三名监事席位中高争民爆推荐的监事候选人占一席,罗乃鑫推荐的监事候选人占一席;标的公司的高级管理人员中,财务总监应当由高争民爆推荐的候选人担任;其他高级管理人员及核心人员在业绩承诺期内,在标的公司经营状况未发生重大恶化或相关人员未发生渎职、重大决策失误并给公司造成重大损失等情况下,由罗乃鑫推荐的候选人担任。

成远股份后先后召开董事会、监事会及临时股东大会,通过有关董事、监事、高管变更事项的决议,并办理工商备案手续。

(三)案例评析

本次高争民爆收购成远股份51%的股份,可谓上市公司股权收购业务的经典之作,主要表现为:

1. 高争民爆持有成远股份的股份比例达到51%,可以满足高争民爆控股成远股份和合并财务报表的目的。对于国有企业和上市公司来说,对外合资合作和资本运作一般都强调要控股,一方面是可以有效地控制整个公司的运行和重大经营事项的决策,防止出现不可预知的风险;另一方面则是根据《企业会计准则》的相关规定,可以合并被收购标的公司的财务报表,从而使自身财务数据更加美观。

2. 改组成远股份的“三会一层”,尤其是控制董事会。从《附生效条件的股份转让及增资协议》中,我们关注到成远股份的三名董事会席位,高争民爆需委派2名,对于以“人头决”的董事会议事规则来说,高争民爆可以完全控制董事会的各项决议,从而控制整个公司的经营方针。此外,高争民爆还委派了一名监事和财务总监,从而控制成远股份的财务,防止出现财务风险。至此,在改组完成后,高争民爆对于成远股份的股东大会、董事会、监事会和经营管理层具有决定性的话语权。

3. 原管理团队业绩对赌承诺,保证公司业务的平稳过渡。通过业绩对赌,可以有效降低高争民爆的收购风险,且给予原管理团队一定的压力,在业绩不达标的情况下,高争民爆可要求原管理团队以现金方式补足。

4. 原股东继续持有股份,防范经营风险。在本次股权收购完成后,成远股份的52名股东,除1名法人股东外,其余51名自然人股东均未退出公司,只是股权比例发生了稀释,股东身份未发生变化,有效防范经营风险。

5. 债务处理。鉴于在收购前,会计师事务所和评估机构已经对成远股份的资产和债务进行了专业审计,最后《评估报告》确定的股东权益价值为22232.69万元,包括了全部资产和负债;如未来发生或有负债,应由原股东最终承担。

二、上市公司资产并购

(一)现实状况

Wind中国并购数据库统计数据显示,2009年以来,我国并购交易市场呈现不断增长趋势，尤其自2014年开始，并购交易数量出现爆发式增长，交易规模大幅攀升。而在并购交易中，资产并购已成为上市公司并购重组的一种重要方式。

（二）“金河生物”资产并购案例

2014年10月15日，金河生物科技股份有限公司（证券代码：002688；证券简称：金河生物）（以下简称金河生物）发布的《关于控股子公司 PHARMGATE LLC. 现金收购美国 PENNFIELD OIL COMPANY 资产的公告》（公告编号：2014－059）披露：

1. 转让方基本情况

潘菲尔德是一家美国动物保健品生产企业，由 Winstrom 家族成员于1947年创立，初始业务为批发经销石油产品。目前，潘菲尔德的主要业务为生产及销售饲料添加剂和水溶性兽药产品，在美国动物保健品市场中拥有一定的地位。

2011—2013年，潘菲尔德经审计主要财务数据见表11－3。

表11－3　潘菲尔德经审计主要财务数据

单位：万美元

项目	2013年年末或2013年度	2012年年末或2012年度	2011年年末或2011年度
总资产	3142.00	2844.53	2791.92
净资产	2647.58	2466.65	2279.37
销售收入	5108.41	5177.00	4488.98
净利润	366.83	420.51	836.28

上述2011—2013年财务数据经美国伯杰＆奥图尔会计师事务所审计，审计报告类型为无保留意见报告。

2. 交易标的概况

公司拟通过在美国注册的控股子公司 Pharmgate LLC.（以下简称法玛威）收购美国 Pennfield Oil Company（以下简称潘菲尔德）的资产。本次交易的总金额约为6000万美元，法玛威将购买潘菲尔德的经营性资产，主要包括潘菲尔德生产经营所需厂房、土地、设备、商标、专利、药号，以及现有存货等，并承继客户，接收雇员。交易标的概况见表11－4。

表11－4　交易标的概况

项目	概　况
厂房	包括饲料级动保产品和水溶性兽药产品生产车间、产品仓库、实验室及行政办公室，建筑面积约37800平方英尺
土地	位于奥马哈市的一处地块，约142048平方英尺
设备	生产饲料级动保产品和水溶性兽药产品的全部生产设备、服务实验设备、包装设备
流动资产	主要构成是主辅原料、饲料级动保产品和水溶性兽药产品等存货，不包括现金或现金等价物
商标	所有商标，包括但不限于已在美国专利商标局注册的共22项商标
专利	所有专利，包括但不限于已在美国专利商标局注册的共6项专利

续表

项目	概况
合约	所有合同、租约、授权、订单和其他协议等
专有技术	商业秘密、产品配方和制造工艺
政府许可	所有由政府部门颁发的可转移的执照、许可、批准证书及其他授权等，包括但不限于共16项已在美国食品药品监督管理局（U. S. Food and Drug Administration，FDA）注册的新动物药申请药号及仿制动物药申请药号（NADA及ANADA）
资料	所有账簿、记录、客户名单、营销资料、广告、培训和促销材料及其他有关行政、销售等资产和信息
商誉	潘菲尔德商号及所有商誉

3. 交易标的评估情况

根据中联资产评估集团有限公司出具的中联评报字［2014］第1024号《资产评估报告》：法玛威拟收购美国潘菲尔德的生产经营药物饲料添加剂业务在评估基准日2014年8月31日的市场价值总计5733.83万美元。按国家外汇管理局公布的2014年8月31日美元兑换人民币中间折算价1∶6.1647折算，本次评估结论折合人民币35347.37万元。本次评估以持续使用和公开市场为前提，结合委估对象的实际情况，综合考虑各种影响因素，采用收益法对委估资产进行评估。

4. 交易定价依据

本次交易的定价依据充分考虑了以下因素：（1）厂房、土地、设备、存货等有形资产价值；（2）法玛威申请相同或相似FDA药号的预计成本和时间；（3）本次交易完成后，公司获得直接进入美国动物保健品终端市场的平台，对公司业务在境外主要市场的战略布局、公司上下游产业链所具有的重大意义；（4）潘菲尔德品牌知名度和客户资源优势。最终交易价格由交易双方协商确定。

5. 本次资产并购对公司的影响

潘菲尔德系美国知名动物保健品厂商，在美国动物保健品市场中具有一定的地位。本次交易前，公司在美国市场是以动物保健品原料药供应商的角色开展业务的；本次交易完成后，公司将拥有潘菲尔德的生产体系和销售渠道，获得进入美国动物保健品终端市场的平台，公司得以提高产品附加值、延伸产业链、丰富产品品种、扩大业务规模，因此具有重要的战略意义。本次收购完成后，公司将对收购标的与原业务体系进行整合优化，本次收购给公司的财务状况和经营成果带来的正面影响将逐步体现。

（三）案例评析

从本次交易内容来看，金河生物通过控股子公司法玛威收购美国公司潘菲尔德的经营性资产，包括潘菲尔德生产经营所需厂房、土地、设备、商标、专利、药号，以及现有存货等，并承继客户，接收雇员，系整体资产转让（资产收购）。那么金河生物为何不选择股权并购的方式，而采用资产并购的方式呢？笔者认为至少有以下几个方面的原因：

潘非尔德系老牌家族企业，成立时间较长，情况较为复杂。如采用股权收购的方式，则需要对潘非尔德的历史沿革进行梳理，需要耗费大量的时间和精力，且存在的不确定性较多，因此不适宜采取股权收购的方式。

从潘非尔德的财务报表来看，虽然公司的总资产和净资产在增加，但是利润却逐年下降，经营风险加大。

中美两国属于不同的两大法系，法律结构差异较大；且以金河生物直接跨国收购潘非尔德，需要层层审批，受到两国的监管限制较多。

从潘非尔德的历史沿革来看，其初始业务为批发经销石油产品，如采取股权收购的方式不仅需要承担大量的经济成本，而且也无法达到预期目的。而以整体资产收购的方式可以有效剥离潘非尔德与动物保健品无关的业务，实现自身商业目的。

第四节　股权并购与资产并购的财税处理

作为一名出色的并购军师，在设计股权并购与资产并购的交易路径时，我们不仅需要考虑到整个项目的法律风险，还需要充分考虑到双方的税负成本。既要使交易结构合法合理，也要努力减少税务负担，力争以最小的经济成本达到双方的交易目的。本节主要阐述了股权并购与资产并购中的财税处理方式及税收优惠政策，并结合实务案例与各位读者探讨了相关节税方案。

一、股权并购的财税处理

（一）股权并购的会计处理

1. 股权并购会计处理一般方法

（1）收购方的有关财务处理如下（限于货币支付）：

借：长期股权投资

　　贷：银行存款

（2）出让方的有关财务处理如下（限于货币支付）：

借：银行存款

　　贷：长期股权投资

　　　　长期投资损益

2. 举例说明

甲公司出资1000万元持有乙公司60%的股权，现甲公司与丙公司达成股权转让协议（乙公司其他股东放弃优先购买权），丙公司以3000万元的价格收购甲公司持有的乙公司60%的股权。

则甲公司的财务处理为——借:银行存款3000万元,贷:长期股权投资(乙公司)1000万元、投资收益2000万元;则丙公司的财务处理为——借:长期股权投资(乙公司)3000万元,贷:银行存款3000万元。

(二)股权并购的税务处理

1. 股权并购税收规则

在股权并购实务中,一般情况下主要涉及印花税和所得税(包括企业所得税和个人所得税),是否还涉及其他税种,主要看并购方以什么支付股权转让款。由于印花税较为简单,且税率亦低,所以,大家关注的重点往往是所得税。根据财税〔2009〕59号的规定,股权收购的税务处理区分不同条件分别适用一般性税务处理规定和特殊性税务处理规定。

(1)股权出让方——印花税和所得税

若出让方为法人,其取得的股权转让款减去股权的计税基础和税费后的余额确认为投资收益,并入企业当期损益计算缴纳企业所得税;若出让方为自然人,其取得的股权转让款减去计税成本和税费后的余额确认为投资所得,缴纳个人所得税。

(2)股权收购方——印花税

股权收购方除了产生印花税外,不发生其他税收义务,但如果股权收购方用货币以外的财产(如土地使用权、实物资产等)作价支付收购股权的价款,就可能发生所得税和其他纳税义务。

2. 关于股权收购的一般性税务处理

(1)一般性税务处理的原则和方法

根据财税〔2009〕59号文的规定,一般性税务处理中,股权收购同一般的资产买卖相同,主要体现在以下三个方面:第一,被收购方应确认股权转让所得或损失;第二,收购方取得股权的计税基础为公允价值;第三,被收购企业的相关所得税事项原则上保持不变。

(2)举例说明(定向增发股份支付股价)

A公司出资500万元持有甲公司80%的股权,作价1000万元转让给B公司(上市公司)。B公司每股股本为1元,现以每股10元的价格向A公司定向发行100万股,作为受让股权的对价。A、B公司财税处理如下:

A公司　借:长期股权投资(B公司)1000万元

　　　　贷:长期股权投资(B甲公司)500万元

　　　　　　投资收益500万元

B公司　借:长期股权投资(甲公司)1000万元

　　　　贷:实收股本100万元

　　　　　　资本公积——股本溢价900万元

说明:A公司投资收益500万元发生纳税义务,B公司未来转让甲公司股权计算所得时扣除额为1000万元。

3. 关于股权收购的特殊性税务处理

(1)特殊性税务处理应满足的条件

根据财税〔2009〕59号文和财税〔2014〕109号文的相关规定，在对股权收购业务进行特殊性税务处理时，应同时符合以下五个条件：第一，具有合理的商业目的，且不以减少、免除或者推迟缴纳税款为主要目的；第二，收购企业购买的股权不低于被收购企业全部股权的50%；第三，在股权收购后的连续12个月内不改变原来的实质性经营活动；第四，收购企业在该股权收购发生时的股权支付金额不低于其交易支付总额的85%；第五，股权收购中取得股权支付的原主要股东，在重组后连续12个月内不得转让其所取得的股权。

(2)特殊性税务处理的原则和方法

根据财税〔2009〕59号文的规定，对于符合特殊性税务处理条件的，且各方同意选择适用特殊性税务处理的，税收优惠政策主要反映在以下三个方面：第一，被收购企业的股东取得收购企业股权的计税基础，以被收购股权的原有计税基础确定；第二，收购企业取得被收购企业股权的计税基础，以被收购股权的原有计税基础确定；第三，收购企业、被收购企业的原有各项资产和负债的计税基础和和其他相关所得税事项保持不变。

(3)举例说明(定向增发股份支付股价)

A公司出资500万元持有甲公司80%的股权，作价1000万元转让给B公司(上市公司)，B公司每股股本为1元，现以每股10元的价格向A公司定向发行100万股，作为受让股权的对价。A、B公司财税处理如下：

A公司　借：长期股权投资(B公司)500万元

　　　　　贷：长期股权投资(B甲公司)500万元

B公司　借：长期股权投资(甲公司)500万元

　　　　　贷：实收股本100万元

　　　　　　　资本公积——股本溢价400万元

说明：A公司不确认股权转让的所得或损失，B公司未来转让甲公司股权计算所得时扣除额从1000万元降为500万元。

二、资产并购的财税处理

(一)资产并购的会计处理

1. 受让方的会计处理

受让方以发生权益工具，或者以其持有的控股子公司股权作为对价，以及与其他非股权支付额组合一并支付对价，所取得的固定资产、无形资产、存货等经营资产，适用《企业会计准则》等相关规定，按照取得非现金资产的公允价值进行初始计量。

2. 转让方的会计处理

转让方以非现金资产作为对价取得受让方的股权，按照《企业会计准则》中的长期股权投资和企业合并对长期股权投资进行初始计量。

转让方以非现金资产作为对价取得受让方持有的控股子公司的全部或部分股权，如果转让方对受让方实施控制，应按照《企业会计准则》中的企业合并对长期股权投资进行初始计量。如果不构成控制，应按照《企业会计准则》中的非货币性资产交换作账。

（二）资产并购的税务处理

依据财税〔2009〕59号文的规定，资产收购企业所得税的税务处理分为一般性的税务处理和特殊性的税务处理。两者的税务处理有很大的不同，现分别介绍如下：

1. 资产收购的一般性税务处理

依据财税〔2009〕59号文的规定，资产收购的一般性税务处理应按照以下规定进行处理：（1）被收购方应确认资产转让所得或损失；（2）收购方取得资产的计税基础为公允价值；（3）被收购企业的相关所得税事项原则上保持不变。

据此，在一般税务处理下，资产收购的所得税处理和一般意义上的企业资产买卖交易（资产转让）的税务处理原则是完全一致的，即被收购方按资产的市场价格或公允价值与计税基础的差额确认资产转让所得或损失；收购方如果是用非货币性资产进行交换的，应分两步走，先按公允价值销售确认非货币性资产转让所得或损失，再按公允价值购买资产。由于资产收购不涉及企业法律主体资格的变更，因此，被收购企业的相关所得税事项原则上保持不变。

2. 资产收购的特殊性税务处理

（1）特殊性税务处理的条件

依据财税〔2009〕59号文的规定，资产收购的特殊性税务处理应同时符合以下五个条件：

资产收购要有合理商业目的且资产收购不能以减少、免除或者推迟缴纳税款为主要目的。企业如果以减少、免除或者推迟缴纳税款为主要目的，刻意使资产收购中的股权支付比例符合特殊性税务处理的，税务机关可予以否决；企业在收购另一家企业的实质经营性资产后，必须在收购后的连续12个月内仍运营该资产，从事该项资产以前的营业活动。资产收购中受让企业收购的资产不低于转让企业全部资产的50%，且受让企业在该资产收购发生时的股权支付金额不低于其交易支付总额的85%。

（2）特殊性税务处理方式

依据财税〔2009〕59号文和财税〔2014〕109号文的规定，在对资产收购业务进行特殊性税务处理时，应同时符合以下条件：转让企业取得受让企业股权的计税基础，以被转让资产的原有计税基础确定；受让企业取得转让企业资产的计税基础，以被转让资产的原有计税基础确定。

据此，受让企业收购的资产不低于转让企业全部资产的50%，即通常所说的资产收购应当近似于企业的一个整体资产转让行为，仅涉及少部分营业资产的转让不适用特殊性税务处理。同时，股权支付的金额不低于其交易支付总额的85%。只有同时满足以上条件，资产收购才能运用特殊性税务处理。

三、股权转让的节税方案与案例分析

(一)案例导读

甲公司有两个法人股东A公司和B公司,甲公司的注册资本为2000万元,其中A公司持股40%,B公司持股60%。经过两年的经营,甲公司企业估值为5000万元,有累计未分配利润1000万元,A拟将股权全部转让给C公司,双方约定以甲公司当时的净资产为依据确定转让价款。请为A公司设计股权转让方案,计算相关方案涉及的税负并阐明依据。

(二)方案设计

1. 直接转让股权

(1)C公司应支付的股权转让款为2000万元(计算方法为:5000万元×40%);

(2)A公司应缴纳的印花税为1万元(计算方法为:2000万元×0.05%);

法律依据:《印花税暂行条例》(国税发〔1991〕155号)

(3)A公司股权转让所得额为1199万元(计算方法为:2000万元-2000万元×40%-1万元)

(4)A公司应纳企业所得税为299.75万元(计算方法为:1199万元×25%)

法律依据:《企业所得税法实施条例》第十七条、第七十一条

(5)A公司的净所得为899.25万元(计算方法为:1199万元-299.75万元);

2. 先分红再转让股权

(1)A公司分得累计未分配利润=1000万元×40%=400万元

A公司应交企业所得税=0

法律依据:《企业所得税法》第二十六条

(2)甲公司在分配后的净资产4000万元(计算方法为:5000万元-1000万元)

(3)C公司应支付的股权转让款1600万元(计算方法为:4000万元×40%)

(4)A公司应缴纳的印花税0.8万元(计算方法为:1600万元×0.05%)

法律依据:《印花税暂行条例》

(5)A公司股权转让所得为799.2万元(计算方法为1600万元-2000万元×40%-0.8万元)

(6)A公司应纳企业所得税199.8万元(计算方法为799.2万元×25%)

法律依据:《企业所得税法实施条例》第十七条、第七十一条

(7)A公司的净所得为999.4万元(计算方法为:799.2万元-199.8万元+400万元)

(三)结论性意见

1. 通过对比以上两种方案,A公司采用第二种方案更加节税。

2. 在股权或资产转让前对累计未分配利润及盈余公积先分配再进行转让处置,与直接转让相比可实现少交企业所得税的好处。

3. 累计未分配利润及盈余公积先分配再转让的做法，对受让股东没有太大影响，因为降低了受让股东未来转让股权的计税成本。

（四）税务筹划建议

股权并购在财税上有含权并购和除权并购两种交易方式。含权并购是指在公司利润尚未分配时转让股权，此时所有者权益较大，因此在被收购时股权价值相对较高；除权并购是指先分配利润再进行股权转让，此时股权转让的价值会降低。

通过上述案例分析，我们认为在股权转让中，采用“先分配利润，后股权转让”方式，不仅可以降低股权交易对价，而且也可以降低税收成本。其税务筹划思路为：(1)企业的留存收益增加了股权的价值，并且在处置股权时以资本利得的形式表现出来；(2)股东在转让股权前，借助免税通道，将股权转让所得转化为股息所得；(3)分配后，收购方收购目标公司股东持有的股权的价格将降低，减少了股权转让所得。

但需要注意的是，依据《企业所得税法》第二十六条、《企业所得税法实施条例》第十七条和第七十一条、国税函〔2010〕79 号文等相关法律规定，要求转让方必须是法人股东（居民企业），如为自然人则无法享受该税收优惠。

下篇

第十二章

股权巧运作借助绿色通道终圆上市梦

实务指引

西藏卫信康医药股份有限公司上市经历了几个重要过程，包括增资、减资、股权转让、迁址西藏、上市主体遴选、借助 IPO 绿色通道上市等一系列资本运作。西藏卫信康医药有限公司前身系注册在山西大同的一个壳公司，2013 年 8 月迁移到西藏拉萨并更名，该公司通过重组，将“祖母级”公司北京京卫信康医药科技发展有限公司（业务主体）资产全部装进去，以控股型上市主体成功登陆上海证券交易所主板。

西藏卫信康医药股份有限公司展示的多起股权运作，腾笼换鸟，高招迭出，深藏玄机。仅就转让价格确定机制来讲，包括平价转让、折价转让、预价转让、溢价转让和差价转让；两次减资，第一次是消除股东出资瑕疵，第二次是企业出于重组目的主动减资瘦身；四次增资，可谓精彩纷呈，第一次为优化公司股权结构，第二次为加强大股东控制权，第三次为转增资扩大股本规模，第四次为并购兄弟公司奔上市，真是波澜壮阔，让人叹为观止。

综观系列股权运作，业务主体通过先减资再增资，然后转让少数股权的方案设计规避了绝大部分重组税收。减资少税，北京的母公司同比例减资，将注册资本从 850 万元减至 85 万元，减资幅度高达 90%；增资无税，卫信康有限对北京的母公司大幅度增资，将注册资本增至 2000 万元，卫信康有限持股比例达到 95.75%，成为绝对控股股东；股权转让降低税收基础，北京的母公司全体股东转让少数股权（4.25%）给上市主体，最终达到上市主体完全控股业务主体的股权架构。下面让我们一同感受卫信康不一样的上市历程。

第一节 IPO 扶贫政策助推企业成功上市

西藏卫信康医药股份有限公司(股票代码:603676;证券简称:卫信康)住所地在拉萨市经济技术开发区孵化园区,注册资本为36000万元(上市发行前),法定代表人为张勇,经营范围包括医药技术研发、技术咨询、技术服务、技术转让,药品技术的引进和推广,信息咨询、投资咨询(不含金融和经纪业务),企业管理咨询、会议主持、展示展览服务(不含大型演出),(依法须经批准的项目,经相关部门批准后,方可经营该项活动);主营业务:以临床需求为导向,立足于研发创新,坚持仿创结合,以化学药品制剂及其原料药的研发、生产、销售为主营业务,在静脉维生素补充剂、静脉电解质补充剂、静脉补铁剂等细分领域具有较强竞争力,同时生产和销售护肝类用药、抗生素类产品。

卫信康前身是大同市普康医药科技有限公司(以下简称大同普康),2013年迁址西藏拉萨,先后更名为西藏中卫康医药科技有限公司、西藏中卫信康医药科技发展有限公司、西藏卫信康医药有限公司(以下统称卫信康有限)。

一、卫信康有限设立的法律程序和财税处理

(一)大同普康设立目的

2006年3月10日,自然人张宏、刘烽共同出资设立大同普康,其中张宏出资3万元,刘烽出资2万元。根据大同市工商局经济技术开发区分局于2006年3月17日核发的《企业法人营业执照》(注册号:1402002900446),大同普康注册资本5万元,实收资本5万元,法定代表人为张宏,经营范围为医药技术研发、技术咨询服务,营业期限为2006年3月21日—2010年3月17日。

大同普康股权架构如图12-1所示。

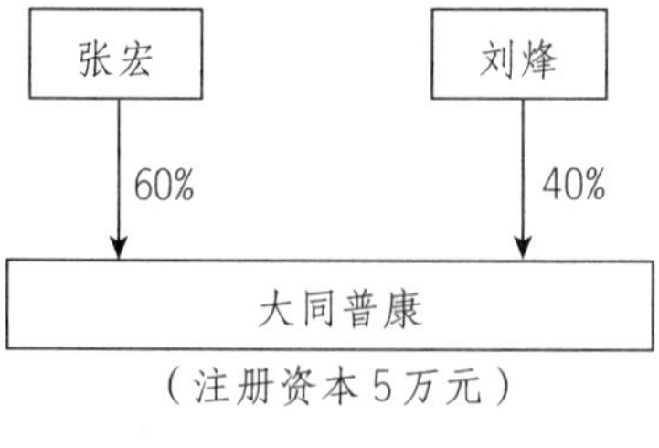

图12-1 大同普康股权架构

因北京京卫信康医药科技发展有限公司(以下简称北京京卫信康)的业务合作方山西普德药业有限公司实际经营地为山西,为了业务合作方便,故设立大同普康。公司设立时点,刘烽既是北京京卫信康的继受股东又是大同普康的发起人股东,张勇是北京京卫信康的实际控

制人。

(二)公司设立的法律程序和财税处理

1. 法律程序

(1)2006 年 3 月 10 日,张宏、刘烽签署《大同普康医药科技有限公司章程》。

(2)2006 年 3 月 16 日,大同北岳会计师事务所有限公司出具《验资报告》(大同北岳验〔2006〕0015 号)。

(3)2006 年 3 月 17 日,大同市工商局核发《企业法人营业执照》。

2. 财务处理

股东对投资形成的资产进行财务确认,这涉及出资人未来转让股权或公司重组时的纳税义务,下面是各主体的会计分录:

(1)张宏——借:长期股权投资 3 万元;贷:银行存款 3 万元。以出资额和税费确认取得股权的计税成本(计税基础),未来转让时扣除。

扣除额 = 出资额 + 印花税 =3 万元 ×(1 万元 +0.5‰) =3.0015 万元,即张宏本次权益性投资(股权投资)的计税成本为 3.0015 万元。

(2)刘烽——借:长期股权投资 2 万元,贷:银行存款 2 万元,以出资额和税费确认取得股权的计税成本(计税基础),未来转让时扣除。

扣除额 = 出资额 + 印花税 =2 万元 ×(1 万元 +0.5‰) =2.001 万元,即刘烽本次权益性投资(股权投资)的计税成本为 2.001 万元。

(3)大同普康——借:银行存款 5 万元,贷:实收资本——张宏 3 万元、刘烽 2 万元。

由于本次发行(融资)属于平价发行(融资),大同普康收到的投资款 50000 元全部确认为实收资本,没有溢价部分。

3. 税收负担

(1)张宏、刘烽需要缴纳印花税,依据《印花税暂行条例》第二条规定,税率为 5‰,由于印花税属于小税种,纳税金额较小,实务中一般忽略不计。除了印花税之外,投资人不会产生其他税负。

(2)大同普康无论是平价发行(融资),还是溢价发行(融资),在投资人以货币方式出资的情况下只发生印花税,不产生其他税负。

二、卫信康“天路八步”登顶上交所主板

(一)卫信康有限主要的股权运作步骤

从大同普康 2006 年 3 月成立到卫信康 2017 年 7 月跻身上交所,时间不过 11 年,从一个注册资本仅有 5 万元的壳公司到注册资本高达 36000 万元的主板上市公司,其间演绎了多少美妙的故事。在卫信康的整个资本运作过程中,笔者遴选了八大重要事项,并戏称为“天路八步”。

第一步:增资①

操作方式:2009 年 4 月,北京中卫康医药投资管理有限公司(以下简称北京中卫康)对大同普康增资 995 万元,其中实缴 205 万元,认缴 790 万元,大同普康注册资本增至 1000 万元,北京中卫康持股 99.5%。

运作目标:(1)大同普康注册资本大幅度增加,法人股东进入目标公司,不但提高了公司整体实力,有利于开展业务,而且从根本上改善公司股东结构,逐步规范法人治理机制;(2)充分利用 2005 年修订的《公司法》规定的股东可以在两年分期缴纳出资额的有利条件,在目标公司经营暂不需要大量资金的情况下,可以减缓股东的出资压力。

第二步:减资②

操作方式:2011 年 6 月,大同普康注册资本由 1000 万减资至 210 万元,即北京中卫康认缴的 790 万元做减资处理,北京中卫康持股 97.62%。

运作目标:(1)法人股东认缴的出资额没有按期缴纳,属于出资瑕疵,对公司未来上市会产生不利影响,必须公司引起高度重视,稳妥解决;(2)由于大同普康业务变化无须资本投入,如果采用现金补缴出资方式,势必导致资金的大量闲置,而通过减资方式进行规范,避免了公司资本过剩;(3)未按期缴纳出资不属于重大违法违规行为,不存在接受行政处罚的风险。

第三步:股权转让①

操作方式:2011 年 12 月,两自然人股东(张宏、刘峰)将其股权转让给北京中卫康。转股后,大同普康为北京中卫康全资子公司,为北京京卫信康的孙公司。

运作目标:(1)由于大同普康未发生实际的业务,原股东张宏、刘烽将持有的股权平价转让给北京中卫康,既不会产生个人所得税,符合税法规定的公平交易原则,同时也充分评估了不会出现纳税义务调整的税务风险;(2)本次股权转让完成后,大同普康成为北京中卫康全资控股的公司,这为卫信康有限今后更大的资产重组做好了必要的铺垫,有助于卫信康未来上市。

第四步:迁址西藏

操作方式:2013 年 8 月,大同普康迁址到西藏拉萨,并更名为西藏中卫康医药科技有限公司(2014 年 4 月名称变更为“西藏中卫康医药科技有限公司”、2015 年 10 月名称变更为“西藏卫信康医药有限公司”)。

运作目标:(1)由于大同普康未在山西实际开展运营,公司迁往西藏,当地政府不会过多干预;(2)卫信康实际控制人张勇此前已在西藏设立了两个持股平台,即西藏中卫康投资和西藏京卫信康投资(有限合伙),公司迁移可以更好地布局上市大计;(3)根据中国证监会当时出台的 IPO 扶贫政策,大同普康迁址西藏可享受“即报即审”的优惠政策,加快了卫信康上市的进程。

第五步:股权转让②

操作方式:2013 年 10 月,北京中卫康将西藏中卫康的股权全部转让给北京京卫信康的全体股东，转让后西藏中卫康与北京京卫信康成为兄弟公司。

运作目标：(1)卫信康实际控制人张勇等决定将卫信康作为上市主体后，需要对卫信康的业务架构和持股形式进行全面调整，使上市主体和业务主体(北京京卫信康)拥有相同的股东，并由同一实际控制人控制，未来两公司合并符合同一控制下的企业合并的条件；(2)根据《企业会计准则第20号——企业合并》的规定，卫信康的会计处理使用账面价值计量，即权益结合法。

第六步：减资②

操作方式：2013年10月，北京京卫信康全体股东同比例减资，注册资本(实收资本)由850万元减至85万元。

运作目标：(1)北京京卫信康在卫信康有限增资前，进行大幅度的减资，极大地减轻了卫信康有限上市架构搭建涉及的资金周转压力，同时规避了张勇等股东将持有的北京京卫信康全部股权直接转让给卫信康有限产生的巨大税负；(2)北京京卫信康全体股东同比例减资，属于非交易性减资，股东之间不发生任何利益冲突，且北京京卫信康也不需要向股东支付减资对价。

第七步：增资②

操作方式：2013年11月，西藏中卫康对北京京卫信康增资1915万元。增资后，北京京卫信康注册资本为2000万元，北京京卫信康为西藏中卫康的控股子公司。

运作目标：(1)北京京卫信康完成减资后，卫信康有限立即对其进行增资，对于一家体量高达3亿余元的经营实体，卫信康有限仅以1915万元的少量资金的投入，即取得了北京京卫信康95.75%的股份；(2)本次增资完成后，卫信康有限取得了北京京卫信康的控股地位，并通过后续收购北京京卫信康少数股东的股权，最终实现完全控制北京京卫信康的目的。

第八步：股权转让③

操作目标：2014年11月，西藏中卫康收购北京京卫信康其余的股权的4.25%，并支付转让价款1065万元。收购后，北京京卫信康为西藏卫信康的全资子公司。

运作目标：(1)北京京卫信康成为西藏卫信康的全资子公司，相关业务均纳入上市主体，上市主体完成控股架构的搭建和相关业务的整合；(2)北京京卫信康与西藏卫信康的经营范围均系药品相关行业，本次资产重组未导致主营业务发生重大变化；(3)本次资产重组系同一控制下的重组，两家企业受同一实际控制人控制，且报告期内未发生变化。

卫信康有限“天路八步”结构如图12-2所示。

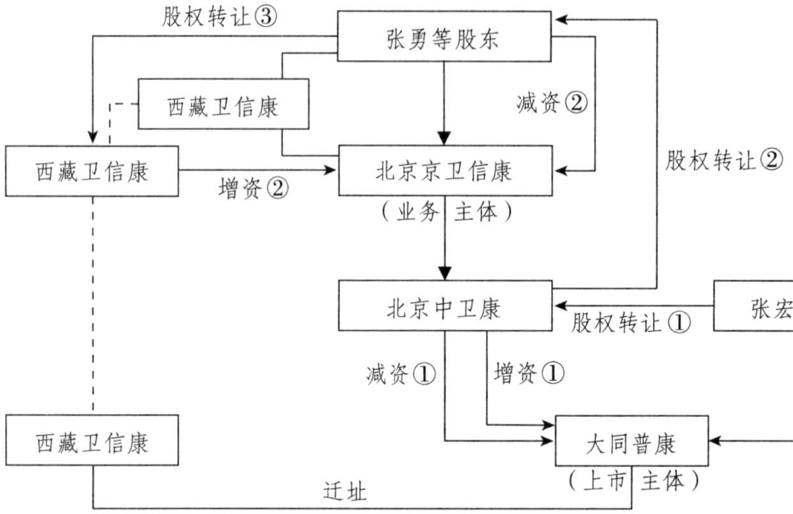

图 12-2 卫信康有限"天路八步"结构

(二)卫信康有限借助 IPO 扶贫政策成功上市

1. IPO 扶贫政策

2016 年 9 月 8 日,中国证监会发布的《关于发挥资本市场作用服务国家脱贫攻坚战略的意见》(中国证监会公告〔2016〕19 号)指出,为贯彻落实中共中央、国务院《关于打赢脱贫攻坚战的决定》(中发〔2015〕34 号)和中央扶贫开发工作会议精神,充分发挥资本市场作用,服务国家脱贫攻坚战略,现提出以下意见:"对注册地和主要生产经营地均在贫困地区且开展生产经营满三年、缴纳所得税满三年的企业,或者注册地在贫困地区、最近一年在贫困地区缴纳所得税不低于 2000 万元且承诺上市后三年内不改变注册地的企业,申请首次公开发行股票并上市的,适用'即报即审、审过即发'政策。"

2. 卫信康有限成功上市

2013 年 8 月,大同普康迁入西藏后,更名为"西藏中卫康医药科技有限公司",2014 年 4 月更名为"西藏中卫信康医药科技有限公司",2015 年 10 月更名为"西藏卫信康医药有限公司";2015 年 12 月,西藏卫信康医药有限公司以净资产折股方式整体变更设立股份公司,企业名称变更为西藏卫信康医药股份有限公司。

2017 年 6 月 30 日,西藏卫信康医药股份有限公司取得中国证监会批文(证监许可〔2017〕1098 号),并于同年 7 月 21 日在上交所主板上市,卫信康有限从报送 IPO 申请到审核通过 IPO,合计用时约 7 个月,与卫信康有限同批的排队企业,仍在 160 位之外。这是中国证监会公布脱贫攻坚的上市绿色通道后,市场上第一家上市企业,从受理到预披露更新再到上会,用时如此之短,一气呵成,卫信康有限成为扶贫 IPO 的一个标杆。

第二节　不同价格条件下的股权转让

卫信康有限及其关联公司在资本运作过程中，总共发生了几十起股权转让，但其中的五起股权转让最具代表性，最有专业价值，值得大家探讨、学习和借鉴。

1. 2011 年 12 月，张宏、刘烽以出资额为对价将持有的卫信康有限全部股权（1.43% + 0.95%）转让给内部股东北京中卫康，北京中卫康成为单一股东。

2. 2013 年 10 月，北京中卫康以低于出资额的价格将持有的卫信康有限全部股权（100%）转让给其母公司北京京卫信康全体股东张勇、张宏、刘烽、西藏中卫康投资管理有限公司（以下简称西藏中卫康投资）、西藏京卫信康投资管理合伙企业（有限合伙）[以下简称西藏京卫信康（有限合伙）]。

3. 2013 年 10 月，卫信康有限实际控制人张勇以预先确定的价格（两年后发生过调整）将持有的卫信康有限部分股权（0.1667%）转让给被激励对象（骨干员工）温小泉，用于股权激励。

4. 2014 年 11 月，张勇、张宏、刘烽、西藏中卫康投资、西藏京卫信康投资（有限合伙）按照账面净资产确认的价格，将持有的北京京卫信康少数股权（4.25%）转让给卫信康有限。

5. 2015 年 7 月，张勇在同一时点以不同的价格（分别以出资额和市场价值为定价依据）将持有的卫信康有限部分股权（10% +2%）转让给其妻子钟丽娟和妻姐钟丽芳。

从股权转让价格确定机制来看，我们将以上五起股权转让分别称之为“平价转让”、“折价转让”、“预价转让”、“溢价转让”和“差价转让”，下面具体阐述每次交易的目的、法律程序、财务处理、税收负担、中国证监会反馈问题及发行人回复意见（如有），并对每次交易进行评析。

卫信康有限发生的五次股权转让如表 12 - 1 所示。

表 12 - 1　卫信康有限五次股权转让情况

序号	交易时间	转让方	受让方	目标公司	价格依据	交易类型
1	2011 年 12 月	张宏、刘烽	北京中卫康	卫信康有限	以出资成本为依据，交易价与出资额相等	平价转让
2	2013 年 10 月	北京中卫康	张勇、张宏、刘烽、西藏中卫康投资、西藏京卫信康投资（有限合伙）	卫信康有限	以经审计的净资产值为依据，交易价格低于出资额	折价转让

续表

序号	交易时间	转让方	受让方	目标公司	价格依据	交易类型
3	2013 年 12 月	张勇	温小泉	卫信康有限	以未经审计的账面净资产值为依据，交易价格为预先确定的价格	预价转让
4	2014 年 11 月	张勇、张宏、刘烽、西藏中卫康投资、西藏京卫信康（有限合伙）	卫信康有限	北京京卫信康	以账面净资产为依据，交易价格高于投资成本	溢价转让
5	2015 年 7 月	张勇	钟丽娟、钟丽芳	卫信康有限	钟丽娟：以出资成本确定转让价格 钟丽芳：以公司整体估值确定转让价格	差价转让

一、平价转让、折价转让与溢价转让的考量

（一）平价转让

2011 年 12 月 13 日，张宏将其持有的卫信康有限 3 万元出资额以 3 万元价格转让给北京中卫康，刘烽将其持有的卫信康有限 2 万元的出资额以 2 万元价格转让给北京中卫康。

1. 转股目的

此次转股之后，卫信康有限成为北京中卫康的全资子公司，本次转股为今后的重大资产重组做好准备。股权出让方张宏、刘烽尽管退出了卫信康有限，但并未因此退出卫信康系公司，通过后续的资本运作，该二人成为上市公司卫信康的发起人股东。

2. 法律程序

（1）2011 年 12 月 19 日，卫信康有限股东会同意进行上述股权转让行为，并签署章程修正案。

（2）2011 年 12 月 31 日，张宏、刘烽分别与北京中卫康签署《股权转让协议》。

（3）2012 年 2 月 16 日，完成工商变更登记事项。

3. 财务处理

本次股权转让的结果，只是卫信康有限股东结构发生变化，北京中卫康成为卫信康有限的唯一股东，公司注册资本和实收资本并没有发生变化，仍是 210 万元。对于股权转让款的支付，新股东可以通过公司账户，由公司支付给原股东；也可以不通过公司账户，由交易双方自行收付。下面区分情况，进行会计分录。

（1）股权转让款通过公司账户支付的情形

收取新股东的交款时，目标公司—借：现金（银行存款）；贷：其他应付款——代收股权转

让款。

支付款项给原股东时，目标公司—借：其他应付款——代收股权转让款；贷：现金（银行存款）。

（2）股权转让款由股权转让双方自行收付的情形

目标公司—借：实收资本——原股东；贷：实收资本——新股东。

新股东—借：长期股权投资；贷：现金（银行存款）。

原股东—借：现金（银行存款）；贷：长期股权投资。

4. 税收负担

本次股权转让价格按照出让方张宏、刘烽出资额确认，没有发生溢价，属于平价转让。根据国家税务总局发布的《股权转让所得个人所得税管理办法（试行）》（国家税务总局公告2014 年第 67 号）（以下简称国税 67 号公告）的规定，本次股权转让收入与股权原值相同，所以并未产生个人所得税，只是发生了印花税（金额较小，忽略不计，下同）。

国税 67 号公告第十条规定："股权转让收入应当按照公平交易原则确定。"根据第十五条第一项规定，以现金出资方式取得的股权，按照实际支付的价格与取得股权直接相关的合理税费确认股权原值。由于张宏、刘烽在大同普康设立时分别以现金出资 3 万元和 2 万元，加上印花税，其股权计税成本分别为 30015 元和 20010 元（忽略印花税，不计算在计税成本当中）。因此，张宏、刘烽以出资额确认转让价格并无不妥。

本次股权转让后，卫信康有限股权架构如图 12 – 3 所示。

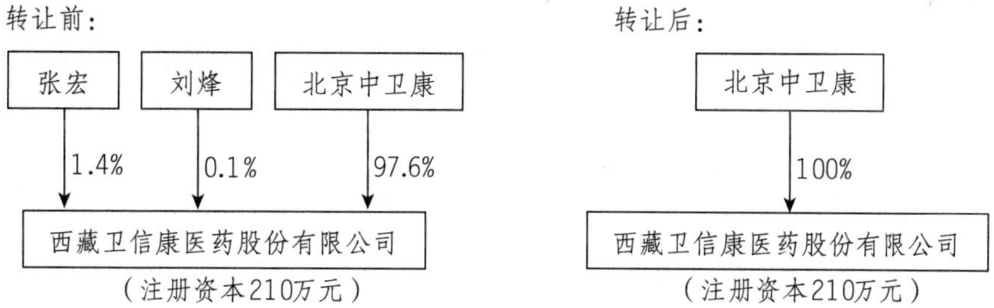

图 12 – 3　股权转让后公司股权架构

（二）折价转让

2013 年 10 月 25 日，北京中卫康将持有的卫信康有限 100% 股权分别转让给张勇、张宏、刘烽、西藏中卫康投资、西藏京卫信康投资（有限合伙），股权转让双方根据经审计的净资产值协商确定股权，转让价格合计 137 万元。

1. 转股目的

2013 年，实际控制人张勇决定以卫信康有限作为发行主体，需要据此进行公司业务架构和持股形式调整。因此，北京中卫康将其持有的卫信康有限全部股权分别转让给北京京卫信康全体股东，使卫信康有限与北京京卫信康成为同一层级的兄弟公司，为后续资本运作提供支撑。

2. 法律程序

(1)2013 年 10 月 25 日,北京中卫康作出书面决定,同意将其持有的卫信康有限全部股权分别转让给张勇、张宏、刘烽、西藏中卫康投资、西藏京卫信康投资(有限合伙)。

(2)同日,全体受让人签署了卫信康有限的新章程。

(3)同日,瑞华会计师事务所(特殊普通合伙)出具《审计报告》(瑞华专审字[2013]第 91630010 号)。

(4)2013 年 10 月 30 日,完成工商变更登记事项。

3. 财务处理

根据《审计报告》,截至 2013 年 9 月 30 日,卫信康有限经审计的净资产为 1367248.14 元,股权转让双方根据上述经审计的净资产值协商确定股权转让价格合计为 137 万元,低于北京中卫康实缴的出资额 210 万元,投资损失为 73 万元(210 万元 - 137 万元),下面是详细的会计分录:

(1)卫信康有限—借:实收资本——北京中卫康 210 万元;贷:实收资本——张勇、张宏、刘烽等全体股东 210 万元。

(2)北京中卫康—借:其他应收款 137 万元、投资收益 73 万元;贷:长期投资 - 其他股权投资 210 万元。

(3)张勇、张宏、刘烽等全体股东—借:长期投资——其他股权投资 137 万元;贷:银行存款 137 万元。

本次股权转让后,卫信康有限注册资本(实收资本)为 210 万元,但张勇、张宏、刘烽等全体受让人取得股权的投资成本合计为 137 万元,该等受让人未来转让股权时,计税成本以 137 万元对应的股权比例为依据进行确定。

4. 税收负担

根据国税函〔2010〕79 号文第三部分的规定:"企业转让股权收入,应于转让协议生效、且完成股权变更手续时,确认收入的实现。转让股权收入扣除该股权取得时所发生的成本后,为股权转让所得。"从前述可知,北京中卫康持有卫信康有限全部股权的税收成本为 210 万元,但本次转让价格为 137 万元,没有转让所得,所以不需要缴纳企业所得税;对于投资损失部分,未来可以在税前冲抵。

5. 中国证监会反馈问题及发行人回复意见

反馈问题:请保荐机构、发行人律师核查并在招股说明书中披露:(1)详细说明 2013 年北京中卫康将其持有的卫信康有限的全部股权分别转让给张勇、张宏、刘烽、西藏中卫康投资、西藏京卫信康投资(有限合伙)的原因;(2)股权转让价格确定的依据,受让价款低于出资额的原因及合理性;(3)股权转让过程是否履行了相应的股东会程序;(4)资金具体来源及其合法性;(5)各新股东与发行人之间是否存在对赌协议等特殊协议或安排。

回复意见:(1)2013年,北京京卫信康的实际控制人张勇决定以卫信康有限作为发行主体,需要据此进行公司业务架构和持股形式调整;(2)根据瑞华会计师事务所2013年10月25日出具的《审计报告》(瑞华专审字[2013]第91630010号),截至2013年9月30日,卫信康有限当时的净资产低于注册资本,股权转让双方根据净资产值确定了股权转让价格,具备合理性;(3)卫信康有限的独资股东北京中卫康于2013年10月25日作出书面决定,同意本次股权转让;(4)本次转让对价合计137万元,各股东向北京中卫康支付股权转让款均为自有资金,来源合法,且其与北京中卫康、发行人之间不存在对赌协议等特殊协议或安排。

综上所述,本次股权转让行为是基于公司上市主体业务和持股结构的调整,转让价格虽低于出资额,但按照审计的净资产确定,具有合理性;本次股权转让程序合法、资金来源合法,且不存在对赌协议等特殊协议的安排。

(三)溢价转让

2014年11月18日,张勇、张宏、刘烽、西藏中卫康投资、西藏京卫信康投资(有限合伙)将各自持有的北京京卫信康少数股权(合计4.25%)按照账面净资产作价转让给卫信康有限,转让价款合计1065.6247万元。

1.转股目的

北京京卫信康作为业务主体,拥有核心资产,通过本次股权转让,成为卫信康有限的全资子公司,便于上市的整体运作。此外,拟上市主体是不能和实际控制人、董监高合开公司的,卫信康有限对北京京卫信康增资只是解决了控股问题,受让股东剩下的少数股权是为了消除上市的实质障碍。

2.法律程序

(1)2014年11月15日,张勇、张宏、刘烽、西藏中卫康投资、西藏京卫信康投资(有限合伙)分别与卫信康有限签署《股权转让协议》。

(2)2014年11月18日,北京京卫信康股东会同意张勇、张宏、刘烽、西藏中卫康投资、西藏京卫信康投资(有限合伙)将各自持有北京京卫信康的少数股权按照账面净资产转让给卫信康有限。

(3)2014年11月21日,完成工商变更登记事项。

3.财务处理

根据中国建设银行出具的《客户专用回单》,卫信康有限已向出让方分别支付股权转让款,其中向张勇支付117.8456万元,向张宏支付3.761万元,向刘烽支付3.761万元,向西藏中卫康投资支付752.2057万元,向西藏京卫信康投资(有限合伙)支付188.0514万元,合计金额1065.6247万元,各主体的会计分录(略)。

4.税收负担

鉴于北京京卫信康该时点转让股权的转让人包括自然人股东张勇、张宏、刘烽和法人股东西藏中卫康投资、机构股东西藏京卫信康投资(有限合伙),根据国家税务总局发布的国税

67 公告第五条的规定，张勇、张宏和刘烽三自然人需要就本次转让股权取得的收入扣除投资成本后的金额确认为应纳税所得，按照 20% 税率分别缴纳个人所得税，受让人卫信康有限负责代扣代缴相应的税款。

根据国税函〔2010〕79 号文和国家税务总局《关于企业取得财产转让等所得企业所得税处理问题的公告》（国家税务总局公告 2010 年第 19 号）的规定，企业取得的股权转让收入，均应一次性计入确认收入的年度计算缴纳企业所得税。西藏中卫康投资需要就本次转让股权取得的收入计入 2014 年纳税年度计算缴纳企业所得税。

根据财政部、国家税务总局《关于合伙企业合伙人所得税问题的通知》（财税〔2008〕159 号）的规定，合伙企业以每一个合伙人为纳税义务人。合伙企业合伙人是自然人的，缴纳个人所得税；合伙人是法人和其他组织的，缴纳企业所得税。合伙企业生产经营所得和其他所得采取"先分后税"原则。西藏京卫信康投资（有限合伙）自身不是纳税主体，本次转让股权取得的收入由各合伙人负责缴纳企业所得税或个人所得税。

本次交易完成后，北京京卫信康股权架构如图 12－4 所示。

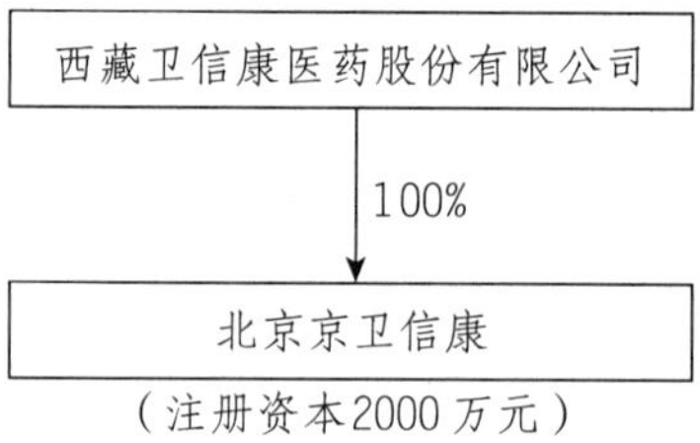

图 12－4　交易后北京京卫信康股权架构

5. 中国证监会反馈问题及发行人回复意见

反馈问题：请保荐机构、发行人律师核查并在招股说明书中披露：卫信康有限以 1065.6247 万元的价格收购北京京卫信康剩余 4.25% 的股权是否履行了法定的程序？

回复意见：(1)北京京卫信康股东会形成决议，同意上述股权转让行为；(2)双方签署股权转让协议，卫信康有限支付转让款给出让方；(3)各方就本次股权收购事项完成工商变更登记手续。

（四）综合评析

1. 折价转让与公司、其他股东及债权人利益的保护

卫信康有限原本是北京京卫信康的孙公司，此次转股之后，卫信康有限成为北京京卫信康的兄弟公司，且两者在同一实际控制人控制之下。根据张勇的安排，卫信康有限作为上市主体，北京京卫信康作为业务主体，卫信康有限未来对北京京卫信康的增资就构成同一控制下的公司合并。这种架构下的资产重组，不仅可以减少重组方的资金压力，对被重组方也会产生节税的效果。

卫信康有限在净资产低于出资额的情况下，为什么还可以转让股权呢？我们知道，股权转让是内部股东之间或股东与第三方之间发生的交易行为，交易标的是公司股权，目标公司只是交易对象。在交易过程中，目标公司注册资本和实收资本均没有发生变化，不违反资本充实和资本不变原则，这是股权转让与增资扩股的重要区别。一般而言，股权转让价格是根据市场确定的，所以不乏折价转让的存在。对于张勇等股东受让价格低于出资额这一特殊情形，中国证监会专门提出了反馈问题，虽然股权转让价格低于出资额，但公司偿债能力并没有因此减弱，因此，折价转让对公司、其他股东及债权人的利益不会造成不良影响。

笔者认为，北京中卫康折价转让基于以下几个原因：首先，尽管卫信康有限原始股东张宏、刘烽和继受股东北京中卫康实缴出资合计 210 万元，但卫信康有限一直未开展实际经营，并未产生任何收益；其次，卫信康有限存续过程中发生的费用冲抵了成本，减少了公司资产，比如房屋租金、员工工资等；最后，北京中卫康转让价格低于出资额，是依据专业机构出具的审计报告，双方根据经审计的净资产值协商确定股权转让价格，具有公信力。所以，受让价格低于出资额具有充分的合理性。

2. 溢价转让中需关注纳税主体、纳税额及纳税时点

首先，溢价转让要确定纳税主体。法律规定，依法纳税是公民和企业的义务。实务中，纳税义务一般不能转嫁。比如，股权持有人溢价转让股权，其取得的溢价部分作为资产转让所得，应缴纳相应的所得税。

其次，溢价转让要确定转让价格。根据发行人披露的招股说明书，本次股权转让价格是按照账面净资产确定。经测算，北京京卫信康在该时点的账面净资产总额为 25073.5224 万元（1065.6247 ÷ 4.25%，交易价格为 1065.6247 万元）。

再次，溢价转让要确定应纳税所得。出让股东无论是自然人还是法人，根据相关税法的规定，转让股权取得的收入减除股权原值（取得股权实际发生的成本与取得股权直接相关的合理税费），即为应纳税所得额。

最后，溢价转让要确定纳税时点。法人股东纳税时点为股权转让行为当年的纳税年度，即法人取得的股权转让收入，均应一次性计入确认收入的年度计算缴纳企业所得税；自然人股东纳税时点为股权转让行为发生时，由受让方为扣缴义务人；由于机构股东的纳税主体为每一个合伙人，纳税时点根据合伙人身份的不同而不同。

（五）股权转让税费承担诉讼案例及评析[①]

1. 案件当事人

原告（反诉被告、二审上诉人）：吴善媚

原告（反诉被告、二审上诉人）：李耀生

---

① 案例索引：广西壮族自治区高级人民法院（2014）桂民二初字第 3 号民事判决书、最高人民法院（2016）最高法民终 51 号民事判决书。

被告(反诉原告、二审上诉人):梁新业

被告(反诉原告、二审上诉人):宋汉之

被告(反诉原告、二审上诉人):王兆远

2. 案情简介

(1)关于相关协议的签订

2009年8月11日,吴善媚、李耀生(甲方)与广西龙云房地产投资有限公司(以下简称龙云公司)、王兆远(乙方)签订《股权转让合同》,约定:甲方同意将享有的南宁市金汛有限责任公司(以下简称金汛公司)全部股权(其中吴善媚占有95.83%股权,李耀生占有4.17%股权)转让给乙方,股权(仅对应土地资产)转让总价款5500万元,双方同意采取分期付款的方式。

2009年8月14日,吴善媚、李耀生(甲方)与龙云公司、王兆远(乙方)签订《补充协议》,约定:变更《股权转让合同》第三条约定的付款时间及金额,乙方承诺土地开发完成交房后,赠送一套不少于150㎡的住宅给甲方,楼层由甲方选定。

2009年8月17日,吴善媚、李耀生(甲方)与龙云公司、王兆远(乙方)签订《补充协议(之二)》,就《股权转让合同》和《补充协议》作如下调整:乙方原以龙云公司作为股权受让方,现龙云公司退出,由梁新业、宋汉之两人代替。

2009年8月17日,吴善媚、李耀生(甲方)与宋汉之、梁新业、王兆远(乙方)签订《补充协议》,约定:将《股权转让合同》的原股权受让人王兆远、龙云公司变更为宋汉之、梁新业、王兆远,由宋汉之、梁新业、王兆远享有和承担《股权转让合同》中的所有权利和义务。

2009年9月1日,金汛公司召开由股东吴善媚、李耀生、梁新业参加的股东会决议,决议将吴善媚、李耀生分别享有金汛公司的15.83%、4.17%股份,合计20%股份一起转让给梁新业,并于2009年9月16日到南宁市工商局办理股权变更登记,金汛公司同时制作了股东出资登记表,吴善媚持股比例为80%,梁新业持股比例为20%。

2010年5月5日,吴善媚、李耀生(甲方)与宋汉之、梁新业、王兆远(乙方)签订《补充协议》,约定双方在2009年8月11日签订的《股权转让合同》及之后签署的《补充协议》的基础上,就股权转让问题达成补充协议如下:由乙方一次性共补偿甲方1.3亿元。甲方因转让金汛公司股权所产生的税费由乙方承担。本协议第一条约定的补偿款与《股权转让合同》中约定的5500万元,一共18500万元及乙方支付给甲方的利息系甲方转让金汛公司股权的税后净收入。

2010年5月6日,吴善媚、李耀生(甲方)与宋汉之、梁新业、王兆远(乙方)签署《承诺书》,约定双方在5月5日《补充协议》的基础上郑重承诺:吴善媚将其持有的金汛公司80%股权中的16%转给梁新业、27%转给王兆远、27%转给宋汉之;乙方将4200万元转给甲方。

(2)关于股东变更登记

2010年5月6日,金汛公司召开由吴善媚、宋汉之、梁新业、王兆远参加的股东会决议,决议同意吴善娟转让16%股份给梁新业、转让27%份给宋汉之、转让27%股份给王兆远,转让后公司股东及出资情况为:吴善娟120万元,占注册资本10%;梁新业432万元,占注册资本36%;宋汉之324万元,占注册资本27%;王兆远324万元,占注册资本27%。同年5月14日到南宁市工商局办理了上述股权变更登记。

2013年6月13日,金汛公司在南宁市工商局办理法定代表人和股东变更登记,法定代表人由吴善娟变更为宋汉之,股东由梁新业占36%、宋汉之占27%、王兆远占27%、吴善娟占10%变更为宋汉之占63%、王兆远占27%、吴善娟占10%。

2014年,王兆远将其所持金汛公司27%的股权转让给梁新业。2014年12月29日,金汛公司召开股东会,宋汉之拟将其61%股权对外转让给南宁市艺林文化有限公司,梁新业拟将其27%股权对外转让给白红,吴善娟持反对意见。

(3)关于股权转让款的支付

2009年8月21日—2010年5月17日,梁新业、宋汉之、王兆远分别向吴善娟、李耀生支付股权转让款共计3600万元。

2010年6月18日,吴善娟、李耀生委托上海市方达律师事务所向梁新业、宋汉之、王兆远发出《关于支付股权转让价款的事宜》律师函,要求梁新业、宋汉之、王兆远依约支付剩余的股权转让款1900万元,并送达至梁新业、宋汉之、王兆远。

2010年8月6日,吴善娟、李耀生向梁新业、宋汉之、王兆远发出解除合同通知书,并通过邮件快递送达给梁新业、宋汉之、王兆远。

3. 本诉和反诉请求

2014年5月12日,吴善娟、李耀生向广西壮族自治区高级人民法院(以下简称广西高院)提起诉讼,其诉讼请求是:请求判令梁新业、宋汉之、王兆远共同向吴善娟、李耀生支付股权转让余款1900万元、补偿款1.3亿元,转让股权所产生的一切税费均由梁新业、宋汉之、王兆远承担。

梁新业、宋汉之、王兆远认为系吴善娟、李耀生违约在前,向广西高院提起反诉。

4. 关于税费承担的上诉

后广西高院作出一审判决,原被告各方均不服,分别上诉于最高人民法院。

吴善娟、李耀生(以下简称转让方)上诉请求第三点为:本案股权转让所产生的一切税费由受让方承担。其理由是一审判决对转让方承担一切税费的诉讼请求未予支持,亦未说明理由,系遗漏了诉讼请求。梁新业、宋汉之、王兆远(以下简称受让方)答辩称:相关税费应当由转让方承担。每个公民均应依法纳税,转让方应当根据法律的规定依法纳税。

5. 最高人民法院裁判观点

本案主要争议焦点有四:一是在5500万股权转让款及对应的股权交付问题上,究竟哪一方构成违约,以及如何承担违约责任;二是受让方应否支付以及何时支付1.3亿元补偿款;三是“赠送”房屋条款的性质如何确定;四是如何处理税费承担问题。

(1)关于六份协议之间的关联

本案系股权转让合同纠纷,双方先后签订了六份协议,分别为:2009 年 8 月 11 日的《股权转让协议》(以下简称"8 月 11 日协议")、2009 年 8 月 14 日的《补充协议》(以下简称"8 月 14 日补充协议")、2009 年 8 月 17 日签订的《补充协议(之二)》[以下简称"8 月 17 日补充协议(之二)"]、2009 年 8 月 17 日签订的《补充协议》(以下简称"8 月 17 日补充协议")、2010 年 5 月 5 日签订的《补充协议》(以下简称"5 月 5 日补充协议")以及 2010 年 5 月 6 日签订的《承诺书》(以下简称"5 月 6 日承诺书")。

其中"8 月 11 日协议"属于股权转让的主协议,"8 月 14 日补充协议"对"8 月 11 日协议"约定的首期款支付方式进行了变更,并增加了受让方赠送转让方一套 $150m^2$ 住宅的条款。"8 月 17 日补充协议(之二)"再次对首期款支付方式进行变更,并约定龙云公司将其在"8 月 11 日协议"中的权利义务关系概括转让给梁新业、宋汉之。鉴于"8 月 17 日补充协议(之二)"在使梁新业、宋汉之享有合同权利的同时,也为其设定了合同义务,因而需要征得该二人的同意。为此,"8 月 17 日补充协议(之二)"明确约定,针对以上两个问题,将形成一个补充协议,由新的受让方与转让方签署确认,该补充协议就是"8 月 17 日补充协议"。"8 月 17 日补充协议"由吴善媚、李耀生与新的受让人王兆远、梁新业、宋汉之共同签署,新的受让人对"8 月 17 日补充协议(之二)"的前两项内容予以确认,既表明宋汉之、梁新业同意概括受让龙云公司在股权转让合同中的权利义务,从而使合同的受让方从龙云公司、王兆远变更为王兆远、宋汉之、梁新业,又使其与"8 月 11 日协议""8 月 14 日补充协议""8 月 17 日补充协议(之二)"一起共同形成一个完整的股权转让协议。

前述合同签订后,鉴于双方认为此前签订的股权转让协议确定的股价偏低,双方又签订"5 月 5 日补充协议",约定由受让方一次性补偿转让方 1.3 亿元,并就该笔款项的履行期限、利息以及相关内容作出了约定。次日,双方又签署了"5 月 6 日承诺书",约定吴善媚将其持有的金汛公司的 80% 股权中的 70% 分别转让给梁新业 16%、王兆远 27%、宋汉之 27%,由受让方支付剩余的 4200 万元。

前述系列股权转让协议、补充协议以及承诺书均是相关当事人真实意思的表示,内容不违反法律、行政法规的强制性规定,均属合法有效。但在协议的履行上,双方存在分歧,遂有本案纠纷。

(2)关于税费负担问题

在股权转让场合,转让方依法负有的缴纳个人所得税等纳税义务,系其作为纳税义务人所负有的法定义务,不得通过约定改由他人承担。但税费作为一种金钱之债,却可通过约定由他人代为履行。"8 月 11 日协议"第七条约定由受让方支付相关税费,该约定不违反法律、行政法规的强制性规定,应属合法有效。然而"8 月 11 日协议"仅约定由受让方负担相关税费,对于何时缴纳何种税费及缴纳多少税费,都没有约定。在税费种类及额度均未确定,转让方也没有实际缴纳相关税费的情况下,其要求受让方支付相关税费的诉讼请求缺乏事实依据，最高人民法院不予支持。当然，在税务征收部门催缴税费的情况下，转让方可根据合同的约定要求受让方代为缴纳相关费用。转让方根据有关规定缴纳了相关税费后，也可根据约定向受让方求偿。

6. 案例评析

根据《个人所得税法》第三条第三项规定，利息、股息、红利所得，财产租赁所得，财产转让所得和偶然所得，适用比例税率，税率为20%。国税67号公告第四条规定："个人转让股权，以股权转让收入减除股权原值和合理费用后的余额为应纳税所得额，按'财产转让所得'缴纳个人所得税。合理费用是指股权转让时按照规定支付的有关税费。"由此可见，在自然人之间相互转让股权时，转让方依法负有缴纳个人所得税的法定义务，不得通过约定改由他人承担。

对于当事人在股权转让合同或者协议中约定的由受让方代为履行缴纳个人所得税的效力问题，如果该约定不违反法律、行政法规的强制性规定，应属合法有效。税费作为一种金钱之债，可以依法转让，因此，股权转让方和受让方可以通过约定由受让方代为履行。但同时必须意识到，在股权转让合同或者协议中直接约定由受让方承担转让方的税费确实存在一定的法律风险。慎重起见，可以考虑由转让方和受让方将税费具体金额及履行主体写进股权转让合同或者协议，并根据税费的履行主体来最终确定股权转让的交易价款。

二、股权激励中的预定价格转让

（一）本次股权转让的原因、法律程序和财税处理

2013年12月25日，张勇将其持有的卫信康有限0.3501万元出资额（占注册资本比例为0.1667%）以10.7614万元的价格转让给温小泉，根据双方于2015年11月23日签订的《股权转让协议》（股权激励协议），将前述股权转让价格调整为28.5776万元。

1. 转股目的

卫信康有限在实施股权激励中，采用原有股东转让股权作为激励股权来源的方式，由实际控制人张勇将持有的部分股权按照预定价格转让给被激励对象（骨干员工）温小泉，以达到激励的目的。

2. 法律程序

(1)2013年10月25日，卫信康有限召开股东会，同意张勇将持有的卫信康有限0.3501万元出资额（占注册资本比例为0.1667%）以10.7614万元的价格转让给温小泉。

(2)同日，张勇、温小泉与卫信康有限签署《张勇与温小泉关于西藏中卫康医药科技有限公司之股权转让协议（股权激励协议）》，温小泉以10.7614万元的价格受让张勇持有的相应股权。

(3)同日，卫信康有限根据上述股权转让情况修订了公司章程。

(4)2013年12月30日，完成工商变更登记事项。

(5)2015年11月23日，张勇、温小泉与卫信康有限签署《张勇、温小泉关于西藏卫信康

医药有限公司之股权转让协议(股权激励协议)》,将前述股权转让价格调整为28.5776万元。

(6)根据交通银行北京上地支行出具的回单及拉萨经开区国家税务局出具的税收缴款书,温小泉已向张勇足额支付股权转让款,张勇已就本次股权转让所得缴纳了个人所得税。

3.财务处理

2013年10月,张勇通过受让方式持有卫信康有限出资额23.2235万元(占注册资本比例为11.0588%),鉴于出让方北京中卫康系折价转让,故张勇投资成本为15.1506万元(1370000万元×11.0588%)。

2013年12月,卫信康有限为激励公司骨干员工温小泉,实际控制人张勇转让0.3501万元出资额(占注册资本比例为0.1667%)给温小泉,转让价格为10.7614万元,2015年11月23日调整为28.5776万元。

本次股权转让前后,卫信康有限股权架构如图12-5所示。

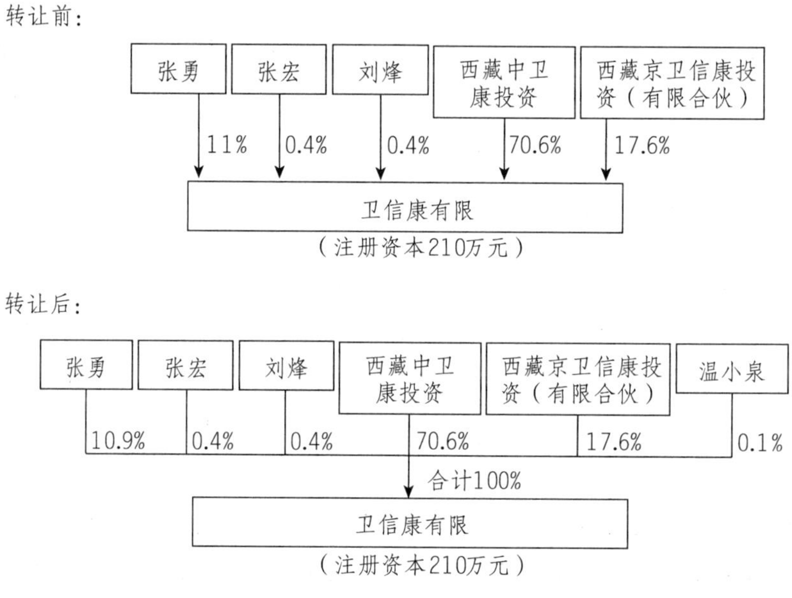

图12-5 股权转让前后卫信康有限股权架构

4.税收负担

本次交易,张勇股权转让收入为28.5776万元,减去此等股权对应的原值0.2284万元[15.1506×(0.1667%÷11.0588%)],张勇应纳税所得额为28.3492万元(28.5776万元-0.2284万元)。根据《个人所得税法》(2011年6月30日修订)的规定,张勇应缴纳个人所得税5.6698万元(28.3492万元×20%)。

(二)中国证监会反馈问题及发行人回复意见

1.中国证监会反馈问题

反馈问题:请保荐机构、发行人律师核查并在招股说明书中披露2013年12月,张勇将其持有的西藏中卫康 0.3501 万元出资额转让给温小泉。(1)发行人引入自然人股东温小泉的原因;(2)股权转让价格确定的依据及合理性;(3)股权转让过程是否履行了相应的股东会程序;(4)资金具体来源及其合法性;(5)各新股东与发行人之间是否存在对赌协议等特殊协议或安排。(见《西藏卫信康医药股份有限公司首次公开发行股票申请文件反馈意见》第 5-4-11 页至第 5-4-13 页)

2. 发行人回复意见

回复意见:(1)温小泉自 2006 年 3 月起担任卫信康有限的一定职务,其以激励对象身份,受让张勇所持卫信康有限部分股权;(2)温小泉受让股权的价格,系双方按照卫信康有限截至 2013 年 11 月(转让前一个月)未经审计的账面净资产值确认的;(3)本次股权转让行为及股权转让价格的调整均经过卫信康有限股东会审议;(4)温小泉以自有合法资金向张勇支付股权转让款,与发行人及发行人股东、实际控制人之间不存在对赌协议等特殊协议或安排。

(三)案例评析

股权激励是企业对员工有效的激励手段,使公司与员工形成利益共同体、事业共同体和命运共同体。下面就结合本案例,对股权激励方式、股票来源、激励价格等进行阐述。

1. 非上市公司股权激励的主要方式

关于股权激励方式,比较常用的是限制性股票和股票期权。所谓股票期权,也称认股权证,是指公司授予激励对象的一种权利,激励对象可以在规定时间内(行权期)以事先确定的价格(行权价)购买一定数量的本公司流通股票(行权)。中国证监会发布的《上市公司股权激励管理办法》(2018 年修正)(以下简称《管理办法》)对股票期权的定义是,上市公司授予激励对象在未来一定期限内以预先确定的条件购买本公司一定数量股份的权利。本案例中,卫信康有限采用股权激励的模式是股票期权。那么,股票期权有何优缺点呢?

股票期权的优点有:(1)股票期权只是一种权利而非义务,持有者在股票价格低于行权价的时候可以放弃权利,因此对持有者没有风险;(2)由于股票期权是需要达到一定时间或者条件的时候实现,激励对象为促使条件达成,或者为使股票升值而获得价差收入,必然会尽力提高公司业绩,使公司股票价值不断上升,具有长期激励效果;(3)股票期权可提高投资信心。

股票期权的缺点有:(1)被激励对象行权有时间、数量限制;(2)激励对象行权需支付一定数额的现金;(3)存在激励对象为自身利益而采用不法手段抬高公司股价的风险;(4)公司内部工资差距拉大。

2. 非上市公司用于激励的股权来源

关于激励对象的范围,《管理办法》第八条第一款规定,“激励对象可以包括上市公司的董事、高级管理人员、核心技术人员或者核心业务人员,以及公司认为应当激励的对公司经营业绩和未来发展有直接影响的其他员工,但不应当包括独立董事和监事。外籍员工任职上市公司董事、高级管理人员、核心技术人员或者核心业务人员的,可以成为激励对象”。关于用于激励的股票来源,《管理办法》第十二条规定,“拟实行股权激励的上市公司,可以下列方式作为标的股票来源:(一)向激励对象发行股份;(二)回购本公司股份;(三)法律、行政法规允许的其他方式”。

非上市公司股权激励标的股权来源有两个:第一个是,原有股东转让部分股权作为股权激励的股权来源,可以是所有股东按照持股比例转让,也可以是控股股东单独转让;第二个是,目标公司采取增资扩股方式进行股权激励,这种方式可以扩大注册资本金的规模。本案例中,在卫信康有限对温小泉实施的股权激励方案中,采用了第一种方式,即由实际控制人张勇个人转让部分股权给被激励对象温小泉。

3. 非上市公司激励股权的价格

公司股权激励标的的价格,一般有四种方式:一是以注册资本为标准的行权价格;二是以评估的净资产值为标准的行权价格;三是以注册资本或净资产为基础进行一定折扣作为行权价格;四是以市场评估为基础确定行权价格。但不管是哪种价格,都是目标公司和激励对象事先预定的,待条件成就时,被激励对象即可按照预定价格购买公司股票。

就本案例而言,张勇与温小泉双方以卫信康有限未经审计的账面净资产值协商确定转让价格为285776元。那么,对比两次预定(或特定)转让价格,反映了卫信康有限于2013年11月—2015年10月怎样的发展变化呢?经测算,截至2013年11月,卫信康有限未经审计的账面净资产总额为6455.5489万元(10.7614万元÷0.1667%);截至2015年10月,卫信康有限未经审计的账面净资产总额为17143.1314万元(28.5776万元÷0.1667%),两年之间增长了近2.7倍。与此同时,调整后的转让价格28.5776万元也是原预定价格10.7614万元的2.7倍。要知道,仅在2015年7月,当实际控制人张勇转股给钟丽芳时,卫信康有限的整体估值高达10亿元。由此可见,卫信康有限对温小泉的激励幅度何其大。

(四)股权激励引起的诉讼案例及评析①

1. 案件当事人

原告(二审上诉人):袁磊

被告(二审被上诉人):罗莱生活科技股份有限公司

2. 案情简介

2017年3月20日,原告罗莱生活科技股份有限公司(以下简称罗莱公司)与被告袁磊签订限制性股票授予协议书,其中对授予对象资格、授予价格、解除限售安排及考核条件、股份回购与注销及关于员工退休后如何将持有的股票解除限售作出了约定,主要内容有:(1)授予限制性股票的对象必须是与罗莱公司签订劳动合同的员工,且属于甲方的董事、高级管理人员及甲方董事会认为需要进行激励的中层管理人员、核心技术(业务)人员。(2)罗莱公司将根据《激励计划》规定的分配情况一次性授予限制性股票。(3)授予价格为每股6.46元。

---

① 案例索引:南通经济技术开发区人民法院(2018)苏0691民初1632号民事判决书、南通市中级人民法院(2019)苏06民终3851号民事判决书。

(4)获授的限制性股票自首次授予日满12个月后分3期解除限售。具体为自授予日起12个月后的首个交易日起至授予日起24个月内的最后一个交易日当日止解除40%；自授予日起24个月后的首个交易日起至授予日起36个月内的最后一个交易日当日止解除30%；自授予日起36个月后的首个交易日起至授予日起48个月内的最后一个交易日当日止解除30%。解除销售的数量与员工上一年度绩效评估结果挂钩，若评定结果为优秀，解除限售的比例为100%；若评定结果为不合格，解除限售的比例为0%，届时罗莱公司将回购未能解除限售的股份并注销。(5)若员工在《激励计划》有效期内退休的，且退休年度经考核合格的，可申请解除限售的限制性股票继续有效，自退休之日起尚未解除限售的限制性股票将由罗莱公司回购并注销。如罗莱公司需要对员工进行返聘的，限制性股票的解售条件依然存续有效。

2017年4月1日，罗莱公司公布《2017年限制性股票激励计划》，激励对象名单中包括袁磊，注明为核心业务人员。

2017年4月，罗莱公司制订2017年限制性股票激励计划(草案)，其内容与袁磊、罗莱公司之间签订的限制性股票授予协议书的内容基本一致。

2017年6月6日，袁磊向罗莱公司转账支出193800元。

2017年6月8日，罗莱公司发布关于向激励对象首次授予限制性股票的公告，确定限制性股票的授予日为2017年6月6日，激励对象有48人。

2018年5月8日，罗莱公司向袁磊发出劳动合同终止通知书，鉴于袁磊于2018年5月13日年满50周岁，双方签订的劳动合同于2018年5月13日依法终止。

2018年5月15日，中国证券登记结算有限责任公司出具的投资者证券持有信息(深市)显示，袁磊持有罗莱公司股权激励限售股3000股。

2018年6月14日，罗莱公司发布关于2017年限制性股票首次授予第一个解锁期解锁条件成就的公告，注明第一期可解锁的限制性股票激励对象为44名，除3名激励对象已经离职及1名激励对象已经退休。

3. 原告诉讼请求

罗莱公司对于首次授予日与袁磊年满50周岁之间不足1年系明知的，罗莱公司存在欺诈行为，故而向南通经济技术开发区人民法院(一审法院)提起诉讼，请求法院判决罗莱公司解锁第一期限制性股票。

4. 一审法院裁判观点

一审法院认为，袁磊、罗莱公司在平等自愿的基础上签订的限制性股票授予协议书是双方真实意思表示，双方均应当按照协议书的约定履行。本案的争议焦点为，罗莱公司是否有权以袁磊于2018年5月13日已退休为由不予解禁第一期限制性股票。一审法院认为，限制性股票首次授予日为2017年6月6日，故2018年6月6日起已满足限制性股票第一期解禁的时间条件。对袁磊而言，在限制性股票第一次解禁日期前，罗莱公司已经向袁磊送达了劳动合同终止通知书，虽然袁磊否认退休的事实，但是并未提供证据证明其在年满50周岁后仍然属于罗莱公司或子公司的在职中层管理人员、核心技术(业务)人员,故形式上袁磊在限制性股票第一期解禁时已并不属于激励对象。根据双方签订的协议书,袁磊已获授权但尚未解除限售的限制性股票由罗莱公司回购后注销。据此,一审法院判决驳回袁磊的诉讼请求。原告袁磊不服,向南通市中级人民法院(二审法院)提起上诉,请求依法撤销原判,改判支持上诉人的诉讼请求。

5. 二审法院裁判观点

二审法院认为,限制性股票授予协议书的签订系被上诉人在一定条件下将公司的发展福利让渡与上诉人享有,双方在协议书中明确约定了限制性股票的解锁条件、回购与注销等。根据约定,上诉人在激励计划有效期内退休的,且退休年度经考核合格的,其可申请解除限售的限制性股票根据激励计划继续有效,自退休之日起尚未解除限售的限制性股票将由被上诉人回购并注销。该条规定的仅是上诉人退休时,可以向公司提出解除限售的申请,但对于申请后是否能够解除限售或公司是否同意解除限售,该条并未约定,亦即该条并未规定公司具有无条件同意解除限售的强制缔约义务。在限制性股票第一期解禁日期前,上诉人所任职的上海罗莱公司已经向上诉人送达了劳动合同终止通知书,虽然原告否认退休的事实,但生效裁判文书已认定上海罗莱公司以袁磊达到法定退休年龄为由终止劳动合同正确,其实质上已经退休。故在上诉人申请解除限售时,被上诉人不予解禁并不违反案涉限制性股票授予协议书的约定。

综上,二审法院判决驳回上诉,维持原判。

6. 案例评析

虽然本案中原告的诉讼请求及争议焦点在于限制性股票是否应当解禁,但我们也不难发现其与股权回购之间的关联。股权激励是很多公司发展到一定程度,为壮大稳定自己的管理、技术、业务团队通常会采取的做法。一般而言,公司向管理层及核心技术(业务)员工配发一定限额的股票由员工自愿认购,同时对该股票约定一定期限的锁定期,待员工完成相应的考核后再将股票解锁,若员工离职、退休或未能通过考核的,公司不予解禁并强制将股票回购,此时公司行使回购权的依据正是《公司法》第一百四十二条第三项的规定。

三、差价转让与纳税义务调整的风险

(一)差价转让

2015 年 7 月,张勇将其持有的卫信康有限 10% 的股权转让给钟丽娟(系张勇配偶),转让价格按照出资额确认为 26 万元,未实际支付;张勇同时又将 2% 的股权转让给钟丽芳(系钟丽娟姐姐),按照卫信康有限的整体估值 10 亿元确定转让价格 2000 万元,已实际支付。

本次股权转让后前,卫信康有限的股权架构情况如图 12 - 6 所示。

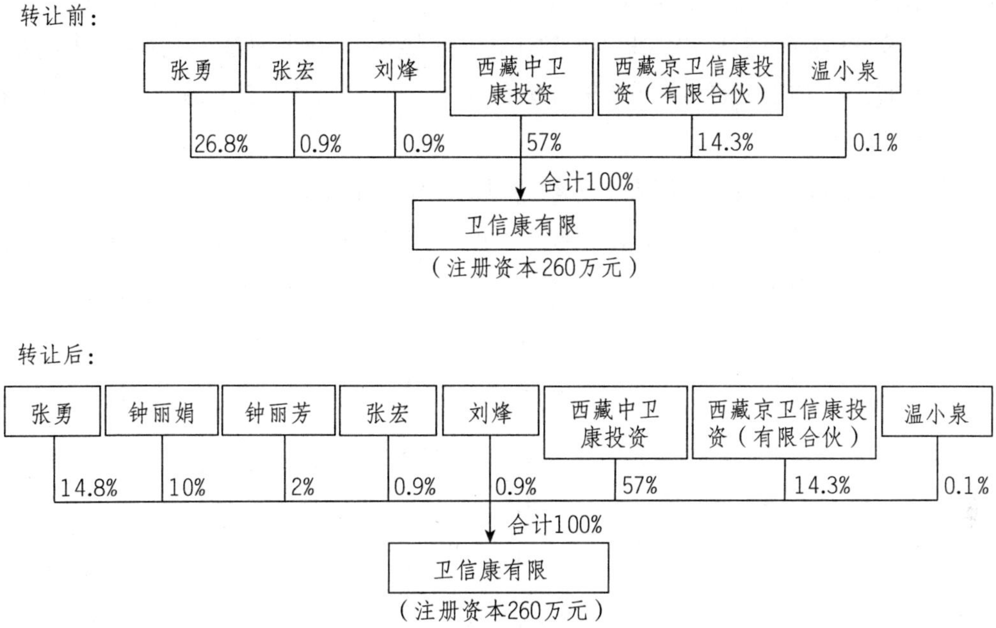

图12－6　股权转让前后卫信康有限股权架构

1. 转股目的

张勇作为拟上市主体卫信康有限和业务主体北京京卫信康的实际控制人，为更好对接外部资源，加强公司治理，经其他股东的同意，分别转让部分股权给其妻钟丽娟和妻姐钟丽芳。

2. 法律程序

（1）2015年7月27日，卫信康有限股东会同意增加钟丽娟、钟丽芳为新股东，其他股东同意放弃优先购买权。

（2）同日，张勇与钟丽娟、钟丽芳分别签署《股权转让协议》，钟丽芳向张勇支付股权转让款。

（3）同日，全体股东签署新修订的公司章程。

（4）2015年7月29日，完成工商变更登记事项。

（5）根据交通银行北京上地支行出具的回单及拉萨经开区出具的税收完税证明，本次股权转让款已支付，张勇已缴纳个人所得税。

3. 财务处理

张勇转让股权给钟丽娟、钟丽芳，对卫信康有限的注册资本和净资产没有任何影响，财务上只是进行相应备案即可，各主体的会计分录略。

4. 税务负担

钟丽娟受让张勇持有的26万元卫信康有限出资额，系双方按照出资额成本确定股权转让价格为26万元，且双方已确认无须支付该笔款项。根据国税67号公告第十三条的规定，继承或将股权转让给其能提供具有法律效力身份关系证明的配偶、父母、子女、祖父母、外祖父母、孙子女、外孙子女、兄弟姐妹以及对转让人承担直接抚养或者赡养义务的抚养人或者赡养人,股权转让收入明显偏低,视为有正当理由。张勇与钟丽娟系夫妻关系,因此上述交易行为并不违法违规。

钟丽芳受让张勇持有的卫信康有限2%的股权(5.2%出资额),系双方协商一致按照市场估值确定转让价格为2000万元,张勇应依法缴纳个人所得税(具体金额计算过程略)。

本次股权转让前后,卫信康有限股权结构变化如图12-7所示。

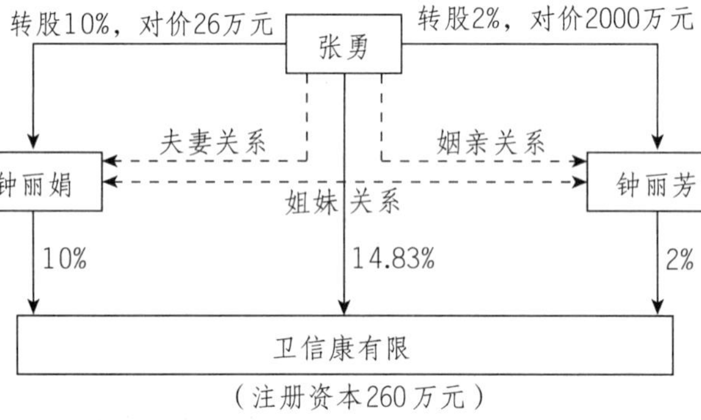

图12-7 股权转让前后卫信康有限股权结构变化

(二)中国证监会反馈问题及发行人回复意见

1. 中国证监会反馈问题

反馈问题:请保荐机构、发行人律师核查并在招股说明书中披露2015年7月,张勇将其持有的西藏中卫信康10%股权、2%股权分别转让给钟丽娟、钟丽芳。(1)发行人引入自然人股东钟丽娟、钟丽芳的原因;(2)股权转让价格确定的依据及合理性;(3)股权转让过程是否履行了相应的股东会程序;(4)资金具体来源及其合法性;(5)各新股东与发行人之间是否存在对赌协议等特殊协议或安排。(见《西藏卫信康医药股份有限公司首次公开发行股票申请文件反馈意见》第5-4-11页至第5-4-12页)

2. 发行人回复意见

回复意见(摘要):(1)钟丽娟为张勇配偶,其受让的26万元出资额系双方按照出资成本确定,转让价格为26万元;(2)钟丽芳为钟丽娟姐姐,因看好卫信康有限发展前景,以投资者身份按照卫信康有限的整体估值10亿元确定转让价格,金额为2000万元;(3)钟丽娟未向张勇支付股权转让款,钟丽芳支付股权转让价款的资金来源为自筹资金;(4)钟丽娟、钟丽芳与发行人及发行人股东、实际控制人之间不存在对赌协议等特殊协议或安排。

综上,钟丽娟以配偶的身份、钟丽芳以外部投资人身份自张勇受让卫信康有限股权;因受让方身份不同,采取不同的定价,价格合理;相关股权转让已履行股东决策程序;受让方的资金来源合法;受让方与发行人及发行人其他股东、实际控制人之间不存在对赌协议等特殊安排。

(三)股权转让中,同股不同价与等价交换原则的冲突

股权转让合同当事人之间转让的标的物是股权,而非目标公司的实物资产。股权的价格虽与公司的资产状况存在一定关联,但并不完全取决于公司的实有资产状况,还与公司的经营状况、发展前景等多种因素有关。现实中,有许多亏损的公司有非常高的估值。由此可见,公司股权的价值不仅包括公司的实有资产净值,也包括当事人对公司的无形资产、经营团队、客户资源等实物资产以外的主观价值判断。

钟丽娟出于与卫信康有限控股股东、实际控制人张勇的夫妻关系,依照出资额 260 万元为标准,以 26 万元获得卫信康有限 10% 的股权。钟丽芳基于对卫信康未来上市的看好,以投资者身份溢价入股,双方同意按照卫信康有限的整体估值 10 亿元确定转让价格 2000 万元。同一个出让方在同一时间节点采取不同的定价,将持有的同一家公司股权转让给不同身份的受让方,乍看起来,好像与等价交换原则背道而驰,其实不然。

根据国税 67 公告第十三条的规定,继承或将股权转让给其能提供具有法律效力身份关系证明的配偶、父母、子女、祖父母、外祖父母、孙子女、外孙子女、兄弟姐妹以及对转让人承担直接抚养或者赡养义务的抚养人或者赡养人,股权转让收入明显偏低,视为有正当理由。张勇与钟丽娟系夫妻关系,因此上述交易行为并不违法违规。

根据《企业所得税法实施条例》第一百一十一条的规定,转让定价方法包括可比非受控价格法、再销售价格法、成本加成法、交易净利润法、利润分割法和其他符合独立交易原则的方法。实务中,在企业盈利的情况下,不同的评估方法下股权价值会产生巨大差异,并不符合公允原则。为此,《特别纳税调整实施办法(试行)》(国税发〔2009〕2 号)规定,企业发生关联交易以及税务机关审核、评估关联交易应遵循独立交易原则,选用合理的转让定价机制。

总之,企业股权转让“同股不同价”风险大。

(四)税务部门进行纳税调整,相关方补缴税收案例

案例一①:

江苏 M 公司将其 100% 控股的 A 公司股权中的 90% 转让给 A 公司法定代表人陈某,股权转让价格定为 9000 万元,作价是以转让协议签订时企业上月净资产估值为计算基数。在该股权转让交易后不到 1 个月的时间内,陈某以 2.72 亿元的价格将其持有的 A 公司 68% 的股权转让给与 A 企业无任何关联关系的 B 公司,同时又以总计 2000 万元的价格将 5% 的股权转让给无关联关系的 4 名自然人。

在交易公司资产价值变动不大的情形下,两次转让股份的价格相差几倍,引起张家港地税局的注意,张家港地税局介入调查后发现陈某的第一次股权交易,A 公司价值是以资产基础法评估作为计价依据,第二次交易则是以资产收益法评估作为计价依据。在企业盈利的情况下,不同的评估方法下股权价值会产生巨大差异,并不符合公允原则。陈某第二次交易时采取的资产收

① 何卫平、顾志芬、游优:《同股不同价,企业股权交易玩猫腻》,载《中国税务报》2017 年 5 月 28 日。

益法所确定的股权价格更符合A公司股权实际价值。调查人员因此作出判断:与M公司存在关联关系的A公司法定代表人陈某受让公司股权后,短期内再次转让,并且转让价格前后相差较大,这些反常行为显示,M公司与陈某存在通过二次股权转让行为进行税收筹划和避税嫌疑。

依据国家税务总局《关于完善关联申报和同期资料管理有关事项的公告》(国家税务总局公告2016年第42号)第二部分第一项规定,一方直接或者间接持有另一方的股份总和达到25%以上;双方直接或者间接同为第三方所持有的股份达到25%以上的构成关联关系。M公司与A公司之间构成关联关系。根据《企业所得税法实施条例》第一百一十条"企业所得税法第四十一条所称独立交易原则,是指没有关联关系的交易各方,按照公平成交价格和营业常规进行业务往来遵循的原则"以及《特别纳税调整实施办法(试行)》第二十三条第一款、第二款"可比非受控价格法以非关联方之间进行的与关联交易相同或类似业务活动所收取的价格作为关联交易的公平成交价格。可比性分析应特别考察关联交易与非关联交易在交易资产或劳务的特性、合同条款及经济环境上的差异……"陈某进行的股权交易不符合独立交易原则,应按照规定以可比非受控价格方法,重新核定交易价格,并对应纳税所得额进行调整。根据《企业所得税法》第四十一条第一款规定("企业与其关联方之间的业务往来,不符合独立交易原则而减少企业或者其关联方应纳税收入或者所得额的,税务机关有权按照合理方法调整"),最终张家港地税局依法对企业作出调整应纳税所得额2.5亿元,补缴企业所得税1886.13万元,加收利息13.03万元的处理决定。

相关交易涉及的法律关系如图12-8所示。

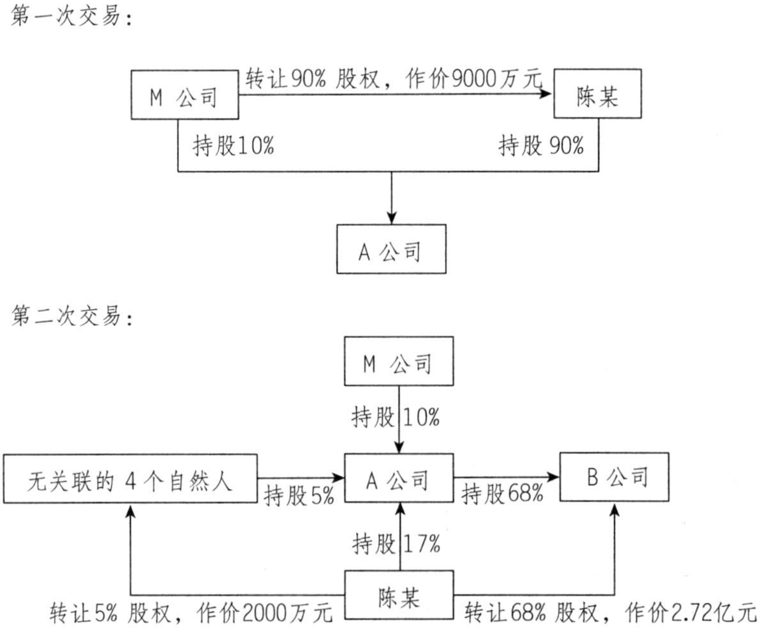

图12-8 相关交易涉及的法律关系图

案例二[①]：

2013年，北京市某房地产公司（以下简称B公司）陆续向其集团内亏损的关联企业以平价转让方式转让其全资子公司（以下简称C公司）部分股权，交易完成后受让方在短期内再次溢价转让给集团外的非关联企业A公司，溢价转让所得全部用于弥补以前年度的亏损；且在同一时期，B公司将C公司的剩余股权溢价转让给A公司。整个股权转让行为结束后，A公司获得C公司全部股权。最终，B公司对C公司1亿元的投资，被A公司以3.7亿元购得，其2.7亿元的股权转让所得，仅缴纳了1350万元企业所得税。

同一时期、同一公司股权转让价格相差巨大，引起北京市地税局的注意，北京市海淀区地税局随即介入，经多部门联合调查，事实浮出水面。C公司是一家经营旅游文化地产的项目公司，政府已拟定将一块土地转让给该公司，并且在B公司转让股权的同时，C公司已通过相关程序取得了土地的使用权，但该项资产一直未在C公司账面上反映。至此，调查组认为，B公司对于有关股权平价转让的解释违背了实际情况，没有体现股权的公允价格，且不具有合理的商业目的，不符合税法上规定的独立交易原则，对其转让价格不予认同。另外，通过分析有关股权转让协议及B公司关联企业的企业所得税申报信息，调查组发现，受转让方有个共性：亏损。在平价取得股权后，B公司的全部关联公司均在短期内将股权溢价转让出去，其取得的巨额股权转让收入均全额弥补了企业的亏损。

根据《企业所得税法》第四十一条第一款的规定，企业与其关联方之间的业务往来，不符合独立交易原则而减少企业或者其关联方应纳税收入或者所得额的，税务机关有权按照合理方法调整，以及《企业所得税法实施条例》第一百一十条"企业所得税法第四十一条所称独立交易原则，是指没有关联关系的交易各方，按照公平成交价格和营业常规进行业务往来遵循的原则"，B公司转让股权行为不符合独立交易原则，同时国家税务总局《关于完善关联申报和同期资料管理有关事项的公告》《特别纳税调整实施办法（试行）》中也对关联交易、转让定价方法等进行了明确与细化。根据相关文件及程序，调查组核定了C公司的股权转让价格并重新计算了B公司的股权转让所得。B公司对此认同，同意补缴相应的税款。

相关交易涉及的法律关系如图12－9所示。

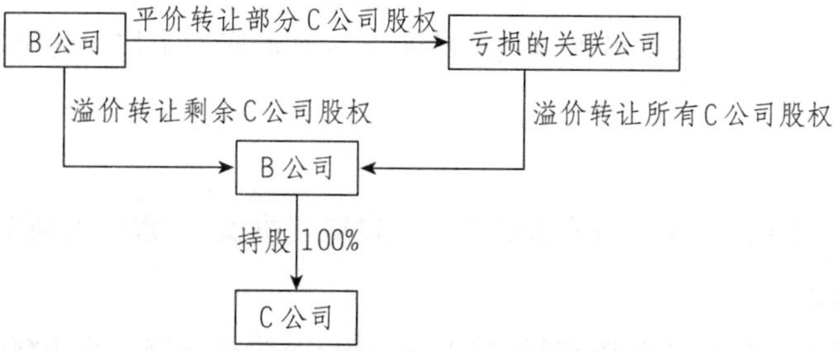

图12－9 相关交易涉及的法律关系图

① 刘亚敏：《股权转让"同股"不"同价"引发的纳税调整》，载《中国税务报》2017年5月28日。

第三节　意义深远、超乎寻常的两次减资

卫信康有限及其全资控股的北京京卫信康前后经历两次减资，每次减资的目的不同，会计处理不同，税收负担不同，对卫信康上市的作用也不尽相同。

1. 2011 年 6 月，卫信康有限注册资本由 1000 万元减至 210 万元。减资后，卫信康有限注册资本减少了 790 万元。本次减资属于名义减资，其目的是消除北京中卫康的出资义务。

2. 2013 年 10 月，北京京卫信康注册资本由 850 万元减至 85 万元。减资后，北京京卫信康注册资本减少了 765 万元。本次减资属于实质减资，其目的是为卫信康有限后续增资做铺垫，减少资金压力，服务上市大计。（详见表 12－2）

表 12－2　卫信康上市过程中发生的两次经典减资一览表

序号	减资时间	减资主体	减资前注册资本（万元）	减资后注册资本（万元）	减资类型
1	2011 年 6 月	卫信康有限	1000	210	消除出资义务
2	2013 年 10 月	北京京卫信康	850	85	返还股东出资

一、通过名义减资消除股东瑕疵出资

（一）本次减资的原因、法律程序和财税处理

2011 年 5 月 10 日，卫信康有限召开股东会，同意减少注册资本 790 万元。减资后，北京中卫康实缴出资 205 万元，张宏实缴出资 3 万元，刘烽实缴出资 2 万元，卫信康有限实收资本合计 210 万元。

1. 减资原因

根据当时适用的《公司法》（2006 年 1 月 1 日起施行）第二十六条的规定，北京中卫康于 2009 年 3 月认缴的 790 万元应在两年内（2011 年 3 月 27 日之前）缴付完毕。因卫信康有限原计划的业务不再开展，无须资本投入，剩余的 790 万元注册资本未按原约定期限缴付，通过减资进行处理。

2. 法律程序

（1）2011 年 5 月 10 日，卫信康有限股东会通过减资决议，一致同意减少注册资本 790 万元，并签署章程修正案。

（2）2011 年 5 月 13 日，卫信康有限在《大同日报》公告注册资本由 1000 万元减为 210 万元的股东会决定。

（3）2011 年 6 月 27 日，大同北岳会计师事务所有限公司出具《审验报告》（大同北岳审

[2011]0003 号),审验确认,卫信康有限减资后的实收资本为 210 万元。

(4)2011 年 6 月 29 日,卫信康有限作出《债务清偿及债务担保情况的说明》,截至 2011 年 6 月 27 日,卫信康有限已向要求清偿的债权人清偿全部债务,无债权人要求提供偿债担保。

(5)2011 年 6 月 29 日,完成工商变更登记事项。

3. 财务处理

北京中卫康减少未实际的出资,卫信康有限不作财务处理,只是履行减资手续,办理工商变更。

大信会计师事务所有限公司出具的《大同市普康医药科技有限公司审计报告》(大信沪审字[2012]第 0122 号)显示,卫信康有限当时并未实际对外经营,本次减资当年期初(2010 年 12 月 31 日)卫信康有限负债金额为 295 元,资产总额为 1695030 元,全部为货币资金;本次减资的当年年末(2011 年 12 月 31 日)卫信康有限负债金额为 295 元,资产总额为 13855.03 元,全部为货币资金。本次减资只是减少未缴的注册资本,卫信康有限实收资本仍为 210 万元。

4. 税收负担

北京中卫康作为投资企业(系居民企业),在本次减资中未从被投资企业卫信康有限(系居民企业)取得任何资产(减资对价),不适用国家税务总局《关于企业所得税若干问题的公告》,不产生任何税收负担。

本次减资前后,卫信康有限股权架构情况如图 12－10 所示。

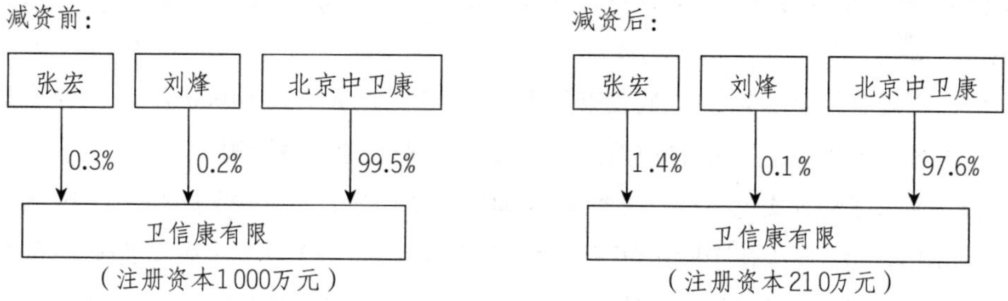

图 12－10　减资前后卫信康有限股权架构

(二)中国证监会反馈问题及发行人回复意见

1. 中国证监会反馈问题及发行人回复意见(之一)

反馈问题 5(之一):请保荐机构、发行人律师核查并在招股说明书中披露:北京中卫康未按约定时间出资是否属于重大违法违规行为;是否存在违约责任,是否存在被处罚的风险。

回复意见:(1)因卫信康有限原计划的业务不再开展,无须资本投入,故北京中卫康未按原约定的出资期限投入 790 万元注册资本;(2)北京中卫康已取得卫信康有限股东会同意,将未缴的 790 万元作减资处理;(3)卫信康有限当时的其他股东张宏、刘烽已出具确认函,承诺不追究北京中卫康的违约责任;(4)北京中卫康、卫信康有限已完成减资程序纠正前述未按期出资行为,不存在受到工商部门行政处罚的情况;(5)根据《公司法》(2014 年 3 月 1 日起施行)及其他行政法规的规定,对同类型的公司注册资本及其缴付时间已不作强制要求;(6)根据不溯及既往的法律原则,北京中卫康未按期缴付出资也不会再被处以行政处罚。

综上,北京中卫康未按约定时间出资不属于重大违法违规行为,目前已不存在被处罚的风险,卫信康有限当时的其他股东张宏、刘烽确认不追究北京中卫康的违约责任。

2. 中国证监会反馈问题及发行人回复意见(之二)

反馈问题 5(之二):请保荐机构、发行人律师核查并在招股说明书中披露:2011 年发行人减资是否履行法律法规规定的程序,是否损害债权人的利益。

回复意见:(1)经核查,卫信康有限召开股东会,一致同意减少注册资本 790 万元,修改公司章程,通知债权人并登报公告,依法编制资产负债表及财产清单,已向申报要求清偿债务的债权人清偿全部债务,无债权人要求提供偿债担保;(2)经专业机构审计和审验,本次减资只是减少未实缴的注册资本,卫信康有限实收资本仍为 210 万元,北京中卫康未按约定时间出资对卫信康有限和债权人不会造成不利影响。

综上,卫信康有限已按照当时《公司法》的规定履行必要的减资程序,本次减资只是减少未实缴的注册资本,卫信康有限实收资本仍为 210 万元,不存在损害债权人利益的情形。

(三)案例评析

由于北京中卫康未在规定的两年期限内缴足出资 790 万元,属于出资瑕疵,即便其事后补缴也具有瑕疵出资情况。因此,790 万元并不是未到缴付期限,而是应缴未缴。解决方式有两种:

第一,以现金补足出资,使大同普康的注册资本(实收资本)为 1000 万元,这是常规的做法,但会给股东带来资金压力,同时造成资本过剩,浪费企业有限资源。

第二,通过减资方式免除出资义务,使大同普康的注册资本(实收资本)为 210 万元。这是较少采用的办法,原因在于股东对减资存在较多顾虑,如 2/3 以上表决权通过、通知债权人并公告、提前清偿债务或提供担保等。但该方法不仅可以减轻股东资金压力,更重要的是可以避免企业资本过剩。

1. 本次减资的性质

本次减资属于个别股东部分减资(并非全部减资,减资后仍是公司股东;如股东全部减资,就认定为撤资行为),不是全体股东同比例或不同比例减资。本次减资属于免除股东出资义务的减资,目标公司通过减资方式消除相关股东的出资义务,而股东在公司减资过程中,又不取得任何减资对价。因此,本次减资又称为名义减资。

2. 实收资本的变化

减资前,卫信康有限注册资本 1000 万元包括实缴出资额 210 万元和认缴出资额 790 万元,减资目的是消除认缴的出资额,减资结果是公司注册资本由 1000 万元下降到 210 万元(实收资本),不低于当时适用的《公司法》(2006 年 1 月 1 日实施)规定的法定最低 3 万元的注册资本。本次减资程序符合当时的《公司法》(2006 年 1 月 1 日实施)关于减资的程序规定。

该种减资方式虽然没有实际资产的流出,但实际上却是卫信康有限放弃了对北京中卫康的催缴股款的债权,使本应增加的公司资产无法增加。中国证监会反馈意见提出,减资是否履行法律法规规定的程序,是否损害债权人的利益。由于发行人在减资过程中履行了一系列必要的法律程序,并聘请专业机构审计和审验了减资当时卫信康有限的全部资产及负债,保荐机构和律师通过多角度的分析和详实的数据,最后得出令人信服的结论:本次减资只是减少未实缴的注册资本(公司实收资本不变),没有损害债权人的实际利益。

3. 瑕疵出资的处理后果

北京中卫康未在公司章程规定的出资期限内缴付到位,属于出资瑕疵,虽然卫信康有限最终通过名义减资方式消除了北京中卫康的出资义务,但历史上出现的瑕疵还是无法抹掉。如何让企业"根红苗正",这是每一个怀揣上市梦想的企业家应该考虑的。

中国证监会反馈意见提出,北京中卫康未按约定时间出资是否属于重大违法违规行为,是否存在违约责任,是否存在被处罚的风险。根据《公司法司法解释(三)》第十三条的规定,股东未履行或者未全面履行出资义务的,目标公司、出资守约股东以及公司债权人,都可以向未出资股东主张权利。北京中卫康逾期未缴出资,构成违约。对于违约责任带来的法律后果,轻则被限制财产权利,重则被解除股东资格。鉴于卫信康有限股东会同意对北京中卫康未出资部分按减资处理,当时的其他股东张宏、刘烽出具确认函承诺不追究其违约责任,且减资行为未造成卫信康实收资本的减少,未损害债权人的实际利益,所以证监会未再提出后续反馈意见。应该说本次减资对北京中卫康出资瑕疵的处理,还是非常干净、彻底的,值得学习。

二、为引进战略投资者而减资

2013 年 9 月 30 日,北京京卫信康股东会同意公司注册资本从 850 万元减至 85 万元,减少注册资本(实收资本)765 万元,各股东持股比例不变。

(一)本次减资的原因、法律程序和财税处理

1. 减资原因

经过前期的运作,卫信康有限与北京京卫信康成为同一实际控制人控制下的平行公司。实际控制人决定将卫信康有限作为上市主体,北京京卫信康成为业务主体并纳入卫信康有限的完全控制之下。北京京卫信康先期进行减资,以减轻卫信康有限上市架构搭建涉及的资金周转压力。

2. 法律程序

(1)2013 年 9 月 30 日,北京京卫信康召开股东会,同意公司注册资本由 850 万元减资至 85 万元,并通过新的公司章程。

(2)2013 年 10 月 1 日,北京京卫信康在《北京晨报》上发布《减资公告》。

(3)2013年11月14日,北京京卫信康及其股东签署《债务清偿或担保情况的说明》,确认截至2013年11月14日,已向要求清偿的债权人清偿债务,无债权人要求提供相应担保。

(4)2013年11月15日,瑞华会计师事务所(特殊普通合伙)出具《验资报告》(瑞华验字[2013]第91630004号),审验确认各股东减少出资的情况,减资后北京京卫信康的注册资本、实收资本均为85万元。

(5)2013年11月18日,完成减资工商变更事项。

3. 财务处理

对于返还出资的减资,财务处理分为两种情况。其一,公司支付的减资对价小于或等于减资股权对应的实收资本;其二,公司支付的减资对价大于减资股权对应的实收资本。下面分情况对各主体做会计分录(限于以现金支付减资对价):

(1) 当减资价格小于或等于实收资本时:

目标公司——借:实收资本;贷:银行存款。

减资股东——借:银行存款;贷:长期股权投资。

(2)当减资价格大于实收资本时:

目标公司——借:实收资本、资本公积、盈余公积、未分配利润(依次冲减,未分配利润可为负数);贷:银行存款。

减资股东——借:银行存款;贷:长期股权投资、投资损益。

结论性意见:当减资价格(减资分配金额)小于投资计税成本时,减资股东会产生投资损失;当减资价格(减资分配金额)大于投资计税成本时,减资股东会产生投资收益。

4. 税收负担

目标公司以货币作为支付对价的,不会有损益;目标公司以非货币资产(包括持有的第三方股权)作为支付对价的,会被认定为出让资产,会产生损益,并且会发生纳税义务。

当减资股东为自然人时,减资所得等于减资价格减去投资成本,减资股东应就减资所得部分缴纳个人所得税;当减资股东为法人(限于居民企业)时,根据国家税务总局《关于企业所得税若干问题的公告》第五条第一款的规定,投资企业从被投资企业撤回或减少投资,其取得的资产中,相当于被投资企业累计未分配利润和累计盈余公积按减少实收资本比例计算的部分,应确认为股息所得,该项所得免缴企业所得税。

本次减资前后,北京京卫信康股权架构情况如图12-11所示。

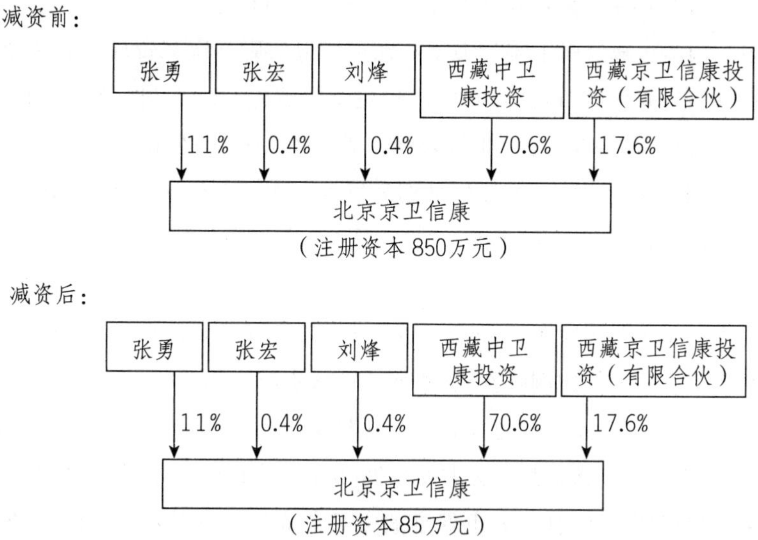

图12－11　减资前后北京京卫信康股权架构

（二）中国证监会反馈问题及发行人回复意见

1. 中国证监会反馈问题

反馈问题：请保荐机构、发行人律师核查并在招股说明书中披露，北京京卫信康2013年10月减至85万元的原因，是否履行了法定的程序，是否损害债权人的利益。

2. 发行人回复意见

回复意见：(1)北京京卫信康股东会形成决议，同意公司注册资本由850万元减至85万元，审议通过新的公司章程，通知债权人并公告，已清偿要求清偿的债权人的全部债务，如有减资前尚未偿付的债务，减资后由北京京卫信康继续负责清偿，并由减资后的股东承担连带清偿责任；(2)经专业机构审验确认所有股东减少出资的情况，减资后，北京京卫信康的注册资本、实收资本均为85万元，本次减资未对北京京卫信康偿债能力产生不利影响。

综上，北京京卫信康注册资本减至85万元具有合理理由，本次减资已履行《公司法》规定的减资程序，未损害债权人的利益。

（三）案例评析

就常规而言，根据减资后资产返还给股东的方式不同，减资可以分为返还出资的减资、免除出资义务的减资以及股份（股权）消除的减资（弥补亏损的减资），第一种属于实质减资，第二种属于名义减资（或形式减资），第三种到底属于实质减资还是名义减资存在一定的争议。

除了以上三种情形外，实务中还有一种情况，就是企业因并购重组的需要而进行的减资，我们称之为企业重组的减资，一般是指全体股东等比例减资，这种情况下股东对目标公司的出资全部实缴到位，且公司经营业绩良好，不存在任何亏损，股东不从目标公司取得任何对价,只是为了重组,如减轻交易方资金压力,提高每股净资产率等。

北京京卫信康本次减资属于哪种类型?北京京卫信康本次减资应当属于企业重组的减资,但对于减资股东,取得的对价如何处理,理论上需要进一步探讨。例如,注册资本由850万元减至85万元,减少的765万元如何处理。或者说,90%的公司净资产是否作为减资对价,股东不从公司取得减资对价,该部分是作为资本公积还是股东向公司的赠与。如作为赠与,该行为与税法上的赠与是否属于同一情形,是否需要纳税。

1.本次减资的性质

公司减资事项属于公司股东(大)会的权力范畴,公司需要召开股东(大)会作出减资决议并通过。对于所有股东等比例减资(又称同比例减资或成比例减资),由于减资公司与股东之间没有发生实质交易,股东之间也没有任何利益冲突,不需要对减资公司进行估值,甚至不需要订立分立协议。所以,人们称之为非交易性减资。对于返还出资类型的减资,顾名思义,就是公司将部分出资额返还给股东,也就是减资股东从公司取得减资对价,此种减资的结果是既减少公司的注册资本,也减少公司的资产或运营资金,属于实质减资。

2.减资对价的确定

对于返还出资的减资,减资股权对应的减资对价如何确定?减资价格是否合理?实践中,减资价格的确认一般有三种方式:第一,减资价格按照净资产的公允价值确认,该种方式适用于部分股东减资或全体股东不同比例减资;第二,减资价格按照股东出资额确认,该种方式适用于所有股东等比例减资,并不需要额外进行其他财产的分配;第三,减资价格按照净资产的账面价值确认,该种方式不会导致股东在公司的投资权益的变化。北京京卫信康注册资本由850万元减至85万元,系全体股东同比例减资,属于非交易性减资。根据瑞华会计师事务所(特殊普通合伙)出具的《验资报告》(瑞华验字〔2013〕91630004号),所有股东按照同一减资比例即90%[(850-85)万元÷850万元]减少出资,合计减少出资765万元,北京京卫信康向全体股东支付的减资对价就是股东减少的出资额。

3.本次减资的优势

北京京卫信康这样处理减资分配至少有三个方面的优点。首先,北京京卫信康减少注册资本,是为了配合上市主体卫信康有限的整体运作,有效缓解卫信康有限搭建上市架构的资金压力;其次,北京京卫信康减少注册资本,没有导致其作为业务主体的大量资产流失;最后,北京京卫信康本次减资合法合规,程序完备,不会对卫信康有限未来上市造成实质性障碍。

第四节　继往开来、不同凡响的四次增资

卫信康有限及其全资子公司北京京卫信康前后共发生过四次增资行为,每次增资都颇有

深意。在合法合规的前提下，充分利用当时法律和政策给予的有利条件，在资本运作中减少资金投入，降低投资风险，节省税收成本。

1. 2009年3月，北京中卫康向卫信康有限增资995万元。增资后，卫信康有限注册资本增至1000万元。

2. 2015年6月，卫信康有限部分股东（张勇、张宏和刘烽）增资50万元。增资后，卫信康有限注册资本增至260万元。

3. 2015年12月，卫信康（股份公司阶段）以资本公积转增资16000万元。增资后，卫信康注册资本增至36000万元。

4. 2013年11月，卫信康有限向北京京卫信康增资1915万元。增资后，北京京卫信康注册资本增至2000万元。

第四次增资属于同一控制下的公司合并，拟上市主体卫信康有限动用少量资金，成功将业务主体北京京卫信康的全部核心资产纳入完全控制之下，迈出了走向资本市场的关键一步。（见表12－3）

表12－3　卫信康有限四次增资情况

序号	增资时间	增资主体	目标公司	增资前注册资本（万元）	增资后注册资本（万元）	增资类型
1	2009年3月	北京中卫康	卫信康有限	5	1000	外部投资人增资
2	2015年6月	卫信康有限部分股东（张勇、张宏和刘烽）	卫信康有限	50	260	内部股东非等比例增资
3	2015年12月	卫信康有限	卫信康有限	20000	36000	资本公积转增资
4	2013年11月	卫信康有限	北京京卫信康	1915	2000	增资并购

一、外部投资人增资和内部股东非等比例增资

（一）外部投资人增资扩股

2009年3月27日，大同普康股东会同意北京中卫康为大同普康新股东，将公司注册资本增至1000万元，新增注册资本995万元由北京中卫康认缴。其中，2009年3月31日缴付205万元，剩余投资款在两年内实缴到位。

1. 增资目的

卫信康有限引入北京中卫康作为新股东，最少可以达到两点目的，一是引进战略投资者，优化目标公司股权结构，提升公司市场形象；二是增加目标公司注册资本和净资产，进而增加未来股份公司的股本规模，提升公司整体实力。

2. 法律程序

(1)2009 年 3 月 27 日,卫信康有限股东会通过决议,同意引进新投资人北京中卫康。

(2)同日,北京中卫康、张宏、刘烽签署《公司章程》,其中约定剩余投资款 790 万元在两年内(2011 年 3 月 27 日前)实缴到位。

(3)2009 年 3 月 31 日,大同北岳会计师事务所有限公司出具《验资报告》(大同北岳验[2009]0017 号),审验确认卫信康有限已收到北京中卫康缴纳的新增 205 万元注册资本。

(4)2009 年 4 月 10 日,完成工商变更登记事项。

3. 财务处理

北京中卫康本次认缴的增资包括两部分,第一部分是实缴出资额 205 万元,第二部分是认缴出资额 790 万元。财务上一般不对认缴的出资进行会计处理。下面对实缴增资部分进行会计分录:

(1)北京中卫康——借:长期股权投资 205 万元;贷:银行存款 205 万元。

(2)卫信康有限——借:银行存款 205 万元;贷:实收资本 205 万元。

4. 税务负担

北京中卫康以货币 205 万元对卫信康有限进行增资,本次交易除发生印花税(5‱)之外,不产生其他税负。

本次增资完成后,卫信康有限股权架构情况如图 12 - 12 所示。

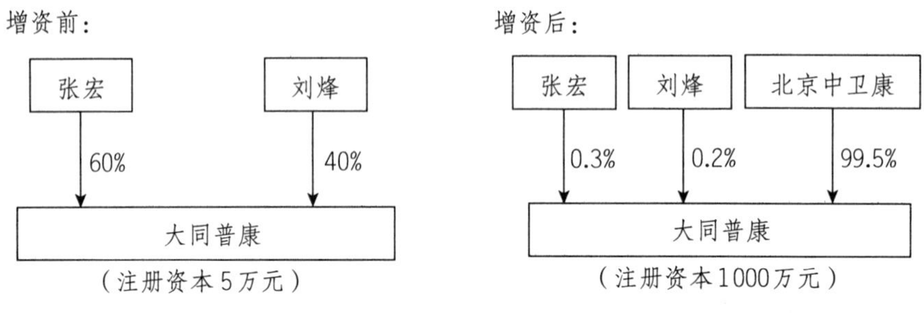

图 12 - 12 增资后卫信康有限股权架构

(二)内部股东非等比例增资

2015 年 6 月 19 日,卫信康有限股东会同意增加注册资本至 260 万元,新增注册资本 50 万元由张勇认缴 468950 元、张宏认缴 15525 元、刘烽认缴 15525 元。

1. 增资目的

西藏中卫康投资是卫信康有限的控股股东,张勇是西藏中卫康投资的控股股东,本次增资有助于提高张勇在卫信康有限的持股比例,更有利于控制卫信康有限,加强公司控制权。

2. 法律程序

(1)2015 年 6 月 19 日,卫信康有限股东会同意增加注册资本至 260 万元,新增注册资本 50 万元由张勇、张宏和刘烽分别认缴。

(2)卫信康有限全体股东就上述增资事项重新签署了《公司章程》。

(3)根据中国建设银行出具的电子回单,张勇、张宏和刘烽已实缴增资款。

(4)2015 年 6 月 29 日,完成工商变更登记事项。

需要说明的是,根据国务院《关于印发注册资本登记制度改革方案的通知》的规定,自 2014 年 2 月 7 日起注册资本实施认缴登记制,公司实收资本不再作为工商登记事项。公司登记时,无须提交验资报告。因此,本次增资未办理验资手续。

3. 财务处理

张勇、张宏与刘烽作为卫信康有限的在册股东,分别追加金额不等的投资,使卫信康有限注册资本(实收资本)增加,增资股东的持股比例也相应增加,计税基础也相应提高。

4. 税务负担

原股东张勇、张宏、刘烽均以货币增资,本次交易除只发生印花税之外,不会产生其他税负。

本次增资完成后,卫信康有限的股权架构情况如图 12 – 13 所示。

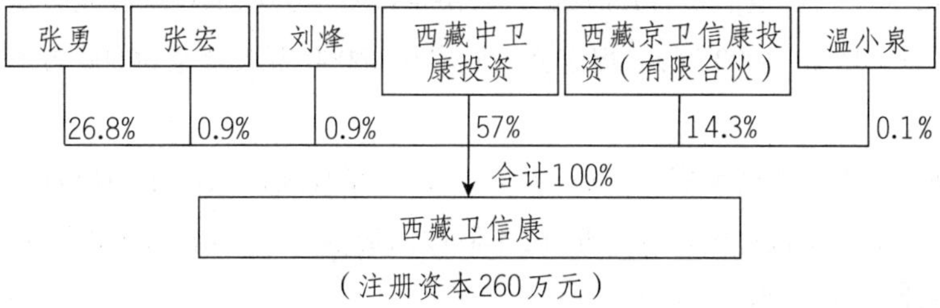

图 12 – 13　增资后卫信康有限的股权架构

(三)综合评析

1. 卫信康有限引入法人股东优化公司股权结构

本次增资前,卫信康有限股东均为自然人,股权结构单一,整体实力较低。引进北京中卫信康后,一方面可以增加公司净资产,进而增加卫信康有限的注册资本规模;另一方面可以优化公司股权结构,提升公司市场形象。实务中,很多企业在对接资本市场前,通过增资扩股方式引进战略股东,包括但不限于私募基金、产业基金,以及与公司采购、销售等有关的上下游企业。

本次增资具有以下特点:第一,本次增资属于交易性增资,系由外部投资人北京中卫康对卫信康有限追加投资 790 万元,成为控股股东,原股东张宏、刘烽放弃优先认购权,原持有的股权被大量稀释。第二,本次增资属于平价增资,卫信康有限并未开展实际经营,故而市场估值难以确定。各方经协商一致,北京中卫康缴付的增资款 790 万元全部进入注册资本,其中一部分为实缴出资额,另一部分为认缴出资额,本次增资没有产生任何溢价。第三,本次增资款项可以分期缴纳,根据当时的《公司法》规定,北京中卫康利用可以有条件分期缴纳出资的政策,大部分资金在两年内缴足,既减少前期资金的投入,又最大限度降低投资风险;但如果逾期缴付或未缴,就要面临相应的违约责任。

2. 公司部分股东增资对其他股东权益的影响

部分股东对公司进行增资，打破了原有股权结构的稳定性，其他股东持有的股权被摊薄，股东彼此之间的利益发生冲突，这种增资情形属于交易性增资。针对这种增资方式，笔者认为，企业估值是否正当、合理，关系到其他股东持股比例降低的幅度，进而波及其股东权益受影响的程度。一般情况下，只要企业估值以公司净资产作为依据，即使其他股东股权比例被稀释，其拥有的股东权益虸不会受影响。原因在于，增资款项全部进入公司，企业估值相应增加，其他股东的股份虽被稀释，但股东权益未受到影响。

需要注意的是，公司新增资本时，现有股东享有优先认购权，有权按照实缴的出资比例认缴出资，但仅限于已经实际缴付出资款的股东；除非公司章程另有约定，否则认缴未缴的股东不具有该等优先权利。

二、卫信康有限股改后以资本公积转增资

（一）本次转增资的原因、法律程序及财税处理

2015 年 12 月 15 日，卫信康召开股东大会，决议以资本公积 16000 万元转增资，公司注册资本由 20000 万元增至 36000 万元，相应公司股本从 20000 万股增至 36000 万股。

1. 增资原因

卫信康通过资本公积转增资，可以扩大公司股本，增加发起人股东的出资份额，防止未来重组时现有股东的股份被过度稀释。此外，本阶段以资本公积转增资，可以降低税收成本。

2. 法律程序

（1）2015 年 12 月 15 日，卫信康股东大会通过资本公积转增资决议，全体股东签署《公司章程》修正案。

（2）2015 年 12 月 26 日，瑞华会计师事务所（特殊普通合伙）出具《验资报告》（瑞华验字〔2015〕01300066 号），审验确认，截至 2015 年 12 月 15 日，公司已将资本公积 16000 万元转增股本。

（3）2015 年 12 月 30 日，完成工商变更登记事项。

3. 财务处理

资本公积转增注册资本是在股东权益内部把资本公积金转到“实收资本”或“股本”账户，并按照全体股东所持有的公司股份份额比例的大小分割到各个股东的账户中，以此增加每个股东的实收资本（股本）。也就是说，资本公积转增资以调整财务报表并进行相应的会计处理即可，股东不需做会计处理，只需做备案登记。卫信康会计分录为：

借：资本公积——股本溢价 16000 万元；贷：股本 16000 万元。

4. 税务负担

根据国税函〔2010〕79 号文第四部分第二项的规定［“被投资企业将股权（票）溢价所形成的资本公积转为股本的，不作为投资方企业的股息、红利收入，投资方企业也不得增加该项股

权长期投资的计税基础”],法人股东西藏中卫康投资无须缴纳企业所得税。

根据国家税务总局《关于股份制企业转增股本和派发红利征免个人所得税的通知》以及国家税务总局《关于原城市商业信用社在转制为城市合作银行过程中个人股增值所得应纳个人所得税的批复》的规定,股份制企业用资本公积金转增股本不属于股息、红利性质的分配,对个人取得的转增股本数额,不作为个人所得,不征收个人所得税。自然人股东张勇、钟丽娟、钟丽芳、张宏、刘烽和温小泉无须缴纳个人所得税。

本次增资前后,卫信康股权架构情况如图 12 - 14 所示。

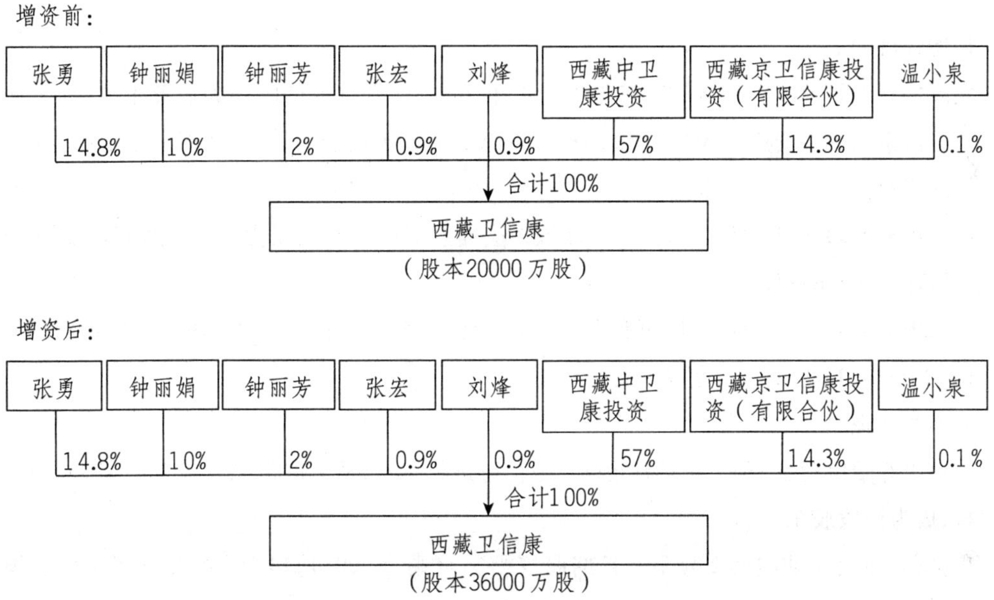

图 12 - 14 增资前后卫信康股权架构

(二)案例评析

2015 年 12 月 2 日,卫信康有限整体变更为股份公司。据查,卫信康有限 2015 年 7 月 31 日经审计的净资产为 39114.47 万元,折合为股份公司 20000 万股,每股面值 1 元,净资产超过注册资本的部分 19114.47 万元作为资本公积。卫信康有限为什么在企业改制为股份公司后不到 1 个月(2015 年 12 月 15 日)的短短时间内以 16000 万元资本公积转增股本呢?

资本公积是资产负债表中所有者权益的重要内容,主要是由资本溢价形成的,资本公积是企业所有者投资的一部分,具有资本的属性,归属于公司全体股东。资本公积转增注册资本是权益性投资的一种形式,公司全体股东的出资额(股本)同比例增加,股东之间没有利益冲突。所以,人们又将资本公积转增资称为非交易性增资,但股东不得调整股权的计税基础,原因在于股东在投入时已经确认,再调整就重复了。

关于资本公积转增资的所得税,包括企业所得税和个人所得税。在实务中一直存在争议,针对股份有限公司性质和有限责任公司性质的企业,以及法人股东和自然人股东的不同而在政策上有所不同。尤其是对于个人股东来说,不因公司组织形式的不同而导致税收待遇的差异。

三、上市主体通过增资并购业务主体

(一)本次增资原因、法律程序及财税处理

2013 年 11 月 15 日,北京京卫信康股东会同意卫信康有限以货币方式增资 1915 万元。增资后,北京京卫信康注册资本为 2000 万元,卫信康有限成为北京京卫信康的绝对控股股东。

1. 增资目的

实际控制人张勇决定将卫信康有限作为上市主体、北京京卫信康作为业务主体,为了将北京京卫信康的核心资产装入拟上市主体,同时减轻收购方的资金压力,故而采取增资方式。

2. 法律程序

(1)2013 年 11 月 15 日,北京京卫信康股东会同意卫信康有限以货币方式对其增资 1915 万元,并修改了公司章程。

(2)2013 年 11 月 19 日,卫信康有限将 1915 万元资金存入北京京卫信康开立的账户。

(3)2013 年 11 月 19 日,完成工商变更登记事项。

3. 财务处理

卫信康有限以现金 1915 万元对北京京卫信康进行增资,从而取得北京京卫信康 95.75% 的股权,成为控股股东。

根据《企业会计准则第 2 号——长期股权投资》(财会〔2014〕14 号)第五条第一项的规定,同一控制下的企业合并,合并方以支付现金作为合并对价的,应当在合并日按照被合并方所有者权益在最终控制方合并财务报表中的账面价值的份额作为长期股权投资的初始投资成本,长期股权投资初始投资成本与支付的现金之间的差额,应当调整资本公积,资本公积不足冲减的,调整留存收益。

各交易主体的会计处理,卫信康有限借记长期股权投资,贷记银行存款、资本公积;北京京卫信康借记银行存款,贷记实收资本。

4. 税务负担

卫信康有限以现金对北京京卫信康增资,不涉及企业所得税,只发生印花税。

本次增资前后,拟上市主体与业务主体法律结构对比见图 12-15 所示。

(二)中国证监会反馈问题及发行人回复意见

1. 中国证监会反馈问题

反馈问题:请保荐机构、发行人律师核查并在招股说明书中披露,卫信康有限对北京京卫信康科技增资 1915 万元是否履行了法定的程序。(《西藏卫信康医药股份有限公司首次公开发行股票文件反馈意见》第 5-4-15 页至第 5-4-18 页)

2. 发行人回复意见

回复意见：核查了北京京卫信康增资至1915万元的工商档案，包括与上述变更有关的股东会决议、增资款缴付凭证、变更前后的章程、工商变更登记资料等，得出以下核查结论：北京京卫信康股东会作出决议，同意卫信康有限以货币方式增资，并相应修改公司章程。根据北京昌平兆丰村镇银行出具的《交存入资资金报告单》，卫信康有限将全部增资款存入北京京卫信康在该行开立的账户，经北京市工商行政管理局昌平分局核准，完成工商变更登记手续。

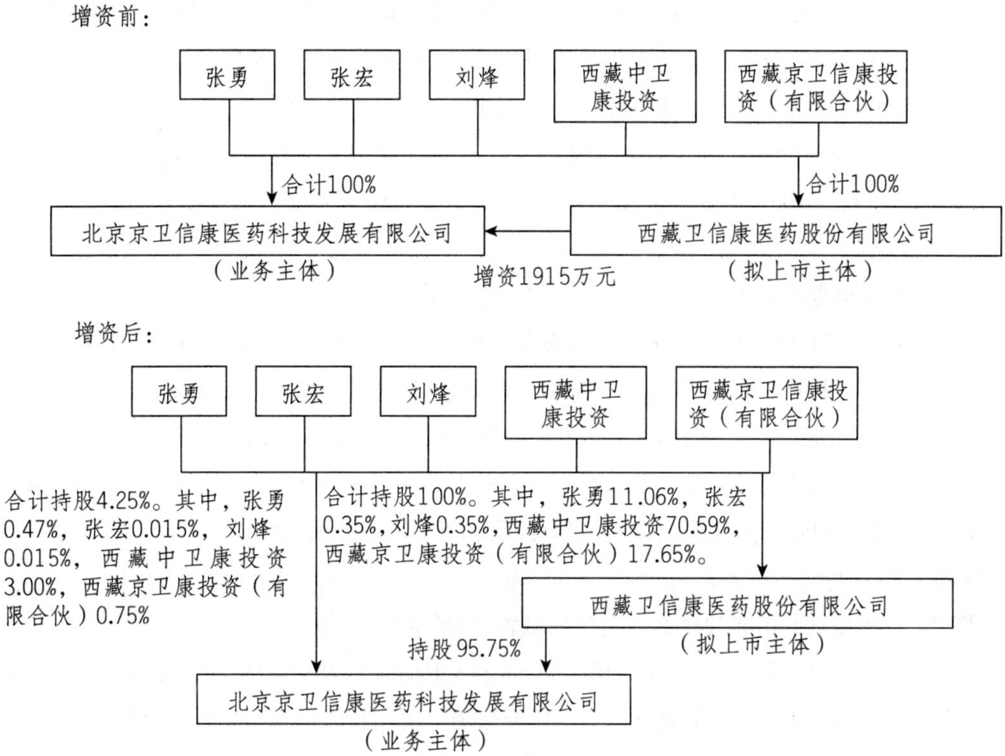

图12－15　增资前后各主体法律结构

（三）案例评析

卫信康有限作为上市主体与作为业务主体的北京京卫信康成为同一实际控制人控制下的企业是一系列交易的前提条件，业务主体的资产全部装入上市主体，由上市主体完全控制业务主体是一系列交易的既定目标。下面，笔者设计几个现实问题，与大家一起探讨。

问题1：卫信康有限完全控制北京京卫信康，有哪些方案？

笔者认为，卫信康有限要完全控制北京京卫信康，至少有以下四种方案：

第一种方案是股权转让，即张勇等股东将持有的北京京卫信康的所有股权全部转让给卫信康有限，北京京卫信康继续从事经营业务。

第二种方案是吸收合并，即由卫信康有限吸收合并北京京卫信康，北京京卫信康的资产、负债全部装入卫信康有限，北京京卫信康注销法人资格。

第三种方案是解散清算，即北京京卫信康依法解散，张勇等股东将取得的资产全部投入卫信康有限，北京京卫信康清算完毕后，注销法人资格。

第四种方案是增资+股权转让的组合，即卫信康有限对北京京卫信康增资后，张勇等股东将其余的股权转给卫信康有限，北京京卫信康继续从事经营业务。

问题2：卫信康有限是否可以吸收合并北京京卫信康？

笔者认为，不行。原因在于：第一，卫信康有限为上市主体，北京京卫信康为业务主体，且北京京卫信康的核心资产必须要由卫信康有限完全控制，这是企业上市的整体战略。第二，卫信康有限既然定位为持股型轻资产企业，基于北京京卫信康为重资产企业的事实，没有必要将北京京卫信康的全部资产直接转移到卫信康有限；或者说，将北京京卫信康的资产转移到卫信康有限，不符合企业上市的战略规划。第三，北京京卫信康还有存在的必要性，只是最终成为卫信康有限100%控制的企业，公司决策层没有考虑未来要注销北京京卫信康法人资格。

问题3：张勇等股东为何不直接将股权转让给卫信康有限？

笔者认为，若卫信康有限直接受让张勇等股东持有的北京京卫信康的100%股权，由于北京京卫信康属于重资产企业，卫信康有限接受北京京卫信康的股权，需要大量的资金，这是其一；税法上没有关联公司之间转让股权的税收优惠政策，北京京卫信康注册资本为2000万元，而其净资产为3亿多元，张勇等股东转让股权时会产生巨额税收，这是其二。所以，卫星康有限通过单一的股权受让形式，达到完全控制北京京卫信康的目的，于人于己，均有诸多不利因素。

问题4：北京京卫信康为什么一定要先减资，再增资呢？

笔者认为，首先，北京京卫信康的资产全部装入卫信康有限，由卫信康有限完全控制北京京卫信康，如果仅是增资，卫信康有限只能稀释张勇等股东持有的股权，无法让张勇等股东完全退出；其次，北京京卫信康如果不减资，而是直接增资，卫信康有限需要大量的资金。不妨测算一下，北京京卫信康注册资本为850万元，卫信康有限若要持股95.75%，则卫信康有限需要支付增资款19150万元（850万元÷4.25%×95.75%）。

问题5：卫信康有限对北京京卫信康本次增资有什么深意？

笔者认为，根据《企业会计准则第20号——企业合并》（财会〔2006〕3号）第五条的规定："参与合并的企业在合并前后均受同一方或相同的多方最终控制且该控制并非暂时性的，为同一控制下的企业合并。"无论是卫信康有限，还是北京京卫信康，其股东均为张勇、张宏、刘烽、西藏中卫康投资、西藏京卫信康投资（有限合伙），因此，本次增资属于同一控制下的合并，根据财税〔2009〕59号文的规定，企业可以适用特殊性税务处理，享受递延纳税优惠。

总而言之，将北京京卫信康纳入卫信康有限，通过减资—增资—股权转让三个步骤分步完成，而不是一步到位，主要目的就是节税筹划。减资可以少税，增资属于无税，股权转让需要多交税，卫信康有限最后受让少部分股权，税收基数大大降低，规避了绝大多数重组税收。

第十三章

为混改通过分立剥离上市公司

实务指引

为顺应汽车产业发展趋势以及国家政策走向，江铃控股实施混合所有制改革，以实现多元化股权结构。为剥离上市公司资产，减轻投资人资金压力，减免资本运作中的税收负担，江铃控股采用存续分立方式分立为两家公司，即存续公司和新设公司。江铃控股将持有的上市公司全部股份分割到新设公司，江铃控股及其各股东均取得上级机关同意目标公司存续分立的批复或备案。

新设公司在收购上市公司资产过程中，根据《上市公司收购管理办法》(以下简称《收购管理办法》)第十九条、第四十七条、第六十四条的规定，向中国证监会提交《收购报告书》，并聘请财务顾问、律师事务所分别出具《财务顾问报告》和《法律意见书》，新设公司申请豁免要约收购事宜获中国证监会核准后，成为上市公司的控股股东，上市公司的实际控制人不发生变化，该分立事项也不会对上市公司构成实质性影响。

存续公司在被分立企业分立过程中，根据《企业国有资产交易监督管理办法》第二条、第三条、第三十九条、第四十二条的规定，在北京产权交易所公开挂牌，通过增资扩股引入战略投资者，且被分立公司原始股东放弃优先认缴出资权。民营企业最终入股存续公司。公司分立和增资并购相得益彰，国企混改圆满成功。

本章将以江铃控股分立混改为主线，并结合东北高速以新设分立方式重组上市项目实操、浙江桑尼公司分立纠纷、宁夏然尔特混改纠纷和江苏熔盛要约收购诉讼等相关案例，为读者深度揭露公司分立、上市公司要约收购和国有企业混改过程中的核心要点。

第一节　上市公司控股股东存续分立

一、国有控股企业及其控股上市公司情况

（一）国有控股企业概况

江铃控股有限公司（以下简称江铃控股）成立于2014年11月1日，注册资本为200000万元，由重庆长安汽车股份有限公司（以下简称长安汽车）和江铃汽车集团有限公司（以下简称江铃集团）共同出资组建，双方各持有江铃控股50%股份。长安汽车成立于1996年10月31日，注册资本为480264.85万元，主要经营范围为制造、销售汽车（含轿车）、制造汽车发动机系列产品；江铃集团成立于1968年8月3日，为国有独资企业，注册资本为150000万元，主要经营范围为汽车等各种机动车整车及零部件的开发、生产及销售。江铃控股的实际控制人为长安汽车和江铃集团，最终由国务院国有资产监督管理委员会（以下简称国务院国资委）和南昌市国有资产监督管理委员会（以下简称南昌市国资委）控制。

1. 江铃控股营业执照信息

截至2019年4月30日，江铃控股的基本情况见表13－1。

表13－1　江铃控股基本情况统计表

公司名称	江铃控股有限公司
企业类型	其他有限责任公司
注册资本	200000万元
法定代表人	张宝林
成立日期	2004年11月1日
营业期限	2004年11月1日至2034年10月31日
经营范围	生产汽车、发动机底盘、汽车零部件；销售自产产品并提供相关售后服务；实业投资；自营和代理各类商品和技术的进出口（国家限定公司经营或禁止进出口的商品和技术除外）；家庭日用品、机械电子设备、工艺美术品、农副产品及钢材的销售；企业管理咨询（依法须经批准的项目，经有关部门批准后方可开展经营活动）

2. 江铃控股的股权架构

截至2019年4月30日，江铃控股股东及出资情况如图13－1所示。

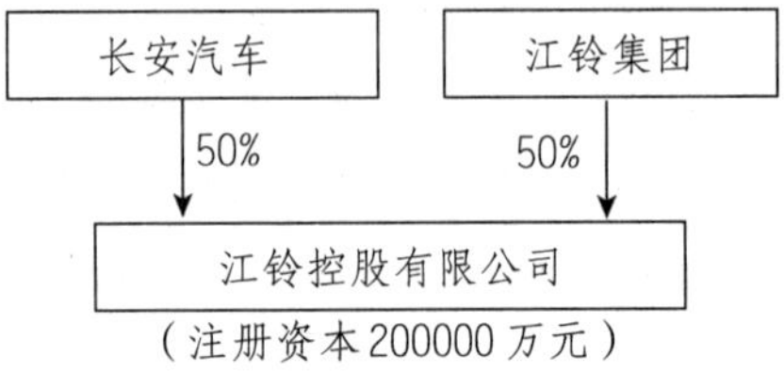

图13－1　江铃控股股东及出资情况

(二)拟被剥离的上市公司的现状

江铃汽车股份有限公司(以下简称江铃汽车)系一家集汽车研发、制造和销售于一体的现代化中外合资股份制企业,公司于1993年11月在深交所A股上市,成为江西省首家上市公司,并于1995年在中国第一个以ADRS发行B股方式引进外资战略合作伙伴——福特汽车公司。

1. 江铃汽车营业执照信息

截至2019年4月30日,江铃汽车基本情况见表13-2。

表13-2　江铃汽车基本情况统计表

公司名称	江铃汽车股份有限公司
公司类型	股份有限公司(中外合资、上市)
注册资本	86321.4万元人民币
法定代表人	邱天高
成立日期	1997年1月8日
营业期限	1997年1月8日至无限期
经营范围	生产及销售汽车、专用(改装)车、发动机、底盘等汽车总成及其他零部件,并提供相关善后服务;作为福特汽车(中国)有限公司的品牌经销商,从事E系列品牌进口汽车的零售、批发;进出口汽车及零部件;经营二手车经销业务;提供与汽车生产和销售相关的企业管理、咨询服务(依法须经批准的项目,经相关部门批准后方可开展经营活动)

2. 江铃汽车的股权架构

江铃控股持有江铃汽车354176000股,占江铃汽车总股本的41.03%,为第一大股东;福特汽车持有江铃汽车276228400股,占江铃汽车总股本的32.00%,为第二大股东。江铃汽车的实际控制人为长安汽车和江铃集团。

截至2019年4月30日,江铃汽车的股权架构如图13-2所示。

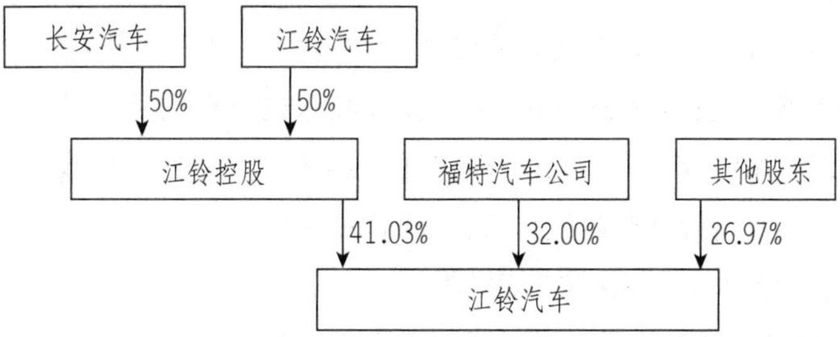

图13-2　江铃汽车股权架构图

二、国有控股企业剥离上市公司资产的方式

(一)江铃汽车公告的存续分立事项

1. 2019年4月4日,江铃汽车披露的信息

2019年4月4日,江铃汽车公告的《关于控股股东存续分立的提示性公告》(公告编号:

2019－018)披露：

(1)江铃控股分立事项的说明

江铃控股拟通过存续分立方式进行分立，分立为新设公司南昌市江铃投资有限公司(以下简称江铃投资)和江铃控股有限公司(存续公司)。本次分立前，江铃控股的注册资本为20亿元，江铃控股的股东长安汽车和江铃集团各持有50%的股权；分立后，存续公司的注册资本为10亿元，新设公司的注册资本为10亿元，长安汽车、江铃集团分别持有新设公司与存续公司各50%的股权，出资比例保持不变。江铃控股将所持有江铃汽车41.03%股权和部分负债(3亿元金融性负债)分至新设公司，江铃汽车的控股股东将由江铃控股变更为新设公司江铃投资，但江铃汽车的实际控制人未发生变化。

(2)江铃控股分立前后股权结构图

本次分立前后的股东及与本公司的股权控制关系如图13－3所示。

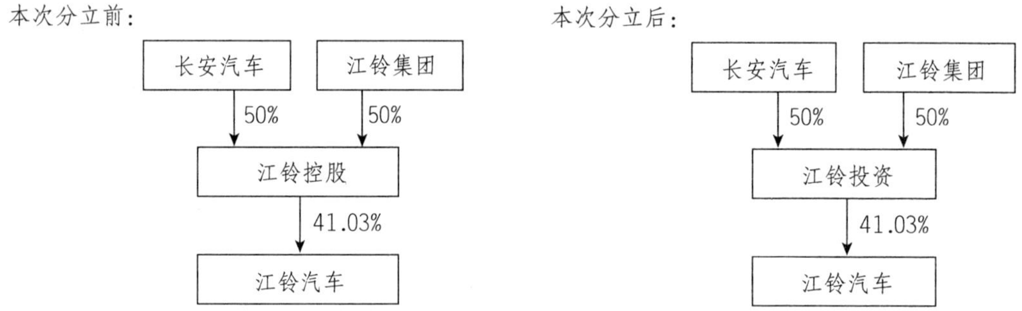

图13－3　分立前后江铃控股股权结构图

本次江铃控股的分立不会对江铃汽车的生产和经营产生实质性影响。江铃控股将根据分立工作的实施进展情况按时履行告知义务，公司将根据江铃控股分立工作的实施进展情况配合做好信息披露工作。

2. 2019年6月1日，江铃汽车披露的信息

2019年6月1日，江铃汽车公告的《关于控股股东进行存续分立的进展公告》(公告编号：2019－024)披露，2019年5月28日，江铃控股的工商变更手续已完成，存续公司江铃控股有限公司和新设公司江铃投资营业执照信息分别如下：

(1)江铃控股有限公司营业执照信息(略)

特别说明：存续公司江铃控股有限公司的注册资本登记为10亿元，其他登记事项与被分立公司江铃控股此前的信息一致。

(2)江铃投资营业执照信息(见表13－3)

表 13－3　江铃投资营业执照信息

公司名称	南昌市江铃投资有限公司
公司类型	其他有限责任公司
注册资本	10 亿元
法定代表人	邱天高
成立日期	2019 年 5 月 28 日
营业期限	2019 年 5 月 28 日至 2049 年 5 月 27 日
经营范围	投资管理、实业投资、资产管理(不得从事吸收公众存款或变相吸收公众存款、发放贷款以及证券、期货、保险等金融业务;依法须经批准的项目,经相关部门批准后方可开展经营活动)

江铃投资将按程序向中国证监会申请豁免要约收购义务,待取得中国证监会的核准及豁免批复后,办理相关股权过户和登记手续。

(二)本次存续分立的目的

2019 年 6 月 1 日,江铃汽车发布的《江铃汽车股份有限公司收购报告书摘要》披露了本次收购的目的。

本次收购是由于上市公司原控股股东江铃控股实施存续分立,新设公司承继股份而引致的股份权益变动。

江铃控股基于自身发展的需要,为进一步整合集团资源,提高运行效率,更好发挥市场主体功能,调整产业布局,拟对除江铃汽车股权以外的资产进行混合所有制改革,利用自有平台对除江铃汽车以外的下属公司业务进行整合。

鉴于上述情况,江铃控股可能进行自身股权、下属子公司、业务等方面的调整,由于该等事项具有重大不确定性,为保持江铃汽车股权以及经营等各方面的稳定,在保持江铃汽车实际控制人不变和持有江铃汽车之股份不变的情况下,江铃控股决定通过存续分立的方式新设江铃投资,保持江铃投资的股权结构与分立前江铃控股一致,由江铃投资承继持有江铃汽车之股份。本次收购完成后,江铃汽车将切实履行大股东职责,支持江铃汽车的发展。

(三)笔者评析

根据国家工商行政管理总局《关于做好公司合并分立登记支持企业兼并重组的意见》(工商企字〔2011〕226 号)第二条第一项的规定,公司分立可以采取两种形式:一种是存续分立,指一个公司分出一个或者一个以上新公司,原公司存续;另一种是解散分立,指一个公司分为两个或者两个以上新公司,原公司解散。以上是按照交易的方式进行分类的,是以原来公司(被分立公司)法人资格是否消灭为界限。存续分立中,分出去的公司法人资格不以原有公司法人资格的消灭为前提；解散分立中，分离新设的公司以原来公司法人资格的消灭为前提（以下将通过东北高速新设分立进行详细说明）。所以，存续分立又称派生分立，解散分立又称新设分立，但无论是哪种形式的分立，分立中的当事各方均包括分立公司、被分立公司及各方股东，后文将通过一个诉讼案件阐述分立中的权利主体及义务主体。

国有企业在实施混合所有制改制之前，往往需要整体剥离上市公司的全部资产、负债及业务，尽管资产剥离方式多种多样，包括减资、无偿划转、公开征集转让、分立、新设 SPV 收购等，但根据相关法律、行政法规的规定，国有企业因混改而剥离上市公司资产，上市公司的实际控制人不能发生变更，这就极大限制了剥离上市公司资产所能采用的方法。

下面谈谈本次重组的三大优势：其一，从交易路径来看，江铃控股采取存续分立方式剥离上市公司资产，并由新设公司江铃投资承继持有江铃汽车的股份，本次分立前后，存续公司与新设公司的股东保持不变，均为长安汽车和江铃集团，股东出资比例保持不变，长安汽车和江铃集团各持股 50%，上市公司的实际控制人保持不变，长安汽车和江铃集团为共同实际控制人；其二，从对价支付来看，江铃控股存续分立导致江铃投资持有上市公司的股份，不涉及现金支付对价，因此江铃投资不存在巨额资金来源问题；其三，从税收负担来看，本次分立符合财税〔2009〕59 号文所规定的特殊性税务处理的条件，企业所得税发生递延，税务成本低。

（四）东北高速新设分立项目实操①

东北高速是一家以募集方式设立的股份公司，其主要发起人股东为龙高集团、吉高集团和华建交通，其于 1999 年 8 月在上交所挂牌上市，证券代码为 600003，证券简称 ST 东北高。

2010 年 3 月，东北高速通过新设分立的方式，分立为黑龙江交通发展股份有限公司（以下简称龙江交通）和吉林高速公路股份有限公司（以下简称吉林高速），东北高速予以注销；同时中国证监会核准了两公司分立重组的上市申请。具体情况如下：

1. 分立过程

（1）2009 年 12 月 30 日，东北高速第三届董事会 2009 年第七次临时会议审议通过了《关于东北高速公路股份有限公司分立重组上市方案的议案》、《关于东北高速分立不构成关联交易的议案》、《关于东北高速公路股份有限公司分立重组上市预案的议案》、《关于提请股东大会授权董事会全权办理本次公司分立重组上市相关事宜的议案》以及《关于聘请本次分立重组上市涉及的中介机构的议案》。

（2）2010 年 1 月 12 日，吉林省交通厅以吉交函〔2010〕6 号《关于东北高速公路股份有限公司分立重组上市方案的批复》批准东北高速分立为龙江交通与吉林高速以及龙高集团与吉高集团之间相互进行股份划转的相关事宜。

（3）2010 年 1 月 13 日，黑龙江省人民政府以黑政函〔2010〕4 号《关于东北高速公路股份

① 内容来源：吉林高速在上交所披露的《关于东北高速公路股份有限公司分立上市报告书》。

有限公司分立重组上市方案的批复》批准《东北高速公路股份有限公司分立重组上市方案》。同日，吉林省人民政府以吉政函〔2010〕10号《关于东北高速公路股份有限公司分立重组上市预案的批复》批准《东北高速公路股份有限公司分立重组上市预案》。

(4)2010年1月13日东北高速第三届董事会2010年第一次临时会议审议通过了公司分立上市相关议案；同时，东北高速独立董事也对本次分立上市出具了独立董事专项意见。

(5)2010年1月27日，黑龙江省人民政府国有资产监督管理委员会以黑国资产函〔2010〕12号《关于同意东北高速公路股份有限公司国有股权划转的函》批准东北高速分立为龙江交通与吉林高速以及龙高集团与吉高集团之间相互进行股份划转的相关事宜。

(6)2010年1月29日，东北高速股东大会审议通过了东北高速分立上市的相关议案。

(7)2010年2月10日，本次分立上市涉及公路收费权变更事宜获得交通部交财发〔2010〕90号《关于对东北高速公路股份有限公司收费公路权益转让有关问题的批复》的批准。

(8)2010年2月10日，本次分立获得中国证监会证监许可〔2010〕194号《关于核准东北高速公路股份有限公司分立的批复》的核准。该批复自核准之日起12个月内有效。

(9)2010年2月26日，经上海证券交易所上证公字〔2010〕11号《关于决定东北高速公路股份有限公司股票终止上市的通知》核准，东北高速股票终止上市。

(10)2010年3月17日，吉林高速股票上市经上海证券交易所上证发字〔2010〕10号文批准，证券简称吉林高速，证券代码601518。同日，龙江交通公司股票上市经上海证券交易所上证发字〔2010〕11号文批准，证券简称龙江交通，证券代码601188。

2. 分立前后股份结构图

本次分立前后的股东及与本公司的股权控制关系如图13－4所示。

本次分立前：

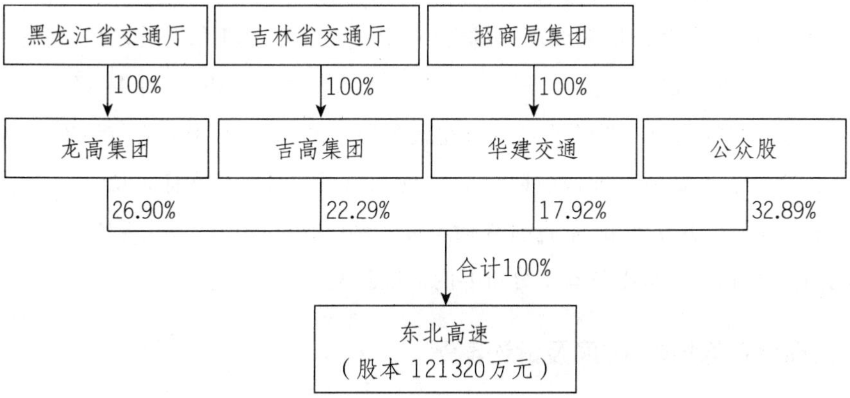

本次分立后：

①龙江交通股份结构图

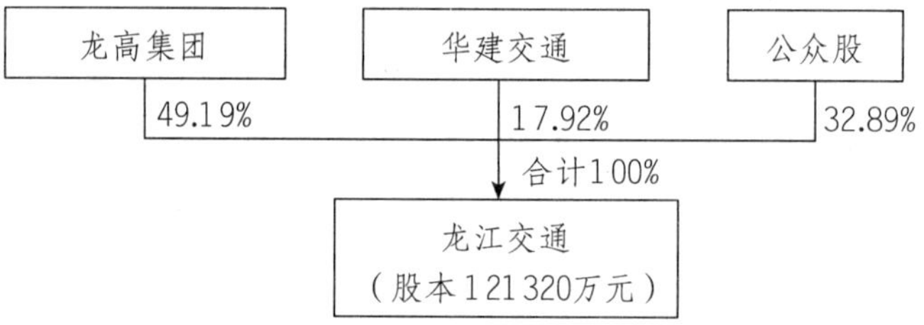

②吉林高速股份结构图

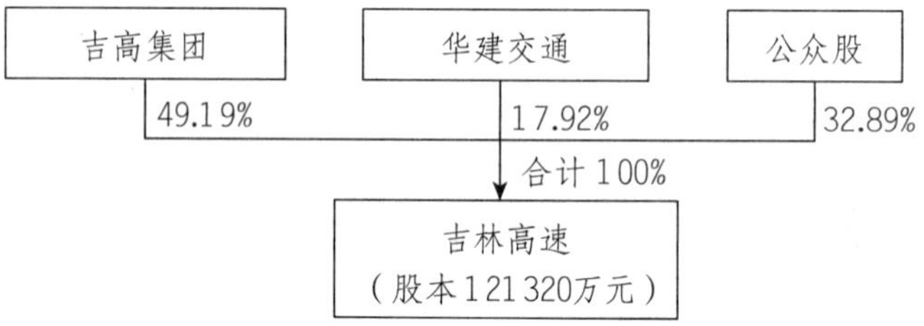

图 13－4　公司分立前后股份结构图

3. 案例评析

本次分立的主要原因系我国高速公路企业具有明显的地域特征，当地政府对于高速公路企业的支持、注入高速公路资产对企业的发展尤其重要。东北高速的两大股东分别隶属于黑龙江省政府和吉林省政府，资产也跨地区分布。东北高速由于历史原因形成的股权结构和资产布局，使公司的治理结构出现过一定的问题，在一定程度上影响了公司的发展，也不利于获得当地政府的政策支持。本次分立后，龙江交通和吉林高速的核心主业资产将分别集中于黑龙江省和吉林省，有利于两公司得到当地政府的支持，获得资产注入和发展的动力。

分立后的两公司依法承继东北高速的资产、负债、权益、业务和人员，两公司的股本与东北高速保持一致，均为12.132亿元，即东北高速以原有的资本公积（共计14亿元，其中13.65亿元为资本溢价）转增股本，新增了12.132亿元的股本。同时，对于分立重组事宜，东北高速赋予了异议股东现金选择权，即按照每股3.73元向第三方出售其持有的股份。

本次东北高速的分立上市，是我国A股市场首例以新设分立的方式完成分立重组上市的案例，对于上市公司资产重组具有十分重要的借鉴意义。

三、公司分立的规则、程序及诉讼案例

（一）公司分立需遵循的基本规则

公司分立，通俗地说，就是“分家”，是指一家公司将其部分或者全部资产分离转让给现存或新设的公司，被分立公司股东换取分立公司的股权或非股权支付，实现企业的依法分立。

公司分立涉及资产、业务、人员的划分，以及债权、债务的承继等一系列问题，公司必须依法进行分立。

1. 分立方案的流程

公司分立属于公司的重大问题，分立方案的制订、审议、实施颇为关键，一般需要经历以下几个环节：首先，由董事会制订分立方案，对公司分立的原因、目的，分立后各公司的地位，以及资产、业务、负债的分割等问题作出安排；其次，公司应召开职工大会或职工代表大会讨论分立方案，特别是职工安置问题，要听取职工的意见和建议，尤其是国家出资的企业分立，应当听取企业工会组织的意见和建议；最后，股东会会议通过特别事项决议方式，对董事会修改后的分立方案进行审议并作出决议。此外，涉及国有企业进行分立的，还必须报请有关行政主管部门审批。

2. 注册资本的分割

根据国家工商行政管理总局《关于做好公司合并分立登记支持企业兼并重组的意见》（工商企字〔2011〕226 号）第二部分第五项的规定，因分立而存续或者新设的公司，其注册资本、实收资本数额由分立决议或者决定约定，但分立后公司注册资本之和、实收资本之和不得高于分立前公司的注册资本、实收资本。存续分立中，存续公司与新设公司所分得的注册资本、实收资本由当事各方协商确定，与所分割的资产、业务、债权、债务不成任何比例关系，一般而言，存续公司与新设公司的注册资本、实收资本之和应等于被分立公司的注册资本、实收资本，一旦低于该等金额，就涉及减资问题了。值得一提的是，2013 年修订的《公司法》确立了注册资本完全认缴制度，因此，被分立公司注册资本是否完全实缴，其实收资本是否等于注册资本，属于当事人意思自治的范畴。

3. 公司类型的选择

关于分立后各公司的类型问题，根据国家工商行政管理总局《关于做好公司合并分立登记支持企业兼并重组的意见》第二部分第三项的规定："支持企业自行选择重组公司类型。合并、分立后存续或者新设的公司，只要符合《公司法》规定的条件，可以选择有限责任公司或者股份有限公司类型。"一般而言，存续公司和新设公司的企业性质尽可能保持一致，且均为有限责任公司为好。如果一家有限责任公司分立中，存续公司或新设公司选择为股份有限公司性质，需要履行股份有限公司发起设立的相关程序。

4. 经营范围的确定

关于分立后各公司的经营范围问题，根据国家工商行政管理总局《企业经营范围登记管理规定》（2015 年 8 月 27 日国家工商行政管理总局令第 76 号公布）第九条的规定："因分立或者合并而新设立的企业申请从事前置许可经营项目的，应当凭审批机关的批准文件、证件向企业登记机关申请登记；因分立或者合并而存续的企业申请从事前置许可经营项目的，变更登记前已经审批机关批准的，不需重新办理审批手续。"由此可见，存续公司不但可以承继被分立公司的经营范围，而且可以增加或调整经营范围；新设公司的经营范围可以与被分立公司相同,也可以不同,涉及许可经营项目的,必须履行前置审批程序。

5. 资产、业务的划分

关于分立后各公司资产、负债承继问题,完全取决于当事各方的协商,被分立企业原有资产的划分以及债务的分割与分立后各公司分得的经营业务大小和注册资本多寡没有任何直接关联,法律并不要求注册资本、经营业务、资产、负债四者之间必须同比例进行分配。更有甚者,有些分立案例,分立后的个别公司(可以是存续公司,也可以是新设公司)根本就不承担被分立企业的任何债务,但该约定仅是内部各股东之间的约定,对外仍然要对债务人承担连带责任。当然,公司在分立过程中应尽可能保持原有资产的完整性和生产经营的延续性以及业务的独立性,最大限度发挥各种生产要素的效能。

6. 债权、债务的承继

根据《公司法》第一百七十五条、第一百七十六的规定,公司分立,其财产作相应的分割,应当编制资产负债表及财产清单,当然也包括债权的承继问题。企业分立的实质是对企业财产的分割,企业财产的分割将导致承担企业债务的责任财产产生变化,这关乎企业的债权人的切身利益。因此原企业的债务如何承担就成为企业分立中的重要问题,也成为企业分立后纠纷发生的主要原因。对公司分立前的债务承担作出规定, 即公司分立前的债务由分立后的公司承担连带责任。但是,公司在分立前与债权人就债务清偿达成的书面协议另有约定的除外。

企业分立中涉及原企业的债务承担时,原企业的债权人作为权利主体是重要的关系人,对原企业债务承担的约定直接影响其债权的实现。因此,当事人对债务承担的约定必须经债权人的认可。债权人认可的,该债务承担的约定对其产生法律效力,具有约束力;否则,该约定只能在分立后的企业之间产生约束力,对债权人则不产生效力。

企业分立时对债务的承担无约定或约定不明的,或虽有约定,但未经债权人认可的,由分立后的企业承担连带责任。

7. 职员的留任和分流

关于被分立企业职员分流安置问题,一般遵循“人随资产走”的原则。被分立企业应制定《员工安置方案》,并提交职工(代表)大会讨论通过,必要时还要报当地工会组织备案。《劳动合同法》第三十四条规定:“用人单位发生合并或分立等情况,原劳动合同继续有效,劳动合同由承继其权利和义务的用人单位继续履行。”《劳动合同法实施条例》第十条第一句规定:“劳动者非因本人原因从原用人单位被安排到新用人单位工作的,劳动者在原用人单位的工作年限合并计算为新用人单位的工作年限。”根据业务需要,被分立企业拟转到分立后新设公司的员工由新设公司继续聘用,以新设公司名义与该职工重新签订劳动合同,劳动合同期限、条件等保持不变;被分立企业拟保留在分立后存续公司的员工,由存续公司继续聘用,已经签订的劳动合同将维持不变。

8. 债权人的告知义务

关于通知债权人的义务问题,《公司法》第一百七十五条第二款第二句规定:“公司应当自作出分立决议之日起十日内通知债权人，并于三十日内在报纸上公告。”必须注意的是，被分立企业只需书面通知债权人并在省级报刊进行公告，债权人不能阻止公司分立，除非另有约定，债权人不能要求清偿或担保。换言之，对于公司分立，债权人享有知情权，没有要求清偿权和提供担保权，这是公司分立与公司合并、减资、解散最本质的区别之一。

9. 异议股东权利的保护

异议股东股份回购请求权，是指在股东大会针对公司重大经营事项进行表决并投反对票的股东，有权在事项经过股东大会审议批准后依据法律规定请求公司以合理的价格回购自己所持股份的权利。我国《公司法》虽从法律层面规定了异议股东回购请求权，但缺乏对可行使股份回购请求权异议股东情形、行权主体、回购价格、回购程序的规定，故实践中可操作性不强。

在实践中，在公司重大事项中投反对票的股东一般都是小股东，表决权利的相对弱小和信息的不对等，使小股东在公司经营事项面前缺失一定的话语权，我国《公司法》虽然规定了股东大会特别决议、表决权排除、股东知情权以及异议股东股份回购请求权等制度，但对表决程序、决议的法律效力及救济措施没有表述清楚，这也是未来立法层面应该弥补的空白。

10. 分立基准日的确定

公司分立首先需要确定一个分立基准日。该基准日被用于确定被分立公司的权益价值，事实上该基准日通常也是被分立公司的审计基准日和评估基准日。在实务中，被分立公司和分立公司通常会在分立协议中约定一个分立基准日，并按照该基准日准备资产负债表、财务明细表、负债明细表等资料，所以一般情况下该基准日都会是某期（月）的期末。

当然，在分立基准日与分立完成日（交割日）之间还存在一个过渡期。在实务中，分立完成日则应当以存续公司或新设公司完成工商变更或注册登记之日确定。

（二）公司分立的法律程序

1. 董事会制订并通过分立初步方案，全体董事和股东对分立初步方案进行协商达成初步共识。

2. 会计师事务所出具审计报告，评估机构出具评估报告，并会同公司财务部门编制资产清单和负债清单。

3. 职工代表大会等民主方式通过《职工安置方案》，并根据具体情况呈报工会组织备案。

4. 公司各股东分别向其上级机关申报分立方案，并取得上级机关关于分立而调整后的国有股权管理方案的批复或备案（如有）。

5. 向公司登记机关申请核准新设公司名称，并取得名称预先核准通知书。

6. 公司股东会审议通过分立决议，授权董事会制订分立方案并负责实施分立具体事宜。

7. 起草新设公司章程及存续公司章程修正案，确定存续公司和新设公司董事会、监事会成员名单。由新设公司股东会制定章程，选举董事和非由职工代表担任的监事；存续公司股东会制定章程修正案。

8. 股东会作出分立决议之日起10日内通知债权人,并于30日内在省级报纸上发布分立公告。

9. 被分立公司全体股东与新设公司、存续公司共同签署《分立协议》。

10. 新设公司办理工商注册登记,存续公司办理工商变更登记,分立公司取得新的营业执照。

11. 对被分立公司原有资产、负债进行分割及财务处理。

(三)公司分立诉讼案例及评析——"浙江桑尼案"①

1. 案件当事人

原告(二审上诉人):陈伟民等27人

被告(二审被上诉人):熊欣

被告(二审被上诉人):张益和

被告(二审被上诉人):浙江桑尼电子有限公司

2. 案情简介

陈伟民等27人与熊欣、张益和均系浙江桑尼电子有限公司(因原经营地在浙江省云和县,故以下简称云和桑尼公司)的股东,云和桑尼公司全额出资设立宁波和本电子有限公司(以下简称和本公司),云和桑尼公司股东会和董事会实际上行使对两公司的管理权(云和桑尼公司与和本公司以下统称为桑尼公司)。

2002年3月,云和桑尼公司股东会决定对桑尼公司股权进行重组,为此成立了资产评估小组,对桑尼公司资产进行了内部评估,并制作了《资产评估报告书》。

2002年5月6日,云和桑尼公司董事会通过了《资产重组建议方案》,对桑尼公司分立为云和、宁波两个企业及企业间的股本设置比例及评估中预提费用处理作了约定。云和桑尼公司董事会于2002年3月9日形成的《会议纪要》载明:对宁波、云和两公司的资产评估后予以资产重组,转换经营机制,建立一个总公司下辖两个子公司的经营机制,子公司独立承担民事责任。

2002年5月10日,陈伟民和熊欣作为双方股东代表签订了《宁波、云和双方就资产重组后有关事项的协议》。2002年6月19日,以陈伟民为代表的云和方股东设立了云和县鑫通电子有限公司(以下简称云和鑫通公司)。

2002年10月21日,云和桑尼公司召开股东会会议,决定将桑尼公司采取存续分立的方式分立为浙江桑尼电子有限公司(原存续公司,以下简称浙江桑尼公司)和云和鑫通公司(新设公司),分立时点以2002年10月20日资产负债表为准。

2002年10月23日,云和桑尼公司提出公司变更登记申请,注册资本从1000万元减少至

① 案例索引:浙江省丽水市中级人民法院(2004)丽中民初字第127号民事判决书、浙江省高级人民法院(2006)浙民二终字第39号民事判决书。

500 万元，股东变更为熊欣、张益和两人。2002 年 10 月 25 日，云和鑫通公司提出公司变更登记申请，注册资本从 100 万元增加至 548 万元，并更名为浙江鑫通电子有限公司（以下简称浙江鑫通公司），云和桑尼公司名下所有的房地产变更为浙江鑫通公司所有。

2002 年 11 月 8 日，云和树信会计师事务所就分立后的浙江桑尼公司、云和鑫通公司的注册资本变更情况出具了云树会验（2002）55 号、59 号《验资报告》，其中，云和鑫通公司的注册资本由 100 万元增至 548 万元，增资的来源为桑尼公司分立而转入的陈伟民等人的实收资本和陈伟民的现金投入。

二审中，双方当事人确认，因和本公司系云和桑尼公司全资设立，企业分立时将云和桑尼公司与和本公司的资产看作一个公司（前述桑尼公司）的资产，由云和桑尼公司股东会或董事会代表两公司的利益决定企业分立事项；分立后，云和桑尼公司的名称仍为浙江桑尼公司，但股东仅为熊欣、张益和两人。2003 年 8 月，和本公司并入已迁至宁波的浙江桑尼公司，变更为现宁波桑尼公司。

各诉讼主体间的法律关系如图 13－5 所示。

分立前：

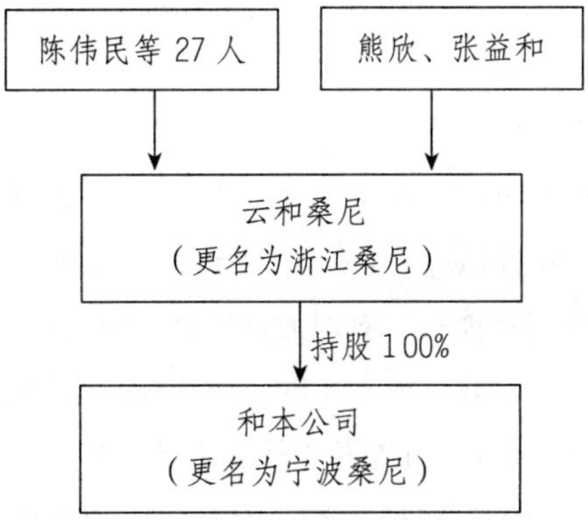

分立后：

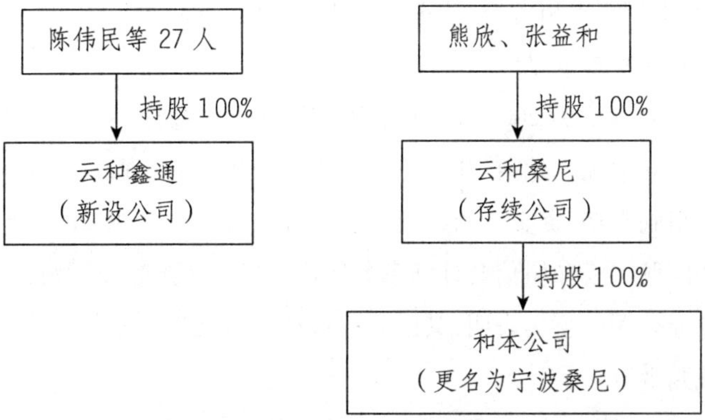

图 13－5　诉讼主体间法律关系

3. 原告诉讼请求

(1)判令熊欣、张益和向陈伟民等27人支付公司财产分割应付款2321950.65元;(2)要求浙江桑尼公司对上述债务承担连带支付责任;(3)本案诉讼费用由熊欣、张益和、浙江桑尼公司负担。

4. 一审法院裁判观点

桑尼公司从开始的准备股东重组到后来的实际分立,经过了一个较长的过程,在时间上很难截然分开,但2002年10月21日通过的股东会决议明确载明"分立时点以二○○二年十月二十日资产负债表为准",因此,公司分立的时间点应认定为2002年10月20日。根据分立过程中先前形成的有关方案和协议,在公司股东间应进行资产平衡,依据中介部门出具的验资报告和公司工商注册变更登记材料足以证明股东间的资产已通过注册资本金的增减在账面上得到平衡,因此,陈伟民等27人提出的要求熊欣、张益和、宁波桑尼公司支付公司财产分割应付款的诉讼主张,缺乏事实依据,不予支持。

鉴于股东间的资产平衡均是通过宁波桑尼公司和浙江鑫通公司进行的,至于两公司是否已全部支付或取得了平衡资产,因浙江鑫通公司非本案诉讼主体,故不予审查。一审法院据此判决,驳回陈伟民等27人的诉讼请求。宣判后,陈伟民等27人不服,向浙江省高级人民法院(二审法院)提出上诉。

5. 陈伟民等27人的上诉理由

云和桑尼公司在2002年10月21日并未召开过股东会,所谓的股东会决议没有真实性,该决议涉及的2002年10月20日《资产负债表》并非真实反映了云和桑尼公司资产状况,也未包含和本公司的资产,该资产负债表不应作为桑尼公司分立资产、平衡资金的依据。

桑尼公司分立时的资产应以2002年4月30日的《资产评估报告书》为依据进行确定,双方需平衡的资金应以2002年5月6日的《资产重组建议方案》与2002年5月10日的《宁波、云和双方就资产重组后有关事宜的决议》为准。云和树信会计师事务所出具的《验资报告》所依据的账面数据虚假,不具有法律效力,且账面资金平衡并不等于实际已平衡,熊欣、张益和、宁波桑尼公司并未付清平衡资金,请求二审法院予以改判。

6. 被上诉人的共同答辩意见

桑尼公司的分立时点应为2002年10月20日,同日的《资产负债表》真实地反映了桑尼公司的资产状况与分立情况。此前,和本公司已经向云和桑尼公司注入了大量资金,宁波、云和两方的资产已经得到平衡,资金平衡在桑尼公司分立时已经完成,2002年10月21日以后,只存在资产交付的问题。云和树信会计师事务所出具的《验资报告》及云和桑尼公司名下房地产过户给浙江鑫通公司的事实表明,其已完成资产交付义务。原判正确,请予维持。

7. 二审法院裁判观点

本案争议焦点在于:第一,原桑尼公司分立时的资产是以2002年4月30日的《资产评估报告书》,还是以2002年10月20日的《资产负债表》为依据;第二,企业分立需平衡的资金是以《资产重组建议方案》与《宁波、云和双方就资产重组后有关事宜的决议》为准，还是以2002年10月21日的云和桑尼公司董事会决议为准；第三，该平衡资金有无支付完毕。

本案纠纷为企业分立纠纷，企业分立时，原企业的资产和负债应当由分立后的企业承受，企业是权利义务的承受主体。在分立后的企业间因多占或少得资产而需调整时，主张获取该部分资产的权利主体与支付该部分资产的义务主体均应是分立后的企业，而非企业的股东。

在本案中，云和桑尼公司董事会2002年3月9日的《会议纪要》、5月6日的《资产重组建议方案》以及同年5月10日熊欣、陈伟民为代表签订的《宁波、云和两方就资产重组后有关事项的协议》等证据均表明，将桑尼公司的资产按云和、宁波两地进行分立，云和方设立独立法人的企业承接分立所得的资产；在陈伟民确认由其本人签字的云和桑尼公司2002年10月21日董事会决议中，还明确写明了桑尼公司分立为浙江桑尼公司和云和鑫通公司。

虽然云和鑫通公司在云和桑尼公司2002年19月21日董事会会议之前已成立，但云和树信会计师事务所出具的《验资报告》表明，云和鑫通公司的注册资本由100万元增至548万元，增资的来源就是桑尼公司分立而转入的陈伟民等人的实收资本；原为云和桑尼公司的房地产也过户给了由云和鑫通公司更名后的浙江鑫通公司，因此，浙江鑫通公司是承继桑尼公司分立资产的权利主体之一；而作为桑尼公司一部分的和本公司的资产已并入宁波桑尼公司，故桑尼公司的另一权利义务承继者为宁波桑尼公司。

如两公司之间为平衡资产，需进行调整，其权利主体及义务主体均应系公司而非股东。陈伟民等27人不是直接享有调整部分资产的权利主体，宁波桑尼公司的股东熊欣、张益和也非支付该部分调整资产的义务主体。因此，陈伟民等27人提出的由熊欣、张益和支付企业分立应付款2321950.65元并为其所有的主张，没有事实和法律根据，不予支持。

鉴于此，双方当事人在本案中的争议焦点已无评析的必要，对争议焦点所涉的事实与法律问题，二审法院不作认定和评判。原审法院认为陈伟民等27人的诉讼主张不能支持的理由虽然不当，但实体处理正确，应予维持。二审法院据此作出终审判决，驳回上诉，维持原判。

8.案例评析

本案涉及分立主体、分立方式、分立基准日、分立补偿机制等诸多方面的内容，是公司分立在诉讼纠纷中较为典型的案例。

(1)从分立主体来看，首先，根据《公司法》的相关规定，原公司的资产和负债由分立后的公司享有和承受，可见公司是权利义务的承受主体。其次，股东财产和公司法人财产存在区别，如分立后两公司需对公司资产进行调整，主张权利的应该是分立后的公司而并非股东个人。

(2)从分立方式上来看，本次分立在法律上系存续分立，即原来的云和桑尼公司没有注销，依然继续存续。从税法上来看，本次分立属于复杂分立，即分立后的两公司浙江桑尼公司和浙江鑫通公司的股东结构,相较于分立前的云和桑尼公司股东结构发生了变更。

(3)从分立基准日上看,云和桑尼公司作出的股东会决议明确约定:分立时点以2002年10月20日资产负债表为准,显然云和原桑尼公司的资产不能以2002年4月30日的《资产评估报告书》确认的内容作为依据。

(4)从分立补偿机制来看,经各方股东协商,云和桑尼公司将其持有的房地产划入分立后的浙江鑫通公司,作为陈伟民等27人退出分立后的云和桑尼公司的对价,从而实现股东退股。

四、公司分立与对外投资、简单分立与复杂分立之比较

(一)公司分立与公司对外投资之对比分析

公司分立与对外投资是公司重要的资本运作活动,本质上都是资本的收缩。公司分立形成存续公司和新设公司(存续分立),或多个新设公司(新设分立);公司对外投资形成投资公司和被投资公司的架构。

1. 股东结构不同

公司分立中,分立公司和被分立公司之间发生股东构成的重叠,分立公司的部分或全部股东为被分立公司的部分或全部股东,没有被分立公司股东以外的其他主体(包括单位和个人)控股或参股被分立公司;公司对外投资中,投资公司和被投资公司之间一般不会发生股东构成的重叠,投资公司持有被投资公司的部分或全部股权,投资公司成为被投资公司的股东,可以有投资公司以外的其他股东(包括投资公司的股东)参与投资。

2. 公司层级不同

公司分立是分离出兄弟公司,不论是新设分立还是派生分立,存续公司与新设公司或者新设公司之间属于平行关系,公司之间相互不持股,不存在控制与被控制关系;公司投资是分立出自己的子公司,投资公司是母公司,被投资公司是子公司,投资公司与被投资公司之间属于纵向关系,相互之间存在控制与被控制关系。比如,母公司对子公司全资控股、控股或参股。

3. 资产变化不同

公司分立不但影响股东重大权益,而且涉及公司财产的变化,原来的一家公司一分为二或一分为几,必然导致被分立公司资产数量的减少,包括公司资产总量的减少和注册资本的减少;公司对外投资,其资产出资并不发生数量的变化,只是投资公司资产的形态发生变化,以货币或实物、知识产权、土地使用权等非货币性财产作为投资的,其资产的形态变为股权形态。

4. 决议程序不同

分立是公司日常经营活动以外发生的重大变化的交易,属于公司特殊事项。股东会需要作出特别事项决议,对于有限责任公司类型的企业,须经代表2/3以上表决权的股东通过;对

于股份有限公司类型的企业，须经出席会议的股东所持表决权2/3以上通过。公司对外投资中，该投资事项可以由公司股东会作出普通决议，经过代表1/2以上表决权的股东通过即可，或者依照公司章程的规定，直接由董事会决议通过，一般不需要通过股东会特别决议。

5. 债务承继不同

对于被分立公司债务的处理，根据《公司法》第一百七十六条的规定，公司分立前的债务由分立后的公司承担连带责任，这是基本原则。此外，只要债权人同意，并与公司在分立前就债务清偿达成书面协议，就可以免除分立后其他公司的清偿责任。对于被投资公司债务的处理，根据《公司法》第十五条的规定，公司对外投资只能承担有限责任，这符合股东有限责任的基本原则，除非法律另有规定，投资公司不得成为对所投资企业的债务承担无限连带责任的出资人。

6. 会计处理不同

公司分立中，被分立公司将资产、负债的部分或全部分割给存续公司和新设公司，或多个新设公司，被分立公司的财务处理为，借：应付款、实收资本等；贷：资产或者资产转让收益。公司对外投资中，投资公司的财务处理为，借：长期股权投资，贷：银行存款、固定资产等；被投资公司的财务处理为，借：银行存款、固定资产等；贷：实收资本。

（二）简单分立与复杂分立之对比分析

在实务中，按照分立后的各公司股东及其持股比例是否发生变动情况，公司分立又可分为简单分立和复杂分立，对比分析详见表13－4。

表13－4　简单分立与复杂分立对比分析表

	简单分立	复杂分立
法律含义	分立后的各公司的股东及股东持股比例与分立前的被分立公司的股东及持股比例相同	分立后的各公司的股东及股东持股比例与分立前的被分立公司的股东及持股比例不同
交易实质	没有实质的交易内容，公司分立前与公司分立后的股东之间没有任何利益冲突	具有实质的交易内容，公司分立前与公司分立后的股东之间具有实质上的利益冲突
分立协议	被分立公司、分立后的各公司以及各方股东不需要签订分立协议，只需公司股东会或股东大会决议	被分立公司、分立后的各公司以及各方股东需要签订分立协议
企业估值	不需要对被分立公司进行估值（分立作价）	需要对被分立公司进行估值（分立作价）
差价支付	无须遵循等价交换原则，不用支付差价（出于经营需要的除外）	必须遵循等价交换原则，可能需要支付差价
违约责任	没有违约责任问题	有违约责任问题
所得税处理原则	可以选择适用所得税特殊性处理	只能适用所得税一般性处理

第二节　要约收购认定及其申请豁免义务

要约收购一般指狭义的上市公司收购，即通过证券交易所的买卖交易使收购者持有目标公司股份达到30%；若继续增持股份，必须依法向目标公司所有股东发出全面收购要约。要约收购是与协议收购相对应的概念，是一种完全市场化的规范收购模式。

一、江铃投资本次收购已触发要约收购义务

（一）收购人的主体资格

1. 江铃投资不存在需要解散的情形

2019年7月25日，江铃汽车发布的《江西求正沃德律师事务所关于南昌市江铃投资有限公司申请豁免要约收购之法律意见书》（以下简称《关于申请豁免要约收购之法律意见书》）披露：收购人为新设立的公司，不存在重大违法、违规的经营行为，亦不存在依据公司章程需要解散的下列情形：(1)公司章程规定的营业期限届满或者公司章程规定的其他解散事由出现；(2)股东会或者股东大会决议解散；(3)因公司合并或者分立需要解散；(4)依法被吊销营业执照、责令关闭或者被撤销；(5)人民法院依照法律法规的规定予以解散。江铃投资亦不存在需要终止法人资格的其他情形。

江铃投资为新设立的公司，未受过与证券市场相关的行政处罚、刑事处罚，没有涉及与经济纠纷有关的重大民事诉讼或者仲裁。

2. 江铃投资具备收购上市公司的资格

《收购管理办法》第六条规定："任何人不得利用上市公司的收购损害被收购公司及其股东的合法权益。有下列情形之一的，不得收购上市公司：（一）收购人负有数额较大债务，到期未清偿，且处于持续状态；（二）收购人最近3年有重大违法行为或者涉嫌有重大违法行为；（三）收购人最近3年有严重的证券市场失信行为；（四）收购人为自然人的，存在《公司法》第一百四十六条规定情形；（五）法律、行政法规规定以及中国证监会认定的不得收购上市公司的其他情形。"

2019年7月25日，江铃汽车发布的《江西求正沃德律师事务所关于〈江铃汽车股份有限公司收购报告书〉之法律意见书》（以下简称《关于收购报告书之法律意见书》）披露：截至本法律意见书出具之日，江铃投资系依法设立并有效存续的有限责任公司，不存在依据法律、行政法规、其他规范性文件及其《公司章程》规定的需要终止或解散的情形，不存在《收购管理办法》第六条规定的禁止收购上市公司的情形，具备本次收购人的主体资格。

(二)分立而导致的股权权益承继情况

1. 本次收购的方式

根据《关于收购报告书之法律意见书》的披露,本次收购的方式是江铃控股通过实施存续分立而导致江铃投资承继持有江铃汽车 41.03% 的股份。

本次收购前,江铃投资未持有任何江铃汽车的股票,被分立企业江铃控股原持有江铃汽车 354176000 股,占总股本的 41.03%,该股份将全部由江铃投资承继。

2. 分立前江铃控股及福特汽车公司对江铃汽车的控制关系

本次收购前,江铃汽车控股股东为江铃控股和福特汽车公司,其中,江铃控股持有公司 41.03% 的股权,福特汽车公司持有公司 32.00% 的股权。江铃控股的控股股东为长安汽车和江铃集团,两家公司各持有江铃控股 50.00% 的股权,两家公司的最终控制方为国务院国资委和南昌市国资委。本次股权承继实施前,江铃汽车的股权情况如图 13-6 所示。

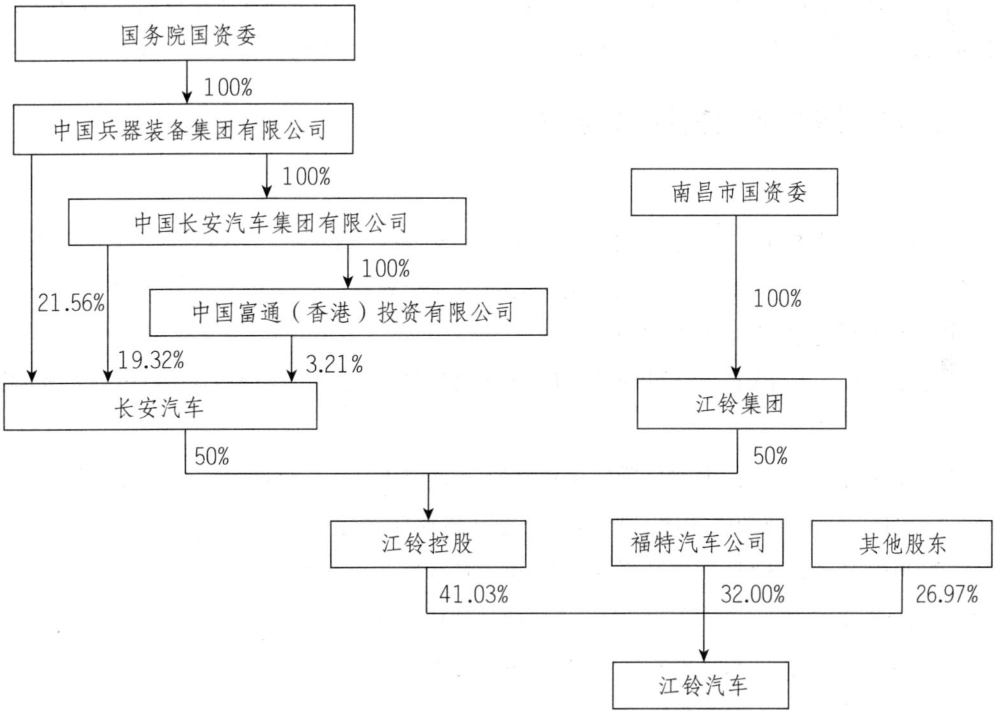

图 13-6　股权继承前江铃汽车股权结构图

(三)本次收购已触发要约收购义务

1. 法律规定

《收购管理办法》第四十七条第三款规定:“收购人拟通过协议方式收购一个上市公司的股份超过 30% 的,超过 30% 的部分,应当改以要约方式进行;但符合本办法第六章规定情形的,收购人可以向中国证监会申请免除发出要约。收购人在取得中国证监会豁免后,履行其收购协议;未取得中国证监会豁免且拟继续履行其收购协议的,或者不申请豁免的,在履行其收购协议前,应当发出全面要约。”也就是说,任何公司拥有上市公司权益的股份比例超过30%这一界限,就将触发要约收购义务。

2. 本次收购情况

根据《关于申请豁免要约收购之法律意见书》的披露,本次收购系江铃投资因分立承继江铃汽车41.03%的股份而引致的股份权益变动。

本次收购前,江铃投资未持有江铃汽车的股份,江铃控股持有江铃汽车41.03%的股份,该股份将全部由江铃投资承继。分立后的存续公司和江铃投资的股东均为长安汽车、江铃集团,且两股东在存续公司和江铃投资的持股比例仍均为50%。江铃投资称为上市公司的控股股东,实际控制人仍为长安汽车和江铃集团,并最终由国务院国资委和南昌市国资委控制。

本次收购后,江铃投资拥有上市公司权益的股份将超过上市公司已发行股份的30%,根据《证券法》及《收购管理办法》的有关规定,江铃投资本次收购触发其要约收购义务。

二、江铃投资申请豁免要约收购义务

(一)本次收购的法定程序

根据《关于申请豁免要约收购之法律意见书》的披露,本次收购已获得现阶段必要的批准与授权,但尚需取得中国证监会豁免收购人的要约收购义务。

1. 本次收购已获得的批准与授权

(1)2019年3月16日,江铃控股第四届董事会第四次会议审议通过了《公司分立及增资扩股方案》的议案。

(2)2019年4月3日,中国兵器装备集团有限公司出具《关于对江铃控股有限公司分立重组方案的批复》(兵装发〔2019〕137号),同意江铃控股进行分立。

(3)2019年4月3日,江铃集团以2019年4月江铃集团董事局会议通过《关于批准江铃控股有限公司分立重组事项的决议》(江铃董发〔2019〕5号)。

(4)2019年4月3日,江铃控股2019年第二次股东会会议审议通过了《公司分立及增资扩股方案》的议案。

(5)2019年5月20日,南昌市国资委出具《关于对新设南昌市江铃投资有限公司(暂定名)请示的批复》(洪国资字〔2019〕81号),同意江铃控股有限公司存续分立新设江铃投资。

(6)2019年5月28日,江铃控股、江铃投资及双方全体股东签订《分立协议》。

(7)2019年5月28日,江铃投资在南昌市行政审批局办理了设立登记,并领取了统一社会信用代码为91360125MA38LUR91F的营业执照。

2. 本次收购尚需履行的批准与授权

本次收购尚需取得中国证监会豁免收购人的要约收购义务。

(二)申请豁免的法律依据及专业机构意见

1. 申请豁免要约收购的法律依据

根据《收购管理办法》第六十二条的规定,收购人与出让人能够证明本次股份转让是在同一实际控制人控制的不同主体之间进行,未导致上市公司的实际控制人发生变化的,收购人可以向中国证监会提出免于以要约收购方式增持股份的申请。

根据《上市公司监管法律法规常见问题与解答修订汇编》规定,所谓"本次股份转让是在同一实际控制人控制的不同主体之间进行,未导致上市公司的实际控制人发生变化",是指收购人与出让人在同一控股集团内,受同一自然人或法人控制;收购人与出让人属于同一出资人出资且控制。对于国有控股的,同一出资人系指同属于国务院国资委或者同属于同一省、自治区、直辖市地方人民政府。

2. 财务顾问报告

《收购管理办法》第九条规定:"收购人进行上市公司的收购,应当聘请在中国注册的具有从事财务顾问业务资格的专业机构担任财务顾问,收购人未按照本办法规定聘请财务顾问的,不得收购上市公司。"

2019 年 7 月 25 日,江铃汽车发布《中信建投证券股份有限公司关于南昌市江铃投资有限公司收购江铃汽车股份有限公司及豁免履行要约收购义务之财务顾问报告》,财务顾问认为,根据《收购管理办法》第六十二条第一款的规定,收购人与出让人能够证明本次股份转让是在同一实际控制人控制的不同主体之间进行,未导致上市公司的实际控制人发生变化,收购人可以向中国证监会提出免于以要约方式增持股份的申请。

本次股权承继,属于同一实际控制人控制的不同主体之间进行,未导致上市公司的实际控制人发生变化,符合上述豁免要约收购的条件。

3. 法律意见书

《收购管理办法》第六十四条规定:"收购人提出豁免申请的,应当聘请律师事务所等专业机构出具专业意见。"

根据《关于申请豁免要约收购之法律意见书》的披露,经律师核查,本次收购系江铃控股存续分立无偿分割,收购人江铃投资的控股股东为长安汽车和江铃集团。自设立之日起,长安汽车持有江铃投资 50% 的股权,江铃集团持有江铃投资 50% 的股权,江铃投资的实际控制人为长安汽车和江铃集团,并最终由国务院国资委和南昌市国资委控制。本次收购完成后,江铃投资将持有江铃汽车 41.03% 股份,江铃汽车的实际控制人未发生变化。

综上所述,律师认为,本次收购系股份转让,是在同一实际控制人控制的不同主体之间进行,未导致上市公司的实际控制人发生变化,属于《收购管理办法》第六十二条第一款第一项规定的可申请免于发出要约收购的情形,收购人可依法向中国证监会申请免于要约收购方式增持江铃汽车的股份。

三、中国证监会核准豁免要约收购义务

(一)江铃汽车公告的豁免要约收购事项

1. 2019年6月5日,江铃汽车披露的信息

2019年6月5日,江铃汽车公告的《关于提出豁免要约收购申请的提示性公告》(公告编号:2019-029)披露:近日,公司收到控股股东江铃控股通知,其就存续分立事项已完成工商登记相关手续,江铃控股持有的江铃汽车41.03%股权将由新设公司江铃投资承继,公司实际控制人不发生变化,该事项不会对公司构成实质性影响。

新设公司江铃投资承继股份后,在公司拥有权益的股份比例将超过30%,根据《收购管理办法》的相关规定,江铃投资已经触发要约收购义务。

根据《收购管理办法》第六十二条规定,本次收购事项符合要约收购豁免情形,江铃投资已于近日向中国证监会提出豁免要约收购义务的申请。承继股份的过户尚需获得中国证监会审核无异议并豁免江铃投资的要约收购义务后,方可通过中国证券登记结算有限责任公司深圳分公司办理股份过户和登记等相关手续。

2. 2019年7月25日,江铃汽车披露的信息

2019年7月25日,江铃汽车公告的《关于南昌市江铃投资有限公司申请豁免要约收购事宜获中国证监会核准的公告》(公告编号:2019-039)披露,公司于近日收到江铃投资的告知函,获悉其已获得中国证监会《关于核准豁免南昌市江铃投资有限公司要约收购江铃汽车股份有限公司股份义务的批复》(证监许可〔2019〕1313号),现将批复主要内容公告如下:

"一、核准豁免你公司因协议转让而控制江铃汽车股份有限公司354176000股股份,约占该公司总股本的41.03%而应履行的要约收购义务。

二、你公司应当按照有关规定及时履行信息披露义务。

三、你公司应当会同江铃汽车股份有限公司按照有关规定办理相关手续。

四、你公司在实施过程中,如发生法律、法规要求披露的重大事项或遇重大问题,应当及时报告我会。

……

上述股份变更事项已获得中国证监会的批复,相关各方将尽快办理股份过户手续。江铃汽车股份有限公司将根据上述事项进展情况及时履行信息披露义务。"

3.2019年7月27日,江铃汽车披露的信息

2019年7月27日,江铃汽车公告的《关于控股股东存续分立实施完成的提示性公告》(公告编号:2019-040)披露:近日,公司接到江铃投资的告知函,江铃控股与江铃投资关于本次存续分立的相关股权过户和登记手续已于2019年7月26日在中国证券登记结算有限公司深圳分公司办理完毕。

截至本公告日,公司原控股股东江铃控股持有的公司354176000股股份(约占公司总股

本的41.03%)已全部过户至江铃投资名下,江铃控股不再持有公司股份;江铃投资持有公司354176000股股份,约占公司总股本的41.03%,成为公司的控股股东。

本次控股股东存续分立完成后,公司控股股东变更为江铃投资,公司实际控制人不变,本次存续分立事宜对公司不构成任何实质性影响。

(二)长安汽车公告的豁免要约收购事项

2019年7月26日,公司收到下属合营公司江铃投资转来的由中国证券登记结算有限责任公司出具的《证券过户登记确认书》,确认江铃汽车的股份已经完成过户登记手续,过户日期为2019年7月26日。本次股份过户登记完成后,江铃投资持有江铃汽车354176000股股份,占总股本的41.03%,成为江铃汽车控股股东,同时江铃汽车实际控制人不变。

本次收购完成后,江铃汽车的控制关系如图13-7所示。

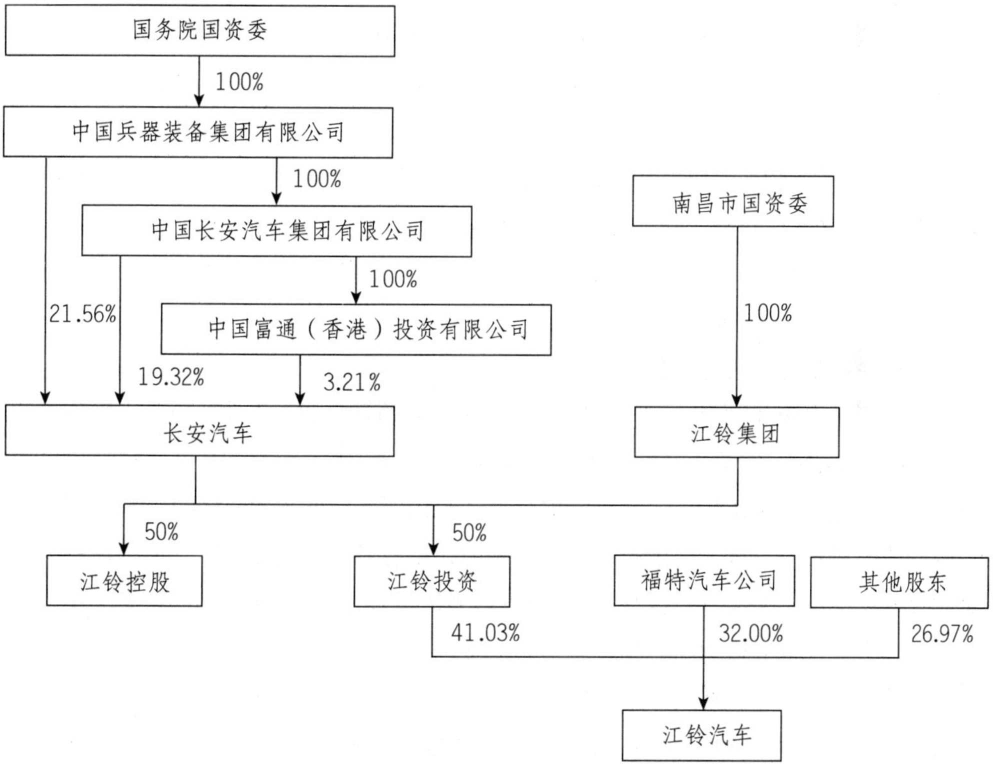

图13-7 江铃汽车的控制关系图

四、要约收购的认定及要约收购诉讼案例

(一)要约收购的特征及认定

1. 要约收购的定义

要约收购,是指收购人通过向目标公司的股东发出购买其所持该公司股份的书面意见表

示，并按照依法公告的收购要约中所规定的收购条件、价格、期限以及其他规定事项，收购目标公司股份的收购方式。

2. 要约收购的特征

第一，信息公开性。收购人发出收购要约时，应当公开向上市公司所有股东发出收购要约，并于要约收购的全过程及时进行信息披露。

第二，股权分散性。在要约收购的情形下，目标公司的股权一般较为分散，此时收购人采取要约收购的方式，能够促使中小股东尽快出售其股份。

第三，期限限制性。通常来说，要约收购只有在一定期限内才有效，我国《证券法》第六十七条规定，"收购要约约定的收购期限不得少于三十日，并不得超过六十日"。对于要约收购期限的规定一方面是使目标公司的股东及时行使出售股票的权利，另一方面是为了保证收购人能在一定的期限内作出计划和预算。

第四，收购的强制性。根据《证券法》第六十八条的规定，在收购要约确定的承诺期限内，收购人不得撤销其收购要约。收购人需要变更收购要约的，必须及时公告，载明具体变更事项。

第五，股东平等性。对于收购人来说，目标公司的所有股东应当都被同等对待，收购要约的相对人是上市公司的所有股东，而不能针对个别股东发出，而收购要约的条件，也同样适用于上市公司的所有股东。《证券法》第六十九条第一款规定："收购要约提出的各项收购条件，适用于被收购公司的所有股东。"

3. 构成要约收购的认定标准

要约收购分为两种：主动要约和被动要约。主动要约是收购人主动发起要约收购，《证券法》第六十二条规定："投资者可以采取要约收购、协议收购及其他合法方式收购上市公司。"被动要约则是触发了法律条件中关于上市公司持股比例的限制规定，如果继续增持的话，必须以要约收购的形式进行。关于被动要约收购的认定标准，《证券法》第六十五条规定："通过证券交易所的证券交易，投资者持有或者通过协议、其他安排与他人共同持有一个上市公司已发行的有表决权股份达到百分之三十时，继续进行收购的，应当依法向该上市公司所有股东发出收购上市公司全部或者部分股份的要约。收购上市公司部分股份的收购要约应当约定，被收购公司股东承诺出售的股份数额超过预定收购的股份数额的，收购人按比例进行收购。"

（二）要约收购诉讼案例及评析——"江苏熔盛案"[①]

1. 案件当事人

原告：张华

被告：江苏熔盛重工有限公司

① 案例索引：江苏省如皋市人民法院（2015）皋商初字第1652号民事判决书。

2. 案情简介

2011 年 4 月 26 日,江苏熔盛重工有限公司(以下简称熔盛公司)与安徽省全椒县人民政府(以下简称全椒县政府)签订《产权交易合同》,约定熔盛公司受让安徽全柴集团有限公司(以下简称全柴集团)100% 国有股权,自双方签字盖章并依法报审批机构批准后生效。

(1)上市公司公告内容

2011 年 4 月 28 日,安徽全柴动力股份有限公司(以下简称全柴动力)发布《要约收购报告书(摘要)》,载明:①本次要约收购系因熔盛公司通过产权交易方式受让全椒县政府所持全柴集团 100% 的股权,从而成为全柴集团的控股股东,并通过全柴集团间接控制全柴动力 44.39% 的股权而触发。②本次要约收购的实施尚须经安徽省国资委关于国有股权转让的核准、国务院国资委关于国有股权转让的核准及商务部关于反垄断审查的核准。只有在取得上述批准后,中国证监会方会受理本次要约收购申请,本报告书需经中国证监会出具无异议函方得以正式公告发出。

同日,全柴动力发布《关于控股股东股权挂牌转让进展情况的提示性公告》,载明:熔盛公司以投标价 214887 万元中标,成功购得全椒县政府持有的全柴集团 100% 股权。鉴于本次股权转让涉及国有股份转让、上市公司间接收购并触发要约收购,按照相关规定,需逐级分别上报至国务院国资委和中国证监会审批。全柴集团引进战略投资者能否成功存在重大不确定性,本公司将就该项工作的进展情况及时履行信息披露义务,敬请广大投资者注意投资风险。

2011 年 6 月 29 日,全柴动力发布《关于延期上报有关补正材料的公告》,载明:熔盛公司完成协议所涉交易,需取得国务院国资委、商务部反垄断局、中国证监会的批准和同意。待取得国务院国资委、商务部反垄断局相关批复文件后立即将补正材料上报中国证监会。2011 年 8 月 9 日,全柴动力发布《关于控股股东股权转让的提示性公告》,称有关熔盛公司收购全柴集团 100% 股权的反垄断审查申请已获商务部反垄断局批准。2011 年 8 月 31 日,全柴动力发布《关于控股股东股权挂牌转让进展情况的提示性公告》,称本公司控股股东全柴集团 100% 国有股权转让暨本公司国有股份间接转让事宜已获国资委批准。

2011 年 12 月 27 日,全柴动力发布《关于控股股东股权挂牌转让进展情况的提示性公告》,称由于除上述批复文件之外其他补正相关问题的答复仍在准备当中,有关补正材料尚未上报中国证监会。2012 年 8 月 18 日,全柴动力发布公告,鉴于欧债危机造成的全球金融危机愈演愈烈,市场已发生根本变化,根据《产权交易合同》的约定和全柴动力历次公告内容及中国现有的法律规定,公司已向中国证监会申请撤回申请材料。本次交易能否成功尚存在重大不确定性,本公司将根据该项工作的进展情况及时履行信息披露义务,敬请广大投资者注意投资风险。

2012 年 8 月 22 日,全柴动力发布《关于控股股东股权转让进展公告》载明:①2012 年 8 月 20 日已取回申请材料,全柴动力要约收购计划不再实施。②自全柴动力公告本函件内容之日起 12 个月内,熔盛公司不再对全柴动力进行收购。

(2)原告持股

2004年2月19日,张华在中信证券股份有限公司开设证券账户。2012年2月22日—2012年7月11日,张华陆续买入全柴动力股票58500股,此期间卖出8800股,成交价上下波动,14.29~15.73元/股不等。截至2012年8月29日,持股49700股。2013年4月17日—2014年8月27日,张华仍有全柴动力股票买入卖出,价格低于12.2元/股。

此后,张华以熔盛公司违反诚实信用原则,致使其购买股票低价卖出,造成损失为由,向江苏省如皋市人民法院提起诉讼。

3. 原告诉讼请求

(1)请求判令熔盛公司承担缔约过失责任,赔偿原告张华损失413504元。

(2)本案诉讼费用由被告承担。

4. 法院裁判观点

本案的主要争议焦点为熔盛公司在要约收购过程中不向中国证监会提交补正材料是否违反先合同义务,是否应承担缔约过失责任;熔盛公司的要约收购行为与原告主张的损失间是否存在因果关系。

(1)熔盛公司负有先合同义务

上市公司要约收购是收购方以要约的形式收购上市公司的股份。缔约的一方为收购方,另一方则为众多的持有上市公司股份的股东。作为证券交易合同缔约的双方,要约收购的缔约过程有一定的特殊性,双方当事人并无直接的接触磋商,而是以上市公司信息披露的形式来传达缔约意向,反映订立合同的过程。由此,收购方应负的先合同义务主要是告知义务,履行要约收购告知义务的方式主要是信息披露。信息披露是否符合规范性要求是判断收购方有无适当地履行先合同义务的重要方面;否则若过失地违反了这类先合同义务,过失方就要承担缔约过失责任。同时,《合同法》关于缔约过失责任的规定,并未要求缔约过失责任须以要约生效为前提,即缔约当事人为缔结合同接触、磋商之际不诚信地违反先合同义务导致对方损失,就应承担缔约过失责任。本案《要约收购报告书摘要》虽未生效,具有相当的不确定性,但双方通过证券交易平台表达了要约收购的意愿,已经进入了合同的准备过程中,则熔盛公司仍负有先合同义务。

在本案中,因熔盛公司收购全椒县政府所持全柴集团100%股权而间接持有全柴动力44.39%股份触发要约收购,其作为收购方应为信息披露义务人。被收购的全柴动力为上市公司,拥有证券市场信息披露平台,熔盛公司通过全柴动力进行信息披露符合《收购管理办法》的规定。全柴动力于2011年4月28日发布公告,登载了熔盛公司《要约收购报告书》内容,同时载明《要约收购报告书》须经商务部反垄断局、国务院国资委、中国证监会等批准,披露了批准文件的进展情况、提示了此要约收购报告书摘要的目的仅为向社会公众投资者提供本次要约收购的简要情况,收购要约并未生效,具有相当的不确定性。此后,全柴动力多次发布公告,对要约收购进展进行了披露,多次提示要约收购存在不确定性。全柴动力的股东包括原告张华亦通过全柴动力的信息披露平台及时获悉熔盛公司要约收购的进程，熔盛公司上述行为符合信息披露的相关规定，应认定其适当履行了先合同义务。

(2)熔盛公司不应承担缔约过失责任

2011年6月29日，全柴动力平台发布关于延期上报有关补正材料的公告，载明了熔盛重工完成协议所涉交易需取得国务院国资委、商务部反垄断局、中国证监会批准和同意；熔盛重工将《全柴动力收购报告书备案》报送至中国证监会审核后收到中国证监会出具的补正通知，要求其30个工作日向中国证监会报送有关补正材料。也就是说，熔盛公司已经对需要补正的重要材料——批复文件进行了披露，履行了通知义务。原告张华并无证据证明熔盛公司的信息披露有重大遗漏或违反公开、公平、公正原则，故熔盛公司并不违反先合同义务。至于如何上报、何时上报，不是熔盛公司应履行的先合同义务。

当事人享有自由缔结合同的行为，不能以一方中断缔约为由追究其责任。从全柴动力平台发布的公告看，股权转让的《产权交易合同》在国资委、商务部相关批准文件有效期内并未实施，故熔盛公司强制收购全柴动力股份的要约正式发布条件尚不具备，即其享有自愿订立合同的权利。因此，熔盛公司于2012年8月17日向中国证监会撤回要约收购申请，取消收购计划，并于次日依照规定发布公告对该情况进行了披露，符合法律规定，且不违反诚实信用原则。

(3)关于熔盛公司的要约收购行为与原告购买股票造成损失问题

在熔盛公司多次公告提示交易风险的情况下，张华仍买进全柴动力股票，应为根据交易风险判断而作出的市场决策行为，该行为本身就蕴含着投资风险。原告因股价下跌所遭受的损失，系其自身对风险判断失误所致。因此，被告熔盛公司要约收购过程中的行为，不是造成原告损失的充分条件，与原告损失之间不存在缔约过失责任上的因果关系。原告张华在已充分认识和考量市场风险的情况下，作出了买卖或持有全柴动力股票的行为，其再行主张因信赖缔约成功而导致损失，审理法院不予理涉。

据此，驳回原告张华的诉讼请求。

(三)案例评析

从法院受理的案件类型来看，股民向上市公司索赔的诉讼案件数量在不断增长，这也从反面督促上市公司必须合法合规地运作。本案系由熔盛公司停止要约收购，致使全柴动力股份的股价出现波动，股民张华的利益受损遂向法院要求赔偿损失。

从本案来看，本案的争议焦点在于熔盛公司停止要约收购的行为与张华的利益受损是否有因果关系。首先，全柴动力股份披露的信息显示，熔盛公司收购全柴动力股份的母公司全柴集团尚需要履行各项审批程序，收购要约并未生效，且全柴动力股份就此进行了多次提示，本次收购具有相当的不确定性，后因市场变化熔盛公司向证监会撤回要约收购申请，取消收购计划，未违反法律和证监会的相关规定。其次，张华购买股票本身就是一种风险投资行为，在全柴动力股份多次进行提示性披露的情况下，依然购进和卖出股票，应对其自身行为承担投资风险，熔盛公司要约收购的行为与张华经济损失之间并无因果关系，不应对此承担责任。

第三节 民营企业增资国有控股企业

一、国有企业增资必须进场交易

（一）法律依据

根据《企业国有资产交易监督管理办法》（国务院国有资产监督管理委员会财政部令第32号，2016年6月24日公布施行、以下简称32号令）第二条规定，企业国有资产交易行为包括三种形式：企业产权转让、企业增资、企业资产转让（见图13－8）。32号令还从审批程序、操作程序及信息披露等方面对上述国有资产交易行为进行了详尽规定。

江铃控股系由长安汽车和江铃集团发起设立，长安汽车最终实际控制人为国务院国资委，属于中央企业；江铃集团控股股东及实际控制人为南昌市国资委，为市属国有企业。分立后存续的江铃控股有限公司（以下简称合营企业）属于国有控股企业。因此，合营企业本次增资扩股的重大行为，必须在依法设立的产权交易机构公开进行。

32号令将国有资产交易行为划分为如图13－8所示的三种形式：

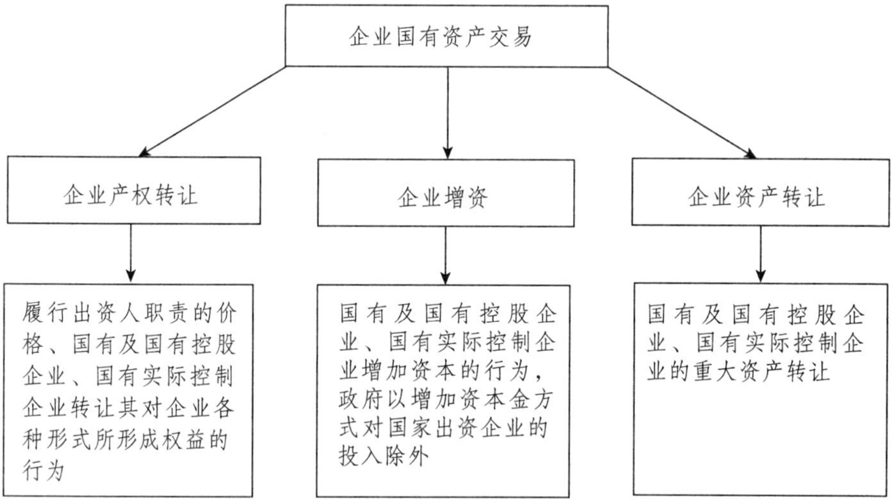

图13－8 企业国有资产交易行为划分

（二）长安汽车公告的混改事项

1. 2019年4月4日，长安汽车披露的信息

2019年4月4日，长安汽车公告的《关于下属合营公司在北京联合产权交易所公开挂牌增资的自愿性信息披露公告》（公告编号：2019－18）披露内容主要包括：

(1)本次交易概述

合营企业拟以资产评估报告为定价依据,通过公开挂牌增资扩股引入一家战略投资者,长安汽车放弃本次增资的优先认购权。本次增资扩股拟以现金方式进行,增资的股权比例为50%,增资金额不低于国资有权部门备案的评估值。增资完成后,长安汽车持有江铃控股的股权比例由50%稀释到25%。公司将根据市场情况,在不低于国资有权部门备案的评估价值的前提下,确定具体挂牌价格并办理相关手续。

本次交易不构成《重组管理办法》规定的重大资产重组,根据股票上市规则等相关规定,本次交易后续如需公司董事会、股东大会等有权决策机构批准,将根据进展情况及时履行审批和信息披露义务。

(2)交易对方基本情况

因本次交易将通过公开挂牌方式进行,目前尚不能确定交易对方。长安汽车将根据公开挂牌进展情况,及时履行相应的审批程序和披露义务。

(3)增资标的基本情况

最近一年一期的主要财务数据见表13-5。

表13-5　最近一年一期的主要财务数据

单位:万元

项目	2017年12月31日 (分立前经审计数据)	2019年2月28日模拟报表 (分立后未经审计数据)
资产总额	1086907.58	481008.24
负债总额	408467.74	305934.75
净资产	678439.83	175073.49
营业收入	564376.53	6890.53
利润总额	-17785.52	-11696.35
净利润	-17785.52	-11696.35

(4)增资方案主要内容

①增资额及增资溢价。投资方对江铃控股增资,公司放弃本次增资的优先认购权;增资后公司持有江铃控股的股权比例为25%,投资方持有江铃控股的股权比例为50%。

②增资方式。在北京产权交易所挂牌交易,公开征集合格投资者。

③增资定价。北京卓信大华资产评估有限公司(以下简称卓信大华评估公司)以2019年3月31日为评估基准日对江铃控股进行资产评估,挂牌低价不低于国资有权部门备案的《资产评估报告》评估值,增资金额最终按挂牌成交价确定。

④员工安排。现江铃控股所有人员由存续公司继续聘用,无须另行签订劳动合同。

⑤对拟引入战略投资者的要求:

第一,意向投资方应是中国境内(不含港澳台)依法注册并有效存续的非国有企业法人且实收资本不低于人民币 7 亿元(以提供的营业执照及 2018 年审计报告为准);

第二,意向投资方的直接股东不得存在中国境外(包含港澳台)的企业法人或其他组织(须提供相关证明材料并书面承诺);

第三,意向投资方或其控股子公司的经营范围应包括新能源汽车的技术研发及产品开发且具有新能源汽车领域技术研发和产品开发的实际经验(以提供的营业执照和相关证明文件为准,复印件须加盖公章);

第四,意向投资方或其控股子公司具有经有关政府机构认定的企业技术中心资质(须提供相关证明文件);

第五,意向投资方财务状况良好,2018 年经审计的合并报表口径的总资产不低于 25 亿元,资产负债率不高于 90%(须提供 2018 年审计报告);

第六,意向投资方股权结构清晰,公司治理规范,具有良好的商业信誉和支付能力,无不良经营记录,未因违法违规行为受到刑事、重大行政处罚(须书面承诺);

第七,符合国家法律、行政法规规定的其他条件;

第八,公司及江铃控股的董事、监事及高级管理人员均不参与本次增资;

第九,出资形式:投资方以货币资金进行增资;

第十,本次增资扩股实施前后的持股情况见表 13 - 6。

表 13 - 6　增资前后持股比例对比

股东	增资前持股比例	增资后持股比例
长安汽车	50%	25%
战略投资者	—	50%

(5)本次增资对公司的影响及可能存在的风险

①增资对公司的影响。本次增资旨在加速长安汽车第三次创业——创新创业计划的实施,实现公司长远目标的需要。江铃控股通过引入战略投资者进行改革重组,植入战略投资者的产品定义、营销创新和人才激励等优势与国有企业技术、制造和质量控制等方面的优势进行互补融合,从而推动江铃控股全面改革创新、激发活力,实现企业快速发展。

②可能存在的风险。本次增资扩股通过北京产权交易所挂牌交易,公开征集合格投资者,最终增资能否成功及增资金额以北京产权交易所公开挂牌交易的结果结合增资方实际认购数额为准,尚存在不确定的风险。

2. 2019 年 6 月 5 日,长安汽车披露的信息

2019 年 6 月 5 日,长安汽车公告的《关于下属合营企业以公开挂牌方式增资扩股暨公司放弃增资扩股优先认缴出资权的公告》(公告编号:2019 - 38 号)披露:

(1)本次交易概述

2019年4月3日,长安汽车下属合营企业江铃控股在北京产权交易所公开挂牌,拟通过增资扩股引入一家战略投资者。2019年5月31日,爱驰汽车有限公司(以下简称爱驰汽车)向北京产权交易所递交了《产权受让申请书》,并已经缴纳保证金人民币30000万元。2019年6月3日,长安汽车董事会通过决议,同意公司下属合营企业江铃控股以资产评估报告为定价依据,引入爱驰汽车作为本次增资扩股的战略投资者,公司放弃本次增资的优先认股权。本次增资扩股以现金方式进行,爱驰汽车拟增资174660.21万元,其中10亿元计入注册资本,74660.21万元计入资本公积。本次增资完成后,江铃控股的注册资本将由10亿元增至20亿元,爱驰汽车将持有江铃控股50%的股份,长安汽车和江铃集团持有江铃控股的股权比例均由50%稀释到25%。

本次交易不构成《重组管理办法》规定的重大资产重组,根据股票上市规则和公司章程等相关规定,本次交易无须提交股东大会审议。

(2)交易对方基本情况(见表13-7)

表13-7 爱驰汽车有限公司基本情况

企业名称	爱驰汽车有限公司
企业类型	其他有限责任公司
注册资本	73957.14万元人民币
法定代表人	付强
成立日期	2017年2月15日
营业期限	2017年2月15日至2037年2月14日
经营范围	从事新能源汽车及零部件的技术研发,产品开发;汽车科技、信息科技、生物科技领域内的技术开发、技术转让、技术咨询、技术服务;汽车配件、机械设备的销售,汽车维修,货物及技术的进出口业务(依法须经批准的项目,经相关部门批准后方可经开展经营活动)
主要股东	宁波梅山保税港区凯玫投资管理有限公司、共青城凯维投资管理合伙企业(有限合伙)、上海百好连企业发展有限公司、湖州奥驰投资合伙企业(有限合伙)、共青城广港投资管理合伙企业(有限合伙)、张家港沙钢新能源汽车投资基金合伙企业(有限合伙)、宁波梅山保税港区润沙股权投资有限公司、上海浦茵实业有限公司、上海复鼎一期股权投资基金合伙企业

(3)增资标的基本情况

①标的公司基本情况。股权结构:长安汽车持有江铃控股50%股权,江铃控股不是长安汽车的控股子公司,未纳入公司合并报表。(其他略去)

②出资方式。增资方采取现金出资方式。本次增资情况见表13-8。

表 13 -8　各增资方增资前后持股情况

单位:元

股东单位	增资前持股情况		增资后持股情况	
	增资前注册资本	持股比例	增资后注册资本	持股比例
江铃集团	500000000	50%	500000000	25%
长安汽车	500000000	50%	500000000	25%
爱驰汽车	—	—	1000000000	50%
合计	1000000000	100%	2000000000	100%

③投资的定价政策及定价依据。本次增资江铃控股股权以具有证券期货从业资格的评估机构卓信大华评估公司的资产评估结果为依据,标的资产评估基准日为2019 年4 月30 日。

资产评估专业人员执行企业价值评估业务,应当根据评估目的、评估对象、价值类型、资料收集等情况,分析收益法、市场法、资产基础法三种基本方法的适用性,选择评估方法。企业价值评估中的收益法,是指将预期收益资本化或者折现,确定评估对象价值的评估方法。企业价值评估中的市场法,是指将评估对象与可比上市公司或者可比交易案例进行比较,确定评估对象价值的评估方法。企业价值评估中的资产基础法,是指以被评估单位评估基准日的资产负债表为基础,评估表内及可识别的表外各项资产、负债价值,确定评估对象价值的评估方法。资产基础法的评估结果主要是以评估基准日企业各项资产、负债的更新重置成本为基础确定的,可靠性较高,且本次评估不存在难以识别和评估的资产或者负债,因此按照卓信大华评估公司评估方法和标准,确定资产基础法作为评估结论并作为交易价格的参考依据。

评估前账面资产总计489401.71 万元,评估值442580.05 万元,评估减值46821.66 万元,减值率为9.57%;账面负债总计335015.08 万元,评估值332919.84 万元,评估减值2095.24 万元,减值率0.63%;账面股东全部权益154386.63 万元,评估值109660.21 万元,评估减值44726.42 万元,减值率28.97%。

本次评估减值主要因长期股权投资减值导致。长期股权投资采用成本法核算,账面值为初始投资成本50 万元,而在进行评估时按净资产评估为 -98854.56 万元。

资产基础法评估结果见表13 -9。

表 13-9 资产基础法评估结果

单位:万元

项目	账面价值	评估价值	增值额	增值率%
	A	B	C = B - A	D = (B - A)/A
流动资产	225397.33	227524.05	2126.72	0.94
非流动资产	264004.38	215056.00	-48948.38	-18.54
其中:长期股权投资	50.00	-98854.56	-98904.56	-197809.12
固定资产	129932.40	145580.01	15647.61	12.04
在建工程	10474.59	10786.37	311.78	2.98
无形资产	78327.73	108660.73	30333.00	38.73
其中:土地使用权	10988.22	29440.31	18452.09	167.93
开发支出	19035.06	19035.06	—	—
商誉	441.52	—	-441.52	-100.00
长期待摊费用	25743.08	29848.39	4105.31	15.95
资产总计	489401.71	442580.05	-46821.66	-9.57
流动负债	328540.76	328540.76	—	—
非流动负债	6474.32	4379.08	-2095.24	-32.36
负债总计	335015.08	332919.84	-2095.24	-0.63
股东全部权益	154386.63	109660.21	-44726.42	-28.97

(4)增资协议主要内容

增资企业:江铃控股有限公司

新投资方:爱驰汽车有限公司

①增资内容。本次增资扩股以现金方式进行,爱驰汽车拟增资 174660.21 万元,其中,10 亿元计入注册资本,74660.21 万元计入资本公积。本次增资完成后,江铃控股的注册资本将由 10 亿元增至 20 亿元,爱驰汽车将持有江铃控股 50% 的股份,长安汽车和江铃集团持有江铃控股的股权比例均由 50% 稀释到 25% 。

②增资方式及资金来源。爱驰汽车以现金方式对江铃控股进行增资,资金来源为其自有资金。

③增资款的支付期限。本次增资采用分 6 期实缴方式,投资方实缴首期增资认缴款 6.5 亿元,首期增资认缴款在增资协议生效之日起 10 个工作日内一次性支付至江铃控股账户;剩余增资款在增资协议生效之日起 1 年内支付至江铃控股账户,并按中国人民银行发布的 1 年期基准贷款利率计息。

④增资前后各方的股权比例(略)。

⑤增资涉及的企业职工安置。现江铃控股所有人员由存续公司继续聘用，无须另行签订劳动合同。

⑥增资后的事项约定。评估基准日至工商登记变更期间产生的损益由增资后的江铃控股股东按持股比例共同承继。

⑦违约责任及纠纷处理。各方在履行增资协议过程中若发生争议，可协商解决；如果在自一方通知其他方发生任何争议之日起的30个营业日内，未达成任何解决方案，则该争议应依法在北京向中国国际贸易仲裁委员会提起仲裁。

⑧生效条件。本协议自各方签署后生效。

(5)董事会审议放弃权利的表决情况(略)

(6)董事会决定放弃权利的情况说明

目前SUV市场已经进入整合期，燃油市场已经进入拐点，市场布局方向转向智能化、新能源汽车，加上SUV市场目前是各家车企必争之地，市场竞争激励，江铃控股后续在SUV市场的发展难度会持续加大，为了增强江铃控股的发展活力和提高运营效率，向新能源、智能化方向转型，并不断拓展产业链发展空间，需引入外部资源进行股权多元化改革，最终实现江铃控股的顺利转型。

(7)董事会关于受让权利定价合理性的分析

按照32号令的相关要求，江铃控股增资扩股项目按规定采取公开挂牌方式引入战略投资者，最终摘牌价格不低于经备案的评估净值109660.21万元，且有6.5亿元的溢价，最终摘牌价格为174660.21万元，交易价格合理、合规。

(8)增资目的和对上市公司的影响

本次增资完成后，长安汽车持有的江铃控股的股权比例由50%下降为25%，该股权仍在公司"长期股权投资"科目列示、以权益法核算。该事项本身不对公司当期利润产生影响。具体影响以2019年年度审计报告的结果为准。

3. 2019年6月5日，长安汽车披露独立董事的独立意见

2019年6月5日，长安汽车公告的《独立董事关于公司下属合营企业以公开挂牌方式增资扩股暨公司放弃增资扩股优先认缴出资权的独立意见》披露：

(1)卓信大华评估公司是具有证券业务资格的专业评估机构，该公司及其委派的经办评估师与公司及本次交易所涉及相关当事方无关联关系，不存在现实的或可预期的利益或冲突，具有独立性。

(2)本次评估的假设前提均按照国家有关法律法规及规定进行，并遵循了市场通用惯例与准则，符合评估对象的实际情况，未发现与评估假设前提相悖的事实存在，评估假设前提具有合理性。

(3)根据卓信大华评估公司出具的《资产评估报告》，以资产基础法的评估结论作为交易价格的参考依据，遵循了公平、公开和公正的原则。本次交易符合国家法律法规和《公司章

程》的规定，增资扩股协议的签订遵循公平、公开、公正原则，有利于江铃控股进一步发展，不存在损害公司和中小股东合法权益的情形。

(4)放弃同比例增资江铃控股的权利，主要是考虑到公司需要统筹资源，聚焦长安自主品牌，加速长安汽车第三次创业——创新创业计划的实施。

综上所述，长安汽车未同比例增资江铃控股事项符合公司生产经营发展，决策程序合法，交易价格公允，没有损害其他股东利益的情形。同意董事会审议的《关于下属合营企业以公开挂牌方式增资扩股暨公司放弃增资扩股优先认缴出资权的议案》。

二、爱驰汽车成功入股江铃控股

(一)工商变更登记情况

根据公开渠道查询的信息，2019 年 7 月 26 日，合营企业江铃控股有限公司在南昌市行政执法局办理工商变更登记，合营企业注册资本由 100000 万元增至 200000 万元，法定代表人由张宝林变更为徐骏，公司股东及持股情况如下：(1)股东长安汽车，持股比例为 25%；(2)股东江铃集团，持股比例为 25%；(3)股东爱驰汽车，持股比例为 50%。

合营企业股权结构见图 13－9。

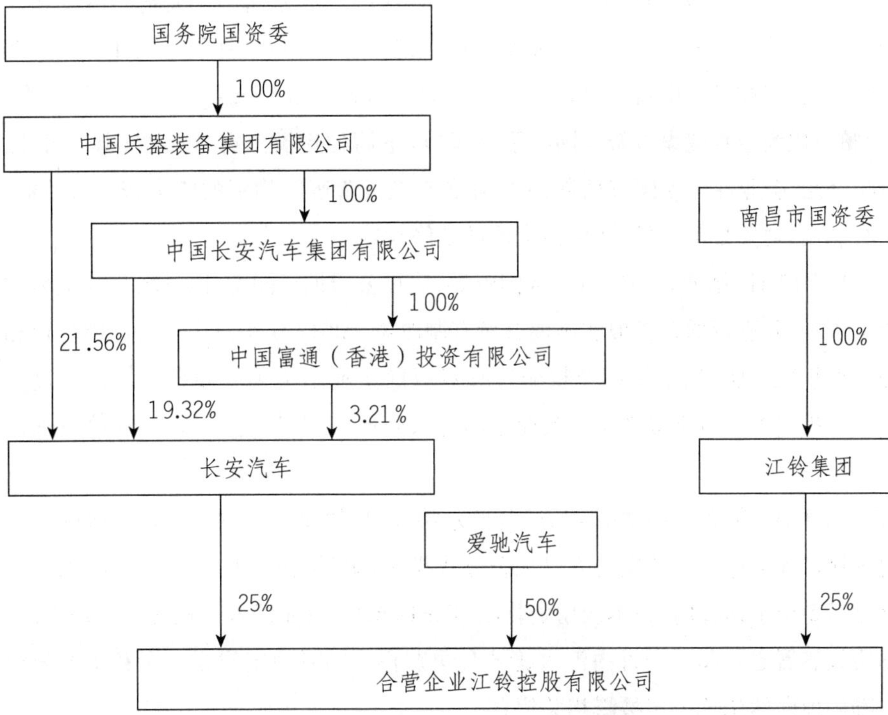

图 13－9　合营企业股权结构图

（二）三方合力，打造混改样本

2019年8月16日，江铃集团、长安汽车和爱驰汽车三方合资合作发布会在江西南昌举行，正式对外宣布江铃控股混改完成。根据发布会上透露的最新战略合作规划，混改后的江铃控股将以崭新的姿态迈向未来。首先，在品牌布局上，爱驰品牌和陆风品牌将形成覆盖国内外主要市场的完整品牌矩阵，其中陆风品牌覆盖传统车和新能源车型，爱驰品牌专注新能源车型；其次，在制造体系上，南昌、上饶两大生产基地与包含燃油、混合动力、纯电动在内的三大平台，将使新江铃控股始终跟紧市场前沿趋势；此外，在产品以及渠道布局上，新江铃控股同样将整合多方优势，催生聚合效应，持续以创新、优质的产品以及多样的渠道模式，为用户创造出最大价值。

（三）混改增资引发的诉讼案例——“宁夏然尔特案”①

1. 案件当事人

原告：宁夏然尔特实业集团有限公司

被告：宁夏德坤环保科技实业集团有限公司

被告：宁夏建设投资集团有限公司

2. 案情简介

2010年10月21日，宁夏德坤环保科技实业集团有限公司（原名为宁夏危险废物和医疗废物处置中心，以下简称德坤公司）成立，原系宁夏回族自治区环保厅所属全资子公司。2015年12月，德坤公司经改制后，由自治区国资委代表自治区政府履行出资人职责。2016年11月，德坤公司整合成为宁夏建设投资集团有限公司（以下简称建投公司）的二级子公司，注册资金为12100万元，企业性质为国有独资，主要业务涉及危险废旧物资的收集、转运、处置、监测、鉴定、综合利用、处置技术研发、环境污染治理及修复等。

2016年12月12日，德坤公司经自治区国资委、建投公司批复同意，以进场公开交易的方式引入非国有资本，并进行增资扩股实施混合所有制改革。2017年1月22日，德坤公司和宁夏科技资源与产权交易所（以下简称产权交易所）签订《企业增资扩股委托协议》，通过产权交易所征集意向投资方。后宁夏然尔特实业集团有限公司（以下简称然尔特公司）被确认为意向投资方。

2017年8月3日，建投公司（协议甲方）与然尔特公司（协议乙方）签订《增资协议》，德坤公司亦在协议尾部加盖印章。约定乙方以现金方式投资，实际出资11872.73万元，乙方应在本协议签署之后5个工作日内，将本次增资款项50%即6000万元汇入产权交易所账户，其余增资款于本协议签署之日起6个月内汇入德坤公司账户。同时约定建投公司和德坤公司需全面、真实、准确地向然尔特公司披露相关信息。

2017年9月3日，德坤公司召开首次股东会会议，并形成决议。该决议载明：“……宁夏

① 案例索引：银川市中级人民法院（2019）宁01民初2127号民事判决书。

建投公司出资 12100 万元，出资方为实物出资，出资比例 51%，然尔特公司出资 11625 万元，出资方式为货币出资，出资比例 49%。”《增资协议》签订后，然尔特公司共向德坤公司增资款本金 11872.73 万元。

后 2018 年 9 月 27 日，宁夏灵武白芨滩国家级自然保护区管理局发函要求德坤公司暂保持现有规模和已建设施，未经容许，不得再进行扩建。

2018 年 12 月 7 日，自治区生态环境厅作出的《关于宁夏建投公司建设一期预留填埋场等项目意见的函》载明，“……鉴于你公司申请的建设项目位于白芨滩国家级自然保护区，不符合自然保护区管理的有关规定，建设 10 万立方米一期预留安全填埋场、科技研发中试验基地等项目另行选址建设”。

后然尔特公司以建投公司和德坤公司未披露公司的危险废旧物资处理生产设施在自然保护区实验区的重要信息为由，向银川市中级人民法院提起了诉讼。

3. 原告诉讼请求

(1)解除原告与德坤公司、建设公司签署的《增资协议》。

(2)判令德坤公司退还原告增资款本金 11872.73 万元；原告向德坤公司退还因增资所取得的 49% 的股权；自德坤公司退还原告上述增资款本金后，德坤公司办理原告在德坤公司的股东名义注销变更登记。

(3)判令德坤公司向原告赔偿因解除《增资协议》造成的损失 8179133.32 元及 2019 年 6 月 19 日起至出资款全部返还之日止的损失(以 11872.73 万元为基数，按同期银行贷款利率计算至 2019 年 6 月 19 日)。

(4)判令建投公司对德坤公司上述退还原告投资款本金并赔偿损失款的义务承担连带责任。

(5)本案诉讼费用全部由德坤公司与建投公司承担。

4. 法院裁判观点

(1)建投公司与然尔特公司签订的《增资协议》发生在混合所有制改革的大背景下，该协议并不违反法律、行政法规禁止性规定，协议合法有效。

(2)德坤公司的出资人明知危险废旧物资处理生产设施在自然保护区实验区，在产权交易所发布增资扩股信息时未如实向战略投资人披露，属于违约行为。

自治区环保局作为德坤公司环境保护的主管行政机关，同时又是德坤公司原全资出资人。在此情况下，自治区环保局作为环境保护的主管行政机关，在“一身兼两职”背景下，可以基于建设项目位于自然保护区而停止建设，并在自治区发改委批复初步设计前向其汇报，但其作为出资人继续默认德坤公司在已知自然保护区实验区范围内建设危险废物和医疗废物处置中心及废物库，导致自治区发改委批复项目初步设计，并组织竣工验收，自治区环保局派员在竣工验收表上签字。

可见，虽然德坤公司的出资人由自治区环保局调整为自治区国资委，后又整合为宁夏建投公司二级子公司，但均不能否认德坤公司及其出资人在增资扩股之前已经知晓德坤公司生产设施建设在自然保护区实验区。根据德坤公司（甲方）与宁夏科技资源与产权交易所（乙方）签订的《企业增资扩股委托协议》，德坤公司负有全面、真实披露有关信息的义务，但是甲方德坤公司及其出资人并未全面披露生产设施建设在自然保护区实验区相关信息。

（3）原告诉请解除涉案《增资协议》，符合双方合同约定，且因《增资协议》的混改目的无法实现，银川市中级人民法院予以支持原告诉请解除涉案协议。

涉案《增资协议》5.2 本协议的终止情形："……5.2.2 因不可抗力（包括足以影响本协议履行的地震、洪水、政策、法律变化、战争等自然灾害、政府行为及社会异常事件）导致投资无法正常进行的；……5.2.4 其他违反法律、法规等相关规定应当终止的情形。"合同约定的"不可抗力"采用扩大化解释，除了法律规定"不可抗力"含义以外，又包含"政策、法律变化、政府行为"，应以双方约定的"不可抗力"条款为准。

①政府行为。德坤公司原出资人自治区环保局知晓德坤公司在调整后的宁夏灵武白芨滩国家级自然保护区实验区兴建生产设施。宁夏灵武白芨滩国家级自然保护区管理局作出《关于宁夏危险废物处置中心进行整改的告知函》，责令"德坤公司暂保持现有规模和已建设施，未经容许，不得再进行扩建"；同时自治区生态环境厅作出《关于宁夏建投公司建设一期预留填埋场等项目意见的函》，要求德坤公司另行选址。

②法律规定。《自然保护区条例》（1994 年）以及《自然保护区条例》（2017 年修正）第三十二条均规定，"……在自然保护区的实验区内，不得建设污染环境、破坏资源或者景观的生产设施……"该条例表明德坤公司在自然保护区实验区内建设污染环境的生产设施的行为法律所明令禁止，扩建原有产能的合同目的无法实现。

③资本原则。2019 年 6 月，德坤公司向自治区生态环境厅报告《关于国家审计署提出宁夏危险废物和医疗废物处置中心项目存在问题整改进展》载明，"……如果对该项目进行搬迁，必然会导致国有资产减值等问题，我公司无权处理……在对原项目进行资产处置的过程中必然会对公司发展、国有及民营资本等产生重大影响"。增资扩股时确定宁夏建投公司占德坤公司 51% 股份，该股份对应的价值主要集中在固定资产；在固定资产搬迁过程中，宁夏建投公司占有国有资本必然面临价值减值，必然改变德坤公司的资本结构；在宁夏建投公司股本价值贬损情况下，股份比例不相应调整，必然损害到然尔特公司占德坤公司 49% 股的货币出资利益。宁夏建投公司持有国有资本占有德坤公司的 51% 股权对应价值变化，违反了公司法的资本维持、资本确定原则。

④混改政策。自治区国资委批准《德坤公司混合所有制改革方案》载明，"……把引资本与转机制结合起来……"混改政策不是直接增资扩股引入战略投资人就万事大吉了，混改目标有"混"和"改"两个层面。"混"是国有资本和民营资本的混合，"改"是国有企业改变机制。在资本面前，国企资本与民企资本是平等的。国有企业担心国有资本受损，直接规定"严格执行国有资产定价机制"，原告作为民企担心投入资本受损。德坤公司也认可如果该项目进行

搬迁，必然会导致国有资产减值等问题。《公司法》第二十七条第二款规定："对作为出资的非货币财产应当评估作价，核实财产，不得高估或者低估作价。法律、行政法规对评估作价有规定的，从其规定。"宁夏建投公司以德坤公司现存的国有资产作价出资占股51%，在因德坤公司原出资人自治区环保局明知固定资产建设在自然保护区，宁夏建投公司、德坤公司均未及时披露"潜在法律风险"，导致国有资本的贬值，宁夏建投公司不重新作价评估固定资产，必然会导致混改政策目标的无法实现，侵害原告投入资本的利益。

《增资协议》中约定，相关政府行为、法律规定、混改政策等合同约定的"不可抗力"致使协议的根本目的无法实现，双方《增资协议》约定的终止条件成就。《合同法》第九十三条第二款①规定，当事人可以约定一方解除合同的条件。解除合同的条件成就时，解除权人可以解除合同。同时《合同法》第九十四条②规定，因不可抗力致使不能实现合同目的，当事人可以解除合同。原告然尔特公司诉请涉案《增资协议》符合双方合同约定的终止条件，且因《增资协议》对"不可抗力"作出扩大解释，涉案《增资协议》因协议约定"不可抗力"致使不能实现合同目的，故银川市中级人民法院支持原告解除涉案《增资协议》。

(4)涉案《增资协议》解除后的处理

《合同法》第九十七条规定："合同解除后，尚未履行的，终止履行；已经履行的，根据履行情况和合同性质，当事人可以要求恢复原状、采取其他补救措施，并有权要求赔偿损失。"涉案《增资协议》解除，且原告投资款项留存在德坤公司账户及德坤公司购买银行理财产品，原告然尔特公司诉请德坤公司全额退款11872.73万元并判令然尔特公司向德坤公司退还因增资所取得的49%的股权；德坤公司办理原告在德坤公司的股东名义注销变更登记，银川市中级人民法院予以支持。

涉案《增资协议》第2.3.4条约定，"在乙方(然尔特公司)增资日前，德坤公司因生产经营行为导致潜在法律责任(如行政处罚、劳动纠纷、之前发生的损害赔偿等)，导致乙方损失的，由德坤公司以增资前资产赔偿乙方"。德坤公司向宁夏科技资源与产权交易所作出承诺："……我方所提交的发布材料内容真实、完整、合法、有效，不存在虚假记载、误导性陈述或重大遗漏……如违反上述承诺或由违法、违规行为，给相关方造成损失的，我方愿意承担相应的法律责任及经济赔偿责任。"原告然尔特公司诉请"德坤公司向原告赔偿因解除《增资协议》造成的损失8179133.32元及2019年6月19日起至出资款全部返还之日止的损失"，故银川市中级人民法院按照然尔特公司转款时间先后顺序，按照中国人民银行同期贷款利率6%计算至2019年6月19日核算为10331537元，原告仅主张损失8179133.32元且并不超过银川市中级人民法院核算的损失，对8179133.32元及2019年6月20日至本判决确定的给付之日止的损失(按照中国人民银行同期贷款利率6%，以11872.73万元为基数)。

① 现规定在《民法典》第五百六十二条第二款。

② 现规定在《民法典》第五百六十三条。

(5)建投公司应承担连带责任

根据《公司法》第三十条的规定,有限责任公司成立后,发现作为设立公司出资的非货币财产的实际价额显著低于公司章程所定价额的,应当由交付该出资的股东补足其差额;公司设立时的其他股东承担连带责任。建投公司持有德坤公司非货币财产(固定资产)因面临场地搬迁存在资产贬值,且涉案协议第2.3.4条约定,“在乙方(然尔特公司)增资日前,德坤公司因生产经营行为导致潜在法律责任(如行政处罚、劳动纠纷、之前发生的损害赔偿等),导致乙方损失的,由德坤公司以增资前资产赔偿乙方”。德坤公司增资前宁夏建投公司为唯一股东,其应对德坤公司的债务承担连带责任。

5.法院判决

法院据此判决,第一,解除然尔特公司与建投资公司签订的《增资协议》;第二,德坤公司退还然尔特公司增资投资款本金11872.73万元,然尔特公司退还德坤公司股份49%,德坤公司协助然尔特公司办理工商登记变更;第三,德坤公司赔偿然尔特公司增资投资款损失8179133.32元及此后损失;第四,建投公司对德坤公司上述债务承担连带责任。

6.案例评析

本案是国有企业混合制改造过程中产生纠纷的典型案例。德坤公司及其股东为引进战略投资人,故意隐瞒了其核心资产的重大不利信息,认为在引入投资人然尔特公司并收到其增资款后就可以高枕无忧,实则不然。真实、准确、完整地披露标的公司的信息,不仅是增资企业及其股东的义务,也是商业合作中诚实信用的体现,否则会自食恶果。

本案的审理从政府行为、法律规定、资本原则、混改政策等各方面论述了然尔特公司要求解除《增资协议》的合法合理性,解析可谓鞭辟入里、入木三分。

第四节　公司分立主要涉及的财税处理规则

一、公司分立会计处理规则

如前文所述,江铃控股分立为存续分立和简单分立。存续分立,是指原企业存续,其一部分资产剥离出来,设立为一个或数个新的企业。其股东取得的对价应视同被分立企业分配进行处理,如A变成A和B两个企业,A和B股权结构相同则为简单分立,不同则为复杂分立。

目前我国没有具体会计准则对分立企业的会计处理进行规范。在实务中,一般按照企业分立的形式和内容,依据会计制度、会计准则一般性原则来具体确定分立企业、被分立企业及股东的会计处理。会计处理与税收的要求往往存在一定差异,对其差异还需要进行纳税调整。

(一)分立企业的会计处理规则

因江铃控股属于存续分立且分立企业没有新股东加入,会计上可以按分立资产的原账面价值或评估价值作为入账价值。

(二)被分立企业的会计处理规则

被分立企业只需将进入分立企业的资产、负债以原有账面价值为基础结转确定,借记负债类科目,贷记资产类科目;差额借记实收资本、资本公积、盈余公积、利润分配等所有者权益类科目。

(三)分立企业股东的会计处理规则

根据《公司法》的规定,企业以非货币性资产投资的,应当对非货币性资产进行资产评估,以评估价作为投资额。但依据《企业会计制度》、《企业会计准则——投资》和《企业会计准则——非货币性交易》规定,以非货币性交易换入的长期股权投资,按换出资产的账面价值加上应支付的相关税费,作为初始投资成本。涉及补价的,应按以下规定确定换入长期股权投资的初始投资成本:

1. 收到补价的,按换出资产的账面价值加上应确认的收益和应支付的相关税费减去补价后的余额,作为初始投资成本。

2. 支付补价的,按换出资产的账面价值加上应支付的相关税费和补价,作为初始投资成本。

二、公司分立税务处理规则

(一)分立企业税务处理规则

1. 企业所得税

财税〔2009〕59 号文第六部分第五项规定,企业分立,被分立企业所有股东按照原持股比例取得分立企业的股权,分立企业和被分立企业均不改变原来的实质经营活动,且被分立企业股东在该企业分立发生时取得的股权支付金额不低于其交易支付总额的 85%,可以选择按以下股东处理:

(1)分立企业接受被分立企业资产和负债的计税基础,以被分立企业的原有计税基础确定。

(2)被分立企业已分立出去资产相应的所得税事项由分立企业承继。

(3)本分立企业未超过法定弥补期限的亏损额可按分立资产占全部资产的比例进行分配,由分立企业继续弥补亏损。

(4)被分立企业的股东取得分立企业的股权(以下简称新股),如需部分或全部放弃原持有的被分立企业的股权(以下简称旧股),新股的计税基础应以放弃旧股的计税基础确定。如不需放弃旧股,则其取得新股的计税基础可从以下两种方法中选择确定:直接将新股的计税基础确定为零;或者以被分立企业分立出去的净资产占被分立企业全部净资产的比例先调减原持有的旧股的计税基础,再将调减的计税基础平均分配到新股上。

由于江铃控股分立不涉及非股权支付,同时满足了财税〔2009〕59 号文关于特殊性税务处理的以下条件:(1)被分立企业所有股东按原持股比例取得分立企业的股权;(2)分立企业和被分立企业均不改变原来的实质经营活动;(3)被分立企业股东在该企业分立发生时取得的股权支付金额不低于其交易支付额的85%。因此,江铃控股分立企业所得税可以适用特殊性税务处理规则。

分立企业接受被分立企业资产和负债的计税基础,以被分立企业的原有计税基础确定。

2. 契税

根据财政部、国家税务总局《关于继续支持企业事业单位改制重组有关契税政策的通知》第四部分的规定:"公司依照法律规定、合同约定分立为两个或两个以上与原公司投资主体相同的公司,对分立后公司承受原公司土地、房屋权属,免征契税。"

3. 印花税

根据财政部国家税务总局《关于企业改制过程中有关印花税政策的通知》第一部分第二项的规定:"以合并或分立方式成立的新企业,其新启用的资金账簿记载的资金,凡原已贴花的部分可不再贴花,未贴花的部分和以后新增加的资金按规定贴花。"

(二)被分立企业税务处理规则

1. 增值税

根据财政部、国家税务总局发布的《营业税改征增值税试点有关事项的规定》第一部分第二项第五点的规定:"在资产重组过程中,通过合并、分立、出售、置换等方式,将全部或者部分实物资产以及与其相关联的债权、负债和劳动力一并转让给其他单位和个人,其中涉及的不动产、土地使用权转让行为属于不征增值税的项目。"被分立企业江铃控股本次分立不涉及增值税的缴纳。

2. 土地增值税

根据财政部国家税务总局《关于继续实施企业改制重组有关土地增值税政策的通知》第三部分的规定,按照法律规定或者合同约定,企业分设两个或两个以上与原企业投资主体相同的企业,对原企业将房地产转移、变更到分立后的企业,暂不征土地增值税。被分立企业江铃控股本次分立不涉及土地增值税的缴纳。

3. 企业所得税

(1)被分立企业已分立出去资产相应的所得税事项由分立企业承继。

(2)被分立企业未超过法定弥补期限的亏损额可按分立资产占全部资产的比例进行分配,由分立企业继续弥补。

4. 附加税

附加税是城市建设税和教育费附加两种税种的统称,是以流转税即增值税、消费税的纳税金额为基础,由缴纳该等税的义务人承担附加的纳税义务。因江铃控股本次分立不征增值税和消费税,故也不涉及附加税。

(三)分立企业股东所得税税务处理规则

被分立企业的股东取得分立企业的股权(以下简称新股),因不需部分或全部放弃原持有的被分立企业的股权(以下简称旧股),其取得新股的计税基础可从以下两种方法中选择确定:

1. 直接将新股的计税基础确定为零;

2. 以被分立企业分立出去的净资产占被分立企业全部净资产的比例先调减原持有的旧股的计税基础,再将调减的计税基础平均分配到新股上。

对应的股权支付部分,对被分立企业及其股东来说,因系存续分立,江铃控股股东取得的对价按视同分配的股息所得进行处理。又因江铃控股的两个法人股东都是居民企业,其取得的对价符合规定条件的居民企业之间的股息红利等权益性投资收益,适用免征企业所得税政策。

第十四章

上市公司聚焦主业吸收合并母公司

实务指引

企业合并是企业并购重组的重要形式，尤其是企业集团内部的企业整合。新设合并与吸收合并的最大区别在于：新设合并中参与合并的所有企业在交易结束后都解散注销，而吸收合并则只有被合并企业解散注销，合并企业则继续存续。如何选择合并方，需要全面评估与综合考量。上市公司吸收合并子公司的交易为数不少，但子公司发行股份吸收合并母公司的情形却少之又少，本案例就属于后者。本次交易的成功，带给人们一定的启示，值得学习和借鉴。

上市公司的重大资产重组不同于一般的企业重组，要求明确，界定标准严格。上市公司发行股份购买资产一直被中国证监会严格监管，也为社会广泛关注，特别是保持上市公司的独立性以及保护中小股东的合法权益，更是监管部门的关注重点，其中上市公司在业务、资产、财务、人员、机构方面必须符合中国证监会关于上市公司独立性的相关规定，现金选择权的行权对象、行权价格、行权程序、价格的调整机制以及现金选择权的提供方必须明确、细致。

本章将以双汇发展吸收合并母公司双汇集团为主线，并结合“科信丰大公司合并纠纷”“云南旅游发行股份收购资产纠纷”“长航凤凰重大资产重组”纠纷三个诉讼案例和“宝通科技”“高争民爆”“华兴源创”三个重大资产重组项目实操，生动形象地为读者阐述了公司合并、重大资产重组、发行股份购买资产的知识要点。

第一节　子公司吸收合并母公司

一、上市公司双汇发展及其控股母公司情况

（一）上市公司双汇发展概况

1. 双汇发展营业执照信息

河南双汇投资发展股份有限公司（以下简称双汇发展）于1998年在深圳证券交易所上市，是中国最大的肉类加工基地。双汇发展的控股股东为河南省漯河市双汇实业集团有限责任公司（以下简称双汇集团），双汇集团持有双汇发展59.27%股份。双汇发展的实际控制人为兴泰集团有限公司（Rise Grangd Group Limited）（以下简称兴泰集团）。

兴泰集团于2007年7月3日在英属维尔京群岛注册成立，主要经营业务为股权投资与管理，其控制的核心企业为万洲国际有限公司（WH Group Limited）（以下简称万洲国际）。万洲国际于2006年3月2日注册于开曼群岛，2014年8月5日在中国香港上市（证券代码：0288.HK），是全球最大的猪肉食品企业，在猪肉产业链的主要环节均占据全球领先地位，万洲国际持有Glorious Link International Limited（以下简称Glorious Link）100%股权。

罗特克斯有限公司（Rortary Vortex Limited）（以下简称罗特克斯）是一家专门为参与双汇集团股权转让项目而根据国际惯例在中国香港注册设立的项目公司，罗特克斯不仅持有双汇集团100%的股权，同时直接持有双汇发展13.98%股份，并通过全资子公司双汇集团间接持有双汇发展59.27%股份。除双汇集团及双汇发展外，罗特克斯控股、控制的核心企业为史密斯菲尔德食品公司（以下简称史密斯菲尔德）。

截至2019年6月30日，双汇发展营业执照信息见表14－1。

表14－1　双汇发展营业执照信息

企业名称	河南双汇投资发展股份有限公司
企业类型	股份有限公司（中外合资、上市）
注册资本	329955.8285万元
法定代表人	万隆
成立时间	1998年10月15日
营业期限	1998年10月15日至长期
经营范围	畜禽屠宰，加工销售肉类食品、肉类罐头、速冻肉制品、定型包装熟肉制品（含清真食品）、食用动物油脂（猪油）、水产品加工（鱼糜制品）（即食类）；生猪养殖、销售；生产销售PVDC薄膜及食品包装材料、其他包装材料制品；猪肠衣（盐渍猪肠衣）及其附属产品的加工、销售；医药中间体（肝素钠）的提取、销售；农副产品收购，生产加工肉制品及相关产品配套原辅料、调味料、食品添加剂、复配食品添加剂；蛋制品销售，技术咨询服务，仓储服务，化工产品销售（不含易燃易爆危险品），食品行业的投资，销售代理，相关经营业务的配套服务

2. 双汇发展股权架构

截至 2019 年 6 月 30 日，双汇发展股权架构如图 14－1 所示。

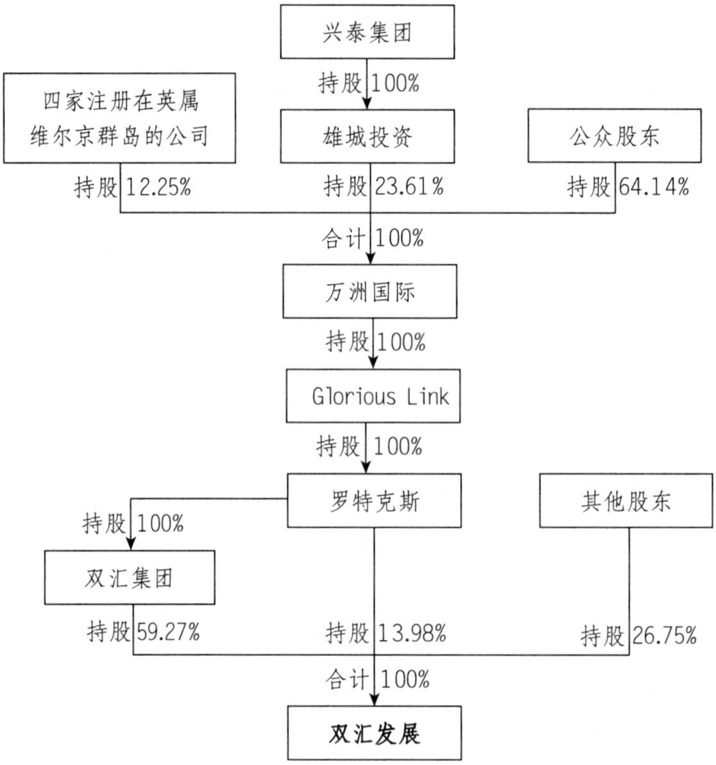

图 14－1　双汇发展股权架构图

(二) 被合并方的资产状况

1. 双汇集团营业执照信息

根据双汇发展 2019 年 8 月 1 日披露的《河南双汇投资发展股份有限公司收购报告书》，截至 2019 年 6 月 30 日，双汇集团营业执照信息情况见表 14－2。

表 14－2　双汇集团营业执照信息

企业名称	河南省漯河市双汇实业集团有限责任公司
企业类型	有限责任公司(台港澳法人独资)
注册资本	190000 万元人民币
法定代表人	万隆
成立时间	1994 年 8 月 29 日
经营期限	1994 年 8 月 29 日至 2057 年 1 月 4 日

续表

经营范围	批发兼零售预包装食品；食品用塑料包装容器工具等制品（凭工业品生产许可证核定范围经营）的生产、销售；软件的开发、销售；能源动力产品的生产、销售（转供电、热蒸汽，仅供集团内部公司）；从事货物和技术进出口业务（国家限定公司经营或者禁止进出口的货物和技术除外）；从事活畜、活禽和食用农产品（禽肉、鸡肉、猪肉、牛肉、羊肉等生鲜肉和面粉）、玉米、大豆、水产品及机械设备、仪器仪表、化工产品（不含危险化学品、易制毒化学品及监控类化学品）的零售、批发、佣金代理等进出口分销业务；食用添加剂、猪肠衣、医药中间体（肝素钠粗品）的采购、销售；采购国内产品出口及相关配套业务（以上商品进出口不涉及国营贸易、进出口配额许可证、出口配额招标、出口许可证等专项管理的商品，涉及许可证的凭证经营）。分公司凭许可证经营以下项目：粗粮制品、饮料（外商投资限制类、禁止类除外）、饲料、食品机械的加工

2. 标的资产状况

双汇发展2019年2月15日发布的《河南双汇投资发展股份有限公司关于深圳证券交易所重组问询函的回复公告》（公告编号:2019－09）披露：双汇集团的主要资产为所持有的双汇发展的股票，该部分预估值在双汇集团整体预估值中占比99.03%，其他资产体量小。

（三）本次交易的目的

2019年8月1日，双汇发展发布的《河南双汇投资发展股份有限公司收购报告书》披露了本次交易的目的：

1. 有利于进一步聚焦肉业主业

本次收购完成后，双汇发展将完成对双汇集团的吸收合并，双汇发展将成为万洲国际在中国境内唯一的肉业平台，一方面更有利于提升双汇发展在行业中的地位，增强其在产业升级和整合中的竞争力和话语权；另一方面有利于双汇发展进一步整合体系内优势资源。

未来双汇发展将聚焦肉业主业，通过对产业链的整合强化领先优势，通过对产品的持续创新优化产业的转型升级，打造具有核心竞争力的肉业产业上市平台。

2. 有利于更好地落实上市公司未来发展战略

本次注入的业务均为肉业相关资产，本次重组完成后，双汇发展的业务结构将更加完善。

本次调味料业务的注入将更好地发挥肉制品业务与调味料业务之间的协同效应，有利于实现双汇发展产品结构升级，增强产品创新优化的能力，以创新促转型。本次收购中软件开发业务注入将为双汇发展信息智能化提供技术支持，有利于促进工业信息化、大数据平台建设以及扩大渠道网络，有利于支持双汇发展在生产、管理以及市场开拓方面的全面升级。本次收购完成后，财务公司将成为双汇发展全资子公司，有利于双汇发展利用金融服务为下属企业日常经营及战略发展提供支持，使各业务板块资源配置更加合理，提升资金使用效率，并在后续发展过程中以金融服务为依托，为上下游企业提供支持，带动整个产业链的发展，在扩大规模同时保持经营的稳定，并提升自身盈利水平。

双汇发展将以本次收购为契机，发挥产业链核心的优势带动行业创新转型，利用信息化服务提升全产业链的信息化、智能化水平，利用金融服务提升上市公司自身以及全产业链的运营效率，打造更具优势的肉业相关产业链，更好地落实上市公司“调结构、扩网络、促转型、上规模”的发展战略。

3. 有利于优化治理结构

本次交易完成后，双汇发展在肉业领域的治理机制更为高效、组织架构进一步精简，进一步激发上市公司的运营能力和内生动力。

本次收购通过吸收合并双汇集团，将更好地避免双汇发展与控股股东、实际控制人在中国境内的同业竞争，消除双汇发展与双汇集团在调味料业务、软件开发业务等方面的关联交易，有助于降低双汇发展关联交易规模，有利于进一步优化上市公司的治理结构。

二、母子公司之间吸收合并方案的论证意见

（一）母子公司之间吸收合并方案的论证

本案例中，双汇集团作为被并购方已成定局，毫无悬念。那么为什么最终选择由双汇发展吸收合并双汇集团，而不是由罗特克斯吸收合并双汇集团呢？

1. 未采用罗特克斯吸收合并双汇集团的原因

根据双汇发展披露的《河南双汇投资发展股份有限公司吸收合并河南省漯河市双汇实业集团有限责任公司暨关联交易预案（修订稿）》，本次交易未采用罗特克斯吸收合并双汇集团的原因是：

（1）无可遵循操作的实施程序

罗特克斯是一家注册于中国香港特别行政区的公司，受中国香港特别行政区的法律监管；双汇集团是一家注册于中国河南省漯河市的有限责任公司，受中国境内法律法规监管，它们分别受到不同法域、不同地区的法律管辖。《公司法》对在中国境内设立的公司的吸收合并程序作出了相关规定，但对于跨地区、跨法域的公司间吸收合并并无可遵循操作的实施程序。

（2）难以有效降低关联交易规模

本次交易的目的在于优化治理结构，更好地避免双汇发展与控股股东、实际控制人之间在中国境内的同业竞争，并消除双汇发展与双汇集团在调味料业务、软件开发业务等方面的关联交易，降低双汇发展整体关联交易的规模。而在罗特克斯吸收合并双汇集团及其下属公司的交易方案中，无法将双汇集团及其下属子公司等资产一次性注入上市公司，无法实现降低双汇集团与双汇发展之间的关联交易规模的目的。

基于上述原因，因此本次交易未采用罗特克斯吸收合并双汇集团的方式，但罗特克斯吸收合并双汇集团也并非一无是处，也有其优势所在。根据双汇发展 2019 年 2 月 15 日披露的《河南双汇投资发展股份有限公司关于深圳证券交易所重组问询函的回复公告》（公告编号：2019－09），如果罗特克斯直接吸收合并其全资子公司双汇集团，可以节省相关费用，缩短审

批流程。

2. 采用双汇发展吸收合并双汇集团的原因

根据双汇发展披露的《河南双汇投资发展股份有限公司吸收合并河南省漯河市双汇实业集团有限责任公司暨关联交易预案(修订稿)》,本次交易采用双汇发展吸收合并双汇集团的原因是:

(1)双汇集团主要肉业业务核心资产此前已注入双汇发展

2012 年,双汇集团将主要肉业相关业务核心资产注入双汇发展,少量业务由于涉及第三方股东同意及独立发展战略等原因留存双汇集团,双汇发展在该次重组完成后工作重点是对前次注入资产的梳理整合。截至目前,双汇发展对于前次注入资产的整合已经基本完成,双汇集团也完成对下属资产结构和业务结构的梳理,因此双汇发展已经具备了进一步优化治理结构的条件。

(2)优化公司治理机构,简化管理层级

本次交易通过吸收合并将使上市公司控股股东管理层级得以简化,管理机制更为高效、组织架构更为精简,进一步提高决策效率。

本次交易通过吸收合并将双汇集团持有的肉业相关业务资产同步注入双汇发展,进一步做强肉业产业链,落实上市公司"调结构、扩网络、促转型、上规模"的发展战略。

(3)进一步优化交易成本

本次交易采取吸收合并的方式,有助于反映本次交易为同一控制下企业内部股权及业务管理架构调整的交易实质,从而在适用特殊性税务重组等方面进一步优化交易成本。此外,双汇发展发行股份购买资产,不涉及现金支付收购资金来源问题。

事实上,由双汇发展吸收合并双汇集团也存在重大风险,如面对证监会严格的监管,本次交易无法获得批准的风险,为避免公司二级市场股价剧烈波动,本次交易被暂停、中止或取消的风险,本次交易完成后,公司对承继及承接的双汇集团的全部资产、负债、人员、业务、合同及其他一切权利和义务的整合风险等。

3. 实务评析

上市公司重组业务中,合并业务较多,常见的操作模式是换股吸收合并。例如,东方航空公司吸收合并上海航空公司,美的集团换股吸收合并美的电器等。在企业集团内部企业整合中,经常会出现兄弟公司之间的横向吸收合并和母子公司之间的纵向吸收合并,甚至还会出现反向吸收合并,即利用亏损企业合并盈利企业,从而达到可以利用被合并企业的利润弥补合并企业亏损的目的。当亏损企业具有不可转让的特殊经营资质时,而合并的主要目的正是在于获得这些权利,并且亏损并不巨大时,就可以考虑采用反向吸收并购。反向吸收并购可能具有合理的商业目的,这需要综合具体情形进行具体分析,不能一概而论,全盘否定。

此外,在母子公司合并实务中,母公司吸收合并子公司的比较常见,但子公司吸收合并母公司相对比较少见,国家税务总局也没有明确禁止和反对这种特殊形式的吸收合并。比如,江淮汽车(600418.SH)发行股份吸收合并母公司江汽集团(系上市公司的控股股东),就是非常成功的典型案例。本案双汇发展采取子公司合并母公司的方式,可以有效地消除同业竞争,达到优化公司治理机构、简化管理层级的目的。

(二)本次交易的方案概要

经过罗特克斯、双汇集团、双汇发展多方考虑并进行论证,最后决定采用双汇发展吸收合并双汇集团方式进行本次重组。根据双汇发展2019年8月1日发布的《河南双汇投资发展股份有限公司收购报告书》披露,本次交易方案的主要内容是:

1. 双汇发展通过向控股股东双汇集团的唯一股东罗特克斯发行股份的方式对双汇集团实施吸收合并,双汇发展为吸收合并方,双汇集团为被吸收合并方。

2. 本次吸收合并完成后,双汇发展为存续方,将承继及承接双汇集团的全部资产、负债、人员、业务、合同及其他一切权利与义务,双汇集团将注销法人资格。

3. 双汇集团持有的上市公司股份将被注销,罗特克斯将成为上市公司的控股股东,双汇发展实际控制人仍为兴泰集团。本次交易前后,上市公司实际控制人未发生变化。

笔者认为,综观本次交易方案,本次吸收合并的实质是以股权购买股权的方式完成交易,分为两个部分:(1)合并企业以自身的股权换取被合并企业股东持有的被合并企业的全部股权,被合并企业的股东成为合并企业的股东,合并企业成为被合并企业的唯一股东;(2)合并企业随后解散被合并企业,被合并企业的全部资产、业务、负债、人员、合同及其一切权利与义务由合并企业承继及承接。

(三)实务评析

1. 从法财税的不同角度审视不一样的企业合并

《公司法》第一百七十二条规定:“公司合并可以采取吸收合并或者新设合并。一个公司吸收其他公司为吸收合并,被吸收的公司解散。两个以上公司合并设立一个新的公司为新设合并,合并各方解散。”《企业会计准则第20号——企业合并》第二条规定:“企业合并,是指两个或者两个以上单独的企业合并形成一个报告主体的交易或事项。企业合并分为同一控制下的企业合并和非同一控制下的企业合并。”财税〔2009〕59号文第一部分第五项规定:“合并,是指一家或多家企业(以下称为被合并企业)将其全部资产和负债转让给另一家现存或新设企业(以下称为合并企业),被合并企业股东换取合并企业的股权或非股权支付,实现两个或两个以上企业的依法合并。”

值得注意的是,公司法中的企业合并是从法律主体看问题,只有法律主体消失,才属于企业合并;公司法按照企业合并交易的方式进行分类,分为吸收合并和新设合并。会计上的企业合并是从会计主体看问题,通过企业合并形成新的报告主体,就属于企业合并;会计上按照参与合并的企业是否有最终共同控制方进行分类,分为同一控制下的企业合并与非同一控制下的企业合并。税法上按照合并企业是否可以享受所得税递延优惠政策进行分类,分为适用一般性税务处理的企业合并(应税合并)与适用特殊性税务处理的企业合并(免税合并)。根据《企业重组业务企业所得税管理办法》(国家税务总局公告2010年第4号)第三条规定:合并中当事各方,指合并企业、被合并企业及各方股东。

根据2019年7月15日双汇发展发布的《河南双汇投资发展股份有限公司吸收合并河南省漯河市双汇实业集团有限责任公司暨关联交易报告书(草案)(修订稿)》,本次吸收合并各方见表14-3。

表14-3　合并当事各方情况

吸收合并方	河南双汇投资发展股份有限公司
被吸收合并方	河南省漯河市双汇实业集团有限责任公司
吸收合并交易对方	罗特克斯有限公司

2. 企业合并后,变更合同主体是否要取得合同相对方的同意

在企业合并重组中,无论是采用存续合并形式,还是采用新设合并形式,都存在被合并企业被注销、退出市场的情况,均会对合并前的企业所享有的债权或者负担的债务发生影响。被合并企业不再从事经营活动,对于尚未履行完毕的有效合同如何处理呢?根据《民法典》第六十七条第一款的规定,法人合并的,其权利和义务由合并后的法人享有和承担。由此可见,当事人合并后,因合并而消灭的企业或者组织对于第三人的一切债权债务,依法由合并后的企业或者组织承受。《公司法》第一百七十四条关于公司合并的债权债务承继的规定,与《民法典》的规定一脉相承,清晰明了。事实上,除债权债务外,其他权利如财产所有权、经营权、知识产权、对国家的纳税义务,也当然转移于合并后的企业或者组织。

企业的合并为企业变更的一种形式,公司合并后的债权、债务的承继、法律责任的承担为法律明确规定的事项,被合并方的合同权利义务转移至合并方,属于法定的权利义务概括转移。债权债务转移的通知为观念通知而非意思表示,故不得撤销。对于正在执行当中的各项合同,包括但不限于采购合同、销售合同、运输合同、承揽合同、劳动合同等,都涉及合同主体的变更,由合并后的公司发出通知或者公告发生效力,不需要取得合同相对人的同意。通知方式可为单独通知或者以公告、广告的方式通知,通知到达对方当事人时,债权债务转移即告生效,以本案例为例,双汇集团作为被合并方,在本次吸收合并的交割日前已签署并仍需继续履行的有效合同的履约主体将变更为双汇发展。双汇集团在股东会审议通过本次吸收合并相关事项后,已启动债权人沟通工作,不存在债权人明确表示不同意本次吸收合并的情况,因此相关合同项下的权利义务由本次吸收合并完成后的双汇发展继续履行。

三、双汇发展本次收购免于提交要约收购豁免申请

本次收购发生时尚未修改的《收购管理办法》第六十三条第二款规定:"有下列情形之一的,相关投资者可以免于按照前款规定提交豁免申请,直接向证券交易所和证券登记结算机构申请办理股份转让和过户登记手续:……

（三）在一个上市公司中拥有权益的股份达到或者超过该公司已发行股份的50%的，继续增加其在该公司拥有的权益不影响该公司的上市地位；……”

而在本次收购前，罗特克斯直接持有双汇集团100%的股权，双汇集团直接持有上市公司59.27%股份，罗特克斯直接持有双汇发展13.98%股份，罗特克斯直接和间接持有双汇发展73.25%股份。本次收购完成后，罗特克斯预计直接持有上市公司73.41%股份。本次重组前后，罗特克斯直接和间接持有上市公司股权比例均超过50%，且不影响上市公司的上市地位。因此，本次交易符合“在一个上市公司拥有权益的股份达到或者超过该公司已发行股份的50%的，继续增加其在该公司拥有的权益不影响该公司的上市地位”豁免要约的情形。

双汇发展本次重组符合免于提交豁免申请的条件，可以直接向深圳证券交易所和中国证券登记结算有限责任公司深圳分公司申请办理股份转让和过户登记手续。

四、公司合并纠纷案例及评析——“科信丰大案”①

（一）案件基本情况

1. 案件当事人

原告（二审被上诉人）：济南高新技术产业开发区管理委员会国有资产监督管理委员会办公室

原告（二审被上诉人）：科信丰大投资担保有限公司

被告（二审上诉人）：济南山水集团有限公司

被告：山东森特医院控股管理集团有限公司

被告：山东永大房地产开发有限公司

被告：济南市经济技术投资公司

2. 案情简介

2009年5月27日，济南高新技术产业开发区管理委员会国有资产监督管理委员会办公室（以下简称高新国资委）与山东丰大投资担保股份有限公司（以下简称丰大公司）签订《吸收合并暨增资扩股协议》（以下简称《合并协议》），约定由高新国资委下属的济南开发区科信担保服务中心（以下简称科信担保中心）吸收合并丰大公司，同时增资扩股设立科信丰大投资担保有限公司（以下简称科信丰大公司），该协议同时对科信丰大公司设立、双方业务承继及债权债务承担作出了明确约定。

《合并协议》第二条第一款约定，科信担保中心吸收合并丰大公司，合并完成后科信担保中心存续，丰大公司解散，丰大公司的全部资产、负债和权益由合并后的公司承继；第二款约

① 案例索引：山东省济南市中级人民法院（2013）济商初字第132号民事判决书、山东省高级人民法院（2014）鲁商终字第180号民事判决书。

定，科信担保中心在吸收合并丰大公司的同时增资扩股，改制设立科信丰大公司；第三款约定，丰大公司股东持有的丰大公司股权转换为其各自对科信丰大公司的股权，转换完成后，各方持有科信丰大公司的股权比例分别为：高新国资委占51%、山东森特医院控股管理集团有限公司（以下简称森特医院）占34.30%、山东永大房地产开发有限公司（以下简称永大公司）占9.80%、济南山水集团有限公司（以下简称山水公司）占2.94%、济南市经济技术投资公司（以下简称经投公司）占1.96%。

科信丰大公司股权结构如图14－2所示。

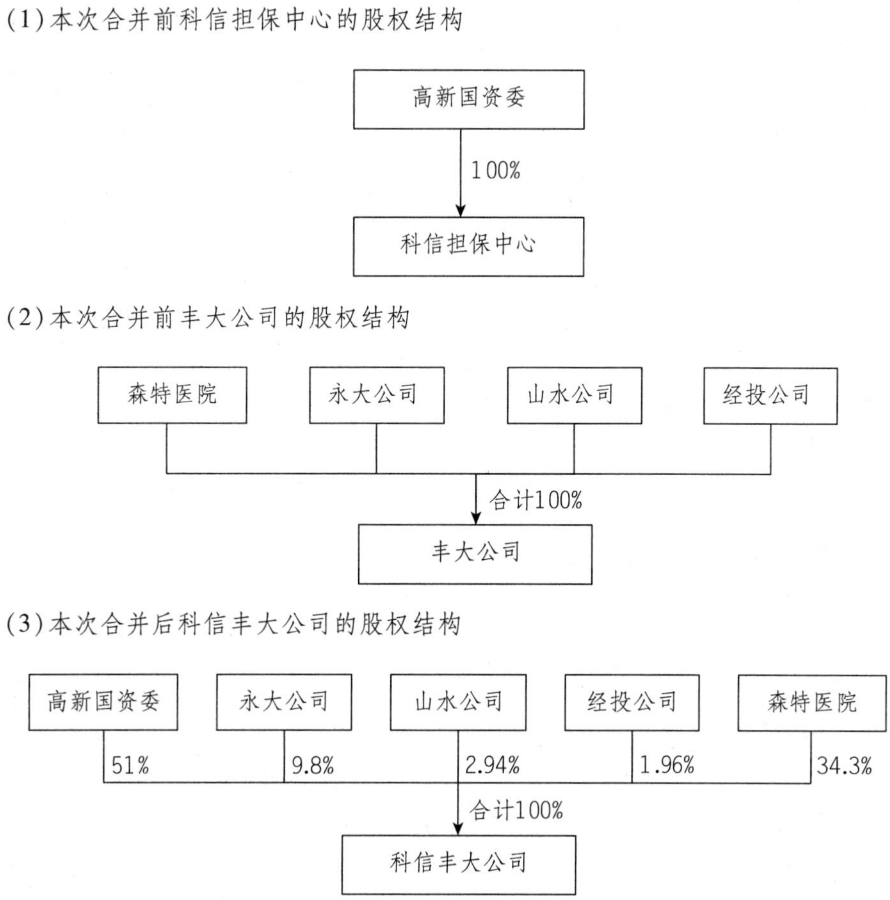

图14－2 合并前后公司股权结构图

《合并协议》第四条第一款、第二款约定：本次吸收合并完成后，科信丰大公司承继丰大公司的全部担保业务，并承继丰大公司的全部债权债务（以对丰大公司的审计报告载明的债权债务为准）。丰大公司承诺并保证：截止到合并交割日，上述审计报告载明的丰大公司全部应收账款和其他债权、在审计报告基准日至本协议签署日新发生的应收账款和债权全部收回，并保证自上述审计报告基准日至合并交割完成前不再产生新的债务。

《合并协议》第十条第二款第三项约定，因本次合并交割完成前丰大公司的担保业务、其他业务及丰大公司本身所存在的债务、风险、责任、或有负债等造成科信丰大公司损失的，由丰大公司股东连带赔偿科信丰大公司损失。

2009年5月26日，丰大公司召开股东大会，全体股东森特医院、永大公司、山水公司、经投公司共同通过如下决议：(1)一致同意本公司被科信担保中心吸收合并，吸收合并同时科信担保中心增资扩股变更设立科信丰大公司；(2)一致同意授权公司董事长范恩军代表本公司及各股东与高新国资委签署《吸收合并暨增资扩股协议》(以下简称《合并协议》，并一致同意和认可范恩军代表签署的《合并协议》的内容。

2009年8月18日，科信担保中心向工商行政管理部门提交非公司企业法人改制申请，由高新国资委、森特医院、永大公司、山水公司、经投公司作为公司发起人，以科信担保中心改制的方式，设立科信丰大公司。2009年8月24日，丰大公司申请注销登记。

2012年12月17日，山东省济南市中级人民法院(一审法院)因租赁合同纠纷一案判决森特医院偿还山东省能源环境管理中心有限公司欠款本金818.4万元及违约金，科信丰大公司对上述债务承担连带清偿责任。2013年5月27日，一审法院强制执行，科信丰大公司账户资金12×××71.75元被扣划。

3. 原告诉讼请求

高新国资委与科信丰大公司共同向一审法院提起诉讼，请求判令：(1)各被告连带赔偿科信丰大公司经济损失计1254070.75元及利息损失；(2)本案诉讼费用、律师代理费由各被告承担。

4. 一审法院裁判观点

(1)《合并协议》对丰大公司原股东是否有约束力

公司合并是参与合并的两个公司之间发生的民事法律行为，故案涉《合并协议》由丰大公司与高新国资委签署符合法律规定。由于《合并协议》第十条第二款第三项系为丰大公司股东设定义务之行为，故该条款的内容超出了普通公司合并的范畴，应经丰大公司的各股东同意方对其具有法律效力，否则订立合同双方不能为第三人创设合同义务。《合并协议》虽然未以各股东的名义签署，但各股东均授权范恩军代表丰大公司及各股东与高新国资委签订《合并协议》，范恩军也作为授权人在该协议上签字。同时，本案四被告作为丰大公司的股东于2009年5月26日作出股东会决议，决议一致同意和认可范恩军代表签署的《合并协议》的内容。因此，《合并协议》第十条第二款第三项对四被告具有约束力，四被告应按照约定承担赔偿责任。

(2)高新国资委作为原告是否适格

科信丰大公司系由科信担保中心与丰大公司吸收合并设立而成，高新国资委系原科信担保中心的出资人，森特医院、永大公司、山水公司、经投公司系丰大公司的股东。依据《合并协议》第二条第三款之规定，丰大公司的原股东通过股权置换的方式变更为新设的科信丰大公司的股东。且依据《合并协议》第三条第二款第一项之规定，四被告经置换所持有的科信丰大公司的股权系依据原丰大公司净资本总额(4998万元)确定总体持股比例(49%),并在此基础上分别确定各自的持股比例。因此,四被告持股比例系由丰大公司的净资本总额决定的。由于丰大公司对于其为森特医院提供担保的事实在公司合并过程中未进行披露,该笔债务并未纳入审计范围,由此导致科信丰大公司承继丰大公司的债务并实际向债权人支付后丰大公司净资本总额的减少。在《合并协议》约定的持股比例不变的情况下,因丰大公司净资本总额的减少,显然损害了高新国资委的利益,《合并协议》第十条第二款第三项正是当事人为解决上述情形出现时所约定的救济手段,故高新国资委属于与本案有利害关系的主体,为本案之适格原告,有权依据该条款提起本案诉讼。

(3)科信丰大公司作为本案原告是否适格

由于公司合并是公司设立的一种特殊形式,故新设公司的股东也要履行出资义务,所不同的是其对新设公司的出资系由其原来对被合并公司的出资转化而来。本案四被告对科信丰大公司的股权即是依据审计报告所确定的丰大公司的净资产额转化而来,因此,只有审计报告所确定的丰大公司的净资产额与丰大公司的实际净资产额一致时,四被告才适当地履行了对于科信丰大公司的出资义务。但由于丰大公司对森特医院的担保债务未纳入审计范畴,科信丰大公司实际承担了丰大公司的债务后,本质上相当于丰大公司的原股东未完全履行对科信丰大公司的出资义务,故参照《公司法司法解释(三)》第十三条第一款、第三款之规定,科信丰大公司也有权要求四被告向科信丰大公司履行其出资义务,且可以请求公司的发起人与被告股东承担连带责任,也即连带赔偿因其履行丰大公司的债务给其造成的损失。由于四被告向科信丰大公司赔偿损失,在性质上相当于公司要求股东补足出资,故科信丰大公司作为原告提起诉讼也无不当。

在本案中,高新国资委与科信丰大公司基于不同的请求权基础可以分别向四被告主张权利,但由于高新国资委并不要求四被告向其支付赔偿金,而是主张四被告应向科信丰大公司承担赔偿责任,故高新国资委与科信丰大公司作为本案的共同原告不矛盾。由于四被告所承担的责任是出资瑕疵股东对公司的资本充实责任,并非担保责任,四被告向科信丰大公司赔偿以后并不享有向科信丰大公司的追偿权,故山水公司以其享有追偿权对原告的抗辩不能成立。

一审法院据此判决,森特医院、永大公司、山水公司、经投公司连带赔偿科信丰大公司1254070.75元及利息。宣判后,山水公司不服,向山东省高级人民法院(二审法院)提出上诉。

二审法院查明的事实与一审法院查明的事实一致,二审法院,审理中归纳的争议焦点实际上包含在一审法院归纳的争议焦点之中,且二审法院的裁判观点与一审法院基本一致。因此,对二审法院的裁判观点就不再赘述。

(二)案例评析

本案是一起在公司合并后,由或有债务引起的法律诉讼。《公司法》第一百七十四条规定:“公司合并时,合并各方的债权、债务,应当由合并后存续的公司或者新设的公司承继。”可见,在合并前,丰大公司就森特医院向山东省能源环境管理中心有限公司支付租金提供连带责任保证,其相应的法律后果应由合并后的科信丰大公司承担。由于在丰大公司的《审计报告》中未体现该担保事项的或有债务,因此科信丰大公司有权向丰大公司的原股东进行追偿。

作为科信丰大公司的股东高新国资委是否有权提起诉讼呢?笔者认为,虽然根据《公司法》的相关规定,公司法人的财产与股东的财产具有明显的界限,科信丰大公司承担担保责任并不会直接导致高新国资委的利益受损;一审、二审法院认为科信担保服务中心和丰大公司在合并前是依据两公司净资本总额划分股东权益。而丰大公司的该笔或有债务则必然导致丰大公司的资产缩水,损害了高新国资委的权利,因此其有权作为共同原告提起诉讼,亦有一定的事实和法律依据。

第二节 上市公司重大资产重组

一、本次交易构成上市公司重大资产重组

(一)上市公司重大资产重组概述

1. 重大资产重组的定义

上市公司重大资产重组,是指上市公司及其控股或者控制的公司在日常经营活动之外购买、出售资产或者通过其他方式进行资产交易达到规定的比例,导致上市公司的主营业务、资产、收入发生重大变化的资产交易行为。

《重组管理办法》第十五条对前述所称的“通过其他方式进行资产交易”的情形进行了列举,笔者认为包括以下十种情形:(1)与他人新设企业;(2)对已设立的企业增资;(3)从已投资的企业减资;(4)受托经营其他企业的资产;(5)租赁经营其他企业的资产;(6)将经营性资产委托他人经营;(7)将经营性资产租赁给他人经营;(8)接受附义务的资产赠与;(9)对外捐赠资产;(10)中国证监会根据审慎原则认定的其他情形。此外,上述资产交易实质上构成购买、出售资产,且按照《重组管理办法》规定的标准计算的相关比例达到50%以上的,应当按照《重组管理办法》的规定履行相关义务和程序。

需要注意的是,上市公司重大资产重组行为的主体不单单是上市公司本身,还包括上市公司控股或者控制的公司。

2. 构成重大资产重组的标准

《重组管理办法》第十二条第一款规定:“上市公司及其控股或者控制的公司购买、出售资产,达到下列标准之一的,构成重大资产重组:(一)购买、出售的资产总额占上市公司最近

一个会计年度经审计的合并财务会计报告期末资产总额的比例达到50%以上；（二）购买、出售的资产在最近一个会计年度所产生的营业收入占上市公司同期经审计的合并财务会计报告营业收入的比例达到50%以上；（三）购买、出售的资产净额占上市公司最近一个会计年度经审计的合并财务会计报告期末净资产额的比例达到50%以上，且超过5000万元人民币。”

由此可见，上市公司及其控股或者控制的公司购买、出售的资产总额、资产净额以及购买、出售资产在营业收入中的占比任一事项达到标准的，即构成上市公司重大资产重组。

需要注意的是，虽然购买、出售资产未达到前述规定标准，但中国证监会发现存在可能损害上市公司或者投资者合法权益的重大问题的，可以根据审慎监管原则，责令上市公司按照《重组管理办法》的规定补充披露相关信息、暂停交易、聘请独立财务顾问或者其他证券服务机构补充核查并披露专业意见。

3. 关于净资产额的计算

根据中国证监会发布的《上市公司监管法律法规常见问题与解答修订汇编》（截至2016年3月）第八条的规定，计算购买、出售的资产净额占上市公司最近一个会计年度经审计的合并财务会计报告期末净资产额的比例时，应当参照《公开发行证券的公司信息披露编报规则第9号——净资产收益率和每股收益的计算及披露》（证监会公告〔2010〕2号）的相关规定，前述净资产额不应包括少数股东权益。

（二）证监会对重组上市认定标准的修改意见

1. 修改重组上市认定标准的指导精神

2019年10月18日，中国证监会公布《关于修改〈上市公司重大资产重组管理办法〉的决定》（中国证监会令第159号），主要修改内容包括：一是简化重组上市认定标准，取消“净利润”指标；二是将“累计首次原则”计算期间进一步缩短至36个月；三是允许符合国家战略的高新技术产业和战略性新兴产业相关资产在创业板重组上市，其他资产不得在创业板实施重组上市交易；四是恢复重组上市配套融资；五是丰富重大资产重组业绩补偿协议和承诺监管措施，加大问责力度。此外，明确科创板公司并购重组监管规则衔接安排，简化指定媒体披露要求。

2.《重组管理办法》第十四条修改内容

《重组管理办法》第十四条第一项第二段载明：“购买股权导致上市公司取得被投资企业控股权的，其资产总额以被投资企业的资产总额和成交金额二者中的较高者为准，营业收入以被投资企业的营业收入为准，资产净额以被投资企业的净资产额和成交金额二者中的较高者为准；出售股权导致上市公司丧失被投资企业控股权的，其资产总额、营业收入以及资产净额分别以被投资企业的资产总额、营业收入以及净资产额为准。”在《重组管理办法》（2016年修订）第十四条的基础上删除了“净利润以被投资企业扣除非经常性损益前后的净利润的较高者为准”。

2016年修订《重组管理办法》时，中国证监会在重组上市认定标准中设立了总资产、净资产、营业收入、净利润等多项指标。此次为强化监管法规包容度和适应性,删除了净利润指标,在一定程度上缓解了亏损企业重组上市的难度。以净利润指标衡量,在实际操作中,一方面,亏损公司注入任何盈利资产均可能构成重组上市,不利于推动以市场化方式挽救公司,维护投资者权益;另一方面,微利公司注入规模相对不大、盈利能力较强的资产,也极易触及净利润指标,不利于提高质量。此次取消净利润指标,资产体量大但盈利能力较差的公司进入体量大的公司的并购将不再构成上市(借壳),有利于公司通过并购重组转型升级做大做强。

(三)本次交易构成重大资产重组的认定

1.董事会决议

2019年1月25日,双汇发展董事会发布《关于本次重大资产重组符合〈关于规范上市公司重大资产重组若干问题的规定〉第四条的说明》,鉴于河南双汇投资发展股份有限公司拟通过向控股股东河南省漯河市双汇实业集团有限责任公司的唯一股东罗特克斯发行股份的方式对双汇集团实施吸收合并,根据《重组管理办法》的相关规定,本次交易构成重大资产重组。

2.独立董事的独立意见

2019年1月25日,双汇发展发布《河南双汇投资发展股份有限公司独立董事关于公司吸收合并河南省漯河市双汇实业集团有限责任公司暨关联交易相关事项的独立意见》,独立董事审议公司提交的《关于本公司吸收合并河南省漯河市双汇实业集团有限责任公司构成重大资产重组的议案》(议案之一),同意公司董事会就本次交易事宜的相关安排,并同意将与本次交易相关议案提交公司股东大会审议。

3.监事会会议决议

2019年1月26日,双汇发展发布《河南省双汇投资发展股份有限公司第七届监事会第三次会议决议公告》(公告编号:2019-15),审议通过《关于本公司吸收合并河南省漯河市双汇实业集团有限责任公司构成重大资产重组的议案》,双汇发展本次吸收合并标的资产的资产总额、营业收入及资产净额占本公司相关指标的比例达到50%以上,根据《重组管理办法》的规定,本次吸收合并构成本公司的重大资产重组。

4.《报告书(草案)摘要》披露

2019年3月14日,双汇发展发布的《河南双汇投资发展股份有限公司吸收合并河南省漯河市双汇实业集团有限责任公司暨关联交易报告书(草案)摘要》披露,本次交易拟购买资产的资产总额、营业收入、资产净额占上市公司相关指标的比例达到50%以上,根据《重组管理办法》的规定,本次交易构成上市公司重大资产重组,同时由于涉及上市公司发行股份购买资产,本次交易需要提交中国证监会并购重组审核委员会审核。

二、三大实操案例解读重大资产重组三大指标的认定

（一）“宝通科技”实操案例①

2016 年 12 月，无锡宝通科技股份有限公司（以下简称宝通科技）拟收购广州易幻网络科技有限公司（以下简称易幻网络）24.1644% 的股权，具体情况如下：

1. 本次交易的主要目的

本次交易完成后，宝通科技将持有易幻网络 94.1644% 的股权，公司将以“移动网络游戏发行、运营”+“现代工业输送服务”双轮驱动模式，着力实施以“移动互联网”为载体的泛娱乐发展战略。易幻网络实现的业绩将更多纳入上市公司，也将进一步提高上市公司的盈利能力。

2. 本次交易方案概述

宝通科技拟以现金方式收购易幻网络 24.1644% 股权，在参考上海立信资产评估有限公司出具的信资评报字（2016）3089 号《评估报告》的基础上，经各方友好协商，上述股权的交易价格为 50000 万元。交易完成后，上市公司将持有易幻网络 94.1644% 股权。

根据宝通科技与交易对方樟树市牛杜投资管理中心（有限合伙）（以下简称牛杜投资）签订的《股权转让协议》，本次交易采用现金支付的方式，支付安排为：（1）于标的股权交割完成后 20 个工作日内支付股权转让价款总额的 50%，即向牛杜投资支付 25000 万元；（2）于广州易幻 2017 年度专项财务审计报告正式出具后 20 个工作日内支付股权转让价款总额的 25%，即向牛杜投资支付 12500 万元；（3）于广州易幻 2018 年度专项财务审计报告正式出具后 20 个工作日内支付股权转让价款总额的 25%，即向牛杜投资支付 12500 万元。如广州易幻未能完成当年度的承诺利润，则当年度应支付的现金对价金额为扣除牛杜投资届时应补偿宝通科技现金金额后的余额。

3. 本次交易构成上市公司重大资产重组

根据宝通科技交易标的经审计的 2015 年度财务数据以及交易作价情况。相关财务比例计算见表 14－4。

表 14－4　相关财务比例计算

单位：万元

项　　目	宝通科技	标的资产	占比
资产总额与交易金额孰高	104139.70	50000.00	48.01%
资产净额与交易金额孰高	89182.80	50000.00	56.06%
营业收入	46982.04	19618.59	41.76%

① 该内容来源：宝通科技披露的《重大资产购买暨关联交易报告书》（草案）修订稿。

本次交易购买的资产净额占上市公司最近一个会计年度经审计的合并财务会计报告期末净资产额的比例达到50%以上，且超过5000万元人民币。根据《重组管理办法》的规定，本次交易构成中国证监会规定的上市公司重大资产重组行为，本次交易以现金方式购买资产，需提交上市公司董事会及股东大会批准。

（二）“华兴源创”实操案例①

2019年12月，苏州华兴源创科技股份有限公司（以下简称华兴源创）拟收购苏州欧立通自动化科技有限公司（以下简称欧立通）100%的股权，具体情况如下：

1. 本次交易的主要目的

（1）发挥华兴源创与欧立通在产品结构、客户营销、应用场景、管理及财务方面的协同效应。

（2）拓宽华兴源创产品线，完善战略布局，增强抗风险能力。

（3）提升华兴源创盈利能力，促进公司可持续发展。

2. 本次交易方案概述

在本次交易中，华兴源创拟通过发行股份及支付现金的方式购买李齐花、陆国初持有的欧立通100%的股权。

本次交易的标的资产为欧立通100%股权，本次交易以标的资产的评估结果作为定价依据。根据中水致远资产评估有限公司出具的评估报告，交易各方确定标的资产的交易金额为104000万元。其中以发行股份的方式支付交易对价的70%，即72800万元；以现金方式支付交易对价的30%，即31200万元。

同时，华兴源创拟通过询价方式非公开发行股份募集配套资金，募集配套资金总额不超过本次交易中以发行股份方式购买资产的交易价格的100%，所募集的配套资金拟在扣除发行费用后用于支付本次交易中的现金对价和重组相关费用，并用于华兴源创补充流动资金及标的公司项目建设。

本次募集配套资金以发行股份及支付现金购买资产为前提条件，但募集配套资金成功与否并不影响发行股份及支付现金购买资产的实施。

3. 本次交易构成重大资产重组

本次交易中华兴源创拟购买欧立通100%股权。欧立通经审计的最近一期资产总额、资产净额及最近一年的营业收入占上市公司最近一个会计年度经审计的合并财务报告相关指标的比例见表14－5。

---

① 内容来源：华兴源创披露的《发行股份及支付现金购买资产并募集配套资金暨关联交易报告》。

表 14－5　本次交易的财务报告相关指标

单位：万元

项　　目	华兴源创	欧立通	交易对价	占比
资产总额与交易金额孰高	124325.71	23366.73	104000.00	83.65%
资产净额与交易金额孰高	91130.11	21095.19	104000.00	114.12%
营业收入	100508.35	24150.70	—	24.03%

欧立通经审计的最近一期资产总额、资产净额（与交易对价相比孰高）占华兴源创最近一个会计年度经审计的合并财务报告相关指标的比例超过 50%，根据《重组管理办法》《科创板上市公司重大资产重组特别规定》的规定，本次交易构成中国证监会规定的上市公司重大资产重组行为。

（三）高争民爆实操案例①

2019 年 9 月，高争民爆拟收购成远矿业开发股份有限公司（以下简称成远股份 34.91% 的股权，具体情况如下：

1. 本次交易的主要目的

（1）提升高争民爆的业务规模和盈利能力，成远股份的技术优势和项目管理经验将对高争民爆的主营业务形成技术支持和良性补充，高争民爆的主业结构向全产业链延伸，业务规模将得到较快增长。

（2）提升高争民爆一体化运作水平，高争民爆在爆破服务领域的竞争力将得到加强。

（3）成远股份拥有《爆破作业单位许可证》（营业性）一级资质，且具备高原实施爆破工程作业的项目经验及相关人员，能够迅速补齐高争民爆爆破工程方面的短板，并提升综合竞争力。

（4）发挥重组企业协同效应，顺应民爆行业兼并重组的政策导向。

2. 本次交易方案概述

本次交易包含现金收购及现金增资两部分，合计金额 14705.65 万元，具体情况如下：

（1）高争民爆拟以支付现金方式向罗乃鑫、辽阳远卓、蒋平、付强、李朝霞等合计 52 名交易对方收购其持有的成远股份 34.91%（17504391 股）的股权，股份转让对价为 7579.40 万元。

（2）高争民爆拟以现金向成远股份增资 16457840 股，增资金额为 7126.24 万元。本次交易前，高争民爆未持有成远股份；本次交易完成后，高争民爆持有成远股份 33962231 股股份，占成远股份增资后总股本的 51.00%。

3. 本次交易构成重大资产重组

本次交易完成后，高争民爆持有成远股份 51.00% 股权。根据高争民爆 2018 年度经审计

① 内容来源：高争民爆披露的《重大资产购买实施情况报告书》。

财务数据及成远股份 2018 年度经审计的财务数据以及交易作价情况,《重组管理办法》第十二条规定的相关比例计算见表 14 – 6。

表 14 – 6　本次交易相关财务比例计算

单位:万元

比较项目	标的公司	交易价格	孰高	高争民爆	占比
资产总额	15551.97	14705.65	15551.97	98337.12	15.81%
归母净资产	7006.17	14705.65	14705.65	80312.39	18.31%
营业收入	19565.96	—	19565.96	35821.34	54.62%

依据《重组管理办法》规定,成远股份的营业收入指标占高争民爆最近一个会计年度相应指标的比例超过 50%,本次交易构成重大资产重组。

(四)案例评析

重大资产重组实际上是上市公司及其控股或控制的公司在日常经营活动之外,购买出售资产和通过其他方式进行资产交易,达到规定的比例,从而导致上市公司界定的主营业务收入、总资产以及净资产发生超过比例变化的行为。

此外,由于在上市公司发行股份购买资产过程中,被收购方标的资产的股东往往换股成为上市公司的股份,上市公司总股本以及各个股东的权益比例会发生变化,被收购方的股东在换股成为上市公司重组完成后的股东以后,会涉及权益的变化,虽然财务数据未达到规定比例,即不构成重大资产重组,但涉及发行股份购买资产比照于重大资产重组来审理,需要进行充分的信息披露。

根据《重组管理办法》等相关规定,重大资产重组需要经严格的审批程序后方可实施,信息披露必须充分、真实和准确。在交易信息正式公布之前,需要履行保密义务。重大资产重组的主要类型包括:上市公司重大资产购买、重大资产置换、重大资产出售等。上述三个案例便是由于上市公司购买的资产总额、资产净额或者所产生的营业收入达到了规定比例,因而触发上市公司重大资产重组。

三、上市公司重大重组诉讼案例及评析——“长航集团案”①

(一)案件基本情况

1. 案件当事人

原告(二审被上诉人):中国长江航运集团有限公司

被告(二审上诉人):广东文华福瑞投资有限公司

① 案例索引:天津市高级人民法院(2017)津民初 102 号民事判决书、最高人民法院(2018)最高法民终 1148 号民事判决书。

被告:天津顺航海运有限公司

2. 案情简介

(1)关于《股权转让协议》

2015年7月23日,中国长江航运集团有限公司(以下简称长航集团)与天津顺航海运有限公司(以下简称天津顺航)签署《股份转让协议》,协议第一条"本次股份转让安排"中约定,长航集团将所持有的长航凤凰股份有限公司(000520. SZ)(以下简称长航凤凰)181015974股股份(以下简称标的股份)转让给天津顺航,本次股份转让完成后,天津顺航将持有长航凤凰17.89%股份,标的股份转让价格为5.53元/股,股份转让价款合计人民币1001018336.22元。双方对股份转让价款支付安排、标的股份交割先决条件及标的股份过户安排等进行了约定。

协议第二条"上市公司资产重组及置出资产转让安排"中约定,天津顺航保证本次股份转让完成后,应当负责推进长航凤凰重大资产重组事宜,依法将其持有的控股子公司港海(天津)建设股份有限公司(以下简称港海建设)的全部股份注入长航凤凰,并保证于2016年5月31日前完成重大资产重组交割事宜。天津顺航保证,在长航凤凰开展重大资产重组过程中,将长航凤凰全部资产、负债、业务、人员作为置出资产通过资产置换等合法方式整体置出,并于2016年5月31日前将该等置出资产无偿、无条件交付给长航集团或其指定的第三方。

(2)关于《协议书》

2015年7月3日,长航集团与天津顺航签订《协议书》,协议第一条"置出资产转让安排"中约定,置出资产范围包含以下内容:上市公司(含其下属公司)截至2015年6月30日(审计评估基准日)所拥有的全部资产、负债、人员以及上市公司(含其下属公司)所签署的全部业务合同,以及其根据该等业务合同所享有的权利和应履行的义务。

协议第二条"过渡期间安排"中约定,自标的股份过户至天津顺航名下之日起至置出资产交付至长航集团或其指定的第三方之日止之间的期间为本协议约定的过渡期间。过渡期内上市公司与置出资产相关的经营管理工作全部由上市公司现有经营管理团队负责等内容。

(3)上市公司股份过户登记

2015年8月6日,长航集团与天津顺航完成标的股份的过户登记,长航凤凰发布了《关于控股股东协议转让公司股份完成过户登记的公告》。截至2016年5月31日,天津顺航未按照《股份转让协议》和《协议书》约定将置出资产交付长航集团。

2016年6月1日,长航集团向天津顺航发函称,根据双方《股份转让协议》和《协议书》约定天津顺航承诺的履行期限已届满,尚未履行资产置出及交付义务,已构成违约,并敦促对方尽快履行协议约定义务。

(4)关于《三方协议书》

2017年1月12日,长航凤凰发布《长航凤凰股份有限公司关于控股股东签署〈合作意向书〉的公告》称,天津顺航与广东文华福瑞投资有限公司(以下简称广东文华)签署了《合作意向书》,天津顺航有意将其持有的181015974股股份,以协议转让方式转让给广东文华,转让价格暂定为人民币19亿元。

2017年4月10日，长航集团与天津顺航、广东文华签订《三方协议书》，协议“鉴于”部分载明，天津顺航未履行《股份转让协议》和《协议书》项下的约定义务，已构成违约，应当按前述协议约定根据长航集团的选择承担相应的违约责任，包括但不限于支付赔偿金及利息等。广东文华承诺，将继续履行天津顺航在取得长航凤凰的控股股权时对长航集团承担的约定义务。

协议第一条“关于约定义务的履行安排”中约定，天津顺航和广东文华承诺在2017年12月31日之前将上市公司全部资产、负债、业务、人员通过合法方式整体置出，并将该等置出资产无偿、无条件交付给长航集团或其指定的第三方。长航集团有权选择继续要求天津顺航和或广东文华按照《股份转让协议》和《协议书》的约定履行置出资产交付义务或者有权要求天津顺航和或广东文华连带以支付现金的方式替代履行置出资产交付义务。替代履行金额以上市公司2016年年报记载的净资产值为准。

协议第五条“违约责任”中约定，各方同意违约方因违反本协议约定而应当承担的违约责任，继续适用天津顺航和长航集团签署的《股份转让协议》和《协议书》约定的违约责任条款。天津顺航或广东文华任一方作为违约方的，应当向长航集团承担连带赔偿责任。

(5)关于天津顺航的承诺函

2017年3月20日，上市公司长航凤凰发布2016年年度报告摘要(公告编号:2017－016)，该报告中载明，2016年年末，归属于上市公司股东的净资产值为265826870.04元。

2015年6月3日、2015年7月1日，天津顺航分别向长航集团作出《关于参与长航集团公开征集并转让长航凤凰股份的承诺函》，其中关于置出资产的处置方案中载明，本公司承诺通过现金受让资产置换或其他合法方式负责将长航凤凰现有资产、负债、业务和人员全部置出，并将置出资产无偿赠送给长航集团。前述资产置出与本公司后续的资产注入方案原则上同步实施。但无论后续出现何种情况，本公司承诺本公司取得资产置出并无偿赠送给长航集团的时间不得晚于2016年5月31日。

2017年9月5日，长航凤凰发布《关于控股股东终止股权转让事项的公告》，表明天津顺航与广东文华于2017年9月4日签署解除协议书，双方同意2017年4月10日签订的股份转让协议解除。

3. 原告诉讼请求

此后，长航集团向天津市高级人民法院(一审法院)提起诉讼，请求:(1)依法判令天津顺航向长航集团支付赔偿金人民币265826870.04元及利息;(2)判令广东文华就上述第一项诉讼请求中的义务，与天津顺航承担连带责任。(3)本案的全部诉讼费用由天津顺航、广东文华共同承担。

4. 一审法院裁判观点

本案争议焦点为:长航集团、天津顺航、广东文华协议约定将长航凤凰资产置出是否合法有效;《协议书》未予公告是否违法;天津顺航、广东文华是否构成违约,是否应承担违约责任。

首先,《股份转让协议》《协议书》《三方协议书》是各方真实意思表示,不违反法律、行政法规的强制性规定,合法有效,各方应依约履行。天津顺航亦已经依照《股份转让协议》约定向长航集团支付股权转让款并取得了标的股份,各方对此均无争议。《协议书》的公告主体为长航凤凰,而非长航集团,且长航凤凰已对《股份转让协议》予以了公告,该《股份转让协议》中包含资产置出等相关约定,与《协议书》约定一致。即使该《协议书》未予公告,亦不造成《股份转让协议》关于资产置出约定的违法。并且,《股份转让协议》对资产置出和置入等均作出了约定,广东文华关于协议约定置出资产违反了《重组管理办法》第十一条第五款的规定,导致上市公司空壳化,应予认定无效的主张缺乏依据。

其次,《股份转让协议》和《协议书》后,天津顺航未能按照约定于 2016 年 5 月 31 日前将约定资产置出并交付长航集团,构成违约。且天津顺航在其后的《三方协议书》中亦认可其违约行为。根据《三方协议书》约定,天津顺航、广东文华承诺在 2017 年 12 月 31 日之前将置出资产交付长航集团,广东文华同意连带履行天津顺航在《股份转让协议》和《协议书》项下的约定义务和责任,并同意为此承担连带履行责任。此后,天津顺航仍未能将约定置出资产交付长航集团。根据《三方协议书》约定,长航集团有权选择继续履行或者以支付现金的方式替代履行,替代履行金额以上市公司 2016 年年报记载的净资产值为准。广东文华关于其与天津顺航已于 2017 年 9 月 4 日解除了双方的股权转让协议,不应承担连带责任的主张缺乏法律依据,不予支持。

一审法院据此判决,天津顺航、广东文华连带给付长航集团 265826870.04 元及利息。

5. 二审法院裁判观点

本案争议焦点之一是:广东文华是否构成违约,应否承担连带责任。

首先,长航凤凰的资产全部置出构成上市公司重大资产重组。《股份转让协议》《协议书》《三方协议书》约定将相关资产以合法方式整体置出,不违反《重组管理办法》等相关规定,亦未约定或者导致上市公司资产被无偿置出。因此,广东文华关于上述协议约定置出资产将导致上市公司空壳化,损害上市公司广大股东利益,应予认定无效的主张不能成立。

其次,根据《三方协议书》约定,应当认为广东文华就天津顺航在《股份转让协议》《协议书》项下的违约责任承担连带责任系以其受让长航凤凰股权为前提条件,但该前提条件已经不存在。《三方协议书》签订时天津顺航并未将股份转让给广东文华,此后天津顺航与广东文华签署《解除协议书》,终止上述股份转让交易,导致前述前提条件不复存在,故广东文华不应继续就天津顺航的违约责任向长航集团承担连带责任。

此外,天津顺航负有将长航凤凰的全部资产置出,并无偿、无条件交付给长航集团的义务,是基于其已经受让长航集团所有持有的长航凤凰的股份,具备履行资产置出义务的条件和能力。而此后广东文华拟以 19 亿元价格受让天津顺航已经取得的上述股份,广东文华亦基于该受让行为而承诺与天津顺航共同承担资产置出的相关义务。现广东文华并未成功受让上述股份,其客观上已经无法履行资产置出义务,原审判决其就天津顺航违反该资产置出义务的违约责任承担连带责任,不仅与当事人基于受让案涉股份而承担相应违约责任的真实意思相悖,亦有违公平原则。

二审法院据此作出终审判决:(1)撤销一审民事判决;(2)天津顺航给付长航集团265826870.04元及利息。

(二)案例评析

《重组管理办法》第十一条对上市公司实施重大资产重组应当符合的要求从合法合规、维持上市地位、定价公允、资产清晰、持续经营、保持独立性、法人治理结构等七个方面作了明确的规定。其中第五项规定,有利于上市公司增强持续经营能力,不存在可能导致上市公司重组后主要资产为现金或者无具体经营业务的情形。本案的争议焦点之一在于,《三方协议书》是否有效? 笔者认为,该份协议书真实合法有效,理由如下:

1. 根据《股权转让协议》和《三方协议书》的相关内容,天津顺航需将长航凤凰的整体资产以资产置换的方式置出,可见重组后的长航凤凰并非没有资产,而是资产发生了变化。

2. 本次资产重组只是预先披露,尚需要经过中国证监会的审批,是否会导致长航凤凰无具体经营业务、空壳化仍是未知数。

3.《重组管理办法》仅是中国证监会制定的部门规章,并非法律或行政法规,不能作为法院认定合同无效的依据;此外,《三方协议书》是否对外公告,也并非合同无效的要件。

此外,广东文华需承担连带责任的前提是受让长航凤凰的股份,但该前提条件已经不复存在,其客观上已经无法履行资产置出义务,因此要其承担连带责任无事实依据,且有违公平原则。

第三节　上市公司发行股份购买资产

一、双汇发展向罗特克斯新发行股份

(一)发行价格、数量及罗特克斯持股变化

1. 本次发行股份的价格依据

《重组管理办法》第四十五条第一款规定:"上市公司发行股份的价格不得低于市场参考价的90%。市场参考价为本次发行股份购买资产的董事会决议公告日前20个交易日、60个交易日或者120个交易日的公司股票交易均价之一。本次发行股份购买资产的董事会决议应当说明市场参考价的选择依据。"

根据披露,本次吸收合并的发行价格按以下原则确定:本次发行股份购买资产的定价基准日为公司审议本次吸收合并方案的首次董事会决议公告日,本次发行股份购买标的资产的

市场参考价为定价基准日前60个交易日的公司股票交易均价，即22.59元/股，经各方友好协商，股份发行价格为20.34元/股，不低于市场参考价的90%。

经各方友好协商，并根据双汇发展于2019年4月10日召开的2018年股东大会审议通过的分红方案，公司以总股本为基数，每股发放现金股利0.55元（含税），本次发行股份购买资产的股份发行价格根据上述分红方案进行相应调整后，股份发行价格为19.79元/股。

2. 本次交易的标的资产估值及交易作价

本次根据《资产评估报告》，本次交易以2018年12月31日为评估基准日，评估对象为双汇集团全部权益价值。

2019年3月14日，双汇集团作出董事会决议，拟向罗特克斯进行分红，分红金额为107556.60万元。本次吸收合并的交易对价根据双汇集团评估值，并扣除双汇集团对罗特克斯利润分配金额确定。根据双汇集团董事会通过的分红方案，双汇集团扣除利润分配后的对价为3909117.77万元。

3. 双汇发展新发行股份的数量

本次交易中被吸收合并方双汇集团作价3909111.77万元，按照发行价格19.79元/股计算，合计发行股份数量为1975299530股。本次交易后，双汇集团持有的双汇发展1955575624股股票将被注销，因此本次交易后实际新增股份数量为19723906股。

4. 发行对象持有上市公司股份的变化

本次交易前，罗特克斯直接持有双汇发展461427834股股份，通过双汇集团间接持有双汇发展1955575624股股份，罗特克斯直接及间接持有双汇发展合计2417003458股股份，占双汇发展股份总数的73.25%。

在本次交易中，双汇发展向双汇集团唯一股东罗特克斯发行A股股份的数量为1975299530股，同时注销双汇集团持有的上市公司股份1955575624股，即本次交易后实际新增股份数量为19723906股。

本次交易后，罗特克斯共计持有双汇发展2436727364股股份，占双汇发展股份总数的73.41%，持股比例较前提高了0.16%。

（二）深交所重组问询函及收购人核查意见

1. 深交所重组问询函

预案显示，本次吸收合并方案中，双汇发展拟向关联方罗特克斯发行股份的定价依据为不低于定价基准日前60个交易日公司股票交易均价的90%，即20.34元/股，为三种可选方式中的最低价格，请说明本次发行股份市场参考价的选择依据及其合理性，能否考虑交易标的估值溢价因素，是否有利于保护中小股东的合法权益。请独立财务顾问核查并发表明确意见。

2. 独立财务顾问核查意见

根据双汇发展于2019年2月15日发布的《河南双汇投资发展股份有限公司关于深圳证

券交易所重组问询函的回复公告》(公告编号:2019－09),回复如下:

(1)双汇发展市场参考价情况

双汇发展定价基准日前20个交易日、60个交易日、120个交易日的公司股票交易均价情况见表14－7。

表14－7 双汇发展交易均价情况

交易均价类型	交易均价(元/股)	交易均价×90%(元/股)
定价基准日前20个交易日均价	24.15	21.74
定价基准日前60个交易日均价	22.59	20.34
定价基准日前120个交易日均价	22.86	20.58

注:考虑到双汇发展在上述期间进行2018年三季度分红,对交易总额进行了相应调整。

上述所称交易均价的计算公式为:董事会决议公告日前若干个交易日股票交易均价＝决议公告日前若干个交易日公司股票交易总额÷决议公告日前若干个交易日公司股票交易总量

(2)以定价基准日前60个交易日均价为定价基础的合理性

①以定价基准日前60个交易日交易均价作为定价基础符合《重组管理办法》的要求。

②以定价基准日前20个交易日、前60个交易日、前120个交易日交易均价最低值作为定价基础参考了近期完成的发行股份购买资产案例。

(3)本次发行股份市场参考价的选择有利于保护中小股东的合法权益

在本次交易中,双汇集团所持有双汇发展59.27%股权的每股评估值为20.34元/股,等于本次交易的每股发行价格20.34元/股,即双汇集团所持有的双汇发展1955575624股老股将与本次交易发行股份中的1955575624股新股进行1∶1等额置换,不存在估值溢价,不存在损害中小投资者利益的情形。

双汇集团除所持有双汇发展59.27%股权外的标的资产需经具有证券业务资格的审计机构和评估机构进行审计和评估,并将秉承"作价客观、公允"的原则,不存在损害公司及广大中小股东合法权益的情形。根据相关规定,本次交易方案需经公司股东大会非关联股东审议通过,并报送中国证监会核准后方可实施,在审批程序上确保了本次关联交易的客观、公允。截至本回复函出具日(2019年2月15日),标的资产的评估工作尚未完成,本次吸收合并涉及标的资产的正式评估结果将在后续公告中披露。

3.独立财务顾问核查意见

经核查,独立财务顾问认为,双汇发展本次交易发行股份价格以定价基准日前60个交易日均价作为定价基础,符合法规要求并参考了近期完成的发行股份购买资产案例,双汇集团所持有的双汇发展59.27%股权不存在估值溢价,双汇发展除所持有双汇发展59.27%股权外的标的资产需经具有证券业务资格的审计机构和评估机构进行的审计和评估,作价客观、公允,不存在损害公司及广大中小股东合法权益的情形。

(三)中国证监会核准批复

2019 年 7 月 31 日,双汇发展发布《关于公司吸收合并河南省漯河市双汇实业集团有限责任公司暨关联交易事项获得中国证监会核准批准的公告》(公告编号:2019－46),称公司于 2019 年 7 月 30 日收到中国证监会核发的《关于核准河南双汇投资发展股份有限公司吸收合并河南省漯河市双汇实业集团有限责任公司的批复》,批复的主要内容如下:

“一、核准河南双汇投资发展股份有限公司向罗特克斯有限公司发行 1975299530 股股份。

二、本次吸收合并应当严格按照报送我会的方案及有关申请文件进行。

三、你公司应当按照有关规定及时履行信息披露义务。

四、你公司应当按照有关规定办理本次吸收合并的相关手续。

五、本批复自下发之日起 12 个月内有效。

六、你公司在实施过程中,如发生法律、法规要求披露的重大事项或遇重大问题,应当及时报告我会。”

至此,双汇发展向罗特克斯发行股份吸收合并控股股东双汇集团重大资产重组取得了成功。

二、本次交易现金选择权的实施

(一)赋予异议股东现金选择权

为保护双汇发展全体股东的利益,减少本次吸收合并后存续方股价波动等不确定因素可能导致的投资损失,罗特克斯、双汇集团、双汇发展一致同意赋予双汇发展除双汇集团以及罗特克斯及其一致行动人以外的异议股东现金选择权,有权行使现金选择权的股东可以向本次吸收合并的现金选择权提供方提出收购其持有双汇发展股份的要求。本次吸收合并将由双汇发展(或双汇发展指定的第三方)担任本次吸收合并现金选择权的提供方。

1. 有权行使现金选择权的股东

本公司股东行使现金选择权需同时满足以下条件:(1)在本公司股东大会表决本次吸收合并方案的相关方案和就关于合并双方签订合并协议的相关议案表决时均投出有效反对票;(2)自本公司审议本次吸收合并方案的股东大会的股权登记日起,作为有效登记在本公司股东名册上的股东,持续保留拟行使现金选择权的股票至现金选择权实施日;(3)在现金选择权申报期内成功履行相关申报程序。

2. 现金选择权的行权价格

本次吸收合并现金选择权的行权价格为 20.34 元/股,不低于本次吸收合并定价基准日前 60 个交易日的公司股票交易均价的 90%。如在定价基准日至现金选择权实施日期间发生除权、除息的事项,则现金选择权价格作相应调整。

3. 现金选择权的行权程序

本公司异议股东在现金选择权申报期内有权以现金选择权价格将其持有的全部或部分有权行使现金选择权的股份申报现金选择权。对于本公司股东持有的已经设定了质押、其他第三方权利、被司法冻结或者法律法规限制转让的其他情形的股份,未经合法程序取得质权人、第三方或有权机关相关的书面同意或批准,不得行使现金选择权。

(二)现金选择权实施情况

2019 年 8 月 15 日,双汇发展发布了《关于发行股份吸收合并河南省漯河市双汇实业集团有限公司现金选择权实施公告》(公告编号:2019 - 66),拟于现金选择权申报期(2019 年 8 月 19 日—2019 年 8 月 23 日的交易日)接受异议股东就其有权行使现金选择权的股份进行申报。

2019 年 8 月 26 日,双汇发展发布了《关于现金选择权申报结果的公告》(公告编号:2019 - 69),本次现金选择权申报期内,没有投资者通过手工方式进行了有效申报。

本次交易涉及的股东现金选择权已实施完毕。

(三)现金选择权与异议股东回购请求权之间关系

所谓现金选择权,是指当上市公司拟实施资产重组、合并、分立等重大事项时,相关股东按照事先约定的价格在规定期限内将其所持有的上市公司股份出售给第三方或者上市公司的权利。这种权利当属期权,上市公司相关股东有权要求收购人在未来一定的时间内按约定价格以现金方式收购其持有的股权;此外,这种权利属于退出权,上市公司相关股东出于自身利益的全面考虑有权撤回在上市公司的投资。现金选择权限于上市公司。换言之,只有上市公司的股东才有权享受现金选择权,有限责任公司及非上市股份有限公司(包括非上市公众公司)的股东均没有该项权利。

在上市公司并购重组活动中,现金选择权制度是法律法规强制要求并购重组企业为中小股东提供的将所持有的股票以约定的价格收购出售的选择权利,是切实保护中小股东合法权利的重要举措。根据《收购管理办法》第二十七条、第三十六条的规定,笔者认为,凡出现以下三种情形的,收购人应当赋予上市公司的股东现金选择权的权利:

1. 收购人为终止上市公司的上市地位而发出全面要约的,以依法可转让的证券作为支付对价的,应当同时提供现金方式供被收购公司股东选择。

2. 收购人向中国证监会提出申请但未取得豁免而发出全面要约收购的,以依法可转让的证券作为支付对价的,应当同时提供现金方式供被收购公司股东选择。

3. 收购人以未在证券交易所上市交易的证券支付收购价款的,必须同时提供现金方式供被收购公司的股东选择。

现金选择权是交易中为保护中小股东权益所设的一种制度性安排,股东回购请求权是法律赋予中小股东维护自身利益的一种法定权利。不难看出,现金选择权只是一项制度保障措施,而股东回购请求权是一种法定权益。笔者认为,现金选择权属于股东回购请求权的范围,是异议股东回购请求权在并购重组实践中的具体运用。2018 年 10 月 16 日，第十三届全国人大常委会第六次会议通过了《关于修改〈中华人民共和国公司法〉的决定》，专门对《公司法》第一百四十二条“关于禁止收购本公司股份及其例外”进行了修订，该条第四项明确规定，股份有限公司股东对股东大会作出的公司合并、分立决议持有异议，有权要求公司收购其股份。可以说，公司股份回购特别是上市公司股份回购已经成为资本市场的基础性制度安排。这不仅有利于促进公司建立长效激励机制，提升上市公司质量，也有利于当前形势下稳定资本市场预期，切实保护中小股东的合法权利。

（四）上市公司在并购重组中，现金选择权方案的设计

在并购重组实务中，上市公司应该谨慎选择为全部中小股东提供现金选择权。其原因在于，上市公司既要考量因中小股东大量行使现金选择权而导致股权结构不符合上市公司要求面临退市的风险，又要考虑在中小股东全部决定行使现金选择权时是否具备履约能力的问题。为慎重起见，上市公司一般都会将行使现金选择权的股东局限在股东大会投出反对票的少数股东范围内，并且必须是有效登记在股东名册上的股东，最大限度降低异议股东的基数。

以本案例为例，双汇发展在吸收合并双汇集团交易中，赋予公司异议股东现金选择权，行权价格为本次吸收合并的股份发行价格 20.34 元/股，并设置向下跌幅价格调整机制，股东范围为在双汇发展股东大会表决本次吸收合并方案等相关方案和就关于合并双方签订合并协议的相关议案表决时均投出有效反对票的股东。针对深圳证券交易所重组问询函提出的“公众股东决定行使现金选择权的情况下，你公司及你公司指定的第三方是否具备履约能力，26.75% 股份均选择行使现金选择权对应需支付的现金数量”这个问题，双汇发展回复称：

1. 结合本次现金选择权的价格 20.34 元/股，在异议股东占比达到最高股权比例，均有效申报行使现金选择权的特殊情况下，现金选择权提供方需支付的最高现金规模约为 59.84 亿元（未考虑现金选择权调价机制可能减少支付资金规模的影响）。

2. 双汇发展作为国内最大规模的肉类加工企业，拥有较大的资产规模和充裕的现金储备，且与众多大型金融机构拥有长期的合作关系，具有较强的财务实力以及资金筹措能力。本次双汇发展提供现金选择权的资金来源包括但不限于双汇发展的自有资金、金融机构为双汇发展提供的授信金额以及法律、行政法规允许的其他方式。

3. 考虑到上市公司的现金支付能力和履约能力较强，目前上市公司尚未指定其他第三方作为现金选择权提供方。后续上市公司将视情况与相关资金方进行沟通，并指定其为现金选择权提供方，进一步增强现金选择权提供方的现金支付和履约能力。

三、上市公司发行股份购买资产纠纷案例及评析——"云南旅游案"①

(一)案件基本信息

1. 案件当事人

原告(二审被上诉人):秦威

被告(二审上诉人):云南旅游股份有限公司

2. 案情简介

(1)关于《发行股份及支付现金购买资产协议》

2014年8月13日,云南旅游股份有限公司(证券代码:002059)(以下简称云南旅游)作为甲方,与秦威等乙方共同签订《发行股份及支付现金购买资产协议》(以下简称《收购协议》),约定云南旅游采用发行股份及支付现金相结合的方式收购秦威等19位股东所持有的江南园林有限公司(以下简称园林公司)80%股权。

《收购协议》第十一条第四款中约定:"甲方承诺,在上市公司公告2016年年度报告,且乙方按照《盈利预测补偿协议》履行完毕补偿义务后,在2017年12月31日前,乙方有权向甲方提出甲方收购园林公司剩余20%股权的书面申请。在乙方提出上述书面申请之日起6个月内,甲方需完成收购园林公司剩余20%股权的事宜。园林公司100%股权的价值按2016年园林公司经审计后的扣除非经常性损益后的归母净利润的11倍进行估值,最终参考具有证券从业资格的评估机构出具的并经云南省人民政府国有资产监督管理委员会(以下简称云南省国资委)备案的评估报告的评估值协商确定。甲方将以发行股份的方式收购江南园林剩余20%股权,交易对方取得的上市公司的股份自上市之日起按深交所规定12个月内不得转让外不再另行约定锁定期限。甲方收购剩余20%股权不再约定业绩补偿条款。"

(2)关于《盈利预测补偿协议》

2014年8月13日,云南旅游作为甲方,与秦威等乙方以及案外人杨建国作为丙方共同签订《盈利预测补偿协议》(以下简称《补偿协议》)。

《补偿协议》第二条第一款约定:"乙方和丙方承诺,园林公司2014年实现的经审计的扣除非经常性损益后的归属于母公司的净利润不低于6000万元,2014年至2015年累计实现的经审计的扣除非经常性损益后的归属于母公司的净利润不低于13500万元,2014年至2016年累计实现的经审计的扣除非经常性损益后的归属于母公司的净利润不低于22875万元。"

《补偿协议》第二条第二款约定:"本次交易发行人发行股份及支付现金购买乙方和丙方所持园林公司80%股权,发行人、乙方、丙方确认本次发行股份及支付现金购买资产完成后,园林公司80%股权所对应的2014年、2014年至2015年、2014年至2016年累计实现的经审计

① 案例索引:江苏省常州市新北区人民法院(2018)苏0411民初7483号民事判决书、江苏省常州市中级人民法院(2019)苏04民终3703号民事判决书。

扣除非经常性损益后的归属于母公司的净利润应分别不低于4800万元、10800万元和18300万元,否则乙方和丙方应按照本协议第四条规定对发行人予以补偿。"

(3)关于本次交易履行的程序

云南旅游召开第五届董事会第十次(临时)会议,审议通过了发行股份及支付现金购买资产并募集配套资金等有关决议。2014年8月21日,云南省国资委批复同意云南旅游发行股份及支付现金购买资产并募集配套资金有关事宜。2014年8月29日,云南旅游召开2014年第三次临时股东大会,审议通过有关决议。2014年11月25日,中国证监会核准云南旅游发行股份购买资产并募集配套资金方案。

(4)关于云南旅游的年度报告

2017年4月,云南旅游公告2016年年度报告,该报告中关于"杨建国等18名自然人及中驰投资对标的资产未来三年的盈利进行了承诺"的履行情况为:"2014年度,标的资产江南园林有限公司经审计后实现的净利润为6520.48万元(归属于母公司所有者扣除非经常损益后的净利润),江南园林80%股权对应的净利润为5216.38万元,完成盈利预测数的108.67%,超过交易对方对80%股权业绩承诺数416.38万元(超过对应的100%股权业绩承诺数520.48万元),交易对方无须履行补偿义务。2015年度,标的资产江南园林经审计后实现的净利润为7581.62万元(归属于母公司所有者扣除非经常损益后的净利润),2014—2015年累计实现经审计后的净利润为14100.23万元(归属于母公司所有者扣除非经常损益后的净利润),累计完成盈利预测数的104.45%,累计超过重组方业绩承诺数600.23万元,交易对方无须履行补偿义务。2016年度,标的资产江南园林有限公司经审计后实现的净利润为11283.88万元(归属于母公司所有者扣除非经常损益后的净利润),2014—2016年累计实现经审计后的净利润为25385.83万元(归属于母公司所有者扣除非经常损益后的净利润),累计完成盈利预测数的110.98%,累计超过重组方业绩承诺数2510.83万元,交易对方无须履行补偿义务。"

(5)发行股份购买资产的后续实施情况

2017年4月13日,秦威等乙方向云南旅游提出一份《关于收购江南园林剩余20%股权的申请》,申请云南旅游按照《发行股份及支付现金购买资产协议》有关条款和约定时间及时收购他们在江南园林剩余的20%股权。

2018年7月24日,云南旅游致函秦威等江南园林18名股东称,因云南旅游2017年度处于非公开发行股份在审期间,按照证监会2016年的窗口指导,上市公司在非公开发行股票审核期间,不得启动发行股份购买资产等重组工作;2018年年初云南旅游启动了收购江南园林剩余20%股权事宜,并委托中威正信(北京)资产评估有限公司对江南园林股东权益进行了评估;鉴于江南园林业绩承诺期后经营业绩呈现大幅下滑趋势,且无相应具体措施保证经营业绩的回升,导致今后的经营业绩具有较大不确定性,未来收益的预测也存在较大的不确定性,从谨慎的原则考虑不适用收益法进行评估,最终采用了资产基础法进行评估;根据中威正信(北京)资产评估有限公司出具的评估报告,截至2017年12月31日,江南园林股东全部权益价值为36406.95万元,20%股东的权益价值为7281.39万元。

3.原告诉讼请求

秦威向常州市新北区人民法院(一审法院)提起诉讼,其起诉请求为:(1)判令云南旅游按照1241226.8元的价格以发行股份的方式收购秦威所持有的江南园林0.1%股权;(2)判令云南旅游支付秦威自2017年10月14日起至实际完成收购之日止按照中国人民银行同期同类贷款利率标准的利息损失;(3)本案诉讼费用由云南旅游承担。

4.一审法院裁判观点

(1)关于股权收购的条件是否成就

秦威与云南旅游签订的《发行股份及支付现金购买资产协议》系双方当事人的真实意思表示,合法有效,双方均应严格履行。秦威虽然系与江南园林其他18名股东共同与云南旅游签订的《发行股份及支付现金购买资产协议》,但股权份额具体明确,20%股权可以拆分,各个股东并非共同的权利义务主体,故秦威诉讼主体适格。根据云南旅游在《发行股份及支付现金购买资产协议》第十一条第四款中作出的特别承诺,秦威在云南旅游公告2016年年度报告且该报告已确认秦威无须履行补偿义务后,于2017年4月13日向云南旅游提出请求云南旅游收购其持有的江南园林剩余股权的书面申请,符合《发行股份及支付现金购买资产协议》的约定,已满足云南旅游承诺收购相应股权的条件,云南旅游应当依约完成收购股权事宜,但云南旅游并未在上述约定的期限内完成收购,已构成违约,应当依法承担继续履行、采取补救措施或者赔偿损失等违约责任。云南旅游关于双方没有达成股权收购协议以及系因控股股东增资扩股以及云南旅游处于非公开发行股份在审期间等原因造成无法启动股权收购的抗辩理由,不能成立。

(2)关于股权收购价格的确定

秦威与云南旅游在《发行股份及支付现金购买资产协议》中约定,江南园林100%股权的价值按2016年江南园林经审计后的扣除非经常性损益后的归母净利润的11倍进行估值,最终参考具有证券从业资格的评估机构出具的并经云南省国资委备案的评估报告的评估值协商确定。该约定明确了收购包括秦威在内的0.1%股权估值原则为收益法,同时可以确定云南旅游收购秦威0.1%股权的价格。因此,云南旅游提出双方就收购股权价格没有约定的主张,以及主张按2018年委托中威正信(北京)资产评估有限公司以江南园林3年业绩承诺期后收入大幅下降为由,以资产基础法而非收益法确定的评估值作为股权收购依据的意见,不符合双方关于以收益法确定收购股权价值的约定,均不予采纳。因云南旅游在双方约定的收购期间内能够启动却未启动对江南园林2016年度扣除非经常性损益后的归母公司所有者的净利润的专项审计和评估并向云南省国有资产监督管理机构备案后与秦威等进行协商等事宜,故云南旅游以上述程序未进行为由主张双方交易价格无法确定的抗辩意见,不能成立。秦威以云南旅游2016年年度报告中公告的当年经审计后实现的净利润11283.88万元作为计算股权收购价格依据的主张符合双方的合同约定,应予支持。

(3)关于股权收购的方式

云南旅游在《发行股份及支付现金购买资产协议》中承诺以发行股份的方式收购剩余股权,但是云南旅游在双方约定的期限内并未启动发行股份收购包括秦威在内的剩余20%股权,已违反承诺。因云南旅游系上市公司,其发行股份购买资产应当符合《公司法》《证券法》等法律法规以及《重组管理办法》等相关规定,并经中国证监会审核通过方可实施,故秦威在云南旅游怠于通过发行股份方式收购标的股权的情形下主张云南旅游支付现金完成股权收购,符合《合同法》关于不履行合同义务的一方当事人承担继续履行责任的规范目的,且在方式上更适宜强制履行,应予支持。云南旅游未在双方约定的收购期限内履行收购义务,应当依法承担因逾期收购造成秦威损失的赔偿责任,秦威主张相应的利息损失,于法有据,应予支持。

一审法院据此判决:(1)云南旅游按照1241226.8元的价格以发行股份的方式收购秦威所持有的江南园林0.1%股权;若云南旅游未按期发行股份收购,则向秦威支付股权转让款1241226.8元。(2)云南旅游赔偿秦威相应的利息损失。

二审法院查明的事实与一审法院查明的事实一致,二审法院审理中认为的争议焦点实际上包含在一审法院归纳的争议焦点之中,且二审法院的裁判观点与一审法院基本一致。因此,对二审法院的裁判观点不再赘述。

(二)案例评析

上市公司发行股份购买资产是指上市公司作为交易的一方,向特定的对象发行股份购买资产或向发行对象募集资金进行周转,再用现金购买发行对象的资产。发行股份购买资产本质上属于一种私募或非公开发行性质的证券发行方式,这种方式是定向增发(非公开发行)的一种特殊形式。

根据双方签订的《发行股份及支付现金购买资产协议》内容可知,云南旅游以发行股份购买秦威持有的园林公司股权的条件已经成就,云南旅游需按照约定的条件受让秦威持有的股权。但由于云南旅游系上市公司,其发行股份购买资产需经严格的审核程序后方可实施,故秦威在云南旅游怠于通过发行股份方式收购标的股权的情形下主张云南旅游支付现金完成股权收购,具有事实和法律依据。

第四节　吸收合并中的财税处理

一、企业所得税

企业合并涉及的企业所得税主要是需区分该次合并是否符合特殊性税务处理条件,如符合则按特殊性税务处理,如不符合则按一般性税务处理。

企业合并适用特殊性税务处理的条件,包括:第一,具有合理的商业目的,且不以减少、免除或者推迟缴纳税款为主要目的;第二,企业重组后的连续12个月内不改变重组资产原来的实质性经营活动;第三,被合并企业股东在该企业合并发生时取得的股权支付金额不低于其交易支付总额的85%,以及同一控制下且不需要支付对价的企业合并;第四,企业重组中取得股权支付的原主要股东,在重组后连续12个月内,不得转让所取得的股权。

1. 一般性税务处理的要求

(1)合并企业应按公允价值确定接受被合并企业各项资产和负债的计税基础;(2)被合并企业及其股东都应按清算进行所得税处理(具体按财政部、国家税务总局《关于企业清算业务企业所得税处理若干问题的通知》财税〔2009〕60号文进行处理);(3)被合并企业的亏损不得在合并企业结转弥补。

2. 特殊性税务处理的要求

(1)合并企业接受被合并企业资产和负债的计税基础,以被合并企业的原有计税基础确定;(2)被合并企业合并前的相关所得税事项由合并企业承继;(3)可由合并企业弥补的被合并企业亏损的限额被合并企业净资产公允价值×截至合并业务发生当年年末国家发行的最长期限的国债利率;(4)被合并企业股东取得合并企业股权的计税基础,以其原持有的被合并企业股权的计税基础确定。

但是关于企业合并的特殊性税务处理,尚存在一个争议,即财税〔2009〕59号文本身只规定了可由合并企业弥补的被合并企业亏损的限额,而对于合并企业本身的亏损弥补是否有限制却并未明确规定。例如,A公司是一个亏损公司,当前尚有未弥补亏损100万元,B公司是一个盈利公司,目前拟吸收合并A公司,该操作下B公司每年可获得未弥补亏损限额是有明确规定的。但是,如果该交易反过来处理,即由A公司吸收合并B公司,则A公司本身的尚未弥补亏损是否存在弥补限额?关于这一点,个人赞同按照税法的一般性原理,即不允许资产盈利或亏损的交叉弥补以及实质重于形式原则,对于A公司的尚未弥补亏损应同理限制弥补。

二、增值税

不征收增值税。按照国家税务总局公告2011年第13号《关于纳税人资产重组有关增值税问题的公告》以及国家税务总局公告2013年第66号《关于纳税人资产重组有关增值税问题的公告》,纳税人在资产重组过程中,通过合并、分立、出售、置换等方式,将全部或者部分实物资产以及与其相关联的债权、负债和劳动力一并转让给其他单位和个人,不属于增值税的征税范围,其中涉及的货物转让,不征收增值税。

但是如果合并方的对价中涉及资产对价,则需按增值税视同销售处理,计征增值税。

三、印花税

征收印花税。企业合并涉及的印花税缴纳可能还相对复杂一些。按照《印花税暂行条例》(2011 年修订)及其实施细则,在中华人民共和国境内书立、领受本条例所列举凭证的单位和个人,都是印花税的纳税义务人,应当按照该条例规定缴纳印花税。企业合并中的印花税,按照实际情况,如下四类中都可能涉及:(1)购销、加工承揽、建设工程承包、财产租赁、货物运输、仓储保管、借款、财产保险、技术合同或者具有合同性质的凭证;(2)产权转移书据;(3)营业账簿;(4)权利、许可证照。

四、土地增值税

暂不征收土地增值税。按照财政部、税务总局《关于继续实施企业改制重组有关土地增值税政策的通知》(财税〔2018〕57 号,该通知的执行期限为 2018 年 1 月 1 日—2020 年 12 月 31 日),按照法律规定或者合同约定,两个或两个以上企业合并为一个企业,且原企业投资主体存续的(含义同上),对原企业将房地产转移、变更到合并后的企业,暂不征土地增值税,但是该土地增值税政策不适用于房地产转移任意一方为房地产开发企业的情形。

关于该政策的适用,对上市公司换股吸收合并且设计了异议股东现金选择权的交易结构可能会存在一些问题。因为按投资主体存续的要求,原企业的投资主体(或者说股东)均需在合并后的企业持有股权,哪怕只象征性地持有 1 股。所以如果有任一股东行使了现金选择权,完全退出了,则会导致整个交易不符合上述暂不征收的政策。因此,若被合并方存在大量的房地产,尤其是投资比较早的,则将面临高额的税务。如此下来,整个税负安排,就显得不尽合理。

五、契税

免征契税。按照财政部、税务总局《关于继续支持企业事业单位改制重组有关契税政策的通知》(财税〔2018〕17 号),两个或两个以上的公司,依照法律规定、合同约定合并为一个公司,且原投资主体存续的,对合并后公司承受原合并各方土地、房屋权属,免征契税。这里关键是要注意原投资主体存续的内涵,即指原企业、事业单位的出资人必须存在于改制重组后的企业,但出资人的出资比例可以发生变动;对于上市公司重大资产重组的适用也会存在如上土地增值税部分所述及的问题。

第十五章

上市主体的选择暨股权架构设计

实务指引

寻求上市，是一个公司发展到一定时期的重大转折；确定上市主体，是公司决策层必须面对的艰难选择。本章第一节详细介绍了业务型上市主体涪陵榨菜和控股型主体瑞普生物作为上市主体的原因，同时通过卫信康案例，进一步论证了从诸多公司中遴选合适的上市主体的重要性和必要性。

正确认识集团公司在上市公司股权架构中的地位，关键是要深入挖掘集团公司这种形式的固有优势，同时充分利用国家对集团公司设立门槛降低以及税收优惠等利好政策。本章第二节仔细分析了煌上煌成功上市的经验，供家族企业参考。

合伙企业成为上市公司股东，乃至控股股东的案例越来越多，反映了合伙企业这种形式的超强吸引力，尤其是本章第三节介绍的上海绿地集团借壳金丰股份上市中采用的嵌套式架构，更是成为典范。此外，在江淮汽车吸收合并母公司江淮集团案例中出现普通合伙企业，令人耳目一新，值得探究。值得注意的是，上市公司控股股东由有限责任公司直接变更为有限合伙企业这种模式，乃新疆首创，为新疆独有。

对股权进行科学的设计和合理安排，是企业运作的重要一环。这不仅关系公司的稳定和各股东之间的利益平衡，也直接影响公司未来的发展与融资上市，公司创始人及管理层需要高度重视。股权架构没有最好，只有更好。由于每个公司的情况千差万别，很难寻找出一个放之四海而皆准的股权架构，但是通过研究众多成功的股权架构设计方案，提炼出相对理想的股权结构特点，并对经典的上市公司股权结构进行专业解读，也可以帮助企业未雨绸缪，防范股权风险，为企业稳定发展提供强有力的保障。

第一节　业务型上市主体与控股型上市主体的选择

一、业务型上市主体案例——涪陵榨菜

(一)涪陵榨菜概况

1. 基本情况

2010 年 11 月 1 日,重庆市涪陵榨菜集团股份有限公司(以下简称涪陵榨菜)取得了中国证监会《关于核准重庆市涪陵榨菜集团股份有限公司首次公开发行股票的批复》,并于 2010 年 11 月 23 日在深交所中小企业板上市。

涪陵榨菜是一家集榨菜采购、加工、销售、技术研发为一体的上市公司,是重庆市首家农产品上市企业,中国最大的榨菜生产经营企业,国家、重庆市、涪陵区级农业产业化重点龙头企业,国家扶贫龙头企业。

一般来说,遴选上市主体需要选择一家足够“干净”、历史沿革较为简单的公司,从而减少法律障碍,以顺利通过证监会的审核。然而涪陵榨菜的前身为四川省涪陵榨菜集团公司(以下简称涪陵集团),涪陵集团系一家成立于 1988 年 4 月 30 日的全民所有制企业,有着较为复杂的历史渊源,甚至发行人律师在工商登记资料中都未能发现出资的资金证明,其原始资料严重缺失。但为何公司决策层和中介机构最终还是选择将涪陵榨菜作为上市主体呢? 笔者将以此文向读者娓娓道来。

2. 涪陵榨菜股权架构

截至招股说明书签署日,涪陵榨菜的股权结构如图 15 - 1 所示。

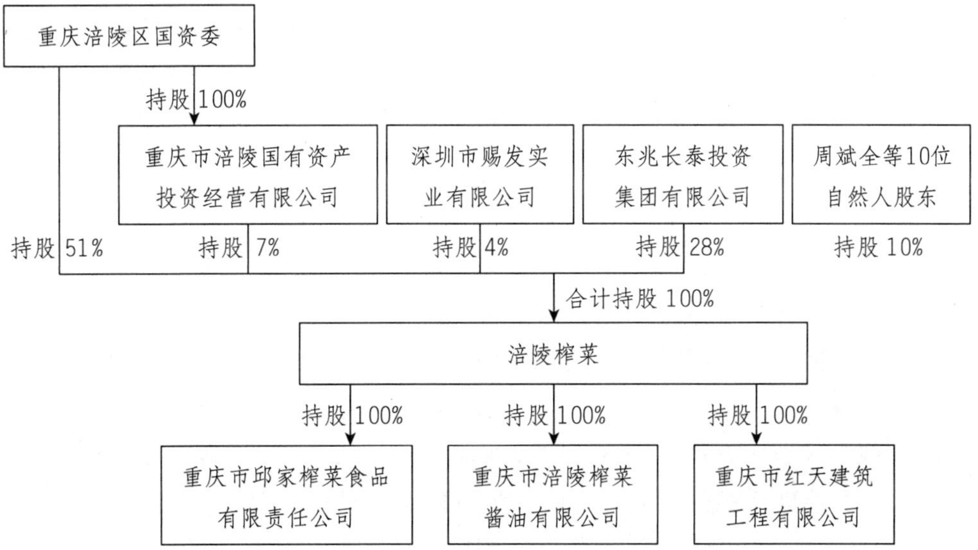

图 15 - 1　涪陵榨菜股权结构图

(二)将涪陵榨菜作为拟上市主体的原因

1. 涪陵榨菜具有完善的产业链

(1)稳定的原材料供应渠道

涪陵地区独特的自然环境适宜青菜头大面积种植,青菜头种植面积占全国青菜头种植面积的45.60%,是国内规模最大、最集中的榨菜产区,有中国"榨菜之乡"的美誉。

涪陵榨菜与相关村社、合作经济组织或团体签订长期的产销协议,确定购销合作关系,相关各方主要负责带动农户种植青菜头,亦通过租赁、承包等方式取得土地使用权而进行青菜头种植。由涪陵榨菜提供种子、化肥等生产资料,并在种植、田间管理、采收等过程进行技术指导,农户只负责种植及日常管理。同时,公司还与部分大型种植户和原料加工户建立合作关系,通过签订协议约定收购青菜头及粗加工品的数量和品质,以带动农户的种植积极性和提高青菜头粗加工能力,有效保障了涪陵榨菜的原材料供应。

(2)先进的技术加工水平

涪陵榨菜及子公司现有榨菜食品生产线12条、豆豉生产线1条、榨菜酱油生产线1条、乳化辅料生产线1条,已形成自有年产6.1万吨榨菜的生产能力,公司目前约占全国榨菜销售市场的13.69%,为榨菜行业的龙头企业。

涪陵榨菜技术开发中心是榨菜行业第一家省市级企业技术中心,也是重庆市榨菜工程技术中心。公司技术开发中心拥有专门从事榨菜技术研究的人员,并与相关高校、科研机构建立了长期、稳定的合作关系,先后独立、合作研发了榨菜肉丝生产技术、青菜头保鲜储运技术、榨菜深加工及副产物综合利用关键技术等十余项技术。

(3)完善的销售网络

依靠20年高品质榨菜生产经营积累,涪陵榨菜已拥有1000多家忠实的一级经销商客户,销售网络覆盖了全国34个省自治区、直辖市,264个地市级市场。涪陵榨菜在全国范围内设有8个销售大区、33个办事处对经销商进行指导和管理。通过不断培育经销商,公司建立了多层次、长短渠道相结合经销制销售模式,使公司的产品遍布大到沃尔玛、新玛特等全国各大知名连锁超市和全国各级农贸市场,小到城乡的便利店等零售终端,提高了公司销售网络覆盖的广度和深度。

2. 品牌深入人心

"乌江"牌榨菜畅销全国,并远销日本、美国等8个国家和地区。"乌江"牌榨菜先后获得国家质检总局"中国名牌产品"和"产品质量免检证书"、国家工商行政管理总局榨菜行业首枚"中国驰名商标"、中国品牌研究院评定的"中国榨菜行业标志性品牌"、中国绿色食品发展中心颁发的"绿色食品A级标准认定证书"、重庆社会科学院和《重庆商报》联合评定的"重庆荣耀·影响重庆三十大品牌"、重庆市工商行政管理局评定为重庆市著名商标、重庆市商业委员会颁发的"消费者最喜爱产品"、广西消费者协会颁发的"消费者信得过商品"、重庆市名牌农产品认定委员会颁发的"重庆市名牌农产品"、中国(南宁)东南亚粮农产品绿色食品展览会暨粮农加工技术设备展示会组委会颁发的“最畅销产品奖”等荣誉。

在国内榨菜行业中，“乌江”牌榨菜市场占有率为13.69%，公司为中国最大的榨菜加工企业，市场占有率第一，品牌知名度第一。

3. 为国有控股企业，获政府全力支持

（1）2007年涪陵区国资委向涪陵区人民政府以《关于将重庆市涪陵榨菜（集团）有限公司规范为国有独资公司的请示》（涪国资发〔2007〕9号）作了请示。2007年4月30日，重庆市涪陵区人民政府《关于同意重庆市涪陵榨菜（集团）有限公司规范为国有独资公司的批复》（涪府函〔2007〕72号）中，确认发行人的性质为国有独资公司。

（2）重庆市人民政府办公厅于2008年11月6日出具《关于重庆市涪陵榨菜集团股份有限公司历史沿革等有关问题的函》，确认1994年6月，发行人前身涪陵集团注册资本3733.1万元足额到位，没有对未履行审计、评估等程序提出异议；同时确认发行人前身涪陵集团经批准整体改制为四川省涪陵榨菜（集团）有限公司，按照国有独资有限责任公司性质规范管理。

（3）经重庆市国资委《关于重庆市涪陵榨菜集团股份有限公司国有股权管理有关问题的批复》（渝国资〔2008〕164号）批复同意，重庆市涪陵榨菜（集团）有限公司整体变更设立为股份有限公司。

可见，对于发行人前身涪陵集团出资未按期足额到位和未履行审计评估程序，以及在1994年改制为有限责任公司时，股东人数没有达到当时《有限责任公司规范意见》规定的普通有限责任公司2人以上要求等问题，存在法律瑕疵。但是由于涪陵区人民政府、重庆市人民政府办公厅发函进行背书，全力支持涪陵集团的上市工作，证监会在反馈意见中对此未予反馈。

4. 加快上市进程

根据《首发管理办法》第九条之规定：“发行人自股份有限公司成立后，持续经营时间应当在3年以上，但经国务院批准的除外。有限责任公司按原账面净资产值折股整体变更为股份有限公司的，持续经营时间可以从有限责任公司成立之日起计算。”可见，如拟申报上市需要向证监会提供三个完整会计年度的审计报告，如涪陵榨菜新设其他公司，然后再将资产导入进去，则需要再等待3年才能申报上市，将耗费大量的时间。

5. 简单高效，经济成本低

如涪陵榨菜以其他公司或新设公司作为拟上市主体，涉及资产、人员、负债的导入，需要进行复杂的资本运作，同时在交易过程中，还面临高额的税收成本。例如，西藏卫信康经过数次股权转让、增资、减资等程序，才最终完成上市，其上市之路可谓“望眼欲穿”。而直接将涪陵榨菜作为上市主体，为规范自身不合法的行为补缴税款后，不需要再额外缴纳任何税收，也无须进行其他资本运作，更加高效便捷。

（三）案例评析

在实务中，以“业务型”实体公司作为上市主体是较为普遍的做法。采取此种上市模式不仅简单迅速，符合股东的期限利益，同时与投资者关注的核心诉求吻合。许多公司在申报上市前已经经历了多轮融资，对于投资机构而言，其投资的是实体公司，而非空壳的控股公司，投资机构只有直接成为上市公司的股东，才能在公司上市后在证券交易所套现，获取高额的利润回报。然而“控股型”上市公司相对于“业务型”上市公司而言，也具有显著的优势，下文将对此进行详细阐述。

通过前文的分析，将涪陵榨菜这一业务主体作为上市主体，具有天然的优势，符合各方的利益诉求。其重大短板即历史沿革问题，也因政府强有力的背书支持，证监会发审委对此没有进行任何反馈，最终得以顺利过会。

二、控股型上市主体——瑞普生物

（一）瑞普生物概况

1. 发行人基本情况

2010年8月24日，天津瑞普生物技术股份有限公司（以下简称瑞普生物）取得了中国证监会《关于核准天津瑞普生物技术股份有限公司首次公开发行股票并在创业板上市的批复》，并于2010年9月17日在深圳市创业板上市，证券简称瑞普生物，股票代码为300119。

前身公司天津市润拓生物技术有限公司（以下简称润拓生物）成立于2001年8月，于2006年11月更名为天津瑞普生物技术集团有限公司（以下简称瑞普有限）。2007年12月31日，瑞普有限整体变更为股份有限公司即瑞普生物。瑞普生物为一家具有原始创新能力，集兽用生物制品和兽用制剂研发、生产、销售和技术服务于一体的高新技术企业。公司产品包括兽用生物制品和兽用制剂两大类276个品种，产品丰富、结构合理，为国内少数产品覆盖动物疫病预防、诊断、治疗、促生长以及调节免疫机制的兽药企业之一。

瑞普生物是第一家在创业板上市的控股型公司，发审委对于这种新的上市公司形态的态度是相对开放的，没有直接否定，但从发审委反馈意见中可知，本次主要审查的项目除了传统性的内容以外，还额外注重考量公司规避风险的能力、保护投资者利益方面以及控股公司对下属公司的控制能力。以下笔者将为读者解读分析证监会所关注的重点以及瑞普生物有何过人之处，最终成为第一家在创业板上市的控股型公司。

2. 发行人瑞普生物下属公司情况

截至瑞普生物《首次公开发行股票并在创业板上市招股说明书》（以下简称招股说明书）签署之日，发行人共拥有3家控股子公司，1家子公司控股的公司，2家参股公司。3家控股子公司分别为天津瑞普高科生物药业有限公司（以下简称瑞普高科）、瑞普（保定）生物药业有限公司（以下简称瑞普保定）、瑞普（天津）生物药业有限公司（以下简称瑞普天津）。其他下属公司为湖北龙翔药业有限公司（以下简称湖北龙翔）、内蒙古瑞普大地生物药业有限责任公司（以下简称内蒙古大地）、南京瑞农新兽药开发工程技术有限公司（以下简称南京公司）。

根据瑞普生物招股说明书披露的内容，3家控股子公司瑞普保定、瑞普天津、瑞普高科的营业收入总量、营业利润总量占到发行人合并利润表的绝大部分，发行人瑞普生物为典型的控股型公司。

截至瑞普生物法律意见书出具之日，发行人股权结构如图15-2所示。

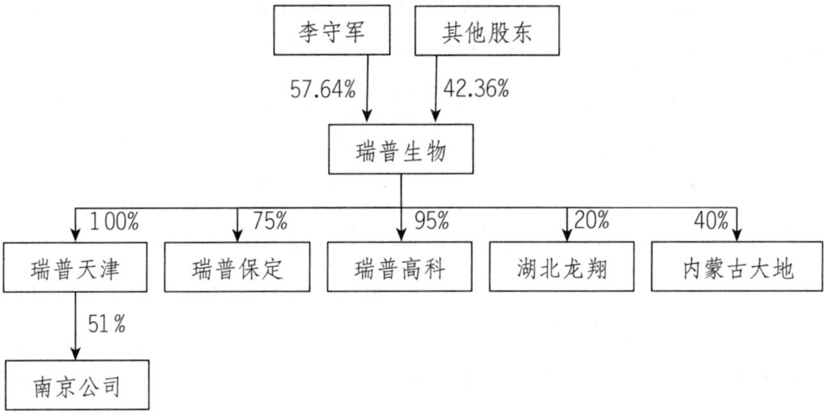

图15-2　发行人股权结构图

（二）瑞普生物作为控股型公司的优势

1. 公司采取控股型管理模式，通过资本、技术、人才、文化将各控股子公司统一起来。作为管理平台，公司制定统一的发展战略规划，贯彻统一的文化理念，具体包括品牌统一、业务统一、财务与人力资源统一、投融资业务统一等。

2. 根据产品类别，公司划分为兽用生物制品和兽用制剂两个板块，两个板块内实现产品资源、市场资源、研发资源、供应商资源共享，充分发挥整合优势、发挥规模经济与产业链效应，实现公司健康、快速发展。

3. 可以分散各下属公司的风险。因公司为独立法人，各个下属公司之间是相互独立的，当其中一个下属公司在生产经营过程中出现纰漏时，无论是产生的经济风险或是道德风险都不会波及其他下属公司，风险会被有效控制。

4. 可以进行相应的税务筹划。当下属子公司取得的税后利润分配给母公司瑞普生物后，瑞普生物可暂不进行分红，可以将所得资金进行对外投资，避免重复纳税，从而起到节税作用，推动公司多元化发展。

5. 瑞普生物可以通过合并子公司财务报表，扩大资产规模，提高银行融资信贷额度。瑞普生物从银行贷款的资金，可以根据子公司的资金需求进行分配，优化资源配置。

（三）中国证监会反馈问题及发行人律师回复

1. 具体反馈问题

第一次反馈意见：发行人在现有组织结构下对控股子公司的控制和管理是否有效，如何保证发行人未来具备持续稳定的现金分红能力。

第二次反馈意见：发行人业务主要由瑞普天津、瑞普保定、瑞普高科3家控股子公司具体负责经营,发行人主要负责对控股子公司的控制与管理。请发行人就下列问题说明并披露:(1)报告期内子公司的分红情况、子公司的财务管理制度和公司章程中规定的分红条款,以及上述财务管理制度、分红条款能否保证发行人未来具备持续稳定的现金分红能力。(2)确保发行人对子公司生产经营决策控制力的制度安排。(3)确保子公司规范运作的制度安排。(4)发行人对子公司的生产组织、协调功能。(5)发行人与控股子公司的研发投入和研发体系。(6)控股子公司的原材料采购和产品销售体系。(7)控股子公司的产品质量控制体系。(8)各子公司收入、净利润占比情况。(9)发行人对子公司财务管理的控制情况。

请保荐机构、律师和申报会计师对上述问题进行核查,并对发行人在现有的组织结构下公司治理能否做到有效,能否保障投资者的权益等发表明确意见。

2. 发行人律师的回复

发行人律师认为,发行人制定的财务管理制度和分红条款为未来持续而稳定的现金分红提供了可靠的保障,能够充分保障投资者的权益。发行人控股子公司的财务管理制度和章程中均规定了有效的分红条款,财务管理制度和分红条款能够保证发行人未来具备持续稳定的现金分红能力。发行人建立了确保子公司生产经营决策控制力和子公司规范运作的制度安排,对控股子公司的生产组织与协调功能、研发投入和研发体系、原材料采购和产品销售体系、产品质量控制体系等方面均有明确规定。发行人在现有的组织结构下,公司治理能够做到有效运行,能够保证对控股子公司各方面的控制力,能够保障投资者的权益。

发行人律师认为,发行人对其下属公司的经营管理和决策管理是可控有效的。发行人制定了系统和完善的管理构架、规章制度和运营流程,对各控股子公司的章程制定、经营战略、业务模式、研发体系、技术服务策略、质量标准、财务流程和人力资源等方面进行有效管理。同时公司制定了《控股子公司管理制度》《投资决策管理制度》等制度。提交月/旬管理运营报告(表),各子公司高管向股份公司进行半年/全年述职。

(四)案例评析

瑞普生物作为创业板首例的控股型公司成功上市,笔者认为原因有以下几点:

1. 对下属公司有效的管理控制。(1)在决策管理和经营管理上,公司对各控股子公司严格实施统一的决策管理和经营管理。(2)在人力资源管理上,公司对各控股子公司统一实施任命考核高管和制度规范全员的管理办法。(3)在财务管理上,公司对各控股子公司的财务制度和财务团队严格实施统一的垂直管理。(4)在生产运营管理上,公司设生产部,负责组织制定各控股子公司的生产管理体系、制度和流程,负责各控股子公司日常生产运营的协调、监督和管理。

2. 对控股子公司利润分配的有效管控。(1)瑞普天津《公司章程》第十九条规定,公司弥补亏损和提取公积金后所余利润,按照股东出资比例分配给股东。在公司盈利年度,公司当年分配给股东的利润不少于当年实现的可分配利润的30%。(2)瑞普保定《公司章程》第五十二条规定,在合营公司盈利年度,公司当年分配给股东的利润不少于当年实现的可分配利润的30%。(3)瑞普高科《公司章程》第二十二条规定,公司弥补亏损和提取法定公积金、法定公益金后所余利润,按照股东出资比例分配。在公司盈利年度,公司当年分配给股东的利润不少于当年实现的可分配利润的30%。

从证监会多次要求发行人予以解释的问题中不难发现,证监会对于本次发行的焦点问题主要是发行人在现有组织结构下对控股子公司的控制和管理是否安全有效以及发行人如何保证未来具备持续稳定的现金分红能力。对下属公司有效的控制以及持续稳定获得流动现金是控股型公司的生命线,显然证监会也关注到这点。瑞普生物作为第一家在创业板上市的控股型公司,其对下属公司的经营管理和控制管理是非常高效的,发行人利用其控股股东地位,制定各控股子公司《公司章程》,同时各下属公司的主要高级管理层由公司直接委派,利用控股地位行使对各控股子公司法定代表人、董事长和高管人选的决定权,发行人下属公司的高级管理层完全受公司意志支配。正是因为瑞普生物在经营控制和管理控制上的绝对强势,这样才保证了其对下属公司的绝对话语权,同时获得了证监会的认可。

控股型公司的利润来源于下属公司的分红,如果下属公司有是否分红的自由裁定权,则该控股型公司持续稳定的分红能力将会受到质疑,同时该控股型公司的股东的权益将无法得到保障。瑞普生物的分红制度非常完善,分红条款直接在公司章程中予以确定,按照瑞普生物各控股子公司章程的规定,每家控股子公司每年度分红不低于当年实现的可分配利润的30%,这样就可以保障瑞普生物每年现金分红不少于当年实现的可分配利润的10%。

控股型公司可以整合公司内部资源,充分发挥整合优势,想谋求上市的控股型公司应具备完备的控制管理制度,能够将自己的意志施加于下属公司,能够避免公司被下属公司架空的风险。同时下属公司持续稳定的分红对于谋求上市的公司是有必要的,如果下属公司未能及时、充足地向公司分配利润,则将会对公司分配股利带来不利影响,会影响投资者的利益,这是证监会所不能允许的。瑞普生物成功上市,其控制管理制度和分红制度设计值得广大投资者思考与借鉴。

三、上市主体的遴选——卫信康案例

(一)卫信康及其关联公司概况

1. 卫信康基本情况

2017年6月30日,卫信康取得中国证监会批文(证监许可〔2017〕1098号),并于同年7月21日在上交所主板上市(股票代码:603676;股票简称:卫信康)。

卫信康前身为2006年3月设立的大同普康,2013年8月迁入西藏后,更名为西藏中卫康医药科技有限公司(以下简称西藏中卫康),2014年4月更名为西藏中卫信康医药科技发展有限公司,2015年10月更名为西藏卫信康医药有限公司(以下简称卫信康有限)。2015年12月卫信康有限以净资产折股整体变更设立股份有限公司,企业名称变更为西藏卫信康医药股份有限公司。

2. 卫信康的关联企业

在公司决策层决定启动IPO上市程序前,如何在众多的卫信康系公司中确定上市主体成为难题。在此时,北京京卫信康、北京京卫众智医药科技发展有限公司(以下简称北京京卫众智)、洋浦景泰药业有限公司(以下简称洋浦京泰药业)等公司已经拥有了成熟完善的生产经营体系和一定的市场影响力,具备作为发行上市重组主体的基础,但公司决策层和中介机构最终却选择了毫不起眼的卫信康有限作为上市主体。

3. 卫信康股权架构

截至招股说明书签署日,卫信康的股权结构如图15-3所示。

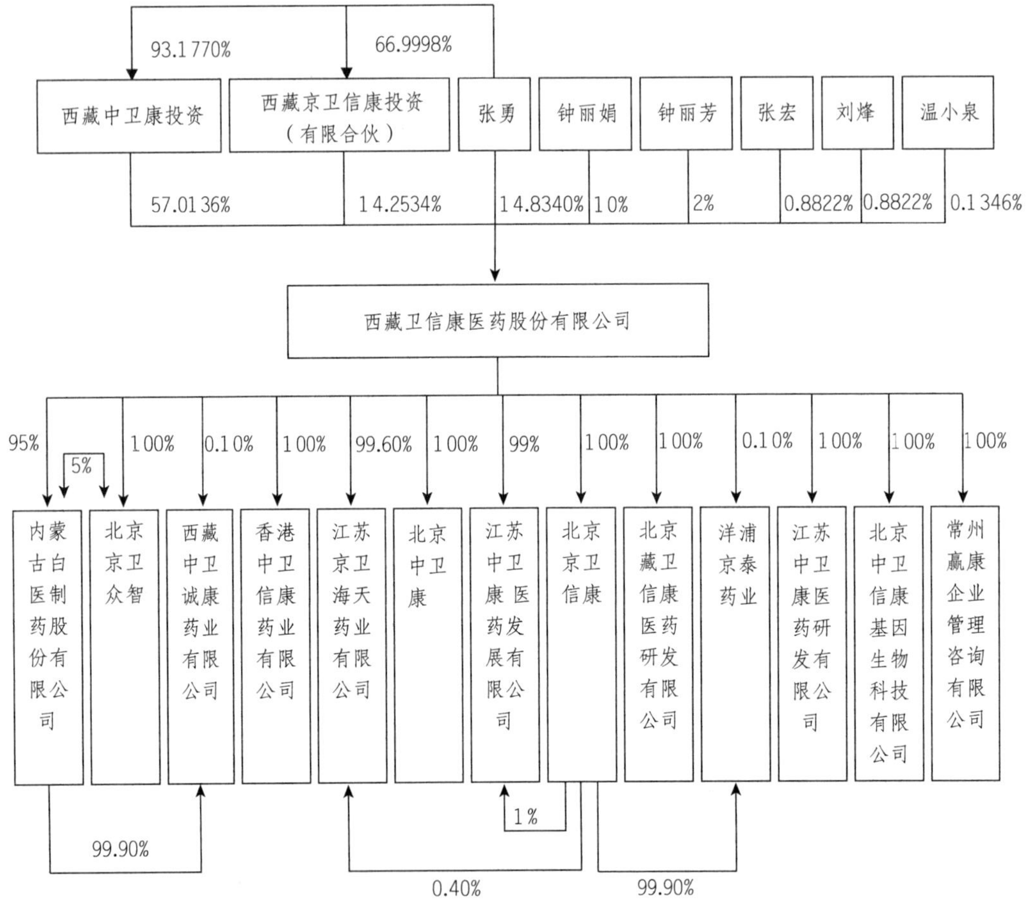

图15-3 卫信康股权结构图

(二)将卫信康有限作为拟上市主体的原因

1. 卫信康有限股权清晰,财务报表规范

《招股说明书》第1-1-48页披露的内容显示:因北京京卫信康的业务合作方山西普德药业有限公司(以下简称山西普德)实际经营地为山西,为了业务合作方便,于2006年在山西设立大同普康。后续由于调整业务规划，与山西普德的实际业务合作仍由北京京卫信康进行，截至 2013 年卫信康有限迁至西藏为止，卫信康有限并未实际开展运营。

由此可见，卫信康有限在迁址前，由于未开展实际经营，其账面资产负债表比较简单；在迁址重组后，其财务报表主要来自各控股子公司的合并报表，符合财务规范、资产独立等上市要求。另外，卫信康有限在迁址前为北京中卫康全资控股子公司，在迁址后经过增资转股，其股东变更为西藏中卫康投资、张勇等幕后股东，股权结构清晰，不存在潜在的股权纠纷。

2. 卫信康有限迁址阻力较小

由于公司决策层想将上市主体迁往西藏，享受证监会“即报即审”绿色通道的优惠政策。然而北京京卫信康、北京京卫众智等企业经营状况良好，拥有不少核心资产，同时也为当地的税收作出了稳定的贡献。因此这些企业如果要从当地迁往西藏，其迁址的阻力和难度势必较大。而卫信康有限由于一直没有开展实际经营，没有产生相关的税负，也没有相关的资产，当地政府关注度不高，进行工商变更和税务清算较为简便，因此迁址的可行性较高、成本较低。

3. 满足构建控股型上市架构的需求，整合研发、销售、生产等业务平台

虽然卫信康系公司的产业链相对比较完整，如北京京卫信康、北京京卫众智等负责研发和销售，而内蒙古白医制药股份有限公司由于具备药品生产证主要负责药品生产。然而其股权架构较为混乱，缺乏统一的控股母公司，难以充分整合调度资源。

卫信康有限原为北京中卫康的全资子公司、北京京卫信康的孙公司，通过各项资本运作的腾转挪移，卫信康有限最终成为各具体业务平台的母公司，可以有效整合卫信康系公司中研发、销售、生产等具体业务，实现利益的最大化。同时，中卫康投资、张勇等幕后股东通过卫信康有限对所有卫信康系公司形成控股，满足了各股东对于构建控股型上市架构的需求。

4. 税负较低、重组上市的可操作性强

由于国家对于公司转股、增资、减资等具有明确的法律规定，在法律层面上进行资本运作不存在实质障碍，具有较强的可操作性。此外，由于卫信康系公司为关联公司、最终实际控制人张勇、北京中卫康、北京京卫信康等均为居民企业，通过把握这一系列的关键事实，在资本运作中可以进行相应的税务筹划以享受国家税收优惠政策，从而有效降低税务负担。

（三）中国证监会的部分反馈问题及发行人律师部分回复

1. 具体反馈问题

问题：请保荐机构、发行人律师核查并在招股说明书中披露：……（5）发行人前身大同普康设立于 2006 年，截至 2013 年迁至西藏并更名为西藏中卫康为止，均未发生实际经营活动。请进一步说明大同普康设立 7 年来未开展实际经营活动的原因及其合理性。（6）请比照发行人的标准对北京京卫信康科技、北京京卫众智、洋浦京泰药业及其他发行人设立前生产经营主体的历史沿革，实际控制人变化等情况进行说明，并披露其生产经营情况。（7）未选择北京京卫信康科技、北京京卫众智、洋浦京泰药业等生产经营主体作为发行上市主体的原因，是否

存在规避发行条件的情形。

2. 发行人律师的部分回复

对于反馈意见中的(5),发行人律师回复如下:

经访谈发行人实际控制人,书面核查大同普康的工商档案,现场核查山西普德的经营状况,因北京京卫信康科技的业务合作方山西普德实际经营地为山西,为了业务合作方便,于2006年设立大同普康,后续由于调整业务规划,与山西普德的实际业务合作仍由北京京卫信康科技进行,大同普康未实际开展运营。

综上,律师认为,发行人前身大同普康设立的目的是方便与山西普德业务合作,之后发行人出于业务实际需求,并未对大同普康进行实际经营,具有合理性。

对于反馈意见中的(6),发行人律师回复如下:

(1)核查过程。律师核查了发行人子公司的工商档案材料,查阅了瑞华会计师事务所(特殊普通合伙)出具的审计报告,核查了发行人子公司所持有的药品经营资质证书,查阅了发行人及子公司的重大业务合同。

(2)核查结论。北京京卫信康科技、北京京卫众智、洋浦京泰药业自设立至重组为卫信康有限子公司前,一直由张勇实际控制,其中,北京京卫信康科技、北京京卫众智主要进行药品研发,洋浦京泰药业主要从事药品销售活动,其股权沿革情况如下:

第一,北京京卫信康科技。2002年6月,北京京卫信康科技设立;2013年11月,北京京卫信康科技增资至2000万元;2014年11月,卫信康有限收购张勇、张宏、刘烽、西藏中卫康投资管理有限公司、西藏京卫信康投资管理合伙企业(有限合伙)所持北京京卫信康科技共计4.25%股权,上述增资及股权转让完成后,北京京卫信康科技成为卫信康有限全资子公司。自2014年11月股权转让完成之日至本补充法律意见书出具之日,北京京卫信康科技注册资本及股权结构未发生变化。

第二,北京京卫众智。2007年12月,北京京卫众智设立;2014年11月28日,北京京卫众智股东会作出决议,同意原股东北京京卫信康科技将其持有的北京京卫众智220万元出资额转让给卫信康有限,并相应修改公司章程;同日,双方签订《股权转让协议》,并约定转让价格为220万元;2014年12月26日,经北京市工商行政管理局海淀分局核准,北京京卫众智就本次股权转让事项完成变更登记。本次股权转让完成后,北京京卫众智成为卫信康有限的全资子公司。自2014年12月股权转让完成之日至本补充法律意见书出具之日,北京京卫众智注册资本及股权结构未发生变更。

第三,洋浦京泰药业。2007年12月,洋浦京泰药业设立并实缴出资;2016年6月14日,洋浦京泰药业股东会作出决议,同意张志勇将其所持有洋浦京泰药业0.1%的股权以11200.77元的价格转让给卫信康有限,其他股东放弃优先购买权,并审议通过新的公司章程;张志勇与发行人签署了《股权转让协议》,就上述股权转让的具体事项进行约定;2016年6月27日,经海南省洋浦经济开发区工商行政管理局核准,洋浦京泰药业就本次股权转让完成工商变更登记手续。本次股权转让完成后,洋浦京泰药业的股权情况见表15-1。

表15-1　洋浦京泰药业股权情况

序号	股东名册/姓名	出资额(万元)	出资比例(%)	出资方式
1	北京京卫信康科技	99.90	99.90	货币
2	卫信康有限	0.10	0.10	货币
合计		100.00	100.00	—

自本次股权转让完成之日至本补充法律意见书出具之日,洋浦京泰药业注册资本及股权架构未发生变更。

对于反馈意见中的(7),发行人律师回复如下:

律师访谈了发行人实际控制人,查阅了子公司工商登记资料及合规证明,并参与了上市前重组的会议。经上述核查,北京京卫信康科技、北京京卫众智、洋浦京泰药业在重组时均股权清晰、合法经营,具备作为发行上市重组主体的基础。公司有意将发行主体作为公司的整体控股运营平台,整合研发、销售、生产等具体业务平台,因此最终选择将暂没有实际经营业务的大同普康迁址到西藏作为重组主体,并将北京京卫信康科技、北京京卫众智、洋浦京泰药业等具体业务实体重组为发行上市主体的子公司。北京京卫信康科技、北京京卫众智、洋浦京泰药业作为发行人重要下属公司,均取得了政府主管部门出具的合规证明,上述公司在报告期内不存在被行政处罚事项。发行人不存在规避发行条件的情形。

综上所述,律师认为,北京京卫信康科技、北京京卫众智、洋浦京泰药业等公司均为具体业务平台,股权清晰,有效存续,合法经营,均可作为上市重组主体;发行人选择将大同普康迁址到西藏作为重组主体主要是从构建控股型上市架构的需求和实际操作的可行性角度出发,并已将北京京卫信康科技、北京京卫众智、洋浦京泰药业重组为发行人的子公司,不存在规避发行条件的情形。

(四)案例评析

从卫信康系公司中遴选上市主体的过程中,公司决策层和中介辅助机构不仅考虑到了上市主体的客观要求,即财务是否规范、能否达到上市的条件;股权结构是否清晰;公司的历史沿革发展是否符合法律法规;是否具备持续经营能力和持续盈利能力等。也充分考虑到了各方的主观要求:股东的特殊需求、上市时间和上市地点的总体规划、监管部门的意见等。

通过上述分析可以看出,将卫信康有限确定为上市主体是经过权衡利弊、慎重考虑的,而卫信康有限的最终成功上市也充分说明了这一决策的正确性。这一方面满足了监管机构对于上市主体的监管要求,另一方面满足了各股东对卫信康系公司控股的利益诉求,此外也达到了对于卫信康公司业务整合、资源调配的综合效果,可谓一举多得。

第二节　集团公司在上市公司股权架构中地位

一、集团公司设立的最新规定与优劣对比分析

（一）集团公司设立的条件

1. 法律规定

1998年4月6日，国家工商行政管理局下发的《企业集团登记管理暂行规定》（工商企字〔1998〕第59号）第五条第一款规定："企业集团应当具备下列条件：（一）企业集团的母公司注册资本在5000万元人民币以上，并至少拥有5家子公司；（二）母公司和其子公司的注册资本总和在1亿元人民币以上；（三）集团成员单位均具有法人资格。"

2018年8月17日，国家市场监督管理总局下发了《关于做好取消企业集团核准登记等4项行政许可等事项衔接工作的通知》（国市监企注〔2018〕139号），全面取消企业集团核准登记，各级工商和市场监管部门对企业集团成员企业的注册资本和数量不做审查和要求。

所谓企业集团，是指以资本为主要联结纽带的母子公司为主体，以集团章程为共同行为规范的母公司、子公司、参股公司及其他成员企业或者机构，共同组成的具有一定规模的企业法人联合体。值得注意的是，虽然目前取消了设立集团公司的诸多限制，但是在集团公司设立后，由于各公司之间没有股权关系即母子公司关系，则需要进行相应的股权变更形成母子公司关系，这就涉及相关资本运作和税务筹划。

2. 集团公司的常见结构

在集团公司架构中，集团公司系母公司，旗下有多个子公司，根据母公司对子公司持股比例的不同，分为全资子公司、控股子公司和参股子公司三种类型。至于集团公司设立的分公司，因其不具有独立法人资格，不能与子公司相提并论。集团公司的股东多为自然人，尤其是家族企业，更是如此。下面将要介绍的江西煌上煌集团食品股份有限公司（以下简称煌上煌）的股东结构，是比较有代表性的。

集团公司基本组织结构如图15－4所示。

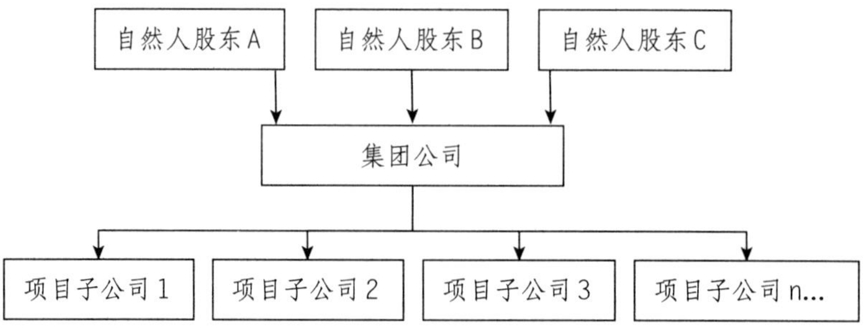

图15－4　集团公司基本组织结构图

(二)集团公司设立的优劣分析

1.集团公司的主要优势

在市场环境下,与其他形式的市场主体、集团公司的比较优势越来越明显,全社会对集团公司的关注度越来越高,国家对集团公司的支持力度也越来越大。笔者根据多年的研究,归纳了集团公司的十大优势:

第一,实现多元发展,分散投资风险。集团公司利用人才、资金、技术等优势,同时经营两个或者两个以上的行业,增加新业务,进入新市场,多元化经营有助于集团公司合理配置资源,降低投资风险。

第二,孵化创新产业,增强发展后劲。面对国家产业政策的不断调整,企业发展面临许多不确定性,集团公司在经营原有业务的同时,投入一定人员、资金去培育创新性产业,为企业健康、持续发展增加新的力量。

第三,便利债权融资,增加授信额度。集团公司由于规模大,资金雄厚,深得银行等金融机构的青睐,以集团公司名义对外融资,不仅可以解决集团公司旗下各子公司的资金需要,而且可以获得更高的贷款额度。

第四,利用杠杆股权,放大资产规模。由于隶属集团公司的子公司有多种类型,除了全资子公司之外,集团公司通过控股某些子公司,对其形成实际控制,并纳入集团公司合并报表,扩大集团公司资产规模。

第五,有效调拨资金,提高资产效益。集团公司通过建立集团内部资金使用和管理制度,归集所属子公司的所有流动资金,并根据各子公司对资金的需求进行及时、有效的调拨,提高了资金使用率,避免了资源的浪费。

第六,进行税务筹划,降低税收成本。根据相关税收法律法规的规定,对于集团内部从事的主体变更、业务整合、资产划转等行为,给以一定的优惠政策,集团公司与所属子公司可以充分利用有利条件,达到合理避税的目的。

第七,便于资本运作,规避上市监管。根据证券监管法律法规的规定,证券监管部门对上市主体控股子公司的审核标准等同于上市主体,但对上市主体的母公司(如集团公司)并无严苛的监管要求,便于集团公司进行资本运作。

第八,方便人事安排,引进专业人才。根据证券监管法律法规的规定,上市主体必须符合“三会一层”条件,同时对董事、监事、高管的任职也有严格的要求,而集团公司在人事安排、人才引进方面可以不受约束。

第九,隔离股东风险,稳固控制权。由于股东的专业能力、对公司的贡献度不同,个人债务也时有发生,导致股东频繁变动,而集团公司这种结构有助于大股东稳固对公司的控制权,同时隔离股东给公司带来的各种风险。

第十,形成业务闭环,降低交易成本。面对激烈的竞争环境,市场行情瞬息万变,买方市场与卖方市场轮番交替,使得企业交易成本不断增加,集团公司通过串联上下游企业,形成生产、供应、销售全产业链条,不受外界影响。

2. 集团公司的主要劣势

尽管前面列举了集团公司的诸多优势,但不可否认的是,集团公司从某些方面来说,确实存在一定的劣势,比如:

首先,扩大公司层级,带来经营风险。由于集团公司之上有股东(包括自然人股东、法人股东和机构股东),集团公司之下还有子公司、孙公司,甚至曾孙公司,公司层级冗长,给正常的生产经营活动带来一系列的风险,如法律风险、财务风险、税收风险等。

其次,增加管理人员,加重财务负担。集团公司内部各公司均为独立法人,且必须保持各公司在业务、资产、人员、财务、机构方面的独立性;加之,公司层级延长,所需管理人员众多,导致机构臃肿,人浮于事,不但办事效率低下,而且增加了公司的经济负担。

再次,多头经营,无法突出主业。由于集团公司内部业务门类繁多,各种交易充斥,资本纽带关系千丝万缕,集团公司深陷其中,难以解套;下属子公司各自为政,多头经营,导致集团公司无法协调集团上下,不能进行统一部署,无力归集全部资金,不能形成统一目标,无法突出主营业务。

最后,连带效应强,影响面广。由于集团公司内部关系密切,相互牵连,一旦某个公司由于经营或者管理不善,发生厂房倒塌、人员中毒等重大恶性事件,企业在遭受行政处罚、巨额索赔时,不但伤及集团公司的整体利益,同时使集团公司及其子公司的形象受到损害。

(三)集团公司的税务筹划

1. 集团公司税务筹划的优势

笔者在归纳集团公司的十大优势时,其中第六点就谈到集团公司可以进行税务筹划,降低税收成本。事实上,集团公司的税务筹划体现在两个方面:(1)在税收种类上,不仅包括企业所得税,还包括增值税、土地增值税、契税、印花税等;(2)体现在许多过程中,不仅包括集团公司对内、对外融资过程中,还包括对外投资、生产经营、利润分配等各个过程中。

2. 集团公司统借统还的税收筹划

所谓统借统还,是指:(1)企业集团或者企业集团中的核心企业向金融机构借款或对外发行债券取得资金后,将所借资金分拨给下属单位(包括独立核算单位和非独立核算单位,下同),并向下属单位收取用于归还金融机构或债券购买方本息的业务。(2)企业集团向金融机构借款或对外发行债券取得资金后,由集团所属财务公司与企业集团或者集团内下属单位签订统借统还贷款合同并分拨资金,并向企业集团或者集团内下属单位收取本息,再转付企业集团,由企业集团统一归还金融机构或债券购买方的业务。由此可见,根据统借方的不同,统借分为两种类型:一是集团或集团内核心企业作为统借方;二是集团所属财务公司作为统借方。

关于统借统还的优惠政策,在统借统还业务中,企业集团或企业集团中的核心企业以及集团所属财务公司按不高于支付给金融机构的借款利率水平或者支付的债券票面利率水平,向企业集团或者集团内下属单位收取的利息。统借方向资金使用单位收取的利息，高于支付给金融机构借款利率水平或者支付的债券票面利率水平的，应全额缴纳增值税。在实务中，有许多集团公司利用统借统还的优惠政策进行税收筹划，降低财务成本。

二、从煌上煌看集团公司对企业上市的推动作用

煌上煌创建于1993年，是一家以畜禽肉制品加工为主的食品加工企业，其旗下的卤制品畅销全国。2012年9月5日成功在深交所挂牌上市，证券代码为002695，证券简称煌上煌。煌上煌及其体系的其他公司由徐桂芬家族控制，采取典型的“家族式集团公司”控股模式，具有显著的优势。具体情况如下：

（一）煌上煌股权结构变化情况

1. 1999年3月9日，徐桂芬、褚贱根（后更名为褚建庚）、褚俊（后更名为褚浚）、褚剑共同出资设立江西煌上煌烤卤有限公司（煌上煌前身，以下简称煌上煌烤卤），注册资本为人民币200万元。

各股东出资额及出资比例见表15－2。

表15－2　1999年公司股东出资额及出资比例

股东名称	出资额（万元）	所占比例（%）
徐桂芬	100.00	50.00
褚贱根	50.00	25.00
褚俊	25.00	12.50
褚剑	25.00	12.50
合计	200.00	100.00

2. 2001年2月25日，徐桂芬将所持100万股权转让给江西煌上煌实业有限公司（江西煌上煌集团有限公司的前身，以下简称煌上煌实业），股东褚俊、褚剑分别将所持25万股权转让给煌上煌实业。

本次股权转让完成后，各股东出资额及出资比例见表15－3。

表15－3　2001年公司股东出资额及出资比例

股东名称	出资额（万元）	所占比例（%）
煌上煌实业	150.00	75.00
褚贱根	50.00	25.00
合计	200.00	100.00

3. 2002年10月2日，煌上煌烤卤全体股东决议同意股东江西煌上煌集团有限公司（经煌上煌实业更名而来，以下简称煌上煌集团）增加出资975万元；股东褚贱根增加出资125万

元;新增股东褚俊及褚剑,其二人分别增加出资 100 万元,将煌上煌烤卤的注册资本增加至人民币 1500 万元。

本次增资完成后,各股东出资额及出资比例见表 15 - 4。

表 15 - 4　2002 年公司股东出资额及出资比例

股东名称	出资额(万元)	所占比例(%)
煌上煌集团	1125.00	75.00
褚贱根	175.00	11.67
褚俊	100.00	6.67
褚剑	100.00	6.67
合计	1500.00	100.00

4. 2006 年 8 月 18 日,煌上煌全体股东决议同意股东煌上煌集团增加出资 550 万元,股东褚贱根增加出资 350 万元,股东褚俊及褚剑分别增加出资 200 万元,将煌上煌的注册资本增加至人民币 2800 万元。

本次增资完成后,各股东出资额及出资比例见表 15 - 5。

表 15 - 5　2006 年公司股东出资额及出资比例

股东名称	出资额(万元)	所占比例(%)
煌上煌集团	1675.00	59.83
褚贱根	525.00	18.75
褚俊	300.00	10.71
褚剑	300.00	10.71
合计	2800.00	100.00

5. 2007 年 11 月 20 日,煌上煌全体股东决议同意股东煌上煌集团增加出资 3000 万元,将煌上煌的注册资本增加至人民币 5800 万元。

本次增资完成后,各股东出资额及出资比例见表 15 - 6。

表 15 - 6　2007 年公司股东出资额及出资比例

股东名称	出资额(万元)	所占比例(%)
煌上煌集团	4675.00	80.61
褚贱根	525.00	9.05
褚俊	300.00	5.17
褚剑	300.00	5.17
合计	5800.00	100.00

6. 2008 年 8 月 26 日,经煌上煌创立大会暨 2008 年第一次股东大会决议同意,依据《审计报告》,以截至 2008 年 4 月 30 日经审计的净资产人民币 110613666.24 元按照 1∶0.723238 的比例进行折股,其中,8000 万元作为股本,其余 3061.37 万元计入资本公积。

2008 年 9 月 10 日,福建立信闽都会计师事务所有限公司对上述净资产出资情况进行了审验,并出具了验资报告。

2008 年 9 月 26 日,煌上煌在南昌市工商行政管理局办理了变更登记,整体变更为股份有限公司,取得了《企业法人营业执照》,注册资本和实收资本均为 8000 万元。

本次整体变更为股份有限公司后,各股东出资额及出资比例见表 15 – 7。

表 15 – 7　2008 年公司股东出资额及出资比例

股东名称	出资额(万元)	所占比例(%)
煌上煌集团	6448.80	80.61
褚贱根	724.00	9.05
褚俊	413.60	5.17
褚剑	413.60	5.17
合计	8000.00	100.00

煌上煌在上市后,股份结构如图 15 – 5 所示。

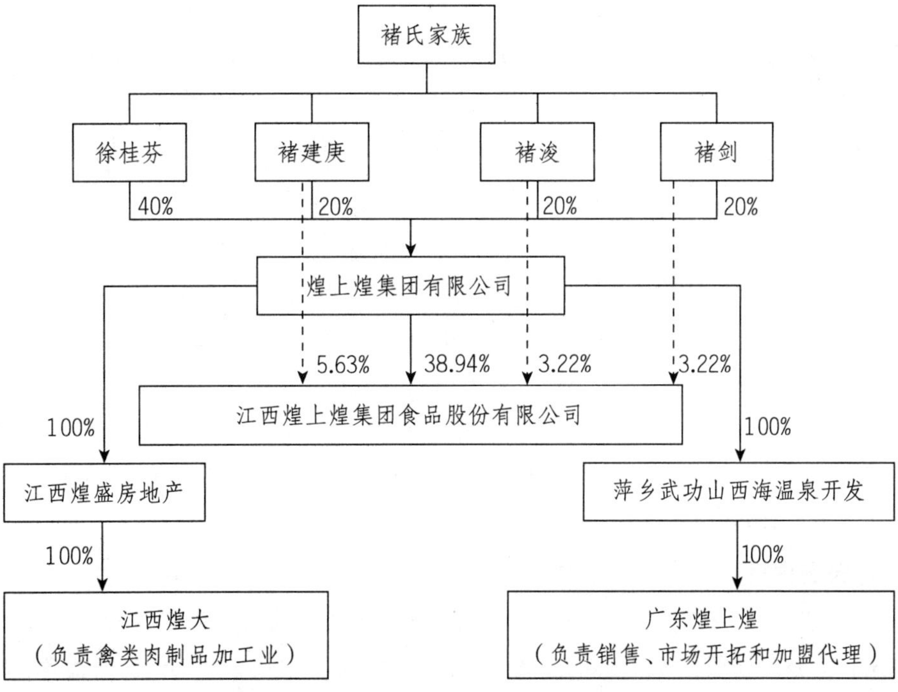

图 15 – 5　煌上煌上市后的股份结构

（二）煌上煌股权结构的优势

笔者认为，上述煌上煌的股权结构设计非常成功，值得许多家族企业学习和借鉴：

1. 徐桂芬家族成员作为煌上煌集团的股东，煌上煌集团本身不参与任何经营，仅作为控股平台，可以有效满足徐桂芬家族通过煌上煌集团控制整个煌上煌系公司的目的。此外，由于煌上煌集团本身不参与实质性经营活动，仅进行对外投资，煌上煌集团可以作为一道有效的防火墙，隔离股东的法律风险。

2. 煌上煌集团通过控股煌上煌股份（上市公司），将收取的分红以及注册资本金用于投资房地产、旅游等其他产业，充分实现了企业的多元化发展道路，同时也节约了大量的税收。

3. 褚剑、褚浚等自然人直接持有了煌上煌股份的少部分股份，一方面可以对外彰显股东和实际控制人的身份；另一方面可以直接从上市公司的利润中取得分红或者在交易市场直接出售股份，获取现金流。

4. 煌上煌股份通过全资控股禽类肉制品加工的煌大食品和以广东煌上煌为代表的销售和代理公司，打通完善了整个上下游产业链，增强了市场竞争力和抗压力，最终实现了上市资本梦。

（三）煌上煌家族财富传承与集团公司架构

煌上煌公司股权架构的设计中可以看出家族财富传承的安排：

1. 煌上煌集团只有四个自然人股东，分别为徐桂芬、褚建庚（系徐桂芬配偶）、褚浚（系徐桂芬长子）、褚剑（系徐桂芬次子），从而充分保障了徐桂芬家族成员对于煌上煌集团的完全控股地位，而徐桂芬家族通过煌上煌集团股权控制的锁链，控制着整个煌上煌体系的公司，保障其家族财富的资金安全。

2. 徐桂芬两个儿子褚浚和褚剑分别持有煌上煌集团20%的股权，分别直接持有上市公司煌上煌股份3.22%的股份，充分平衡了两兄弟之间的利益，避免兄弟之间因利益分配不均导致家族矛盾。

3. 煌上煌披露的信息显示，褚浚目前担任煌上煌的董事长和总经理，褚剑担任煌上煌副董事长和董事，两兄弟均在煌上煌公司任职。此外，褚浚自大学毕业后就一直在煌上煌任职，徐桂芬安排褚浚先后到清洗车间、烤卤车间、凉拌车间、包装车间工作，对褚浚日后从事煌上煌的整体管理与战略布局起到了至关重要的作用。正是由于两兄弟相互协同，且具有良好的管理水平，才使得煌上煌的营收和在市场的影响力在日益增长，且煌上煌的产业链也延长至房地产和旅游等诸多领域。

（四）案例评析

目前上市公司采取集团公司控股上市主体的股权架构方式越来越多，如李建华家族通过华泰集团有限公司控股山东华泰纸业股份有限公司（证券代码：600308；证券简称：华泰股份）、南存辉家族通过正泰集团股份有限公司控股浙江正泰电器股份有限公司（证券代码：601877；证券简称：正泰电器）等。采取集团公司的架构设计，不仅可以充分提升企业的知名度和市场影响力，也可以达到隔离股东风险、节约税负成本，实现企业多元化发展等诸多好处。

此外，如何更好地传承家族财富，是每一个家族企业永恒的话题。以集团公司控股上市公司以及其他业务公司，可以充分保障企业控制权的稳定，企业不至于在产生家族内讧时分崩离析。集团公司的股权架构模式值得所有家族企业学习和研究，也需要根据不同企业和家族内部情况进行调整和运用，切不可生搬硬套。

第三节　合伙企业在上市公司股权架构中的价值

一、合伙企业成为上市公司股东的多种形式

（一）合伙企业的十项优点和三大缺陷

根据《合伙企业法》第二条的规定，合伙企业分为普通合伙企业和有限合伙企业。合伙企业相对于公司法规制下的有限责任公司和股份有限公司，具有以下十大优点及三大缺陷。

1. 合伙企业的十大优点

第一，从法律责任来看，普通合伙企业由普通合伙人组成，合伙人对合伙企业债务承担无限连带责任；有限合伙企业由普通合伙人与有限合伙人组成，普通合伙人承担无限连带责任，有限合伙人承担有限责任。

第二，从合伙人数来看，合伙企业人数最低限额不少于两人，但普通合伙企业未限定合伙人人数上限；有限合伙企业合伙人人数上限与有限责任公司一样，均为50人以下，其中有限合伙企业至少应有一个普通合伙人。

第三，从出资方式来看，有限合伙人可以用货币、实物、知识产权、土地使用权或者其他财产权利作价出资，但不得以劳务出资；而普通合伙人除了以上述财产出资外，还可以用劳务进行出资。

第四，从出资作价来看，合伙人以非货币性资产出资，需要评估作价的，可由全体合伙人协商确定，也可由全体合伙人委托评估机构评估；但公司法规制的有限责任公司和股份有限公司以非货币财产出资，必须评估作价。

第五，从转让条件来看，普通合伙人向合伙人以外的人转让财产份额，需经其他合伙人一致同意，而有限合伙人提前30日通知其他合伙人即可；而有限责任公司股东对外转让股权，应当经其他股东过半数同意。

第六，从表决方式来看，合伙企业作出决议，合伙协议未约定或者约定不明确的，实行合伙人一票并经全体合伙人过半数通过的表决办法，避免完全由出资大小决定；而有限公司是以出资比例来行使表决权（章程另有规定除外）。

第七，从同业竞争来看，除另有约定外，有限合伙人可以自营或者同他人合作经营与本有

限合伙企业相竞争的业务。但对普通合伙人和公司股东有竞业禁止的要求。合伙企业对有限合伙人不存在竞业禁止要求。

第八,从控制权来看,普通合伙人可以较少的出资控制合伙企业。除国有企业、上市公司、公益性事业单位、社会团体外的自然人、法人和其他组织均可担任普通合伙人,并执行合伙事务。

第九,从纳税处理来看,合伙企业合伙人可以作为“税收透明实体”,所得先分后税,以其合伙人名义缴纳;合伙企业股权转让所得,其个人合伙人,比照个体工商户生产经营所得征个人所得税,可以避免有限责任公司及其股东双重税负。

第十,从税收优惠来看,合伙企业管理相对较松,各地存在较多税收“洼地”。各地通过税收核定减免,合伙企业税收负担较规定得更低。且“洼地”并非仅仅存于新疆、西藏等经济欠发达地区。

2. 合伙企业三大缺陷

第一,合伙企业取得的投资收益和所投资企业用未分配利润、盈余公积转增股本,法人合伙人不能如有限公司股东一样,作为税后收益,免征所得税;同时,合伙企业的经营亏损,法人合伙人不能用合伙企业的亏损抵减其营利,在所得税前扣除。

第二,根据财税〔2009〕59 号文等法律法规的规定,合伙企业未明确可以作为重组当事人,享受特殊重组递延纳税优惠。

第三,合伙企业以非货币资产对外投资转让所得,不能如居民企业一般可在不超过 5 年期限内,分期均匀计入相应年度的应纳税所得额,按规定计算缴纳企业所得税。

(二)通过案例看合伙企业成为上市公司股东的方式

1. 合伙企业以发起人方式成为股东——贝达药业案例

贝达药业股份有限公司(证券简称:贝达药业;证券代码:300558,以下简称公司)的《招股说明书》显示,公司的控股股东为宁波凯铭投资管理合伙企业(有限合伙)(以下简称凯铭投资)及浙江贝成投资管理合伙企业(有限合伙)(以下简称贝成投资)和 YINXIANG WANG。其中,凯铭投资持有公司 22.2400% 的股份,贝成投资持有公司 7.5000% 的股份,YINXIANG WANG 持有公司 6.5071% 的股份。

本公司的实际控制人为丁列明和 YINXIANG WANG,丁列明通过凯铭投资和贝成投资间接控制公司 29.7400% 的股份、YINXIANG WANG 直接持有公司 6.5071% 的股份,同时,丁列明和 YINXIANG WANG 之一致行动人 FENLAI TAN 直接持有公司 1.2000% 的股份。因此,丁列明和 YINXIANG WANG 直接及间接持有及控制的公司股份比例合计为 37.4471%。

浙江济和创业投资有限公司(以下简称济和创投)、宁波梅山保税港区特瑞西创投资合伙企业(有限合伙)(以下简称宁波特瑞西)、杭州贝昌投资管理合伙企业(有限合伙)(以下简称杭州贝昌)、宁波美域股权投资合伙企业(有限合伙)(以下简称宁波美域)、杭州金研睿成启汉投资管理合伙企业(有限合伙)(以下简称启汉投资)与发行人或其他股东之间无特殊协议或安排。

截至《招股说明书》签署之日，公司股东持股情况见表 15－8。

表 15－8　公司股东持股情况

序号	股东（发起人）姓名/名称	股份比例
1	凯铭投资	22.2400%
2	济和创投	15.9600%
3	宁波特瑞西	10.7000%
4	贝成投资	7.5000%
5	YINXIANG WANG	6.5071%
6	BETA	7.9569%
7	LAV	6.0000%
8	杭州贝昌	5.9000%
9	SCC	4.7467%
10	成都光控	3.1700%
11	HANCHENG ZHANG	3.1193%
12	宁波美域	3.0000%
13	启汉投资	2.0000%
14	FENLAI TAN	1.2000%
合计		100%

2. 合伙企业通过协议转让方式成为股东——深天地 A 案例

2015 年 9 月 1 日，深圳市天地（集团）股份有限公司（证券简称：深天地 A；证券代码：000023，以下简称公司）董事会发布《关于控股股东拟协议转让上市公司股权的提示性公告》，公司接到控股股东深圳市东部开发（集团）有限公司（以下简称东部集团）通知，东部集团拟转让其所持有的公司 2100 万股股份，占公司总股本的 15.13%。本次转让会导致公司控股股东及实际控制人变更。

2015 年 9 月 16 日，公司董事会发布《关于公司控股股东签署股份转让协议的提示性公告》，东部集团与宁波华旗同德投资管理合伙企业（有限合伙）（以下简称华旗同德）于 2015 年 9 月 14 日签署了《股份转让协议书》，约定东部集团将其所持有的公司 2100 万股无限售条件流通股（占公司股份总数的 15.13%）转让给华旗同德，股份转让的价格为协议价每股 30 元，2100 万股的转让价款为 63000 万元。

2015 年 10 月 17 日，公司董事会发布《关于公司股东股份过户完成的公告》；10 月 16 日，公司收到《证券过户登记确认书》，东部集团已于 10 月 15 日在中国证券登记结算有限责任公司深圳分公司办理完成股份变更登记手续。本次过户完成后,华旗同德持有15.13%公司股份,成为公司第一大股东,宁波华旗盛世投资管理有限公司为华旗同德的普通合伙人/执行事务合伙人。股份转让前后股东持股数量及比例见表15-9。

表15-9 股东持股数及持股比例

股东名称	本次股份转让前		本次股份转让后	
	持股数量(股)	持股比例(%)	持股数量(股)	持股比例(%)
东部集团	41805839	30.13	20805839	15.00
华旗同德	0	0	21000000	15.13
其他	96950401	69.87	96950401	69.87
合计	138756240	100.00	138756240	100.00

3.案例评析

通过上述案例可知,合伙企业可以成为上市公司的股东,甚至控股股东。首先,对于合伙企业的股东资格问题,《公司法》并没有明确表示认可与否,但在实践中,合伙企业尤其是有限合伙企业已经广泛参股到各种公司中。合伙企业作为公司股东不存在任何法律障碍。但合伙企业具有上市公司股东资格,是在2009年11月20日《证券登记结算管理办法》修订之后,根据该办法,中国合伙企业可以作为投资者向证券登记结算机构提出申请开立证券账户,进行证券登记结算。据此,合伙企业可以成为上市公司的股东。其次,合伙企业可以成为上市公司的控股股东,上述两个案例代表了合伙企业成为上市公司控股股东的主要方式。最后,不管是从法律依据还是从实务操作,合伙企业成为上市公司控股股东不仅具有可行性,还具有许多优势,如责任承担、治理结构、税收优惠等。

(三)有限合伙企业嵌套式结构——绿地集团借壳金丰股份案例

在2015年上市时,绿地集团引入5家PE机构,运用镶嵌式有限合伙企业的方式,成功解决了员工持股的问题,堪称教科书式的案例。

1.职工持股问题的由来与难题

绿地集团成立于1992年,原为上海市国资委下属的国有企业。1997年设立职工持股会;2003年职工持股会持股比例最高时达到58.77%,占控股地位。2013年职工持股会共包括982名员工,至2015年上市前的持股比例为29.09%。

中国证监会《关于职工持股会及工会持股有关问题的法律意见》(法协字〔2002〕第115号)第二部分第二项之规定:“对拟上市公司而言,受理其发行申请时,应要求发行人的股东不属于职工持股会及工会持股,同时,应要求发行人的实际控制人不属于职工持股会及工会持股。”依据上述法律规定,绿地集团计划通过借壳金丰投资上A股,但需要先解决将近1000名员工持股的问题。

2. 解决方案

经过各种方案的对比分析，绿地集团最终采用了有限合伙企业持股平台模式解决工会持股问题，将有 982 名员工的职工持股会股份转移到有限合伙企业持股平台中，具体步骤为：

（1）绿地集团 43 位管理层成员出资 10 万元，设立上海格林兰投资管理有限公司（以下简称格林兰有限）。

（2）由于法律规定有限合伙企业的合伙人不能超过 50 人，共 982 名员工的持股分别装入共 32 家有限合伙企业，32 家企业名字分别为上海格林兰壹投资管理中心（有限合伙）到上海格林兰叁拾贰投资管理中心（有限合伙）。982 名员工作为有限合伙人，格林兰有限作为 32 家企业的普通合伙人执行合伙事务，共组成 32 家小合伙企业。

（3）再由这 32 家小合伙企业作为有限合伙人，格林兰有限作为普通合伙人，组成上海格林兰投资企业（有限合伙）（以下简称格林兰合伙），俗称“大合伙企业”。

（4）由格林兰合伙与职工持股会签订《吸收合并协议》，约定有关资产、负债、业务等的承继与承接，将职工持股会持有绿地集团全部 29.09% 的股权变更至格林兰合伙名下，格林兰合伙成为绿地集团的直接股东。

通过这样的设计，绿地集团的管理层通过格林兰有限，实现对两层共 33 家员工持股平台的控制，从而控制共 29.09% 的股份。绿地集团的股东人数穿透后超过 200 人，并没被要求将员工持股还原到直接持股，管理层对公司控制权的设计得以保留。

3. 证监会审核意见

金丰投资与绿地集团的重组方案于 2015 年 6 月获得证监会批复，绿地集团实现借壳上市，上市后于 2015 年 8 月改名为绿地控股。上市后绿地控股的前三名股东分别为：第一大股东，格林兰合伙持股 28.83%。第二大股东，上海地产集团（含子公司）共持股 25.47%。第三大股东，上海城投总公司持股 20.58%。

绿地集团创造了史上规模最大，堪称教科书模式的借壳上市案例。上市仅 3 分钟，开盘市值便超过了 3100 亿元，一度成为全世界市值最大的房企。

4. 案例评析

职工持股会作为历史遗留问题，一直是绿地集团管理层和上海国资委博弈的问题所在，直到党的十八届三中全会强调混合所有制经济，在新一轮上海国资改革中，中共上海市委员会、上海市人民政府公布的《关于进一步深化上海国资改革促进企业发展的意见》明确要积极发展混合所有制经济。绿地集团的重组交易取得上海国资委的支持，得以顺利进行。

如上文所述，中国证监会对职工持股会的态度不利于绿地集团借壳上市的进程，因此绿地集团安排大有限合伙吸收合并职工持股会并且取代职工持股会参与本次重大资产重组，这样既能解决职工持股会的尴尬地位，又不影响员工的持股权益（将 982 名员工的持股权益打包成 32 份并放入小有限合伙），以极少的投资换来了对巨大资产的控制权，堪称经典之作。

(四)普通合伙企业形式——江淮汽车吸并江淮集团案例

1. 本次交易的背景

(1)发展混合所有制经济与完善国有资产管理体制属于当前国家深化经济体制改革鼓励范畴。

(2)落实国家推进汽车产业结构调整和优化升级的战略布局。

(3)本次交易属于汽车制造业同行业整合,有利于提升公司核心竞争力,符合国家产业政策方向。

2. 本次交易目的

(1)整合集团资源,发挥协同效应。

(2)减少关联交易,改善治理结构。

(3)引进战略投资者和实施管理层持股,促进公司未来发展。

3. 本次交易主要内容

根据安徽江淮汽车股份有限公司(股票简称:江淮汽车;股票代码:600418)与安徽江淮汽车集团有限公司(以下简称江汽集团)及其全体股东签署的《吸收合并协议》及《吸收合并协议之补充协议》,本次发行股份吸收合并江汽集团的交易对方为江汽集团全体3名股东,即安徽江淮汽车集团控股有限公司(以下简称江汽控股)、建投投资有限责任公司(以下简称建投投资)、合肥实勤股权投资合伙企业(普通合伙)(以下简称实勤投资)。

吸收合并完成后,江汽集团法人资格注销,江淮汽车存续。

本次重组中交易标的的交易价格以具有证券、期货从业资格的资产评估机构出具的并经国有资产监督管理部门核准的评估报告的评估结果为基础确定。

4. 公司股权结构变化

本次交易前后(不考虑配套融资),上市公司的股权结构变化情况见表15-10。

表15-10　交易前后公司股东持股情况

股东名称	本次交易前		本次交易后	
	持股数(万股)	持股比例(%)	持股数(万股)	持股比例(%)
江汽集团	45528.89	35.43	—	—
江汽控股	—	—	44587.49	30.47
建投投资	—	—	15840.40	10.83
实勤投资	—	—	2933.71	2.00
其他公众投资者	82961.69	64.57	82961.69	56.70
合计	128490.58	100.00	146323.29	100.00

在不考虑异议股东行使现金选择权且不考虑进行配套融资的情况下,本次交易后,江汽

控股将持有上市公司30.47%的股权,成为江淮汽车的控股股东,安徽省国资委仍然为江淮汽车的实际控制人。

5.合伙企业股东实勤投资情况简介

(1)基本情况

企业名称:合肥实勤股权投资合伙企业(普通合伙);

执行事务合伙人 :王志远;

合伙企业类型:普通合伙企业;

经营范围:股权投资及管理,企业管理咨询服务;

成立日期:2013年8月22日。

(2)历史沿革

①2013年8月成立。2013年8月22日,王志远与王东国签署了《合肥实勤股权投资合伙企业(普通合伙)之合伙协议》,拟共同设立合肥实勤股权投资合伙企业(普通合伙,以下简称实勤投资),出资额为10万元,王志远与王东国分别出资5万元。2013年8月22日,合肥市工商局向实勤投资颁发了《合伙企业营业执照》。

②2013年10月增加出资额。2013年10月30日,实勤投资召开会议,同意合伙人由2人变更为160人,增加安进等158名自然人合伙人,全体合伙人对合伙企业的出资额由10万元变更为18519万元。

(3)企业出资份额情况

2013年11月13日,安徽省国资委出具了皖国资改革函〔2013〕830号《省国资委关于江汽集团公司经营管理团队增资有关事项的批复》,同意江汽集团安进等160名管理和技术骨干,通过设立合肥实勤股权投资合伙企业(普通合伙)增资安徽江汽集团有限公司18519万元;个人增资额度以江汽集团报送的《合肥实勤股权投资合伙企业(普通合伙)合伙人财产份额清单》为准。

根据上述文件规定,实勤投资由江汽集团及其下属公司的主要管理人员和技术骨干安进等160名员工出资设立。该合伙企业的合伙人持有份额情况见表15-11。

表15-11　合伙人出资份额及比例

序号	姓名	出资份额(万元)	份额比例(%)
1	安进	1494	8.07
2	王志远	558	3.01
3	王东国等158名自然人	16467	88.92
合计		18519	100

6.案例评析

在实务中,许多公司为了留住核心员工、吸引人才,常常会对员工进行股权激励。为何笔者不建议股权激励采取直接持股,而是普遍采取持股平台间接持股的方式呢? 笔者认为采取持股平台间接持股的方式,有以下几个好处:

第一,绕开股东人数限制。依据《公司法》的相关规定,有限责任公司由 50 人以下股东出资设立,发起设立的股份有限公司发起人为 2 ~ 200 人。股东人数的限制,使公司能够进行股权激励的员工人数受到了制约,而通过设立持股平台,则扩大了股权激励的人数范围,更好地实现激励员工的目的。

第二,保障公司控制权的稳定。如果采取股东直接持股的其他方式,召开股东会需要通知全体股东,决议时还需要股东进行签字,实际控制人难以有效地对公司形成控制。而通过采取设立持股平台的方式,实际控制人可以通过控制持股平台进而控制整个拟上市公司,其他股东仅享有分红权,不享有决策权,公司控制权更加稳定。

第三,具有良好的节税效果。若公司进行股权激励不选择持股平台,而是选择由员工直接持股,在转让股权的环节,原股东需要缴纳个人所得税(或企业所得税);当目标公司分配股息红利时,持股员工需要按照 20% 的"股息、红利所得"缴纳个人所得税;当持股员工退出公司时,还需要按照股权转让所得缴纳个人所得税。综合来看,员工直接持股税收负担较重。

第四,员工持股平台采取普通合伙企业形式,在实践中并不多见。由于普通合伙企业的全体合伙人都属于普通合伙人性质,且合伙人必须对合伙企业债务承担无限连带责任,这对每个合伙人来说,其压力是空前的。借用《孙子兵法》里面的一句话,就是置之死地而后生,投之亡地然后存。相信每个合伙人都会尽心尽力,一起笑到最后。

二、通过案例看有限合伙企业普通合伙人的安排

(一)自然人作为有限合伙企业普通合伙人

1. 自然人作为有限合伙企业普通合伙人——长川科技案例

杭州长川科技股份有限公司(股票简称:长川科技;股票代码:300604)《首次公开发行股票并在创业板上市招股说明书》(以下简称《招股说明书》)显示:

(1)本次发行基本情况

①股票种类:人民币普通股(A 股)。

②每股面值:1.00 元。

③发行股数:本次拟向社会公众公开发行股票数量总额不超过 1905 万股,不低于发行后公司总股本的 25%;本次发行原股东不公开发售股份。

④每股发行价格:9.94 元。

⑤发行市盈率:22.97 倍(每股收益按照 2016 年经审计的扣除非经常性损益前后孰低的净利润除以本次发行后的总股数计算)。

(2)发行人股权结构(见图 15 -6)

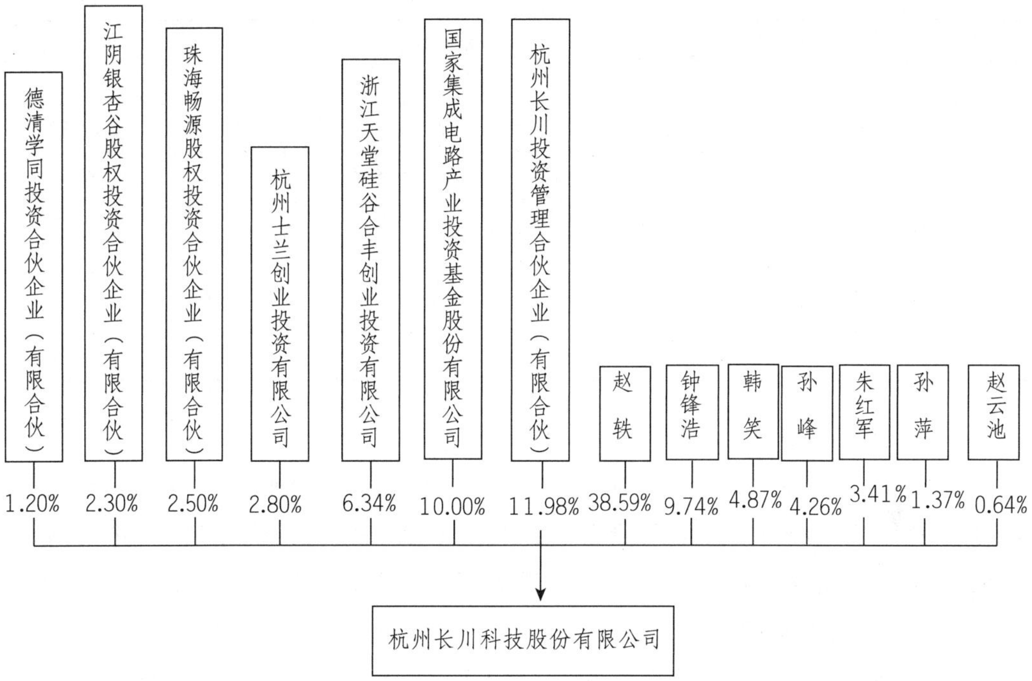

图 15－6　发行人股权结构图

（3）合伙企业股东长川投资情况简介

截至《招股说明书》签署日，杭州长川投资管理合伙企业（有限合伙）（以下简称长川投资）持有长川科技 684.4444 万股股份，占公司股份总数的 11.98%，长川投资基本情况如下：

成立时间：2015 年 2 月 3 日

认缴出资额：100 万元

实缴出资额：100 万元

执行事务合伙人：徐昕

经营范围包括服务：投资管理和非证券业务的投资咨询。（未经金融等监管部门批准，不得从事向公众融资存款、融资担保、代客理财等金融服务）（依法须经批准的项目，经相关部门批准后方可开展经营活动）

目前，长川投资的合伙人构成及出资比例见表 15－12。

表 15－12　合伙人构成及出资比例

序号	合伙人名称	合伙人类型	在公司任职/关联关系	出资额（万元）	出资比例（%）
1	徐昕	普通合伙人	实际控制人之一 总经理助理	57.13	57.13
2	杨晓萍	有限合伙人	董事、副总经理孙峰之配偶	16.67	16.67

续表

序号	合伙人名称	合伙人类型	在公司任职/关联关系	出资额（万元）	出资比例（%）
3	章伟灵	有限合伙人	董事、副总经理钟锋浩之配偶	13.33	13.33
4	陈江华	有限合伙人	监事、客户服务部经理	3.00	3.00
5	叶键波等6人	有限合伙人	其他部门经理或副经理	8.87	8.87
6	徐乃昌	有限合伙人	赵轶之岳父 生产管理部员工	1.00	1.00
合计				100	100.00

2. 自然人作为有限合伙企业双普通合伙人——贝达药业案例

宁波特瑞西成立于2013年3月28日，现持有宁波工商行政管理局核发的《合伙企业营业执照》，执行事务合伙人为陈香莉，合伙企业类型为有限合伙企业，经营范围为“许可经营项目：无。一般经营项目：实业投资，投资管理，投资咨询[未经金融等监管部门批准不得从事吸收存款、融资担保、代客理财、向社会公众集（融）资等金融业务]”。

截至2016年6月30日，宁波特瑞西的合伙人及其认缴出资情况见表15-13。

表15-13　合伙人及出资情况

序号	合伙人名称	合伙人类型	出资额（元）	权益比例（%）
1	王学超	普通合伙人	9377672	93.7767
2	沈其芬	有限合伙人	500000	5.0000
3	金虹	有限合伙人	112360	1.1236
4	陈香莉	普通合伙人	9968	0.0997
合计			10000000	100.0000

（二）创始股东担任普通合伙人承担无限连带责任的法律风险

《合伙企业法》第二条第三款规定：“有限合伙企业由普通合伙人和有限合伙人组成，普通合伙人对合伙企业债务承担无限连带责任，有限合伙人以其认缴的出资额为限对合伙企业债务承担责任。”根据上述法律规定，如公司控股股东或实际控制人设立有限合伙并作为该合伙企业的普通合伙人，那么需要以其个人财产对于合伙企业的债务承担无限连带责任，其法律风险较大。但是在实务过程中，采取有限合伙企业设立持股平台的优势又十分明显，那么是否有办法解决这一难题呢？笔者认为可以采取以下两种方式解决上述难题。

第一种方式，可以注册设立一家一人有限公司，创始股东担任该一人有限公司的唯一股东，以这一人有限公司投资加入有限合伙企业，并成为普通合伙人；由一人有限公司对于有限合伙企业的债务承担无限连带责任。但是根据一人有限公司的有限责任制度，创始股东仅需以其认缴的出资额对于一人有限公司的债务承担有限责任,因此就可以有效规避普通合伙人承担无限连带责任的弊端。不过采取此种方式时需要注意以下几个问题:

一是《合伙企业法》第三条规定,“国有独资公司、国有企业、上市公司以及公益性的事业单位、社会团体不得成为普通合伙人”。可见,如果是上述法律规定的五种特殊主体,是不可以担任普通合伙人的,除上述法律规定以外的其他法人企业均可以担任普通合伙人。

二是《公司法》第六十三条规定,“一人有限责任公司的股东不能证明公司财产独立于股东自己的财产的,应当对公司债务承担连带责任”。可见,如果在一人有限责任公司中,如果股东个人与公司的财产出现混同情形,则会导致法人人格否定,从而揭开公司的面纱,股东需对公司的债务承担连带清偿责任。

通过对于上述方案的论证,笔者进而又提出了另一种方式,即由创始股东或实际控制人与其他自然人设立一个普通有限责任公司,其中创始股东可以持股99%、其他自然人持股1%,由该有限责任公司担任有限合伙企业的普通合伙人,这样就可以有效规避《公司法》对于一人有限责任公司的限制性规定。

在实务中,当然也有许多企业家考虑到以公司法人作为普通合伙人,又增加了一个公司层级,会带来财务记账和税务登记等一系列的问题和成本费用,这就需要企业家充分衡量各个方面的得失,作出最优的选择。

三、上市公司控股股东由有限公司变更为有限合伙企业

(一)上市公司控股股东由有限公司变更为有限合伙企业案例

1. 威海广泰案例

威海广泰空港设备股份有限公司(以下简称威海广泰)是一家专业从事空港设备与自动化改造工程、消防应急设备的公司,2007年1月5日经中国证监会核准,在深交所成功上市(证券代码:002111;证券简称:威海广泰)。其控股股东为新疆广泰空港股权投资有限合伙企业(以下简称新疆广泰有限合伙),新疆广泰有限合伙系由新疆广泰空港股权投资有限公司(以下简称新疆广泰投资公司)直接变更而来,而新疆广泰投资公司又是由威海广泰投资有限公司(以下简称威海广泰投资公司)演变而来。

(1)控股股东第一次演变

2011年10月25日,威海广泰发布的《关于控股股东名称、注册地址变更的公告》(公告编号:2011-060)披露:公司接到控股股东威海广泰投资有限公司通知,为了参与西部大开发、寻求新的投资机会,该公司注册地址由“威海高新技术产业开发区火炬路”变更为“新疆石河子北四东路37号3-15室”,公司名称由“威海广泰投资有限公司”变更为“新疆广泰空港股权投资有限公司”,该公司股东及注册资本没有发生变化。

目前,该公司在新疆石河子工商行政管理局开发区分局的工商变更登记手续已经办理完毕,并领取了变更后的企业法人营业执照,营业执照号码不变。

(2)控股股东第二次演变

2011 年 12 月 26 日,威海广泰发布的《关于控股股东工商注册信息变更的公告》(公告编号:2011－079)披露:公司接到控股股东新疆广泰空港股权投资有限公司(以下简称广泰投资公司)通知,经新疆维吾尔自治区工商行政管理局核准,该公司变更为有限合伙企业,其公司名称由"新疆广泰空港股权投资有限公司"变更为"新疆广泰空港股权投资有限合伙企业",本次变更未涉及控股股东的变动,原新疆广泰空港股权投资有限公司股东仍为新疆广泰空港股权投资有限合伙企业的合伙人。

目前,该公司在新疆石河子工商行政管理局开发区分局的工商变更登记手续已经办理完毕,并领取了变更后的企业法人营业执照,营业执照号码不变。

据了解,威海广泰投资公司作为上市公司威海广泰股份公司的控股股东,当时持有威海广泰公司股份 111936026 股,占公司总股本的 36.43%。威海广泰投资公司注册地址由山东威海迁移到新疆石河子,企业名称变更为新疆广泰投资公司是为企业后续整体改制做铺垫,其目的是将有限责任公司直接变更为有限合伙企业。

2. 汉森制药案例

2014 年 5 月 7 日,湖南汉森制药股份有限公司(证券代码:002412;证券简称:汉森制药)(以下简称汉森制药)发布的《关于控股股东工商登记变更的公告》)(公告编号:2014－018)披露:汉森制药接控股股东海南汉森投资有限公司通知,经伊犁哈萨克自治州工商行政管理局霍尔果斯口岸工商分局核准,其名称已由"海南汉森投资有限公司"更名为"新疆汉森股权投资管理有限合伙企业"。工商注册信息变更情况见表 15－14。

表 15－14　公司工商注册信息变更前后对比

项目对比	变　更　前	变　更　后
企业名称	海南汉森投资有限公司	新疆汉森股权投资管理有限合伙企业
企业类型	有限责任公司	有限合伙企业
主要经营场所	海南省琼海市嘉积镇××路××号	新疆伊犁州霍尔果斯国际边境合作中心区×××号
法定代表人/执行事务合伙人	刘令安	刘令安
经营范围	保健食品、生物制品、高新技术产品的投资;医药技术咨询与服务;宾馆酒店、旅游项目投资与开发;土石方工程;室内水电安装工程;房地产信息咨询;热带水果种植;建筑材料、五金交电、电子产品、日用百货销售	接受委托管理股权投资项目、参与股权投资、为非上市及已上市公司提供直接融资的相关服务

本次控股股东工商登记变更主要涉及企业名称、注册地址、公司类型及经营范围；除此之外，控股股东注册资本、实收资本及股权结构未发生变化。

公司控股股东更名及相关工商登记事项变更后，其持有本公司的股份数量、持股比例均未发生变化。

3. 光环新网案例

2018 年 1 月 4 日，北京光环新网科技股份有限公司（以下简称光环新网）发布的《关于控股股东变更工商登记信息的公告》（公告编号：2018－003）披露：近日，光环新网接到控股股东北京百汇达投资管理有限公司的通知，经霍尔果斯市市场监督管理局核准，该公司工商登记信息变更见表 15－15。

表 15－15　公司工商登记信息变更前后对比

项目对比	变　更　前	变　更　后
企业名称	北京百汇达投资管理有限公司	霍尔果斯百汇达股权投资管理合伙企业（有限合伙）
企业类型	有限责任公司（自然人投资或控股）	有限合伙企业
主要经营场所	北京市××区××镇××大街×号北京基金小镇大厦×座×××	新疆伊犁州霍尔果斯兰新路××号永和大厦第×幢××室××号
法定代表人/执行事务合伙人	耿桂芳	耿桂芳
经营范围	投资管理；信息咨询（不含中介服务）（1. 未经有关部门批准，不得以公开方式募集资金；2. 不得公开开展证券类产品和金融衍生品交易活动；3. 不得发放贷款；4. 不得对所投资企业以外的其他企业提供担保；5. 不得向投资者承诺投资本金不受损失或者承诺最低收益。企业依法自主选择经营项目，开展经营活动；依法须经批准的项目，经相关部门批准后依批准的内容开展经营活动；不得从事本市产业政策禁止和限制类项目的经营活动）	接受委托管理股权投资项目、参与股权投资、为非上市及已上市公司提供直接融资的相关服务（依法须经批准的项目，经相关部门批准后方可开展经营活动）

本次除以上工商登记信息变更外，其他工商登记事项未发生变更，原北京百汇达投资管理有限公司的股东仍为霍尔果斯百汇达股权投资管理合伙企业（有限合伙）的合伙人（耿殿根、耿桂芳）。

上述事项未涉及公司控股股东的股权变更，对公司的经营活动不构成影响，公司控股股东持股比例及实际控制人均未发生变化。

（二）新疆出台的相关政策是法律形式变更的重要诱因

上市公司的控股股东采用从有限责任公司直接变更为有限合伙企业的方式，来自新疆的创新。这一切都源于西部大开发国家战略和国家支持新疆跨越式发展的大背景下的特殊举措。

1. 第一个文件

2010年8月25日，《新疆维吾尔自治区人民政府办公厅关于印发〈新疆维吾尔自治区促进股权投资类企业发展暂行办法〉的通知》（新政办发〔2010〕187号，以下简称《暂行办法》）第十二条规定："已经注册设立运营的股权投资型企业和股权投资管理企业，符合合伙企业设立条件的，可向自治区工商行政管理部门依法申请变更为合伙制企业，并在变更后向自治区金融办申请备案。"第十三条规定："股权投资类企业符合备案条件的，可以按照本办法向自治区金融办申请备案。经自治区金融办备案后，可享受本办法规定的有关优惠和鼓励政策。"

2. 第二个文件

2010年11月19日，《新疆维吾尔自治区工商行政管理局关于有限责任公司变更为合伙企业的指导意见》（新工商企登〔2010〕172号，以下简称《指导意见》）第一部分规定："变更登记应当遵循依法登记的原则和保护债权人利益的原则，有限责任公司（不含自然人一人公司或国有独资公司）变更为合伙企业应当具备以下条件：（一）公司债权人对公司变更为合伙企业未提出异议；（二）公司设立2年以上，公司全体股东已按照章程规定或股东会议决定足额缴纳全部出资；（三）国有股东成为合伙企业合伙人已获得国有资产监管部门的批准；外商投资公司变更为外商投资合伙企业已获得商务部门的批准；（四）合伙人在2人以上、50人以下，必须有一个以上普通合伙人；（五）符合合伙企业设立登记的其他条件。"

3. 第三个文件

2010年12月3日，新疆金融工作办公室、经济和信息化委员会、工商行政管理局、国家税务局、地方税务局联合发布的《关于鼓励股权投资类企业迁入我区的通知》（新金函〔2010〕87号，以下简称《迁入通知》）第二条规定："迁入我区的公司制或者合伙制股权投资类企业，符合《暂行办法》规定的备案条件的，2010年至2020年，按照《暂行办法》第21条的规定，纳入自治区支持中小企业社会化服务体系，依法享受西部大开发各项优惠政策和《暂行办法》规定的各项鼓励政策。"

由此，我们不难看出，上市公司的控股股东由有限责任公司变更为有限合伙企业的用意，一是响应国家西部大开发的号召，支持新疆当地的经济发展；二是充分享受新疆地方政府制定的一系列优惠政策，谋取更大经济利益。

除了威海广泰股份公司控股股东威海广泰投资公司迁入新疆变更为新疆广泰有限合伙之外，上市公司深圳市兆驰股份有限公司（证券代码：002429）的控股股东深圳市兆驰投资有限公司也迁入新疆并变更为新疆兆驰股权投资合伙企业（有限合伙），上市公司深圳科士达科技股份有限公司（证券代码：002518）的控股股东深圳市科士达电源设备有限公司也迁入新疆并变更为新疆科士达股权投资合伙企业(有限合伙)。

(三)综合评析

通常情况下,上市公司控股股东为法人企业或自然人,尽管法律并不禁止有限合伙企业成为上市公司控股股东,但此类情形在实务中还是较为少见。对于上市公司控股股东由有限责任公司形式直接变更为有限合伙企业,更是少之又少。

新疆地区的上述三个文件目前尚未废止,结合相关的历史背景,笔者理解可能主要是为配合西部大开发而出台的一些鼓励性投资的地方税收优惠政策,笔者于2020年6月30日专门电话咨询霍尔果斯市市场监督管理局,回复的结果是目前股权投资类企业仍然可以由有限公司直接变更为有限合伙企业,其他类型的公司不可以。

第四节　浅谈理想股权的架构与模式

一、理想股权架构之特点

根据我们对于大量上市公司、非上市公众公司的股权架构研究,我们认为理想股权架构一般具有以下显著特点。

(一)股权结构具有清晰性和合法合规性

股权合规性是公司进行各种资本运作的基本前提,无论是IPO、新三板挂牌还是重大资产重组,股权合规是公司历史沿革中最重要的问题。这里的合规性主要包括以下几个方面:

1. 出资主体的合规性

依据《公务员法》第五十九条规定,公务员应当遵纪守法,不得违反规定从事或者参与营利性活动,在企业或者其他营利性组织中兼任职务。可见,出资人的身份必须满足法律规定,不得存在不能作为出资人的情形。

2. 出资方式的合规性

《公司法》第二十七条规定,股东可以用货币出资,也可以用实物、知识产权、土地使用权等可以用货币估价并可以依法转让的非货币财产作价出资;但是,法律、行政法规规定不得作为出资的财产除外。对作为出资的非货币财产应当评估作价,核实财产,不得高估或者低估作价。法律、行政法规对评估作价有规定的,从其规定。可见,如果以非货币的方式出资,需要按照法律规定履行相应的评估程序。

3. 出资人数的合规性

《公司法》第二十四条规定,有限责任公司由50个以下股东出资设立。第七十八条规定,设立股份有限公司,应当有2人以上200人以下为发起人,其中须有半数以上的发起人在中国境内有住所。可见,出资人数也应满足上述法律规定。

4. 出资额度的合规性

对于某些特殊监管行业，出资额要满足法定条件，如《保险法》第六十九条第一款规定，设立保险公司，其注册资本的最低限额为人民币2亿元。

（二）控制权具有稳定性

随着公司的扩张和发展，公司可能要不断引进新的投资人，而实际控制人的股权比例必然会被稀释。但是在合理的股权架构设计中，即使在股权被稀释的情况下，通过委托投票权、持股平台、一致行动人等诸多股权架构安排，实际控制人及其创始团队依然能够对公司享有控制权和话语权。

（三）兼顾小股东的利益

虽然大股东注重对于公司的控制力，但不可过犹不及，不能过分强调权力的集中，而忽视小股东的利益诉求，否则容易出现股东之间貌合神离，无法调动其积极性的弊端。因此，一个理想化的股权架构必然是在保障大股东、实际控制人的控制权下，不可过分打压小股东的权利。

（四）股权架构具有包容性

在公司发展壮大过程中，需要不断吸收其他有资金实力、有强大人脉或资源的个人或机构加入公司；此外，也需要通过股权激励的方式吸引为公司贡献度较高的核心员工，因此合理的股权结构应当是开放、包容的，需要吸收一切合理、有利于公司发展的因素。

（五）主营业务清晰突出

随着发展，公司涉及的业务或领域可能在逐渐增加。但是在公司拟上市过程中，其中很重要的一点就是公司的主营业务要清晰。笔者建议，可以将核心资产或者最适合未来进行资本运作的产业，整合到一个主体之内，将非核心业务或资产进行剥离，从而实现资本运作。

（六）投资人能进能出

对于投资人，我们既不能将其拦于门外；在投资人进入公司后，我们也不能限制其“只许进不许出”，而是要为投资人留下退出的合理路径。

二、理想股权架构的分解

在设计理想股权架构时，我们可以通过以下步骤予以分解：

1. 原始自然人股东共同设立控股公司或集团公司。这样设计有以下几个好处：(1) 自然人股东通过控股公司控制业务主体或上市主体，控股公司可以形成一道防火墙，可以有效降低股东风险。(2) 以控股公司作为直接的大股东，公司形成股东会决议只需控股公司加盖公章即可，无须其他股东到场签字，大大提高了决策效率。(3) 控股公司在取得分红时，可以用作其他领域的投资，可以充分享受国家税收优惠政策，避免自然人股东直接分红缴纳个人所得税。

2. 自然人控股股东直接持有拟上市公司少量的股份。为什么在设立控股公司的情形下，我们还建议控股股东或实际控制人再直接持有拟上市公司的少量股份呢？这样设计的意义主要有：(1)通过直接持有拟上市公司的股份，股东名称记载于公司章程和工商登记中，可以对外彰显实际控制人的身份和对公司的影响力。(2)可以直接取得分红，或者通过股票交易达到套现的目的，获取相应的现金流，但是需要缴纳相应的个人所得税。

3. 自然人控股股东与核心员工及上下游企业分别设立有限合伙企业进行持股。这样设计的意义是：(1)对于公司有积极贡献的中高层员工，通过股权激励的方式使其稳定，此外也可以吸引外界其他优秀的人才加入公司。(2)整合上下游产业链，使各方成为更加紧密的命运共同体，共同将企业做大做强。

4. 经过多轮融资先后进入的投资人直接持有拟上市公司的股份。鉴于投资机构的主要目的是待公司上市后，将股份对外交易以获取高额的差价收入，因此投资结构多为直接持有拟上市公司的股份，以实现直接变现的目的。

5. 拟上市公司设立的分公司、全资(控股)子公司以及孙公司。对于上市公司，需要满足业务的独立性，不能对单一客户形成重大依赖，因此有必要整合上下游产业，通过设立子公司、孙公司的方式，一方面完善产业链，形成业务闭环；另一方面充分利用法人独立人格制度，降低上市公司的法律风险。

理想股权架构如图 15－7 所示。

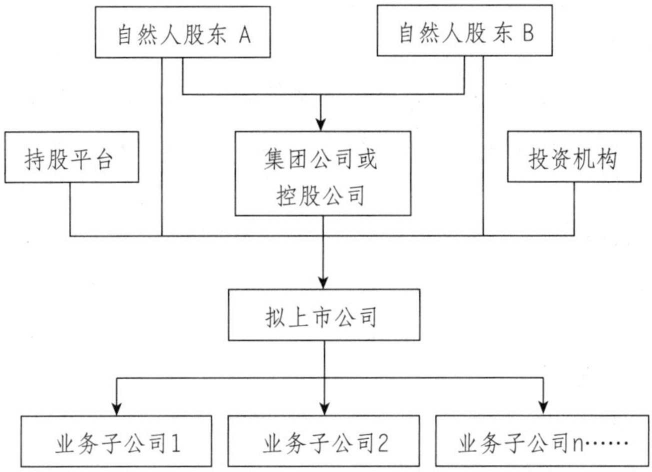

图 15－7 公司理想股权架构图

三、解读卫信康股权架构的特色

卫信康作为一家借助证监会的绿色通道政策成功上市的非西藏原生态企业，其股权架构的设计具有下列特点(卫信康的股权结构图详见本章第一节第三部分)。

(一)多样的股东结构

卫信康本次发行前，发起人股东共有 8 名，其中法人股东 1 名，为西藏中卫康投资；机构股东1名,为西藏京卫信康投资(有限合伙);自然人股东6名,分别为张勇、钟丽娟、钟丽芳、张宏、刘烽和温小泉。西藏中卫康投资属于投资性质的持股公司,系卫信康的控股股东,而张勇又对该持股公司具有绝对控股地位;西藏京卫信康投资(有限合伙)作为持股平台,合伙人(全部为自然人)有26个之多,张勇为普通合伙人,其他合伙人为有限合伙人;此外,张勇个人还直接持有卫信康一定数量的股份,为第二大股东。由此可见,张勇系卫信康实际控制人,张勇个人通过直接和间接方式占有卫信康股份合计为77.5074%(14.8340% +57.0136% ×93.1770% +14.2534% ×66.9998%)。

实际控制人张勇的股份,一方面通过持股公司的形式来大部分持股(57.0136% ×93.1770%),另一方面通过自然人直接小部分持股(14.8340%)。其目的在于:(1)个人直接持股部分,上市解禁后可以直接卖出,资金回流到个人账户,解决个人资金问题,比较方便。(2)投资公司持股部分,可以利用杠杆股权,放大资产规模,也可以进行税务筹划,降低税收成本;还可以隔离股东风险,稳固控制权;甚至可以用于资本运作,规避上市监管;等等。当然,这样的架构设计也有不利之处。例如,自然人卖出股票获得现金流,需要缴纳巨额的个人所得税;持股公司的设立会导致扩大公司层级,带来经营风险,增加管理人员,加重财务负担。

合伙人和核心员工股权激励部分的股份(14.2534%),采用有限合伙形式间接持股(在该部分占比较高、人数较多的情况下,建议增加持股平台),实际控制人张勇做该合伙企业的普通合伙人,至少有三点优势:第一,实际合伙人作为普通合伙人,有利于保持对主体公司的控制权;第二,合伙人和核心员工作为有限合伙人,有利于保持拟上市公司的稳定性;第三,有限合伙企业"先分后税",避免了双重征税,减轻了税收负担。然而,这种架构设计也存在一定的弊端:第一,国家对有限合伙企业的税收政策尚不明确,存在税务风险;第二,实际控制人承担无限责任,存在法律风险。在实践中,也有很多企业让合伙人和核心员工直接自然人持股的,合伙人和核心员工直接持股,一定程度上可以起到更好的激励效果,但在人员不够稳定的情况下,会给公司经营与治理带来不少的麻烦。当然,适合自己的才是最好的。多样的股东结构,使实际控制人对公司的控制权更加稳固。

(二)简单的公司层级

卫信康直接控制的公司有13家,这些子公司分布在北京、江苏、西藏、内蒙古、海南和香港,其中8家子公司是由卫信康全资控股,另5家子公司虽不是100%直接持股,但卫信康通过全资子公司实施了完全控制。这种局面得益于卫信康上市前的一次又一次成功的资本运作。比如,卫信康有限本是北京中卫康的全资子公司,而北京中卫康又是北京京卫信康的全资子公司。为了搭建上市架构,调整股权比例,实际控制人先后进行了一系列的重组整合。首先,北京中卫康将卫信康有限的全部股权(100%)转让给该时点的北京京卫信康全体股东张勇等,使卫信康有限与北京京卫信康成为同一实际控制人控制下的兄弟公司;其次,卫信康有限对北京京卫信康进行大范围的增资扩股(股比为95.75%),卫信康有限升格为母公司;再次,北京京卫信康将北京中卫康的全部股权(100%)转让给卫信康有限,使原来的母公司屈居为子公司;最后,北京京卫信康作为业务主体,北京中卫康作为投资主体,均成为上市主体卫信康控股的全资子公司。

卫信康系层级单一,就是清一色的母子公司结构,卫信康下面没有分公司,也没有孙公司。这种结构的设计诠释了一个道理,依赖股权架构的公司控制是最根本、最可靠、最没有悬念的控制。第一,此种控制不需要任何人的配合,依照股东的单方意思即可实现控制;第二,此种控制可以对抗其他任何人,因为没有对立面带来的威胁;第三,此种控制只要不违背法律法规的禁止性规定,不损害其他人的合法权益,就可以实现股东的预期目标。相对于有的上市公司动辄拖带子公司、孙公司、曾孙公司等葫芦藤式架构,卫信康简单的公司层级,有利于上市主体整体控股运营平台设计,确有可取之处。

(三)不同的业务组合

招股说明书显示:卫信康主营业务情况是,公司以市场需求为导向,立足于研发创新,坚持仿创结合,以化学药品制剂及其原料药的研发、生产、销售为主营业务,在静脉维生素、静脉电解质补充剂、静脉补铁剂等细分领域具有较强竞争力,同时生产和销售护肝类用药、抗生素类产品。但卫信康作为一家医药企业,自身并不从事实际生产经营活动,实际控制人张勇经过审慎规划,将其定位于公司的整体控股运营平台,整合研发、销售、生产等具体业务平台[《西藏卫信康医药股份有限公司首次公开发行股票(A股)招股说明书》第1－1－32页]。卫信康控制下的13家子公司,各自从事不同的业务。归类如下:

其一,同时从事药品研发、生产及销售的子公司有一家,为内蒙古白医制药股份有限公司。

其二,主要从事药品研发的子公司有4家,为北京卫信康、北京京卫众智、江苏京卫海天药业有限公司及北京京卫信康。

其三,主要从事药品销售的子公司有3家,为西藏中卫诚康药业有限公司、江苏中卫康医药发展有限公司及洋浦京泰药业。

其四,其他5家子公司有的从事投资管理、企业管理咨询、市场调研等业务,有的从事技术检测、医药技术开发等业务,有的从事技术咨询、服务、转让等业务。

药品的研发、生产、销售,这些经营不同业务的公司被整合起来,成为构建卫信康控股运营平台的重要基础。不同的业务组合,使卫信康形成了完整的产业链条,最终成功走向资本市场。

第十六章

从 IPO 被否案例看拟上市公司的规范运作

实务指引

对于一家企业来说，实现上市是企业发展的终极目标，也是企业走向成熟和做大做强的标志。只有实现上市，公司才能够更大限度地拓宽融资渠道，从而进一步扩大生产规模和市场影响力；而股东和投资人也可以通过证券交易市场，将自己持有的股份通过交易变现获得高额的投资回报。因此，许多企业为了上市，不惜花费高额的费用聘请中介机构进行上市辅导以及为规范公司治理补缴大量税款，为此付出了高额的经济成本和大量的时间精力。

然而，国内想上市的企业如过江之鲫，但是最后真正能“鲤鱼跃龙门”成功的企业却凤毛麟角，可见上市的难度之大。许多企业家陷入了一个误区，认为在 IPO 审核过程中，就是看企业的财务数据。然而，即使在“业绩为王”的时代，不少业绩过硬的企业却仍然难逃被否决的噩梦。因此，对于拟上市企业来说，不能只关注财务报表，也需要注意其他方面是否合法合规。

那么，为成功实现上市的目标，拟上市企业需要做好哪些功课？又应该如何规范自身的各项行为呢？本章从“主体资格”、“规范运行”和“财务与会计”三大类别出发，从出资问题、股权清晰、实际控制人的认定和变更、主营业务稳定、法人治理结构完善、内部控制制度完善、资金管理制度健全、信息披露真实准确完整、具有可持续盈利能力、具有完善的会计制度、关联交易规范等十一个方面，结合企业 IPO 被否决的经典案例，从正反两方面深入解读了首次公开发行股票并上市的发行条件，希望能给怀揣资本上市梦想的企业提供更多有益的帮助。

第一节 主 体 资 格

主体资格包括公司的历史沿革、出资问题、股权结构、实际控制人、主营业务等多个方面，是一家公司的“前世今生”。主体资格多涉及公司的顶层结构设计，往往具有不可逆转性，一旦出现瑕疵或污点就很难修正，因此需要提前做好专业规划。

一、出资问题

（一）《首发管理办法》相关规定

根据《首发管理办法》第十条之规定，发行人的注册资本已足额缴纳，发起人或者股东用作出资的资产的财产权转移手续已办理完毕，发行人的主要资产不存在重大权属纠纷。从上述法律规定中需要注意以下几个方面：

1. 虽然我国《公司法》实行的是注册资本认缴制，但由于上市公司系公众公司，涉及社会和公众利益，因此其注册资本必须实缴，且应满足相关最低限额。依据《首发管理办法》第二十六条第三款规定，发行人的总股本（注册资本）不得低于人民币3000万元。

2. 如发行人股东以非货币形式出资，需确保资产的完整性和无任何权利瑕疵并办理相应的产权移交手续，同时需按法定程序履行评估手续。

3. 发行人不得存在虚假出资、抽逃出资的情形。

（二）因出资瑕疵被否决案例①

稳健医疗用品股份有限公司（以下简称稳健医疗）是一家专业从事于伤口护理产品、感染防护产品及消毒清洁产品等生产和销售的公司，于2016年3月18日在中国证监会官网上披露了招股说明书，寻求在深交所上市，却否决。通过查阅其招股说明书和发审委审核意见，笔者发现稳健医疗被否决的重要原因之一便是其存在超期出资、非货币性资产出资未经评估等出资瑕疵问题。具体情况如下：

1. 稳健医疗出资瑕疵情况

（1）稳健医疗超期出资

经核查，稳健医疗的前身稳健实业（深圳）有限公司（以下简称稳健实业）设立时《公司章程》约定公司股东应在公司注册登记后3个月内投入第一期注册资本港币500万元，稳健国际贸易公司的实际出资期限超出了《公司章程》约定的期限，且未就该等变更出资时间的事项报主管商务部门审查批准，不符合当时《外资企业法》及其实施细则的相关规定。

---

① 内容来源：稳健医疗用品股份有限公司于2016年3月18日在中国证监会官网上披露的《招股说明书》和《第十七届发审委2017年第22次会议审核结果公告》。

(2)稳健医疗出资未经评估

2001年5月18日,稳健实业董事会通过决议,同意公司投资总额增加港币6000万元,同意公司注册资本增加港币3000万元。其中现金2500万港币,设备500万港币(以中国商检机构检验、核价为准,不足部分以现金补足)。

截至2002年2月21日,稳健实业股东缴纳了第三期注册资本,深圳利商会计师事务所对稳健实业股东出资情况进行了审验,并于2002年10月15日出具《验资报告》(深利商验字〔2002〕第039号),验证截至2002年2月21日,稳健实业已收到其股东缴纳的第三期注册资本合计港币6005722.20元,其中以货币出资港币3665722.20元,实物出资港币2340000.00元。2002年8月7日,中华人民共和国深圳进出口商品检验局出具《价值鉴定证书》(PG20022263),鉴定稳健实业用于出资的设备在价值基准日2002年8月1日的公平市价为港币2340000.00元。

经中华人民共和国深圳进出口商品检验局鉴定,稳健实业本次用于增资的设备不足500万元,不足的部分,稳健实业股东已用现金补足,深圳利商会计师事务所、深圳岳华会计师事务所出具了验资报告,立信会计师事务所(特殊普通合伙)对上述验资报告进行了复核。

(3)保荐机构及律师意见

鉴于稳健国际贸易公司实际缴足出资后已取得主管商务部门核发的批准证书及公司登记部门核发的营业执照,稳健实业的上述延迟出资行为发生至今并未受到主管商务部门及公司登记部门的处罚;此后,稳健实业的历次注册资本及股权变更报主管商务部门审批及公司登记部门登记时,主管商务部门及公司登记部门均未就设立时的出资问题提出任何异议;同时,根据《行政处罚法》的相关规定,违法行为在两年内未被发现的,不再给予行政处罚,故保荐机构及发行人律师认为,上述法律瑕疵不构成本次发行及上市的实质障碍。

由于发行人是外商独资企业,因此,其股东本次实物出资作价行为应当适用《外资企业法实施细则》《外商投资财产鉴定管理办法》的相关规定。保荐机构及发行人律师认为,发行人股东本次实物出资的作价符合《外资企业法实施细则》《外商投资财产鉴定管理办法》相关规定,上述作为出资的实物未经评估作价,而是按照经商检机构鉴定的价格作价出资,符合当时相关法律法规的规定,发行人本次实物出资真实、充实,本次实物出资不会造成发行人出资不实。

2. 中国证监会反馈意见及审核结果

发行人的申报文件显示,发行人在规范运作与内部控制方面存在以下问题:发行人出资行为存在瑕疵,存在较多会计差错,报告期内发行人接连受到16起行政处罚,针对上述情况,请发行人代表进一步说明:(1)发行人受到环保、税务、食品药品监督、人力资源、社会保障和海关等部门的处罚是否构成重大违法违规行为,是否存在“最近36个月内违反工商、税收、土地、环保、海关以及其他法律、行政法规,受到行政处罚,且情节严重”的情形;(2)发行人会计基础工作是否规范,是否符合《企业会计准则》和相关会计制度的规定;(3)合规运营方面的内部控制制度是否健全且被有效执行,内部控制是否存在重大缺陷。请保荐代表人说明核查方法、核查过程和依据，并发表核查意见。

《第十七届发审委 2017 年第 22 次会议审核结果公告》显示，稳健医疗（首发）未通过。

（三）案例评析

稳健医疗从事的是涉及国计民生且前途大好的行业，其 2016 年度的净利润就高达 4 亿元，无论是从实力还是从发展前景来看，都算得上一家“好公司”。然而其上市申请却惨遭发审委否决，除了毛利率异常高于同行业和内部控制缺陷问题外，实际出资期限超出公司章程约定的期限和实物出资未经评估等出资瑕疵也成为稳健医疗被否的又一重要原因。

出资问题是证监会审核的重点项目之一，常见的出资不规范情形主要包括：以房屋、机器设备等非货币性资产出资但未履行评估手续或未办理财产转移手续；出资不足、虚假出资和抽逃出资；未按公司章程约定及时出资；出资来源合法性、合理性存疑等。证监会在《首发业务若干问题解答（一）》（俗称“上市 50 条”）问题 7 明确：“发行人的注册资本应依法足额缴纳。发起人或者股东用作出资的资产的财产权转移手续已办理完毕。保荐机构和发行人律师应关注发行人是否存在股东未全面履行出资义务、抽逃出资、出资方式等存在瑕疵，或者发行人历史上涉及国有企业、集体企业改制存在瑕疵的情形。”股东出资等历史沿革问题事关公司未来发展，一旦出现瑕疵便很难弥补，如推倒重来则需要耗费大量的时间和成本，因此股东从公司设立一开始便需要规范运作，切莫造成遗憾。

二、股权清晰

（一）《首发管理办法》相关规定

《首发管理办法》第十三条规定，发行人的股权清晰，控股股东和受控股股东、实际控制人支配的股东持有的发行人股份不存在重大权属纠纷。

虽然《首发管理办法》对于股权清晰仅是简单地一句带过，但是在证监会进行发行上市的审核中，有诸多隐形的红线不可触碰。例如，发行人股东不存在股权代持行为，控股股东、实际控制人和第一大股东不应是契约性基金、信托计划、资产管理计划等“三类股东”，发行人股东不应是公务员、军人等具有特殊身份的自然人，发行人不存在对赌协议等会对发行人股权稳定性产生影响的因素，等等。

（二）因股权结构不清晰被否案例①

西安瑞联新材料股份有限公司（以下简称瑞联新材）是国内大型液晶显示材料生产商，其于 2017 年 7 月 14 日在中国证监会官网上披露了招股说明书，寻求在深交所上市，因涉嫌股权转让不真实、股权转让混乱和股权代持等问题被否决。具体情况如下：

---

① 内容来源：西安瑞联新材料股份有限公司于 2017 年 7 月 14 日在中国证监会官网上披露的《招股说明书》和《第十八届发审委 2019 年第 50 次会议审核结果公告》。

1. 瑞联新材股权问题

(1)瑞联新材与山西义诺之间的关联关系

在2017年7月28日前,发行人的单一大股东北京卓世恒立投资基金管理中心(有限合伙)的共同实际控制人李佳凝曾通过北京博信达投资管理有限公司持有北京卓世恒立科技发展有限公司(以下简称卓世科技)40.00%股权,卓世科技的执行董事及经理为李晨。2014年5月—2015年6月,山西义诺电子材料有限公司(以下简称山西义诺)的控股股东为自然人李晨。而2015年6月至今,山西义诺为西安瑞立电子材料有限公司(以下简称西安瑞立)的全资子公司。2015年4月—2017年7月,自然人李晨为西安瑞立的控股股东。

因此,2014年5月—2017年7月,山西义诺与发行人之间构成关联关系。

(2)瑞联新材与山西义诺之间的业务关系

报告期内,山东瑞辰新材料有限公司(以下简称山东瑞辰)与瑞联新材存在产品采购业务。2017年5月—2017年12月,瑞联新材向山东瑞辰下单采购的部分产品,由山东瑞辰委托山西义诺加工或定制生产完成后再供应给瑞联新材,瑞联新材向山东瑞辰的该部分产品采购金额为2786.28万元,占2017年对山东瑞辰采购总额的36.02%。

(3)股权转让

2017年8月,李晨转让所持西安瑞立全部股权给非关联第三方马立国,山西义诺与瑞联新材的关联关系终止。

2017年9月,自然人马立国成为山西义诺的控股股东,持股比例为70%。同时,马立国持有山东瑞辰100%的股权,是其实际控制人。报告期内,山东瑞辰是瑞联新材的主要供应商之一,向瑞联新材供应显示材料和医药中间体的初级中间体并提供外协加工服务。目前,山西义诺与山东瑞辰为受同一实际控制人控制的公司。

2. 中国证监会反馈意见及审核结果

山西义诺等11家企业为瑞联新材的外协厂商和原材料供应商,部分未取得相关资质。请发行人代表说明:(1)发行人选择山西义诺提供外协加工服务的原因及必要性,是否符合商业逻辑;(2)外协供应商定价存在差异的原因及合理性,是否存在关联关系,是否存在为发行人分担成本费用的情形;(3)山西义诺股权转让的真实性,未将山西义诺纳入发行人体系的原因及合理性,是否存在股份代持安排,是否存在关联交易非关联化情形;(4)山东瑞辰2017年9月收购山西义诺的价格,主要资产构成,短期内两次转让定价存在重大差异的原因及合理性,采购后向山东瑞辰采购金额快速增长的原因及合理性,是否存在关联关系,是否存在利益输送;(5)发行人是否存在利用外协采购规避环保风险和安全生产风险的情形。请保荐代表人说明核查依据、过程并明确发表核查意见。

《第十八届发审委2019年第50次会议审核结果公告》显示:瑞联新材(首发)未通过。

(三)案例评析

通过上述招股说明书披露的内容可以看出,在2017年8月以前,山西义诺系瑞联新材的关联方,且瑞联新材一直向其采购外协加工服务。后关联方李晨将持有的山西义诺股权转让给非关联方马立国后,马立国同时还是山东瑞辰的实际控制人,山东瑞辰则是瑞联新材的第一大供应商,2019 年度的采购占比高达 19.51%。

然而瑞联新材发布的公告显示,在与山西义诺终止合作之前,山东瑞辰虽然也是瑞联新材的供应商,但是涉及采购金额并不大,从 2015 年年报数据来看,当时对山东瑞辰的采购金额还不足 3000 万元;到 2019 年则增加至近 9000 万元,累计增幅在两倍以上,瑞联新材在已超过自身经营体量增长的水平,加大对山东瑞辰的采购。山东瑞辰的实际控制人“接盘”了山西义诺,为瑞联新材解决了关联交易的问题,而山东瑞辰与山西义诺之间又存在委托加工关系。对此证监会提出质疑,瑞联新材将外协加工采购从“山西义诺电子材料有限公司”转移至“山东瑞辰新材料有限公司”过程中,是否虚假解除关联交易,其股权转让是否真实。

此外,中国瑞联电子有限公司(以下简称中国瑞联)曾系瑞联新材的控股股东,然而在中国瑞联退出公司后,出现了群龙无首的局面,公司不存在实际控制人。且对外发生了多次股权转让,同时股权转让价格各不相同,导致公司股权结构混乱,至发行上市时存在 14 名法人股东和 39 名自然人股东,股权结构极其不稳定,无法满足股权清晰的要求。

三、实际控制人的认定和变更

(一)《首发管理办法》相关规定

《公司法》第二百一十六条第三项规定,实际控制人,是指虽不是公司的股东,但通过投资关系、协议或者其他安排,能够实际支配公司行为的人。《首发管理办法》第十二条规定,发行人最近 3 年内主营业务和董事、高级管理人员没有发生重大变化,实际控制人没有发生变更。

在《首发管理办法》第二章“发行条件”的 23 条规定中,涉及“实际控制人”的条款竟然高达 4 条,分别为第十二条、第十三条、第十九条、第二十条,后中国证监会在关于印发《〈首次公开发行股票并上市管理办法〉第十二条“实际控制人没有发生变更”的理解和适用——证券期货法律适用意见第 1 号》的通知明确提出:“由于公司控制权往往能够决定和实质影响公司的经营方针、决策和经营管理层的任免,一旦公司控制权发生变化,公司的经营方针和决策、组织机构运作及业务运营等都可能发生重大变化,给发行人的持续发展和持续盈利能力带来重大不确定性。”可见,实际控制人的认定和规范在 IPO 审核中至关重要。

从发审委对于实际控制人反馈的问题来看,笔者发现,发审委更多关注以下几个方面:

1. 实际控制人的认定依据以及历史沿革中实际控制人的变更情况。

2. 实际控制人的股权是否清晰、是否存在权属纠纷。

3. 是否存在资金占用或者发行人违规为实际控制人及其控制的其他企业担保的情况。

4. 实际控制人控制的其他企业是否与发行人存在同业竞争或者关联交易的情况。

（二）因实际控制人认定不当被否案例[1]

北京金房暖通节能技术股份有限公司（以下简称金房暖通）是一家专业从事于暖通技术、节能技术及产品的技术开发和销售的公司，于2017年9月1日在中国证监会官网上披露了招股说明书，寻求在深交所中小板上市，后遭否决。通过查阅其招股说明书和发审委审核意见，笔者发现其被否决的重要原因之一便是金房暖通认定实际控制人不当，存在故意规避法律规定的情形。具体情况如下：

1. 金房暖通实际控制人认定

（1）公司实际控制人

目前，公司控股股东、实际控制人杨建勋持有公司35.11%的股份，本次发行后，杨建勋持股比例下降为26.33%，但仍为第一大股东，且通过与公司第二大股东至第四大股东魏澄、付英、丁琦签订一致行动协议，保持着对公司的控股地位。

（2）一致行动协议

为了保持公司上市后股东股权结构和公司治理结构的稳定，2018年5月31日，公司股东、董事兼高级管理人员魏澄、付英、丁琦与控股股东、实际控制人杨建勋签署《一致行动协议》，约定在公司董事会、股东大会行使提案权、表决权等权利时与杨建勋保持一致行动，并承诺将其持有的公司股份的锁定期延长为自公司股票上市之日起36个月内，不得转让或者委托他人管理本人直接或间接持有的公司公开发行股票前已发行的股份，也不得由公司回购其直接或间接持有的公司公开发行股票前已发行的股份。协议自签署之日起持续有效，并自签署之日起至公司首次公开发行股票并上市之日后36个月内，各方不得以任何形式解除本协议。根据上述协议约定和锁定期安排，本次发行前公司控股股东杨建勋及其一致行动人合计控制公司的表决权比例为69.74%，预计发行后可控制公司表决权比例为52.30%。

（3）实际控制人控制的风险

尽管公司通过建立控股股东行为规范相关制度、独立董事制度、关联交易决策制度、资金往来制度等措施，在制度安排上防范控股股东及实际控制人操控公司现象的发生，但不能排除在本次发行后，杨建勋通过行使表决权对公司的重大经营、人事任免等进行控制，从而影响其他股东利益的可能性。因此，公司存在实际控制人控制的风险。

需要说明的是，以上披露的内容为金房暖通于2017年9月1日初次在中国证监会官网上披露的招股说明书中的内容，而在2018年4月9日预先披露更新的招股说明书中删除了一致行动人的相关内容。

2. 证监会反馈意见及审核结果

杨建勋持有发行人27.83%股份，付英、魏澄、丁琦三人持有10%左右股份，杨建勋于

---

[1] 内容来源：北京金房暖通节能技术股份有限公司于2017年9月1日在中国证监会官网上披露的《招股说明书》和《第十七届发审委2018年第129次会议审核结果公告》。

2018 年 5 月 31 日与付英等三人签署了《一致行动协议》。请发行人代表说明:(1)将杨建勋认定为实际控制人,未将付英、魏澄、丁琦认定为共同实际控制人而是一致行动人的理由;(2)杨建勋与付英等三人签署《一致行动协议》的原因及合理性,是否构成实际控制人变更。请保荐代表人发表核查意见。

《第十七届发审委 2018 年第 129 次会议审核结果公告》显示:金房暖通(首发)未通过。

(三)案例评析

金房暖通披露的招股说明书显示,实际控制人杨建勋持股比例仅达到 27.83%,而作为公司董事、副总经理、董事会秘书的付英持股 13.19%,作为公司董事、副总经理的魏澄持股 11.58%,作为公司董事、副总经理和核心技术人员的丁琦持股 11.58%,可见金房暖通的股权结构较为分散。付英等三人均为金房暖通的创始元老,于 2018 年 5 月与杨建勋签署了《一致行动协议》,却未被认定为共同实际控制人,证监会在第一个反馈意见中便率先关注到了该问题。

然而根据招股说明书披露的内容,我们不难看出其中端倪。实际控制人杨建勋承诺:自公司首次公开发行的股票在证券交易所上市交易之日起 36 个月内,不转让或者委托他人管理本人持有的公司首次公开发行股票前已发行股份,也不由公司回购该部分股份。而公司股东(董事、监事、高管)付英、魏澄、丁琦、温丽、黄红承诺:自公司首次公开发行的股票在证券交易所上市交易之日起 12 个月内,不转让或者委托他人管理本人持有的公司首次公开发行股票前已发行股份,也不由公司回购该部分股份。

也就是说,金房暖通未将付英、魏澄、丁琦三人认定为共同实际控制人,极有可能与股份锁定期有关,如将其认定为共同实际控制人,则股票锁定期很可能延长至 36 个月。在公司还未上市之前,核心股东就开始寻求退路,这种意图规避法律监管的实际控制人认定方式,只能是聪明反被聪明误,最终金房暖通上市申请遭到证监会无情否决。

四、主营业务稳定

(一)《首发管理办法》相关规定

《首发管理办法》第十二条规定,发行人最近 3 年内主营业务和董事、高级管理人员没有发生重大变化,实际控制人没有发生变更。

需要说明的是,对于国内上市的主板和中小板均未要求发行人需主要经营一种业务,《首次公开发行股票并在创业板上市管理办法》第十三条中规定,发行人应当主要经营一种业务,其生产经营活动符合法律、行政法规和公司章程的规定,符合国家产业政策及环境保护政策。中国证监会在其官网中对此解释是:创业企业规模小,且处于成长发展阶段,如果盲目多元化经营,业务范围过于散乱,缺乏核心业务,既不利于有效控制风险,也可能使其持续成长性大打折扣。因此,我国创业板要求发行人集中有限的资源主要经营一种业务。

但是,无论是在主板、中小板还是创业板上市,均要求发行人的主营业务在报告期内不能发生重大变化,营业收入需保持稳定或持续增长。

(二)因主营业务变化被否决案例[①]

珠海亿邦制药股份有限公司(以下简称珠海亿邦)是一家集研发、原料生产、制剂生产、销售于一体的中型制药企业,于2012年2月披露了招股说明书,寻求在A股上市,后遭否决。发审委在审核意见中明确指出因发行人未能就经营模式、产品结构变化对持续盈利能力的影响作出充分合理的解释,因此上市申请未能通过。

1. 珠海亿邦主营业务变化

(1)珠海亿邦主营业务收入以代理销售药品为主,自产药品销售为辅

珠海亿邦一直从事自主化学药物制剂的研发、生产和销售,珠海亿邦全资子公司珠海亿邦医药有限公司(以下简称亿邦医药)则一直从事药品的代理销售,双方业务各有侧重。目前,珠海亿邦生产的药品由亿邦医药代理销售。

珠海亿邦以生产注射用克林霉素磷酸酯为主,最近3年,公司自产药品销售收入分别为10196.08万元、12566.80万元和14183.57万元,占公司营业收入总额比例分别为35.34%、30.37%和32.54%;全资子公司亿邦医药主营业务为销售公司自产药品和代理销售药品,报告期内亿邦医药代理销售金额分别为18653.00万元、28818.80万元和29406.48万元,占公司营业收入总额比例分别为64.66%、69.63%和67.46%。

(2)自产产品未来将成为珠海亿邦的主要收入来源

珠海亿邦自产产品及代理产品全部交由其全资子公司亿邦医药销售,报告期内亿邦医药利润分别为616.13万元、8032.37万元和8753.14万元,占公司净利润的比例分别为16.82%、68.73%和61.91%,2010年及2011年珠海亿邦代理药品销售收入和利润大幅增加的原因为公司取得了主要代理产品的独家代理权,采购渠道由之前的向上级经销商采购变为向厂家直接采购。上述独家代理的有效期为2009年12月至产品生产批件有效期结束(2015年9月18日),如该产品完成续期再注册,则代理期限自动顺延。依托稳定、高效的营销网络和下游终端,代理业务为公司加大生产和研发投入提供了稳定的利润来源,增强了公司抗风险能力;同时,随着自产产品的不断推出,未来自产产品对公司营业收入和净利润的贡献将不断提高,自产产品将逐渐成为珠海亿邦营业收入和净利润的主要来源。

(3)收入来源相对集中的风险

珠海亿邦报告期内的营业收入及利润主要来源于注射用克林霉素磷酸酯、银杏达莫注射液和奥硝唑注射液的销售,其中注射用克林霉素磷酸酯为公司自产产品,其他两种药品为公司代理销售产品。2009—2011年,上述三种产品的销售收入占公司同期营业收入的比例分别为91.66%、95.11%、94.52%,销售毛利占公司同期总毛利的比例分别为92.66%、97.69%、

---

① 内容来源:珠海亿邦制药股份有限公司于2012年2月在证监会披露的《招股说明书》和《关于不予核准珠海亿邦制药股份有限公司首次公开发行股票申请的决定》(证监许可〔2012〕716号)。

93.95%，公司收入及利润来源相对集中。

公司在报告期内优先安排注射用克林霉素磷酸酯的生产，其他主要自产产品注射用伏立康唑和注射用左卡尼汀获配的产能相对有限，使得其对营业收入和利润的贡献与其在产能充足的情况下能够达到的水平差距较大。另外，由于公司未来的业务定位以自产药品销售为主，因此公司报告期内的营销网络建设更侧重于为公司未来新产品的销售做好准备，同时做精做深现有代理产品的销售，并未再大力开拓新的代理品种。基于上述原因，公司在报告期内的收入来源相对集中，如这三种产品的生产、销售出现异常，将对公司业绩产生较大影响。由于银杏达莫注射液和奥硝唑注射液为公司代理销售产品，公司无法对其生产质量和制造管理进行直接管控，如上述两种代理产品不能保持较强的市场竞争力，也会在短期内对公司代理销售业务产生不利影响。

2. 证监会反馈意见及审核结果

《关于不予核准珠海亿邦制药股份有限公司首次公开发行股票申请的决定》（证监许可〔2012〕716 号）中载明：

“珠海亿邦制药股份有限公司：

中国证券监督管理委员会（以下简称中国证监会）依法受理了你公司提交的首次公开发行股票申请文件。中国证监会发行审核委员会（以下简称发审委）于 2012 年 5 月 7 日举行 2012 年第 80 次发审委会议，依法对你公司的首次公开发行股票申请进行了审核。

发审委在审核中关注到，你公司存在以下情形：

你公司业务为自产药品销售和代理药品销售，其中代理业务为你公司代理销售山西普德的银杏达莫注射液和奥硝唑注射液，2010 年之前你公司为山西普德的代理商之一，2009 年年底转变为全国独家代理商，你公司代理药品由主要向山西普德经销商采购变为全部向山西普德直接采购。2009—2011 年你公司代理产品销售收入占比分别为 64.66%、69.63% 和 67.46%，毛利分别为 3503.64 万元、16475.11 万元和 17437.34 万元，毛利占比由 2009 年 39.68% 增长到 2011 年 67.39%，代理产品业务成为公司主要利润来源，你公司盈利来源发生变化。本次募投项目为新药品的生产，随着募投项目逐步达产，自产药品的收入占比将逐步增加，预计 2017 年自产药品销售收入占比将达到 74.42%，你公司业务将以自产药品销售为主。你公司在申报材料和现场聆讯中未就上述经营模式、产品结构变化对持续盈利能力的影响作出充分合理的解释。

发审委认为，上述情形与《首次公开发行股票并上市管理办法》（证监会令第 32 号）第三十七条的规定不符。

发审委会议以投票方式对你公司的首次公开发行股票申请进行了表决，同意票数未达到 5 票，申请未获通过。根据《证券法》、《中国证券监督管理委员会发行审核委员会办法》（证监会令第 62 号）及《首次公开发行股票并上市管理办法》等有关规定，现依法对你公司的首次公开发行股票申请作出不予核准的决定。

你公司如再次申请发行证券，可在本决定作出之日起6个月后，向中国证监会提交申请文件。

你公司如不服本决定，可在收到本决定之日起60日内，向中国证监会申请行政复议，也可在收到本决定之日起3个月内，向有管辖权的人民法院提起行政诉讼。”

（三）案例评析

在报告期内，发行人主营业务不应发生变化是IPO不可逾越的红线之一。一般来说，向证监会申报上市的企业，其所从事的主营义务已经经历了时间的沉淀和市场的检验，业务来源相对成熟。发行人一旦改变主营业务，极有可能会出现不可预知的市场风险，进而会影响到公司的财务数据。

虽然珠海亿邦的主营业务在报告期内一直是从事注射用克林霉素磷酸酯、银杏达莫注射液和奥硝唑注射液的销售，其中注射用克林霉素磷酸酯为公司自产产品，其他两种药品为公司代理销售产品。然而招股说明书披露的内容显示，珠海亿邦65%以上的营业收入和利润来源于代理产品业务，自产药品的销售收入反而占比较低，但是珠海亿邦本次用来发行募投项目却为新药品的生产，并预计2017年自产药品销售收入占比将达到74.42%，可见其收入来源将会发生重大变化。而由于生产药品的投入和盈利无法准确测算，因而会影响珠海亿邦的整体业绩，故而证监会否决了其上市申请。

第二节　规范运行

规范运行涉及公司的法人治理结构、内部控制制度、资金管理制度、信息披露等方面的内容，强调公司在日常的经营活动中需要做到合法合规，且应满足证监会的相关要求。

一、法人治理结构完善、董事和高管未发生重大变化

（一）《首发管理办法》相关规定

《首发管理办法》第十二条规定，发行人最近3年内主营业务和董事、高级管理人员没有发生重大变化，实际控制人没有发生变更。第十四条规定，发行人已经依法建立健全股东大会、董事会、监事会、独立董事、董事会秘书制度，相关机构和人员能够依法履行职责。

上市公司要求建立完善的现代企业制度，就必须要有配套健全的股东大会制度、董事会制度、监事会制度和经营管理制度等，俗称“三会一层”。

中国证监会在发布的《首发业务若干问题解答（一）》问题17中提到：“发行人应当按照要求披露董事、高级管理人员的变动情况。中介机构对上述人员是否发生重大变化的认定，应当本着实质重于形式的原则，综合两方面因素分析：一是最近3年内的变动人数及比例，在计算人数比例时，以董事和高级管理人员合计总数作为基数；二是上述人员因离职或无法正

常参与发行人的生产经营是否导致对发行人生产经营产生重大不利影响。

如果最近 3 年内发行人的董事、高级管理人员变动人数比例较大,或董事、高级管理人员中的核心人员发生变化,对发行人的生产经营产生重大不利影响的,应视为发生重大变化。

变动后新增的董事、高级管理人员来自原股东委派或发行人内部培养产生的,原则上不构成人员的重大变化。发行人管理层因退休、调任等原因发生岗位变化的,不轻易认定为重大变化,但发行人应当披露相关人员变动对公司生产经营的影响。”

(二)因董事、高管发生重大变化被否决案例①

安徽三联交通应用技术股份有限公司(以下简称三联交通)是从事驾驶人考试系统工程及产品,交通安全、智能交通工程及产品的销售、服务的专业公司,其于 2014 年 5 月 23 日在中国证监会官网上披露了招股说明书,寻求在创业板上市,却惨遭否决。通过查阅其招股说明书和发审委审核意见,我们发现其被否决的重要原因之一便是三联交通在报告期内公司董事和高管发生变动,因而会影响公司业务的稳定性。具体情况如下:

1. 三联交通董事、高管重大变化

(1)高级管理人员聘任情况

2009 年 5 月 9 日,公司召开第一届董事会第一次会议,聘任王珏为公司总经理,聘任陈建新、潘涛、王江波、赵峰为公司副总经理,聘任方向勇为公司财务总监、兼任公司董事会秘书。2010 年 1 月 22 日,公司召开第一届董事会第八次会议,同意陈建新不再担任副总经理职务,聘任唐毅担任副总经理。

2012 年 5 月 19 日,公司召开第二届董事会第一次会议,聘任王珏为公司总经理,聘任方向勇为公司财务总监兼任公司董事会秘书,聘任王江波、潘涛、唐毅、赵峰、苏影为公司副总经理。

2014 年 1 月 24 日,公司召开第二届董事会第十次会议,同意潘涛辞去副总经理职务,自本次董事会决议生效后不再担任公司副总经理职务。

截至本《招股说明书》签署日,本公司高管未再发生变动。

(2)核心管理人员离职的风险

公司自 2005 年成立以来保持持续向上的发展态势,其中以王珏为首的管理团队发挥了重大作用。报告期内,公司管理层保持相对稳定。同时,公司实际控制人金会庆承诺:积极采取各种有利方式保障发行人管理层的稳定,以保证发行人管理层在发行人成功发行上市后的 3 年内不发生重大变动(3 年内人员变动比率合计不超过 1/3),及核心管理人员不发生变动。但上述承诺期过后,公司仍存在因核心管理人员离职而影响公司发展的风险。

---

① 内容来源:安徽三联交通应用技术股份有限公司于 2014 年 5 月 23 日在中国证监会官网上披露的《招股说明书》和《关于不予核准安徽三联交通技术股份有限公司首次公开发行股票申请的决定》。

(3)保荐机构与律师意见

发行人律师认为:发行人近两年董事、监事、高管虽有上述任职变动,但发行人董事长、核心决策人员在此期间保持了稳定。且均符合相关法律、法规、规范性文件和《公司章程》的规定,履行了必要的法律程序。因此,律师认为,发行人的董事、监事、高管最近两年内未发生重大变化。

保荐机构认为:发行人的实际控制人、董事长及核心决策人员均没有发生变化。董事会成员虽有变动,但是其核心成员王珏、宋扬、张平、方向勇始终未变,董事会成员的变动不会影响到董事会的合规、正常运行;经营管理人员略有变化,但主要是管理岗位的调整;本公司总经理、财务总监、董事会秘书始终未变,没有发生重大的人员变动。且每次董事、高管的变化能够保证各自职责的正常履行,不影响董事会的正常运行和本公司的正常经营。因此,保荐机构认为,发行人近两年董事、高管未发生重大变化。

2. 中国证监会审核意见及结果

《关于不予核准安徽三联交通技术股份有限公司首次公开发行股票申请的决定》中载明:“安徽三联交通技术股份有限公司:

中国证券监督管理委员会(以下简称中国证监会)依法受理了你公司提交的首次公开发行股票申请文件。

中国证监会创业板发行审核委员会(以下简称发审委)于2015年6月26日举行创业板2015年第66次发审委会议,依法对你公司首次公开发行股票的申请进行了审核。

发审委在审核中关注到,你公司存在以下情形:

你公司第二届董事会由9人组成(包括3名独立董事)。第二届董事会聘任7名高级管理人员,由总经理、5位副总经理和财务总监组成。截至2015年6月,你公司第二届董事会中有两名董事离任,聘任的高级管理人员中有总经理及3名副总经理离职。

上述公司管理层的重大变化,反映出你公司治理结构的稳定性存在不确定的实际问题,可能对你公司持续盈利能力构成重大不利影响,导致你公司不符合《首次公开发行股票并在创业板上市管理办法》(证监会令第99号)第十四条的规定。

发审委会议以投票方式对你公司首次公开发行股票的申请进行了表决,同意票数未达到5票,申请未获通过。根据《证券法》、《首次公开发行股票并在创业板上市管理办法》和《中国证券监督管理委员会发行审核委员会办法》(证监会令第62号)等有关规定,现依法对你公司首次公开发行股票的申请作出不予核准的决定。

你公司如再次申请发行证券,可在本决定作出之日起6个月后,向中国证监会提交申请文件。

你公司如不服本决定,可在收到本决定之日起60日内,向中国证监会申请行政复议,也可在收到本决定之日起6个月内,向有管辖权的人民法院提起行政诉讼。”

(三)案例评析

公司董事、高管系公司的核心骨干和决策人员,往往具有不可替代性。一个良好的法人治理结构，不仅要求各项制度健全和完善，更重要的是要降低核心人员的流动性，保证人员稳定。否则，一旦核心人员不稳，公司人心浮动，经营决策无法很好地得到贯彻和执行，将会严重影响到公司的业务稳定。

而在上述案例中，正是由于三联交通在报告期内董事和高管的频繁变动，致使证监会认为这反映出三联交通治理结构的稳定性存在不确定的实际问题，可能会对公司持续盈利能力构成重大不利影响，因此证监会否决了其上市申请。

二、内部控制制度完善

（一）《首发管理办法》相关规定

《首发管理办法》第十七条规定，发行人的内部控制制度健全且被有效执行，能够合理保证财务报告的可靠性、生产经营的合法性、营运的效率与效果。第二十二条规定，发行人的内部控制在所有重大方面是有效的，并由注册会计师出具了无保留结论的内部控制鉴证报告。

同时，《首发业务若干问题解答（二）》问题 16 阐述了财务内部控制不规范的情形主要包括：（1）为满足贷款银行受托支付要求，在无真实业务支持情况下，通过供应商等取得银行贷款或为客户提供银行贷款资金走账通道（以下简称转贷行为）；（2）向关联方或供应商开具无真实交易背景的商业票据，通过票据贴现后获取银行融资；（3）与关联方或第三方直接进行资金拆借；（4）通过关联方或第三方代收货款；（5）利用个人账户对外收付款项；（6）出借公司账户为他人收付款项等。

因此，拟上市公司需要制定健全的内部控制制度，且保证能够有效执行，避免出现证监会提到财务内部控制不规范的情形。

（二）因内部控制制度不健全被否决案例①

江西 3L 医用制品集团股份有限公司（以下简称 3L 医用）是一家主营生产、销售一次性高分子基材及辅助材料、PM2.5 口罩的医疗企业，于 2014 年 6 月 20 日在中国证监会披露了招股说明书，寻求在深交所创业板上市，却因存在销售人员私刻客户印章及费用报销中的假发票等事项被否决。

后 3L 医用于 2017 年 1 月 13 日再次在中国证监会披露了招股说明书，发审委在审核时又以 3L 医用内部控制制度原因否决了其上市申请。具体情况如下：

1. 3L 医用内部控制制度缺失

（1）3L 医用销售模式

3L 医用采用“直销为主，经销为辅”的销售模式。覆盖全国的直销网络是发行人在行业内竞争发展的重要优势之一。

---

① 内容来源：江西 3L 医用制品集团股份有限公司于 2014 年 6 月 20 日在中国证监会披露的《招股说明书》和《第十八届发审委 2019 年第 78 次会议审核结果公告》。

直销模式即通过建设覆盖全国的营销网络，整合内外部资源，覆盖售前、售中和售后每一个环节，直接向最终客户销售产品。而直销模式又分为公开投标和直接向长期合作客户销售两种方式。在公开投标方式下，由公司独自参与当地的招标，中标后与医院签订销售合同，并负责产品的配送或委托配送公司完成配送。目前较为常见的是多家医院分产品大类将各自的需求打包进行招标，3L 医用中标后按招标内容分别向各医院提供产品。由于招标产品的种类、规格繁多，集中招标采购往往无法精确匹配客户的实际需求，因此客户仍会对非招标范围内的医用耗材通过议价的方式向特定供应商采购。因此，中标供应商在同一家医院既可以销售中标产品，也可以销售非招标范围内的其他产品。

此外，3L 医用在行业内深耕细作 20 余年，已与约 3000 家客户建立了长期稳定的合作关系，凭借着优秀的品牌声誉和产品优势，一部分客户会根据自身需求，直接与 3L 医用销售人员联系发货。这也是 3L 医用建立覆盖全国的直销网络的原因和优势。

经销模式即为 3L 医用通过各地医疗器械代理公司销售其产品。经销模式下，虽然盈利能力低于直销模式，但是经销商的结算模式以预付为主，对比医院一般较长的回款期，一方面减少了应收账款坏账的风险，另一方面改善了 3L 医用的经营现金流。报告期内，公司经销商销售收入占主营业务收入比分别为 17.85%、21.03%、24.78% 和 27.85%，经销模式销售占比稳中有升。

(2)直销模式弊端

直销模式下，对公司的管理能力要求较高，且销售费用相对较高，销售人员的人力成本相对较大；搭建完整销售网络耗时较长，短期不利于销售收入和盈利能力的提高；由于销售员与客户会形成长期对接关系，因此存在商业贿赂的风险。

2. 中国证监会反馈意见及结果

前次首发申请未通过发审会审核相关事项的整改落实情况，报告期内是否发生类似问题，现有内部控制制度是否健全且有效运行。请保荐代表人说明核查依据、过程并发表明确核查意见，说明对报告期内发行人收入真实性的核查过程及核查结论。

发行人报告期内以直销为主，经销模式销售占比逐年提升。请发行人代表说明：(1)医院或医院各科室自行采购中客户的获得方式、客户的稳定性，是否存在商业贿赂情形；(2)经销商大幅变动的原因及合理性，经销模式下产品的终端销售实现情况，是否存在通过经销商囤货调节收入的情形，经销终端价格与发行人直销价格是否存在较大差异及合理性；(3)部分原直销客户转为经销商客户的原因及合理性，是否存在规避商业贿赂的情况；(4)未签订合同或协议客户的收入确认依据及方法，相关内控制度是否执行到位；(5)销售费用率显著高于行业可比公司平均水平的原因及合理性，销售费用报销相关内部控制制度是否健全并有效执行；(6)业务宣传费逐年增加的原因，是否存在以业务宣传名义进行商业贿赂等不正当竞争的情况。请保荐代表人说明核查依据、过程并发表明确核查意见。

《第十八届发审委 2019 年第 78 次会议审核结果公告》显示：3L 医用(首发)未通过。

（三）案例评析

一般来说，由于医药行业中间流通环节非常复杂，而经销模式可以帮助生产企业尽快打开销售突破口实现大规模销售，并且可以将诸多的销售环节的风险隔离，因此医药行业大多采用的是经销模式，而非直销模式。

对于3L医用来说，其销售的多为单价低、数量多、一次性的医用产品，对于这种属于产业链末端的产品，一般都是采用经销的模式，这样可以充分利用渠道的资源来进行市场开拓和业务扩张。然而3L医用采取了直销模式为主的模式。在直销模式下，对于公司的管理水平和销售费用都较高，销售人员的人力成本相对较大；搭建完整销售网络耗时较长，短期不利于销售收入和盈利能力的提高；由于销售员与客户会形成直接关系，因此存在商业贿赂的风险，对于公司的内部控制是巨大挑战。

在3L医用2014年第一次IPO申请中，发审委查明公司有16名销售人员私刻19家客户印章用于销售订单、框架性协议、收入及应收账款询证函，以及发现公司在实际发生的费用报销中存在部分虚假发票，该等发票合计总金额604.82万元，而公司针对该等虚假发票补缴税款及滞纳金合计105.90万元。虽然3L医用在第二次IPO申请时已经扩大以经销模式的业务比例，但公司仍然是以直销模式为主，进而引发发审委对于公司内部控制的担忧，故而否决了其上市申请。

三、资金管理制度健全、不存在违规占用的情形

（一）《首发管理办法》相关规定

《首发管理办法》第二十条规定，发行人有严格的资金管理制度，不得有资金被控股股东、实际控制人及其控制的其他企业以借款、代偿债务、代垫款项或者其他方式占用的情形。

在我国民营企业，特别是家族企业中，资金占用问题普遍存在。由于企业家往往法律意识匮乏，认为公司的财产就是自己的财产，因此随意占用公司账上资金，然而这种行为不论是对企业家个人还是对于公司的资本市场梦均会带来巨大的风险和隐患。更有甚者，一旦公司内部发生纠纷，企业家轻则被定性为资金占用，重则被认定为职务侵占或挪用资金而锒铛入狱。因此，规范公司资金管理制度和行为，不仅是拟上市企业的底线要求，更是所有企业家的必备功课。

（二）因资金占用问题被否决的案例①

蚌埠市双环电子集团股份有限公司（以下简称双环电子）是一家主要研发、生产和销售各类电阻器、电感器、继电器等电子元件的公司，于2016年5月27日在中国证监会官网上披露了招股说明书，寻求在创业板上市，却因控股股东存在多次资金占用问题被证监会关注，最后

① 内容来源：蚌埠市双环电子集团股份有限公司于2016年5月27日在中国证监会官网上披露的《招股说明书》和《创业板发审委2017年第43次会议审核结果公告》。

折戟在 IPO 的道路上。

1. 双环电子与顺达电子资金拆借情况(见表 16 - 1)

表 16 - 1 双环电子与顺达电子资金拆借情况

单位:万元

资金拆出方	资金拆入方	年度	期初金额	本期增加	本期减少	期末金额
双环电子	顺达电子	2014 年	1196.28	567.39	400.00	1363.67
		2015 年	1363.67	255.17	1386.17	232.67
		2016 年	232.67	—	232.67	—

双环电子参照同期人民银行贷款利率及资金实际占用天数向顺达电子收取利息,2014—2015 年应收顺达电子净资金拆借利息分别为 82.39 万元和 75.17 万元,合计收取资金拆借利息 157.56 万元。

截至 2016 年 2 月末,双环电子已清理上述资金拆借,并于 2016 年 3 月 25 日结清相应资金占用费,此后关联方未再发生非经营性占用发行人资金的情形。

2. 保荐机构意见

保荐机构认为,双环电子报告期发生的偶发性关联交易履行了法定程序且未损害发行人利益。2016 年 4 月 10 日,公司实际控制人李福喜及其控制的顺达电子就避免资金占用出具了承诺:"本人承诺本人及本人控制的其他企业未来不会以任何方式占用双环电子资金。若此承诺出具后发生本人及本人控制的其他企业占用双环电子资金情形,双环电子有权要求本人在限期内将所占用资金及利息归还双环电子,并可直接扣减分配给本人的现金红利,用以偿还本人及本人控制的其他企业所占用的资金;同时,本人持有的双环电子股份不得转让(但因偿还所占用资金需要转让股份的除外),直至本人及本人控制的其他企业将所占用资金偿还完毕。"

3. 中国证监会反馈意见及审核结果

根据申报材料,报告期内发行人与顺达电子资金拆借持续发生,主要用于控股股东及其他少数股东、无关联第三方的个人需求。2013 年 5 月后,发行人控股股东李福喜从顺达电子拆借的来源于发行人的资金约 700 万元(含通过穆海滨拆借 300 万元),主要用于偿还其个人的部分银行借款约 550 万元、女儿留学款(后期)约 100 万元、个人购买车辆款及所欠亲戚款项约 50 万元。李福喜作为最后一名还款人于 2015 年 12 月 4 日将资金归还顺达电子,顺达电子于 2016 年 2 月末清理资金占用完毕,于 3 月末结清资金占用费。借款人刘原平至今尚有 350 万元未偿还给发行人管理团队持股的顺达电子。(1)请发行人代表说明李福喜还款的资金来源及客观证据;(2)请发行人代表说明顺达电子在李福喜还款 3 个月后归还资金的原因;(3)请发行人代表说明发行人拆借资金时是否履行了合法的内部程序;(4)发行人的章程及其他相关制度规定:"公司与关联人发生的金额在 3000 万元以上,且占公司最近一期经审计净资产绝对值 5% 以上的关联交易由股东大会批准","300 万元以上,3000 万元以下且占公司最近一期经审计净资产绝对值 2% 以上的关联交易由董事会批准”，低于前述标准的关联交易“由公司经营班子批准”。请保荐代表人结合发行人的经营业绩、资金规模说明前述制度是否足以防止控股股东等关联方占用发行人资金，并就发行人内部控制制度的有效性发表核查意见。

《创业板发审委 2017 年第 43 次会议审核结果公告》显示：双环电子（首发）未通过。

（三）案例评析

《关于规范上市公司与关联方资金往来及上市公司对外担保若干问题的通知》（证监发〔2003〕56 号）第一条规定：“上市公司与控股股东及其他关联方的资金往来，应当遵守以下规定：（一）控股股东及其他关联方与上市公司发生的经营性资金往来中，应当严格限制占用上市公司资金。控股股东及其他关联方不得要求上市公司为其垫支工资、福利、保险、广告等期间费用，也不得互相代为承担成本和其他支出；（二）上市公司不得以下列方式将资金直接或间接地提供给控股股东及其他关联方使用：1. 有偿或无偿地拆借公司的资金给控股股东及其他关联方使用；2. 通过银行或非银行金融机构向关联方提供委托贷款；3. 委托控股股东及其他关联方进行投资活动；4. 为控股股东及其他关联方开具没有真实交易背景的商业承兑汇票；5. 代控股股东及其他关联方偿还债务；6. 中国证监会认定的其他方式。”

可见，无论是在上市前还是在上市后，资金占用问题始终是证监会关注的重点内容。尤其是在 IPO 审核过程中，很多人认为只要在申报材料前将资金占用情况清理完毕即可，其实不然，如一个公司出现过多的资金占用情况，则必然反映出这个公司的财务管理和内部控制制度缺失或者执行失控，势必会影响到其他股东、债权人的正当利益，甚至公司也会沦为实际控制人利益输送的工具。

四、信息披露真实、准确和完整

（一）《首发管理办法》相关规定

《首发管理办法》第四条规定，发行人依法披露的信息，必须真实、准确、完整，不得有虚假记载、误导性陈述或者重大遗漏。第二十九条规定，发行人申报文件中不得有下列情形：（1）故意遗漏或虚构交易、事项或者其他重要信息；（2）滥用会计政策或者会计估计；（3）操纵、伪造或篡改编制财务报表所依据的会计记录或者相关凭证。

从目前的审核态势来看，发审委的审核已从过去对一家公司投资价值高低、好坏的判断等实质性审核，逐渐转向对拟 IPO 企业信息披露质量的审核，也就是对信息真实性的审核。对于提交的 IPO 申报材料，如存在虚假、重大遗漏的问题，则必将自食恶果。

（二）因信息披露不完整被否决案例①

力合科技（湖南）股份有限公司（以下简称力合科技）是一家主要从事环境监测自动化仪

① 内容来源：力合科技（湖南）股份有限公司于 2015 年 5 月 8 日在中国证监会官网上披露的《招股说明书》和《主板发审委 2017 年第 102 次会议审核结果公告》。

器仪表研发、生产和销售的高新技术企业，于 2015 年 5 月 8 日在中国证监会官网上披露了招股说明书，寻求在深交所创业板上市，却因在递交的申报材料中存在故意遗漏重大不利信息的问题而遭否决。具体情况如下：

1. 力合科技涉及单位行贿罪

力合科技 2015 年 5 月 8 日在中国证监会官网上披露了招股说明书中，未披露任何力合科技涉及单位行贿罪的内容，但在 2016 年 11 月 10 日预先披露更新的招股说明书中，提到了力合科技涉及单位行贿罪的具体事项：

（1）力合科技涉及的案件

2015 年 4 月，湖南省衡阳市雁峰区人民检察院以力合科技前高管左某某涉嫌行贿犯罪对其立案侦查；2015 年 8 月，湖南省衡阳市雁峰区人民检察院以力合科技涉嫌单位行贿罪对力合科技立案侦查。2016 年 9 月 7 日，衡阳市雁峰区人民检察院分别对力合科技、左某某作出《不起诉决定书》（雁检公诉刑不诉〔2016〕33 号、34 号），认为力合科技通过左某某于 2011 年 5 月实施了单位行贿行为，但犯罪情节轻微，可以免除刑罚，依法决定对力合科技、左某某不起诉。

2017 年 3 月 22 日，衡阳市雁峰区人民检察院分别对左某某、力合科技作出《撤销不起诉决定书》（雁检公诉撤不诉〔2017〕1 号、2 号），认为力合科技是否谋取不正当利益事实不清、证据不足，决定撤销《不起诉决定书》（雁检公诉刑不诉〔2016〕34 号、33 号）。

（2）力合科技员工涉及的相关案件

①前高管左某某［与"（1）力合科技涉及的案件"所述左某某为同一人］

2014 年 7 月 4 日，广东省珠海市斗门区人民法院作出（2014）珠斗法刑初字第 406 号《刑事判决书》，判决被告人叶某某犯贪污罪及受贿罪，根据该判决书被告人叶某某担任珠海市环境保护监测站站长期间，于 2012 年年末收受左某某给予的人民币 10 万元。

左某某涉嫌行贿于 2014 年 3 月被司法机关立案侦查。2015 年 4 月 3 日，珠海市香洲区人民检察院出具不起诉决定书，决定对左某某不起诉。

2015 年 3 月 2 日，左某某辞去发行人副董事长、副总经理职务，同时发行人与之终止了劳动合同。

②市场部员工

除前述情况外，报告期内力合科技 3 名市场部员工接受检察机关调查相关案件时作为证人在证词中交代其存在涉嫌行贿行为，检察机关或当事人确认属于个人行为，且该 3 名员工及发行人未因此被立案侦查或被起诉，也未受到行政处罚。

2. 证监会反馈意见及审核结果

请发行人代表进一步说明：（1）报告期内，发行人存在因涉嫌单位行贿被司法机关立案和部分高管、员工涉及多起商业贿赂案件的情形，发行人有关销售、投标、资金费用管理等方面的内部控制制度是否健全且被有效执行，是否能够合理保证生产经营的合法性；（2）报告期内发行人销售费用中的业务招待费占营业收入的比例高于同行业可比上市公司的具体原因，高管和员工有关业务招待费等费用报销是否真实、合理，是否存在商业贿赂情形；(3)结合订单获取方式、流程，补充说明相关内部控制制度能否有效防范商业贿赂风险，以及案发后采取的主要整改措施；(4)发行人及其员工是否还存在其他涉及商业贿赂的案件，发行人相关信息披露是否准确、完整，相关风险揭示是否充分；(5)衡阳市雁峰区人民检察院对发行人立案的具体情况，发行人未披露相关情况的具体原因；(6)发行人在其历次提交的《招股说明书(申报稿)》等申请材料中均未对发行人存在因涉嫌单位行贿被立案等事项进行披露的具体原因；(7)发行人上述相关情况是否符合《首次公开发行股票并上市管理办法》的相关规定。请保荐代表人发表核查意见，并说明核查的方法、过程、依据及结论。

《主板发审委 2017 年第 102 次会议审核结果公告》显示：力合科技(首发)未通过。

(三)案例评析

在 IPO 申报过程中，无论是拟上市公司、高管和股东，还是各中介机构，其目标都是公司成功上市融资。但要实现这一目标，企业不能为此而粉饰报表和对材料造假，或者掩人耳目故意瞒报不利信息，而应按照法律规定真诚地展示披露全部情况，同时积极改进过去不够规范完善的地方，取得发审委的认同，让发审委和投资者确信这是一家“真公司”“好公司”“诚信公司”。

力合科技在本次上市过程中，为了达到顺利过会的目的，没有披露自身涉及单位行贿罪的重大不利信息，证监会否决了力合科技的本次 IPO 申请。而力合科技在本次 IPO 失败后，痛定思痛，于 2018 年 6 月 29 日再次披露了招股说明书，其中翔实地阐述了单位行贿罪的内容，并予以了合理解释，最终得到了发审委的认同而顺利过会。

第三节　财务与会计

财务与会计包括可持续盈利能力、完善的会计制度以及关联交易等内容，由于上市公司一般均为行业标杆或者具备相当社会影响力的企业，因此相较于其他公司，需要具备持续创造现金流的能力和完善的财务会计管理制度，接受社会公众的检验。

一、具有可持续盈利能力

(一)《首发管理办法》相关规定

《首发管理办法》第二十一条规定，发行人资产质量良好，资产负债结构合理，盈利能力较强，现金流量正常。第三十条之规定，发行人不得有下列影响持续盈利能力的情形：(1)发行人的经营模式、产品或服务的品种结构已经或者将发生重大变化，并对发行人的持续盈利能力构成重大不利影响；(2)发行人的行业地位或发行人所处行业的经营环境已经或者将发生重大变化,并对发行人的持续盈利能力构成重大不利影响;(3)发行人最近1个会计年度的营业收入或净利润对关联方或者存在重大不确定性的客户存在重大依赖;(4)发行人最近1个会计年度的净利润主要来自合并财务报表范围以外的投资收益;(5)发行人在用的商标、专利、专有技术以及特许经营权等重要资产或技术的取得或者使用存在重大不利变化的风险;(6)其他可能对发行人持续盈利能力构成重大不利影响的情形。

可持续经营能力和可持续盈利能力IPO上市最重要的财务条件,除科创板外,目前我国拟在A股上市的企业都必须要求净利润为正,且财务指标满足相应的数据,如主板、中小板要求3年累计净利润需达到3000万元以上,创业板则要求连续两年盈利且累计不低于1000万元,目前科创板允许未盈利的企业在满足其他条件的情况下也可以申请上市。

(二)因可持续盈利能力受到质疑被否案例①

江阴润玛电子材料股份有限公司(以下简称江阴润玛)是一家专业从事半导体分立器件、大中规模集成电路、太阳能光伏制造中专用电子化学品等生产销售的高新技术企业,于2015年11月13日在中国证监会官网上披露了招股说明书,寻求在创业板上市,却因营业收入主要来源于产能过剩的光伏行业,被质疑可持续盈利能力因而被否决。

1. 江阴润玛盈利状况

(1)光伏产品的销售收入

江阴润玛披露的《招股说明书》显示,2013—2016年6月太阳能光伏产品销售收入见表16-2。

表16-2 2013—2016年6月光伏产品销售收入及占比情况

类别	2016年1—6月		2015年度		2014年度		2013年度	
	金额(万元)	比例(%)	金额(万元)	比例(%)	金额(万元)	比例(%)	金额(万元)	比例(%)
太阳能光伏	5898.26	47.39	9589.23	45.58	8376.96	47.72	11124.55	60.21

(2)光伏行业的主要风险因素

光伏行业的发展受国内相关行业政策影响较大,光伏发电并网政策、电价补贴等行业政策的调整可能对光伏制造行业下游光伏电站行业的投资收益率产生直接影响,从而对光伏组件生产企业的市场竞争状况、产品盈利能力产生较大影响。若相关行业政策进行调整,可能会导致江阴润玛在光伏行业的主要客户和潜在客户调减生产规模,造成发行人的订单减少;亦可能导致相关客户因盈利能力下降对上游供应商进行价格下调,造成江阴润玛的销售价格

① 内容来源:江阴润玛电子材料股份有限公司于2015年11月13日在中国证监会官网上披露的《招股说明书》和《创业板发审委2016年第80次会议审核结果公告》。

和毛利率下降。

报告期内,公司光伏行业客户因为受行业整体景气度下滑影响大面积亏损,导致公司部分应收账款回收困难,通过债务重组的方式收回应收账款,造成一部分坏账损失。若未来光伏行业受行业政策、市场竞争情况等因素影响出现波动,可能会导致发行人应收账款无法全部收回,从而产生坏账损失。

报告期内,英利绿色能源、天合光能、海润光伏等光伏企业为公司主要客户,上述客户为国内光伏行业的知名企业,均为国内外上市公司,江阴润玛均与其保持了多年的合作关系。但若上述个别重要客户未来经营中出现经营或财务风险,将可能导致对江阴润玛订单较少、单价下调或应收账款无法全部收回,从而导致江阴润玛营业收入下滑或发生坏账损失。

(3)下游行业波动风险

目前公司主要产品应用于太阳能光伏、半导体、平板显示器三大行业。

光伏行业在经历了前期的快速扩张后,自 2011 年年底以来,美国和欧盟等国家和地区针对我国光伏生产企业采取的"反补贴"和"反倾销"调查对我国光伏行业产生了直接负面影响。国内光伏行业在从 2011 年下半年起到 2013 年年中,出现了几乎全行业景气度下滑的情况。尽管公司产品属于下游行业的原辅材料,需求不会迅速降低,但公司的生产和销售还是会受到光伏行业整体下滑的不利影响,造成公司订单减少、回款速度减缓等情况。2014 年下半年起,国内光伏行业开始回暖,公司来自光伏行业的收入开始恢复增长。

2. 证监会反馈意见及审核结果

发行人太阳能光伏行业产品的应用占比最大,2013 年占比主营业务收入的比例达 60. 21%,报告期最后一期仍然有 47. 39%。发行人在报告期内应收英利能源(中国)有限公司及其关联公司商业承兑汇票金额 1853. 32 万元、应收江阴鑫辉太阳能有限公司商业承兑汇票金额 100 万元到期不能承兑。发行人将到期不能承兑的商业承兑汇票全部转入应收账款核算并进行债务重组。发行人在报告期内共发生应收账款债务重组业务 18 次,涉及应收账款金额 6430. 93 万元,产生损失 629. 62 万元。2016 年 7 月至反馈回复签署日发生债务重组业务 3 笔,涉及应收账款金额 1098. 06 万元,产生损失 214. 48 万元。发行人与下游客户以货抵债,而且向客户购买价值大于应收账款的产品。请发行人代表结合以上情况说明:(1)前述以货抵债的原因及其合理性;(2)发行人是否对光伏行业存在重大依赖;(3)光伏行业的现状对发行人经营的影响;(4)发行人对光伏客户的应收账款坏账准备和抵债商品的减值准备计提是否充足;(5)发行人财务报表的编制是否在所有重大方面公允地反映了发行人的财务状况和经营成果。请保荐代表人发表核查意见。

《创业板发审委 2016 年第 80 次会议审核结果公告》显示:江阴润玛(首发)未通过。

(三)案例评析

从近年来 IPO 被否决案例来看,可持续盈利能力问题系 IPO 被否原因之首,盈利能力是发审委关注的重中之重。毕竟从朴素的价值观念出发,一家公司好不好,要看它盈利能力强不强。如果一家公司长期无法盈利，即使商业模式再好、行业发展前景再广阔，那也无法为监管机构、投资机构和股民所青睐。即使是被称为商业“航空母舰”的京东，也是亏损12年后，于2017年开始盈利，且盈利能力也在逐渐增长。

而在江阴润玛的营业收入中，由于近半数均来自产能过剩的光伏行业，且自2011年年底以来，美国和欧盟等国家和地区针对我国光伏生产企业采取的“反补贴”和“反倾销”调查对我国光伏行业产生了直接负面影响；同时光伏行业的发展受国内相关行业政策影响较大，光伏发电并网政策、电价补贴等行业政策的调整可能对光伏制造行业下游光伏电站行业的投资收益率产生直接影响，从而对光伏组件生产企业的市场竞争状况、产品盈利能力产生较大影响。考虑到这些因素，发审委对于江阴润玛的可持续盈利能力提出了重大质疑，最终否决了其上市申请。

二、具有完善的会计制度

（一）《首发管理办法》相关规定

《首发管理办法》第二十三条规定，发行人会计基础工作规范，财务报表的编制符合企业会计准则和相关会计制度的规定，在所有重大方面公允地反映了发行人的财务状况、经营成果和现金流量，并由注册会计师出具了无保留意见的审计报告。第二十四条规定，发行人编制财务报表应以实际发生的交易或者事项为依据；在进行会计确认、计量和报告时应当保持应有的谨慎；对相同或者相似的经济业务，应选用一致的会计政策，不得随意变更。

对此，证监会要求发行人需具有完善的会计制度，且在报告期内发行人会计政策和会计估计应保持一致性，不得随意变更，若有变更应符合企业会计准则的规定。变更时，保荐机构及申报会计师应关注是否有充分、合理的证据表明变更的合理性，并说明变更会计政策或会计估计后，能够提供更可靠、更相关的会计信息的理由；对会计政策、会计估计的变更，应履行必要的审批程序。如无充分、合理的证据表明会计政策或会计估计变更的合理性，或者未经批准擅自变更会计政策或会计估计的，或者连续、反复地自行变更会计政策或会计估计的，视为滥用会计政策或会计估计。

（二）因会计处理问题被否决案例①

广东凯金新能源科技股份有限公司（原名东莞市凯金新能源科技股份有限公司，以下简称凯金新能源）是一家专业从事于碳材料及石墨研发、生产和销售的公司，于2017年6月30日在证监会官网披露了招股说明书，拟在深交所创业板发行上市，却因会计差错调整等会计处理的原因遭到否决。

---

① 内容来源：广东凯金新能源科技股份有限公司于2017年6月30日在中国证监会官网披露的《招股说明书》和《第十七届发审委2018年第104次会议审核结果公告》。

1. 凯金新能源关于会计调整的情况

在凯金新能源公布的《招股说明书》第 1 - 1 - 463 页至第 1 - 1 - 469 页中，披露了凯金新能源会计调整前后各项财务数据的情况，鉴于涉及内容太多，本处不予论述。本部分主要阐述的是凯金新能源关于会计调整事项的相关说明：

(1)凯金新能源会计调整的原因

公司于 2012 年 3 月设立，早期客户以锂电池行业的中小型客户为主，此类客户经营规模、资金实力相对较小，公司给客户发货后是否能够及时足额地收回货款存在不确定性，且在合作中部分客户出现拖欠货款情形，公司对多家中小型客户提出了偿还货款的诉讼请求。基于上述情况，在公司设立早期，公司对照《企业会计准则第 14 号——收入》的相关规定，出于谨慎性考虑，认为在发货、对账完毕之后，且客户明确可以付款时开票确认收入更能符合“相关的经济利益很可能流入企业”收入确认条件。

2015 年以来，随着公司市场开拓、技术研发、生产经营规模等能力的快速发展，公司的主要客户发展为以宁德时代、远东福斯特、天津力神等行业内知名企业为主，此类客户规模大，资金实力雄厚。故此，2015 年下半年起，公司开始按照销售合同约定的风险报酬转移点，即在给客户发货、客户签收后确认相关收入。可见，公司在 2015 年以前按照开票确认收入，与其当时的客户结构状况及其发展阶段有关，具有一定历史原因及其合理性。公司已经按照《企业准则第 28 号——会计政策、会计估计变更和差错更正》及相关规定对上述会计差错进行了更正。在会计调整过程中，凯金新能源各中介机构本着“高标准、严要求”的原则，进行了全面、细致的核查，对于其他实际影响不大的事项也进行了调整。

总体而言，本次更正主要是历史形成的收入跨期原因，对累计的营业收入、利润总额等财务指标影响相对较小。

(2)关于是否构成重大的会计差错，是否存在重大内部控制缺陷的说明

自成立以来，公司一直高度重视会计基础和内部控制的建立健全，并致力于各项会计基础工作和内部控制制度、规定、要求的有效实施。公司虽然存在上述会计调整事项，但是，收入跨期调整确实具有一定的历史原因和合理性。以与收入调整相关的销售与收款循环为例，公司历年来在与客户的发货、对账、开票、收款等环节上均保持着连续、细致、真实、准确、完整的会计基础资料及内部控制单据，这些资料和单据也是本次调整的重要依据，并得到了保荐机构、申报会计师对公司客户的函证、访谈的确认。

综上，公司对会计差错的会计处理符合企业会计准则的相关规定，履行了董事会、监事会关于该差错更正事项的审议和表决程序，符合法律、法规等相关制度的要求。本次差错更正主要是为了提高公司财务信息质量，对公司的财务状况、经营成果没有导致重大不利影响，未损害公司和全体股东的合法权益，公司主要会计调整由跨期收入所致，具有一定历史原因及合理性，不存在会计基础薄弱及重大内部控制缺陷的情况。

2. 中国证监会审核意见及结果

凯金新能源在新三板挂牌期间,2017 年 5 月进行会计差错调整,未按期披露 2016 年年度报告及相关信息。请发行人代表说明:(1)报告期内会计差错调整的原因及依据,会计处理是否符合企业会计准则的相关规定;(2)会计核算是否符合现行会计基础工作规范要求,相关内部控制制度是否健全及有效运行;(3)新三板挂牌期间,募集资金到位后较短时间内变更募投项目的原因及合理性。请保荐代表人说明核查依据、过程,并发表明确核查意见。

《第十七届发审委 2018 年第 104 次会议审核结果公告》显示,凯金新能源(首发)未通过。

(三)案例评析

在资本市场领域流传着这么一句话——"上市就是上财务"。这充分说明了在 IPO 的审核过程中财务的重要性。而财务数据一方面来源于企业的业绩,另一方面就需要专业的财务做账。企业的业绩通过会计处理后反映给投资者,因此,是否具有完善的财务制度和会计处理,是否符合企业会计准则,也是证监会关注的要点。

如果在报告期内,发行人具有重大会计差错更正的情况,且无法进行合理的解释,那么这必然反映出发行人存在会计基础薄弱、内部控制重大缺陷等问题。证监会在《首发业务若干问题解答(一)》中明确指出:"若在首发材料申报后,因会计处理不规范、盈余操纵、前次审计严重疏漏、滥用会计政策或者会计估计以及恶意隐瞒或舞弊行为,导致重大会计差错更正的,将会被视为发行人在会计基础工作规范及相关内控方面不符合发行条件。"而凯金新能源正是由于进行了重大会计调整,反映出其在会计制度存在缺陷,最终上市申请被否决。

三、关联交易规范

(一)《首发管理办法》相关规定

《首发管理办法》第二十五条规定,发行人应完整披露关联方关系并按重要性原则恰当披露关联交易。关联交易价格公允,不存在通过关联交易操纵利润的情形。

关联交易是中介机构核查的重点问题之一,在《首发管理办法》修改之前,关联交易占比不超过 30% 是 IPO 审核的红线之一,后取消了该比例限制。关联交易遵循"实质重于形式"的认定方法,要求中介机构依法完整地披露所有关联方、定价方式、价格是否公允、是否履行了法定程序、关联交易是否具有必要性等。

(二)因关联交易不规范被否决案例[①]

赣州腾远钴业新材料股份有限公司(以下简称腾远钴业)是一家从事于钴、镍、铜等金属加工和销售的公司,于 2017 年 4 月 21 日在证监会官网披露了招股说明书,欲在深交所中小板上市,却因存在关联交易定价公允性和关联方依赖等问题,最终未通过发审委审核。

---

① 内容来源:赣州腾远钴业新材料股份有限公司于 2017 年 4 月 21 日在证监会官网披露的《招股说明书》和《第十七届发审委 2018 年第 20 次会议审核结果公告》。

1. 腾远钴业与厦门钨业之间的关联交易

（1）腾远钴业与厦门钨业的关联关系

自 2013 年起，腾远钴业就与厦门钨业股份有限公司（以下简称厦门钨业）建立了长期稳定的合作关系，成为厦门钨业钴盐类产品的重要供应商。同时，由于厦门钨业采购稳定，厦门钨业也成为腾远钴业长期合作的优质客户。随着能源新材料产品需求的不断增加，为进一步稳定钴金属供给，保障能源新材料业务发展对钴金属的需求，厦门钨业于 2015 年 12 月以货币出资 11800 万元对腾远钴业前身腾远有限进行了增资，增资后持有腾远有限 15.00% 的股权，构成腾远钴业的关联方。

（2）厦门钨业参股发行人的必要性和合理性

厦门钨业为上交所上市公司，以钨和稀土为主业，经营范围覆盖钨的冶炼、深加工、二次资源回收，稀土的开采、冶炼、稀土功能材料生产，以及能源新材料和钼系列产品的开发和生产等领域。厦门钨业及其子公司在新能源材料领域建设了锂电池正极材料产品线，主要产品包括钴酸锂、三元材料、锰酸锂和磷酸铁锂等，钴盐类产品为厦门钨业及其子公司锂电池正极材料产品的主要原材料之一。

腾远钴业主要从事钴、铜产品的研发、生产与销售，为国内最具竞争力的钴盐生产企业之一。公司的核心产品为氯化钴、硫酸钴等钴盐以及四氧化三钴等钴氧化物。

报告期内，腾远钴业向厦门钨业及其子公司厦门象屿鸣鹭国际贸易有限公司、厦门厦钨新能源材料有限公司（以下简称厦钨新能源）销售的商品主要为钴盐产品（氯化钴和硫酸钴）。腾远钴业的钴盐类产品是厦门钨业锂电池和能源新材料产品的主要原料，腾远钴业与厦门钨业及其子公司之间的交易属于双方的主营业务范畴，具有商业实质。

综上，上述增资入股事项有利于促进双方的业务合作，对于双方的业务发展而言均具有必要性、合理性。

（3）报告期内腾远钴业与厦门钨业的关联交易数据（见表 16－3）

表 16－3　2014—2017 年 6 月厦门钨业与腾远钴业关联交易金额及占比

关联方名称	关联交易内容	2017 年 1—6 月		2016 年		2015 年		2014 年	
		金额（万元）	占总收入比例（%）	金额（万元）	占总收入比例（%）	金额（万元）	占总收入比例（%）	金额（万元）	占总收入比例（%）
厦门钨业	销售商品	—	—	11371.11	18.27	11385.73	20.18	12790.68	18.13

（4）厦门钨业与腾远钴业之间发生关联交易的原因

厦门钨业作为大型上市公司，采购需求大、回款及时，是腾远钴业的优质客户；腾远钴业作为国内最具竞争力的钴盐生产企业，在钴产品的湿法冶炼上具备较强的技术优势，其产品质量优异稳定、生产工艺设备先进、技术领先。腾远钴业的产品种类及稳定的产品质量能够满足厦门钨业及其子公司的采购要求，故厦门钨业及其子公司向腾远钴业进行采购。双方之间的交易利于双方业务的发展。

（5）向厦门钨业销售的公允性

①交易条件的说明。报告期内，将与厦门钨业及其子公司签订的协议和与非关联前十大客户签订的协议对比核查，发行人向厦门钨业销售钴产品的协议在信用政策、付款方式、包装标准、验收方式等主要方面均与非关联前十大客户无重大差异，交易条件公允。

②定价机制的公允性。报告期内发行人通过参考市场价格及公司自身原材料价格、对方订单量等信息，结合各类钴产品的市场供需情况，确定钴产品销售价格。发行人与厦门钨业合作多年，向厦门钨业销售钴产品的交易行为自过往交易行为自然延续而来，其销售价格的确定机制与向非关联关系同类客户销售同类产品的价格确定机制一致，以各自商业利益为基础，符合商业原则。

③交易价格的公允性。腾远钴业向厦门钨业销售氯化钴及硫酸钴的价格基本与向非关联方销售同类产品的价格，及与公开市场报价差异较小。其中，2017 年 3 月的氯化钴销售价格低于向非关联方和市场的销售价格，主要由于该月腾远钴业与厦门钨业子公司厦钨新能源签订了一份数量达 1600 吨的氯化钴销售协议，数量较大，同期与非关联方签订的氯化钴销售协议无单份协议超过 400 吨的情形，故该月向厦门钨业的销售价格一定程度低于向非关联方的销售价格和市场报价，符合商业逻辑。2017 年 6 月向厦钨新能源销售硫酸钴的价格高于同期向非关联方销售价格，低于市场报价，该销售协议金额和数量均较小。总体而言，考虑到钴产品的销售价格会受到销售规模、客户资质、客户议价能力等因素的影响，存在一定差异为合理现象。

综上，报告期内腾远钴业向厦门钨业及其子公司销售氯化钴及硫酸钴的价格与向非关联方销售同类产品的价格，及与公开市场报价差异均较小，定价公允。

2. 证监会反馈意见及结果

报告期内，腾远钴业存在较多的关联方及关联交易，其中持股 5% 以上股东厦门钨业既是客户又是供应商。请发行人代表说明：（1）厦门钨业既是客户又是供应商的原因、合理性，关联交易定价是否公允；（2）关联交易金额逐年上升的原因；（3）上述关联交易是否影响发行人的业务独立性，发行人的业务和盈利来源是否存在依赖于关联方的情形；（4）和厦门钨业、金川科技披露的采购、销售金额不相一致的原因。请保荐代表人说明核查方法、依据，并发表明确核查意见。

《第十七届发审委 2018 年第 20 次会议审核结果公告》显示，腾远钴业（首发）未通过。

（三）案例评析

与同业竞争不同，关联交易在 IPO 上市过程中是允许存在的，但允许的关联交易需具有以下特点：（1）关联交易占比较低，不能构成对于关联方的重大依赖，不影响发行人业务的独立性；（2）在报告期内，关联交易呈现逐渐下降的趋势；（3）与其他非关联方或市场价格相比，关联交易的定价公允，不存在利益输送的情形；（4）关联交易内容合法，且必须履行严格的审批程序，并建立关联交易管理制度；(5)需说明关联交易的必要性；(6)根据证监会的相关规定，充分披露关联交易信息，并对关联交易进行全面、充分的解释。

在腾远钴业与厦门钨业发生的关联交易中，虽然腾远钴业就产品销售价格与非关联方价格和市场价格进行了对比，并论述了价格差异的合理性。但是从证监会关注的要点来看，其中有几个硬伤不可忽视：(1)在报告期内，腾远钴业与厦门钨业之间的关联交易比例并未下降，且金额仍在逐年上升；(2)腾远钴业未建立关联交易管理制度，厦门钨业作为发行人股东之一，是否履行了回避程序，定价机制如何确定存在问题；(3)腾远钴业披露的采购、销售金额与厦门钨业披露的不一致，致使证监会怀疑腾远钴业披露的数据不真实。因此，如拟上市公司存在较高的关联交易，则在上市辅导期内就需要提前规范，并在招股说明书中进行合理解释，以取得发审委的认同。

(四)实务中，怎样做好减少和规范关联交易的“加减法”

1. 关联交易的主要类型

根据《企业会计准则第 36 号——关联方披露》(财会〔2016〕3 号)第七条、第八条的规定，关联交易，即关联方交易，是指关联方之间转移资源、劳务或者义务的行为，而不论是否收取价款。关联方交易的类型通常包括下列各项：

(1)购买或销售商品。通常以低于或高于正常价格在企业之间销售，从而导致关联企业之间风险和报酬的转移，这是最常见的关联企业交易。

(2)购买或销售商品以外的其他资产。如固定资产和原材料、半成品的关联交易等，这些也是在关联交易中常见的类型。

(3)提供或接受劳务。如企业为其关联企业提供企业管理咨询、管理服务或技术咨询、技术服务等。

(4)担保。主要是指在借贷或大额的交易合同中，为了保证关联企业债权债务关系的实现而提供担保。

(5)提供资金(贷款或股权投资)。主要是指对关联企业的实物或货币贷款以及对关联企业股权投资的变化。

(6)租赁。主要包括经营性租赁和融资性租赁两种，关联企业之间的租赁也是常见的关联方交易。

(7)代理。是指按照合同或协议的规定，为对方提供代理服务，如代理采购原材料或代理销售商品等。

(8)研究与开发项目的转移。主要是指某一企业所研究或开发的项目会由于另一方的要求而放弃或转移给关联企业。

(9)许可协议。是指关联企业之间通过合同或协议的约定，承诺给关联企业的某种许可，如使用自己的品牌等。

(10)代表企业或由企业代表另一方进行债务结算。主要反映在关联企业之间转移义务的情况,从而达到转移风险的目的。

(11)关键管理人薪酬。包括以货币、实物或其他形式的工资、福利、奖金、特殊待遇及有价证券等。

2. 减少和规范关联交易的路径

实务中,同业竞争是红线,不得触碰;关联交易是黄线,可以存在。但首先应当是尽量减少关联交易,其次对于不可避免的关联交易要做到规范。减少和规范关联交易的路径,无外乎"加法"或"减法"这两种形式。比如,将关联方一并纳入拟上市主体的方式就是"加法";关联方将拥有的相关资产转让给无关联的第三方就是"减法"。减少和规范关联交易的具体方法有:

(1)主体非关联化。对关联企业进行购并,关联企业股东转让股权或注销关联企业,将关联企业转化为拟上市主体的分公司。

(2)业务非关联化。购买或出售发生关联交易所对应的资产和渠道等资源。

(3)程序合法。严格按照公司章程和公司制度对关联交易进行审批和表决。

(4)实体公允。有足够的证据表明交易的价格遵循市场定价机制。

解决方案一:剥离。如果关联企业的业务不属于拟上市公司的主要业务,或者盈利能力不强,则可以将该企业或者该部分业务转让给第三方。

解决方案二:转让。如果关联企业由于拟上市公司持有其股权成为关联方,实际上拟上市公司与该关联企业并无交易事项,则可以考虑将股权转让给独立第三方。

解决方案三:并购。如果该关联企业在拟上市公司生产经营环节中具有重要地位,则可以考虑将该企业或该业务买过来作为拟上市公司的子公司或兄弟公司。购买时应注意价格的公允性和税收减免。

解决方案四:合并。如果关联企业的业务、资产、人员、财务等与拟上市企业存在混同,则建议将该企业与拟上市公司合并,具体做法可以是吸收合并或者新设合并。

解决方案五:清算。如果关联企业已经停止经营、未实际经营或者其存在可能对拟上市企业上市产生障碍或不良影响,如经营不善、未通过年检、曾接受行政处罚等,则应考虑将关联企业进行清算、注销。操作过程中,应重点关注相应资产与人员是否已清理完毕。

解决方案六:如果关联交易的对象是设备、生产厂房所有权、土地使用权、专利、商标等资产类交易,影响到拟上市企业资产完整性的,则最好将该资产纳入上市主体,转让至发行人名下。

解决方案七:对于不涉及资产的关联交易,如采购或者销售环节的关联交易,可以通过出售关联公司或者寻找作为独立第三方的供应商等方法进行非关联化。

解决方案八:根据中国证监会规定,董事、监事、高管及其亲戚不能与发行人共同投资同一家公司。因此,如果存在此类共同投资的关联交易的,应将其投资权益转让出去。

解决方案九:拟上市公司在前期发展的很长一段时间中,普遍存在同一控制人名下企业之间相互资金拆借和抵押担保的情况。在进入报告期之后,此类关联交易应当停止。

致　谢

《资本运作法律与财税实务——项目实操与案例剖析》一书从最初构思到动笔撰写，从初稿、修改稿到最终定稿，历时三年，个中艰辛，自不待说。为了将本书打造成精品，笔者查阅了300余本专业书籍，筛选了近1000起诉讼与非诉讼案例，咨询了50多名专业人士，前后设计了6个不同版本，以期将最真实、最完整、最精彩、最及时、最实用的东西展现给广大读者。因本书体系庞大、内容繁杂、专业性强、涉及面广，其中包括大量证券、会计、税务方面的知识，笔者在正式定稿之前曾邀请了来自券商、投行、会计师事务所、税务师事务所以及高等院校、研究机构、培训机构、并购联盟等专家、学者对本书进行阅评，并恳请他们为本书留下宝贵的意见，他们撰写的推荐语也为本书添色不少。

请允许笔者在此真诚感谢原天山基金董事总经理、瑞麟资本创始合伙人田宝法先生，企瑞国际咨询有限公司CEO、瑞安达税务师事务所首席合伙人朱鱼翔先生，中审众环会计师事务所（特殊普通合伙）高级经理任燚桦先生，浩德并购军师联盟创始人沈永锋先生，远堂资本学院创始人张远堂先生，某证券股份有限公司省级区域总经理骆晓辉先生，中国人民大学法学院副院长、教育部长江学者奖励计划特聘教授高圣平先生，中国行为法学会资产管理研究院常务副院长、中国行为法学会培训合作中心主任黄志明先生以及中国社科院法学研究所民法室主任、全国十大杰出青年法学家谢鸿飞先生。

笔者在此还需要特别感谢的是资本行动团队核心成员李雄、万蔚两位青年才俊，感谢他们对资本一书所作的特殊贡献。李雄律师毕业于华东政法大学，拥有法学学士学位，他勤奋好学，工作一丝不苟，专业能力超强，客户认可度较高。万蔚律师毕业于江西财经大学，取得了法律硕士学位，他善于观察，做事沉稳老练，参与过多起重大诉讼和项目。本书在撰写过程中几经修改，工作量极大，他们不管白天黑夜，不问节假休息，不计个人得失，真正做到了有求必应，随叫随到，有事必行，说走就走，这种精神让笔者更感动，更下定决心要出一本好书。他们帮助笔者查找资料、精选案例、设计方案、制作图表、审查文字，正是因为他们的积极配合、通力协助，本书才得以顺利完稿。值得一提的是，本书在构思和写作过程中，他们还从专业角度提出了许多好的建议，他们贡献的智慧进一步完善了本书的体系，优化了本书的结构，丰富了本书的内容，笔者再次向他们表示衷心感谢。

万　征

2021年10月25日